连云港年鉴

LIANYUNGANG YEARBOOK

2022

连云港市地方志编纂委员会办公室　编

方志出版社
Publishing House of Local Records

图书在版编目（CIP）数据

连云港年鉴. 2022 / 连云港市地方志编纂委员会办公室编. —北京：方志出版社，2022.12
ISBN 978-7-5144-5480-2

Ⅰ. ①连… Ⅱ. ①连… Ⅲ. ①连云港 -2022- 年鉴
Ⅳ. ①Z525.33

中国版本图书馆CIP数据核字(2022)第252532号

责任编辑：顾　洁
责任校对：刘玉霞
责任印刷：梅中英
出 版 者：方志出版社
地　　址：北京市朝阳区潘家园东里 9 号（国家方志馆 4 层）
邮　　编：100021
网　　址：http://www.zgfzcb.cn
发　　行：方志出版社图书经销中心（010）67110500
印　　刷：南京凯德印刷有限公司
开　　本：889 毫米 ×1194 毫米　1/16
印　　张：26
字　　数：1050 千字
版　　次：2022 年 12 月第 1 版
印　　次：2022 年 12 月第 1 次印刷
定　　价：300.00 元

连云港市地方志编纂委员会

主　　任　邢正军　市委副书记、市政府市长

副 主 任　黄远征　市委常委、秘书长、市级机关工委书记

赵云燕　市委常委、宣传部部长、市政府副市长

王家全　市人大常委会副主任、市总工会主席

方　韬　市政协副主席

韩尚富　市政府党组成员、秘书长

陆瑞萍　市委党史工作办公室主任、市地方志编纂委员会办公室主任

委员单位　连云港警备区，东海县、灌云县、灌南县、赣榆区、海州区、连云区政府，连云港经济技术开发区管委会，市委组织部、宣传部、统战部、政法委，市档案局，市发改委、工信局、教育局、科技局、公安局、民政局、财政局、人社局、自然资源和规划局、住建局、城管局、交通运输局、水利局、农业农村局、商务局、文广旅局、卫健委、统计局、生态环境局。

《连云港年鉴（2022）》编辑部

主　　编　陆瑞萍

副 主 编　张　斌　赵廷旗　陆海涛　魏　鹏　白植明

执行主编　邱仕明

执行副主编　郭　云

统　　筹　郭　云　徐　敏

责任编辑　郭　云　徐　敏　邱仕明　王佳生　贾栋钰

2021年，连云港加快构筑起沿海经济发展新高地，初步构建起亚欧重要国际交通新枢纽。积极融入长三角、服务中西部、联通五大洲，对外开放合作持续深化，人与自然和谐共生。图为连云港市海滨城市风貌　　王健民 摄

连云港，山、海、港、城相依相拥。近年来，连云港确立城市绿色发展格局，加快城市形象打造，越发美丽宜居，百姓幸福感获得感不断增强。2021年，连云港市获评中国美好生活城市十大“心仪之城”，勾画出现代化新港城的现实图景。

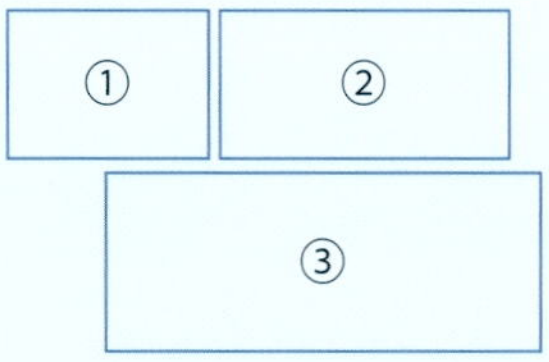

① 连云港市主城区一角　　耿玉和 / 视觉江苏网

② 花果山云海　　周锡俊 摄

③ 海上云台山　　张言华 摄

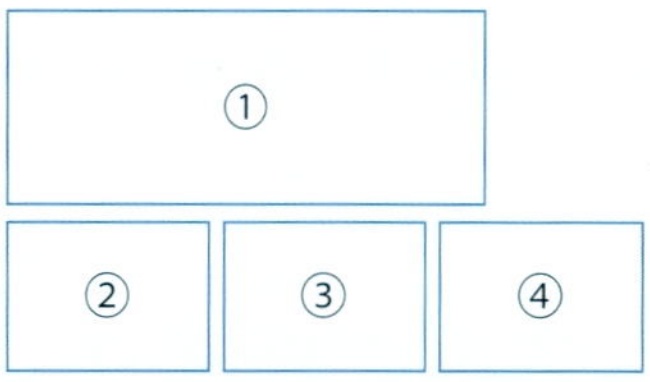

① 连云港港、连岛港岛相拥　　王健民 摄

② 秦山岛春色　　司　伟 / 视觉江苏网

③ 连云港市大力实施"幸福河湖""口袋公园"等民生实事工程建设。图为海州区东盐河畔"口袋公园"　　耿玉和 / 视觉江苏网

④ 由废弃采石场改造建成的海州区刘志洲山生态健身体育公园　　张海军 摄

2月8日，历时3年半建设的连徐高铁开通运营，连云港至乌鲁木齐高铁全线贯通。图为连徐高铁连云港至东海段

王健民 摄

① 2月28日，连云港港被《国家综合立体交通网规划纲要》确定为国际枢纽海港。图为连云港港集装箱码头 王健民 / 视觉江苏网

② 3月7日，中国市场学会发布《直播电商区域发展指数研究报告》，连云港市东海县位列第7，在全省县区排位最高。图为东海水晶跨境电商交易中心 张开虎 / 视觉江苏网

③ 3月27日，国家重大科技基础设施项目——高效低碳燃气轮机试验装置CTF1号燃烧室试验平台点火成功，燃气轮机大科学装置科学技术委员会在连云港成立，连云港市先进能源动力院士之家挂牌成立 毛莎莎 摄

连云港市先进能源动力

1100-T-1202

年度视点

LIANYUNGANG YEARBOOK

5月20日，由国内丙烯酸及酯龙头企业——浙江卫星石化在连云港石化基地投资兴建的乙烯综合利用项目建成投产，是国内首套乙烯综合利用项目。6月5日，连云港石化基地所在的徐圩新区入选中国石油和化学工业联合会发布的“全国化工园区30强榜单”，是全市开发园区首次入选该榜单。图为卫星石化乙烯综合利用项目 来一麟 摄

① 4月22日，连云港市入选由中央广播电视总台、国家统计局、中国邮政集团有限公司、北京大学国家发展研究院联合发布的2020—2021年度中国美好生活城市“十大心仪之城”榜单。图为市民在海州区沿河步道休闲健身　耿玉和 / 视觉江苏网

② 5月19日，中俄最大核能合作项目——田湾核电7、8号机组开工。图为开工现场　王健民 摄

③ 6月2日，江苏海洋大学国家大学科技园获批，是全市首个国家级大学科技园。图为大学科技园科研人员进行科研项目研究　江苏海洋大学 供图

4#

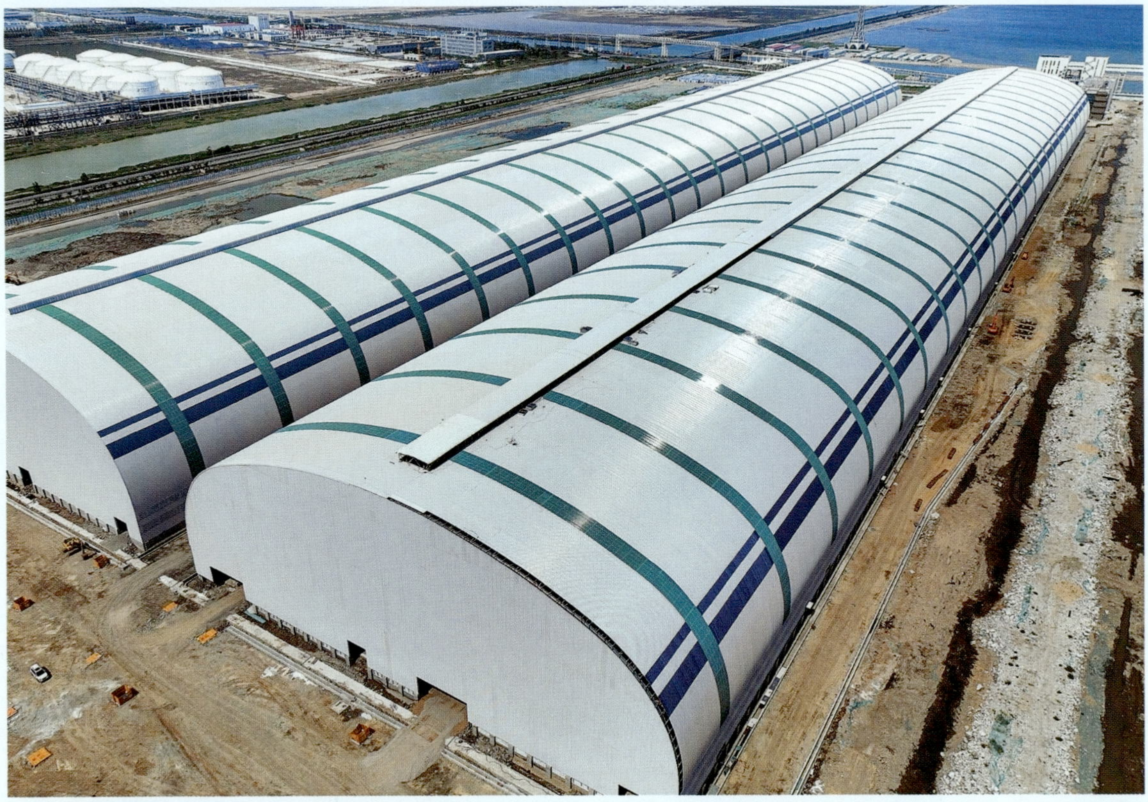

①
②
③

① 6月7日，推动长三角一体化发展领导小组办公室印发《长三角一体化发展规划“十四五”实施方案》，连云港市9个重大项目列入重大项目清单。图为入选的国家东中西区域合作示范区现代煤炭服务示范基地项目

王健民 / 视觉江苏网

② 6月11日，美国《制药经理人》杂志公布2021年全球制药企业50强榜单，恒瑞医药连续3年上榜，排名第38位。图为位于“中华药港”内的恒瑞生物医药产业园制剂车间

王健民 / 视觉江苏网

③ 6月18日，由上海合作组织秘书处、连云港市人民政府共同主办的2021上海合作组织国际圆桌会议在连云港举办。图为各国代表围绕“特色商品物流贸易”等议题发言

市政府办 供图

改革先锋
最美奋斗者
社会文明程度迈上新高度

全市创新型城市建设暨工业经济高质量发展大会
重点产业发展奖励
300万元
重点产业发展奖励
393万元
1696万元
2720万元
7072万元
2493万元
944万元
299万元

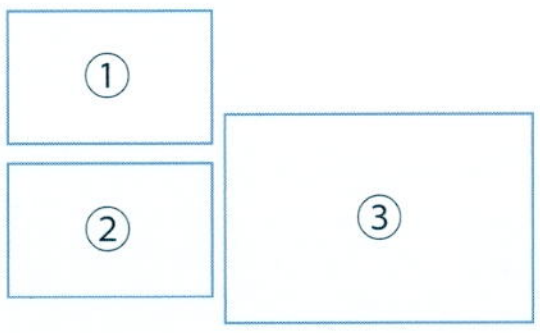

① 6—7月，连云港市开展形式多样、丰富多彩的纪念中国共产党成立100周年庆祝活动。图为干部群众观看中国共产党在江苏历史展　　市委宣传部 供图

② 8月31日，全市创新型城市建设暨工业经济高质量发展大会召开，市委、市政府出台促进高新区发展等10个科技“政策包”　　市政府办 供图

③ 9月27—29日，中国共产党连云港市第十三次代表大会在市文化艺术中心举行。大会选举产生中国共产党连云港市第十三届委员会、中国共产党连云港市第十三届纪律检查委员会，通过关于中共连云港市第十二届委员会报告的决议、关于中共连云港市第十二届纪律检查委员会工作报告的决议　　报业集团 供图

2021中国国际货代物流行业发展论坛
暨中国国际货代物流业发展蓝皮书（2020）发布会
主办：中国国际货运代理协会
连云港市人民政府
承办：连云港市商务局
新亚欧大陆桥国际信息中心
赞助：日通国际物流（中国）有限公司
媒体：中国远洋海运

谅解备忘录
Memorandum of Understanding between
哈萨克投资国家股份有限公司
«KAZAKH INVEST» NC» JSC
中国国际贸易促进委员会江苏省分会
CHINA COUNCIL FOR THE PROMOTION OF INTERNATIONAL TRADE JIANGSU SUB-COUNCIL
中国国际贸易促进委员会连云港市委员会
CHINA COUNCIL FOR THE PROMOTION OF INTERNATIONAL TRADE LIANYUNGANG SUB-COUNCIL
2021 中国·江苏—哈萨克斯坦企业家
China·Jiangsu - Kazakhstan Business Cou

① 10月18—20日，第七届中国（连云港）丝绸之路国际物流博览会在市工业展览中心举办。丝路物流博览会期间，先后举办2021中国国际货代物流行业发展蓝皮书发布会、中国·江苏—哈萨克斯坦企业家论坛、新亚欧陆海联运通道自由贸易试验区联盟成立大会暨首届自由贸易试验区创新发展高峰论坛等活动　　市商务局 供图

② 10月18日，中国·江苏—哈萨克斯坦企业家论坛在连云港举办　　市商务局 供图

③ 10月18日，新亚欧陆海联运通道自由贸易试验区联盟在连云港成立　　市政府办 供图

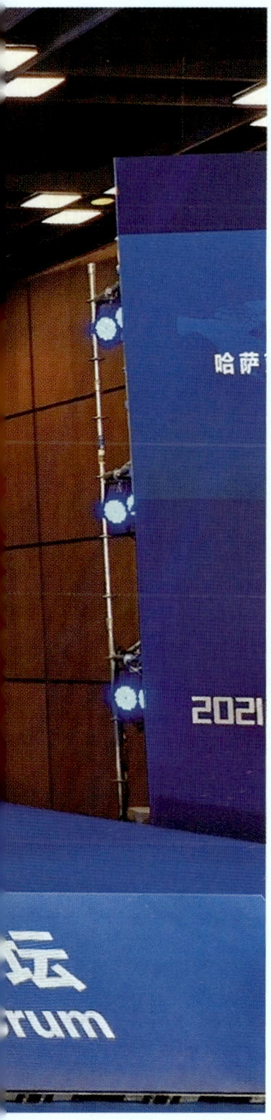

酒吧街

年度视点

LIANYUNGANG YEARBOOK

① 10月22日，第五届中国（连云港）国际医药技术大会在连云港举行。大会期间，举办高壁垒化学药制剂开发高峰论坛等活动，现场签约16个生命健康类产业项目　　市科协 供图

② 10月27日，连云港市获批国家文化和旅游消费试点城市。图为港城“夜经济”快速复苏，盐河巷街区晚间人流如织　　王健民 摄

③ 10月28日，上合组织（连云港）国际物流园专用铁路开通　　市政府办 供图

年度视点

LIANYUNGANG YEARBOOK

10月30日，连云区宿城街道留云岭村入选2021年中国美丽休闲乡村，是全市第3个获此命名的村　赵　坤/视觉江苏网

提取罐
Extraction Tank
T3001B
RDN

① ③
②

① 11月3日，康缘药业参与的基于物质—药代—功效的重要创新研发理论与关键技术及其应用项目获国家科技进步奖二等奖。19日，康缘药业股份有限公司董事长、研究院院长肖伟当选中国工程院医药卫生学部院士，是连云港市首个本土院士。图为康缘药业智能化中药提取车间　　耿玉和 / 视觉江苏网

② 11月19日，江苏省政府批复《连云港石化产业基地总体发展规划（修编）》。图为连云港石化基地盛虹炼化一体化项目建设现场　　王健民 摄

③ 11月23日，"连云港—二连浩特—莫斯科" 班列首发。截至2021年底，连云港中欧班列自运营以来累计开行4535列，位居全省第一　　王健民 摄

連雲港

①
② ③ ④

12月2日，连云港花果山国际机场正式通航。

① 上午11时，“连云港花果山”号客机从花果山机场起飞，于12时40分抵达北京大兴机场

② ③ 花果山机场候机楼、导航台

④ “花果山”号客机首航“过水门”仪式

王健民 摄

①

②

① 12月22日，经国务院批复同意，《江苏沿海地区发展规划（2021—2025）》印发，根据规划，连云港重点建设陆海联动区。图为连云港市重点打造的“城市新中心”、现代化海滨新城——连云新城

王健民 摄

② 12月31日，连云港市被全国爱国卫生运动委员会办公室评为2020年度全国健康城市建设样板市。图为城市社区“10分钟体育健身圈”服务功能不断提升，市民在社区公园篮球场打篮球

耿玉和／视觉江苏网

年度视点

LIANYUNGANG YEARBOOK

中共十八大以来，连云港市综合实力实现跨越式提升。十年间，全市地区生产总值从1618.8亿元增长到3727.9亿元，连续跨越2个千亿元大关；崛起石化、冶金等千亿级临港产业集群；“一体两翼、一港四区”组合大港格局全面拉开，港口年货物吞吐量增长到2.77亿吨；城市建成区面积拓展到313平方千米，城镇化率提高到63.6%，先后创成国家卫生城市、全国文明城市；城乡居民收入分别增长到39862元、21373元，各项社会事业全面进步。

非凡十年

LIANYUNGANG YEARBOOK

连云港石化基地　来一麟 摄

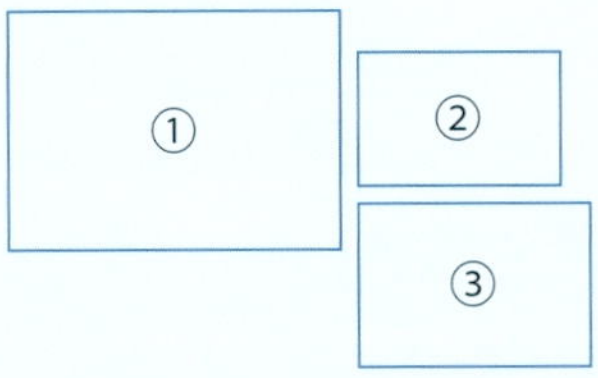

① 2021年，“中华药港”一期投入使用，聚集医药研发、生产、公共技术服务等项目50余个。图为位于连云港经济技术开发区的“中华药港”核心区　耿玉和／视觉江苏网

② 2021年，中国医药研发产品线最佳工业企业中，恒瑞医药、豪森药业、正大天晴、康缘药业分别位居第1、3、4、7位。图为恒瑞医药技术人员进行新药研发　陈　正 摄

③ 2021年，连云港市医药企业涵盖化学药品制剂、卫生材料和医药用品、医疗器械等8大子行业，有规模以上医药企业37家。图为位于连云港经济技术开发区的江苏苏云医疗器材有限公司一次性医用耗材生产车间　耿玉和／视觉江苏网

①	③
②	④

① 近年来，连云港市新材料产业跑出“加速度”。图为位于连云港经济技术开发区的江苏慧智新材料科技有限公司的工人检验订单产品　王健民 / 视觉江苏网

② 中复神鹰碳纤维有限公司实现高性能干喷湿纺碳纤维产业化关键技术突破，2017 年获国家科技进步奖一等奖。图为该公司碳纤维生产线　耿玉和 / 视觉江苏网

③ 连云港市首家科创板上市企业联瑞新材有限公司，工人在码放一批高端芯片封装用球形粉体材料　耿玉和 / 视觉江苏网

④ 位于东海高新区的晶海洋半导体材料有限公司多功能硅片生产线　张开虎 / 视觉江苏网

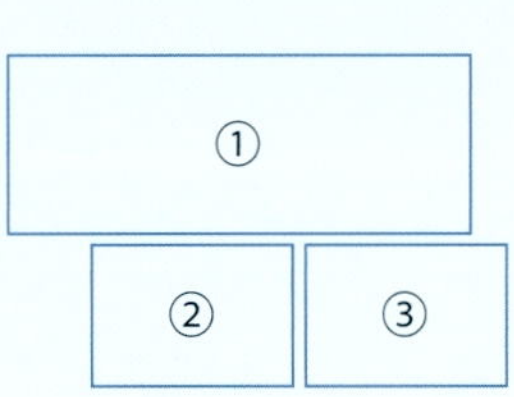

① 连云港市加快绿色能源发展和“双碳”（碳达峰、碳中和）进程，打造新能源产业高地，位列“2022年胡润中国新能源产业集聚度城市榜”第47位。图为全世界在运和在建的总装机容量最大的核电基地——田湾核电站　　王健民 摄

② 位于赣榆经济开发区的神舟新能源有限公司生产一批出口国外的太阳能光伏电池组件　　耿玉和 / 视觉江苏网

③ 连云港高新区海州工业园一家新能源企业生产一批太阳能集热器零部件　　耿玉和 / 视觉江苏网

非凡十年

安 全 第

中国建材
中复连众
123米16MW
中复连众

① 连云港市高端装备制造产业“加速攀升”，重点发展风电装备、海洋装备、工程装备等特色产业。2022年7月，由连云港远洋流体装卸设备有限公司独立研发的全球首台套智能船用装卸臂完成首船接卸作业。图为连云港远洋流体装卸设备有限公司流体装卸臂生产现场

耿玉和 / 视觉江苏网

② 连云港市在核电、风能、光伏等领域发展成为全国新能源产业的多项“单打冠军”城市。图为连云港中远海运特种装备制造有限公司生产车间　　高　屹 摄

③ 2022年8月30日，全世界最长的123米风电叶片在连云港中复连众复合材料集团有限公司下线

王健民 / 视觉江苏网

④ 2022年11月，连云港鹰游纺机有限公司被工业和信息化部评为第七批国家级制造业单项冠军示范企业。图为该公司纺机设备生产车间　　耿玉和 / 视觉江苏网

数智化管理平台

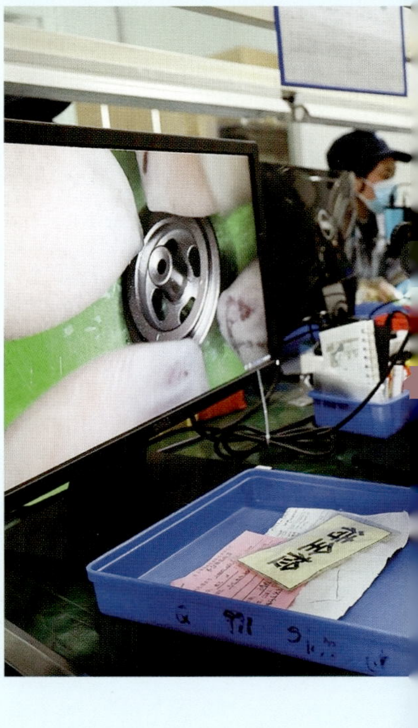

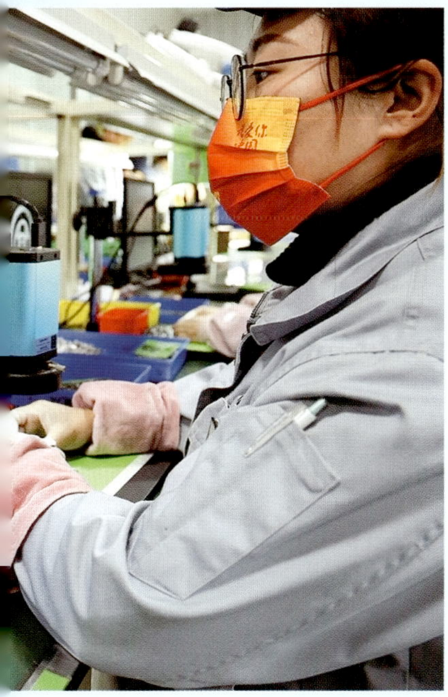

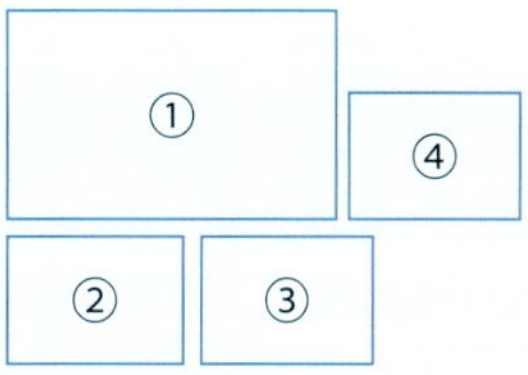

① 2022 年，连云港市出台具体措施，支持制造业智能化改造和数字化转型，为产业高质量发展提供更加强劲的动能。图为一家企业的数智化管理平台

耿玉和 / 视觉江苏网

② 连云港经济技术开发区内海宏智能有限公司工业机器人生产车间

朱先明 / 视觉江苏网

③ 位于连云港经济技术开发区的连云港富驰智造科技有限公司数智化粉末冶金制品生产线

耿玉和 / 视觉江苏网

④ 连云港高新区内，一家精密技术企业的手机摄像头生产线

耿玉和 / 视觉江苏网

开放发展

十年间，连云港市坚持开放发展主路径，“一带一路”项目建设形成标杆示范。全力推进“枢纽港、产业港、物流港、贸易港”建设，有远近洋等各类航线71条，航道等级由15万吨提升到30万吨，万吨级泊位70个，通过能力增长近1亿吨。现代综合交通体系加速构建，连青、连盐、连徐、连镇铁路贯通，花果山国际机场建成投用。中欧班列累计开行4535列，总量位居全省第一。对外开放形成高地。中国（江苏）自贸试验区连云港片区获批建设，承接省级赋权192项，探索形成创新经验105项，综保区外贸进出口额年均增长60%以上，集聚优质要素的开放门户地位更加凸显。

②
①
③

① 中哈（连云港）物流合作基地是"一带一路"合作倡议首个实体项目，图为繁忙的连云港中哈物流合作基地场区　　张言华 摄

② 上合组织（连云港）国际物流园是上合组织的共用出海基地。2022年，上合国际物流园累计完成物流量比2021年增长48.2%；完成集装箱量增长286%。图为2022年11月，江苏首列中吉乌"公铁联运"国际货运班列从上合国际物流园铁路场站发车抵达乌兹别克斯坦塔什干　　连云港日报社 供图

③ 2020年4月14日，全球抗击新冠肺炎疫情期间，搭载着26万件防疫物资的中欧班列从中哈（连云港）物流合作基地出发，前往中亚国家　　王健民／视觉江苏网

L-15
BT reflex
BRS-01-002

吊物线下

① 2021年4月，“一带一路”供应链基地（连云港）项目建成投入运营，“连云港—里海”消费类商品供应链通道正式启动。图为基地1号库，工作人员码放一批即将中转的麦芽糖醇　　耿玉和 / 视觉江苏网

② 2021年7月，连云港首创的国际班列过境集装箱“车（站）船直取”零等待模式向全国口岸推广　　市港口集团 供图

③ 2021年，连云港港出口车辆15.08万台，比2020年增长77.43%，居全国第3位；2022年，连云港港出口车辆22.61万台，再创历史新高。图为连云港港等待出口的汽车　　张言华 摄

①

②

① 2014年起，连云港市连续成功举办7届丝绸之路国际物流博览会。图为2021年10月18日，第七届丝路物博会展会现场　　市商务局 供图

② 2022年8月，连云港港30万吨级航道全面建成，从根本上提升了港口功能。图为30万吨级航道施工现场　　王健民 摄

非凡十年

LIANYUNGANG YEARBOOK

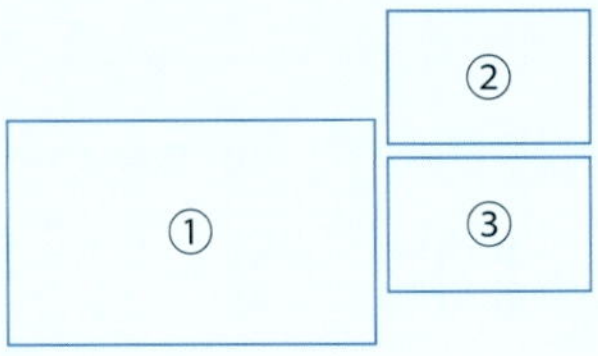

① 中国（江苏）自贸试验区连云港片区自2019年8月获批以来，在服务国家战略、深化投资贸易、转变政府职能等方面培育一系列创新成果。图为中国（江苏）自贸试验区连云港片区　　王健民 摄

② 2020年以来，中国（连云港）跨境电商综合试验区加快建设。图为连云港自贸区跨境电商体验中心内，商家通过网络直播卖货　　王 春 / 视觉江苏网

③ 2021年，连云港综合保税区各项经济指标实现大幅增长。图为连云港综合保税区　　耿玉和 / 视觉江苏网

非凡十年

LIANYUNGANG YEARBOOK

绿色发展

十年间，连云港市突出绿色发展主基调，美丽港城建设成效显著。在全国地级市中率先完成生态战略环评，建立“三线一单”管理模式。全市陆域近四分之一划定为生态红线区域，自然保护地达29个，总面积超4万公顷。2021年，全市空气优良率83.8%，国省考断面优Ⅲ类水质86.7%，近岸海域海水优良率100%。开展国土绿化、植树造林和宕口整治，林木覆盖率27.4%。推进云台山森林公园、海州湾海洋公园、临洪河滨海湿地公园建设，精心打造“百里蓝湾”。

非凡十年

LIANYUNGANG YEARBOOK

2021年，国家气候中心授予连云区“中国气候宜居城市”国家气候标志。图为连云区生态环境　　王健民 摄

① 百里蓝湾（海上紫菜养殖场）　市政府办 供图

② 海州湾国家海洋公园　张言华 摄

① 2022年11月3日，连云港市被国家林草局授予“国家森林城市”称号。图为位于云台山国家森林公园中的宿城万寿谷
张言华 摄

② 海州区街头公园绿化　　耿玉和 / 视觉江苏网

① 大群反嘴鹬聚集在海州湾赣榆段湿地
司　伟 / 视觉江苏网

② 实施生态修复工程后的东海县石梁河水库
邵光明 摄

① 西双湖湿地　　　　　　　李 伟 摄

② 海州区马涧通道北侧边坡生态修复工程现场　　　　耿玉和 / 视觉江苏网

③ 连云港市实施清水进城工程，通过“1库3河6闸”连通联动，向市区河道调引水源5000余万立方米。图为正在补水的海州区东盐河一角　　　　耿玉和 / 视觉江苏网

民生事业

十年间，连云港市坚持共享发展主目标，民生答卷更有温度厚度。乡村振兴成效显著。2个重点帮扶县、200个省市定经济薄弱村全部“摘帽”，34.4万名年收入6000元以下的农民全部脱贫。大力实施富民增收行动计划，有效促进城乡劳动力充分就业，近五年来全体居民收入增长超1万元，全面推进乡村振兴，教育、医疗等事业实现长足发展，在苏北率先基本实现教育现代化，卫生健康事业高质量发展指数保持全省前列。高水平创成国家卫生城市、全国文明城市。

① 国家大型水库移民重点扶持项目——东海县石梁河镇南辰新型社区　　邵光明 摄

② 东海县曲阳镇渔光互补项目区　　邵光明 摄

③ 赣榆区城头镇黄墩村脱贫直播间　　吴树业 摄

党建引领 富民兴村

非凡十年

LIANYUNGANG YEARBOOK

① ② ③

① 2021年12月12日，灌云县南岗镇在岗东村举办“党建引领·富民兴村”首届乡村振兴文化节，现场展销优质农产品

魏士化 / 视觉江苏网

② 灌南县现代农业园区一家食用菌企业生产车间，工人采收杏鲍菇

耿玉和 / 视觉江苏网

③ 海州现代农业示范园蝴蝶兰组培苗生产基地，工作人员在培养室里查看蝴蝶兰幼苗生长情况

耿玉和 / 视觉江苏网

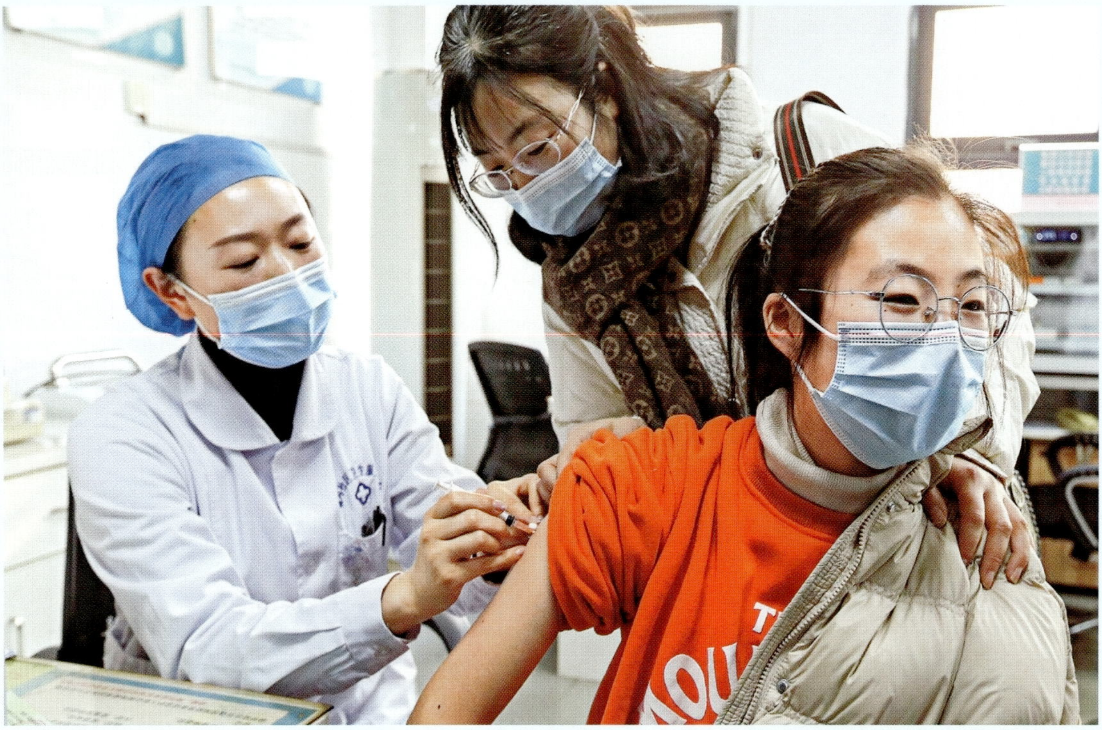

① ② ③

① 2021年12月21日，全省第一针免费HPV疫苗在连云港市连云区接种　王健民 摄

② 农民在家门口的刺绣厂加工出口刺绣产品　邵光明 摄

③ 2021年，市政府加强稳就业工作。图为12月27日，连云区为退捕转产的渔民举办就业培训班　朱华南 / 视觉江苏网

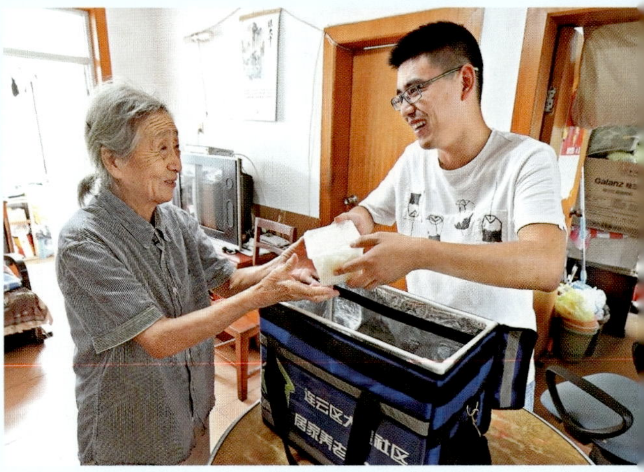

① ②

③

① 连云港市实施文化惠民工程，打造城市书房。图为市民在城市书房静心阅读　　司　伟 / 视觉江苏网

② 2021年，全市为15.07万名老年人提供居家上门服务，实现80周岁及以上居家老年人上门服务全覆盖。图为连云区海州湾街道大港社区居家养老中心的工作人员为空巢老人送餐　　王健民 / 视觉江苏网

③ 连云港市推进教育集团化办学，促进城乡教育资源均衡。图为苍梧小学云山校区　　市教育局 供图

编　辑　说　明

一、《连云港年鉴》是由连云港市地方志编纂委员会办公室组织编纂的年度资料性文献，始创于1999年，本卷为第24卷。本卷年鉴以马克思列宁主义、毛泽东思想、邓小平理论、“三个代表”重要思想、科学发展观、习近平新时代中国特色社会主义思想为指导，坚持辩证唯物主义和历史唯物主义的立场、观点和方法，系统记述2021年连云港市自然、政治、经济、文化、社会和生态建设基本情况和发展情况，旨在为社会各界和海内外人士了解连云港提供基本信息、为宣传连云港提供基本资料、为研究连云港提供基本素材。

二、本卷年鉴记述起讫时间原则上为2021年1月1日至2021年12月31日。为突出年鉴的时效性，卷首专题图片中的部分图片、特载中的有关内容和附录中的“政府工作报告”选用了2022年资料。

三、本卷年鉴依据本行政区域经济社会发展特点，参照有关分类标准，采用分类编排法，设类目、分目、副分目、条目4个层次，条目为记述的基本层次。

四、与上年年鉴相比，本卷年鉴主要在分目设置上有部分调整。“市情概览”类目中的“建置”“区划”条目合并为“建置区划”；“连云港市纪委监委”类目中的“廉政教育”“纪检监督”“职务犯罪预防与查办”分目改为“惩治腐败”“政治监督与作风建设”“巡察监督”“纪检监察宣传”分目；“连云港市关心下一代工作委员会”分目从“群众团体”类目移至“社会事务”类目，更名为“关心下一代工作”；“开放型经济”类目中增加“跨境电商”分目，“农业”类目中增加“园艺业及林业”分目；“邮政服务业”分目从“商贸服务业”类目移至“信息服务业”类目；“乡村振兴”类目中“精准扶贫”分目改为“脱贫成果巩固”；“文化”类目中增加“艺术表演场馆”副分目；“卫生健康”类目中增加“基本公共卫生服务”分目。

五、本卷年鉴设中共连云港市委、连云港市人大、连云港市政府、连云港市政协、连云港市纪委监委、民主党派·工商联、群众团体、法治、军事、经济管理、参与“一带一路”建设、连云港港、交通、海洋经济、开放型经济、农业、工业、商贸服务业、信息服务业、旅游业、房地产业、金融业、城市建设与管理、乡村振兴、生态建设、科学技术、教育、文化、体育、卫生健康、收入与消费、社会事务、社会治理、区县、人物35个类目。设分目246个,副分目11个,收入条目1307条、随文图照251幅、表格66张。

六、本卷年鉴交叉和相关内容采用参见法。个别地方设“链接”,收录相关资料,以扩展条目内容的信息量。

七、本卷年鉴中的全市综合性统计资料,由市统计局提供。本卷年鉴中数字用法、标点符号用法分别采用国家标准《出版物上数字用法》(GB/T15835－2011)、《标点符号用法》(GB/T15834－2011),计量单位采用国家技术监督局1993年12月发布的《量和单位》系列国家标准。一次文献中的数字、计量单位等用法保持原貌。

八、本卷年鉴稿件资料按照连云港市地方志编纂委员会办公室审定的《〈连云港年鉴(2022)〉组稿计划》,由全市各有关部门、单位和县区专人撰写,并经各单位负责人审阅。为全面反映相关领域的发展情况,《连云港年鉴》编辑部采编和补充了部分内容,并以“年编”署名。

九、本卷年鉴的检索方法有目录和索引两种。目录在卷首,编排至条目;索引在卷末,编制主题索引和图索引、表格索引。

十、本卷年鉴全文载入连云港市人民政府网(www. lyg. gov. cn)、连云港史志网(www. lygsz. gov. cn),同时加入中国知网(www. cnki. net)。制作了“方志连云港”微信小程序,具备目录导航、页面浏览、文本复制功能,方便读者掌上读鉴用鉴。

目 录

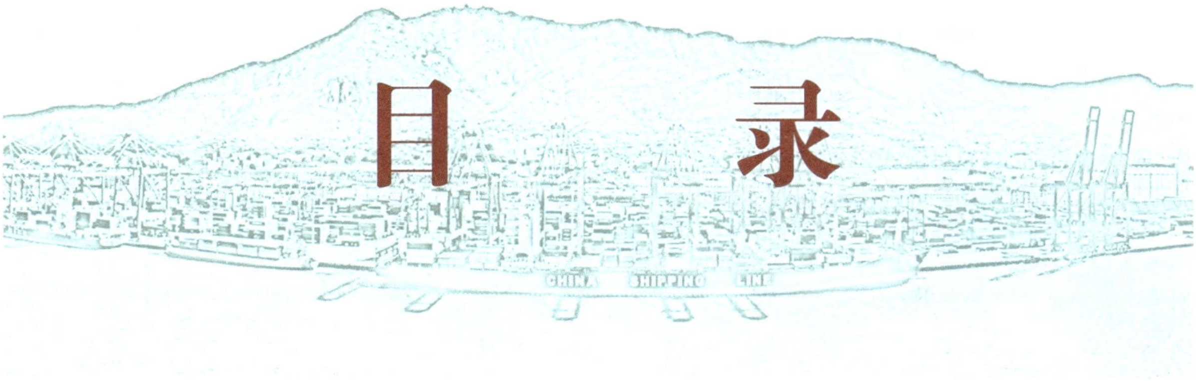

特 载

大事记

市情概览

中共连云港市委

连云港市人大

连云港市政府

连云港市政协

连云港市纪委监委

民主党派·工商联

群众团体

法 治

军　　事

经济管理

参与“一带一路”建设

连云港港

交　通

海洋经济

开放型经济

农　业

工　业

商贸服务业

信息服务业

旅游业

房地产业

金融业

城市建设与管理

乡村振兴

生态建设

科学技术

教　育

文　化

体　育

卫生健康

收入与消费

社会事务

社会治理

区　县

人　　物

附　　录

索　　引

特 载

党史学习教育

·概况 2021年，根据中共中央和中共江苏省委的统一部署，中共连云港市委组织全市党员开展党史学习教育。党史学习教育期间，全市各级党组织按照中央和省市委部署要求，把学史明理、学史增信、学史崇德、学史力行贯穿学习教育全过程，围绕“学党史、悟思想、办实事、开新局”总要求，引领推动全市104家参学单位、1.39万个基层党组织、1100余名县处级以上党员领导干部、27.6万名党员学习教育取得良好效果。为“一老一小”办实事经验做法在中央学教办实践组到苏调研座谈会上交流发言。省委第五巡回指导组6次到连云港实地指导，对连云港市“一月一主题，每月读书班”、石梁河水库生态环境整治、成立为民办实事群众评议团等经验做法给予充分肯定。

·组织部署 3月12日，全市党史学习教育动员大会召开。市委成立党史学习教育领导小组及办公室，内设5个工作组。针对全市104家参学单位特点，组建12个巡回指导组按类别、分领域指导全市面上工作，特别明确专门指导组负责对离退休老党员、流动党员以及“两新”组织党组织的指导，强化分类指导的针对性、有效性。全市构建市县乡三级联动组织体系，督促所有支部抓好党史学习教育，推动支部制定党史学习教育计划，细化标准要求，以抽查、访谈等方式，督促各级支部对标落实工作。县处级以上领导干部以普通党员身份参加所在支部专题组织生活会，各级党组织累计查摆问题6811个、制定整改措施5046个。市委常委会制定党史学习教育工作方案，确定带头先学深学、带头深调研厚植根、带头解民忧暖民心、带头打头阵树榜样“四带头四表率”目标，以“一月一主题、每月读书班”为抓手，通过领学自学、聆听专家授课以及集体观看导读视频等方式，组织开展集中学习22次。举办“学悟结合做示范、实干力行当表率”轮训班，分5期对全市县处级领导干部进行全脱产、全员化集中轮训；开展“百名书记讲党课”活动，累计开展专题党课1200余场、33.6万余人次参学。

·开展线上线下学习 2021年，全市农家书屋、医院、影院等公共服务场所，均建设党史学习教育“有声图书馆”等便民阅读设施。开展线上线下同步学习，统筹各类宣讲力量，开展分众化、精准化宣讲；组建机关、县区和企业、青少年3个宣讲分团，区分不同层级、不同领域、不同对象，按专题、分领域开展宣

4月8日，连岛街道西连岛村党总支组织党员在船头举行微党课学习党史　　朱华南/视觉江苏网

讲。构建“1＋9＋X”宣讲体系，围绕中共十九届六中全会精神、省第十四次党代会精神，市委成立1个宣讲团，9个县区、功能板块分别成立县级宣讲团，全市各级行业部门结合实际成立各自宣讲团，制定规范性PPT宣讲模板，开展集中宣讲活动150余场次。将市区20路公交车打造成“红色党史流动课堂”，遴选13名党员驾驶员作为党史宣讲员；用好便民服务中心、为民服务全程代理中心，联系群众的网络平台（“两中心一平台”），开展宣讲活动930余场，各群团组织开展“劳模工匠大讲堂”“百年党史青春说”等特色宣讲活动3200余场。“百姓名嘴”“青年讲师团”“巾帼讲师团”等开展基层宣讲活动，累计组织宣讲1183场次，覆盖15万余人次。针对流动党员、“两新”组织党员等，开展驻外流动党组织送学活动等。用好“村村通”大喇叭、车站广播、电台等播放红色故事。各类宣讲人员录制“微党课”“微案例”音视频，直播讲党课，各级党组织创新开展网上学习会、网上党课、网上宣讲等活动。

·学习教育成果 2021年，党史学习教育期间，连云港市学史力行，推进“两在两同”（“同人民想在一起、干在一起，风雨同舟、同甘共苦，在现代化新征程上建新功”行动）建新功行动与“我为群众办实事”实践活动。全市各级党组织累计办理群众诉求89.7万件，群众满意率96.56%。开展“万名党员走千村（社区）访万户”活动，广大党员深入全市1428个村、277个社区，累计收集问题9558条，解决困难事项5600余项。以“深扎根、大排查、抓落实、解难题”为重点，县处级以上领导干部围绕民生领域突出问题进行再排查、再梳理，形成问题清单、任务清单、责任清单。用好“12345”热线平台，收集群众意见。市委常委会带头制定27件市级层面办实事清单项目，市委常委每人领办1—2项民生实事项目，示范带动104家参学单位列出实事项目1217个。开展“雷锋车 港城红”全社会志愿服务行动，依托全市新时代文明实践4家中心、86个所、1390个站，制定并推进374项具体服务事项。各地各单位开展“幸福来敲门”“公益大食堂”“红色代办”等特色活动。建立“五公开一评价”（公开征求意见、公开实事清单、公开作出承诺、公开进展情况、公开办理结果、接受群众评价）闭环机制，在全省率先组建“群众评议团”，对市级项目清单中重点民生实事项目开展评议。市县累计组织53次群众评议团，抽选“两代表一委员”621人次，群众代表912人次，对63家单位“我为群众办实事”总体情况和118项重点民生实事项目开展评议，累计提出意见建议347条，总体情况满意率99%。 （年 编）

中国共产党连云港市第十三次代表大会

·概况 9月27—29日，中国共产党连云港市第十三次代表大会在市文化艺术中心举行。大会应出席代表443人，实到422人，符合规定人数。大会执行主席是方伟、马士光、王加培、胡建军、卢刚、尹哲强、黄远征、王先桥、李振峰、杨新忠、林小异、赵云燕、王东升。方伟代表中共连云港市第十二届委员会向大会作题为《加快后发先至，全面开创新局，为建设人民期待的现代化新港城努力奋斗》的报告。

大会以无记名投票的方式，差额选举产生51名中共连云港市第十三届委员会委员，9名中共连云港市第十三届委员会候补委员，31名中共连云港市第十三届纪律检查委员会委员，39名出席中共江苏省第十四次代表大会代表。9月29日，中共连云港市第十三届委员会举行第一次全体会议，差额选举产生11名中共连云港市第十三届委员会常务委员会委员，分别是方伟、马士光、胡建军、卢刚、黄远征、王先桥、李振峰、杨新忠、林小异、赵云燕、商振江。会议选举方伟为中共连云港市委书记，选举马士光、胡建军为中共连云港市委副书记。审议通过《中国共产党连云港市第十三次代表大会关于中共连云港市第十二届委员会报告的决议》《中国共产党连云港市第十三次代表大会关于中共连云港市第十二届纪律检查委员会工作报告的决议》。

·擘画发展新蓝图 中国共产党连云港市第十三次代表大会为连云港市擘画发展新蓝图。大会提出，到2035年，与全省同步基本实现社会主义现代化，共同富裕迈出坚实步伐，主要发展指标超过全省平均水平，综合实力跻身沿海城市中上游。到21世纪中叶，拥有高度的物质、政治、精神、社会、生态文明，在“一带一路”崛起中国气派的支点城市。

大会报告要求聚力突出战略引领，聚焦增强战略支撑：

重大产业引领支撑。加快建设世界级石化产业基地、“中华药港”等“三新一高”产业集群，崛起沿海产业新高地，形成具有鲜明连云港特色的产业体系，在全球产业链、价值链和国家产业分工、江苏制造强省大局中，担当关键角色，发挥独特作用，占据重要地位。

双向开放引领支撑。抓住“一带一路”机遇，放眼全局视野，强化以港兴市，突出“国际知名枢纽港”内核，积极构建“东方大港”，服务新亚欧大陆桥经济走廊。

创新驱动引领支撑。坚持高峰带高原、制造生创造、企业重研发、平台聚人才，进一步厚植创新精神、优化创新生态、提高创新浓度，构建具有国际竞争力的产业创新中心、工程技术研发中心。

绿色安全引领支撑。坚定践行“两山”理论，走“生态优先、绿色发展”道路，提升本质安全水平，高质量推动生态经济、文化旅游、公园城市等具体实践，让“百里蓝湾、美丽港城”成为美丽江苏、美丽中国的生动样板。

民生幸福引领支撑。更加突出以人民为中心，通过高质量高水平办好民生社会事业，优环境、降成本、暖民心、聚人气，打造幸福港城响亮品牌，以人的现代化引领经济社会全面现代化。

会议从八个方面明确经济社会发展全面迈向现代化的部署要求：

突出特色优势，强化创新驱动，全力构建石化产业基地，加快崛起“中华药港”，大力发展新兴产业，改造提升传统产业，持续做强现代服务业，加快产业体系的现代化跨越。

突出东西双向，强化支点构建，打造“一带一路”东方大港，展现标杆示范新的高度，迈向枢纽经济更高能级，强化开放平台引领作用，加快开放发展的现代化跨越。

突出经略海洋，强化向海发展，优化海滨城市功能布局，彰显现代港城海洋风貌，奋进海洋经济蔚蓝航程，加快海洋强市的现代化跨越。

突出乡村振兴，强化“三农”工作，树立高远追求，完善县域城镇体系，夯实县域产业基础，加快县域经济的现代化跨越。

突出低碳循环，强化绿色发展，积极推进“碳达峰、碳中和”，持续加大生态环保力度，全面构建新时代公园城市，加快生态文明的现代化跨越。

突出以人为本，强化共建共享，扎实促进共同富裕，用心办好人民满意的教育，深入建设健康连云港，努力促进人口可持续发展，加快民生事业的现代化跨越。

突出以文化人，强化凝神聚气，坚定正确方向，提升文化实力，培育城市文明，加快文化建设的现代化跨越。

突出深化改革，强化基层基础，有力发挥改革的重大牵引作用，优化营商环境，提升治理效能，防范化解风险，加快治理体系和治理能力的现代化跨越。　（年　编）

新时代以来连云港市经济社会主要发展成就

·概况　中共十八大以来，连云港市综合实力实现跨越式提升。全市地区生产总值从1618.8亿元增长到3727.9亿元，连续跨越2个千亿元大关，年均增速9.7%。石化、冶金等千亿级临港产业集群，新医药、新材料、新能源等特色产业集聚壮大；“一体两翼、一港四区”组合大港格局全面拉开，港口年货物吞吐量从1.9亿吨增长到2.8亿吨，集装箱运量突破500万标箱；城市建成区面积从246平方千米拓展到313平方千米，城镇化率从53.8%提高到63.6%。连云港市先后创建成国家卫生城市、全国文明城市、国家森林城市；城乡居民收入分别从24342元、9589元增长到39862元、21373元，各项社会事业全面进步。

·产业发展　2012年以来，连云港市集聚特色鲜明的主导产业。形成以石化、冶金等临港基础工业和新医药、新材料、新能源、装备制造等高新技术产业为骨架的现代产业体系。2021年，全市工业应税销售4038.8亿元，六大主导产业应税销售突破占全市比重超过80%。培育国内知名的龙头企业，形成上市公司引领、重点企业支撑、中小企业跃进的梯次发展格局，全市上市企业11家，规模以上工业企业突破1045家，年产值超百亿企业10家，诞生苏北第一家科创板企业联瑞新材料，培育中复神鹰等一批细分市场“隐形冠军”。打造千亿级的新增长极。按照“四个世界一流”标准，全力打造国家级石化产业基地。盛虹炼化一体化项目进入投产阶段，卫星石化、中化国际等龙头项目相继投产达效。“中华药港”核心区高端化学制剂、国际医疗器械产业园一期建成投用，项目入住率超过70%。

·科技创新　2012—2021年，全市全社会研发投入由22.66亿元提高至88.17亿元，增长289%；全社会研发投入占地区生产总值比重达2.37%，位居苏北第1，提高1.08个百分点，涨幅高于全国0.55个百分点、全省0.43个百分点。科技进步贡献率由47.5%增长至58.3%，提高10.8个百分点，涨幅高于全国3百分点、全省1.2个百分点。5家单位和1名个人获首届江苏省科技创新发展奖，获奖企业数位居苏北第一。累计获国家科学技术奖18个、省科学技术奖90个，其中碳纤维领域获国家科技进步奖一等奖，实现全市第一完成单位第一完成人获国家科技进步奖一等奖“零”的突破。获批建设国家高新区、国家农业科技园区、国家知识产权试点城市、国家知识产权质押融资试点城市，省级高新区和首批省级农高区。苏北唯一、全省仅有的2个国家重大科技基础设施之一“高效低碳燃气轮机试验装置”项目落户连云港并全面开工建设。创新型城市排名列全国第54位，国家高新区排名列全国第66位，创历史新高。

·深化改革　2012年以来，全市转型升级纵深推进。累计承担国家级改革试点15个、省级改革试点20个，市级重点改革30个，形成一批可复制、可推广的连云港经验。其中，农村综合改革等经验在全国复制推广。出台创新型城市建设“政策包”，全省率先设立市级科技创新奖；率先实施成果转化“揭榜挂帅”市级科技计划；率先出台科技信用管理办法、自贸区“引才13条”；苏北率先试点“企业创新积分”制。在全国率先推行生态副县（镇）长制度，完成首批7名生态副县（镇）长挂职工作。农村集体产权制度改革深入推进，农村集体产权交易市场实现县区、乡镇全覆盖。

·对外开放　2012年以来，全市累计实际使用外资及港澳台资79.4亿美元，高技术产业合同外资及港澳台资、实际使用外资及港澳台资比重分别由2012年10.9%、7.7%

提高至2021年的13.8%、11.9%。全市有外资及港澳台资企业750家，2021年，外资及港澳台资企业销售(营业)收入859亿元，纳税总额49亿元，较2012年分别增长80%和44%，吸纳就业超4万人。全市年进出口总额从51亿美元增长到144.9亿美元，大步跨越百亿美元台阶。连云港市与“一带一路”沿线国家(地区)进出口额占全市比重为28.3%，新兴市场进出口额占全市比重为56.2%，分别较2012年提升4个、9.8个百分点，一般贸易进出口占全市比重、民营企业进出口占全市比重较2012年均提升超20个百分点。全市获批国家级外贸转型升级基地2家，获批省级国际知名品牌企业5家，培育市级国际知名品牌出口企业13家。连云港市先后获批省级跨境电商发展试点城市、国家级跨境电商网购保税试点城市和国家跨境电商综合试验区，2021年全市跨境电商交易规模近30亿元。江苏自由贸易试验区连云港片区获批成立，先后出台片区建设实施方案、“28条”政策及配套支持政策，以贸易投资自由化便利化为重点的政策和制度体系初步形成，省《建设方案》明确的128项改革试点任务落地实施率超95%，累计形成具有连云港特色的制度创新成果121项，片区内新增市场主体较获批前增长11倍。开发园区建设更富成效。截至2021年，全市建成12家省级以上开发园区，4家园区获评省级特色创新产业园区。12家开发园区对外贸易和实际使用外资及港澳台资额在全市占比分别为85.8%、85.1%，权重较2012年分别增长30%、7%。载体开放迅速推进。赣榆、徐圩、灌河两翼港区获批对外开放，“一体两翼”四大港区实现开放全覆盖。连云港综合保税区获批并投入运作，进出口额年均增长60%以上。2021年，航空口岸扩大开放获得国务院批复，连云港花果山机场启用。口岸贸易便利化水平持续提升，口岸整体通关时间比2017年压缩过半。“走出去”迈上新台阶，全市累计新批境外投资项目119个，连云港方协议出资额18亿美元。2017年，“霍尔果斯—东门”无水港项目落地。连续成功举办七届中国(连云港)丝绸之路国际物流博览会，累计有来自100余个国家和地区的2600多家企业参展。“一带一路”形成标杆示范。中哈(连云港)物流合作基地常态化开行6条精品线路，从中亚五国逐步拓展到土耳其、德国、俄罗斯等国家，覆盖104个国际货运站点。上合组织(连云港)国际物流园2022年克服新冠肺炎疫情影响，完成物流量比2021年增长48.2%，完成集装箱量增长286%。中欧班列截至2021年底累计开行4535列，总量位居全省第一。东方大港加速崛起，有远近洋等各类航线71条，航道等级由15万吨提升到30万吨，万吨级泊位70个，通过能力增长近1亿吨。

新亚欧大陆桥零起点处，集装箱整装待发　　任汉诗　摄

·生态建设　2012年以来，在全市经济总量翻一番的情况下，化学需氧量、氨氮、二氧化硫、氮氧化物等污染物排放减少约三分之一。全市$PM_{2.5}$年均浓度从67微克/米^{3}下降到32微克/米^3，优良天数比率从66.3%提升至83.8%，劣五类水体全面消除，大气、水环境质量均达到有监测记录以来最优水平。编制出台生态文明建设规划、美丽连云港建设总体规划等多部生态环境领域规划，颁布实施全国首部滨海湿地保护地方性法规。持续推动落后产能淘汰，累计完成70万吨水泥、100万吨钢铁、50万载重吨船舶等低端低效产能化解。调整产业布局。深入推进全市化工行业整治提升，推进企业进区入园，关闭化工企业264家，占比超过77%；完成1300余家“散乱污”企业的关停、搬迁或升级改造。加快构建绿色制造体系，连云港经济技术开发区、徐圩新区跻身国家生态工业示范园区。康缘药业等8家企业入选全省首批“绿色发展领军企业”，数量居苏北第一。新建污水管网1800多千米、新增污水处理能力29万立方米/天，实现13个省级以上工业集聚区污水集中处理；完成城市建成区30条黑臭水体整治，市级饮用水源地水质达标率100%。2021年连云港市近岸海域水质优良率88.7%，为江苏沿海3市最优。首轮中央环保督察及“回头看”反馈问题全部完成整改销号。划定生态保护红线和生态空间管控

区域，占全市陆域国土面积的23.18%。生物多样性水平位于全省前列，调查到各类物种3673种。赣榆区创成国家级生态文明建设示范区，东海、海州、连云创成省级生态文明建设示范县区。连云港市被生态环境部确定为全国首个开展“战略环评”试点城市、全国首批“三线一单”管理试点城市、第二批国家生态环境与健康管理试点地区。开展国土绿化、植树造林和宕口整治，林木覆盖率27.4%。高起点推进云台山森林公园、海州湾海洋公园、临洪河滨海湿地公园建设，精心打造“百里蓝湾”。

·乡村振兴　2021年，全市村集体经营性收入12.21亿元，较2012年实现翻倍。大力培强优势特色产业，形成优质稻麦、设施蔬菜、规模畜禽、海淡水产等百亿优势产业集群，2012年以来，先后建成高标准农田26.76万公顷，占耕地面积比重68.3%。生猪大中型规模养殖比重84%。“连云港紫菜”“东海西红柿”“灌南食用菌”“赣榆梭子蟹”入选全省特色农产品优势区，海州湾海域、秦山岛东部海域上榜国家级海洋牧场示范区，获“中国紫菜之都”称号。建成全国农产品加工示范基地1个，省级农产品加工集中区4个，市级农产品加工集中区15个。累计培育市级以上农业产业化重点龙头企业385家，创建国家级现代农业产业园1个，建成省级现代农业产业示范园4个，实现市级现代农业产业示范园涉农乡镇全覆盖。培育国家农村产业融合发展示范园1个，省级以上“一村一品”示范村镇22个、农业产业化示范联合体28个、产业融合发展先导区5个。灌南县新安镇入选全国乡村特色产业十亿元镇，桃林镇北芹村、厉庄镇谢湖村等6个村上榜全国乡村特色产业亿元村。实现国家电子商务进农村综合示范县全覆盖，东海入选国家数字乡村试点地区，赣榆入选全国“互联网＋”农产品出村进城工程试点县。2017年获批全省唯一的国家首批农业对外开放合作试验区，构建“一心四区两基地”发展布局，形成以东海县为中心的粮油蔬果、以灌云县和灌南县为中心的设施蔬菜(食用菌)、以赣榆区为中心的海淡水产和特色水果、以连云区为中心的紫菜、以连云港经济技术开发区为中心的黄桃加工等一批出口集群。获批国家首批农业国际贸易高质量发展基地1个，建成省级以上出口农产品示范基地(区)21个，数量全省第一。江苏农业国际合作洽谈会永久落户连云港。农村人居环境整治三年行动完成，在全省率先出台《连云港市乡村清洁条例》，累计建设市级整治示范镇34个、示范村303个，培树“美丽家园”示范点19个。重点打造生态宜居美丽示范镇6个、生态宜居美丽示范村50个。培育中国美丽乡村3个，全国休闲农业与乡村旅游星级示范企业(园区)33个，发展各类经营主体1076个，从业人数7.2万人，年综合营业收入52.2亿元，带动农户3.8万余户。脱贫攻坚取得全面胜利，全省率先以整市域推广精准防贫工作，2个重点帮扶县、200个省市定经济薄弱村全部“摘帽”，提前1年完成脱贫任务，累计脱贫13.5万户、34.35万人、脱贫率100%。

·民生事业　2012年以来，全市大力实施富民增收行动计划，有效促进城乡劳动力充分就业，居民收入大幅提高。2016—2021年，连续跨越2个万元台阶；2021年，全体居民人均可支配收入32295元，为2012年的2.2倍，实现“翻一番”。城乡差距逐步缩小，城乡居民收入比从2012年的2.08∶1缩减至2021年的1.87∶1。居民消费稳步提高。2021年，全市居民人均生活消费支出为21038元，比2012年增长103.2%，年均增长8.2%。恩格尔系数从2012年的33.3%下降至2019年的31.3%，受新冠肺炎疫情影响，2021年反弹至32.9%，但仍低于2012年占比。消费升级步伐加快。全市居民文教娱乐支出年均增长8.2%，交通通信支出年均增长8.3%，医疗保健支出年均增长9.0%。生活条件显著改善。2021年，全市居民人均居住支出为4258元，比2012年累计增长113.0%，年均增长8.8%。城乡居民人均住房建筑面积分别为52平方米、59平方米，分别是2012年的1.6倍、1.4倍。居民耐用消费品不断提档升级，2021年全市居民每百户家庭汽车拥有量达35辆，是2012年的2.3倍。在苏北率先基本实现教育现代化，卫生健康事业高质量发展指数保持全省前列。

(年　编)

责任编辑　邱仕明

大事记

1月

14日　连云港市与国网江苏省电力有限公司举行战略合作框架协议签约仪式。根据协议，省电力公司以“港、产、城、园、岛”为重点，构建能源互联新形态，做好海上风电、平价光伏等新能源配套电网建设。

18—21日　中国人民政治协商会议连云港市第十三届委员会第五次会议在海州举行。会议期间，委员们听取和讨论中共连云港市委书记项雪龙讲话；听取和审议政协连云港市第十三届委员会常务委员会工作报告；听取和审议政协连云港市第十三届委员会常务委员会关于四次会议以来提案工作情况的报告；列席连云港市第十四届人民代表大会第五次会议，听取和讨论连云港市人民政府工作报告及其他有关报告；审议通过政协连云港市第十三届委员会提案委员会关于五次会议提案初步审查情况的报告；审议通过政协连云港市第十三届委员会第五次会议关于常务委员会工作报告的决议；审议通过政协连云港市第十三届委员会第五次会议决议。

19—22日　市第十四届人民代表大会第五次会议在连云港大剧院举行。市委书记、市人大常委会主任项雪龙主持大会。大会表决通过连云港市第十四届人民代表大会第五次会议关于连云港市人民政府工作报告的决议、关于“十四五”规划和二〇三五年远景目标纲要的决议、关于连云港市2020年国民经济和社会发展计划执行情况与2021年国民经济和社会发展计划的决议、关于连云港市2020年预算执行情况和2021年预算的决议、关于连云港市人大常委会工作报告的决议、关于连云港市中级人民法院工作报告的决议、关于连云港市人民检察院工作报告的决议。补选陈书军为市十四届人大常委会副主任，高美峰为市政府副市长，刘红、刘盾、江锦峰、周成前、胡顺波、姜健、曹耀生为市十四届人大常委会委员。

30日　中央文明办发布通报，公布2021—2023年创建周期全国文明城市提名城市名单，东海县、灌南县、灌云县入围。

31日　省政府发布2020年度江苏省科学技术奖励决定，连云港市7个项目入选，其中二等奖项目2个，三等奖项目5个。

2月

8日　连徐高铁建成通车，连云港至乌鲁木齐高铁全线贯通。连徐高铁于2017年7月开工建设，东起连云港市，西至徐州市，正线全长约180千米，设计时速为350千米/小时。

9日　省委副书记、省长吴政隆一行到连云港调研，先后考察连云港三新供电服务中心、连云港中复连众复合材料有限公司、新东街道社区卫生服务中心、民主路老街。

26日　省委、省政府以视频形式召开2021年全省重大项目建设推进会议，连云港市设立分会场并举行2021年全市重大项目集中开工活动。主会场设在徐圩新区，各县区、连云港经济技术开发区设分会场。开工项目73个、年度投资235亿元。

28日　《国家综合立体交通网规划纲要》印发，连云港港被列为全国沿海27个主要港口之一，并确定为国际枢纽海港。

3月

7日　中国市场学会发布《直播电商区域发展指数研究报告》。从直播商品消费、直播内容供给、直播内容消费、直播质量、产业促进5个维度，对全国各区域直播电商发展情况进行量化评估，连云港市东海县位列第7，是江苏省排位最高的县域。

12日　全市党史学习教育动员会议召开，市委书记、市委党史学习教育领导小组组长项雪龙作动员讲话。

17日　新疆维吾尔自治区伊犁州党委常委、霍尔果斯经济开发区党工委常务副书记、管委会主任、市委书记郝建民率党政代表团到连云港考察，推动双方深化合作交流。

27日　“高效低碳燃气轮机试验装置”CTF1号燃烧室试验平台点火成功。位于连云港的国家重大科技基础设施——高效低碳燃气轮机试验装置工程科学技术委员会成立。

4月

1—2日　省政协主席黄莉新率调研组到连云港就“提升海洋科技创新能力”进行专题调研，先后调研中船重工第716研究所、江苏海洋大学、港口控股集团(集装箱码头)、连云区，并在海州湾会议中心召开座谈会。

2日　工业和信息化部规划司通报2020年国家新型工业化产业示范基地发展质量评价结果。连云港经济技术开发区医药产业示范基地获评国家五星示范基地，是江苏省唯一连续2年获评五星级的示范基地。

9日　水利部淮河水利委员会主任刘冬顺一行到连云港调研沂沭泗河洪水东调南下提标工程推进工作。

10日　全市政法队伍教育整顿警示教育大会召开，市委常委、市纪委书记、市监委主任刘海涛以“坚守初心使命、维护公平正义”为主题作廉政教育报告。省政法队伍教育整顿驻连云港指导组副组长孙涛到会指导。

13日　国内首套岸电储能一体化系统在连云港港建成投入运行。

15日　省委常委、统战部部长杨岳率领化学纤维产业强链工作专班到连云港，围绕服务徐圩新区化纤基地建设开展专题调研。省委统战部副部长、省工商联党组书记顾万峰参加调研。

22日　连云港市人民政府与浙商银行南京分行签署政银战略合作协议，浙商银行连云港分行开业。浙商银行连云港分行与市城建控股集团、太阳雨集团、镔鑫钢铁集团、鹰游纺机集团签署银企合作协议。

同日　2020—2021年度“中国美好生活城市”发布盛典在成都举行。连云港与无锡、台州、安康、岳阳、桂林、珠海、绵阳、漳州、赣州入选十大“心仪之城”。

28日　中国连云港(上海)经贸合作恳谈会在上海举办。市委书记、市人大常委会主任项雪龙致辞，市委副书记、市长方伟作市情推介并发布中国(江苏)自由贸易试验区连云港片区产业发展规划，十一届全国工商联副主席、上海市政协原副主席、长三角商会组织联席会议理事会会长王志雄出席会议。会上集中签约合作项目16个，总投资177亿元；推进项目69个，总投资724亿元。

5月

9日　江苏省市场监管局发文同意由连云港市市场监管局负责，以连云港市质量技术综合检验检测中心为建设主体，筹建江苏省海洋食品质量监督检验中心，是全省首家海洋食品省级质检中心。

12日　海关总署副署长王令浚带领调研组一行到连云港考察连云港港30万吨级矿石码头、集装箱码头、中哈物流合作基地、连云港海关综合技术中心、江苏核电有限公司。

12—13日　全国人大常委会副委员长吉炳轩率全国人大调研组一行，就加强和改进新时代人大工作及种质资源保护和育种创新到连云港调研。先后调研连云区黄窝村全国人大代表张立祥联络站、宿城街道人大代表之家，东辛农场大华种业集团有限公司东辛分公司、市农业科学院种子繁育基地，云台山林木种质资源保护情况。

16日　连云港市印发《连云港市优化营商环境政策100条(2021年版)》。

17日　教育部同意设立江苏

2021年，连云港市入选“中国美好生活城市”“十大心仪之城”。图为连云港海滨城市风貌　王健民　摄

海洋大学马卡洛夫海洋工程学院。学院由江苏海洋大学和乌克兰马卡洛夫国立造船大学，合作办学，隶属于江苏海洋大学，为不具有法人资格的中外合作办学机构，是该校获批的首个中外合作办学机构。学院开展本科、硕士学历教育，开设船舶与海洋工程、机器人工程2个本科专业，以及船舶与海洋工程硕士专业。

18日 以“力畅循环，E连天下”为主题的第二届中国·连云港电商发展大会暨“5·18”网络购物节在市工业展览中心开幕。连云港跨境电商国际物流合作平台、跨境电商智慧综合服务平台、水晶学院产学研等14个电商项目进行集中签约。

18—20日 省委书记娄勤俭一行就推进沿海地区高质量发展到连云港调研，先后考察灌云县开山岛、徐圩新区中节能(连云港)清洁技术有限公司刚性安全填埋场项目、连云区留云岭村、羊山岛等。

19日 中俄最大核能合作项目——田湾核电站7号、8号机组开工。

20日 由浙江卫星石化投资兴建的连云港石化乙烯综合利用项目——年产135万吨聚乙烯、219万吨当量环氧乙烷和26万吨乙腈联合装置一阶段项目建成投产，是国内首套乙烯综合利用项目。

同日 第七次全国人口普查结果公布，以2020年11月1日零时为普查标准时点，连云港市常住人口为4599360人。与2010年全市第六次全国人口普查相比，增加205878人，增长4.69%，年平均增长率0.46%。

20—21日 省政协副主席周继业率省政协调研组到连云港，围绕制定《江苏省就业促进条例》议题开展专题调研。

21日 镇江市委书记马明龙率镇江市党政代表团到连云港考察，召开镇江·连云港工作情况座谈会。马明龙和市委书记项雪龙分别讲话。镇江市委常委、常务副市长郭建，连云港市委常委、常务副市长胡建军分别代表镇江、连云港签订《关于镇江连云港工业园创建南北共建省级创新试点园区协议》。

29日 2021年长三角公立医院高质量发展论坛暨连云港市第一人民医院建院70周年发展大会在连云港大剧院举行。连云港市第一人民医院获颁“全国文明单位”“全国五一劳动奖状”“全国巾帼文明岗”“全国五四红旗团委”奖牌，市三级儿童医院、市老年病医院揭牌仪式举行。

5月19日，田湾核电站7号、8号机组开工　　王健民　摄

6月

2日 《第一财经》公布2021城市商业魅力指数排行榜，连云港市位列全国城市第76位，比2020年上升11位。其中，商业资源集聚度、城市枢纽性、城市人活跃度3个指标分别上升3位、10位和23位。

同日 科技部、教育部公布第十一批国家大学科技园认定结果，江苏海洋大学国家大学科技园成功获批，是全市获批的首个国家级大学科技园。

3—4日 省政协副主席麻建国率队到连云港，就致公党江苏省委提出的“关于严格养殖尾水排放、推动海洋牧场绿色发展”重点提案进行督办调研。

4日 连云港市乡村振兴局挂牌成立。

5日 由中国石化联合会、中国化工经济技术发展中心等联合主办的“2021中国化工园区与产业发展论坛”发布2021化工园区30强名单，徐圩新区位列全国616家重点化工园区第29位，是全市园区首次入选全国化工园区30强榜单。

7日 推动长三角一体化发展领导小组办公室印发《长三角一体化发展规划“十四五”实施方案》，该方案明确重大政策、重大事项、重大项目“三张清单”。其中，连云港石化产业基地炼化二期工程、中华药港国际医药创新产业园、上合组织(连云港)国际物流园、国家东中西区域合作示范区现代港口智慧物流园区、高效低碳燃气轮机试验装置、连云港抽水蓄能电站、赣榆LNG接收站、连云港石化产业基地能源基础设施、长深高速公路连云港至淮安段扩建9个重大项目列入重大项目清单。

同日 市长方伟在市行政中心会见哈萨克斯坦共和国驻上海总领馆总领事拉合莫夫·拉合穆江，双方就加强沟通、增进互信、深化合作进行交流。

7—9日 省委原书记、省人大

常委会原主任梁保华一行到连云港考察。先后考察孔望山、云台山孔雀沟、中华药港、连岛、连云港石化产业基地、羊山岛、留云岭。

11日 省级河长、副省长惠建林到连云港巡查新沂河河长制工作，召开沂河、新沂河、分淮入沂河长制工作座谈会。

同日 美国《制药经理人》(PharmExec)杂志公布2021年全球制药企业TOP50榜单，连云港市药企恒瑞医药连续3年进榜，排名从2019年的第47位升至第38位。在上榜医药企业的研发投入中，恒瑞医药以7.14亿美元排名第34，位列上榜中国医药企业榜首。

16—17日 省人大常委会常务副主任、党组副书记李小敏带队到连云港开展专题调研，调研乡村振兴战略有关建议督办工作。

18日 由上海合作组织秘书处、连云港市人民政府共同主办的2021上海合作组织国际圆桌会议在连云港举办。上合组织秘书处以及上合组织成员国、观察员国、对话伙伴国相关负责人以“线上+线下”的形式参会。上合组织秘书处秘书长弗拉基米尔·伊玛莫维奇·诺罗夫，副省长惠建林，市委书记项雪龙分别致辞。会议以“加强国际经济贸易合作，促进上合国家进出口便利化”为主题。各国代表围绕特色商品物流贸易、国际产业合作、海关国际合作、跨境商品检验检疫准入等方面进行发言。

19日 中央宣传部新命名111个全国爱国主义教育示范基地。连云港市“开山岛夫妻哨”事迹陈列馆入选，成为全市继抗日山烈士陵园之后第二个全国爱国主义教育示范基地。

21—22日 省政协办公厅牵头15家联席会议成员单位，在连云港召开2021年度石梁河水库片区整体帮促工作协调会议。省政协副主席、党组副书记阎立出席会议并讲话。

23日 中国首个海岛电力北斗地面基站在灌云开山岛建成投入运行。该基站可为海岛及周边海域提供精准定位、精准授时，提高海岛微电网的安全稳定运行能力。

2021年，连云港市2个生态修复项目获评全省首届海洋生态修复类最美生态修复案例。图为实施生态修复后的连岛　　王健民　摄

25日 省委常委、政法委书记费高云到连云港调研政法工作。省委政法委常务副书记朱光远，省政法队伍教育整顿驻连云港指导组组长王君悦参加调研。

同日 连云港市庆祝中国共产党成立100周年文艺演出“永远跟党走”在连云港大剧院举行。演出由中共连云港市委、连云港市人民政府主办，中共连云港市委宣传部、连云港市文化广电和旅游局、连云港市文学艺术界联合会、连云港广电传媒集团联合承办。演出分为“曙光”“燎原之火”“激情岁月”“大潮奔涌”“复兴”5个篇章。

7月

4日 海州童子戏被文旅部列入全国濒危剧目保护扶持名录。

5日 省委常委、常务副省长樊金龙到连云港，参加沭河、新沭河河长制工作座谈会，并到徐圩新区调研重大项目建设情况。

6—7日 省政协副主席、党组副书记阎立一行到连云港，围绕“坚持陆海统筹、突出向海发展、推动构建新发展格局”主题进行考察调研并召开座谈会听取汇报。

7日 香港特区政府驻沪办副主任巩连全率领代表团一行到连云港参观考察，双方就加强经贸合作、密切民间往来进行沟通交流。

10日 “连岛杯”2021连云港全国铁人三项冠军杯赛暨U系列冠军杯赛在连岛景区举行。

16日 国家药品监督管理局批准翰森制药集团有限公司自主研发的1类新药艾米替诺福韦片上市。该药是中国首个原研口服抗乙型肝炎病毒药物。

18日 省委决定：方伟任连云港市委书记，项雪龙不再担任连云港市委书记、常委、委员职务。

同日 东海县黄川镇桃李村、灌南县百禄镇南房新型农村社区入选第七批次江苏省特色田园乡村。

18—19日 全国政协原副主席刘晓峰一行到连云港调研连云港金康和信药业有限公司。

27日 连云港市印发《连云港市沿海发展2021年行动方案》，提出重点推进海洋科技创新、产业高端发展、滨海风貌塑造、沿海生态保护、综合交通提升、更高水平开放等六大行动，排定沿海发展2021年重点项目100个，计划总投资2800亿元，年度投资740亿元。

8 月

1 日 连云港市提高失业保险金最高发放标准。其中，市区调高至 2070 元/月，提高 240 元/月；东海县、灌云县、灌南县和赣榆区调高至 1840 元/月，提高 220 元/月。最低月发放标准仍按 945 元执行。

7 日 中国共产党连云港市第十二届委员会第十三次全体会议在海州举行。市委常委会主持会议。市委书记方伟代表市委常委会作工作报告并讲话。全会审议通过《中国共产党连云港市第十二届委员会第十三次全体会议决议》。会上印发《中共连云港市委关于在全市党员干部中开展“两在两同”建新功行动的实施意见》。

12 日 连云港市十四届人大常委会第 37 次会议决定，接受方伟辞去连云港市人民政府市长职务，任命马士光为连云港市人民政府副市长、代理市长。

19 日 秦山岛整治修复及保护项目、连岛整治修复及保护项目获评全省首届海洋生态修复类最美生态修复案例。

24 日 江苏首个地市级能源大数据(碳监测)中心在连云港启用，同时上线运行全省首个碳排放管理系统——“碳测”平台，该平台通过运用大数据，实现对全市 1009 家企业碳排放的科学评估和碳流足迹的追踪。

29 日 连云港港赣榆港区 10 万吨级航道延伸段工程通过交工验收。

31 日 市委、市政府召开创新型城市建设大会，围绕推进科技创新，出台促进高新区发展、创新平台引建、高新技术企业培育等 10 个科技“政策包”。

9 月

1 日 连云港市与西班牙阿尔梅里亚市缔结为友好交流城市。

5 日 第 16 届夏季残疾人奥林匹克运动会在日本东京闭幕。此次残奥会上，连云港籍及连云港开放大学选手参加坐式排球、轮椅击剑、乒乓球、举重、田径等项目，获得 17 枚金牌、6 枚银牌、2 枚铜牌。

同日 连云港市出台《关于促进乡镇工业集中区提升发展实施意见》。

8—9 日 省长吴政隆在连云港检查调研新冠肺炎疫情防控、生态环境建设和碳达峰碳中和、乡村振兴、重大项目建设等工作。

14 日 全市市、县、乡三级人大换届选举工作启动。

14—15 日 省政协主席、党组书记黄莉新率调研组赴灌云县调研乡村振兴工作。调研灌云县侍庄街道瓦房村新型农村建设、紫燕食品浅水藕基地、灌云县科奇电商直播产业园、灌云县优质稻米展示基地、伊山镇川星村送教育下乡现场、灌云县人民医院送医疗下乡现场、侍庄街道侍圩村送法律下乡现场、小伊镇张葛村捐赠现场和“有事好商量”议事室、灌云县文化馆送文化下乡现场。

20 日 《江苏省“十四五”公路发展规划》，提出“构筑高速公路+普通国省道的‘普高结合’复合型公路通道，形成以‘四纵四横’为主骨架的公路运输通道新格局。”其中，连云港分别位于“纵一”沿海通道、“纵三”连宁黄通道、“横一”东陇海通道之首，在全省公路运输通道中居于枢纽地位。

23 日 2021 年全省高校院所服务苏北五市产学研合作对接活动在连云港举行。会上，连云港市签约项目 8 个，协议投资额 3.3 亿元。

27 日 盛虹集团旗下斯尔邦石化与冰岛碳循环国际公司二氧化碳制绿色甲醇项目签约仪式在北京举行。

同日 中国土木工程领域科技创新的最高荣誉奖——中国土木工程詹天佑奖第十八届奖项颁发，连云港徐圩港区防波堤工程获奖。

27—29 日 中国共产党连云港市第十三次代表大会在市文化艺术中心举行。27 日，方伟代表中共连云港市第十二届委员会向大会作题为《加快后发先至 全面开创新局 为建设人民期待的现代化新港城努力奋斗》的报告。29 日，中共连云港市第十三届委员会举行第一次全体会议，选举产生中共连云港市第十三届委员会和中共连云港市第十三届纪律检查委员会，选举产生方伟、马士光、胡建军、卢刚、黄远征、王先桥、李振峰、杨新忠、林小异、赵云燕、商振江 11 人为中国共产党连云港市第十三届委员会常务委员会委员。选举方伟为中共连云港市委书记，选举马士光、胡建军为中共连云港市委副书记。选举产生连云港市出席省第十四次党代会代表。会议通过关于中共连云港市第十二届委员会报告的决议、关于中共连云港市第十二届纪律检查委员会工作报告的决议。

10 月

3—4 日 由九三学社中国农业科学院委员会和连云港市农科院共同建立的花果山农业科学研究中心揭牌。连云港市政府向中国农科院副院长、中国工程院院士万建民颁发名誉主任聘书。

7 日 海州区在孔望山景区举办第四届孔子文化旅游节。以“儒风海韵烛照千古”为主题，举办风光摄影展、海州文创大集及非遗展示、汉服秀等活动。

12 日 省委第二巡视组针对连云港市开展涉粮问题专项巡视工作召开动员会。省委第二巡视组组长蔡骏作动员讲话。

12—13 日 副省长、通榆河省级河长马欣率队到连云港开展通榆河巡河活动，检查通榆河河长制工作，查看河湖治理保护现场。

18 日 连云港国际互联网数据专用通道开通运营，是全省第八条通达中国互联网国际出入口局的直联高速通道，覆盖连云港经济技术开发区、高新区、自贸区，为园区企业、跨境电商提供优质可靠的国际互联网数据服务。

18—20 日 以“共建新亚欧陆海联运大通道·共促双循环经济发展新格局”为主题的第七届中国(连云港)丝绸之路国际物流博览会在市工业展览中心举办。丝路物博会期间,签约合作项目 36 个,总投资 402 亿元,涉及物流、新材料、高端装备等产业。举办新亚欧陆海联运通道自由贸易试验区联盟成立大会暨首届自由贸易试验区创新发展高峰论坛。新亚欧大陆桥沿线 9 个自贸片区及霍尔果斯经济开发区、阿拉山口市 2 个重点口岸代表共同签署联盟协议。举办中国·江苏—哈萨克斯坦企业家论坛。哈萨克斯坦国家投资股份公司分别与江苏省贸促会、连云港市贸促会签署合作备忘录,发起《中国—哈萨克斯坦企业家委员会两国秘书处关于加强中国江苏与哈萨克斯坦共和国企业投资和产业合作的倡议》。

20 日 中国生物技术发展中心发布《中国生物医药产业园区竞争力评价及分析报告》,揭晓“2020 年国家生物医药产业园区综合竞争力前 50 强”榜单。连云港高新区入选榜单,排第 20 名。

同日 2021(第三届)花果山英才双创周活动开幕。活动以“云集港湾 留连忘返”为主题,为首届“广贤奖”获奖单位颁奖。中外院士、国内 85 家高校院所领导和专家、投融资机构负责人、创新创业人才等参加活动。

20—22 日 全国人大代表、省人大常委会副主任、党组副书记陈震宁率调研组到连云港,围绕生态环境保护、城乡建设、海洋经济,以及人大代表履职过程中的特色亮点等工作进行专题调研。

22 日 第五届中国(连云港)国际医药技术大会在连云港举行。全国政协副主席、农工党中央常务副主席何维在开幕式上作视频致辞。大会以“关注全民健康 打造活力药港”为主题,举行“中华药港”招商推介会,现场签约 16 个生命健康类产业项目。大会期间,举办高壁垒化学药制剂开发高峰论坛、浩翰心森“一带一路”精神医学发展高峰论坛、医药产业发展国际论坛等活动。

22—24 日 第五届中国大学生皮划艇锦标赛在浙江海宁鹃湖公园举行。江苏海洋大学代表队获得 2 枚金牌、1 枚银牌、1 枚铜牌。

27 日 连云港市获批国家文化和旅游消费试点城市。

10 月 18 日,中国·江苏—哈萨克斯坦企业家论坛在连云港市举办

市商务局 供图

28 日 上合组织(连云港)国际物流园专用铁路开通。该工程于 2017 年 2 月开工,接轨连盐铁路徐圩支线东辛站,总投资 16.02 亿元,全线桥隧比 46%。

28—29 日 省委副书记、省长许昆林一行到连云港调研。先后调研连云港港、中哈物流基地、徐圩新区安全环保中心、中化项目、卫星石化、盛虹炼化一体化项目和江苏恒瑞医药股份有限公司。

29—31 日 第二十三届(2021)江苏农业国际合作洽谈会在连云港举行。农洽会以“农业国际投资与贸易合作”为主题,展览规模 1.7 万平方米。首次在展馆中厅设置国际展厅,展示欧盟地理标志农产品、驻华使节商务联盟境外农产品。举办驻华使节商务联盟境外农产品供需对接会、农洽会优质农产品评选活动和美国加州农产品线上推介会。连云港市签约农业合作项目 12 个,技术合作项目 5 个,投资总额 55.4 亿元,其中 5 亿元以上项目 5 个。

30 日 宿城街道留云岭村入选 2021 年中国美丽休闲乡村。

11 月

3 日 2020 年度国家科学技术奖励大会在北京召开。江苏康缘药业股份有限公司参与的“基于‘物质—药代—功效’的中药创新研发理论与关键技术及其应用”项目获国家科技进步奖二等奖。

5 日 坚守乡村邮路 25 年的连云港邮政公司锦屏支局局长兼投递员马善民获第八届全国道德模范提名奖。

10 日 省药品监督管理局审评核查连云港分中心和省食品药品监督检验研究院连云港检验室签约暨揭牌仪式举行。副省长胡广杰讲话。省药监局局长田丰与市委副书记、代市长马士光代表双方签署合作协议。

14 日 赣榆区莒城湖水厂项目获 2020—2021 年度中国建设工程鲁班奖(国家优质工程),是全省首个水厂类“鲁班奖”。

15日 0时12分，田湾核电1至6号机组寿期内累计发电量突破3000亿千瓦时，其等效减排二氧化碳2.46亿吨，减排效益相当于在长三角地区新增种植超过10.2万公顷的绿色森林。

18日 江苏康缘药业股份有限公司董事长、研究院院长肖伟当选中国工程院医药卫生学部院士。

19日 省政府批复同意《连云港石化产业基地总体发展规划(修编)》。对规划范围和布局进行适当调整，基地规模调整为4000万吨级炼油、700万吨级芳烃、600万吨级乙烯，探索IGCC(整体煤气化联合循环发电系统)、燃气等绿色清洁能源为补充的多种形式结合的供热方式，设立石化产业基地拓展区促进石化产业联动融合发展。

同日 石梁河水库幸福河湖建设清水进城行动动员会召开。

21日 由国家发展改革委“一带一路”建设促进中心主办，江苏省发展改革委、连云港市政府承办的“一带一路”绿色典型项目研讨会在连云港举行。来自19国驻华使领馆、3个国际组织驻华机构、跨国公司、国际非政府组织、中国“走出去”重点企业、金融机构、高校智库等单位约100人参加会议。研讨会主题聚焦绿色“一带一路”，设立绿色能源、绿色交通基础设施、绿色投资、绿色金融4个研讨单元，连云港新亚欧陆海联运标杆示范项目入选“一带一路”绿色典型项目。

23日 中国(连云港)—俄罗斯(莫斯科)中欧班列首发。

25日 国家发展改革委印发《关于做好“十四五”首批国家物流枢纽建设工作的通知》，连云港入选“十四五”首批国家物流枢纽建设名单，江苏省仅连云港入选。

29日 赛迪顾问智能装备产业研究中心发布先进制造业百强市(2021)榜单。连云港市位居全国第53位。

12月

2日 国家和江苏省“十三五”期间重点规划建设项目——连云港花果山机场一期工程全面完成，正式通航。

5日 中国国民党革命委员会连云港市第九次代表大会召开，市人大常委会副主任、民革市委主委李萌代表民革连云港市第八届委员会作题为《聚焦后发先至 努力开创新局 为建设人民期待的现代化新港城同心奋斗》的工作报告。

6日 九三学社连云港市第九次代表大会召开，市委副书记、统战部部长胡建军，九三学社省委副主委蒯建华出席会议并讲话。

9日 连云港市潮河湾景区、连云港市博物馆被省文旅厅确定为国家AAAA级旅游景区。

9—11日 2021澳门国际文化产业博览会开幕式暨连云港推介会在澳门举行。围绕“大圣故里 西游胜境——神奇浪漫之都连云港”主题，举办文旅资源展示、特色产品展销、文艺演出、旅游咨询系列活动。

12日 江苏海洋大学刘勇获得全国“母亲河奖”绿色卫士奖。

同日 连云区获评首批省级文化和旅游产业融合发展示范区建设单位。

16日 由29家“一带一路”沿线城市法院、国内知名专家学者参与的第二届新亚欧陆海联运通道司法协作研讨会，以线上线下相结合的方式在连云港举办。会议主题为“护航‘一带一路’建设 服务保障自贸试验区发展”，举行《新亚欧陆海联运通道司法协作框架协议》新增协作法院签约仪式和《“一带一路”沿线法院执行联动协作协议》签约仪式。新增南京海事法院、海口中院等12家协作法院。(江苏)自由贸易试验区连云港片区法庭揭牌。

22日 经国务院批复同意，《江苏沿海地区发展规划(2021—2025年)》印发。该规划指出，到2025年，连云港、盐城、南通三市实现基础设施互联互通、产业发展深度融合、生态环境共保联治，与上海跨江融合发展开创新局面，与苏北和皖北地区合作实现新提升。根据规划，江苏沿海将打造三大片区，其中，连云港重点建设陆海联动区。

30日 上港集团与连云港港在南京签署战略合作协议。根据协议，双方进一步深化港航物流及港口资本合作，推动智慧港口、绿色港口建设，加强人才交流培训等合作。

同日 由连云港市外办(港澳办)、香港特区政府投资推广署、香港贸发局南京代表处主办的香港—连云港经贸合作交流会在连云港举办。香港特区政府驻沪办副主任巩连全、香港贸发局南京代表处主任范江波、江苏省外办港澳处副处长房爱坤分别作主题推介和主题宣讲。

同日 第34届中国电影金鸡奖颁奖，根据“时代楷模”、连云港市灌云县开山岛民兵哨所原所长王继才、王仕花夫妇守岛事迹改编的电影《守岛人》获最佳故事片奖。

31日 连云港市被全国爱国卫生运动委员会办公室评为2020年度全国健康城市建设样板市。

是年 连云港市$PM_{2.5}$浓度32微克/立方米，首次达到国家二级标准，是历史最优水平，臭氧浓度150微克/米^3，排名全省第一。

中欧班列自运营以来累计开行4535列，位居全省第一。

责任编辑 郭 云

市情概览

自然地理

·位置面积 连云港市地处江苏省东北部，位于北纬33°58′55″～35°08′30″、东经118°24′03″～119°54′51″。东濒黄海，北与山东日照市接壤，西与山东临沂市和江苏徐州市毗邻，南连江苏宿迁市、淮安市和盐城市。东西最大横距约129千米，南北最大纵距约132千米。土地总面积7626.06平方千米，海域面积7516平方千米，城市建成区面积313平方千米。连云港市东与日韩隔海相望，西依大陆桥经济带，南连长三角经济圈，北接山东半岛城市群，处于新丝绸之路经济带和21世纪海上丝绸之路交汇点、沿海经济带和陇海兰新经济带的接合部，是新亚欧大陆桥东桥头堡、中国首批沿海开放城市、“一带一路”支点城市、全国文明城市、国家卫生城市、全国绿化模范城市、中国优秀旅游城市。

·地形地貌 连云港市位于鲁中南丘陵和淮北平原接合部，地势由西北向东南倾斜，依次为低山丘陵、残丘垄岗、山前倾斜平原、滨海平原、沿海滩涂和云台山地，平均比降1‰～9‰。依据地貌特征，全境分为西部低山丘陵区、中部平原区、东部沿海滩涂区和云台山区4个区域。地貌以平原为主，兼有山地、丘陵、岗地，地形多样，层次分明。山体主要分布在市区和东海县、灌云县，共有99座山体、362个山头。市境东部沿海有云台山，为沂蒙山余脉，有大小山峰251座，其中南云台山玉女峰海拔624.4米，为江苏省最高峰。东部滨海区海岸类型齐全，海岸线全长211.59千米。江苏省境内大多数岛屿分布在连云港境内，包括东西连岛、平山岛、达山岛、车牛山岛、竹岛、鸽岛、高公岛、羊山岛、开山岛、秦山岛、牛尾岛、牛背岛、牛角岛等20个岛屿，总面积6.94平方千米。其中，东西连岛为江苏第一大基岩海岛，面积6.07平方千米。达山岛、车牛山岛、平山岛合称为“前三岛”。

·气候 连云港市处于暖温带与亚热带过渡地带，四季分明，寒暑宜人，光照充足，雨量适中。常年平均气温14.8℃，历年平均降水904.3毫米，常年无霜期215天。主导风向为东南风，气候类型为湿润性季风气候，日照和风能资源为江苏省最多，也是最佳地区之一。2021年，

秦山岛春色　　司伟/视觉江苏网

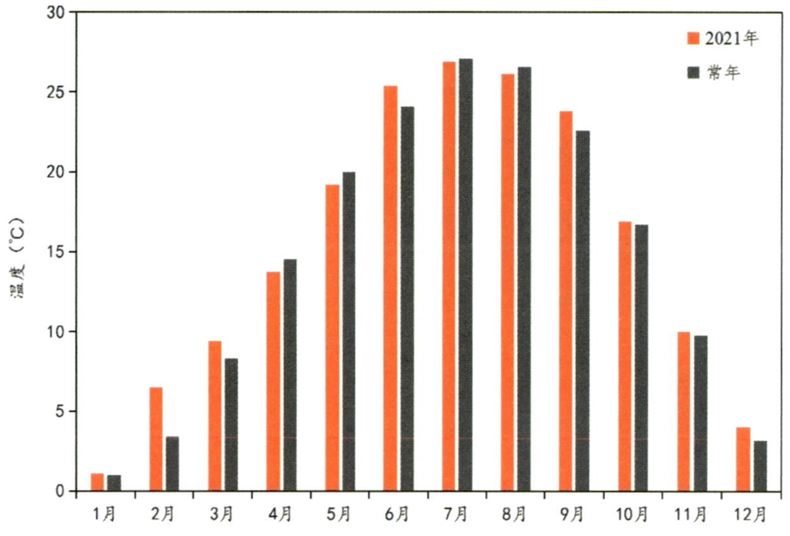

图1 2021年连云港站月温度与常年对比图

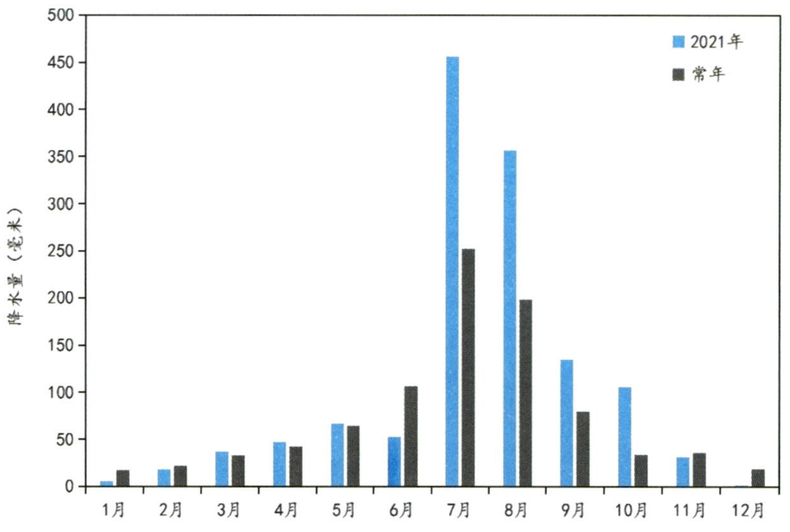

图2 2021年连云港站月降水量与常年对比图

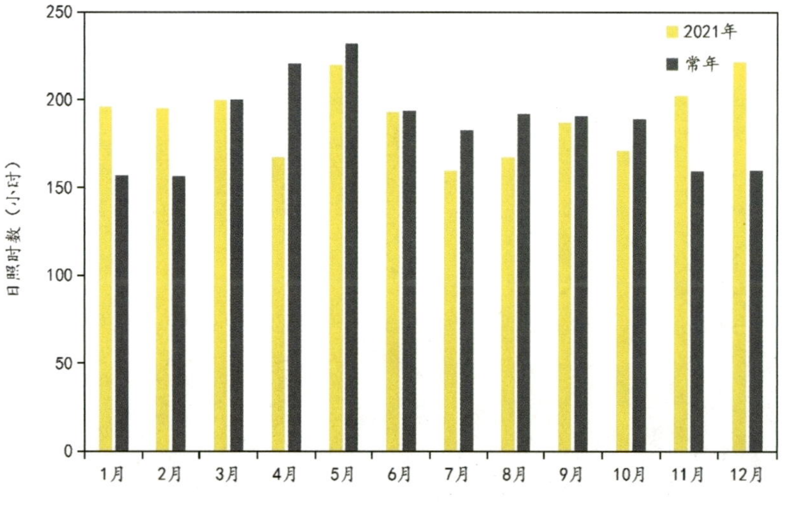

图3 2021年连云港站月日照量与常年对比图

连云港市气候总体呈现气温偏高、降水偏多、降水季节分布不均、汛期强对流和暴雨多发及冬季寒潮频发等特点。全年共出现沙尘天气4次，以雷雨大风为主的强对流天气3次，暴雨过程7次，受台风影响1次，寒潮过程8次，实施人工影响天气作业2次。

全市年平均气温15.2℃（赣榆、东海）到15.8℃（灌南），海州区全年平均气温偏高，其他地区异常偏高。东海、灌云和灌南年平均气温突破历史极值，为史上最暖年。赣榆年平均气温与2017年持平，并列历史第一位。气温变幅较大，年极端最低气温−14.6℃，出现在1月7日赣榆；年极端最高气温38.1℃，出现在6月7日海州。全年日最高气温≥35℃的高温日数为3天（灌南）到8天（海州），与常年相比高温日数正常。全年降水量为1191.4（灌南）～1419.2毫米（灌云），与常年相比，全市年降水量偏多，其中赣榆和灌云显著偏多，且降水季节分布不均。1月降水量显著偏少，2月大部分地区降水量正常，春季（3—5月）降水量正常，夏季（6—8月）降水量显著偏多，秋季（9—11月）降水量异常偏多，12月降水量异常偏少。全年雨日94天（东海）到100天（海州），年雨日与常年相比正常。全年日照总时数2061.8（灌南）～2378.3（灌云）小时，与常年同期相比全市年日照时数正常，光照充足。

·水文 连云港市地处淮河流域、沂沭泗水系最下游，境内河网发达，分为沂河、沭河、滨海诸小河三大水系。流域性河道新沂河、新沭河从境内穿过，汛期承泄上游近8万平方千米洪水入海，是著名的“洪水走廊”。2021年，全市有82条江苏省骨干河道，其中流域性河道4条，区域性骨干河道18条，重要跨县河道16条，重要县域河道44条；有近20条河道直接入海；605条县乡河道，其中县级河道86条，乡级河道519条，总长度2425千米，正常水位下河道蓄水面积约264.76平方千米。全市有大型水库

成群鹭鸟在西双湖湿地聚集　　柴军委　摄

3座、中型水库8座、小型水库156座,总库容达12.5亿立方米。全市设有6处水文站、10处水位站、44处雨量站、3处蒸发站、2处泥沙站、3处墒情站、1处水土保持站、75处地下水站,中小河流专用站共23处、通榆河专用站4处,径流小区专用站11处。

2021年,全市降水量1288.3毫米,比多年同期偏多44.4%,属丰水年。全年调引江淮水19.28亿立方米,入海水量259.19亿立方米。全市地表水资源量38.01亿立方米,折合年径流深499.1毫米,比2020年地表水资源量增加15.2%,比多年平均地表水资源量增加94.4%。超采区地下水埋深均回升至43米禁采线以上。新沂河、新沭河、蔷薇河、盐河(灌南段、灌云段)、善后河5条主要河道超警戒水位,82座水库超汛限泄洪,其中小塔山水库最大泄洪流量175米^3/秒(为历史第二大);八条路水库最高水位32.35米(为历史最高)。新沂河行洪时间长,洪水总量大,新沂河沭阳水文站最大行洪流量为5060米^3/秒;盐河南闸最高水位6.72米(7月30日5时40分),超警戒水位0.12米;新沭河大兴镇水文站最大行洪流量为3720米^3/秒,石梁河水库最大出库流量为3280米^3/秒,太平庄闸水位5.84米,超警戒水位0.34米,三洋港挡潮闸水位站闸上最高水位3.45米;蔷薇河小许庄站流量304米^3/秒(为历史最大)。全市布设108个水功能区,其中省级重点水功能区29个,2021年双指标(氨氮、高锰酸盐指数)评价,达标率为86.2%,与2020年持平。

(马晨晨　王　欢　王桂林)

·自然资源　土地资源　全市土地总面积76.26万公顷,其中湿地2.01万公顷、耕地37.06万公顷、园地1.58万公顷、林地4.37万公顷、草地0.88万公顷,城镇村及工矿用地12.8万公顷、交通运输用地2.93万公顷、水域及水利设施用地13.87万公顷、其他土地0.76万公顷。境内的土壤,受成土母质、水文、海拔、海陆变迁及人类活动的影响,在残积、洪积、冲积和沉积四种因素作用下,形成棕壤土、紫色土、潮土、砂姜黑土、盐土5个土类,14个亚类,21个土属,63个土种。土壤分布呈现垂直、水平双重分布规律。垂直分布表现为从高海拔至低海拔,依次分布着棕壤类土壤的生草棕壤、粗骨棕壤、酸性棕壤、白浆化棕壤和潮棕壤。水平分布表现为紫色土类、潮土类、砂姜黑土类及盐土类的区域性分布。

生物资源　连云港市有生物物种3673种(含变种、变型、栽培品种及未定名种),有赤松、震旦雅雀、豹猫、松江鲈等国家重点保护野生动植物93种,全缘贯众(VU)、黑斑侧褶蛙(NT)、黄胸鹀(CR)、鳗鲡(EN)等濒危物种74种,有水榆花楸、东方铃蟾、岩栖蝮等区域特有种80种。

连云港市属亚热带向暖温带过渡季风气候,植被具有明显的南北过渡性。全市有陆生维管植物154科、643属、1331种,其中蕨类植物17科、27属、46种,裸子植物7科、

1月23日,海上云台山风景区出现雾凇景观　　王春/视觉江苏网

15属、26种，被子植物130科、601属、1259种。淡水浮游植物8门、493种。近岸海域浮游植物3门、40属、81种。全市有陆生脊椎动物367种，其中鸟类304种、两栖类9种、爬行类24种、兽类30种，列入国家重点保护的野生动物71种，包括丹顶鹤、黑翅鸢、白琵鹭、大天鹅等。

海洋资源 连云港市管辖海域面积7516平方千米，海岸线北起苏鲁交界的绣针河口，南至与盐城交界的灌河口，全长211.59千米。有江苏唯一的基岩海岸和集中连片的砂质海岸，其余均为粉砂淤泥质海岸。全市有海岛20个，均为基岩海岛，总面积6.94平方千米，海岛岸线长33.89千米。其中连岛、羊山岛为有居民海岛，其他为无居民海岛。连岛是江苏第一大基岩海岛，面积6.07平方千米，位于云台山以北，与大陆之间有宽2千米的鹰游门海峡相隔，是连云港港的天然屏障。

矿产资源 境内探明矿产资源49种，其中非金属矿产33种、金属矿产11种、能源及水气矿产5种。具有一定开发利用前景的矿产有25种，蛇纹石、磷、大理石、榴辉岩系列矿产储量居全省第一，水晶和地热资源闻名全国。2021年，全市有效期内在采矿山企业11家，主要开采矿种有片麻岩、金红石、饰面用大理岩、花岗岩、建筑用砂岩、熔剂用蛇纹岩、矿泉水、地下热水等。

（韦　丽）

历史人文

·历史 连云港历史悠久。早在四五万年之前，就有先民在这里生息繁衍。被誉为“东方天书”的将军崖岩画，是迄今发现的唯一反映中国原始农业部落社会生活的石刻岩画。连云港市史前文化具有龙山、岳石、青莲岗文化交汇特征。藤花落龙山文化古城和将军崖岩画证实此地在6000年前跨入早期文明的门槛。出土于东海尹湾汉墓的西汉简牍入选《中国档案文献遗产名录》。2002年出土的海州双龙汉代女尸的考古价值堪比湖南长沙马王堆汉墓出土的辛追遗体。东汉时期的艺术珍品——孔望山摩崖造像，据考证比敦煌莫高窟还要早300年。堪称文化瑰宝的郁林观石刻等丰富的文化遗存，昭示着连云港灿烂的古代文明。海州五大宫调、淮海戏、徐福传说、东海孝妇传说、淮盐制作技艺东海水晶雕刻6个项目入选国家级非物质文化遗产代表性项目名录。

北朝东魏武定七年（549）置海州后，海州以“东滨渤海，西绾徐郯，北控齐鲁，南蔽江淮”的区位优势，成为苏北、鲁南沿海地区的政治、经济、文化中心和军事重镇。唐代，海州开凿80千米长的官河，沟通运河与海运，使海州港成为繁华的商港、南北货集散的码头和海上补给粮饷的军港，今连云区宿城街道范围内出现新罗人居住的村落。宋代，海州年运销原盐47万石，盐、茶、紫菜、粮、油等大宗商品经海州港口转销，许多新罗人长期侨居海州经商。宋神宗时，朝廷将海州作为与高丽等海外国家来往的四大重要口岸之一，在海州建高丽亭馆接待海外商旅。元、明两代，改漕粮河运为海运，海州港是中转之处，时称海州为“淮口巨镇”。清康熙二十四年（1685）在海州云台山设江海关，成为清初四大海关之一。民国8年（1919），孙中山在《建国方略》中提出“在海州建设二等港”的宏论，为“可容巨舶”的“东方大港”。民国22年（1933），陇海铁路终端港建成，因面向连岛、背倚云台山而取名为连云港，自此连云港港口建设拉开序幕。改革开放后，连云港市先后成为中国首批沿海开放城市、新亚欧大陆桥东方桥头堡、“一带一路”支点城市，获批中国（江苏）自由贸易试验区、国家东中西区域合作示范区、国家创新型试点城市、中国优秀旅游城市、全国文明城市、国家卫生城市、国家森林城市、江苏省历史文化名城。

·建置区划 秦始皇二十六年（前221）置朐县，属东海郡，连云港地区第一次有了明确的行政建置。境内赣榆县亦为秦置县，是中国最早设置的县之一，属琅琊郡。汉初袭秦制，境内朐县仍属东海郡。汉武帝元封五年（前106）置刺史，东海郡属徐州刺史部，领38县，大部在现行市域。东汉时，东海郡领13县，大部分在现行市域内，赣榆县由琅琊郡来属。三国，魏黄初年间（220—226），置东海国（治所在郯县，今山东郯城北），领11县。西晋时，东海郡领12县。东晋时，东海郡领朐、

国家非物质文化遗产——淮海戏《白蛇传》　朱德富　摄

郯、利城、襄贲、祝其、厚丘、赣榆7县,大部在现行市域。南北朝时期,南朝宋泰始年间(465—471),东海郡领襄贲、赣榆2县。泰始元年(465),东海郡移治朐山。泰始六年(470),侨置青州、冀州,治所在郁洲(今云台山地区)。先后在境内侨置的郡治还有齐郡、北海郡、西海郡、东莞郡、琅琊郡。北朝东魏武定七年(549),罢青、冀二州改称海州,州治移至龙苴(今灌云县龙苴镇),领6郡、19县。北齐天保年间(550—559),海州属琅琊郡。北周建德六年(577),改琅琊郡为朐山郡,改朐县为朐山县。隋开皇初年,废朐山郡,仍称海州,州治由龙苴移至朐山。大业初年,复称东海郡,治朐山。领朐山县、东海县、涟水县、沭阳县、怀仁县。唐初改东海郡为海州,隶属河南道。武德四年(621),置海州总管府,领海州、涟州、环州、东楚州。海州辖朐山县、龙苴县、新乐县、曲阳县、沭阳县、厚丘县、怀仁县、利城县、祝其县。武德六年(623),新乐县并入祝其县。武德七年(624),东楚州改属扬州府,将沂州划归海州总管府。武德八年,废环州及龙苴县、祝其县、曲阳县、厚丘县、利城县,将东海县划归海州管辖。武德九年(626),废涟州。其时海州领朐山县、东海县、沭阳县、怀仁县。天宝元年(742),废海州置东海郡。乾元元年(758),复为海州。五代十国时,市境隶属多变。后梁、后唐时属吴,后晋、后汉时属南唐,后周显德五年(958)属后周,治朐山,领县未变。北宋时,改道为路,实行路、府(或州、军)、县三级行政区划。海州属淮南路。熙宁五年(1072),分淮南路为东西二路,海州属淮南东路。南宋建炎元年(1127),海州陷于金。绍兴十年(1140),复归南宋。隆兴元年(1163),割以畀金,属山东东路,辖朐山县、东海县、沭阳县、赣榆县、涟水县。嘉定十二年(1219),复归南宋。端平二年(1235),徙治东海县(今南城镇)。景定二年(1261),还治朐山,析置西海州,治南城的东海县为东海州。元朝实行省、路(府)、州、县四级行政区划。元初,废东、西海州,仍置海州,治朐山。至元十五年(1278),升为海州路,置总管府。后改为海宁府,又降为海宁州,属淮安路。管辖朐山县、沭阳县、赣榆县,东海县并入朐山县。明洪武元年(1368),改海宁州为海州,管辖赣榆县,属淮安府。清初,海州属徐海道。雍正二年(1724),升为直隶州,辖赣榆县、沭阳县,直属江苏布政司。乾隆年间(1736—1795),改属江宁布政司。嘉庆八年(1803),属淮扬道。民国元年(1912),裁海州直隶州置东海县,县治海州城。是年4月,析东海县东南部11镇成立灌云县,治所板浦。民国3年(1914)6月,江苏省划为5道,市境属徐海道。民国22年(1933),江苏省划分为9个行政督察区,东海县为第八区,行政督察专员公署驻东海县城海州,辖东海县、灌云县、赣榆县、沭阳县,通称海属四县。民国24年(1935)1月18日,江苏省决定,连云港埠设置普通市,以连岛和云台山首字,定名为连云市。4月23日,在墟沟成立连云市政筹备处。民国27年(1938),第八行政督察区改属淮海专署。民国28年(1939)3月,市境相继沦陷。日伪在市区成立伪连云市公署、伪海州专员公署和伪东海县政府。灌云、赣榆相继建立伪政权。民国28年,伪连云市公署、伪东海县政府隶属伪苏淮特别区行政公署。民国政府东海、灌云、赣榆等县政权转入乡下,不久先后解体。民国29年(1940),灌云县抗日民主政府、东海县抗日民主政府、赣榆县抗日民主政府相继建立。民国30年(1941)8月,改陇海铁路北境东海办事处为海陵县抗日民主政府,先属山东省鲁南区第一行署,后改属滨海专署。民国33年(1944)1月,伪苏淮特别区行政公署改置淮海省。12月,伪东海县析置海州市,隶属淮海省,治海州城。抗战胜利后,中共山东省委、省政府决定成立海州市政府,同时成立中共海州市委,下辖新海工委,接管新浦、海州、连云港港等地。民国34年(1945)9月,国民党先行接管新(浦)海(州)连(云港)。民国35年(1946)10月,国民政府内务部指令江苏省政府"恢复连云市"。民国37年(1948)4月,江苏省决定将驻东海县城海州的行政督察专员公署迁驻连云市,以专员兼任市长,市府业务由专署职员兼办。国民政府行政院、内务部方域司公布连云市为省直辖市。民国37年(1948)11月6日,板浦、新浦、海州先后解放。11月28日,成立新海连特区行政专员公署,隶属山东省鲁中南行政公署,下设新海市、连云市、云台办事处。市境内还有隶属苏北行政区的淮北盐特区,其地域范围包括猴嘴、板膙、徐圩、燕尾港、堆沟港、陈家港、头罾等地。1949年11月11日,新海连特区行政专员公署改置为新海连市人民政府。25日,撤销新海市政府、连云市政府和云台办事处,新海连市设新龙区、新华区、民主区、锦屏区、浦西区、前云区、后云区和连云港办事处。12月,前云区、后云区合并成立云台区。1950年5月1日,新海连市与东海县合并,成立新海县,隶属山东省临沂专区。下设新龙区、新华区、民主区、锦屏区、云台区、浦西区、新民区、临洪区、河南区、羽东区、末山区、羽西区、白河区、牛山区和连云港办事处。12月12日,撤销新海县,恢复新海连市、东海县,同属山东省临沂专区。1951年8月,新龙区、新华区、民主区撤销,以龙尾河为界,河以东称龙尾区,河以西称盐河区。1952年,连云港办事处改为连云区,锦屏区改为海州区。1953年1月1日,新海连市及东海县、赣榆县划归江苏省管辖,隶属江苏省徐州专区。4月4日,撤销淮北盐特区,成立盐区,由新海连市管辖。6月,盐区划分为猴嘴区、陈家港区。淮北盐务管理局改为淮北盐务局,仍为部属企业,专事盐业生产经营活动。1954年11月22日,江苏省政府决定,新海连市改为省辖市,辖海州区、盐河区、龙尾区、云台区、连云区、猴嘴区、陈家港区，受徐州专区督导。1955年9月21日，经江苏省政府批准，龙尾区、盐河区合并成立新浦区，隶属新海连市。1959年1月1日，淮北盐务局撤销，埒子口以北的台北盐场、台南盐场、徐圩盐场属新海连市管辖；埒子口以南、灌河以北的灌西盐场属淮阴专区灌云县管辖；灌河以南的灌东盐场、淮河盐场、新滩盐场属盐城专区管辖。1960年2月，原属淮阴专区灌云县的新坝公社划归新海连市。1961年9月2日，经国务院批准，新海连市更名为连云港市。10月1日，正式启用新名称。1962年6月2日，徐州专区所辖的连云港市升格为省辖市，成为江苏省7个省辖市之一，辖新浦区、海州区、连云区、盐区和朝阳、中云、云台、新坝、锦屏、宿城6个人民公社。1983年1月，原属徐州地区的赣榆县、东海县和原属淮阴地区的灌云县划归连云港市管辖。3月，原属灌云县的南城镇和云台公社划归连云港市区，与原属市区的朝阳、中云合并组建南城区，区政府驻南城镇。6月，新浦区、海州区和新坝公社、锦屏公社、新浦农场合并成立新海区，区政府驻新浦。7月，南城区与盐区合并成立新的云台区，区政府驻猴嘴。年底，连云港市辖赣榆县、东海县、灌云县和新海区、云台区、连云区。1986年6月，新海区撤销，分设为新浦区、海州区。1996年7月，经国务院批准，原属淮阴市的灌南县划归连云港市管辖。2001年10月，云台区撤销，原所管辖地区分别划归新浦区、连云区。2014年5月，国务院批复同意连云港市部分行政区划调整，撤销新浦区、海州区，设立新的连云港市海州区；撤销赣榆县，设立连云港市赣榆区。至2021年年底，连云港市辖赣榆区、海州区、连云区、东海县、灌云县、灌南县。全市有53个镇、7个乡、30个街道、1706个村(社区)。 (年 编)

·人口 户籍人口 2021年年末，全市户籍总人口为533.21万人，比2020年年末减少1.27万人，下降0.24%。年平均人口533.85万人，比上年减少0.6万人，下降0.11%。在年末总人口中，市区人口225.91万人，增长0.10%。在年末总人口中，男性278.13万人，女性255.08万人，男女性别比为109。

常住人口 2021年年末，全市常住人口460.20万人，比2020年年末增加0.1万人，其中城镇常住人口287.07万人。全年出生人口3.14万人，出生率为6.82‰；死亡人口3.11万人，死亡率为6.76‰；自然增长率为0.06‰。

·民族 2021年，全市有汉族、蒙古族、回族、藏族、维吾尔族、苗族、彝族、壮族、布依族、朝鲜族、满族、侗族、瑶族、白族、土家族、哈尼族、哈萨克族、傣族、黎族、傈僳族、佤族、畲族、高山族、拉祜族、水族、纳西族、景颇族、科尔克孜族、土族、达斡尔族、仫佬族、羌族、布朗族等53个民族。其中，汉族人口占99.68%，少数民族人口占0.32%。(刘从鸿)

·宗教 连云港市宗教信仰主要有佛教、道教、伊斯兰教、天主教、基督教。2021年，全市有289处宗教活动场所，宗教教职人员424人，信教群众6.97万人。 (梁 静)

·人文 连云港地区自古人文荟萃。秦始皇4次东巡，3次到此并立石建有“秦东门”。秦代方士、赣榆人徐福从这里东渡日本，带去先进的生产工具和百工技艺，被称为“中外文化交流第一人”。春秋战国时期，孔子曾到此登山观海留下了文化遗存“孔望山”。孔子还以鲁相身份与齐侯会盟于夹谷山，书写了一段外交史上化干戈为玉帛的佳话。南城人鲍照是南北朝时期著名诗人、“元嘉三大家”之一。唐代书法家李邕曾任海州刺史，在此留下传世名碑《娑罗树碑》和《海州大云寺禅院碑》。宋代文学家石曼卿、苏东坡或为官或游历海州，写下数十首与海州有关的诗篇。宋代著名女词人李清照到此游历，将其看到的碑刻记于与丈夫赵明诚合著之《金石录》中。明代文学家吴承恩以海州、云台山为背景，写下被誉为中国四大古典名著之一的《西游记》。《儒林外史》的作者吴敬梓、《镜花缘》的作者李汝珍长期在这里生活，写出为世人称誉的文学巨著。凌廷堪、许乔林、许桂林是清代乾嘉学派著名学者。近代以来，连云港地区的名人更是层出不穷。被誉为“江北名流”的赣榆人许鼎霖、海州人沈云沛是中国近代著名实业家，也是近代中国向现代社会转型的有力推动者。许鼎霖曾任清资政院总裁等职，是中国第一代外交官、议会议长；沈云沛曾任清农工商部右侍郎、邮传部侍郎等职，主持制定中国第一个宪法性文件，是中国铁路建设的规划师。水利学家武同举、职业教育家江问渔、作家朱自清、画家彦涵、表演艺术家朱琳、心理学家朱智贤都出生在这块土地上。汪德耀、汪德昭、汪德熙三兄弟被

2021年年末连云港常住人口数及其构成一览表

表1

指标	年末数(万人)	比重(%)
全市常住人口	460.20	100
其中：城镇	287.07	62.38
乡村	173.13	37.62
其中：0—15周岁(含不满16周岁)	101.03	21.95
16—59周岁(含不满60周岁)	263.59	57.28
60周岁及以上	95.58	20.77
其中：65周岁及以上	71.48	15.53

称为“汪氏三杰”，出生于古镇板浦，汪德耀是中国著名的细胞生物学家，曾任厦门大学校长；汪德昭是中国著名的物理学家、大气电学家、水声学专家、中国水声事业的奠基人、中科院院士；汪德熙是中国著名的高分子化学家、核化学化工事业主要奠基人之一、中科院院士。此外，还产生陈吉余、程津培、徐红星、董家鸿、肖伟5名中国科学院、中国工程院院士。其中，肖伟于2021年当选，是全市首位本土产生的中国工程院院士。在全国有较大影响的人物还有全国道德模范方敬、“人民楷模”王继才、第十届茅盾文学奖获得者徐则臣、女排奥运冠军龚翔宇等。

·风俗 古海州历史悠久，儒家传统文化、宗教文化、南北文化在连云港地区交融渗透，使连云港市民俗具有豫东、鲁南的基本民俗特色，又有苏北、皖北淮海地区的习俗风貌。以祭海、捕鱼、起网、号子等为特征的渔民习俗，以修滩、晒盐、扒摊和祭奠为主要内容的盐民习俗，彰显连云港民俗文化的地域特色。

·方言 连云港市处在南北方言的交接过渡地带，既有北方方言的特点，又受南方方言的影响。境内方言有两类，一类是属于中原官话郑曹片的青泉（青口、温泉）小片，方言特征是没有入声，古入声清音字及次浊字今读阴平、全浊字今读阳平。另一类是属于江淮官话洪巢片的海伊（海州、伊山）小片，方言特征是有入声，除少数入声字变成舒声外，入声自成一类。随着城市发展，大量的外地人定居城区，使连云港方言发展变化加大，有向普通话靠拢的明显趋势。

·市花市树市歌 连云港市市花为玉兰，市树为银杏。1997年问世的市歌《在海一方》，为乔羽作词、郁洲萍作曲，在中央电视台首届“城市之歌”音乐电视展播评比中获得最佳城市形象歌曲奖。

·新时代“连云港精神” 新时代“连云港精神”为“崇德向善、坚韧奋斗、务实创新、勇立潮头”。“崇德向善”是连云港深厚历史人文的积淀和反映，也是新时代连云港积极培育和践行社会主义核心价值观，形成“一群好人、满城春风”城市美德名片的真实写照。“坚韧奋斗”是《西游记》“踏平坎坷成大道，斗罢艰险又出发”不懈斗争精神的凝练表达，反映新时期连云港人不甘落后、攻坚克难、久久为功的鲜明底色。其中，“坚韧”体现拥有江苏最高峰的山海港城，汲取山的坚韧厚重；奋斗是永恒的主题，是实现“高质发展、后发先至”的必备要件。“务实创新”是“坚韧奋斗”的内涵深化、战术动作选择，是“四实四干”作风的行为体现，是连云港贯彻落实新发展理念，开辟全面建设社会主义现代化新征程的重要基石和不竭动力。“勇立潮头”是连云港作为沿海开放城市，在时代大潮中走在前、干在前的目标追求和标准导向，更是连云港践行习近平总书记“后发先至”殷切嘱托的结果呈现。

（年　编）

经济社会发展

·经济规模 2021年，连云港市统筹新冠肺炎疫情防控和经济社会发展，实现“十四五”良好开局。实现地区生产总值3727.92亿元，比2020年增长8.8%。其中，第一产业增加值398.13亿元，增长3.4%；第二产业增加值1625.76亿元，增长9.5%；第三产业增加值1704.03亿元，增长9.5%。

·经济结构 2021年，全市产业结构持续优化，三次产业结构调整为10.7∶43.6∶45.7。全年实现农林牧渔业总产值728.03亿元，农林牧渔业增加值432.45亿元。规模以上工业战略性新兴产业实现产值1523.04亿元，全年实现社会消费品零售总额1203.31亿元。

产业内部结构　全市农林牧渔业增加值432.45亿元，行业占比11.6%；规模以上工业战略性新兴产业实现产值1523.04亿元，占全部规模以上工业总产值比重为41.9%。

投资结构　全市规模以上投资2154.78亿元，其中第一产业42.39亿元，占规模以上投资的2.0%；第二产业1401.83亿元，占规模以上投资的65.1%；第三产业710.56亿元，占规模以上投资的33.0%。

从业人员结构　全市有从业人员249.37万人，其中第一产业65.66万人，占全部从业人员的26.3%；第二产业78.05万人，占全部从业人员的31.3%；第三产业105.66万人，占全部从业人员的42.4%。

（刘从鸿）

·供给侧结构性改革 2021年，连云港市开展去产能项目“回头看”工作，防止化解淘汰产能复产，坚决取缔落后产能，推进产业转型升级。实施新一轮重点企业高质量发展三年行动计划，推动金融机构为拟上市挂牌企业提供贷款9.95亿元，涉及企业49家。德源药业成为苏北首家在新三板精选层挂牌企业。诺泰制药在科创板首发上市，成为连云港市及苏北第二家科创板上市公司。全市商品房销售面积785.71万平方米，比2020年增长13.64%，全市库存商品房、商品住宅去化周期分别为21.42、11.07个月，比2020年年底分别减少1.15个月和0.76个月，去化周期继续保持在合理稳定区间。全年减税降费总额超过30亿元，创新建立市中小企业服务联盟，开展公益服务活动80余场，服务企业超5000家次。完善优质中小企业“白名单”，将企业名单扩大至1000家，及时推送给金融机构，增强企业融资能力。发放应急转贷79笔、发放金额5.9亿元，有效帮助56家中小企业节约融资成本289万元。全市共编排补短板重大项目计划130个，覆盖产业发展、创新驱动、基础设施、生态环保和民生工程等，完成投资750亿元。

（周　怡）

2021年连云港市国民经济主要指标统计表

表2

指标	单位	2021年	较2020年增长（%）
一、年末户籍人口	万人	533.21	−0.24
二、地区生产总值	亿元	3727.92	8.8
三、工业总产值（规模以上）	亿元	3636.45	27.1
工业增加值	亿元	998.18	13.4
产品销售收入	亿元	3681.79	28.9
利润总额	亿元	348.29	39.6
四、农林牧渔业总产值	亿元	728.03	4.3
粮食产量	万吨	368.80	0.5
油料产量	万吨	10.19	−3.1
五、全社会用电量	亿千瓦时	218.19	12.4
工业用电量	亿千瓦时	131.68	10.8
六、邮电通信业务收入	亿元	86.85	24.8
七、港口货物吞吐量	万吨	27710	10.1
集装箱吞吐量	万标箱	509	6.0
八、社会消费品零售总额	亿元	1203.31	9.0
九、固定资产投资	亿元	2154.78	8.4
十、实际到账注册外资及港澳台资额	万美元	80678	15.2
十一、进出口总额	万美元	929867	−0.7
出口总额	万美元	379241	−2.5
十二、一般公共预算收入	亿元	274.81	12.1
一般公共预算支出	亿元	534.05	6.4
十三、金融机构年末存款余额	亿元	4786.94	12.4
住户存款	亿元	2073.47	12.1
金融机构年末贷款余额	亿元	5197.05	22.0
十四、城市居民消费价格总指数	上年=100	101.3	—
商品零售价格总指数	上年=100	102.5	—

·社会事业 2021年，全市人民生活持续改善。居民人均可支配收入32295元，比2020年增长9.5%。全年减征社保费9.3亿元，提供就业岗位34.8万个次，实现全市城镇新增就业6万人，新增转移农村劳动力3万人，帮扶困难人员就业3.3万人，开发公益性岗位1.5万个。企业职工养老保险新增参保缴费7.9万人，建筑业工程项目工伤保险参保率100%。实施企业退休人员养老金“十七连调”，城乡居民基本养老保险基础养老金在“十连增”基础上“二次提标”提高至人均211元/月。新增护理院1家、医养结合机构3家，医养结合床位累计3328张。教育服务能力稳步增强。全年新改扩建中小学、幼儿园45所，全市625所、占比99.52%的义务教育学校达省定办学标准，优质高中占比提高至100%，全年新招聘教师2000余名，全市中小学教师编制数达4.19万个。文化旅游服务水平不断提升。全年人均接受文化场馆服务次数4.41次。建成路南街道分馆、移动分馆等5个市图书馆分馆，市县7个文化馆通过国家一级馆复评，提升改造室内外小剧场59个，公布示范文化站30家，新增旅游公交线路5条，开通旅游直通车2条，新设（更新）旅游交通标识牌140块，14家公共文化场馆入选省“最美公共文化空间”，13个文化群众团队入选省优秀群众文化团队培育对象。创建成国家文化和旅游消费试点城市，面向省内外游客发放免费电子旅游门票11万余张。卫生事业发展取得积极成效。全市县医院均达到国家三级医院推荐标准。累计73个乡镇卫生院、社区卫生服务中心达基本标准以上能力。基本公共卫生服务项目人均补助标准提高至88元。截至年末，全市累计接种新冠病毒疫苗408.81万人、873.33万剂次，全人群首剂接种率88.9%，全程接种率83.3%。体育事业稳步发展。人均拥有体育场地面积达3.07平方米，常年参加体育活动人口占全市总人口的40.6%以上。完成30项沿河沿路体育设施建设任务，新建改扩建体育公园9个，新增健身步道25千米，新增更新健身路径216套、球场112片。 （年 编）

责任编辑 邱仕明

中共连云港市委

综述

·概况　2021 年，中共连云港市委坚持以习近平新时代中国特色社会主义思想为指导，坚决贯彻党中央和省委各项决策部署，树立“后发先至”目标追求，落实新发展理念，积极应对复杂多变的宏观环境，有力防控新冠肺炎疫情，推进经济社会高质量发展，高水平全面建成小康社会。

坚持创新发展，推进产业强市。累计完成产业投资 4300 亿元，地区生产总值 3727.92 亿元，人均国内生产总值 1.28 万美元。重大产业布局拓展完善，炼化一体化等龙头项目形成支撑，石化产业基地初具规模，千亿产业、千亿园区和百亿企业、百亿特色产业焕发集群效应。创新型城市建设扎实推进，召开全市创新型城市建设暨工业经济高质量发展大会，出台《关于支持重点产业加快发展若干政策意见》《关于印发深化创新型城市建设若干政策的通知》等 8 个“政策包”。全社会研发投入占地区生产总值比重 2.24%，苏北领先，科技进步贡献率 58.3%。“中华药港”核心区医药大厦、展示中心、孵化器等载体建成投用，高端化学制剂产业园具备入驻条件。新经济、新业态、新模式蓬勃兴起，跨境电商特色彰显，直播带货快速发展，为经济增长注入新的活力动能。

坚持协调发展，注重协同并进。主动融入全国全省区域协同发展大局，新建花果山机场，枢纽地位巩固提升。深化港产城协同发展，三次产业协调并进，农业生产能力提高，生态高效外向等特色优势扩大，物流、旅游、金融等服务业长足进步，房地产市场健康发展。做强中心城区，加强连云新城、高新区南部拓展区建设，城市功能品质进一步提升。乡村振兴深入推进，农村人居环境和农民住房条件明显改善。供给侧结构性改革取得实效，“放管服”改革成效彰显，审批服务事项办理时限压缩率 90.5%，社会信用体系健全完善，重点领域和关键环节改革持续突破。

坚持绿色发展，加快转型升级。创新市县长直抓环保等工作机制，率先开展战略环评和“三线一单”试点。入海河流全部消除劣Ⅴ类，国省考断面水质全部达标，空气质量创最优水平。做好环保督察整改，化工园区转型提升。系统推进山体修复、湿地保护等工程。

坚持开放发展，服务“一带一路”。践行习近平总书记“打造标杆示范”重要指示，中哈物流合作基地、上合组织国际物流园快速成长，国际班列运量和效益保持较高水平，东西双向、海陆统筹，全力服务新亚欧大陆桥经济走廊，与日韩、港台、东南亚交流更加紧密，与中亚国家合作深入拓展。国家主席习近平和俄罗斯总统普京通过视频连线共同见证中俄核能合作项目——田湾核电站 7、8 号机组开工。高水平构建开放平台，江苏自贸区连云港片区、跨境电商综合试验区、连云港综合保税区、连云港农业对外开放合作试验区建设取得重要进展。连云港港“一体两翼”结构优化，“东方大港”迈向贸易物流更高能级。举办第七届丝路物博会、第五届国际医药技术大会、2021 上合组织国际圆桌会议、第二十三届江苏农业国际合作洽谈会等活动，经贸合作、文化交流取得新成效。

坚持共享发展，构建幸福港城。大力发展民生社会事业，就业更加充分，城乡居民收入较快增长，各类社会保障扩面提质。坚持教育优先，提高教师待遇，狠抓教学质量，增加优质供给。突出口岸等重点，严把“外防输入”关口，做好新冠肺炎疫情防控。健全完善疾控体系，大力发展公共卫生，连云港市入选全国健康城市建设样板市。文化产业快速发展，文化惠民活动广泛开展。全面加强社会建设，构建平安连云港，安全生产形势稳定，扫黑除恶专项斗争持续深入，政法队伍教育整顿成效明显，信访矛盾化解 9 项指标列全省第一。

全面加强党的建设。深入开展党史学习教育和党内集中教育，庆祝中国共产党成立 100 周年。党政机构改革、县乡党委和村社“两委”换届完成。党组织战斗堡垒作用、党员先锋模范作用充分发挥。

（穆　鑫）

·全面深化改革　2021年，市委深化改革委员会召开3次会议，审议通过12份改革文件。建立领导联系重点改革项目制度，每位市领导和各县区、部门负责人领办1—2个重点改革项目，形成“一个项目、一名领导、一个团队、一抓到底”的工作格局。江苏自贸区连云港片区发展多式联运打造便捷物流渠道、“两基地一班列”提档升级、“审管联动”闭环管理等改革项目推进有力。全市各地各部门承担132项改革任务，在22个国家级和32个省级改革试点项目中，28个项目全面完成，26个长期项目按序时进行推进。省定16项重点改革任务中，11项被省评为“好”等次，整体完成情况位居全省第六，比2020年上升1位。“强化督察考核 推动改革落实”工作经验被评为全省服务推进改革特色做法示范案例。市级自主实施的78个改革项目全面完成。开展“重大改革创新奖”评选，创新多式联运协同监管服务体系、国际班列过境集装箱“船车直取”零等待模式、创建社会保障卡“一卡通”应用示范城市3个项目入选。编发《改革动态》22期，在省级层面发表《构建陆海联运通道　打造对外合作高地——连云港中哈物流基地用创新书写时代篇章》等改革经验文章7篇。

江苏自贸区连云港片区累计形成制度创新成果99项，其中，国际班列过境集装箱“船车直取”零等待模式在全国口岸推广，中欧班列“保税+出口”货物集装箱混拼模式获海关总署备案，“创新多式联运协同监管服务体系”位列长三角十佳案例第三，22项制度创新成果全省复制推广、3项入选全省“十佳制度创新成果”。“大力发展多式联运打造便捷物流渠道”等工作经验被国务院自贸试验区部际联席会议简报刊发推广。“两基地一班列”建设提档升级。中哈基地功能提升，哈萨克斯坦东门无水港获评海外安全发展优秀项目；上合物流园专用铁路开通，连续5年获评全国优秀物流园区。连云港“一带一路”综合试验区、中哈物流基地和上合物流园建设等一系列强支点建设重大事项纳入省“十四五”规划纲要；“深入推进连云港国家东中西区域合作示范区发展”事项纳入《长三角一体化发展规划“十四五”实施方案》，《国家东中西区域合作示范区建设方案（2021—2025）》印发实施。创新搭建审管联动平台，实现审批、监管闭环管理。建立审管联动事项清单260项，生成监管任务8160条，17类审批事项实现审管联动全流程应用。该改革事项获得国务院办公厅电子政务办肯定，在全国范围宣传推介。开展国家级生态文明建设示范市创建，全市河湖水环境质量持续改善，重点河湖违法违章行为实现动态清零，石梁河水库、东盐河等幸福河湖建设全面加快，河长制工作连续两年获得省政府督查激励。在全国率先创新推行生态副县长、副镇长挂职工作制度。出台《关于完善重大疫情防控体制机制 健全公共卫生应急管理体系的实施意见》，11个方面任务全面部署落实。在全省率先出台《港口口岸疫情突发事件应急处置预案》，口岸疫情防控工作精准科学，探索形成“五个一”工作法，被省委研究室专刊推介。高分通过国家卫生城市复审。实施“抓基层强基础、抓管理强队伍、抓作风强服务”“三抓三强”行动，构建党建引领城乡基层治理的新格局。市委主要领导带头领办基层党建“书记项目”，市委常委跟进领办基层党建“常委项目”11个，带动各县区、镇街排定基层党建“书记项目”60个，建立领导干部“抓街促居、强街兴居”城市基层党建联系点280个。全市新增村集体经营性收入超30万元村240个，解决群众“急难愁盼”问题3166个。

（周　怡）

6月30日，连云区墟沟小学学生在“在海一方”公园唱革命歌曲，迎接中国共产党成立100周年　王健民　摄

·庆祝中国共产党成立100周年活动　2021年，中共连云港市委开展庆祝中国共产党成立100周年系列活动，唱响“党的盛典、人民的节日”主旋律，策划举办“永远跟党走”大型文艺演出、“港城百年英烈事迹展”等系列活动，推出《寻找花果山》等文艺作品60余部。在全市各主次干道、公园广场、交通枢纽、商业街区，全方位全天候高密度布置建党百年标语横幅、灯杆道旗、公益展板、宣传海报、城市小品，营造社会氛围。创新“传承红色基因 勇立时

代潮头”实境课堂,开展“薪火相传耀港城”“建党百年文艺演出”“9·30”向革命烈士献花仪式等主题教育、群众文化活动4000余场,参与人数80万余人次。广泛组织观看“百年征程 初心永恒——中国共产党在江苏历史展”网上展馆(线上展)、VR(虚拟现实)电视馆,全市干部群众浏览量超过1000万人次。市级机关举办电影党课2期;举办“颂歌献给党”歌咏比赛,3000余人次参加;举行“百年心向党、建功新时代”文艺竞演,3200余人次参与。

·中共十九届六中全会精神学习宣传 2021年,市委把学习宣传贯彻中共十九届六中全会精神作为重大政治任务,迅速谋划部署、精心组织实施,推动全市各级党组织和广大党员干部以学促知、以知促行。11月12日,市委常委会召开扩大会议传达学习全会精神。11月19日,市委常委会再次召开扩大会议,深入学习全会《中共中央关于党的百年奋斗重大成就和历史经验的决议》。印发《关于深入做好党的十九届六中全会精神学习宣传的通知》《关于做好学习贯彻党的十九届六中全会精神宣讲工作的通知》等文件,对全市学习宣传贯彻全会精神做出全面部署。把学习贯彻全会精神作为县处级党委(党组)理论学习中心组巡学旁听重要内容,市委宣传部、市委组织部、市委党史学习教育巡回指导组采取查阅资料、个别访谈、旁听学习、知识检测等方式,了解中心组集体学习研讨、日常学习等情况,研判分析。市委为县处级以上领导干部统一配备《〈中共中央关于党的百年奋斗重大成就和历史经验的决议〉辅导读本》《党的十九届六中全会〈决议〉学习辅导百问》等辅导材料。12月中旬,市委理论学习中心组举办学习贯彻中共十九届六中全会精神专题读书班,用2天时间开展集中学习、交流研讨。各地各单位各部门召开理论学习中心组学习会、专题学习会,举办专题读书班,开展专题学习、交流研讨,县处级以上领导干部撰写不少于1篇笔谈文章。市委党校开发11个教学专题,依托秋季主体班、青年公务员党性修养提升班、乡镇街道组织委员专题培训班等班次进行培训。把学习全会精神作为党员冬训必学内容,组织广大党员集中学习、深入研讨。根据流动党员、“两新”组织党员、年老体弱和行动不便党员等不同领域、不同群体党员的认知特点和接受习惯,采取线上学习会、“工前学习一刻钟”、上门送学等方式,推动广大党员深学细悟。结合疫情防控要求,发布学习要点,各级党组织开展线上学习交流活动。围绕全会提出的重大思想观点、重大论断、重大部署,聚焦党的百年奋斗的重大成就特别是中国特色社会主义进入新时代的历史性成就和历史性变革、党的百年奋斗的历史意义和历史经验等重大问题,依托市社科基金项目、市社科应用课题,确定一批研究选题,组织社科理论专家学者深入开展研究阐释,推出一批理论成果。构建“1+9+X”宣讲体系,市委成立宣讲团分市级机关、学校、企业等9类开展53场专场宣讲,9个县区、功能板块分别成立县级宣讲团,全市各级行业部门成立宣讲团,开展对象化、分众化、互动化宣讲。推动“百姓名嘴”“青年讲师团”“巾帼讲师团”等,依托全市4个县级融媒体中心、1792个新时代文明实践中心(站、所)、近3000个道德讲堂等阵地,开展群众面对面宣讲。印发《党的十九届六中全会精神宣传工作方案》,依托连云港日报社、市广电台等市级媒体开设“深入学习贯彻党的十九届六中全会精神”等专题专栏。以学习贯彻全会精神为重点,深化拓展党史学习教育,融合推进“两在两同”建新功行动与“我为群众办实事”实践活动,组织“扛红旗、建新功、当先锋”实践活动,组织“万名党员走千村(社区)访万户”活动,对全市1428个村、277个社区进行“全覆盖”式走访,广泛听取意见、了解民生需求,找准查实基层和群众的难题。收集问题9558条,解决困难事项5600余个。 (赵全全)

重要会议

·市委十二届十三次全体会议 8月7日,中共连云港市第十二届委员会第十三次全体会议在海州举行。全会以习近平新时代中国特色社会主义思想为指导,深入学习贯彻习近平总书记“七一”重要讲话和视察江苏重要讲话指示精神,回顾总结连云港市高水平全面建成小康社会奋斗历程,统筹社会主义现代化建设战略部署,对当前和今后一个时期的工作做出安排,进一步动员全市上下同心同德,不懈奋斗,开拓前进,勇担“争当表率、争做示范、走在前列”新使命,建设“强富美高”现代化新港城,加快连云港在新时代的后发先至。市委常委会主持会议。市委书记方伟代表市委常委会作工作报告并讲话。

·市委十二届十五次全体会议 9月22日,中共连云港市第十二届委员会第十五次全体会议在海州举行,讨论通过中国共产党连云港市第十三次代表大会有关事项。市委常委会主持会议,市委书记方伟讲话。市委委员、候补委员出席会议,市纪委委员列席会议。全会决定,中国共产党连云港市第十三次代表大会于9月27—29日召开。全会讨论并原则同意十二届市委工作报告(讨论稿)和市纪委向市第十三次党代会的工作报告(讨论稿),提请市第十三次党代会审查;全会听取市第十三次党代会代表选举情况的报告和市“两委”组成人员候选人预备人选产生情况的说明,讨论确定市第十三次党代会日程,讨论通过市第十三次党代会选举办法、大会组织机构建议名单。

·中国共产党连云港市第十三次代表大会、市委十三届一次全体会议 参见“特载”类目。

·市委十三届二次全体会议 12月28日，中共连云港市第十三届委员会第二次全体会议在海州举行，市委常委会主持会议。市委书记方伟代表市委常委会作工作报告。市委副书记、代市长马士光就2022年经济工作做部署。出席会议的市委委员50人，候补委员8人。部分地市级老干部、市纪委委员、有关方面负责人、部分市第十三次党代会代表列席会议。全会对当前面临的形势进行分析研判，对2022年经济社会发展主要预期目标做安排，对2022年经济工作从狠抓项目建设、加快构建现代产业体系、不断深化改革创新、持续扩大对外开放、防范化解重大风险、不断改善民生福祉6个重点方面做出部署。全会讨论《中共连云港市委常委会2021年度抓党建工作情况报告》，审议通过全会决议。

·市委常委会会议 2021年，中共连云港市委常委会共召开20余次会议。

1月7日，市委常委会召开会议，学习习近平总书记近期重要讲话精神，审议《连云港市国民经济和社会发展第十四个五年规划纲要和二〇三五年远景目标(草案)》《中共连云港市委深入学习贯彻习近平总书记视察江苏重要讲话指示精神落实“两争一前列”新要求的意见》《连云港市房地产市场调控“一城一策”工作实施方案》，听取《政府工作报告》起草情况、2021年市级全口径预算编制情况汇报、江苏深化安全生产专项整治动员部署会精神和当前全市安全生产工作情况汇报等。

1月22日，市委常委会召开会议，传达全国、全省疫情防控工作电视电话会议精神，听取近期全市新冠肺炎疫情防控工作情况汇报；传达省党政主要领导经济责任审计和自然资源资产(任中)审计整改工作部署会议精神，听取连云港市整改落实情况汇报；审议《中共连云港市委关于落实全面从严治党党委(党组)主体责任的实施意见》《连云港市青年发展规划(2021—2025年)》；传达全国、全省宣传部长会议精神，研究连云港市贯彻落实意见；传达全省关工委工作会议精神，听取全市关心下一代工作情况汇报等。

2月1日，市委常委会召开会议，传达省十三届人大四次会议、省政协十二届四次会议精神；传达全省农村工作会议精神，研究连云港市贯彻落实意见；传达十九届中央纪委五次全会精神，听取2020年度全市纪检监察工作及市纪委十二届六次全会筹备情况汇报；听取市政协2021年协商计划安排情况汇报；听取市人大常委会、市政府、市政协、市法院、市检察院党组工作情况汇报等。

3月1日，市委常委会召开会议，审议《连云港市重点企业高质发展三年行动计划(2021—2023)》《关于全面推进乡村振兴加快农业农村现代化的实施意见》《关于进一步深化安全生产三年专项整治工作的意见》《2021年各县区党委政府履行安全生产工作责任考核评价指标》；学习传达中央和全省政法工作会议精神，研究连云港市贯彻落实意见等。

3月23日，市委常委会召开会议，听取全市2020年度综合考核结果及总结表彰事项情况汇报；听取2020年度连云港市功勋企业家、优秀企业家、产业项目推进明星企业家和纳税十强工业企业评选情况汇报；听取2021年全省劳动模范和先进工作者推荐评选情况汇报等。

4月25日，市委常委会召开会议，学习习近平总书记在中央党校(国家行政学院)中青年干部培训班开班式上的重要讲话、对深化东西部协作和定点帮扶工作重要指示、对职业教育工作重要指示精神；审议《关于开展富民强村帮促行动接续推进乡村全面振兴的实施意见》等。

5月10日，市委常委会召开会议，传达全省沿海发展座谈会精神。

5月20日，市委常委会召开会议，听取连云港市第七次全国人口普查公报有关情况汇报；审议《关于贯彻中央和省国企改革三年行动方案的实施意见》等。

6月4日，市委常委会召开会议，传达省市县三级中心组安全生产学习交流会议精神，听取2021年以来连云港市安全生产工作情况汇报；听取连云港市国家卫生城市复审情况汇报；审议《连云港市质量督察工作办法(试行)》等。

6月15日，市委常委会召开会议，学习传达习近平总书记关于湖北十堰市燃气爆炸事故的重要批示和全省安委会会议精神；听取中国共产党连云港市第十三次代表大会筹备工作情况汇报，研究相关事项；听取连云港市优秀共产党员、优秀党务工作者、先进基层党组织推荐评选情况汇报；审议《连云港市2021年度综合考核实施办法》及系列实施方案；听取2021年连云港市劳动模范推荐评选情况汇报；审议《关于完善重大疫情防控体制机制健全公共卫生应急管理体系的实施意见》等。

6月30日，市委常委会召开会议，听取全市党史学习教育工作开展情况汇报，研究部署下一阶段工作；听取抗击新冠肺炎疫情市级评选表彰推荐情况汇报；审议《关于高质量推进“千万标箱、东方大港”建设发展的实施方案》等。

7月19日，市委常委会召开会议，对重点工作做部署。

8月5日，市委常委会召开会议，听取市委十二届十三次全会筹备等情况汇报。

8月12日，市委常委会召开会议，学习传达党中央、国务院和省委、省政府领导近期有关新冠肺炎疫情防控工作的重要指示精神，听取全市疫情防控重点工作情况及下一步工作汇报；审议《连云港市贯彻落实省安全生产第十二巡查组反馈意见整改方案》《关于实施市民生实事项目人大代表票决制工作的意见》；听取《连云港市生活垃圾分类管理条例》立法重要事项情况汇报；听取连云港市贯彻落实《中共中央关于加强新时代检察机关法律监督工作的意见》情况汇报等。

8月19日，市委常委会召开会议，学习习近平总书记在中央财经委员会第十次会议上的重要讲话精神，学习贯彻中央、省委关于加强巡视巡察上下联动的意见等。

9月22日，市委常委会召开会议，研究市第十三次党代会有关事项。

10月9日，市委常委会召开会议，传达全省海外引才工作推进会有关精神。

10月27日，市委常委会召开会议，学习习近平总书记近期有关重要讲话精神及关于粮食安全的重要论述；传达学习全省生态环境保护督察整改工作推进会暨太湖治理调度会会议精神，听取中央和省环保督察反馈问题整改情况汇报；传达学习全国、全省政协系统党的建设工作经验交流会精神，研究连云港市贯彻落实举措；审议《东方农商行深化改革工作方案》；就抓好疫情防控工作进行再强调、再部署等。

11月28日，市委常委会召开会议，传达贯彻省第十四次党代会精神。

11月30日，市委常委会召开会议，学习习近平总书记近期有关重要讲话精神，听取连云港市"一带一路"强支点和东中西区域合作示范区建设发展情况汇报，传达学习《江苏省市级党委党校（行政学院）办学质量评估办法》精神，听取党校评估准备工作情况汇报等。

12月23日，市委常委会召开会议，听取2021年全市主要经济指标预计完成情况及2022年主要经济指标计划情况汇报，听取市委十三届二次全会筹备情况汇报，学习习近平总书记关于机关党建工作有关论述，听取市级机关党建工作情况汇报，审议《关于开展法治宣传教育的第八个五年规划（2021—2025年）》等。

·市委常委会扩大会议　2021年，中共连云港市委常委会召开扩大会议10次。

3月12日，市委常委会召开扩大会议，学习传达全国"两会"及习近平总书记在"两会"期间重要讲话精神。

5月20日，市委常委会召开扩大会议，学习习近平总书记在广西考察期间的重要讲话精神，传达习近平总书记在中俄核能合作项目开工仪式上的致辞精神；传达省委书记娄勤俭在连云港调研讲话精神，就连云港市贯彻落实提要求。

7月30日，市委常委会召开扩大会议，学习习近平总书记在中央政治局第三十一次集体学习时的重要讲话、向"七一勋章"获得者颁授勋章时的重要讲话、对防汛救灾工作做出的重要指示要求及近年来对江苏、对连云港工作的重要讲话精神和重要指示要求；听取上半年全市经济运行情况汇报；听取省对市年度综合考核指标1—6月推进情况汇报。

8月30日，市委常委会召开扩大会议，学习习近平总书记在河北承德考察时的重要讲话精神，传达省委十三届十次全会精神。

9月10日，市委常委会召开扩大会议，传达省长吴政隆在连云港调研讲话精神，并就连云港市贯彻落实提要求。

9月22日，市委常委会召开扩大会议，学习习近平总书记在2021年秋季学期中央党校（国家行政学院）中青年干部培训班开班式上的讲话，学习《中共江苏省委印发关于加强对"一把手"和领导班子监督实施意见的通知》精神。

11月12日，市委常委会召开扩大会议，学习传达中共十九届六中全会精神，就连云港市学习宣传贯彻提要求；学习习近平总书记在《求是》杂志发表的重要文章《坚定理想信念补足精神之钙》、在中央人大工作会议上的重要讲话精神、在第四届中国国际进口博览会开幕式上发表的主旨演讲《让开放的春风温暖世界》、在亚太经合组织工商领导人峰会上发表的主旨演讲《坚持可持续发展共建亚太命运共同体》等有关重要文章和重要讲话精神。

11月19日，市委常委会召开扩大会议，传达省委十三届十一次全会精神，就连云港市贯彻落实提要求，书面学习中共十九届六中全会审议通过的《中共中央关于党的百年奋斗重大成就和历史经验的决议》。

11月28日，市委常委会召开扩大会议，传达贯彻省第十四次党代会精神。

12月14日，市委常委会召开扩大会议，传达12月6日中央政治局会议精神和中央经济工作会议精神，传达省领导在全省领导干部专题研修班开班式、结业式上的讲话精神，传达省委书记吴政隆在省委常委会集中学习习近平总书记重要讲话和重要法规重要文件时的讲话。（穆　鑫）

调研督查

·调研工作　2021年，中共连云港市委研究室开展各类调研活动60余次，全年完成调研报告69篇，在省以上刊物发表11篇，刊发《领导参考》和《调查与研究》13期、《改革动态》22期。市委研究室按照"贴近发展搞调研，服务决策谋大事"的思路，围绕石化产业发展、乡镇工业集中区建设等开展决策调研，围绕"一带一路"强支点建设、新冠肺炎疫情防控、营商环境优化等开展对策调研，围绕生态环境保护等开展经验调研，形成一系列调研成果，《整合资源要素，推动徐圩快速发展》《织密口岸立体"防控网"，坚决守好江苏"北大门"》转化为市委、市政府相关工作思路和决策部署。（周　怡）

·督查工作　2021年，市委督查室开展实地督查、调研30余次，督办市委主要领导批示90余件，为基层减负工作取得阶段性成效，连云港市被确定为全省3家村级减负省级试点城市之一。定期对全市贯彻执行中央八项规定精神、整治形式主义突出问题以及市委全委会、市委常委会工作要点落实情况等进行跟踪督办。健全领导批示督办机制，实行专人负责、分类督办、全程跟踪，确保省、市委主要领导批示精神落实落地。印发《关于进一步解决形式主义问题做好2021年为基层减负工作具体措施及责任分工方案》等12个文件，发出督办函110多份，办理人民来信72封，形成《书记批示落实情况专报》《督查专报》各10期。在全省设区市中率先建立整治形式主义为基层减负专项工作机制，召开全市解决形式主义突出问题为基层减负工作推进会、全市村级减负省级试点工作培训会，创新开通"减负邮箱"，在《连云港日报》开设"减负进行时"专栏，不定期赴基层动态监测点发放调查问卷，对基层减负工作进行"一月一调度""一季一暗访""半年一过堂"。抓好为村级减负省级试点，加快推进"上报数据一套表，党建民生两本账，主体责任、事项准入和负面事项三张清单"建设。 （穆　鑫）

组织工作

·概况　截至2021年年底，连云港市有基层党组织14308个，其中基层党委583个、总支部1501个、支部12224个。全市有党员28.5万人，其中35岁及以下党员6.06万人、61岁及以上党员9.78万人，女性党员6.85万人。新发展党员9574人。围绕庆祝中国共产党成立100周年，开展"我心向党、永远跟党走""光荣在党50年"纪念章颁发等活动。权太琦被表彰为全国优秀共产党员、钟佰均被表彰为全国优秀党务工作者、江苏康缘集团有限责任公司党委被表彰为全国先进基层党组织，6名个人被表彰为江苏省优秀共产党员、6名个人被表彰为江苏省优秀党务工作者、6个集体被表彰为江苏省先进基层党组织。举办庆祝中国共产党成立100周年座谈会暨市"两优一先"表彰会，全市表彰100名优秀共产党员、100名优秀党务工作者和100个先进基层党组织。9月，中国共产党连云港市第十三次代表大会召开，推选省党代会代表人选39人，市党代会代表443人，县区党代会代表1869人，乡镇党员代表大会代表6653人。

·基层党建　2021年，连云港市深入实施"堡垒工程"，市县乡村四级联动，全市1695个村（居）完成"两委"换届。全市村（居）党组织书记中，35周岁以下276人，占16%；女性261人，占15%，书记主任"一肩挑"比例为97%。全市11212名村（居）"两委"成员交叉任职3716人；35周岁以下和女性委员均超过3400名，实现"两委"成员各有1名的目标。举办村（居）"两委"书记培训班，开展培训303次，培训1.1万人次。实施百名村党组织书记学历、富民兴村能力"双提升"三年行动，对第一期新任党组织书记80余人进行集中培训。深化"党建引领、富民兴村"行动，设立财政专项引导资金9500万元，推动766个村集体经济项目逐步落地、投产见效，带动增加村集体经济收入2.6亿元，带动就业7.8万人，消除村集体经营性收入低于30万元村258个。打造服务型智慧党建平台，提供50余项服务，实时了解群众诉求，26万名党员群众注册使用，累计发布动态2.37万条，帮助实现微心愿7524个，解决群众困难1.69万个，被《中国组织人事报》、人民网、《新华日报》等中央、省市级媒体推介。落实《连云港市村干部待遇保障管理办法（试行）》《连云港市社区专职工作者薪酬待遇管理办法（试行）》，村书记基本报酬达到当地农民可支配收入的2.2倍。推进社区工作者职业化体系建设，完善"三岗十八级"薪酬体系，社区工作人员年均收入提高2.3倍。

·机关党建　2021年，市委市级机关工委直属机关党组织71家，其中机关党委37家、总支9家、直属支部25家。有党员8992人，其中在职党员6209人。市委市级机关工委把学懂弄通做实习近平新时代中国特色社会主义思想作为重要政治任务，通过"学习强国"等平台促进机关党员开展学习。开展中心组巡学旁听，通过示范引领作用促进学习。举办机关大讲堂3期，覆盖党员群众800多人次；举办机关党务干部培训班2期，培训机关党务干部160人次。结合"红旗党支部"创建情况调研，深入30家机关党组织，督促开展好"三会一课"（定期召开支部党员大会、支部委员会、党小组会；按时上好党课）、固定学习日、主题党日等活动。在市级机关开展"奋进新征程 勇当排头兵"红旗党支部创建活动，延续并完善"不忘初心、牢记使命"教育制度。市级机关工委、海州区委成立"红润港城"党建联盟，构建6个市级机关党员服务团队，开展活动100余场次，2万多人次参与。开展机关发展对象培训班3期，培训190多人。开展"优作风、走基层、促发展"活动，市级机关党组织结合"我为群众办实事"主题活动，深入企业和项目现场2000多人次，帮助解决各类问题120余个，活动被市委党史学习教育领导小组评为"我为群众办实事"优秀案例。市级机关工委、市发改委、市政务办开展营商环境督查，强化节假日应急值守督查；将"12345"政务服务热线设为市级机关作风投诉热线，与市"12345"政府公共服务中心等单位针对投诉的问题进行联合督办。受理市纪委监委各派驻纪检监察组案件99件，审结88件。开展派驻审理业务人员座谈暨市级机关案件质量评查，评查2020年度市级机关案件办结案件68件、175卷。举办"作风聚焦"文旅专场活动，对曝光问题进行跟踪督办。为市级机关党员干部发放党史学习笔记本1万余册、学习资料9000余册。在市级机关广泛开展"节日里的党史学习教育"系列活动，开展"我与国旗合个影""节庆假日学党史"等系列活动。以"我为群众办实事"实践活动为总领，推进市级机关"优作风、

2021年，连云港市广泛开展“我为群众办实事”活动，图为机关党员服务团队在连云区宿城街道大竹园村义务采春茶　　朱先明/视觉江苏网

走基层、促发展”活动，促进机关党员干部走进基层、机关资源下沉基层；组织职能部门赴企业听取意见，帮助解决实际问题。以“奉献一份爱心、建设一个中心、修好一条农路”活动为抓手，投入15万元，为东方红村种植苗木1万多株；拨款10万元，帮助新河村修建党群服务中心；组织20余名医疗专家到基层开展义诊500多人次，送去医疗用品价值8000余元。　　（丁海峰）

·“两新”组织党建　2021年，市委组织部制定出台“党建引领、助企发展”六条举措，打造康缘集团“强心通络、培元固本”党建品牌，康缘集团党委获评全国先进基层党组织。推进“两新”组织党务工作者专业化建设，招聘专职党务工作人员85人，认证党务工作者286人，推荐36名优秀党务工作者担任省市党代表。成立新医药、水晶、装备制造等产业党建联盟5个，发布产业、党建定向扶持政策，高标准建成综合服务中心，举办“红色剧本杀”、经典诵读等开放式组织活动30余场次，解决群众“微心愿”252个，支援河南2900万元救灾现金和物资。探索新时代党建、产改、工建一体化推进机制，开展“三组”联建，成立支部攻坚组452个，党员突击队857支。成立连云港市快递行业党委，打造“小哥驿站”，建成1个综合服务型和135个分散配送型站点，为快递小哥提供法律咨询、心理疏导等10余项暖心服务。

·干部选拔任用　2021年，市委组织部实施青年干部培育“厚栋工程”。开展事业单位名校优生选招，市县联动录用优秀大学毕业生158人。开展年轻干部上下交流、平行交流，25名年轻干部到市级机关、乡镇交流任职挂职。加强选调生日常管理，开展选调生“双导师制”培养。实施“一线砺兵、实践赋能”年轻干部培养锻炼计划，58名干部到“乡村振兴一线”“助企发展一线”“扩大开放一线”挂职锻炼。

·干部教育培训　2021年，市委组织部把学习习近平新时代中国特色社会主义思想作为教学培训的中心内容和首要任务，依托党校主阵地，设置“习近平新时代中国特色社会主义思想”教学模块，开设系列经典著作导读课程。按照市委党史学习教育领导小组统一安排，分批分期选调全市1121名县处级领导干部参加5期党史学习教育轮训班，通过专题党课、专家授课、现场教学、交流研讨等教学方式，组织领导干部认真学习贯彻习近平总书记在党史学习教育动员大会上的重要讲话精神和关于党史的重要论述。紧盯中央、省市委重大决策部署，针对重点领域干部存在的能力短板和知识弱项，开展针对性专题辅导和学习研讨。市委组织部与市生态环境局等单位联合举办4期“短精特”专题研究班，围绕习近平生态文明思想、科技创新能力提升、现代社会治理等主题，培训领导干部428人。增加市委党校青干班班次和培训规模，分层次举办市委党校青年干部培训班3期，点名调训86名优秀正科职干部和35名副科职干部。用好“花果山青年学习社”平台，开设“厚栋讲堂”，300余名年轻干部人才参与其中。选派7名领导干部参加中央组织部和国家有关部委组织的专题培训，选派49名领导干部参加省委党校主体班次学习，安排356名领导干部参加市委党校主体班次学习，39名领导干部参加中央和国家机关有关部委举办的地方党政领导干部网上专题班。紧扣全市重点发展领域、重点产业方向，赴浙江大学、昆山市委党校等举办乡村振兴与发展特色产业、乡镇党委书记“知行·赋能”素质提升等5期专题培训班，培训领导干部219人。在市委党校主体班次，选聘2名政治素质过硬、理论水平较高、实践经验丰富的正处级领导干部担任政治辅导员，通过开展一轮谈心谈话、上好一堂专题党课、组织一次党性分析，加强年轻干部政治教育。实行培训班综合分析研判制度。在市委党校主体班中实行跟班研判制度，通过班委会、班主任、政治辅导员、跟班人员等多方视角观察干部，形成综合研判报告；在各类专题培训班中选派跟班联络员，全程记录参训学员的现实表现情况，形成分析研判报告，将学员表现情况与干部使用有效融合。打造“山海守望·初心之旅”党性实践教育品牌。凝练4条干部教育培训现场教学点精品教学线路、排定特色课程，供不同主题班次、不同学员类型进行“菜单式”选

学，形成多样化、综合性的干部教育培训体系。

·干部监督管理 2021年，市委组织部制定《领导干部个人有关事项报告责任清单》，实行领导干部及配偶“双签”和书记“面签”，要求配偶不签字不得报送，报告填写完毕后由单位党委（党组）书记进行逐人面对面审核阅签。对全市1026名领导干部的报告情况进行综合分析形成报告。对103名领导干部开展随机抽查、对87名领导干部开展重点查核、对3名领导干部开展查核验证。对11名少报漏报情节较轻的领导干部给予作出检查、批评教育处理，对16名漏报情节较重的领导干部给予诫勉处理，1名瞒报的领导干部改任职级公务员。换届工作中，市委组织部、市纪委监委印发《关于严肃换届纪律加强换届风气监督的通知》，借助中心组学习、专题党课、微动漫等方式，领导班子和党员干部深入学习“十条禁令”等换届纪律要求。分类组织党委书记、“两代表一委员”、组工干部等人员签订严肃换届纪律承诺书2.8万余份，发放提醒卡2万余张，在全市各级干部大会上组织约6000人次现场收看警示教育片《警钟长鸣》。市县两级组建47个换届风气督查组，综合明察暗访、“四不两直”等方式，对6个县区、60个乡镇换届工作开展督查指导400余次。实时监测和了解换届风气情况，建立健全联查联办、立项专办、快查快结机制。健全失实检举控告澄清机制，换届期间，对1名恶意举报和诬告陷害的信访举报人进行批评教育。严守市管干部选任警戒线，对拟提拔、进一步使用或晋升职级的394名领导干部的廉洁自律、遵纪守法、信访举报等情况进行查核，对244名领导干部个人有关事项进行重点查核。全面评估2014年以来全市“裸官”治理情况，形成专题报告。结合干部考察考核、个人有关事项报告抽查核查、信访举报查核等结果，对123名领导干部进行提醒函询，对12名领导干部进行诫勉谈话。紧贴市委巡察工作，对10家单位深入开展选人用人专项检查，对发现问题做好反馈整改。完善来信、来电、来访、网络和短信“五位一体”综合举报平台，做好“12380”举报电话24小时接听工作，确保件件有回音。建立换届信访“即受即处”制度，确保群众举报渠道畅通、办理高效，全年完成信访登记381件，按照干部管理权限转办交办相关责任部门。

·公务员管理 2021年，全市公开考录公务员529人，面向基层遴选公务员36人，江苏自贸区连云港片区探索开展聘任制公务员工作，引进金融、跨境电商等高端专业人才。举办首期青年公务员党性修养提升班、“菜单式”技能提升系列专题培训班，在全省率先探索行政执法类公务员培训工作。选派优秀公务员上下交流挂职任职，建立起上下互动的循环培养机制。推进公务员职务与职级并行制度，落实职级晋升常态化管理机制，1200余人次晋升职级。（徐淑勇）

·人事人才工作 2021年，全市有享受国务院特殊津贴专家40人（含老国贴专家共95人），省政府有突出贡献中青年专家85人，市政府有特殊津贴专家339人。有高级乡土人才21人、中级乡土人才145人、初级乡土人才44人，省乡土人才大师工作室11家、省乡土人才大师示范工作室6家，市级乡土人才工作室54个。全市新增专业技术人才2.06万人，开展专业技术人员继续教育6.5万人，新增留学回国人才75人，新招博士后26人，新增博士后载体5家。新引进高校毕业生3.12万人，其中硕士以上学历1842人。开展“百名专家科技服务进百企”活动，省内外65名专家实地开展技术合作，解决技术难题59个。围绕现代农业、新医药、石化、清洁能源等领域，举办省市级高研班4个，培养企业高层次专业技术人才近400人。举办首届市级乡土人才研修班，38人参加。康缘现代中药研究院创新中药研发团队被中央组织部、中央宣传部、人社部、科技部表彰为“全国杰出专业技术人才先进集体”，全省唯一。首次举办全国新医药创新博士后学术论坛，全国新医药领域70名博士后参加。举办首届“金镶玉竹”乡土人才技艺技能大赛，151名选手参加陶刻、剪（刻）纸、盆景制作、茶艺4个项目竞赛，24名选手分获4个项目的一、二、三等奖。全市高层次人才一站式服务中心建成投入运行，总面积400余平方米，设置接待咨询区、人才会客厅、VIP接待室，首批服务涵盖科技、教育等8家单位的近30项事项，实行“业务一窗受理、后台分头办理、过程全程跟踪、结果集中反馈”服务模式。线上服务系统同步开发建设，设置人才政策“一网通查”、人才计划“一网申报”、人才服务“一网通办”三大模块。市高层次人才一站式服务中心获批省留学人员之家。

·事业单位管理 2021年，市人社局、市教育局、市卫健委、市农业农村局、市水利局等共同商议制定基层事业单位定向设岗方案。全市定向设岗6841个，定向评价210人，定向聘用119人，主要集中在教育、卫生系统。在县以下事业单位建立管理岗位职员等级晋升制度，县以下事业单位管理岗位职员等级与岗位等级适当分离，形成岗位等级晋升制度之外新的晋升通道。

（程继云）

·第三届“花果山英才”双创周活动 10月20—26日，2021（第三届）“花果山英才”双创周活动举办。活动以“云集港湾·留连忘返”为主题，人社部专技司副司长、一级巡视员胡文忠等出席开幕式，中外院士、国内85家高校院所专家、投融资机构负责人、创新创业人才等参加。开幕式上，为首届“广贤奖”获奖单位和第三届花果山英才创新创业大赛获奖者分别颁奖，发放2021年度

"花果山英才计划"双创人才(团队)资助资金,颁发人才共有产权房"金钥匙"。活动期间,实行市县联动,采取"1+6+8"的形式,市里6个主会场、县区(板块)8个分会场分别举办活动。发布连云港人才白皮书,举行产才双链融合结对仪式、高校人才联络站签约仪式、人才平台载体和离岸孵化基地签约仪式、人才创业项目签约仪式以及海外创新服务中心、连云港市高层次人才一站式服务中心、连云港自贸片区监智湾、连云区悟空科创中心揭牌仪式。举办全球引才直播周活动,采取直播带岗招聘的方式,提供近2万个岗位,面向全国、全球发布人才政策和人才需求。 (年 编)

宣传工作

·概况 2021年,连云港市宣传思想文化战线围绕中国共产党成立100周年、中共十九届六中全会以及省市党代会等,开展各类理论宣讲2000余场次。党员冬训精品课程库获评省冬训工作创新奖。开展县处级以上领导干部"'学百年党史、奋进新征程'——谱写'争当表率、争做示范、走在前列'连云港新篇章"专题读书调研,开展学习习近平总书记"七一"重要讲话精神、市"十四五"文化改革发展等专项课题研究。"学习强国"学习平台活跃度保持在90%左右,居全省前列。围绕"学党史、悟思想、办实事、开新局"总要求,在中央学教办实践组到江苏调研座谈会上,创新推进"六重抓、为'一老一小'办实事"的经验做法交流。以"一月一主题、每月读书班"的形式,推动党员干部学深悟透,全市党员领导干部撰写笔谈3000余篇。打造"传承红色基因、勇立时代潮头"实境课堂项目,组织20万余名干部群众走进实境课堂。融合推进"两在两同"建新功行动与"我为群众办实事"实践活动,开展市县党政领导干部"四个一"、难题会办、"雷锋车·港城红"全社会志愿服务等活动。党员领导带头示范、创新组建3个宣讲分团、推动民营企业和外资企业党组织学习全覆盖,集中宣讲活动200余场,开展专题党课1000余场。策划举办"永远跟党走"大型文艺演出、"港城百年英烈事迹展"等系列活动,推出《寻找花果山》等文艺作品60余部,唱响"党的盛典、人民的节日"主旋律。策划开展"城市形象宣传年"活动,突出"石化产业""中华药港"等8个专题,在中央、省主流媒体刊发(播)重点稿件5876条。突出服务"一带一路"强支点建设,以13种语种在海外媒体报道1180余家(次)。启动"云连五洲"海外传播基地项目,在马来西亚、英国、美国、澳大利亚设立连云港市海外传播基地。深化王继才先进事迹学习宣传,参加中宣部宣教局"时代楷模"结对共建活动,《守岛人》票房位居全国第五位,"开山岛夫妻哨"事迹陈列馆被中央宣传部命名为"全国爱国主义教育示范基地"。马善民获第八届全国道德模范提名奖,入榜"中国好人"10人、"江苏好人"23人(组)。开展"薪火相传耀港城""9·30向革命烈士献花仪式"等群众活动4000余场,参与人数200万人次。组织观看"中国共产党在江苏历史展"网上展馆,全市干部群众浏览量超过1000万人次。举办"寻爱国印记"主题教育活动,44万名中小学生参加。

·思想理论建设 2021年,市委宣传部制定实施县处级以上党委(党组)理论学习中心组专题学习计划,对104家党委(党组)中心组党史学习教育开展巡学旁听,实现市级机关部门全覆盖。部署安排县处级以上党委(党组)中心组重大决策前专题学习,市委中心组围绕"碳达峰、碳中和"主题开展专题学习,做法获省《宣传工作快报》推介。开设中共十九届六中全会精神专题读书班,开展集中学习、交流研讨。市委中心组全年组织专题辅导报告4场,现场学习2场。8月7日,央视《新闻联播》聚焦连云港市学习"七一"重要讲话精神相关做法。印发全市学习型党组织建设工作要点,全面部署基层党组织和党员学习。开展县处级以上领导干部"'学百年党史、奋进新征程'——谱写'争当表率、争做示范、走在前列'连云港新篇章"专题读书调研,撰写调研报告。组织党员参与省委宣传部、省委组织部等6部门组织的建党百年党史知识竞赛。《连云港日报》、"连云港手机台"开设强国号。对各县区、单位在"学习强国"学习平台供稿及学习情况进行动态监测,全市

7月,连云港市干部群众观看"中国共产党在江苏历史展"

市委宣传部 供图

党员学习活跃度持续保持在90%，全省领先。依托基层党员冬训开展精准学习，按照“6＋1”模式，紧扣“开启现代化新征程”、“建党100周年”、新时代“连云港精神”等重点内容，安排7个专题，构建基层党员冬训精品课程库。在省综合评价中，连云港市获评4个省冬训示范区县、16个省冬训示范乡（镇、街道）、获评先进个人5人、创新项目2个。深入学习习近平总书记“七一”重要讲话精神，组织专项研究课题立项23个。“海州湾区”高质量发展、海洋经济、国际枢纽港建设3个选题入选省社科基金省市协作项目研究选题。举办庆祝中国共产党成立100周年理论研讨会，召开全市社科理论界学习贯彻市第十三次党代会精神座谈会，形成一批理论成果，在《连云港日报》、市社科联《新研究》刊发。围绕“学党史、悟思想、办实事、开新局”，组织“一月一主题，每月读书班”，采取集中授课、集中学习、集中研讨和实境教学、领学自学等多种形式，推动县处级以上领导干部学深学透。组建市级机关、县区和企业、青少年3个宣讲分团精准宣讲，融合推进“两在两同”建新功行动与“我为群众办实事”实践活动。首创的“群众评议团”做法获得全省宣传思想文化工作创新奖。

·重大题材宣传报道 2021年，市委宣传部通过制定印发专题宣传方案、召开新闻通气会、发布报道要点、集中征集新闻线索、组织新闻阅评等多种形式推动重大主题宣传深入开展。全媒体开设《奋斗百年路 启航新征程》《学党史 悟思想 办实事 开新局》《我为群众办实事》《牢记初心使命 争取更大光荣》《星火传奇耀港城》《学习习近平总书记“七一”重要讲话精神大家谈》等专栏，推出百版大型系列报道《奋斗百年路 启航新征程 伟大历程·港城红色印记》，推出大型新闻行动《百人追寻百年红色足迹》报道50篇，全面报道全市庆祝中国共产党成立100周年、党史学习教育、学习贯彻习近平新时代中国特色社会主义思想、“七一”重要讲话精神及中共十九届六中全会的重点亮点，发稿4300多篇。全媒体做好全国、省两会和省、市党代会等宣传报道，重点解读两会中“连云港元素”，开辟《直通北京》《直通南京》《连线省党代会》等专栏，推出连续报道。实施“纪录小康”工程，上传数据3.3万条，优质数据省库展示497条，入中央库61条。

·重大典型宣传 9月14日，由江苏省委宣传部、西藏自治区党委宣传部举办的“时代楷模”结对共建活动走进西藏山南市隆子县玉麦乡。“时代楷模”王仕花同“时代楷模”玉麦姐妹卓嘎、央宗在高原边陲同升国旗、共走边防路，参观桑杰曲巴旧居。举办开山岛事迹展，选树推出江苏“最美基层干部”郝大宝、“最美巾帼人物”于素梅、“最美基层共产党员”张立祥、“最美退役军人”徐海等4名省级先进典型，消防雷锋班、税务干部李永收分别获评省学雷锋活动示范点、岗位学雷锋标兵。开展第八届“最美港城人”系列评选活动及“最美城市精神践行者”评选工作，命名表彰第六批全市岗位学雷锋示范点和标兵。12月24日，第八届“美·德照亮港城”颁奖典礼举办。

·新闻出版管理 2021年，市新闻出版管理部门完成全市248家印刷企业年度报告审核、691家出版物发行单位年度核验。开展新闻出版领域危险化学品使用安全专项治理和安全生产大排查大整治，排查整治一般隐患问题223处。市报业印务有限公司获省现代服务业（新闻出版业）发展专项资金40万元。完成44种连续性内部资料性出版物审核换证。开展《苍梧晚报》出版质量综合评估、7家新闻单位驻地方机构年度综合评估和7家期刊单位社会效益评价考核。成立工作小组，加大新闻敲诈、假新闻防控查处力度；加强网络游戏日常巡查、随机抽查和专项检查。受理包装装潢印刷品和其他印刷品印刷企业设立审批20件、登记变更24件、终止印刷经营活动备案1件；出版物批发单位设立4件、登记事项变更1件、网络发行业务备案1件、注销登记1件。核发连续性内部资料性出版物准印证5件、一次性内部资料性出版物准印证19件。（赵全全）

·公民道德建设 2021年，全市11人入选“中国好人榜”、25人（组）入选“江苏好人榜”。连云港邮政分公司锦屏支局支局长兼投递员马善民获第八届全国道德模范提名奖，连云区前三岛乡党委书记、高公岛街道黄

9月14日，“时代楷模”王仕花、卓嘎与央宗在西藏自治区山南市隆子县玉麦乡玉麦村同升国旗 市委宣传部 供图

窝村党支部书记、村委会主任张立祥，赣榆区厉庄镇岭南村村民张丰林分别获评第八届江苏省道德模范敬业奉献模范、孝老爱亲模范；东海县洪庄镇退休教师印学金、灌云县伊山镇派出所交警中队辅警侍东亮获第八届江苏省道德模范提名奖。连云区举办“德润山海 大美连云”江苏省道德模范与身边好人现场交流活动，东海县开通“晶都好人故事大篷车”，海州区推进“百名好人进乡村 助力振兴文明行”活动。开展“诚信连云港”建设，征集13个领域诚信缺失问题专项治理典型案例，评选表彰46家诚信经营示范店（街）及信用管理示范企业、十佳信用乡镇、十佳信用工作者、信用创新成果。

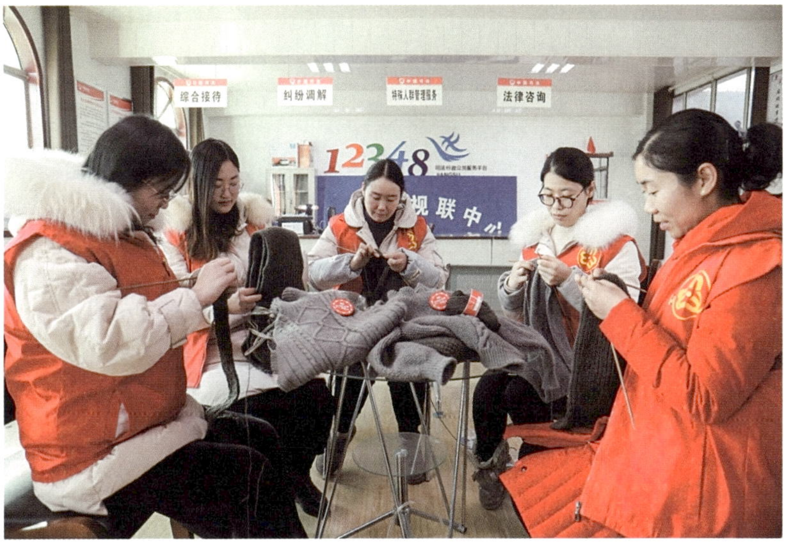

连云港市巾帼志愿者开展织毛衣献爱心活动　　徐诚/视觉江苏网

·未成年人德育教育　2021年，连云港市开展“扣好人生第一粒扣子”“童心向党”“七彩的夏日”“缤纷的冬日”等未成年人思想道德教育实践活动和“红色小讲解员”大赛。全市4人获评省新时代好少年、48人获评市新时代好少年。高校、中小学文明校园创建活动参与率100%，县区级以上文明校园占比超50%，形成解放路小学“童言讲堂”、黄海路小学“儒雅鞠躬礼”等一批各具特色的校园文化品牌。连云区打造“高举队旗跟党走”红色实践品牌分别在赣榆区、海州区、连云区举办全市“四仪”教育示范观摩活动，中央电视台、《人民日报》、江苏卫视等多家中央和省级媒体进行宣传报道。加强未成年人心理健康教育，开展“珍爱生命 润心成长”“未成年人健康成长服务社区行”等活动，东海县开设“润心”亲子讲堂、海州区打造线上“亲子心灵驿站”。推进“蓝天行动”“连e护苗”和“交通安全月”等活动，组织“童”字系列美育活动，优化未成年人健康成长的社会环境。连云港经济技术开发区创新“文明实践＋志愿服务＋七彩课堂”模式，丰富青少年课余文化生活。　（赵全全）

·新时代文明实践中心建设　2021年，全市建成新时代文明实践中心7个、实践所90个、实践站1695个，覆盖率100%。赣榆区依托文明实践智慧指挥系统，建立区镇村新时代文明实践活动月发布制度，创建一批星级示范所站。灌云县两次召开新时代文明实践中心现场观摩推进会。灌南县推进新时代文明实践中心（所、站）提档升级。

·志愿服务　2021年，全市有注册志愿组织6158个，注册志愿者158万余人。举行“雷锋车·港城红”主题诗会暨学雷锋志愿服务活动，将文明实践志愿服务与“我为群众办实事”实践活动融合，开展理论宣讲、关爱帮扶、文明倡导等志愿服务活动近5000场次。海州区新海街道星化社区入选全国学雷锋“四个100”最美志愿服务社区。连云区“闪亮的小星星”等5个项目参加志愿服务展示交流会大赛，获1枚金牌、1枚银牌、2枚铜牌。云台山景区打造“美猴王”志愿服务品牌。徐圩新区根据产业职工需求，定制文化文艺、交通出行等优质志愿服务“菜单”。　（王　清）

共青团志愿服务　团市委强化“小海燕”志愿服务品牌，推动机关、企事业单位、社会组织等青年成为注册志愿者，组织1000余名“小海燕”志愿者服务丝路物博会、“一带一路”绿色典型项目研讨会、“花果山英才”双创周等大型活动10万余小时。承办省青年志愿者专场公益供需洽谈会，组织120余家企业参加招聘，提供近6000个就业岗位，为700余名高校应届毕业生以及“苏北计划”“西部计划”志愿者提供实习、就业志愿服务。开展“梦想改造＋”志愿服务专项行动，发动7个青年社会组织、15个志愿服务组织参与，与310名“事实无人抚养儿童”结对，开展志愿帮扶活动57次。招募200名平安志愿者网格员，开展“红马甲进网格”志愿服务活动。围绕“健康港城”，组建3000余人的健康促进志愿者队伍，开展健康公益宣传活动200余场。　（团市委）

市妇联志愿服务　市妇联打造“连里巾帼”志愿服务品牌，开展妇女“家门口问策”“家门口宣讲”“家门口议事”等活动，创新开设“小马扎”巾帼党课流动课堂，组织巾帼志愿宣讲，向基层群众宣传中共十九届六中全会精神。作为全省唯一参与“冬奥之花”钩制工作的单位，组织爱心志愿者编织软兜铃兰花800多束。　（成　婕）

文艺志愿服务　1月26日，2021年连云港市、省科学普及志愿服务分团文化科技卫生“三下乡”集中服务活动在灌南县汤沟镇举行。书法家们为村民义务书写春联字及福字500余幅(个)。1月28日,“情满旅途 福至运来”江苏省书法家送万福进万家(连云港分会场)活动在连云港高铁站站前广场举行。4月18日,第五届社区邻居节——走进浦西街道活动在海州区盐河巷历史文化街区滨河广场举办,为社区群众公益演出。7月19—20日,省文联文艺志愿服务队、市文联文艺志愿者服务队联合开展文化进万家文艺志愿服务活动,全市举办3场演出。12月14日,市民协、海州区文联在盐河路滨河广场联合举办“永远跟党走 礼赞新时代”——学习贯彻中共十九届六中全会精神文艺演出,以接地气的民间文艺形式,向社区群众宣传贯彻中共十九届六中全会精神。12月16日,市文联组织书法家一行6人到海防某部创作书法作品赠送驻防官兵。12月31日,市文联组织老艺术家陈凤桐、董自伦走进海州区西苑社区,向社区居委会和居民赠送书法作品和书籍。

(市文联)

·对外宣传交流 2021年,市委宣传部与新华社、省市主流媒体等共同策划连云港城市形象宣传年,形成以“石化产业”“中华药港”“生态文明”等8个重点专题为主要内容的宣传年方案。新华社等中央、省市主流媒体赴盛虹石化、卫星石化、恒瑞制药、豪森药业等企业和石梁河等地实地调研,刊发(播)连云港市重点稿件5876条(篇),其中《人民日报》90条,中央电视台100条(其中《新闻联播》28条)。人民日报《瞄准新能源、新材料领域,盛虹集团——聚焦前沿技术 推进战略转型》,新闻联播《前三季度工业能耗强度进一步下降》等予以重点报道。以RCEP框架协议签署、中韩文化交流年为契机,面向日韩、东盟、“一带一路”沿线国家,打造一批“叫得响”的外宣品牌,江苏女子民族乐团获评省对外文化交流基地,连云港市获评新华社“中国城市国际传播特色案例”。举办2021中国(连云港)与中亚五国“丝路迎新年”网络云端晚会,连云港电视台、中亚五国国家电视台同步播出。启动“云连五洲”海外传播基地项目,带领侨领、社团、华人华侨及留学生4个群体,线上借助当地国家级媒体、重点华文媒体、“网络大咖”自媒体以及华人华侨微信朋友圈等,线下依托当地华人华侨、重点社团的办公场所、经营场所,开展交流和传播活动。在马来西亚、英国、美国、澳大利亚设立连云港市海外传播基地,重点联系日本、韩国、印尼等地缘相亲、经贸往来密切的国家和地区。开展连云港市——维州友好学校交流项目。在国外知名社交媒体脸书、推特开设“Monkey King's Hometown——Lianyungang”账号,传播连云港西游记文化发源地城市标志和人文、社会、美食、旅游、非遗等话题。与《国际日报——连云港之窗》合作,全年刊发40期。落地省委宣传部“ShowJiangsu”摄影采风活动,邀请法新社到连云港采访灌云主题服饰产业。上合组织国际圆桌论坛、丝路物博会、花果山国际机场启动仪式等重大活动以英、法、德等13国语言全球宣传报道。

(赵全全)

统战工作

·概况 2021年,连云港市首批挂牌2家市级民营经济人士理想信念教育基地,新建新的社会阶层人士实践创新基地6家,建成首家和美国南大校友会合作联谊的欧美同学会组织,创成11家省级红石榴家园,设立首个“宗教中国化工作指导站”,出台《连云港市宗教事务管理办法》。“九连合作”连云港博奥基地、开山岛、致福·侨海情缘中医药文化体验基地、樊氏图书馆(邓演达文献馆)、鹰游集团改革开放四十年陈列馆5个基地入选江苏百家统战基地,3个社区获评全省基层侨务工作先进单位。市委统战部1个项目获全省统战工作实践创新成果奖,3个课题获全省统战理论政策研究创新成果奖。

·多党合作 2021年,市委统战部开展以“学中共党史、学多党合作史,为巩固众星拱月好局面担当建功、为开辟高质发展新境界担当建功”为主要内容的“双学双建”主题教育。召开党外代表人士庆祝中国共产党成立100周年座谈会,举办“光辉历程 同心奋斗”——庆祝中国共产党成立100周年书画联展等活动。完成市委书记交办课题研究,形成100多条意见建议。承办江恒源教育思想与新发展理念学术研讨会,出版《江恒源教育文集》。8位民主党派成员和无党派人士获聘为市审计局第二届特约审计员。全市7个民主党派高质量完成换届工作。

·政党协商会 2021年,市委统战部召开党外人士座谈会、情况通报会6次,分别就党风廉政建设和反腐败工作、美丽连云港建设、《连云港市生活垃圾分类管理条例》制定、《连云港市石刻保护条例》制定、市第十三次党代会报告、市“两委”人选等议题同党外人士协商,征求意见建议。

·非公经济领域统战工作 2021年,市委统战部、市工商联开展民营经济人士理想信念教育专题培训20余场,累计培训1200多人次。成立全市民营企业科技服务团,为18家企业科技创新牵线搭桥。完善市综合金融服务平台建设,累计发布融资需求1.12万项、涉及金额178.3亿元。推动“万企联万村、共走振兴路”活动,投入资金260万元,第二轮光彩慈善安居工程加快实施。

·港澳台统战 2021年,市委统战部发挥爱国社团作用,开展11次专题活动。开展港澳台资企业调研,建立企业数据库,组织参加港澳资企业家培训班,承办在苏内地港人骨干国情考察活动。

·党外知识分子和新的社会阶层人士统战 2021年,市委统战部举办“同心向党、同舟共济”座谈会,承办

5月18日，由市委统战部和各民主党派市委会联合举办的“光辉历程 同心奋斗”——庆祝中国共产党成立100周年书画联展开幕 任云云 摄

省欧美同学会2021年秘书长联席会议。印发《连云港市新的社会阶层人士教育培训计划(2021—2025年)》，培训各类代表人士300人次。召开全市新的社会阶层人士统战工作联席会议暨实践创新示范基地建设现场会。构建一个领导小组、一个新联会班子、四个特色分会和N个基层分会的“1+1+4+N”新联会组织体系。在重点县(区)推进乡镇、街道新阶层人士联谊组织全覆盖。

·党外代表人士队伍建设 2021年，市委选拔市直正处职党外干部2人，副处职党外干部10人，市、县(区)人大、政府、政协均按规定配备党外干部。各县(区)统战部部长中专职4人、兼职2人，全市乡镇统战委员配备实现全覆盖。民主党派市级组织新提名主委、副主委人选18人，占领导班子总数的52.9%，每个党派均安排1名“80后”优秀党外干部。开展统一战线理论政策专题宣讲3次，举办第四期党外干部主体培训班。 (王林岗)

机构编制管理

·行政事业机构编制管理 2021年，中共连云港市委编办出台《连云港市县区科级领导职数预审工作细则》，规范县区科级领导职数预审工作。开展全市第二次机构编制核查，完善市县机构编制实名制系统数据。推进县区超编人员消化，对超审批权限设置机构、超规格超职数配备领导干部、自行设置领导职数名称等问题开展自查自纠。严格实名管理和报批程序，严控编外聘用人员增量，未经批准一律不得增加编外聘用人员。将编外聘用人员纳入市委巡察、派驻纪检组日常监管和部门预算执行审计。建立约谈和通报机制，按程序对6家违规用工单位主要负责人进行约谈和通报。研究完善《连云港市市级机关事业单位编外聘用人员管理办法(试行)》，对编外聘用人员总量控制、招聘录用、日常监管等全流程各管理环节进行规范。机关事业单位编外聘用人员规模得到有效控制，与2020年比，76个部门(单位)中，净减少的有28家，占比37%；零增长的有44家，占比58%。加强基础教育编制保障，内部挖潜调剂增加编制2739人，争取省级教育统筹编制1651人，历史性解决全市范围内中小学教职工编制缺口问题，基础教育教职工编制总量达到国家规定标准。市委编办在机构编制管理、事业单位监管、机关绩效考评等方面全面推行信息化管理，实现机构编制实名制数据在组织、人社、财政和编制等部门间共享。依托实名制系统建设的“E编办”App，为机构编制管理和各项改革提供机构编制数据和沿革信息。

·事业单位法人登记管理 2021年，市委编办编制推进事业单位登记管理“双法人”清理，实时跟踪相关事业单位清理工作进度，市本级清理工作省内领先。深化异常名录管理制度，将异常名录列入情况作为认定事业单位法人社会信用程度的重要依据，下发整改通知26份，全部督促整改到位。

·基层整合审批服务执法力量改革 2021年，连云港市深化基层“三整合”改革，全面推进改革提档升级。市委把“深化基层‘三整合’改革”列入《市委常委会2021年工作要点》，作为县区高质量考核的重要指标。全省首家印发《市深化基层整合审批服务执法力量的意见》，在基层赋能、全域智治等方面持续发力，明确7方面、19项深化改革任务。推进镇街先行先试改革，总结经验做法，编印《连云港市基层“三整合”改革汇编》。连云区海州湾街道“协商+网格+治理”议事协商新机制，被中央宣传部编入《习近平新时代中国特色社会主义思想学习问答》全国发行。

·开发园区管理体制改革 2021年，市委编办推进以试点园区为龙头的开发园区管理体制改革。徐圩新区管委会承接市场监管、环保等职责事项，实现“园区事园内办”。徐圩新区应急救援指挥中心成立，核增徐圩新区医院编制，强化应急指挥调度和救援保障能力。推进江苏自贸区连云港片区管理机构实体化运行，经中央编办同意，江苏自贸区连云港片区党工委、管委会分别在连云港经济技术开发区党工委、管委会挂牌，由设在机构调整为挂牌机构。服务“中华药港”建设，省药品认证审评和检测“一中心一分院”成功获批挂牌并调剂增加编制，承接部分省级事权，市知识产权保护中心成立。通过精简职能机构、厘清职责边界、推进“一区多园”等，疏解高新区社会管理职能，高新区改革经验在全省会议交流。

2021 年中国台湾地区考察访问连云港主要团组情况一览表

表 3

到连云港时间	团组名称	人数
3 月	深圳台商协会罗湖联谊会	4
7 月	台湾弘辉建设(首馥)有限公司	4
7 月	台湾兆丰银行苏州分行	3
9 月	翔士鑫有限公司(台湾)	3
10 月	台湾宜兰农会	91
12 月	盐城市台协会	14
12 月	全国台企联、上海市台协会	4

·机关绩效管理　2021 年，市委编办强化机关服务高质量发展考核导向作用，把安全生产、生态环保、营商环境、自贸片区建设等市委市政府重点关注事项纳入考核体系。实行清单化、不见面、无纸化、透明化、精细化、反向式考评机制。开展中期评估，对 29 家单位、8 大类、121 个重点事项开展现场核查，对核查中发现的推进迟缓事项以市考核办的名义制发督办单 14 份，点对点发至相关县区和部门。从全市 70 家单位筛选出 8 个创新创优项目在连云港电视台《港城 365》栏目及《连云港日报》等媒体上集中宣传展播。

（王　斌）

台湾事务

·概况　2021 年，连云港市新批台资项目 8 个，总投资 4962.17 万美元，实际利用台资 1433.04 万美元，其中 1000 万美元以上项目 3 个，投资领域为新材料、商贸服务、设备制造等。连云港对台货轮直航航线 3 条，有 5 家船运公司（阳明海运、中远、东方海外、中外运、万海航运），6 条船（镇明、宇明、腾云河、潮汕河、中外运泉州、利春），实行周班制，往返总班次 147 次，进出口货物吞吐量 122.24 万吨、集装箱 8.95 万标箱。

·经贸合作　2021 年，连云港市开辟台商返连快捷通道，帮助台资企业抵御新冠肺炎疫情带来的影响，快速实现复工复产。连云港市赴上海、南京、苏州等地开展专题对台经贸活动，考察旭广企业发展（上海）有限公司、台湾旺旺集团上海总部、上海麦可将文创园、上海冠龙阀门节能设备股份有限公司、皮姆西科技实业（南京）有限公司、友达光电（苏州）有限公司等知名台资企业。邀请深圳台商协会罗湖联谊会、台湾弘辉建设（首馥）有限公司、台湾兆丰银行苏州分行、盐城市台协会以及全国台企联会长李政宏等团组和台商到连云港考察。

·交流联络　3 月，市委台办、市委统战部、市民政局、市妇联、市台联印发《关于进一步做好我市两岸婚姻群体工作的通知》。7 月，开展第三届涉台青年大学生连云港实习就业特训营活动，18 名涉台青年参加。7—10 月，开展连台“让爱看得见 你我来实现”两岸传递爱主题合唱活动，连台师生 651 人参与活动。12 月，举办海峡两岸八极拳技艺交流大会连云港分会。

·服务平台建设　7 月，市委台办、市中级人民法院出台《关于加强涉台纠纷化解促进连台融合发展的十项工作机制》。通过联席会议、巡回审判、平等保护、便利诉讼等十项机制，多元化联动解决涉台矛盾纠纷。连云港市涉台商事纠纷调解中心成立，特邀 5 位有威望、具备一定法律知识和调解经验的台商为调解员。围绕涉台重点热点，在省级以上涉台媒体和市内媒体刊发宣传报道 800 余篇，其中“江苏与台湾”网站 695 篇，数量居全省第一。设立 2021 年连云港市对台工作研究专项课题 6 个，全部纳入社科规划办社科基金项目管理。1 篇文章被省政府办公厅《每日要情》采用。2 篇文章被国台办《台湾工作通讯》采用、1

7 月 2 日，连云港市涉台商事纠纷调解中心揭牌　　市委台办　供图

篇被省台办《台湾工作动态》采用。

（曹相芹）

侨务工作

·概况　2021年，市委统战部举办全市侨务干部培训班，争取专项经费9万元支持社区侨务工作，海州区南门社区、连云区大港社区、南巷社区3家社区获评全省基层侨务工作先进单位。

·侨务招商引资　2021年，4家侨资企业参加第十三届（江苏）企业跨国投资研讨会、中国江苏（连云港）企业农产品出口对接会等。开展科技部国杰研究院前沿科学中心投资建设项目推介、益海粮油项目调研等活动。邀请美国华侨、科腾生物董事长鲁茂龙博士，美国华侨、浙江大学客座教授孙德强博士，TCL股权投资有限公司总经理、美籍华人童学松博士等高层次人才到连云港考察，开展合作对接、实地试验。

·公益服务　2021年，市委统战部加强同侨界定点医院连云港光明医院、成宏口腔医院的对接，为侨界群众就医看病提供便利条件。结合“惠侨”工程，市中医院、中医药学校通过线上线下平台，向马耳他等非洲国家普及抗疫知识，向哈萨克斯坦等中亚国家开展学生交流和中医健康知识讲座。

·为侨服务　2021年，市委统战部发放补助经费10万元，滚动投入小额扶贫贷款14.7万元，惠及困难归侨侨眷100余人。“五侨”部门为4家侨资企业开展法律维权，召开协调会3次，涉及资金400多万元。成立中餐繁荣工作实践基地、中医惠侨工作基地，推动海外中餐发展、支持侨胞事业进步。

·侨务宣传　2021年，市委统战部参与“百所华校云牵手”、海外华裔青少年创意作文大赛等活动，对接6所海外华校、5家社团、2所大学，促进中华优秀传统文化传播。与英国、加拿大、澳大利亚、日本等国家开展师生线上互动交流活动11次，参与活动的师生230余人。在法国《欧洲时报》、加拿大《加中时报》、英国《华商报》等媒体宣传推介，编发《华人时刊》连云港专刊。（王林岗）

老干部工作

·概况　2021年，连云港市有离休干部771人。按单位分，机关266人，事业单位187人，企业318人；按年龄分，80—89岁137人，90岁及以上634人，平均年龄92.3岁；按职级分，享受副省（部）级医疗待遇14人，享受地市级待遇36人，享受县处级待遇363人，享受科级待遇192人，享受其他待遇166人；按参加革命时间分，抗战前期16人，抗战后期89人，解放战争时期666人。有退休干部3.63万人，平均年龄68.6岁，其中地厅级退休干部45人，县处级950人，科级5293人；机关9587人，事业单位25807人，企业932人。

·离退休干部党建　2021年，市委老干部局开展学习习近平总书记“七一”重要讲话精神网上知识竞答活动，老干部及老干部工作者4.51万人次参与。举办全市离退休干部党史学习教育专场报告会，开展离退休干部党支部书记、县处级退休干部、“银发生辉”志愿服务队骨干、四套班子老领导党史学习教育培训班共6场次、300余名离退休干部参训，组织离退休干部6批次、120余人赴红色教育基地开展实境课堂教育。开展“回望百年路，助力新征程”主题党日活动426场次。开展“我看建党百年新成就”专题调研座谈活动，1200余名离退休干部参加。在全市城市社区建设31个离退休干部党支部书记工作室特色品牌，全省离退休干部基层党建工作推进会在连云港召开，省直、各市的80余名老干部工作者现场观摩工作室建设情况。评选市级离退休干部党支部100个、党员100人。培育“六有一提升”（有党的组织、有领导班子、有组织活动、有作用发挥、有工作制度、有工作保障，提升组织力）市级示范党支部100个。

·离退休干部作用发挥　2021年，市委老干部局组织离退休干部“银发生辉”工程志愿服务党史宣讲团赴学校、企业，开展党史学习教育宣讲活动。“银发生辉”志愿者走进海州区新东街道苍梧社区，举办“永远跟党走，红色曲目进社区”文艺晚会，赴驻连某部开展“四史宣传进军营”文艺演出活动12场次。举办连云港市科技周活动，开展“学党史、见行动，科技服务百企行”活动，全市16批次老科技工作者赴基层企业指导工作。市委老干部局、市中级人民法院成立老干部调解室，有效化解涉诉矛盾纠纷112件。开展“千场党史报告进校园”活动25场次。在全市离退休干部中开展“两在两同齐心抗疫”行动，参与防控疫情，发放宣传单7000余张，张贴公告4060张。

·离退休干部政策贯彻落实　2021年，市委老干部局召开“三个机制”（离休干部离休费保障机制、医药费保障机制和财政支持机制）工作协调会，研究解决离休干部医疗服务保障工作中发现的新问题。家庭医生续签工作增加中医药医疗特需服务。完善易地安置离休干部和特困离休干部信息库，采集32名特困离休干部、35名特困遗孀信息，发放帮扶资金7.8万元。全市分级分层开展春节、高温、七一前夕慰问工作，累计慰问“光荣在党50周年”离休干部300余人次。开展“为离休干部办实事”活动，为每一名离休干部赠送党史学习教育书籍1本、现场诵读1篇、佩戴党员徽章1枚，组织离休干部在“初心映党史、永远跟党走”红旗上签名合影，讲述一段红色初心故事。

·离退休干部文体活动 2021年，市委老干部局有序开放乒乓球、门球等部分功能场所，合唱、京剧、书画等团体活动逐步正常化开展。举行“永远跟党走 银发风采飞扬 庆党百年华诞”连云港市离退休干部庆祝中国共产党成立100周年系列活动，展出书画、摄影、集邮作品292幅，赠送征文集1200余册，评出获奖节目和作品68个，1600余人参加。举办“银发风采飞扬 庆党百年华诞”离退休干部气排球比赛、乒乓球比赛、门球比赛，740人参加比赛。运用网站、微信公众号等平台，推送“2021年老干部线上春晚”“冬春季呼吸道传染性疾病防治与健康养生知识”线上讲座、“银发风采飞扬 庆党百年华诞”线上书画展共8期，离退休干部点击浏览8000余人次。

（肖长森）

党校工作

·概况 2021年，市委党校举办干部培训班次67期。其中，市管干部进修班、市管干部任职培训班、党外干部培训班、科级干部任职培训班、选调生初任培训班等常规主体班次27期。围绕“习近平生态文明思想”“科技创新能力提升”“现代社会治理”等内容，举办各类专题研讨班4期。发挥连云港市基层干部学院职能，举办全市乡镇（街道）党（工）委组织委员业务培训班1期。举办省委党校第26期高校党政干部进修班、市交通运输系统党务干部培训班、边检站党性教育轮训班等委托培训班次39期。5月19日，市委召开全市党校工作会议，印发《贯彻〈中国共产党党校（行政学院）工作条例〉的实施意见》。

·全市县处级领导干部党史学习教育轮训班 6月10—30日，市委党校举办全市县处级领导干部党史学习教育轮训班。轮训聚焦习近平总书记在党史学习教育动员大会上的重要讲话精神和关于党史的重要论述、中国共产党百年历程与经验启示、学习贯彻新发展理念、全面提升党员干部党性修养等内容，分为5期，每期3天，首次采取“专题党课＋实境教学”方式开展，全市1051名市管干部参加轮训。期间，市委书记项雪龙、市长方伟等市领导，省委党校徐民华教授等专家学者，十九大代表、江苏“时代楷模”钟佰均等先进典型，从不同角度为轮训班学员作专题报告。开发“抗日山—大树村—韩口村”“徐圩石化基地—黄窝村—‘邓小平和人民在一起’主题公园—中华药港”2条教学路线，开展实境课堂教学。

·党校新型智库建设 2021年，市委党校教学科研人员围绕学习贯彻习近平新时代中国特色社会主义思想、中共十九届六中全会和省市党代会精神，加强理论研究，在《中国社会科学学报》《新华日报》《学习时报》等刊发理论文章79篇。市委党校、市委宣传部举办学习贯彻“七一”重要讲话精神理论研讨会，参加江苏党的建设高层论坛、省哲学社会科学界学术大会等理论研讨活动，入选论文66篇。完成全省党校系统课题、全市党校系统研究课题等49个，获批2021年市社科基金项目、市应用研究课题33个。开展市情研究，撰写决策咨询报告15篇。获全省党校系统第十届优秀科研成果奖二等奖1个、三等奖1个，优秀决策咨询二等奖1个、三等奖3个。江苏省性别平等示范基地在市委党校挂牌。

·港城大讲堂 2021年，市委党校举办“港城大讲堂”专题报告会3期。4月13日，中央党校意识形态研究所副所长、副教授唐爱军，作“历史是最好的教科书——学习习近平总书记关于学习党的历史的重要论述”专题报告；10月21日，中央党校洪向华教授，作“提高政治判断力、政治领悟力、政治执行力”专题报告；11月25日，省委党校党史党建部副主任周延胜教授作“中国共产党百年奋斗的历史意义——学习《中共中央关于党的百年奋斗重大成就和历史经验的决议》”专题报告。

·办学合作 12月23日，连云港市委党校与霍尔果斯市委党校举行合作协议线上签订仪式。霍尔果斯经济开发区党工委委员、市委常委、组织部部长、党校校长李兆刚与连云港市委党校常务副校长段东代表双方共同签署《中共连云港市委党校和中共霍尔果斯市委党校合作协议书》，合作开展科研课题互做、资政报告互鉴、优秀师资互派、培训班次互办、教学基地互享、办学经验互学活动。

（付武斌）

责任编辑 贾栋钰

连云港市人大

综述

·概况 2021年，连云港市有市级人大代表415人。其中，中共党员307人，占74%；民主党派人士29人，占7%；女性122人，占29.4%。连云港市第十四届人民代表大会下设法制委员会、财政经济委员会、监察司法委员会、社会建设委员会4个专门委员会；常委会下设2室、9委，分别是办公室、研究室、法工委、监察司法委、财经委、预算工委、环城委、教科文卫委、民宗侨台外委、农经委、人代联委。全年制定地方性法规3部，审议专项工作报告10项，开展执法检查3次、专题询问2次，围绕市委中心工作依法作出决议决定3项，依法表决任免72人次。市人大常委会指导的《关于推动江苏从“制药大省”向“制药强省”转变的建议》通过《省人大代表之声》刊发，获省委书记吴政隆批示。全国人大副委员长吉炳轩到连云港调研，对连云港市人大工作给予充分肯定。

·市县乡三级人大换届选举 9月，市县乡三级人大换届选举工作全面开展。全市6个县区及驻连部队选举产生市级人大代表419人。全市直接选举产生县级人大代表1843人，选举产生乡级人大代表5323人。选举产生市十五届人大常委会组成人员41人，市人民政府领导人员8人，市监察委员会主任1人，市法院院长1人，市检察院检察长1人。选举产生新一届县级人大常委会组成人员226人，县级法院院长6人，县级检察院检察长6人。选举产生新一届乡级人大专职主席59人，乡级人民政府领导人员317人。

·人大立法 2021年，市人大常委会制定《连云港市农贸市场管理条例》《连云港市垃圾分类管理条例》《连云港市石刻保护条例》3部条例。参见“法治”类目。

·决议决定 2021年，市人大常委会依法作出《关于扎实推进“开新局、夺首胜”的决议》《关于授予弗拉基米尔·伊玛莫维奇·诺罗夫“连云港市荣誉市民”称号的决定》《关于开展第八个五年法治宣传教育的决议》《关于批准2020年市级财政决算的决议》《关于批准连云港市2021年市区地方政府债务限额和市级预算调整方案的决议》以及人事相关决定。

·人事任免 2021年，市人大常委会坚持党管干部原则，根据人大常委会主任会议和市委、市政府、市检察院、市中级人民法院提请，共任免国家机关工作人员72人次，举行宪法宣誓38次。

12月15日，在海州区新东街道新城社区二选区，选民进行人大代表选举投票　耿玉和/视觉江苏网

1月12日，市十四届人大常委会举行第32次会议，免去陈书军市人民政府副市长职务、李振峰市人民政府副市长职务。免去宋波市水利局局长职务、李亚市政府外事办公室主任职务、华宏铭市市场监督管理局局长职务、王波连云港经济技术开发区监察工作委员会主任职务。任命徐希娟为市水利局局长、惠茜为市政府外事办公室主任、王波为市市场监督管理局局长。

3月9日，市十四届人大常委会举行第33次会议，任命马腾跃为连云港市中级人民法院审判员，刘勇为连云港市中级人民法院审判员。免去李利连云港市中级人民法院审判委员会委员，民事审判第二庭庭长、审判员职务；刘杨连云港市中级人民法院审判员职务；邢刚连云港市中级人民法院审判员职务。接受宋祥林辞去连云港市人民检察院检察长职务。任命何建明为连云港市人民检察院副检察长、代理检察长。

4月22日，市十四届人大常委会举行第34次会议，任命黄雯、张仲平为连云港市监察委员会委员，闵浩为连云港经济技术开发区监察工作委员会主任。批准霍介涛任东海县人民检察院检察长。免去王银忠连云港市人民检察院检察员职务。

8月12日，市十四届人大常委会举行第37次会议，接受项雪龙辞去连云港市人大常委会主任职务，报连云港市人民代表大会备案。接受方伟辞去连云港市人民政府市长职务，报连云港市人民代表大会备案。接受刘海涛辞去连云港市监察委员会主任职务，报连云港市人民代表大会备案。任命马士光为连云港市人民政府副市长、代理市长。任命林小异为连云港市监察委员会副主任、代理主任。

8月31日，市十四届人大常委会举行第38次会议，任命董桂军为连云港市司法局局长，陆普桂为连云港市财政局局长，毛善通为连云港市交通运输局局长，陈志为连云港市卫生健康委员会主任，于治安为连云港市应急管理局局长，杨光为连云港市医疗保障局局长，耿卫东为连云港市机关事务管理局局长。免去董桂军连云港市政务服务管理办公室主任职务，张晓红连云港市司法局局长职务，王建平连云港市财政局局长职务，陈辉东连云港市交通运输局局长职务，周伟连云港市卫生健康委员会主任职务，方念军连云港市应急管理局局长职务，周炜连云港市医疗保障局局长职务，赵建军连云港市机关事务管理局局长职务。任命曹洋为连云港市中级人民法院审判委员会委员；曹守军为连云港市中级人民法院审判委员会委员、民事审判第二庭庭长；程晨为连云港市中级人民法院审判委员会委员、民事审判第三庭庭长；卞俏丽为连云港市中级人民法院立案庭副庭长、审判员；周文元为连云港市中级人民法院民事审判第二庭副庭长；朱培培为连云港市中级人民法院民事审判第五庭副庭长；董亚楠为连云港市中级人民法院行政审判庭副庭长；李昌旺为连云港市中级人民法院审判员。免去曹守军连云港市中级人民法院民事审判第二庭副庭长职务，程晨连云港市中级人民法院民事审判第五庭副庭长职务，李季连云港市中级人民法院行政审判庭副庭长职务，齐扬连云港市中级人民法院审判员职务。任命汪姝言、魏本景为连云港经济技术开发区人民检察院检察员。免去于维明、王凡连云港市人民检察院检察员职务。批准刘波辞去赣榆区人民检察院检察长职务。

10月26日，市十四届人大常委会举行第40次会议，任命杨新忠为连云港市人民政府副市长。免去胡建军、魏爱春连云港市人民政府副市长职务。任命马伟为连云港市审计局局长。免去秦洁连云港市审计局局长职务，商振江连云港市商务局局长职务。免去赵广东连云港市监察委员会委员职务。任命徐林杉、张静静、李文晓、赵津武为连云港市中级人民法院审判员；马雪松为连云港经济技术开发区人民法院审判员。（孟凡山）

重要会议

·市十四届人大五次会议 1月19—22日，连云港市第十四届人民代表大会第五次会议在海州召开。大会听取和审议连云港市人民政府工作报告、连云港市人大常委会工作报告、连云港市中级人民法院工作报告、连云港市人民检察院工作报告；审查和批准《连云港市国民经济和社会发展第十四个五年规划和二〇三五年远景目标纲要》；审查和

1月19日，连云港市第十四届人民代表大会第五次会议在海州召开
鲁成现 摄

批准《连云港市2020年国民经济和社会发展计划执行情况与2021年国民经济和社会发展计划草案的报告》；批准《连云港市2021年国民经济和社会发展计划》；审查和批准《连云港市2020年预算执行情况和2021年预算草案的报告》；批准连云港市2021年市级预算。大会表决通过连云港市第十四届人民代表大会第五次会议《关于连云港市人民政府工作报告的决议》《关于"十四五"规划和二〇三五年远景目标纲要的决议》《关于连云港市2020年国民经济和社会发展计划执行情况与2021年国民经济和社会发展计划的决议》《关于连云港市2020年预算执行情况和2021年预算的决议》《关于连云港市人大常委会工作报告的决议》《关于连云港市中级人民法院工作报告的决议》《关于连云港市人民检察院工作报告的决议》。会议补选陈书军为市十四届人大常委会副主任，高美峰为市政府副市长，刘红、刘盾、江锦峰、周成前、胡顺波、姜健、曹耀生为市十四届人大常委会委员。新当选的市十四届人大常委会副主任、市政府副市长、市十四届人大常委会委员进行宪法宣誓。

·市十四届人大常委会会议 2021年，市十四届人大共召开10次常委会会议。

1月12日，市十四届人大常委会第32次会议召开。会议表决通过关于召开市十四届人大五次会议的相关事项；听取"十四五"规划和二〇三五年远景目标纲要(草案)编制情况说明；讨论《市人大常委会工作报告(稿)》；进行人事任免。

3月9日，市十四届人大常委会第33次会议召开。会议视察石梁河水库生态修复工程推进情况；表决通过《关于扎实推进"开新局、夺首胜"的决议(草案)》；审议市政府关于2020年度环境状况及环境保护目标完成情况与依法打好污染防治攻坚战情况的报告、市政府关于全市医疗保障工作情况的报告；进行人事任免。

4月21—22日，市十四届人大常委会第34次会议召开。会议审议市政府相关部门关于审议意见办理情况的报告并开展评议；表决通过《连云港市农贸市场管理条例》；审议《连云港市生活垃圾分类管理条例(草案)》；进行人事任免；视察云台山风景名胜区开发建设情况；开展党史学习教育现场教学及专题讲座。

6月17日，市十四届人大常委会第35次会议召开。会议表决通过《关于批准授予弗拉基米尔·伊玛莫维奇·诺罗夫"连云港市荣誉市民"称号的决定》。

6月23—24日，市十四届人大常委会第36次会议召开。会议审议市政府关于重点产业项目推进情况的报告，并开展专题询问；审议市法院关于全市民事审判工作情况的报告、市政府关于2020年市级决算草案的报告、市政府关于2020年度市级预算执行情况和其他财政收支情况的审计工作报告、市人大常委会执法检查组关于检查《中华人民共和国固体废物污染环境防治法》实施情况的报告、《连云港市石刻保护条例(草案)》的议案、市人大常委会执法检查组关于检查《中华人民共和国渔业法》《连云港市海洋牧场管理条例》实施情况的报告；表决通过市人大常委会关于批准2020年市级决算的决议。

8月12日，市十四届人大常委会第37次会议召开。会议进行人事任免。

8月30—31日，市十四届人大常委会第38次会议召开。会议审议市政府关于2021年度民生实事项目实施情况的报告，并开展专题询问；表决通过《连云港市生活垃圾分类管理条例》《关于开展第八个五年法治宣传教育的决议》；审议市政府关于"七五"普法决议贯彻落实情况的报告、市政府关于2021年上半年全市国民经济和社会发展计划执行情况报告、市政府关于2021年上半年全市预算执行情况的报告；进行人事任免。

9月15日，市十四届人大常委会第39次会议召开。会议表决通过《关于全市市县乡三级人民代表大会换届选举有关问题的决定》。赴连云区和徐圩新区视察基层人大工作和生态环境建设。

10月25—26日，市十四届人大常委会第40次会议召开。会议审议市监委关于整治群众反映强烈问题工作情况的报告、市政府关于2020年度国有自然资源资产管理情况的专项报告、市政府关于2020年度国有资产管理情况的书面综合报告、市政府关于2020年度市级预算执行和其他财政收支审计查出问题整改情况的报告、市人大常委会执法检查组关于检查《中华人民共和国精神卫生法》实施情况的报告、市政府关于市十四届人大五次会议代表建议办理情况的报告；表决通过《连云港市石刻保护条例》《关于实施民生实事项目人大代表票决制的决定》；进行人事任免。

12月27日，市十四届人大常委会第41次会议召开。会议表决通过《关于批准连云港市2021年市区地方政府债务限额和市级预算调整方案的决议》，审议市政府关于教师队伍建设和《中华人民共和国教师法》实施情况的报告，听取部分在连省人大代表履职情况报告并开展评议，听取市中级人民法院关于开发区法院工作情况的报告(书面)、市人民检察院关于开发区检察院工作情况的报告(书面)，举行市区道路快速化改造和建设工作专题讲座。

(孟凡山)

人大监督

·工作监督 2021年，连云港市人大常委会听取审议计划执行情况报告，专题调研江苏自贸试验区连云港片区营商环境、电商经济发展情况。听取审议预决算、审计工作及审计查出问题整改情况报告，促进政府及有关部门全面落实积极财政政策，提高财政资金使用绩效和政策实施效果。深化预算联网监督，用信息化手段提升人大工作质效。听取审议市政府

3月26日，十三届全国人大代表、高公岛街道黄窝村党支部书记张立祥在渔船上给“海上红帆”党支部的党员讲述党史小故事
朱华南/视觉江苏网

关于国有自然资源资产管理情况的专项报告等，促进国有资产规范运作、保障安全。听取审议环保目标完成情况与依法打好污染防治攻坚战情况的报告，支持和推动政府依法科学精准治理生态环境。组织全市五级人大代表开展“助推开新局、夺首胜”专项活动，为“一带一路”标杆示范项目、连云港自贸片区、石化产业基地等建设建言献策。开展“聚焦产业强监督、助力开局夺首胜”专项活动，采取“审议＋询问”方式，助推1350亿元年度产业投资目标任务落地落实。组织主任会议成员集中视察重大产业项目推进情况，推动项目建设落地见效。对2021年度政府民生实事项目开展调研视察、专项审议、专题询问等。采取全体人大代表会前视察、常委会组成人员集中视察、主任会议成员集体视察等方式，现场督办会办民生实事项目建设。首次听取审议市监委关于整治群众反映强烈问题工作情况的报告，推动纠治群众身边的突出问题。听取审议全市法院民事审判工作情况报告，努力维护司法公平正义。听取审议全市医疗保障工作情况报告，推动基本医保体系不断完善。起草并提请市委出台《关于实施市民生实事项目人大代表票决制工作的意见》，推进实现市、县区、乡（街道）3个层面民生实事项目代表票决制全覆盖。

·法律监督　2021年，省、市人大联动开展精神卫生法执法检查，听取和审议市人大常委会执法检查组关于检查《中华人民共和国精神卫生法》实施情况的报告，促进全市精神卫生保障水平提升。听取审议教师队伍建设和教师法实施情况报告，促进教师队伍不断优化提高。围绕残疾人保障“一法一条例”贯彻实施情况、城镇小区配套幼儿园治理工作开展专题调研，督促问题解决。听取和审议市人大常委会执法检查组关于检查《中华人民共和国固体废物污染环境防治法》实施情况的报告，促进固废污染防治水平和监管能力不断提升。听取和审议市人大常委会执法检查组关于检查《中华人民共和国渔业法》《连云港市海洋牧场管理条例》实施情况的报告，为营造良好的渔业发展环境提供法治保障。（孟凡山）

代表工作

·代表履职平台建设　2021年，市人大常委会组织五级人大代表开展“走基层、进家站、联选民”活动，11月份集中组织全市五级人大代表开展接待选民活动，听取群众意见建议。分批次邀请代表列席市人大常委会、参加调研、视察、执法检查以及督办代表重点建议等活动。根据《连云港市第十四届人民代表大会常务委员会主任接待代表日活动办法》，印发2021年市人大常委会主任接待日活动安排。市人大常委会制定出台《关于建设人大代表之家（站）“云平台”的指导意见》，鼓励有条件的乡镇（街道）人大和驻外人大代表之家（站）先行先试。推进市人大代表中心、县区人大代表中心及人大代表之家、人大代表联络站、人大代表驻外联络站等履职载体“云平台”建设，做到市、县、乡全面贯通，市内与市外全面连接。10月，省人大常委会副主任、党组副书记陈震宁和省人大常委会人代联委主任杨勇走进市人大代表中心“云平台”，网上接待代表和选民。

·代表议案建议办理　2021年，全市人大代表于市十四届人大五次会议期间提出建议、批评和意见172件，其中10人以上联名提出的议案13件。这些议案中，综合经济方面4件，城建交通方面4件，社会事业方面3件，政法其他方面2件。市人大落实常委会领导重点督办、各委室对口重点督办制度，确定17件群众关心、涉及面广、落实难度大的建议，作为重点督办建议。印发《关于开展市十四届人大代表建议办理工作“回头看”的通知》，在市广播电视台创新开辟《人大代表议案建议追踪》栏目。

·代表履职服务管理　2021年，市人大常委会印发《关于2021年度组织市人大代表开展活动的意见》，对代表小组开展活动予以指导。围绕推进实施乡村振兴战略，组织省直南京组、连云港组省人大代表开展年中专题调研；组织在连云港的全国、省人大代表开展会前集中视察。组织8名省人大代表在市人大常委会会议上报告履职情况并开展测评。

2021 年连云港市人大常委会重点议案建议一览表

表 4

序号	题目	提建议人	承办单位
1	关于加快推进申报汽车整车进口口岸资质获批的建议	沈　刚	市商务局主办，连云港海关、港口控股集团、自贸区管委会协办
2	关于加快开发花果山北大门旅游景区项目的建议	殷　元	云台山景区主办，市开发区、市自然资源和规划局、市文广旅局协办
3	关于加快特色林果产业高质量发展的建议	谢修振	市农业农村局主办，东海县、赣榆区协办
4	关于加大公共交通投入，建设顺畅便捷城市的建议	李东红	市交通局主办，海州区、连云区、市开发区、徐圩新区、市财政局、交通控股集团协办
5	关于加快连云经济开发区与徐圩新区融合发展的建议	李庆和	市发改委主办，连云区、徐圩新区、市自然资源和规划局、市生态环境局协办
6	关于公共资源交易平台全面向县区分中心开放的建议	王　兴	市政务办主办，市交通局、市水利局协办
7	关于开展居家基本养老服务的建议	秦泗花	市民政局主办
8	关于人民检察院系统“优化营商环境、保障企业家合法利益”的建议	陈士松	市检察院主办
9	关于加强古树名木保护的建议	章　莉	市自然资源和规划局主办，市财政局、市住建局协办
10	关于加大对《连云港市市容和环境卫生管理条例》《连云港市文明行为促进条例》等法规宣传和执行力度的建议	徐　帆	市委宣传部主办，市纪委监委、市中级法院、市检察院、市公安局、市城管局协办
11	关于解决机动车停车难问题的建议	陈跃武	市公安局主办，市自然资源和规划局、市住建局、市机关管理局协办
12	关于推进我市化工重点监测点企业高质发展的建议	刘德标	市工信局主办，连云区、徐圩新区、市自然资源和规划局、市生态环境局、市应急局、市市场监管局协办
13	关于加快推进我市国有创投混合所有制改革的建议	戴继森	市国资委主办，市财政局协办
14	关于优化老旧小区加装电梯流程的建议	张克勤	市住建局主办
15	关于在我市主要公共场所配置自动体外除颤仪AED的建议	李　莉	市红十字会主办，市卫健委协办
16	关于加快推进社区居家养老，区域性协调发展的建议	穆如勇	市民政局主办，市教育局、市人社局协办
17	关于加强全市水资源管理的建议	孙泽清	市水利局主办，市发改委协办

江苏省第十三届人大四次会议连云港团提交议案建议一览表

表 5

序号	题目	提议人
1	关于将《江苏省林业有害生物防控条例》列入省人大常委会立法工作计划的议案	燕素琴
2	关于制定《江苏省轨道交通管理条例》的建议	黄　和
3	关于规划建设沿海高铁连云港至盐城段的建议	商振江
4	关于将连徐高铁延伸至连云港东站的建议	丁　锐
5	关于将连云港至临沂城际铁路纳入国家中长期铁路网规划的建议	朱兴波
6	关于切实推进连云港中医药高等职业技术学校提升办学层次的建议	唐光普
7	关于支持连云港师范高等专科学校创建本科师范学院的建议	李爱民

续表 5

序号	题目	提议人
8	关于董集站增设客运业务并升级为连云港南站的建议	燕素琴
9	关于对农村自建房屋行为加强安全监管的建议	王统扬
10	关于对前三岛海域加强执法监管的建议	秦泗花
11	关于尽早实现“无渡县”目标的建议	周　军
12	关于规范“合作开发”模式中政府与社会资本合作的建议	曹立志
13	关于加大对苏北地区基本养老服务体系建设的建议	秦泗花
14	关于建立健全农业风险防范机制的建议	王统扬
15	关于加快建设亚欧国际物流枢纽的建议	乔光辉
16	关于借助连霍高速打造城区高速通道的建议	秦泗花
17	关于进一步巩固拓展脱贫成果，高质量推进乡村振兴的建议	徐　瑶
18	关于培育建设全省稀土功能材料产业基地的建议	王统扬
19	关于破解村庄碎片化，全面推进乡村振兴的建议	王统扬
20	关于切实强化强基导向进一步加强人民法庭建设的建议	蔡绍刚
21	关于在江苏省推广冬季清洁能源供暖促进经济内循环的建议	徐新建
22	关于加快苏北地区科技服务业发展的建议	曹立志
23	关于加强非遗技艺传承队伍建设，推动非遗创新发展的建议	管　艳
24	关于加大扶持政策宣传力度，推动手工艺术繁荣发展的建议	管　艳
25	关于进一步促进二手集装箱线上交易平台发展的建议	秦泗花
26	关于争取解决连云港港赣榆港区列入交通运输部“重要港区名录”的建议	范建民
27	关于完善中国(江苏)自由贸易试验区发展系列保障措施的建议	秦泗花
28	关于扶持苏北传统制造业智能化转型升级的建议	卢明立
29	关于完善认罪认罚制度的建议	曹立志
30	关于将 RCEP 的制度性成果转化为现实生产力，畅通国内国际经济双循环的建议	曹立志
31	关于修改《江苏省常住户口登记管理规定》172 条，开放律师查询人口信息范围的建议	曹立志
32	关于构建司法长效机制，优化企业营商环境的建议	曹立志
33	关于重视疾控部门建设，稳定疾控人才队伍，完善公共卫生体系的建议	钟慧娟
34	关于推进多元化纠纷解决机制立法的建议	曹立志

（孟凡山）

责任编辑　贾栋钰

连云港市政府

综述

·概况 2021年，连云港市政府坚持以习近平新时代中国特色社会主义思想为指导，深入贯彻中共十九大和十九届历次全会精神，落实国家和省市各项决策部署，深入践行新发展理念，统筹推进疫情防控和经济社会发展，全力做好“六稳”(稳就业、稳金融、稳外贸、稳外资、稳投资、稳预期)工作，落实“六保”(保居民就业、保基本民生、保市场主体、保粮食能源安全、保产业链供应链稳定、保基层运转)任务，高水平全面建成小康社会取得决定性成就。编制发布《连云港市国民经济和社会发展第十四个五年规划和二〇三五年远景目标纲要》。

市政府重点保持经济稳定增长态势，全年实现地区生产总值3727.92亿元，比2020年增长8.8%。做好疫情防控经济运行保障，强化煤电油气等能源要素支撑，制定有序用电应急预案，有史以来冬季最高用电负荷平稳过渡，电力企业电煤储备使用量23天，电力市场化交易为企业降低用电成本3.6亿元。强化国家重大项目建设库项目监管，推进38个项目问题解决。深化“放管服”改革，实现审批服务“不见面”，事项办理时限压缩率90.5%，全年完成投资项目办件265件。

市政府重点推进“一带一路”强支点建设，连云港港被确定为“十四五”首批港口型国家物流枢纽，中哈物流基地进出场集装箱、上合物流园物流量、霍尔果斯东门无水港换装量分别增长12.2%、84.4%、12.2%，举办共建“一带一路”绿色典型项目研讨会。连云港市列入国家《长三角一体化发展规划“十四五”实施方案》项目数量居全省前列，纳入《江苏沿海地区发展规划(2021—2025年)》的项目、事项数量居江苏沿海三市首位。盛虹炼化一体化项目获批进口原油使用资质，能耗指标获得国家全额单列，《连云港石化产业基地总体发展规划(修编)》获省批复，《国家东中西区域合作示范区建设方案(2021—2025)》上报国家发展改革委。争取专项债券资金36.2亿元，中央预算内投资和省级专项资金7.79亿元。

市政府完善市领导挂钩联系重大项目制度，对项目投入数量、增量、推进质量进行多维度考核，73个项目参加全省重大项目集中开工活动，创新实施重点产业项目季度“流动红旗”评选机制，重点产业项目完成投资1089亿元。省重大项目完成投资544亿元，投资额、投资完成率均居全省前列。徐圩新区22个市级重点产业项目完成投资超490亿元，投资额再创历史新高。发挥政府投资资金引导带动作用，34个市本级政府投资项目完成投资18.1亿元。广泛发布PPP项目库，有序推进政府与社会资本合作，灌南城乡一体化污水治理等一批PPP项目开工建设。全年完成固定资产投资2154.78亿元、增长8.4%，增速位居全省第二。连宿高速、233国道等一批重大项目前期手续获省发展改革委批复，30万吨级航道二期等一批基础设施项目加快推进，连云港市重点关注的干支线铁路项目全部纳入省《“十四五”铁路发展暨中长期路网布局规划》。卫星石化项目一阶段建成投产，石化行业实现应税销售收入808.4亿元、增长55%。全年实现工业应税销售收入4039亿元、增长34%，增幅位居全省首位。服务业发展提质增量，15个项目获批省级专项服务业资金4138万元，额度位居全省第二。

市政府重点推进碳达峰碳中和工作，兼顾绿色低碳和保障企业生产，遏制高污染、高耗能项目盲目发展，对高能耗企业停限产检修，倒逼企业进行绿色低碳转型。持续优化能源结构，徐圩新区现代煤炭供应链服务示范基地争取国家资金支持9000万元。推动新能源项目快速落地，赣榆LNG接收站项目取得阶段性进展，灌南县、赣榆区整县(区)屋顶分布式光伏项目加快推进，田湾核电站6号机组提前投产发电，7、8号机组开工。全市新能源发电装机容量247万千瓦、增长39%，新能源产业产值330亿元、增长14%。

市政府重点推进新型城镇化建

设。东海县新型城镇化示范县城建设开工项目36个、完成投资27.8亿元。连云区实施示范园重点项目19个，高质量推进国家农村产业融合发展示范园创建。云台山景区完成大花果山智慧景区升级改造，构建可持续发展的全域旅游生态圈。

市政府重点落实民生实事。全市居民人均可支配收入32295元、增长9.5%，居民人均消费支出21038元、增长20.4%。落实粮食安全责任制，出台《连云港市市级政府储备粮轮换管理办法》，累计收购各类粮食超194万吨。落实价格调控目标责任制，做好猪肉等主副食品稳价保供，监测上报各类价格数据4万余条，居民消费价格上涨1.3%，实现物价总水平预期调控目标。清理收费项目2个，增加居民用气阶梯气量，清理规范水、电、气、热行业收费行为。坚持"房住不炒"定位，市区新建商品房销售价格经行政指导下降约17%。

·实施50件民生实事 2021年，全市实施50件民生实事，建成新海路游园、关庙巷游园等18处"口袋公园"。刘志洲公园、和安湖湿地公园、朐阳公园等6个公园建成开放，苍梧绿园等6个综合公园提升为健康主题公园。农村公路开工350千米，完工303千米；桥梁开工31座，完工27座。梳理城市低洼易涝片区、道路积水点22个，强化排水系统维护管理，疏通排水管道823千米，清捞窨井和雨水井3.6万座。棚改新开工5121套、基本建成6876套，农房改善5.09万户，超额完成省定目标任务。加快省园博园、市人文纪念园建设，完成老旧小区改造150个，加装电梯26部。

（周烁烁）

链接

2021年连云港市50件实事

1. 加快学校建设。新改扩建中小学25所，新建幼儿园16所。推进中小学校舍安全工程，改造中小学校舍32万平方米。

2. 改善办学条件。创建优质幼儿园26所。改造提升60所义务教育学校教室照明。

3. 呵护学生健康。建立中小学生健康大数据档案，发布全市中小学生体质监测蓝皮书。建设学生星级成长指导中心（心理咨询辅导室）30个。中小学生近视率较2020年降低1%。

4. 资助困难学生。发放各学段家庭经济困难学生助学金8000万元，办理大学生生源地助学信用贷款1亿元。资助500名困难职工子女、500名贫困残疾人家庭学生。

5. 促进产教融合发展。建设省级现代职教体系试点项目30个。培育省、市级产教融合型企业10家。

6. 加快重点医院建设。市康复医院投入使用。建设市二院西院区综合大楼、市第一人民医院开发区院区、徐圩新区医疗应急救援中心二期、连云区公共卫生中心、东海县妇幼保健院、灌云县妇幼保健院。

7. 强化疾控体系建设。新建市疾控中心，建成灌南县公共卫生监测中心，新建6家示范发热门诊。建立应急医疗保障制度，发生重大疫情等紧急情况，将诊疗救治项目和药品耗材纳入医保支付范围。

8. 促进医养结合发展。新建3家医养结合机构，新增10家乡镇（街道）卫生机构医养结合试点。新增18家医养结合机构纳入医保定点协议管理。

9. 提升基层医疗服务。建成7个农村区域性医疗卫生中心，新改建20个省级标准化村卫生室。新建2家互联网医院。建成全市远程医疗信息系统，覆盖市县乡三级医疗机构。

10. 优化医保服务。城乡居民基本医疗保险财政补助标准提高到610元。全市职工医保卡定点医疗机构门诊、零售药店实现"同城通刷"。实现"长三角"地区异地就医门诊直接结算。完成8.8万名职工加入互助医疗保障计划。

11. 开展医疗惠民服务。全市抗癌靶向药报销比例再提高5%，城乡居民糖尿病、高血压门诊用药报销起付标准降低60%。实施"健康宝贝工程""七免"服务。实现全市幼儿园儿童免费视力筛查全覆盖。为65岁以上老人、企业退休职工和1.2万名优抚对象提供免费健康体检。

12. 实施稳就业行动。开展"百企万人稳岗护航"行动，提供2万个就业岗位。为退役军人及家属定向提供就业岗位8000个以上。开发

2021年，连云港市优化基层社区服务，图为东海县洪庄镇洪庄村综合服务中心　柴军委/视觉江苏网

2000个公益性岗位托底安置就业困难人员，设置青年就业见习岗位3000个。

13. 强化创业扶持。实施万人返乡就业创业“凤还巢”计划，扶持返乡入乡就业创业1万人。实施千名巾帼创业主播培养计划，带动新创业、就业女性1000名以上。扶持大学生自主创业1000人。开展创新创业活动170场次。

14. 开展职业技能培训。开展政府补贴职业技能培训5.5万人次。培训产业强市紧缺技工5000人次。培训高素质农民1.3万人。

15. 完善住房保障。完成棚户区改造2800户，分配保障房、人才房(公寓)2500户。完成农房改善8000户。

16. 改造老旧小区。改造城镇老旧小区120个，惠及3.35万户。改造老旧接户线5.7万户，改造变压器957台。

17. 推进公园建设。建设5个城市公园，优化提升2个城市公园，新建9个体育公园。

18. 提升小区物业服务。创建省级示范物管项目6个，市级示范物管项目20个。创建省级宜居示范居住区4个。新建66个省级垃圾分类达标小区。新增4000部电梯、160个地下室5G信号全覆盖。

19. 提升公积金便民服务功能。实现长三角“三省一市”公积金“一网通办”“跨省通办”。支持新就业人员补缴公积金，发放新就业人员公积金贷款6000万元。

20. 建设环卫设施。扩建餐厨垃圾处理厂，实现城区餐厨废弃物全部无害化处理。新建二类以上公厕10座。东海县、赣榆区生活垃圾焚烧设施投入运营。

21. 优化基层社区服务。新建改建26个社区综合服务中心。新增2个县区公益性心理咨询服务中心。新增2个省级15分钟便民服务圈建设试点。建设45个家庭教育指导服务示范社区。

22. 提档升级便民市场。升级改造菜市场5个。建设邻里中心3个。建设白虎山综合商品城。

23. 优化办事软环境。24部门联动构建“一企来”企业服务热线，帮助中小微企业解决难题。建设“我的连云港”App县区板块，新增县区政务服务、便民服务事项不少于40项。

24. 扶持中小微企业发展。减收中小微企业社保费4亿元。发放“富民创业担保贷款”“工会贷”等补贴性创业贷款4亿元。引导企业知识产权质押融资不低于8000万元。

25. 改善农业基础设施。实施灌区改造，新建改建灌溉泵站197座、渠道600千米，提升3.67万公顷农田灌排保障水平。

26. 提高低收入群体增收能力。开展“10万低收入户技能提升就业保障”行动。扶持24个乡镇扶贫产业园新增加扶贫车间50个。建立完善400万元困难退役军人“关爱基金”。

27. 提升养老服务水平。城乡居民基本养老保险基础养老金最低标准提高到每人每月173元。完成2100户困难老年人家庭适老化改造。改造5个标准化农村区域性养老中心。新建400张家庭照护床位。建成灌云失能特困老人集中供养中心。

28. 关爱困境儿童。新建6个省级儿童“关爱之家”示范项目。建设市救助站(未成年人保护中心)。“海生草”关爱困境留守儿童公益项目帮扶3000名儿童。建设600个事实孤儿“梦想小屋”。为全市2.2万余名农村留守儿童购买关爱保险。

29. 提高残疾人保障水平。为1500名重度残疾人开展居家托养服务，为5万名困难残疾人发放生活补贴和护理补贴，为1万名重度和困难残疾人代缴养老保险。

30. 提升社保卡服务功能。实施社保卡“一卡通”工程，将社保卡功能拓展至交通出行、普惠金融、社区服务等便民服务领域，业务服务类型由7类增加至13类。

31. 发展普惠托育服务。开展“一乡镇一街道一普惠”试点，创建省、市级普惠托育示范试点项目10个以上。

32. 实施法律援助惠民工程。为4500名困难群众提供法律援助。培育4200名社区网格法律明白人。开展“四级五进”妇儿维权服务活动30场次。

33. 提高应急救护能力。实施电梯安全与应急救援“天眼”工程，加装电梯轿厢内智能监控装置3500台。在公共场所投放15台自动体外除颤器。开展群众性工伤预防和应急救护培训7万人次。

34. 提升城际交通。建设连淮、连宿高速公路。花果山国际机场投入运营。建成新机场长深高速互通及连接线、新机场至204国道连接线。

35. 优化城区交通。新建、改造40条城区道路。对40座城区桥梁检修消险。整治20条背街小巷。新辟优化调整公交线路10条。

36. 改善农村交通。新改建农村公路350千米，改造桥梁20座，实施农村公路生命安全防护工程200公里。

37. 试点智慧停车体系。建成智慧停车综合管理系统，在主城区核心区域内试点智慧停车，建设运营车位2000个。

38. 加大文体设施建设。完成市工人文化宫改造提升，打造示范文化站30家。新改建市图书馆分馆5家。新建“星级职工书屋”40家。建成市全民健身中心。建设北固山全民健身步道、硕项湖健身步道。

39. 组织文化下基层活动。开展基层文化系列活动300场次，组织送戏下乡公益巡演1400场次以上。全年送电影下乡不少于1万场次。

40. 推进全民健身运动。承办省级体育赛事6项以上。举办全市职工运动会等全民健身类体育赛事活动80项以上。新增3个大型体育场馆免费或低收费开放。

41. 加强社会治安管理。新建22个“1、3、5”分钟治安快速反应圈，进一步提高见警率。开展“护校安园”专项行动，配齐完善“护学岗”610个。建成市、县两级9个反通信网络诈骗中心。

42. 护航食品安全。完成6批次/千人食品安全抽检。整治提优食品小作坊20家。培育省级、市级放

2021年，连云港市完成石梁河生态复绿面积50万平方米。图为石梁河水库王埠生态示范点　　市生态环境局　供图

心消费示范先进单位65家。

43. 加强药品监管。药品质量监督抽样不少于800批次。对全市疾控机构、疫苗接种单位实施疫苗安全全覆盖检查。

44. 保障饮用水安全。实施蔷薇湖水源地功能提升工程，复垦133.33公顷弃土区。改造农村老旧送水管网150千米，新增供水受益人口20万人。

45. 巩固防洪安全。完成玉带河闸拆建。实施新沭河防洪治理工程，疏浚河道11.38千米，拆建沿线病险涵闸。

46. 提升消防安全。建设消防智慧指挥平台，全市市政道路消火栓补建982个、维修348个。修建防火护林站15座，防火道路31千米、蓄水池35座。

47. 推进城市污水治理。建设70平方千米城市污水处理提质增效达标区，新建污水管网80千米。

48. 提升农村人居环境。建成100个人居环境整治示范村、167个美丽宜居乡村、45个省级绿美村庄。完成200个村庄生活污水治理，完成80个农村黑臭水体治理。

49. 提高环境监测能力。建设360个地下水水质监测井，完成全市地下水环境监测调查。建设生态环境智慧监管平台，实现水、气、声等全要素生态环境智能监控。

50. 实施生态修复。开展蓝色海湾整治行动，恢复滨海湿地和岸线生态功能。完成湿地修复133.33公顷。实施石梁河生态修复，完成生态复绿面积50万平方米。

·政府新闻发布　2021年，连云港市组织备案召开新闻发布会90场，以市政府名义召开15场。

1月15日，连云港市2020年度虚假违法广告典型案例新闻发布会召开。

2月7日，连云港市铁路建设发展情况新闻发布会召开。

3月13日，连云港市“3·15”国际消费者权益日新闻发布会召开；3月23日，连云港海事局2021年灭失船舶集中注销国籍登记专项行动新闻发布会召开；3月29日，2021连云港全域旅游嘉年华暨灌云第四届梨花节新闻发布会召开；3月31日，连云港市住房公积金2020年年度报告新闻发布会召开。

4月1日，连云港市国民经济和社会发展第十四个五年规划和二〇三五年远景目标纲要新闻发布会召开；4月29日，首届“连云港礼物”旅游文创商品大赛新闻发布会召开；4月30日，连云港市耕地破坏鉴定暂行办法新闻发布会召开，连云港市“中小企业服务月”新闻发布会召开。

5月10日，第二届中国·连云港电商发展大会暨“5·18”网络购物节新闻发布会召开；5月12日，“我为群众办实事”新闻发布会召开；5月19日，“我为群众办实事”第二次新闻发布会召开，“我为群众办实事”第三次新闻发布会召开；5月21日，连云港市生物多样性本底调查成果新闻发布会召开；5月26日，“我为群众办实事”第四次新闻发布会召开，“我为群众办实事”第五次新闻发布会召开；5月28日，《连云港市石梁河水库管理办法》新闻发布会召开。

6月2日，“我为群众办实事”第六次新闻发布会召开，“我为群众办实事”第七次新闻发布会召开；6月9日，“我为群众办实事”第八次新闻发布会召开，“我为群众办实事”第九次新闻发布会召开，连云港市认证和检验检测情况新闻发布会召开；6月16日，连云港市医疗保障信用体系建设工作新闻发布会召开，“我为群众办实事”第十次新闻发布会召开，“我为群众办实事”第十一次新闻发布会召开；6月23日，2021年全市河长制工作新闻发布会召开；6月25日，“我为群众办实事”第十二次新闻发布会召开。

7月8日，连云港市食品安全抽检检测合格备份样品捐赠活动新闻发布会召开。

8月6日，“我为群众办实事”第十三次新闻发布会召开；8月11日，“我为群众办实事”第十四次新闻发布会召开；8月13日，“我为群众办实事”第十五次新闻发布会召开；8月30日，中国(江苏)自由贸易试验区连云港片区获批两周年新闻发布会召开。

9月1日，“连惠保”(2021升级版)商业补充医疗险新闻发布会召开。

10月13日，连云港市国企改革三年行动推进情况新闻发布会召开，连云港市2022年市级预算编制工作新闻发布会召开；10月19日，连云港民族工作新闻发布会召开；

10月21日，第二十三届(2021)江苏农业国际合作洽谈会新闻发布会召开。

11月2日，连云港市自主就业退役军人就业创业工作新闻发布会召开；11月12日，连云港市“互联网＋医疗健康”工作新闻发布会召开；11月13日，第七届中国(连云港)丝绸之路国际物流博览会新闻发布会召开；11月14日，连云港市银行业保险业特殊群体服务规范统一标准新闻发布会召开；11月15日，连云港市公安局新闻发布会召开；11月18日，连云港市美丽宜居城市建设试点工作推进情况新闻发布会召开；11月19日，连云港市《创新智慧云码 城管一码通行》新闻发布会召开；11月22日，连云港市政务服务管理办公室新闻发布会召开。

12月1日，促进外贸稳增长暨“优化环境促发展 问题清零解难题”系列活动新闻发布会召开；12月3日，连云港市外办2021年“江苏省领事保护宣传周·连云港站”系列活动新闻发布会召开；12月9日，连云港市机关事务管理局新闻发布会召开；12月14日，《连云港历史文献集成》出版发行新闻发布会召开，2021年度国有企业服务支持中小企业发展情况新闻发布会召开；12月15日，《连云港市生活垃圾分类管理条例》新闻发布会召开；12月21日，市委老干部局、市委离退休干部工委关于市老干部活动中心建设情况新闻发布会召开；12月22日，连云港市绿色出行城市创建新闻发布会召开，连云港市农业农村局“我为群众办实事”办理情况新闻发布会召开；12月28日，连云港市安全生产专项整治工作情况新闻发布会召开，连云港市中小企业“专精特新”发展新闻发布会召开；12月30日，“求学圆梦·扬帆起航”活动新闻发布会召开。 （年 编）

·政策研究 2021年，市政府办公室(研究室)围绕市领导关心关注、涉及全市发展大局的重点事项，深入基层一线，开展调研。撰写《领导参阅》等高质量调研材料38篇，在《新华日报》刊发多篇市长署名文章，在《大陆桥视野》《秘书之友》等全国性期刊媒体发表工作文稿5篇、省政府研究室刊发文稿2篇。多项调研成果转化为政府决策部署和政策措施。编制《综合信息专报》，创刊《他山之石》，整合信息资源，为领导决策提供参考。建立跟班培训制度，在重点行业领域设立志愿信息员。全年编发《政务信息》102期、《专报信息》23期、《综合信息专报》94期、《他山之石》14期，上报各类政务信息1200余条。

（周烁烁）

重要会议

·市政府常务会议 1月6日，连云港市十四届政府第65次常务会议召开。会议听取《政府工作报告》起草、全市疫情防控、贯彻江苏深化安全生产专项整治动员部署会精神及全市安全生产、城镇燃气安全生产、城市地下管网安全和民用航空安全专项整治工作情况汇报，审议《连云港市国民经济和社会发展第十四个五年规划和二〇三五年远景目标纲要(草案)》。

2月5日，市十四届政府第66次常务会议召开。会议学习中共中央政治局第二十七次集体学习会精神，传达学习省十三届人大四次会议、省政协十二届四次会议精神，听取全市2020年法治政府建设、全市生态环境保护、科技创新载体建设等情况汇报，审议《连云港市人民防空工程建设和使用管理办法》《连云港市耕地破坏鉴定暂行办法》。

2月23日，市十四届政府第67次常务会议召开。会议传达学习习近平总书记在省部级主要领导干部学习贯彻中共十九届五中全会精神专题研讨班开班式上的重要讲话精神和《中共中央国务院关于全面推进乡村振兴加快农业农村现代化的意见》精神，听取水旱灾害、船舶修造行业、内河交通运输专项整治工作情况汇报，审议《连云港市重点企业高质发展三年行动计划(2021—2023年)》《市政府2021年度规范性文件制定计划》。

3月31日，市十四届政府第68次常务会议召开。会议听取一季度全市安全生产、新冠病毒疫苗及接种费用保障、2020年连云港市质量奖获奖评审、农业机械安全生产、民爆物品安全生产、地质灾害专项整治工作情况汇报，审议《关于全面落实国务院安委会开展深化江苏安全生产专项整治指导工作的实施方案》《关于开展富民强村帮促行动接续推进乡村全面振兴的实施意见》《连云港市重大产业创新平台建设实施方案》《关于加快推进高新技术产业开发区高质量发展的实施意见》《连云港市市区声环境质量功能区划分规定》《连云港市历史文化名城保护办法》《连云港市社会保障卡“一卡通”工程实施方案》《连云港市人民政府2021年立法工作计划》。

4月19日，市十四届政府第69次常务会议召开。会议听取连云港东方农村商业银行改革发展工作情况汇报，审议《连云港市生活垃圾分类管理条例》《连云港市石梁河水库管理办法》。

5月13日，市十四届政府第70次常务会议召开。会议传达学习全省沿海发展座谈会会议精神，学习《中华人民共和国海上交通安全法》，听取连云港市近年行政败诉案件情况汇报，研究疫情防控和创卫复审工作，审议《贯彻中央和省国企改革三年行动方案实施意见》《连云港市质量督察工作办法(试行)》《关于完善重大疫情防控体制机制健全公共卫生应急管理体系的实施意见》。

6月16日，市十四届政府第71次常务会议召开。会议传达学习习近平总书记关于湖北十堰市燃气爆炸事故的重要批示和全省安委会会议精神，听取全市信访工作、连云港市政府投资基金组建方案、赣榆县改区继续执行“三不变”政策、授予上合组织秘书处秘书长弗拉基米尔·伊玛莫维奇·诺罗夫"连云港市荣誉市民"称号情况汇报,审议《连云港市石刻保护条例》《关于高质量推进"千万标箱、东方大港"建设发展的实施方案》《连云港市2020年市级决算草案》《连云港市小微企业信用保证基金管理暂行办法》《连云港市投资基金管理办法》。

8月25日,市十四届政府第72次常务会议召开。会议审议《关于深化创新型城市建设的若干政策》《关于支持重点产业加快发展若干政策意见》等有关文件。

9月10日,市十四届政府第73次常务会议召开。会议传达学习李克强总理关于上半年经济形势分析和做好下一步经济工作的讲话精神、省委十三届十次全会精神、吴政隆省长到连云港调研讲话精神,并就贯彻落实工作做部署。

9月25日,市十四届政府第74次常务会议召开。会议传达学习陈星莺副省长在连云港市新冠肺炎疫情应急能力建设情况汇报会上的讲话精神,学习新《中华人民共和国安全生产法》,听取2021年以来全市安全生产工作等情况汇报,审议《连云港市全面推行林长制的实施意见》等有关文件。

10月23日,市十四届政府第75次常务会议召开。会议传达学习中共中央办公厅、国务院办公厅《关于建立健全审计查出问题整改长效机制的意见》等文件、会议精神,审议《关于2020年度市级预算执行和其他财政收支审计有关问题整改情况的报告》等文件,听取中央和省环保督察反馈问题整改等工作情况汇报。

11月30日,市十四届政府第76次常务会议召开。会议传达学习中共中央、国务院《关于深入打好污染防治攻坚战的意见》精神,审议《连云港市宗教事务管理办法》等文件,听取全市信访工作等情况汇报。

12月23日,市十四届政府第77次常务会议召开。会议传达学习省委经济工作会议精神,审议《关于进一步强化粮食安全工作的意见》等文件,听取2021年全市主要经济指标完成情况及2022年主要经济指标计划等情况汇报。

12月31日,市十四届政府第78次常务会议召开。会议传达学习国家住建部《关于广州市大规模迁移砍伐城市树木有关问题的通报》、全省安全生产电视电话会议暨省安委会全体(扩大)会议、市委十三届二次全会精神,审议《连云港市优化营商环境办法》等文件,听取关于加强2022年元旦春节期间新冠肺炎疫情防控和应急处置工作等有关情况汇报。

·市长办公会 1月12日下午,市长方伟赴港口调研生产运营提质增量及口岸疫情防控工作,并主持召开会议,听取港口控股集团关于"千万标箱、东方大港"建设及疫情防控工作汇报,研究部署相关工作。

2月22日下午,市长方伟在市行政中心召开市长办公会议,专题听取全市文旅重点项目建设情况汇报。

3月21日上午,市长方伟在市行政中心召开市长办公会议,专题听取全市违法用地整改工作推进情况汇报。

5月6日下午,市长方伟在市行政中心召开会议,听取海上交通安全和海洋渔业安全生产情况汇报,部署相关工作。

6月23日,市长方伟在东海县石梁河镇政府会议室召开石梁河水库保护开发工作座谈会,听取石梁河水库相关情况汇报,研究部署石梁河水库保护开发工作。

7月9日,市长方伟在连岛游客中心会议室召开会议,专题研究推进连云区海滨城市建设工作。

9月17日,代市长马士光在市行政中心召开市长办公会议,专题研究连云港海事局经费支持保障工作;9月25日,代市长马士光在市行政中心召开市长办公会议,专题研究推进连云港碱业公司搬迁发展工作。

10月12日,代市长马士光在市行政中心召开市长办公会议,专题听取高铁片区开发建设工作推进情况汇报;10月26日上午,代市长马士光在市行政中心召开市长办公会议,专题研究市第四人民医院改扩建工作;10月26日下午,代市长马士光在市行政中心召开市长办公会议,专题研究连云港市与省药监局合作创建江苏省药监局审评核查连云港分中心、江苏省食品药品监督检验研究院连云港检验室工作。

11月16日上午,代市长马士光在市行政中心召开市长办公会议,专题研究推进连云港碱业公司搬迁发展工作。

12月7日下午,代市长马士光在市行政中心召开市长办公会议,专题听取高铁北广场开发建设工作推进情况汇报。12月8日上午,代市长马士光在市行政中心主持召开市长办公会,听取石梁河水库幸福河湖建设清水进城行动工作进展情况汇报,分析存在问题和制约因素,研究部署相关工作;12月8日下午,代市长马士光在市行政中心召开市长办公会议,专题听取全市重点生态廊道建设推进情况汇报;12月10日上午,代市长、徐圩新区发展协调工作领导小组组长马士光在市行政中心召开徐圩新区发展协调工作领导小组第一次会议,专题研究徐圩新区发展相关工作;12月10日下午,代市长马士光在市行政中心召开市长办公会议,研究人民网江苏频道领导留言办理、地表水考核断面水质问题整改以及环境监察建议整改、货物港务费征收管理政策调整、追加1000万元以上资金事宜等有关事项;12月13日,代市长、市港口建设发展协调工作领导小组组长马士光在港口控股集团会议室主持召开市港口建设发展协调工作领导小组第一次会议,贯彻落实国家、省、市决策部署,研究港口建设发展的重大事项、重要问题。 (周烁烁)

政务服务

·行政审批服务　2021年，连云港市政务服务系统完成行政审批办件372.63万件，比2020年增长44.72%。其中，个人办件153.25万件、企业办件219.38万件，网上办件207.71万件。深化“一件事一次办”改革，将政务服务网作为企业开办总入口，实现一次登录、全网通办，推进500余项服务套餐标准化、规范化，上线120余项“一件事”标准化服务指南。在全省率先实现烟草零售许可、企业档案和城建档案等服务全程网办。采取多种措施服务园区和重点项目。制定发布优化政务服务、赋能中小企业10条措施，建立重点项目协调会商、跟踪联系机制和按需上门服务常态机制，为重点产业项目提供上门审批服务和政务服务解决方案。

·“放管服”改革　2021年，连云港市全面深化“放管服”改革，持续推进简政放权。多次向开发园区、江苏自贸区连云港片区、县区镇街赋权，全年取消、下放、调整行政权力1400余项。535项涉企经营许可事项实现证照分离市域全覆盖，减少申报材料536项，平均压缩办理时长85%；完善企业注销机制，实施歇业制度，免除创新创业后顾之忧，惠及企业1.02万家。物流运输等12个行业试行“一业一证”改革试点，线下当场领取、线上智能“秒批”。深化投资建设审批改革20个单位、141项事项简化申请材料，试行工程建设项目拿地即开工审批模式，实现建设用地规划许可、建设工程规划许可、施工图审查、施工许可4证极速齐发。形成101项“跨省通办”事项清单，全年“跨省通办”办件量近32万件。“一件事一次办”惠企利民。上线595项服务套餐，升级改造市县一体“一件事”平台系统，推进“出生一件事”“军人退役一件事”改革，“电商服务一件事一次办”工作经验被国务院肯定推广。建成“互联网＋监管”平台，实现审批、监管信息实时交互，推进行政审批事项瘦身、权力事项精准有序下放。建立高频审批事项审管联动目录清单437项，生成监管任务278项，公共场所卫生许可、公司变更登记、医师执业变更注册、建筑工程施工许可等12类事项实现审管联动全流程应用，相关工作经验被国务院肯定推广。建设政务监管数据中心，推行信用分类分级管理，推进失信惩戒和守信激励，降低守信企业抽查比例频次。编制“免罚轻罚”清单，明确对市场监管领域11项一般违法行为从轻减轻处罚、60项轻微违法行为不予处罚，免予处罚案件88件、减轻处罚359件、从轻处罚199件。

·政务服务一体化平台　2021年，连云港市完善“一网四级”服务体系，实现政务服务“一张网”市县乡村全覆盖，政务服务事项和依申请便民服务、公共服务事项应进必进各级政务服务大厅，水、电、气等涉企服务事项进驻市县区政务中心。各级政务服务中心建立健全全科窗口、“通行权下放、否决权上收”工作、政务服务监督员等制度，设置“办不成事反映”窗口，政务服务大厅提升“一站式”功能和线上线下融合服务水平。长三角一体化政务服务地图上线，手机导航等服务覆盖全市1815家政务服务中心和便民（为民）中心，公积金、不动产部分业务在长三角区域内可直接“一网通办”。拓展政务大厅、窗口端、PC端、自助端、移动端“一厅四端”应用体系，改版政务服务网连云港旗舰店，在江苏政务服务App接入标准移动应用服务39个、星级服务54个。打造政务便民半小时服务圈，“连易办”服务终端投放50余台，提供证照打印、查询申报、充值缴费等1100余项服务，累计办件近4万件。出台政务服务便利老年人办事十条措施，为老年人提供专人咨询引导、预约服务、全程陪办、帮缴代缴等便利化服务。在政务服务平台增加电子社保卡扫码登录功能，四级政务服务平台审批人员无须输入用户名和密码，通过江苏政务服务App扫一扫即可登录。5月，长三角一体化政务服务地图在江苏政务服务移动端上线。住房公积金业务在省内率先实现《异地贷款职工住房公积金缴存使用证明》申请与注销“一网办结”，公积金提取手续实现长三角“跨省通办”；医保业务实现参保人员跨省异地就医持卡直接结算、长三角地区医保关系转移接续“一网通办”。城建档案申报服务实现“一网通办”，可通过线上报送的方式进行建设工程竣工档案移交。上线不动产登记全市网上“一窗办事”平台业务，实现不动产登记部分业务统一入口、单点登录、网上办，实现“解押”等高频业务线上“一窗办”，全市域不动产登记业务“同市同标”“跨省联办”。加入淮海经济区11个地级市“跨省通办”，发布第一批46项政务服务“跨省通办”清单。推进统一身份认证、预约服务、事项库管理、业务调度、电子签章等支撑系统建设应用，建成全市统一电子证照库和共享平台，1176个事项实现“不带照”办理。优化政务服务网法人账号系统，支持多账户分权限自管理。推进政务服务适老化改造，认领政务服务网老年人服务专栏234条事项。

·公共资源交易　2021年，全市公共资源交易完成进场交易项目4780个、交易总额669.38亿元，比2020年分别增长18.49%和9.85%。完成公共资源电子交易系统升级改造，将建设工程不见面开标扩大应用到政府采购、交通工程、水利工程、医药采购等其他行业，全面上线云上交易大厅，投标人、供应商足不出户即可参与投标、开标，不见面开标率提高到90.5%。扩大中小微企业参与政府采购活动范围，通过采取专项清理备选库、名录库和资格库、全面取消政府采购投标保证金、对小微企业执行最高10%价格扣除、对适宜项目增加预付款比例、开展政府采购网上竞价供应商再次征集等一系列措施，增强中小微企业市场竞争力，提高公共资源配置效率和效益，纾解市场主体困境。推行市本级工程建设项目投标保证金集中管理，出台《市政府办关于推行市本级投标保证金线上统一收退的实施意见》，优化投标保证金收退流程，明确投标人、招标人、交易中心及监管机构职责，畅通退还渠道，执行限时退付，开发建设投标保证金收退系统。推广电子保函应用范围和品类，累计为企业节约66.4亿元资金占用。推进统一规范的公共资源交易市场化建设，创建"数字见证"管理体系，对交易现场实施全程见证，实施"一标一评"，对代理机构、专家评委等交易主体按计分标准逐项考核。将环境监控、身份识别、工具检测、智能门禁、桌面监控、数字电话、答疑演示等软硬件设施与电子交易系统融合对接、相互关联，综合提升评标区管理能力。创新公共管理和服务模式，依托交易、监管、服务"三个平台"建设，拓展"一网通办"应用。对接市公共资源电子交易平台和市信用信息共享平台，实现市场主体信用信息互联共享。建立事前信用承诺机制，加强事中信用监管，推行交易主体严重失信行为联合惩戒，建立公共资源交易信用管理体系。

（张　磊）

·政务公开　2021年，全市公开各类政府文件101件、各类规划信息66条。市政府网站发布6867条信息，访问量约800万次。开展媒体解读、图解、简明问答等174期次，文字解读配套率90%以上。建立"一键直达"服务快速通道，全天候24小时受理企业政策咨询与办事诉求，通过"三方通话"方式，直接连线24家市级相关政府部门120余名政策专员，给予企业直接、快速、精准答复。构建"一号答"连云港模式，政策文件与政策解读定期"上架"便民热线知识库，推动完善企业服务知识信息支撑，促进"接转平台"向"办事平台"转变。全市受理"一企来"相关诉求2850件，满意率100%。其中，"一号答"直接解答2045件，占比达71.75%，政策专员解答519件。全面助力疫情防控，市政府网站常态化设置"坚决打赢疫情防控阻击战——连云港在行动"专栏，每日更新国家、省、市疫情动态。

（周烁烁）

·电子政务　2021年，市政府出台《连云港市数字政府建设"十四五"规划》，系统构建数字政府建设总体架构，明确六大发展目标，部署七大重点任务，提出努力打造成为江苏省领先的数字政府典范和大数据治理应用示范区。市政府信息中心制定出台《2021年连云港市政务信息化工作实施方案》《连云港市建立健全政务数据共享运行机制加快推进数据有序共享工作方案》等制度文件，审批29个部门、141个政务信息化项目，核定金额1.8亿元。市政务云平台实现同城和异地灾备数据双备份。电子政务外网与专网融合，横向连通市县所有部门，纵向通达二级部门和所有行政村（社区）。《连云港市市级政务信息化项目建设管理办法》出台。整合12个专线构建一体化电子政务网络，完成电子政务外网接入工作。打造"互联网+监管"数据中心，构建审管联通、全程留痕的监管体系，推动监管数据常态化归集。依托市智慧城市运营中心（城市大脑），做好市网格化服务管理中心运维管理，公安、消防、应急、环保、"互联网+监管"等指挥平台汇聚接入，保障公安"雪亮工程"视频专网、电子政务外网等连接顺畅。"我的连云港"App整合兼并各种"低小散"应用程序，新上医保电子凭证、社保缴纳、不动产预约、住房保障、智慧缴费等应用程序，成"数字政府"移动端总入口，同步建成县区板块，面向群众、企业、政务人员三大用户群体，实现用户一次登录统一认证。"我的连云港"App累计下载量349万次，实名认证用户218万人，提供各类政务便民服务事项2340余项，整合接入全市40余家单位的政务和便民服务App34个、微信公众号和业务系统42个，累计提供服务次数超8亿次，获2021年长三角城市数字化转型创新案例奖、江苏省网信办2021年文明办网创建优秀案例。（张　磊）

·"12345"政务便民服务热线　2021年，连云港市"12345"政务便民服务热线受理群众和企业诉求80.67万件，其中社会公众通过电话、网络等渠道反映诉求79.35万件，按期办结率99.98%，群众满意率96.49%。围绕"互联网+政务服务"，加强微信、App等网络诉求受理渠道建设，优化完善微信人工客服、线上诉求登记、智能客服受理等服务功能。互联网渠道受理诉求比2020年增长65.25%。推进"一企来"企业服务热线建设，规范"一企来"诉求办理流程，构建"最多问一次"诉求处置、政策专员绩效考核等工作机制，建立完善"专席、专员、专键"企业服务模式，解决企业政策诉求2.08万件，企业满意度97.8%。向市委、市政府报送政务服务诉求分析308期，被市领导批示400余次，推动各领域近千件疑难问题有效解决。"12345"政务便民服务热线与市卫健委及各市立医院联动合作，整合优化预约挂号系统，定期开展医疗专家现场接线活动。受理市民预约挂号诉求6万余件，开展专家在线健康咨询活动22期。开展市民有效诉求奖励、"人民建议"有奖征集等活动，全年征集"人民建议"及有效诉求120条，开展诉求奖励活动4期。（朱正健）

外事工作

·护照签证管理　2021年，连云港市办理因公出国团组2批次，签发新公务普通护照2本。办理APEC商务旅行卡13批、31人次。市外办开展APEC商务旅行卡现场推介9场次，服务企业300余家，发放宣传手册、海报800余份。主动上门与企业进行座谈交流，专场宣讲 APEC 商务旅行卡相关政策。开通中国（江苏）自由贸易试验区连云港片区 APEC 商务旅行卡服务直通车。

·外事管理　2021 年，连云港市为急需邀请外籍专家、高管到连云港的企业等办理邀请外国人 7 批、8 人次。向省外办报批报备使领馆人员到访 32 人次。邀请塔吉克斯坦驻华大使、以色列、哈萨克斯坦驻上海总领事等外国驻华使领馆人员到连云港考察访问 7 批、30 余人次。邀请 13 家外国驻上海总领事馆和机构代表 20 余人出席连云港市在上海举办的经贸合作恳谈会。邀请哈萨克斯坦国家电视台哈巴儿电视台到连云港采访报道连云港市“一带一路”强支点建设情况，相关新闻报道在哈萨克斯坦播出。加大预防性领事保护宣传工作，举办江苏省领事保护宣传周——连云港站活动，开展赴县区、企业、学校“一对一、点对点”宣传 10 余场次，培训人数 500 余人次。

·友好交往　2021 年，连云港市举办与西班牙阿尔梅里亚市、白俄罗斯日洛宾大区视频交流会议，与西班牙阿尔梅里亚市线上签订建立友好交流城市意向书，先后与吉尔吉斯斯坦比什凯克市、格鲁吉亚巴统市、韩国光阳市、韩国群山市等友城和友好交流城市，通过“云端”开展防疫物资和图书捐赠及经贸、文化、教育等领域交流与合作。灌南县与韩国忠清北道曾坪郡缔结为国际友好城市，实现县级友城零突破。连云港市与乌克兰尼古拉耶夫市建立友好城市关系。东海县、灌云县与白俄罗斯克里契夫区等国外城市，江苏海洋大学、连云港师范高等专科学校、连云港中医药高职校与国外同行开展云交流、云洽谈活动 17 次，就技术研发、人才交流、项目开发、课程设计等领域达成合作意向 20 多项。市图书馆与格鲁吉亚巴统市公共图书馆建立友好合作关系，在格鲁吉亚巴统市公共图书馆设立连云港图书专柜，年内收集约 600 本连云港市地方特色图书及连云港相关图片展数字版。实施中国江苏—韩国京畿道公务员系列交流项目。11 月 23 日，市外办与韩国京畿道通过线上视频交流的方式举办以“韩国京畿道产业发展和规划、与中国合作现状及前景”为主题的产业规划对接会。（张　良）

12 月 9 日，2021 澳门国际文化产业博览会开幕式暨连云港推介会在澳门举办　　市外办　供图

港澳事务

·概况　2021 年，连云港市办理因公赴港澳团组 12 批、48 人次，签发因公港澳通行证 47 本。各县区开展港澳资企业信息数据摸底排查，初步建立 150 多家港澳资企业数据库和港澳居民信息数据库。邀请香港特区政府驻沪办副主任巩连全、翁荣桢率领的代表团到连云港考察，赴南京、上海拜访香港特区政府驻沪办、香港贸发局上海代表处、江苏代表处开展交流。连云港（澳门）城市推广中心成立，在澳门国际文化产业博览会上举办连云港市文旅资源专场推介会，4 个经贸项目纳入省签约项目库。12 月 30 日，市外办（港澳办）与香港特区政府驻沪办、香港贸发局南京代表处联合举办香港—连云港经贸合作交流会。（张　良）

·连云港（澳门）城市推广中心成立　12 月 9 日，由连云港市文广旅局和澳门江苏商会合作成立的连云港（澳门）城市推广中心揭牌成立。市文广旅局、连云港市演艺集团分别与澳门江苏商会、澳门华复文旅控股集团签订合作协议。

·连云港—香港经贸合作交流会召开　12 月 30 日，由市外办（港澳办）和香港特区政府驻沪办联合主办的连云港—香港经贸合作交流会在连云港召开。市委副书记、统战部部长胡建军，省外办副主任、港澳办副主任张松平出席会议并致辞，香港特区政府驻沪办主任蔡亮发表视频致辞，香港特区政府驻沪办副主任巩连全在线出席会议并作主题推介。交流会分析探讨连云港与香港开展经贸合作的优势、潜力、成果和前景，分享解读《香港营商环境报告》《深化苏港澳多领域合作二十六条措施》。（年　编）

责任编辑　贾栋钰

连云港市政协

综述

·概况 2021年，政协连云港市第十三届委员会有29个界别、政协委员404人，常委会组成人员75人，在连云港的省政协委员15人。政协委员中，有中共委员168人，占41.58%，非中共委员236人，占58.42%；妇女委员115人，占28.5%。市政协设办公室及研究室和提案委员会、学习文史资料委员会、经济科技委员会、教育文化医卫体育委员会、社会法制民族宗教委员会、港澳台侨外事委员会、人口资源环境委员会、农业和农村委员会8个专门委员会。市政协举行全体会议1次，常委会议4次、主席会议5次、专题协商座谈会2场，开展专题协商、对口协商、界别协商、提案办理协商112次，组织调研视察132次，形成调研报告256篇，征集提案408件，立案319件。全年编发《社情民意信息简报》188期，其中向省政协报送158期，向市政府报送30期。

·团结联谊 2021年，连云港市政协创新设立“主席接待委员日”制度，主席会议成员轮值接待委员。健全完善主席会议成员联系党派界别、走访看望委员制度，抓好以自我提高为主旨的学习座谈、以自我教育为主旨的党外委员专题视察、寓思想政治引领于团结民主之中的谈心谈话，举办委员重点关切问题情况通报会。围绕“构建基层社会治理新格局，提升市域社会治理现代化水平”，邀请党政部门负责人与网友互动，线上线下、场内场外多方参与。发挥文史工作凝心聚力作用，对乡贤沈云沛、刘一麟事迹进行深度挖掘。健全市政协专委会和各民主党派的联系对接机制，与民革市委、市工商联就养老服务体系构建、民营企业发展等课题开展联合调研，与民盟市委联合出版《江恒源教育文集》，与农工党市委联合组织“情系民生，健康同行”基层义诊活动。致公党市委开展“侨说”沙龙、九三学社市委开展“九连合作”论坛等活动。围绕少数民族村精准脱贫、宗教活动场所建设等议题深入调研。打造“五侨联动服务侨商”工作品牌，定期走访台资侨资企业，改善营商环境、助推企业复工复产。

·文史资料编纂 2021年，市政协文史馆开展前期筹建工作，完成布展内容的相关说明。向市图书馆赠予《政协文史资料图书目录》，在馆内设立政协文史资料图书室。编辑印制《连云港市文史资料第三十八辑》，辑录连云港市各行业、各界别的干部群众和外国友人的各类文章

政协委员乘船到连云区海州湾街道西墅村海上养殖区现场“会诊”解决紫菜减产难题　　朱先明/视觉江苏网

39 篇、20 余万字。组织文史专家和特约撰稿人撰文推介连云港市地域文化，发表文章 30 余万字。向省政协报送《江苏红色文化名片 · 连云港卷》的内容和图片。撰写连云港市解放史料 14 篇 4 万余字。

（卢同昇）

重要会议

· 政协连云港第十三届委员会第五次会议 1 月 18—21 日，政协连云港市第十三届委员会第五次会议在海州举行。会议期间，委员们听取和讨论中共连云港市委书记项雪龙讲话；听取和审议政协连云港市第十三届委员会常务委员会工作报告；听取和审议政协连云港市第十三届委员会常务委员会关于第四次会议以来提案工作情况的报告；列席连云港市第十四届人民代表大会第五次会议，听取和讨论连云港市人民政府工作报告及其他有关报告；审议通过政协连云港市第十三届委员会提案委员会关于第五次会议提案初步审查情况的报告；审议通过政协连云港市第十三届委员会第五次会议关于常务委员会工作报告的决议；审议通过政协连云港市第十三届委员会第五次会议决议等。

· 市政协十三届常委会会议 2021 年，市政协十三届常委会共举行 3 次常委会议。

3 月 15 日，市政协十三届委员会第 21 次常委会会议举行。会议审议通过《政协连云港市委员会 2021 年协商计划》《市政协 2021 年主席会议常委会会议议题安排》。

6 月 17 日，市政协十三届委员会第 22 次常委会会议举行。会议围绕“大力建设‘一带一路’强支点，深度融入‘双循环’新发展格局”开展协商议政。

9 月 17 日，市政协十三届委员会第 23 次常委会会议举行。会议围绕“构建基层社会治理新格局，提升市域治理现代化水平”开展协商议政，市委常委、市委政法委书记李振峰应邀出席会议并通报相关情况。

6 月 10 日，市政协召开主席专题协商会议，围绕“加快构建城市立体化快速交通体系”进行专题协商　王统庠　摄

· 市政协主席会议 2021 年，市政协共举行 4 次主席会议。

3 月 10 日，市政协十三届委员会第 20 次主席会议举行。会议听取有关人事事项说明；讨论审议《政协连云港市委员会 2021 年协商计划（草案）》《市政协 2020 年主席会议常委会会议议题安排（草案）》；听取市政协十三届五次会议提案审查情况汇报；协商确定市政协十三届二十一次常委会会议有关事项。

5 月 19 日，市政协十三届委员会第 21 次主席会议举行。会议围绕“加快养老事业和产业协同发展”进行专题协商。副市长徐家保参加会议并讲话。

7 月 22 日，市政协十三届委员会第 22 次主席会议举行。会议审议并通过《政协连云港市委员会协商工作规则（草案）》《政协连云港市委员会关于打造“一委一品”提升专委会工作质效的实施意见》《政协连云港市委员会关于加强和改进委员学习工作的意见》《政协连云港市委员会委员履职考核办法》，协商确定市政协十三届二十三次常委会会议有关事项。

11 月 15 日，市政协十三届委员会第 23 次主席会议举行。会议围绕“加强创新主体培育，提升科技创新能力”开展专题协商议政。

· 情况通报会 8 月 11 日，市政协召开全市重大产业项目建设情况通报会。市发展和改革委员会主任、党组书记韦怀余作全市上半年经济运行及重大产业项目建设情况通报。会议由市政协副主席鲁林主持。

· 理论研讨会 9 月 14 日，全市政协系统“发挥政协作用 广泛凝聚共识”理论研讨会召开。会议对 2020 年度全市政协系统优秀理论文章和优秀调研成果进行通报表扬。

· 宣讲报告会 6 月 9 日，市政协举办“书香政协 · 委员大讲堂”——“听党话、知党恩、跟党走”党史学习教育宣讲报告会。市委党史学习教育宣讲团团长、市委党史工办主任、市政协委员徐勤飞以《巍巍三山展红旗——从四个“3”看中国共产党在连云港的奋斗史》为题作宣讲报告。

12 月 8 日，市政协举行学习贯彻中共十九届六中全会精神宣讲报告会。省委宣讲团成员、市委宣讲团团长、市委常委、宣传部部长赵云燕作宣讲报告，从深刻认识总结党的百年奋斗重大成就和历史经验的重大意义、深刻认识党的百年奋斗的初心使命和重大成就等6个方面进行宣讲解读。

（卢同昇）

参政议政

·专题协商会 2021年，连云港市政协召开2场专题协商会议。

6月10日，市政协召开主席专题协商会议，围绕“加快构建城市立体化快速交通体系”进行专题协商，副市长高美峰参加会议并讲话。会议听取课题组关于加快构建城市三大组团间快速通道的建议，市政协主席会议成员和2名政协委员发言，市有关部门负责人对委员提出的意见建议作出回应。

10月14日，市政协召开“高质量推动连云港文旅产业融合发展”专题协商座谈会，市政协副主席匡中远出席会议。市政府副秘书长吴金恩，市文广旅局、云台山景区管委会、市文改办等部门负责人参加会议。会议通报《关于高质量推动连云港文旅产业融合发展的调研报告》。政协委员和专家学者代表分别发言，与会人员就发展连云港全域旅游、提升文旅体验层次、深挖淮盐文化内涵、实现文旅融合数字化转型、培养旅游高端人才等展开讨论。市文广旅局负责人对委员和专家发言进行回应和互动交流。吴金恩围绕推进项目建设力度、实行差异化文旅推介、营造良好市场环境等方面介绍有关情况。

·调研视察 2021年，市政协围绕“立足产业发展需求优化职教人才培养构建连云港市中医药全产业链联盟”“连云港打造全域自贸试验区的政策优化和制度创新”“提升城市功能品质打造美丽宜居连云港”“加快建设连云港临空经济区”“强化载体建设加快产业集聚，打造世界级医药产业高地”等重点课题，以及“一委一品”和专题调研视察，组织开展调研132次，形成调研报告、发言材料等256篇。

·建言献策 2021年，市政协聚焦“建设世界级石化产业基地”“强化载体建设、加快产业集聚，打造中华药港”“决战决胜1600亿重大项目投入，推进产业强市”等事关全市产业长远发展的重大议题，走访企业，召开座谈会60多场，专题协商、科学论证。围绕临空经济区建设进行专题调研，提出培育航空特色产业、推进临空制造业发展等意见建议。围绕“加快推进战略性新兴产业发展”“构建现代金融服务体系，加大对民营企业支持力度”等提交提案100多件，得到市政府和承办单位的高效办理。立足生物医药、临港石化等重点产业发展需求，就职教人才培养开展协商议政，推动连云港市制定出台现代职业教育高质量发展三年行动计划。围绕疫情防控和经济发展，市政协实地了解企业复工复产、重点项目开工建设情况，协调解决企业的实际困难，梳理报送意见建议180多条。部署开展社情民意信息征集活动，农工党界别《核酸检测过程中第三方机构亟待加强管理》、民建界别《建立江苏省应急医疗物资储备配送中心的建议》等被全国政协、省政协采用。

·“有事好商量”协商议事工作 2021年，市政协贯彻落实市委《关于建好用好“有事好商量”协商议事平台的实施意见》，成立工作专班，主席会议成员分片联系、蹲点指导，专委会跟踪推进、参与协商，“有事好商量”协商议事工作在全市范围内推开。按照“融入、开放、共享”和“不建机构建机制”原则，“有事好商量”协商议事室、委员工作室、社情民意信息联系点“三位一体”融合发展，全市6个县区、81个乡镇、18个园区、29个界别实现协商议事平台全覆盖。打造“334”协商议事格局，即完善蹲点联系、考核评价、闭环管理3项机制，实施协商议事召集人能力提升、金牌协商议事室打造、经典协商案例选树3项工程，开展民生专题协商议事月、协商议事工作理论研讨、“家家到”现场观摩、优秀协商案例宣传推介4项活动。开展议事活动1.28万场次，协助党委政府解决9400多件让群众“有感”的民生实事和关键小事，15个协商议事案例入选省政协典型案例。“有

8月26日，市政协“有事好商量”协商议事会在海州街道协商讨论设置“四点半课堂” 耿玉和/视觉江苏网

事好商量”协商议事工作被写入省委办公厅、省政府办公厅《关于加强新型农村社区治理和服务的实施意见》，成为加强基层社会治理的创新举措。举办“情系民生实事、弘扬协商文化”协商议事故事会，通过连云港发布进行现场直播，10.4 万名网友在线观看，33.5 万人次参与网络互动。协商议事故事会获评全省政协系统创新工作典型案例，“白果树下的协商议事”图片被《习近平新时代中国特色社会主义思想学习问答》选用，《人民日报》《求是》《新华日报》《人民政协报》等主流媒体多次报道连云港市“有事好商量”协商议事工作。

·委员提案 2021 年，政协连云港市第十三届委员会收到委员提案 408 件。经提案委员会审查，立案 316 件。对未立案的 92 件，转为委员来信或社情民意信息。立案提案实现办结率 100%，委员满意率 100%。其中，经济建设方面提案 99 件，占 31.3%，主要涉及建设“一带一路”强支点、发展临港工业、培育战略性新兴产业、深入推进自贸试验区改革试点等内容。政治建设方面提案 36 件，占 11.4%，主要涉及加强协商民主建设、深化重点领域改革、优化营商服务环境等内容。文化建设方面提案 28 件，占 8.9%，主要涉及建设重点文旅项目、实施文化惠民工程、申报国家历史文化名城等内容。社会建设方面提案 125 件，占 39.5%，主要涉及常态化防控疫情、巩固文明城市长效管理、促进社会充分就业、均衡供给优质教育资源、持续改善农村人居环境等内容。生态文明建设方面提案 28 件，占 8.9%，主要涉及污染防治、绿色低碳循环发展、加强生态保护修复等内容。建立全流程“清单工作法”，实行提案闭环管理，逐步提高提案办理程序化、模块化水平。

·社情民意工作 2021 年，市政协编发《社情民意信息简报》188 期，其中向省政协报送 158 期，向市政府报送 30 期。其中《关于换届期间加强疫情防控预案评审和工作监督》被省政协采用；《关于有序开展土地储备“文物考古”与“环保考古”前置的建议》《做好尼帕病毒监测预防建议》等 28 期被省政协选送到全国政协；《在“逆全球化”潮流下我国装备制造业国际竞争力亟待提升》《关于加强高标准农田“非农化”“非粮化”监管的建议》《关于完善我国沿海小型旅游船艇立法的建议》《关于海运集装箱超重现象亟待高度重视的建议》等 4 期被全国政协采用。

2021 年连云港市政府领导领办代表建议和政协提案一览表

表 6

序号	案由	领办领导	案别	提案单位(人)	承办单位
1	关于打造海陵湖生态修复示范项目工程的提案	方　伟	政协委员提案	王万军	市水利局主办，市自然资源和规划局、市生态环境局、市农业农村局、东海县、赣榆区协办
2	关于加大农田土壤污染治理的提案	胡建军	政协委员提案	民进界别	市生态环境局主办，市农业农村局协办
3	关于加快我市电商产业发展的提案	吴海云	政协委员提案	市政协经科委	市商务局主办，市农业农村局、市市场监管局、连云港海关、市税务局、市邮管局协办
4	关于完善和健全传染病防控机构建设的提案	徐家保	政协委员提案	杨泗学	市卫健委主办，市发改委、市财政局、市自然资源和规划局、海州区协办
5	关于进一步提高我市交通管理水平的提案	徐敦虎	政协委员提案	成　晔	市公安局主办，市自然资源和规划局、市住建局协办
6	关于我市打造健全的高水平现代化产业链的提案	魏爱春	政协委员提案	朱巧玲	市工信局主办，市发改委协办
7	关于加快建设亚欧国际综合交通枢纽的提案	高美峰	政协委员提案	蔺宁君	市交通局主办，灌云县、港口控股集团、交通控股集团、市机场办协办
8	关于促进我市代理记账行业健康发展的提案	韩尚富	政协委员提案	付　凯	市财政局主办，市市场监管局、市税务局协办

2021年连云港市政协领导督办重点提案一览表

表7

序号	案由	督办领导	责任部门	提案单位(人)	承办单位
1	关于推进我市文旅产业深度融合发展的提案	王加培	提案委	市政协妇联界别	市文广旅局、市交通局、市市场监管局
2	关于加强我市公共文化基础设施建设的提案	王加培	提案委	张　华	市文广旅局、市财政局、市自然资源和规划局、市住建局
3	关于加大优势产业集聚加快建设新兴产业集群的提案	方　韬	办公室	民盟市委会	市发改委、市税务局、市科技局、市工信局、市商务局
4	关于整合自贸区、综保区资源加快“一带一路”强支点建设的提案	方　韬	社法民宗委	李君生	市商务局、连云港海关、市开发区、徐圩新区
5	关于加快我市粮食产业发展的提案	徐大勇	农业农村委	李　筠	市农业农村局、市发改委、市财政局、市农科院、农业发展集团
6	关于发展村级经济 助力乡村振兴的提案	徐大勇	农业农村委	吕立才	市农业农村局、市税务局、市委组织部、市发改委、市财政局
7	关于加快建设亚欧国际综合交通枢纽的提案	黄咏梅	人资环委	蔺宁君	市交通局、灌云县、港口控股集团、交通控股集团、市机场办
8	关于建立文明城市创建常态长效工作机制的提案	黄咏梅	人资环委	惠　茜	市委宣传部、市公安局、市住建局、市城管局、市文广旅局、市市场监管局
9	关于加快我市半导体封装材料产业发展的提案	鲁　林	经科委	市政协 经科委	市工信局、市发改委、市科技局、市商务局
10	关于加快推进我市电商产业发展的提案	鲁　林	经科委	市政协 经济界别	市商务局、市发改委
11	关于健全市公共卫生应急体系管理机制的提案	匡中远	教文医体委	农工党市委会	市卫健委
12	关于加快中医药产业发展 助推中华药港建设的提案	匡中远	教文医体委	市政协 教文医体委	市卫健委、市开发区、市发改委、市财政局、市自然资源和规划局
13	关于规范职业培训 提升我市家政服务业水平的提案	邸占山	研究室	滕翠红	市商务局、市发改委、市民政局、市财政局、市人社局、市市场监管局
14	关于推动治理体系融合 提升基层社会治理水平的提案	邸占山	社法民宗委	王定胜	市民政局、市纪委监委、市委组织部、市委宣传部
15	关于构建我市多层次海洋科技创新体系的提案	龚成龙	学习文史委	农工党市委会	市发改委、市科技局、港口控股集团
16	关于发挥国际枢纽港优势 着力发展现代服务业的提案	龚成龙	学习文史委	高　健	市发改委、市工信局、市交通局、市商务局、市地方金融监管局、港口控股集团
17	关于助推驻连高校产学研融合发展的提案	徐善明	港澳台侨委	金芙蓉	市教育局、市委组织部、市发改委、市工信局
18	关于提高在连高校毕业生本地就业率的提案	徐善明	港澳台侨委	民进市委会	市教育局、市人社局

（卢同昇）

责任编辑　贾栋钰

连云港市纪委监委

综述

·纪检监察体制改革 2021年，连云港市纪委监委探索健全“室组”联动监督、“室组地”联合办案机制。在派驻机构试行“两重点、三清单”工作法。探索建立市、县两级派驻纪检监察组定期会商协同机制。推进市县监委向本级人大常委会报告专项工作，市监委以整治群众反映强烈的问题为主题，首次向市人大常委会报告专项工作。

·纪检监察队伍建设 2021年，市纪委监委建立干部培养锻炼“4+1”机制，选派324人参与案件办理、巡视巡察等实战练兵。市纪委常委会开展中心组学习24次、读书班5次，讲授专题党课11次。全市纪检监察系统组织专题培训69批次、培训7697人次。立案查处违纪违法纪检监察干部9人，诫勉谈话、批评提醒10人。 （孙启睿）

重要会议

·连云港市第十二届纪律检查委员会第六次全会 2月7日，中国共产党连云港市第十二届纪律检查委员会第六次全体会议召开。市委书记项雪龙出席会议并讲话。全会深入学习贯彻习近平总书记在中纪委五次全会上的重要讲话精神和中纪委五次全会、省纪委六次全会精神，总结2020年纪检监察工作，研究部署2021年工作任务。审议通过刘海涛代表市纪委常委会所作的《奋力推动纪检监察工作高质量发展 为“十四五”开新局夺首胜提供坚强保障》的工作报告。

·连云港市第十三届纪律检查委员会第一次全会 9月29日，中国共产党连云港市第十三届纪律检查委员会第一次全体会议召开。审议通过林小异代表市纪委常委会所作的《奋力推进纪检监察工作高质量发展 为建设人民期待的现代化新港城提供坚强保障》的工作报告，报告鲜明提出“七个坚强保障”，明确今后五年的纪检监察工作总体要求。经过投票选举，产生新一届市纪委书记、副书记、常委和市纪委委员。 （孙启睿）

惩治腐败

·概况 2021年，连云港市纪检监察机关立案查处违纪违法案件2995起，其中县处级49人、乡科级346人、留置103人、给予党纪政务处分2762人。查处卢某、茅某某、王某某等典型腐败案件。持续惩治国有企业腐败问题，查处港口集团有限公司原党委书记、董事长白某某和原

11月11日，连云港高新区纪工委在宋跳工业园建设工地实地了解项目情况 王春/视觉江苏网

副总裁张某某违纪违法案例，追回损失7亿余元，帮助盘活资产5亿元。加大追逃追赃力度，成功追回省级挂牌在逃人员2人，其中赣榆县人民医院原院长王某某案件涉案金额2200余万元，追缴查封赃款1900余万元。

·**“打伞破网”行动** 2021年，全市健全“打伞破网”常治长效机制，查处涉黑涉恶党员干部和公职人员54人。其中，立案审查调查31人，留置并移送司法机关9人，持续巩固深化扫黑除恶专项斗争成果。

·**“四种形态”整治** 2021年，市纪委监委运用“四种形态”（第一种：党内关系要正常化，批评和自我批评要经常开展，让咬耳扯袖、红脸出汗成为常态；第二种：党纪轻处分和组织处理要成为大多数；第三种：对严重违纪的重处分、作出重大职务调整应当是少数；第四种：严重违纪涉嫌违法立案审查的只能是极少数）批评教育帮助和处理8658人次，运用第一、二、三、四种形态分别占比67%、27.8%、1.6%、3.6%。坚持惩处和保护相结合，全市共问责党组织46个、党员干部302人，对61名党员干部作出容错减责或免责处理，对444名受处分的党员干部开展回访教育。 （孙启睿）

政治监督与作风建设

·**监督保障执行** 2021年，连云港市纪委监委推动脱贫攻坚与乡村振兴有效衔接，跟进监督851个扶贫项目收益归集、分配情况，全市防返贫保险救助困难群众5900余户。推动“两灌”化工园区关停29家不达标企业，对省生态环境督察办移交的54条问题线索跟踪督办，问责21人。推进土地“双清”工作，召开全市现场推进会，推动完成闲置土地处置564.4公顷，追缴土地出让金35.31亿元，清缴率86.9%。推进石梁河库区综合整治，将监督精准嵌入核销采砂证、清理余砂、拆解砂船等环节，督促构建绿色发展新业态。

·**公权力运行监督** 2021年，市纪委监委强化对公权力运行的监督和制约，把制度优势转化为治理效能。深入了解“一把手”和领导班子执行民主集中制、廉洁自律等情况，全年纪检监察机关参加民主生活会821次，约谈领导班子成员、重点岗位人员573人次，立案审查调查乡科级以上“一把手”47人。

·**派驻纪检监察** 2021年，市纪委监委加强对驻在部门廉洁用权、履职尽责情况的日常监督，加大线索处置力度，市纪委监委派驻机构立案123起，比2020年增长41%。紧盯城市违法建设、骗提公积金等突出问题，督促拆除违建61.12万平方米，收回住房公积金1029万元。市纪委监委、税务部门对“未税先证”问题进行联合核查，立案查处接受“打招呼”、违规为他人办理房屋权属登记的公职人员13人，诫勉谈话和批评提醒21人。

·**巩固作风建设成果** 2021年，市纪委监委聚焦维护群众利益、重大项目推进、巡视巡察整改等领域，纠正治理空泛表态、敷衍应付、阳奉阴违等突出问题。全市查处形式主义、官僚主义问题100个，处理172人，通报曝光典型案例90起、155人。深入剖析“11·13”船只侧翻事故和“11·16”船只非法载客行为暴露出的执行不力、推诿扯皮问题，开展“三无”船只大排查、大整治，基本实现动态清零、岸清海净。召开全市现场会部署公车领域专项整治，查处违规购置、使用、管理公车问题63个、77人，健全规章制度18个。

·**专项整治** 2021年，全市纪检监察机关结合“我为群众办实事”实践活动和“两在两同”建新功行动，开展公共停车位、欺诈骗保、医疗领域等突出问题专项整治。其中，公共停车领域立案查处29人，处理131人，督促相关部门对9.5万个道路停车泊位、124个收费停车场进行规范管理；欺诈骗保领域查处97人，党纪政务处分51人，督促追回医保基金近3000万元；药品、医用耗材价格平均降幅达65%，为群众节约医疗费用2.1亿元。

·**信访监督** 2021年，市纪委监委做好重复件治理、积案化解，交办件督办等工作，实现信访举报总量持续下降，报送交办件被评为省优质精品件。全年受理信访举报3017

2月4日，赣榆区纪委工作人员在超市查看购物卡销售情况

司伟/视觉江苏网

件次，信访转立案率 44.6%。优先处置 93 件信访举报，运用第一种形态问责 24 人，及时为受到不实举报的 28 名党员干部澄清正名。

（孙启睿）

巡察监督

·概况 2021 年，中共连云港市委巡察机构全面落实中央和省市委决策部署，开展 1 轮常规巡察、2 轮专项巡察、1 轮巡察"回头看"暨对县区巡察工作指导督导，发现问题 605 个，移交问题线索 54 条，推动立行立改事项 18 件，督查整改事项 545 件，完成市县巡察全覆盖任务。

3 月 25 日，连云区高公岛街道纪工委纪检监察人员向渔民了解紫菜生产和燃油补贴发放情况　　朱华南/视觉江苏网

·常规巡察 2021 年，连云港市开展市委第十四轮巡察，对市公安局等 10 家单位党组织进行政治体检，发现突出问题 345 个，推动立行立改事项 6 件，移交问题线索 24 条，形成专题报告 3 篇。

·专项巡察 2021 年，省市县三级联动开展涉粮问题专项巡视巡察，连云港市县成立 2 个接力组、5 个联动组，巡察市财政局、东海县财政局和 5 个县区的涉粮部门。精准发现突出问题 133 个，立案 108 人次，党纪政务处分 85 人，留置 13 人。开展优化营商环境专项巡察，对市发改委等 12 家职能单位党组织开展专项巡察。县区、板块成立 27 个巡察组，同步对 63 家职能单位党组织开展专项巡察。

·巡察"回头看" 2021 年，市委巡察机构对市委统战部等 15 家单位党组织开展巡察"回头看"，重点了解巡察整改落实情况，督查评估巡察反馈的 545 个问题整改情况，并新发现 55 个问题，移交问题线索 1 条。对 6 个县区巡察工作开展指导督导，发现需要关注的问题 82 个，现场推动解决问题 58 个，提出意见建议 114 条。（孙启睿）

纪检监察宣传

·新闻宣传 2021 年，连云港市纪委监委围绕中国共产党成立 100 周年和纪检监察实体工作，在中央级媒体上稿 233 篇，其中《中国纪检监察报》128 篇。聚焦党史学习教育，刊发学习动态、为民办事稿件 48 篇。聚焦疫情防控监督、涉粮问题专项巡察和专项整治等重点工作，推出《下沉社区查防控》《"专项巡察＋专项整治"推动涉粮问题标本兼治》等稿件。在交汇点 App、《连云港日报》头版开设"山海廉韵"专栏，与"山海廉韵"网站、微信、微博共同构建"一网两微两栏"宣传矩阵。

·廉政教育 2021 年，市纪委监委开展警示教育 142 场、2 万人次。召开全市领导干部警示教育大会，市委书记出席会议并提廉政要求。组织 4 批 64 人次新提拔市管干部进行廉政谈话、廉政测试。用好警示片《扣好人生第一粒扣子》，市委党校青干班、公务员初任培训班 120 余名学员集中观看、撰写心得、座谈交流。针对司法执行、工程建设、殡葬、城管、房管等系统腐败案件，拍摄警示片《严查腐败窝案 净化政治生态》，深入案发领域开展警示教育，推动以案促改、以案促治。

·廉洁文化建设 2021 年，市纪委监委整合市县 7 个警示教育基地资源，作为党员干部党史学习教育、警示教育的阵地，各级教育基地接待参观 3 万人次。开展全市第四届"山海廉韵·清廉港城"廉洁文化优秀作品评选，评出 40 部优秀作品，参加全省"传家风书画作品"大赛，其中 3 幅书画作品、1 篇家风征文获奖。开展"山海廉韵·清风传家"系列活动，以"党员干部带头树廉、家属子女共同助廉、家风家训典范传廉、多彩活动广泛颂廉"为重点内容，通过家庭助廉会、家风书画展、家风课堂等形式，宣传廉洁文化。（孙启睿）

责任编辑　徐　敏

民主党派·工商联

中国国民党革命委员会连云港市委员会

·概况　2021 年，中国国民党革命委员会连云港市委员会(以下简称民革市委)完成基层组织换届工作，原有的 14 个基层组织的党员按照地域、行业等进行重新整合，新组建或更名基层组织 18 个，其中总支部 3 个，支部 15 个。有党员 354 人，其中，具有传统特色、社会和法治、“三农”研究等重点分工领域党员 122 人，具有中高级职称的党员 195 人，其中副高以上职称 87 人；本科及以上学历 265 人，其中研究生以上学历 55 人；省人大代表 1 人，省政协委员 1 人，省政协专委会副主任 1 人；市人大代表 4 人，其中市人大常委 1 人、市人大常委会副主任 1 人；市政协委员 21 人，其中市政协常委 2 人；区人大代表 3 人，其中区人大常委 1 人；县、区政协委员 24 人，其中县、区政协常委 5 人。新发展党员 18 人，其中博士 1 人，具有中级职称者 3 人，平均年龄 41.7 岁。

·思想建设　2021 年，民革市委开展“作风建设年”活动和“双创双增”主题教育。召开专题学习会、中心组学习会等 10 余次，民革党员中的艺术家创作 10 余幅书画作品，参加民革江苏省委、中共市委统战部举办庆祝中国共产党成立 100 周年为主题的系列书画作品展。撰写和发布各类宣传稿件累计 100 余篇次，《民革连云港市委举行首次“主委接待日”活动》《民革江苏连云港市委会同心抗疫贡献民革力量》等多篇文章被《团结报》、江苏统一战线网站等媒体刊发。

·参政议政　2021 年，民革市委围绕老龄产业发展、美丽连云港建设等提交《深入开展农村环境整治 大力推动美丽乡村建设》《整合各方资源，构建失能失智老人护理长效模式》等建议，民革市委会在政协连云港市第十三届委员会第五次会议上作《加强我市养老服务体系建设 推动养老事业和产业协同发展》大会发言。“两会”期间，民革党员中的人大代表、政协委员建言献策，提交集体提案 8 篇，个人提案 50 余篇。围绕中共市委和民革上级组织重点工作申报课题，形成《坚持陆海统筹、突出向海发展，推动构建新发展格局》等调研报告。开展“有事好商量”协商议事活动，提档升级 1 处民革界别“有事好商量”协商议事室，形成《优化公交站点设置 保障居民安全出行》调研报告并转化为政协提案。

·民革连云港市第九次代表大会召开　12 月 5 日，民革连云港市第九次代表大会召开，来自教育、文化、

6 月 26 日，民革连云港市委赴海州区新坝镇慰问儿童　谢伟　摄

经济、医卫、法律、“三农”等领域的130多名代表参加。会议选举产生民革连云港市第九届委员会，马强当选主委，刘玮炜、孙玉、高云玲、马玉青当选副主委。会议通过民革连云港市第九届委员会监督委员会组成人员名单，孙玉任监督委员会主任，王丽、徐小苏任副主任。

·社会服务　2021年，民革市委开展助力乡村振兴工作。做好贵州省纳雍县猪场乡水箐村的对口帮扶工作，发动党员参加购买纳雍农副产品活动；向4名贫困学生提供助学金1万余元。举办“博爱·暖心工程”，慰问农村儿童，送去学习用品和图书，民革连云港市委会被民革中央表彰为“民革助力脱贫攻坚工作先进集体”，夏春丽被民革中央表彰为“民革助力脱贫攻坚工作先进个人”。在民革党员和市委会机关工作人员中发出“同心抗疫 对口捐赠”号召，募集3.1万余元防疫资金及折叠桌椅、口罩、矿泉水、方便面等防疫物资累计3.7万余元。　（谢　伟）

中国民主同盟连云港市委员会

·概况　2021年，中国民主同盟连云港市委员会（以下简称民盟市委）有基层盟组织27个，其中总支4个、支部23个；有盟员607人，其中博士14人、硕士106人，副高以上职称338人，平均年龄54.45岁。全市盟员中共有省政协委员1人；市人大代表4人，市政协委员21人；区人大代表3人，区政协委员27人。全年发展新盟员25人。

·民盟连云港市第九次代表大会召开　12月8日，民盟连云港市第九次代表大会召开。中共连云港市委副书记、统战部部长胡建军，民盟江苏省委副主委窦希萍出席会议并讲话。会议应到代表99人，实到代表93人，选举产生民盟连云港市第九届委员会，王莹、王聿广、王相凯、冯志华、刘旭光、李强、赵军、唐金芝、黄雁鸿、曹伟平、龚成龙、谢陈祥、戴继森13人当选新一届市委会委员。民盟连云港市九届一次会议选举龚成龙为主委，黄雁鸿、刘旭光、谢陈祥、唐金芝为副主委。

10月26—27日，江恒源教育思想与新发展理念学术研讨会召开
民盟市委　供图

·思想建设　2021年，民盟市委会开展“双学双建”（学中共党史、学多党合作史，为巩固众星拱月好局面担当建功、为开辟高质发展新境界担当建功）主题教育，召开纪念民盟成立80周年座谈会，举办庆祝中国共产党成立100周年古琴音乐会、书画作品展，开展习近平总书记“七一”重要讲话精神宣讲等活动，被民盟中央表彰为“庆祝民盟80周年微视频宣传工作优秀集体”，被民盟省委授予“新媒体建设先进集体二等奖”。10月26—27日，由民盟省委、省职教社主办、民盟市委会与连云港师范高等专科学校共同承办的江恒源教育思想与新发展理念学术研讨会召开。全国人大常委会委员、民盟中央副主席龙庄伟，省中华职教社副主任、南京工业职业技术大学党委书记吴学敏，市委常委、宣传部部长赵云燕出席会议并讲话。

·参政议政　2021年，民盟市委会提交集体提案8件、个人及联名提案16件。龚成龙代表民盟市委会作《关于加快我市海洋经济发展的建议》的大会发言。王海虹《关于自贸试验区连云港片区建设发展的提案》、赵克珍《关于加强连云港市海洋经济创新发展的提案》、朱文群《关于加强制度创新，更高质量推进自贸试验区建设的提案》、付玉梅《关于加快新浦磷矿地灾治理及生态修复工作的提案》、曹伟平《关于进一步助扶我市失独家庭的提案》、林东《关于加快城乡文化均衡发展的提案》被评为优秀提案。谢陈祥、吴洪亮被评为优秀政协委员。全年报送各类信息、反映社情民意20余篇，其中《关于应对日本坚持排放“核废水”入海的建议》被省委统战部采用。

·论坛调研　2021年，在第四届江苏文化发展研讨会暨第八届江苏生态文明建设研讨会上，民盟市委会报送的《高品质推进江苏大运河文化保护与利用的路径思考》被评为二等奖。在第九届江苏城镇化建设研讨会上，民盟市委会报送的《关于连云港市农村人居环境整治的调研报告》获优秀奖。在第十二届江苏教育发展论坛上，燕姣云《“新时代教师”的逻辑内涵及发展对策与建议》获二等奖；陈路萍《提升企业实践有效性，促进职业院校“双师型”教师队伍教学质量提升的建议》，滕罕《基于“一三三”模式的高职院校“双师型”教师培养策略》，姜芬芬、王会茹《刍议薄弱中职“双师型”教师培养提升》获得三等奖。

·社会服务 2021年，民盟市委会依托“悦读经典”读书会平台，与市社科联等单位共同举办“读《盐殇》，解读两淮盐业对社会发展的贡献”读书分享活动。市第一人民医院支部盟员赴东海县驼峰乡卫生院开展“康复列车”活动，对医护人员进行业务指导，为群众义诊。企业家联谊会和文化支部走进朝阳街道韩李村，参加开发区残联主办的第三十一次全国助残日活动启动仪式，为残疾人士送去生活物资，现场演奏古琴曲《我的祖国》。 （杨 楠）

中国民主建国会连云港市委员会

·概况 2021年，中国民主建国会连云港市委员会（以下简称民建市委）有基层组织26个，其中总支5个，支部21个，会员520人。全年发展新会员20人，平均年龄38.1岁，其中研究生及以上7人，本科12人，中高级职称8人，经济界9人。全年提交上报调研报告、社情民意百余篇，民建界别提交集体提案和个人提案、建议近20件。

·思想建设 2021年，民建市委出台《民建连云港市委会开展“双学双建”主题教育实施方案》，重点开展“七个一”专题教育活动，即建立一批教育基地、开展一次征文活动、举办一系列讲座、开展一系列调研活动、召开一次座谈会、组织一系列参观学习活动、开展一次宣讲活动。打造面积150余平方米的连云港民建会史馆，展示中国民主建国会与中国共产党肝胆相照、通力合作的历程和连云港民建组织的发展史、

3月5日，民建市委会赴市残疾人托养中心开展“思源工程——捐衣助残衣旧情深”活动 民建市委 供图

履职工作等。围绕“在新发展阶段广泛凝聚共识”“中国政党制度的发展道路”主题，整合会内优势资源，向民建省委报送理论成果4篇。推动网站、微信公众号和期刊有机融合，实现优势互补。印发《连云港民建》2期，微信公众号推送文章250余篇，在各级媒体上刊发稿件400篇次。

·参政议政 2021年，民建市委参加中共市委组织的政党协商会、协商议政会、情况通报会以及调研视察等会议和活动。在政党协商会上，就“美丽连云港”“一带一路强支点建设”“特色农业产业”等经济社会发展重大事项提出建议。发挥“有事好商量”协商议政平台作用，召开协商议事会。“两会”期间，民建界别提交《加快石化产业基地建设 助推港城经济增长》作为市政协十三届五次会议第二次全体会议的发言材料，集体提案《发展乡村旅游 振兴乡村经济》在会上作书面交流。集体提案《关于做大做强我市化纤产业的提案》《关于在我市公园中生态绿化“引鸟”的提案》被评为市政协优秀提案；《关于建立江苏省应急医疗物资储备配送中心的建议》被评为市政协优秀社情民意信息。民建连云港市委与民建江苏省委开展纵向联动，就“卡脖子”等技术创新工作、乡村振兴等课题深入开展调研，撰写的《从基础做起系统推进我省“卡脖子”技术创新工作》被采用为省政协十二届十六次常委会会议发言材料。

·社会服务 2021年，民建市委成立连云港民建思源基金，首批募集资金15万元，用以开展精准扶贫和社会公益事业等社会服务活动。做强“连云港民建大讲堂”品牌，开展五四大讲堂，“招聘中的用工风险及防范”专题讲座和“知史爱党 知史爱国”党史学习专题讲座。连续三年开展“思源工程——圆梦行动”，会员企业家出资为9名贫困学生提供10万元助学款，帮助他们完成高中学业，其中6人考取本科院校；开展“思源工程——捐衣助残衣旧情深”活动，向市残疾人托养中心捐赠衣物500余件和价值5000余元的棉被、大米、面粉等生活物资。工业支部向街道捐赠5000只KN95口罩，4万只普通医用外科口罩，酒精消毒液等价值7万元的防疫物资；东部城区总支向连云港市高级中学学生捐赠价值近7万元的运动鞋；企业委员会向市中医院捐赠一批价值4

万元的医疗设备等，全年各基层组织和专委会累计捐款捐物40余万元。

·民建连云港市第十次代表大会召开　12月8日，民建连云港市第十次代表大会召开，97名民建会员代表出席会议。会议听取并审议民建连云港市第九届委员会工作报告；审议民建连云港市第九届委员会监督委员会工作报告；选举产生民建连云港市第十届委员会，朱振亚等13人当选为委员。在十届一次全体会议上，选举朱振亚为主任委员，缪美华、张丽雅、朱书军、许鹏为副主任委员，选举产生民建连云港市第十届委员会监督委员会委员，通过大会决议。3月，支部换届工作完成。会员发展严格按照见面约谈、教育培养、组织考察、会议决定的程序，进行不少于6个月的培养教育和考察。　（胡若晨）

中国民主促进会连云港市委员会

·概况　2021年，中国民主促进会连云港市委员会（以下简称民进市委）有基层组织26个，会员695人。全年发展新会员25名，其中硕士研究生2人、高级职称3人。民进市委被民进中央授予“社会服务暨脱贫攻坚工作先进集体”“反映社情民意信息工作先进集体”称号。11个支部、16位会员被民进中央、民进省委表彰。

·思想建设　2021年，民进市委会召开主委会、全委（扩大）会等传达学习中共十九届六中全会和省市党代会精神。组织会员赴宿迁、淮安开展“双学双建”主题教育活动。以中国共产党成立100周年为契机，开展“学百年党史 守初心使命”知识竞赛、“永远跟党走 奋斗映初心”演讲比赛、“光辉历程 同心奋斗”书画联展、“缅怀先烈 永葆初心”阅读分享等活动10余次。编写《连云港民进志》，整理和撰写连云港民进成立以来重要工作、活动、事件和典型人物史料。连云港民进微信公众号推送文章200余篇，阅读量2万余次。

·组织建设　2021年，民进海州区基层委员会成立。19个基层组织依托学校、社区、图书馆、会员企业，以参政议政、文化、会史教育等为特色，挂牌“民进会员之家”。海州区基层委员会、东部城区总支、赣榆区支部成立虚拟机关，78名会员通过虚拟平台履责。民进市委在各基层组织任命32名监督委员，实现基层组织监督全覆盖。

·建言献策　2021年，民进市委以政治协商为平台助推民意落地。政协连云港市十三届五次会议期间，民进市委提交集体提案9件，个人提案50件。市政协副主席、民进市委会主委徐善明作题为《聚力特色融合 强化产业支撑 奋力开创旅游经济高质发展新局面》的大会发言。《推进我市战略性新兴产业发展》《深化“套路贷”等非法金融活动专项治理成效》等被评为优秀提案；《加强负压病房新风过滤系统生物安全风险监督》被评为优秀社情民意信息。利用“有事好商量”协商议事室，围绕“书香港城”“夜市经济”“‘双减’政策”等主题开展议事活动。以课题调研为重点提升参政议政质量。承接省委年度关注课题，利用文化智库专家领衔调研课题机制，围绕农文旅融合、完善家长学校建设、校园安全和校餐工程等进行调研；与民进丹东市委会就“融入‘双循环’新发展格局”开展联合调研，形成9篇高质量调研报告。全年88篇信息被省级采用，其中《建议做好尼帕病毒监测预防》《山地改梯田需警惕三种风险》等24篇信息被民进中央采用。

·社会服务　2021年，民进市委开展“同心彩虹”行动，赴贵州金沙县沙土镇初级中学开展送教和捐赠活动。启动教育专家团送教东海晶都双语学校项目，开展活动6次，送课及讲座20多节，该项目获评民进全省社会服务暨脱贫攻坚工作优秀成果。新海实验中学支部赴灌南扬州路实验学校进行送教交流，分享授课思路与方法。文艺支部举办“光辉历程 同心奋斗”书画作品展、“春联万家”等活动。文艺支部主委石阿芳声乐作品《守岛人》以及淮海剧团支部会员王欣、张甜甜《寻找恩人》《王继才·送嫁》获省文华奖优秀节目奖，淮海剧团音乐儿童剧《寻找花果山》获紫金文化艺术节优秀剧目奖。社会服务工作委员会开展“情系环卫工”慰问活动，为海州区环卫站的工人们捐赠200支护手霜、200个保温杯、1000副手套和2000只口罩。海州城区片会举办第四届民进童萌亲子公益植树活动，1300余人参与。　（滕翠红）

中国农工民主党连云港市委员会

·概况　2021年，中国农工民主党连云港市委员会（以下简称农工党市委）有农工党党员556人，高级职称59.1%，博士19人，硕士95人。全年发展新党员23人。完成基层组织换届，换届后有44个基层组织，其中基层委员会1个，总支部委员会8个。“樊氏图书馆·邓演达文献馆党史学习教育基地”“农工党社会服务基地”入围江苏百家统战基地巡礼，机关支部、医卫支部两处“农工之家”获评农工党省委示范单位。农工党连云港市委、农工党连云港市中医院总支被农工党中央评为“脱贫攻坚先进集体”，党员高慧、管学刚、苏仕春被农工党中央评为“脱贫攻坚先进个人”。

·思想建设　2021年，农工党市委举办“百年辉煌 漆彩飞扬”漆画作品展，在连云港农工党微信公众号上开辟“庆祝中国共产党成立100周年”专栏，推送百人百事、百人祝福等专题报道，发布推文50余篇，多

6月30日，农工党市委开展“情系民生、健康同行”义诊活动

农工党市委 供图

篇被学习强国、农工党省委、连云港发布等平台转载。东海总支赴南京举行邓演达烈士殉难90周年谒墓仪式，二院总支、环保总支前往抗日山烈士陵园开展红色教育活动。卫生监督所支部、连云总支前往邓小平纪念馆、江苏海洋大学支部赴嘉兴、上海接受爱国主义和革命传统教育，文艺支部前往小沙村东海战纪念碑活动。农工党中央党史教育基地——樊氏图书馆·邓演达文献馆·苏鲁交通线旧址入选江苏100个红色地名，入选“江苏抗战地标”。江苏省社会主义学院、农工党青海省委、河北省廊坊市委、山东省青岛市委等到馆调研，各级农工党组织400余人次到馆交流。

·参政议政 2021年，农工党市委在市政协大会上提交提案40余篇。申报农工党江苏省委调研课题，立项4个，在农工党省委“建设美丽江苏”联合调研征文中，获一等奖1篇，二等奖1篇，三等奖5篇。农工党市委在市政党协商会上作《全力构建绿色低碳石化产业基地，助力美丽港城建设》发言。农工党市委召开社情民意信息专题会议，定期组织信息沙龙等活动，高慧《建议畅通新冠肺炎出院患者恢复期血浆调拨渠道》、陈红《建议强化实验动物使用和处置规范的建议》被全国政协《每日社情》采用，高慧《建议重视药品包装规格改革，满足医院药学服务需求》、姜玲、徐田浩《关于〈国旗法〉落实与监管的建议》、徐田浩《关于加强和改进基层统战工作的几点建议》被省政协采用并转报全国政协。农工党界别“用好红色资源，赓续红色血脉”获评全市政协十大创新案例。

·社会服务 2021年，农工党市委依托光明奥秘科普体验馆，8月建成“农工党连云港市委会社会服务基地”，9月省政协副主席、农工党省委主委周健民为“农工党江苏省委社会服务基地”揭牌。基地投资400余万元，建筑面积1200平方米。农工党阳光心理咨询中心前往淮安洪泽中学、连云港监狱、海州高中等单位，举办心理辅导活动，走进社区开展健康知识宣传。“农工党志愿者巡河队”开展巡河护水行动，环保总支结合环境宣传周，开展义诊、环保知识科普等活动。中医院总支前往市妇联、市法院、市科技局、江苏银行等单位开展“健康服务行”活动，多次前往社区开展义诊服务。农工党新农村建设服务点——东海县桃李村入选连云港市特色田园乡村。9月，赴贵州大方县参加助力乡村振兴帮扶调研，党员吉文元向大方县捐赠2万元。

·农工党市委第九次代表大会召开 12月10日，中国农工民主党连云港市第九次代表大会召开。中共连云港市委副书记、统战部部长胡建军出席大会，农工党江苏省委副主委余伯阳出席大会。农工党连云港市委主委高慧代表第八届委员会向大会作题为《同心聚力共奋进 同向砥砺谱新篇 为建设“强富美高”现代化新港城贡献力量》的工作报告。大会选举产生农工党连云港市第九届委员会，于海营、王华、王志坚、韦庆东、邢卫锋、孙昭睿、姜玲、高慧、管学刚、樊振、穆丽11人当选为农工党连云港市第九届委员会委员，高慧当选为主任委员，王志坚、孙昭睿、韦庆东、管学刚当选为副主任委员。选举王志坚、井雪静、冯怀金、吉文元、周军、高慧作为代表出席农工党江苏省第十三次代表大会。九届一次全体会议表决产生了农工党连云港市第九届监督委员会，孙昭睿当选为主任，冯怀金、梁文学当选为副主任。（冯怀金）

中国致公党连云港市委员会

·概况 2021年，中国致公党连云港市委员会（以下简称致公党市委）有党总支2个，基层支部15个，党员325人，平均年龄45岁，其中博士10人，硕士46人；中高级职称239人，占73.54%。全年新发展党员16人，男女比例7∶9，平均年龄40岁。

·思想建设 2021年，致公党市委开展《中国共产党统一战线工作条例》、《中国致公党党章》、全国“两会”精神等专题学习，省政协副主席、致公省委主委麻建国到连云港做“读中共党史 悟党派履职”专题党史学习辅导报告，协办“海杭同州传扬非遗技艺，两地一心铭党百年荣光”主题活动暨叶国珍南宋官窑《建党百年》主题作品展。在连云港致公微信公众号开设《初心之路 行在“履途”》专栏，专题报道系列活动、刊登党员文章或心得。

·参政议政 2021年，致公党市委召开参政议政培训工作会议，结合社情民意信息撰写进行深入交流。提出《关于进一步提高新冠疫苗接种率的建议》《关于疫情期间助力老年人更好融入数字生活的建议》等建言。《关于疫情防控期间做好“菜篮子”产品稳产保供的建议》被市政协第十四期社情民意刊载。参加致公党江苏省委2021“汇智论坛”，《江苏省沿海地区生态环境建设现状调查及分析》《关于强化中小企业金融扶持力度，做强“一带一路”支点建设的产业支撑的调研》2篇调研报告获优秀调研成果三等奖。在市政协十三届第五次会议期间，提交集体提案5篇，个人提案10余篇。出席“构建中医药全产业链联盟”座谈会、“立足产业发展需求优化职教人才培养”协商议政会、发展·民生专题协商座谈会、省政协委员读书分享会、“忆初心、颂党情，共画最大同心圆”专题座谈会等并发言，参加淮海经济区十市政协书画展，组织致公党界别组委员参加“学习党史、多党合作史”报告会等。

·社会服务 2021年，致公党市委释放“致福·侨海情缘”“致福·民族情缘”“致公爱心妈妈”三大社会服务品牌效应，开展“致福·侨海情缘”迎新年送春联活动，为侨务社区星化社区归侨侨眷及社区居民送去新春祝福。与连云港市教育工委及“五侨”部门联合举办“丝路东方·留学连云港”第五届在连留学生才艺大赛。连续4年与徐圩新区合作，协调贵州省铜仁市印江县22名少数民族学生到连云港生物工程中等专业学校学习。依托“致公爱心妈妈”社会服务实践基地，慰问看望留守儿童。致公党党员、市供应链协会会长顾宏发动爱心企业和海州总支党员共同参与捐赠，筹集纯净水、饼干、消毒液等价值15万余元物资驰援河南洪水受灾地区。

·致公党市委第七次代表大会召开 12月9日，中国致公党连云港市第七次代表大会在海州召开。致公党江苏省委副主委沈仁芳，中共连云港市委副书记、统战部部长胡建军出席会议并讲话。大会听取并审议通过致公党连云港市第六届委员会主委高健同志代表致公党连云港市第六届委员会所作题为《致力为公，汇聚智慧，为建设人民期待的现代化新港城贡献力量》工作报告。大会选举产生致公党连云港市第七届委员会，王兴强、王臻颖、朱志刚、李学泉、张元良、张自强、周伦荣、高健、曹健鹏、颜珉、薛艳丽11人当选为市委委员，选举产生王兴强、王臻颖、陈迅、周伦荣、高健、颜珉、薛艳丽7名出席中国致公党江苏省第七次代表大会的代表。在致公党连云港市七届一次委员会议上，高健当选主任委员，王兴强、周伦荣、薛艳丽、王臻颖当选副主任委员；会议决定薛艳丽任致公党连云港市第七届委员会监督委员会主任，俞卫军、郭永萍任副主任，英瑛、张启业、王善涛、王军强、张树志、苗楠楠任委员。

（李学泉）

九三学社连云港市委员会

·概况 2021年，九三学社连云港市委员会（以下简称九三学社市委）有基层组织22个，社员464人，平均年龄51.4岁。其中，博士研究生24人，硕士研究生130人；高级职称的社员265人，占比57.1%。全年发展社员22人。

·思想建设 2021年，九三学社市委开展“双学双建”主题教育活动，学党史、学多党合作史和社史，举办“学党史、增共识、跟党走”骨干社员培训班和知识竞赛，召开“双学双建”主题教育“抗日山·民族魂”专题报告会，通过网络召开学党史、讲党课活动，开展各类学习、培训活动20余次，参加社员300余人次。加强九三读书会思想文化阵地建设，举办“山海书谭·名家沙龙”等文化活动10余次，社内文学爱好者等100余人参加活动。

·组织建设 12月6日，九三学社连云港市委员会第九次代表大会召开。九三学社江苏省委专职副主委蒯建华，中共连云港市委副书记、统战部部长胡建军出席会议并讲话。市政府副市长吴海云，市政协副主席徐大勇、龚成龙、徐善明出席会议，79名代表出席会议。大会听取并审议市政协副主席、九三学社连云港市第八届委员会主委徐大勇代表九三学社连云港市第八届委员会所作的《同心奋斗，砥砺前行，为连云港新时代后发先至贡献不竭力量》工作报告和社市委监督委员会工作报告。大会选举产生九三学社连云港市第九届委员会，吴海云、杨光、蒋晓东、郑刚、刘建春、尹文伟、里志遥、夏阳、程青芳、李松、蒋向君11人当选为九三学社连云港市第九届委员会委员；选举产生出席九三学社江苏省委第九次代表大会代表。在九三学社连云港市委九届一次全委会议上，吴海云当选主任委员，杨光、蒋晓东、郑刚当选副主任委员，会议决定杨光任九三学社连云港市第九届委员会监督委员会主任。

·参政议政 2021年，九三学社市委25名社员当选市政协委员、4人当选市人大代表。聚焦创新发展、乡村振兴等重大议题，社内各级政协委员、人大代表提交提案、议案60余件，其中集体提案3件，个人提案、议案50余件，部分被列为重点督办提案和优秀提案。向市政协报送社情民意20余条，其中3条转送市公安局、卫健委等部门落实，12条被转报省政协。

·**社会服务** 2021年，九三学社市委围绕“科技创新”合作主线，以“合作基地+研发平台+科技企业”为着力点，完善“九连合作”工作机制、推进签约项目、招引科技企业、打造合作品牌。建立花果山研究中心、博奥木华和南工大研究院3个“九连合作项目基地”。7月15日，博奥生物科技九连合作专家工作站揭牌，入选省委百家统战基地。社市委推进签约项目落地，16个签约项目中，花果山农业科学中心挂牌，灌云县与省农科院共建“灌云县大豆产业研究院”进行深入商谈。引进深圳威澜德跨境电商项目，完成工商注册；通过南工大研究院“九三专家工作站”筹建绿色化工技术研究所。（孟 伟）

5月11日，市工商联开展中小微企业服务月培训进商会活动

王祥 摄

连云港市工商业联合会

·**概况** 2021年，全市工商联系统有各类商会组织222家，其中市外异地连云港商会30家，连云港市内异地商会15家，行业商会(协会)77家、乡镇街道商会79家、园区(市场)商会9家。全市工商联系统有企业会员10240个，市工商联副主席(副会长)25人，常委、执委134人。东海、灌云、灌南、赣榆、海州、连云6家县区工商联均被全国工商联评为2020—2021年度全国“五好”县级工商联。

·**思想建设** 2021年，市工商联出台《连云港市民营经济人士理想信念教育基地管理办法》，选树打造鹰游集团“改革开放四十年陈列馆”和灌南县红色文化博物馆等一批理想信念教育基地。举办连云港市第二十二期民营经济代表人士培训班，开展习近平新时代中国特色社会主义思想进企业、商会活动。召开新时代中国特色商会建设推进会，表彰66名优秀商会党务工作者、优秀共产党员和优秀商会工作者。

·**参政议政** 2021年，市工商联优化“政企双月座谈会”等议政沟通平台，探索建立并完善工商联界别市政协委员协商民主之家，设立工商联界别“有事好商量”协商议事室。依托协商议事室配合市政协组织召开“六稳六保”企业协商座谈会，开展“万企联万村 共走振兴路”“商会企业发展”“读懂百年庆典，读懂初心使命”等多场主题协商议事和小组界别活动，帮助企业协调解决有关问题。工商联界别提交提案110余件，社情民意信息、调研文章和发言材料120余篇。“发挥商会联商功能，构建高效的以商引商工作机制研究”成功申报市委书记、市长圈定重大课题，《着力优化营商环境助推企业高质发展》等提案被列为市政协重点督办提案。

·**企业联谊** 2021年，市工商联开展“万家民营企业评营商环境”、《连云港市优化营商环境政策100条》贯彻落实情况等调查问卷活动，广泛收集行政审批、执法检查、涉企收费、市场准入、政策兑现、政务服务等方面存在的问题和建议，形成系列报告及时提供给相关职能部门。开展工商联系统“中小微企业服务月”活动，通过走访调研、结对共建、惠企政策评估、完善联络员制度、“法治体检·四进四送”服务、会商会办等措施，服务全市中小微企业，收集反馈企业合理诉求，协调解决企业经营发展中的困难和问题。整理编辑《服务民营经济高质量发展政策系列汇编》，汇总税收财务、劳动用工等方面的法律、法规和政策，帮助市场主体准确掌握和及时适用相关政策措施。

·**企业服务** 2021年，市工商联推出“1+N”协调合作机制，重点推进“六大服务平台”建设，推出“银会企”对接、“五步工作法”等新金融服务模式，建立完善法律服务“四项机制”，相关做法被《中华工商时报》刊发。成立市中小微企业委员会，激发市场主体创新活力。择优在民营企业和中介机构中挂牌成立连云港市商会法律公益、信息科技、财税政策、人力资源公益咨询服务单位。依托商会组织服务全市“大招商 招大商”工作格局，围绕支柱产业、特色产业和重点项目、重点企业，以陆上、海上两条经贸交流的丝绸之路经济带为主攻方向，组织青岛连云港商会、连云港浙江商会和内蒙古赤峰等企业家代表团到连云港参观考察。（仲崇府）

责任编辑 王佳生

群众团体

连云港市总工会

·概况　2021年，连云港市有基层工会6850家，职工会员82.76万人。建立商场信息员、快递员、网约送餐员等行业工会18家，非公企业新建工会289家，审核录入实名制会员7万多人。全市1个集体获全国五一劳动奖状、3个集体获评全国工人先锋号，48名个人被评为省劳模、省先进工作者，179名个人被评为市劳模。评选表彰市第七届“最美职工”和提名奖各10人，3名职工获评省文明职工，1个集体和2名个人获评省职工志愿服务先进集体和先进个人。创建市模范职工之家（小家）120个、市优秀工会工作者60人。投入资金340万元，推出52场线上会员普惠活动，近70万人次职工会员参与活动，平台注册激活职工会员17.2万人。市总工会获评全省“互联网＋”工会普惠性服务城市，“连工惠”获评全省“互联网＋”普惠服务优秀平台。

全国五一劳动奖状获得者

连云港市第一人民医院

全国工人先锋号

连云港杜钟新奥神氨纶有限公司差别化氨纶研发项目组

江苏新海石化有限公司化验车间化工二班

江苏核电有限公司工程建设二处综合计划科

·产业工人队伍建设改革　2021年，连云港市深化产业工人队伍建设改革，试点单位由33家增加至88家。采取“党建＋N”形式推动改革任务落实，解决产业工人关注的“难点痛点堵点”问题。围绕省市重大项目、重点工程开展劳动竞赛，盛虹炼化工程指挥部“争排头 创一流”劳动竞赛被列为省十大重点工程劳动竞赛。开展80个项目（工种）市级职工职业技能竞赛，1.6万名职工参加竞赛，1300多名职工晋升技术等级。开展“安康杯”安全知识竞赛，全市2850家单位、2万多个班组、近30万名职工参赛。

·职工创新创业　2021年，市总工会购置50多万元农产品作为“连工助农”普惠活动奖品，助力乡村振兴。高质量推进“三联三促”活动，2个项目获全省“十佳优秀项目”。返还3100户小微企业工会经费1500多万元，返还率近100%。发放“工会贷”2277万元、贴息77.78万元，

6月21日，“劳动之歌献给党”连云港市职工歌手大赛汇报演出举办
张海军　摄

扶持创业146人、带动就业720人。市工人文化宫正式对外开放，职工技能文化培训逐步开展。全年培训技术工人5600余人次，评选70个职工创新成果奖，2个创新项目分别获省职工十大科技创新成果和十大先进操作法，神鹰复合材料科技有限公司龙浩等职工完成的《快速安装航标》获中国专利年度优秀奖。

·职工帮扶 2021年，市总工会实施为职工办实事项目12个。开展困难职工节日慰问、生活救助、医疗救助，发放救助金520万元，帮扶救助1.1万人。职工互助保障计划参保职工9.4万人，为1284名伤病住院职工提供616.79万元补助款，人均补助4804元。向605名困难职工子女发放助学金215万元，投入60多万元为困难职工、快递员和环卫工群体购买意外伤害险，向全市1100名保安员、房产中介员、家政服务员等服务行业群体赠送健康体检，为1000名女职工提供免费“两癌”筛查。全市各级工会投入资金784万元，组织2558名劳模和一线职工参加疗休养。以“工会进万家”活动为载体，走访慰问1500名职工群众，发放慰问金42万元。开展夏季安康“三送”（送清凉、送法律、送安全）活动，筹集“送清凉”资金1480万元，走访慰问企业和工地2000余家，督促企业改善职工劳动条件和工作环境。

·职工维权 2021年，市总工会开展职工队伍稳定风险专项排查化解和企业劳动用工监督评估专项行动，为395家企业提供“法律体检”。1家企业工会获评全省工会劳动法律监督工作示范单位。全市工会组织为职工提供法律咨询、调解、援助等服务1100余人次，在《新华日报》等各级媒体刊发普法文章40余篇，评选10家职工法律援助站建设规范单位。灌云县总工会被评为全国“尊法守法·携手筑梦”服务农民工公益法律服务行动成绩突出集体。6人获评省金牌劳动关系协调员，13家企业获评省优秀劳动关系和谐企业。开展职工代表大会规范化建设创建活动，评选表彰星级职代会企业53家，优秀职工代表提案30件，5件提案获评全省职工代表大会优秀职工代表提案。市总工会“QQ跨时空为异地农民工维权”案被中华全国总工会和中央网信办联合评为全国互联网＋工会维权服务优秀案例。

第七届港城“十大最美职工”

朱延松	连云港鹰游工程技术研究院有限公司总工程师
刘梦苏	连云港市广播电视台《港城365》主持人
李关防	中国船舶重工集团第七一六研究所高新技术部副主任
张春兰	灌南县第一人民医院重症监护室护士长
陆长礼	连云港市星辰照明有限公司安装养护一所电工班长
孟庆华	连云港碱业有限公司检修车间主任
孟　茜	连云港市妇幼保健院产科主任
赵海燕	连云港市海州区教育局体卫艺科副科长、美术教研员
胡　军	连云港杜钟新奥神氨纶有限公司生产部助理
段少魏	江苏新海石化有限公司副总工程师

（杨梅娟）

共青团连云港市委员会

·概况 2021年，连云港市有基层团委518个，基层团工委62个，总支部799个，团支部1.3万个，专职团干部1638人，兼职团干部3.12万人。新发展团员1.51万人，团员总数20.57万人，占14—28周岁青年总数的18.24%。全市团市委推进“青年身边的共青团”建设，新建4家行业领域团工委，新增社会领域团组织1110个。东海县纳入团中央县域共青团基层组织改革试点，申报改革项目39个。新建21个“青年之家”，增强对辖区主要青年社会组织的联系，建成团代表联络站14家。江苏盛虹石化产业集团团委获评全国五四红旗团委，赣榆区海英草志愿者中心团支部获评全国五四红旗团支部，灌南县第一人民医院护士樊金昌获评全国优秀共青团员，市第二人民医院团委书记赵璐获评全国优秀共青团干部。30个基层团组织、22名团员团干部获江苏省“两红两优”表彰。

·青少年思想引领 2021年，团市

2月3日，“护苗成长——关爱快递从业青年子女”专场活动举办

团市委　供图

委围绕庆祝中国共产党成立100周年主题，组织百人规模“8090后”青年讲师团，开展“百年党史青春说”系列宣讲活动100余场。开办“节日中的党史学习教育”系列活动，举办全市主题团日活动、少先队“六一”主题队日活动等，线上线下覆盖青少年10万余人次。构建“互联网＋共青团”工作格局，开展“青年大学习”系列网上主题团课，在“连云港青年”微信公众号开设党史学习专栏，推出的“我唱队歌给党听”快闪微视频被“学习强国”报道。在全市建成“青年学习社”168家、精品“学习社线路”12条，组织少先队员赴白虎山开展“红领巾寻访百年足迹”活动，被中央电视台《新闻联播》报道。

·青年创新创业　2021年，团市委举办“让全国看见你”全省青年双创路演（连云港站）专项活动7场，路演项目222个。构建集青创课、青创赛、青创园、青创群、青创融、青创板于一体的创新创业服务链，举办系列创业活动，为156个创业项目提供展示平台。实施“新农菁英”培育发展计划，为445名农村创业青年提供创业贷款3.5亿元。举办网红创业直播大赛，800余名青年参赛，话题浏览量500余万次。实施青年“人才引留”工程，建立双一流高校青年联络站、海归青年人才服务站，开展政策宣讲、校企对接等活动10场，搭建连云港籍在外学子创新创业服务平台。

·青少年成才引领　2021年，市委、市政府颁布《连云港市青年发展规划（2021—2025年）》，提出11个发展目标、45条发展措施和13个重点项目，初步建立青年发展监测指标体系，在市“十四五”规划中设置“促进青年优先发展”专节。开展“百校千企万岗”大学生就业帮扶连云港专场行动，累计提供优质岗位1.8万个；开展“送岗直通车”直播荐岗活动7场，吸引1.5万名大学生参与。强化“护苗成长”自护品牌建设，组建全市“护苗成长——法治护

11月11日，2021“一带一路”沿线城市青年发展国际会议举办

陆天宇　摄

航”校园宣讲队，开展宣讲40余次，覆盖青少年近2万人。市预防青少年违法犯罪工作领导小组办公室组织各级青少年维权岗及心理专家定期到学校开展心理减压讲座20场，累计受益群体约9000人次。开展“把爱带回家”“青春自护”“法治安全”“心理健康”等系列活动77场次，普及青少年安全自护知识。

·特殊未成年人权益保护　2021年，团市委推进困境青少年帮扶行动。实施“梦想改造＋”居住空间改造计划，为“事实无人抚养儿童”募集资金720万元、建成600间“梦想小屋”；启动“梦想书架”公益阅读推广项目，为600间小屋配备价值18万元的成长阅读书籍。落实“三对一结对、月常态走访、季集中关爱”帮扶机制，团干部、少先队辅导员、青年志愿者结对“事实无人抚养儿童”群体，走访关爱1523人次，开展关爱活动120余场。深化希望工程“圆梦行动”，精准帮扶各类低收入家庭大学新生181人入学。团市委开展“三社联动构建特殊未成年人司法保护服务链”工作，帮扶特殊未成年人421人，对接18家社会组织，开展心理咨询260人次、物质帮扶405人次、学业帮扶1323人次，对涉罪（包括被告人、被害人）青少年群体开展个案救助123例；与公安、检察院、法院、民政系统培育32支专业司法社工队伍，对不良行为青少年进行延伸教育，形成以新岸业余学校（专门教育学校）为轴心，社工、家庭、法庭共同参与的立体化、网络式帮教体系。

·“青年文明号”创建　9月，中国中化控股有限责任公司中蓝连海设计研究院有限公司环保研究所、国家税务总局灌南县税务局第一税务分局、江苏康缘药业股份有限公司技术中心（现代中药研究院）、连云港供电服务指挥中心配网调控班、江苏省连云港汽车运输有限公司新浦汽车总站“雷锋车”组5个集体被认定为第20届全国青年文明号集体。

（彭秀政　窦寓新）

·“一带一路”沿线城市青年发展国际会议举办　11月11日，2021“一带一路”沿线城市青年发展国际会议在南京举办。会议由省外办、团省委、省青年联合会与多家国内外青年组织共同主办，连云港市外办、共青团连云港市委、连云港市青年联合会、连云港市青年商会承办，旨在贯彻落实省委省政府“十四五”高质量推进“一带一路”交汇点建设部署要求，围绕规划确定的“人文交流

品牌塑造计划”目标，搭建各国青年认识、了解、参与“一带一路”建设的载体平台，建立“一带一路”沿线城市青年组织、青年间常态化交流机制。副省长惠建林，越南驻上海总领事宁成功，新加坡驻上海总领事蔡錾合，中华全国青年联合会副秘书长、共青团中央国际联络部部长董霞等嘉宾以及来自9个国家21家青年组织的200余名青年代表以“线上＋线下”的形式参会。会议现场发布“一带一路”沿线城市青年合作交流倡议，启动“一带一路”沿线城市海外实践项目，主要是围绕国际青年参访计划、“Young Intern”培育计划、青年创客交流计划等创新合作项目。（年　编）

连云港市妇女联合会

·概况　2021年，连云港市有村、社区妇联组织1677个，机关事业单位妇联组织509个，各类妇女组织438个，全市妇联执委1.63万人。全市村（社区）妇联换届完成，村（社区）妇联主席100％进“两委”，市级机关事业单位妇联建成率73％，全市范围内建成妇女微家297个，开展服务活动490余次，2万余人受益。全市女性社会组织承接省级妇儿公益社工服务项目6个，争取项目资金70万元，开展活动201次，服务妇女儿童7220人次。市、县两级妇联执委联系服务妇女群众1500人次，为妇女儿童办实事400余件。

·妇女思想引领　2021年，市妇联依托妇女儿童之家、三八红旗手工作室、“妇女微家”等阵地，组建由理论专家、老革命家、“三八红旗手”、最美家庭组成的宣讲团，进企业、进农村、进机关、进校园、进社区，主要宣讲“四史”，宣传贯彻落实习近平总书记“七一”重要讲话精神、市委第十三次党代会精神。开展送红戏进乡镇、唱革命歌曲到村居活动。依托公众号、网站，发布党史学习教育内容，开设“同心抗疫巾帼在行动”、“两在两同”建新功、“一路芬芳——百年党史里的‘她故事’”、我为群众办实事、家庭文明建设等多个宣传系列。3月，江苏出入境边防检查总站连云港边检站执勤三队副队长滕莹获评2020年全国三八红旗手，5人获评省三八红旗手；市农业科学院生物技术研究室等3家单位获评省三八红旗集体；连云港鹰游纺机集团碳纤维装备研究所所长于素梅入选江苏最美奋斗者；评选市三八红旗手（集体）80个。

·妇女发展创业　2021年，市妇联线上开播《慧创直播间》9期，线下开展“巾帼慧创”成果交流会、名品荟，吸引40家企业及近百种慧创自助品牌和科创产品参展。建立妇女发展人才库，吸纳1277名人才。构建“党建＋金融”服务平台，为1948个女性创业小微企业发放贷款11.18亿元。实施赋能千名基层女能人、培育千名巾帼创业主播、培训千名巾帼家政服务人员，帮助千名农村妇女就近就业的巾帼发展“四千”计划，实施苏垦慧创·农村留守妇女创业就业计划，实施美丽乡村建设巾帼“领头雁”培育计划，培育市巾帼领头雁24人。举办基层妇联干部“领头雁”示范培训班，“培优双带”三年行动计划全面完成，培育帮带妇联干部100余人，实现乡镇（街道）妇联干部轮训全覆盖。灌云县、灌南县14个项目通过验收，获省补助资金160万元。开展“美丽家园”培树行动，新增庭院美化示范户1万户，获评省级“美丽家园”示范点9个。开展富民兴村巾帼行动岗村结对活动，结对共建项目58个。培育市级巾帼示范基地20个，创建省级巾帼示范基地7个，获省级扶持资金22万元。获评全国巾帼建功标兵3个、全国巾帼文明岗6个，省巾帼建功标兵5个，省巾帼文明岗15个，培育市级巾帼建功文明岗、标兵、集体191个。1人获省巾帼科技创新市场潜力奖、十佳新锐女性创业人物奖，1人获江苏巾帼科技创新大赛优胜奖。

·妇儿权益维护　2021年，市妇联着力维护妇女儿童合法权益，构建“2＋2＋1”（2项民生实事、2个品牌工作、1个维权体系）工作格局，1个案例入选最高检察院、全国妇联联合发布的家庭教育典型案例，2个案例入选最高法院发布的人身安全保护令典型案例。市妇联、市检察院联合拍摄的普法微视频获评全国优秀检察新媒体百佳作品，市卫健委、市委政法委督导处处长蒋洪波分别获评全国维护妇女儿童权益先进集体、先进个人。妇女儿童权益保护工作成果被《中国妇女报》、《江苏法制报》、“学习强国”平台、交汇点新闻等媒体刊登报道。吸纳社会力量参与“港城娘家人”妇儿维权志愿联盟，120多名法官、检察官、律师、心理咨询师等联盟成员为基层提供点对点菜单式服务，四级联动进机关、进学校、进企业、进村社、进家庭开展法律宣传、法律援助、婚姻家庭关系调适、心理咨询等全链条普法服务100余场次。新建市级和赣榆区公益性心理咨询服务中心2个，开展心理辅导281件。实施“不忘初心·让爱回家”婚姻家庭问题干预实事项目，处理离婚家庭问题348个，有效干预案件167起。优化家事纠纷多元化解机制，提档升级138家“娘家人”调解工作室，化解婚姻家庭矛盾纠纷3547例。

·妇儿实事项目　2021年，市妇联实施“健康宝贝工程”，结合新出台的《江苏省出生缺陷防治办法》，推出健康宝贝工程“七免”服务，分别是早孕期或中孕期免费母血清学产前筛查1次、孕中期免费超声筛查（主城区）1次、为出生缺陷高风险须进行产前诊断的孕妇免费提供1次细胞遗传学产前诊断、为新生儿免费提供1次遗传代谢性疾病筛查、1次听力障碍筛查、1次先天性心脏病筛查、为先天性心脏病筛查阳性的新生儿免费提供1次超声心动图诊断。全年为3.1万名孕产妇发放免费服务券9.4万张，为11.8万人次提供七类筛查服务。推进农村妇女

10月23日，“海生草”关爱留守儿童研学活动举办　　市妇联　供图

“两癌”筛查救助，连云港推行三级救助＋“国家救助款＋地方财政专项＋社会慈善力量＋女性安康保险”四位一体的救助模式，完成妇女“两癌”检查13.69万人次，帮助160名农村低收入妇女“两癌”患者获得专项救助。将“建设儿童友好型城市”写入市“十四五”儿童发展规划，推进市妇幼保健院儿童友好医院建设、连云区南巷社区等3个儿童友好社区建设。推进省级妇女儿童公益社工服务项目实施，完成17个项目的结项评估和13个项目中期评估督导，2万余名困境妇女儿童直接受益、接受专业化服务。

·家庭文明建设　2021年，316户家庭获评市级最美家庭、书香家庭、健康家庭，25户家庭获评省最美家庭、绿色家庭，6户家庭获评全国最美家庭、五好家庭。开展最美家庭故事分享会50余场。市妇联、市纪委监委联合召开“山海廉韵 清风传家”家庭助廉座谈会。征集“四史”学习微感言200余条、好家风好家训800余条、优秀家风家教故事80篇(条)；志愿者进社区开展家教家风家训宣传35场次。推进家庭指导服务示范社区建设，建成45个“三全”(社区全域、父母全程、家庭全类型)家庭指导服务示范社区，组建480余人的志愿者队伍45支，开展“最美家教”公益巡讲(送教)活动200余场，开发家教精品课程80余个，推送优秀家教知识2100余篇。结合重要节日节气，开展活动620余场次，每天向社区家长群推送家教视频，受益家长3.6万人次。开展“书香飘万家 悦读伴成长”亲子阅读活动，命名“亲子阅读实践基地”11家，聘请“亲子阅读推广大使”10人，打造天马亲子阅读站26个，开展活动220余场。

·关爱困难群体　2021年，市妇联开展“把爱带回家——关爱儿童暖冬行”“圆梦微心愿”“温暖多一度”等活动，2800余名志愿者为3931名留守困境儿童家庭送去价值65万余元爱心物资，帮助515名困境留守儿童达成微心愿。开展“海生草”关爱留守儿童研学活动，带领68名孩子了解连云港地区革命斗争史、消防安全知识、爱眼护眼知识、地方历史知识。开办“海生草”培训班20个，开展各类活动560余场次，受益留守儿童2.35万人次；命名“海生草之星”“海生草优秀志愿者”各20名。连续七年在新疆霍尔果斯市实施“海生草”关爱困境留守儿童公益项目，开设绘画、舞蹈、冬不拉等公益培训班20个，受益留守儿童1.55万人次。连续第五年承办“恒爱行动”公益项目，编织爱心毛衣1500余件，赠送新疆霍尔果斯贫困儿童。

(成　婕)

连云港市科学技术协会

·概况　2021年，连云港市科协拥有和联系60个自然科学、技术科学、工程技术及其相关学科组建的市级学会、协会、研究会，6个县区科协，83个街道(乡镇)科协，1678个村(社区)科协，136个企事业科协，4个高校科协。全市有农村专业技术协会176个。市科协获评全国青少年科学调查体验活动优秀组织单位、全国青少年科学影像节优秀组织单位、全国科普日优秀组织单位。

·科普活动　2021年，市科协举办第九届“魅力之光”杯核科普知识竞

12月9日，“天宫课堂”第一课——科普大篷车进校园活动开展
张开虎/视觉江苏网

赛，全市2万余人参加。组织参加全国农民科学素质网络知识竞赛、省危险化学品安全知识竞答、省全民科学素质大赛、碳达峰碳中和科普知识竞赛、老年人智能手机运用大赛等活动，参加群众20余万人。组织参加第七届省科普公益作品大赛，31件作品获奖。举办第33届科普宣传周和全国科普日系列活动，开展百场科普讲座基层行、科普场馆免费开放、科技下乡等29类、602项活动。开展科技志愿服务，全市注册科技志愿服务组织140个、科技志愿者（科普信息员）9626人，“科普中国”资源分享总传播量14万余次。启动“红色百年路·科普万里行”活动，开展科普大篷车进学校、进社区、进企业、进机关、进农村、进家庭活动68场次。加强科普阵地建设，田湾核电科技馆获省专业科普场馆扩大开放认定，江苏核电田湾核电基地、东海水晶博物馆、海州湾海洋乐园获批全国科普教育基地。实施“基层科普行动计划”，对19家单位给予65万元奖补。命名市级科普教育基地和示范基地20个、科普示范社区10个。东海县入围2021—2025年度第二批全国科普示范县。

·科技学会工作　2021年，市科协推动成立省花生产业技术创新战略联盟，组建省花生产业技术创新研究院。开展“科技助企升级”行动，市科技服务业研究会等成立市中小企业服务联盟。开展“中小企业服务月”活动，市电工技术学会、市畜牧兽医学会等专家，帮助14家企业破解技术瓶颈和发展难题。实施学会服务科技创新能力提升计划，培育市级科技服务站10个、综合示范学会5个、承接政府职能示范工程6个。参与承办第二届太阳能中温热利用技术大会，300余名国内新能源领域院士专家为全市清洁能源行业发展建言献策。举办第六届市青年科技工作者学术年会和专题报告会，举办分场学术报告会9场。定期举办海州湾健康大讲堂、健康连云港高峰论坛，邀请国内专家教授做学术报告100余场次。

·海智工作　2021年，市科协增设市级海智（海外智力为国服务行动计划）基地工作站1家，4家省级基地年度考核均良好以上。承办第五届中国（连云港）国际医药技术大会，邀请80余位海内外专家参会，举办医药产业发展国际论坛。加强与中国药理学会对接，推动市政府与国家级学会围绕战略研究、技术咨询、学术交流、科技项目等开展合作。开展国际科技交流，组织视频连线活动4场次。

·青少年科技创新　2021年，市科协举办第八届青少年科技创新市长奖评选、第五届市青少年机器人竞赛暨第二届创意编程与智能设计大赛、青少年科技创新大赛、青少年科普微视频大赛、省青少年科技模型大赛连云港选拔赛、省金钥匙科技竞赛连云港选拔赛、少年科学院小院士评聘、“大手拉小手科普报告进校园”等活动，组织参加省青少年航天知识大赛、科技模型大赛等活动，吸引上万名学生参与。付梦茹等5人获“市长奖”，王昱苏等5人获“市长奖”提名奖，灌云县鲁河中心小学等5所学校获“摇篮奖”，付群等5名教师获“耕耘奖”。全市88个项目在第32届省青少年科技创新大赛中获奖，位居全省前列。开展青少年高校科学营活动，全市15个中学60名师生在江苏海洋大学参与活动。挂牌成立12家青少年科技教育名师工作室，举办专题培训班5期。

·科技人才表彰　2021年，市科协兼职副主席、江苏康缘集团有限责任公司董事长肖伟当选中国工程院院士，成为全市首位本土产生的院士。李小民获“江苏省最美科技工作者”称号，7人获省科协青年科技人才托举工程、企业创新达人等表彰资助，5个项目获淮海科技奖。开展第六届青年科技奖、第五届优秀工程师奖评选，32名优秀科技工作者获表彰。在市内主流媒体开设“百名优秀科技工作者展播”“基层科协在行动”专栏，宣传科技工作者100余人。

·基层科协组织力“4＋1”工作　2021年，市科协推进基层科协组织力“4＋1”工作（吸纳学校校长、医院院长、农技站站长和科技型企业家进入全市三级科协组织任职、兼职、挂职发挥作用；加强上级科协对下级科协的指导），通过党科共建、融合发展，将科协元素融入村（社区）党群服务中心、新时代文明实践中心，打造嵌入式阵地12个，建成社区科普馆2家，开展“点单式”科技志愿服务200余场次，相关做法被中国科协简报推广。东海县参加省委发展改革委与

5月15日，第五届连云港市青少年机器人竞赛举办　　市科协　供图

江苏公共新闻频道联合策划的大型改革政策解读节目《黄金时间——改革政策 e 解读》，介绍“科协基层组织建设 4＋1 改革试点”经验做法。实现县区科协党组全覆盖，市县科协主要负责人担任人大、政协常委全覆盖。赣榆区科协、海州区科协获省科协县级科协创新发展能力提升计划专项资助。

·全国科技工作者日　5 月 30 日，市科协开展庆祝第五个“全国科技工作者日”活动，在全市范围内开展“团结引领、建家办事、为民服务、开放合作、表彰发布”五大板块 80 余项活动，涵盖主题宣讲、座谈交流、评选表彰、视频访谈、征文演讲及摄影短视频大赛。

·“百名教授科教兴百村”小康工程　2021 年，市科协加强与南京农业大学合作，继续实施“百名教授科教兴百村”小康工程。落实三年技术合作协议，召开推进会暨技术需求对接会，促进技术需求、技术合作等精准对接。依托南农大专家教授资源，开展线上线下科技下乡活动。利用“南农易农”App 线上农技平台，推出“春耕、夏耘、秋收、冬藏”等系列活动，指导全市 1000 余名农技人才、种植养殖大户抢抓农时、边学边干。开展“送科技下乡”活动，南京农业大学、市农科院等 15 名专家围绕食用菌产业发展、农作物种植和农机维护等，开展面对面技术指导 28 场次，培训农技人员 2200 人次。通过典型引路、资金帮扶、技术指导，培育“双百工程”示范基地 8 个。（陈玉清）

连云港市归国华侨联合会

4 月 26—28 日，“创业中华·筑梦江苏”——侨商东海行活动举办

周政　摄

·概况　2021 年，连云港市有 75 个归国华侨联合会（以下简称侨联）组织，其中市级侨联 1 个、县（市、区）侨联 6 个、高校侨联 2 个、企业侨联 2 个、乡镇、街道侨联 27 个、社区“侨胞之家”34 个、开发区、园区侨联 3 个。有侨商会、华侨书画院、侨青会、侨联法律顾问委员会、“连心桥”人民调解中心、新华侨华人留学人员眷属联谊会、侨联艺术团 7 个社团组织和工作平台，有专兼职侨联干部 23 人。

·思想建设　2021 年，市侨联在侨界群众中开展 7 期学党史感党恩“侨心向党·云讲述”活动，组织侨界群众观看《长津湖》等爱国主义影视作品，市侨联微信公众号、网站刊发信息 250 多篇，被中央统战部网站采用 8 篇，中国侨联网站采用 4 篇，学习强国、新华网各 2 篇，省侨联采用 240 多篇，连云港电视台、《连云港日报》等市级媒体采用 14 篇（次）。

·企业服务　2021 年，市侨联以侨商会、侨青会为主体，开展“青蓝工程”和“互信促合作”等活动。开展调研帮扶，形成专题调研报告 3 篇。通过上门走访、电话问候、视频连线、微信联络等方式联系侨资企业 79 家（次）、老归侨和困难侨眷 46 家（次）。开展 4 期线上“互信促合作”经贸活动，2 期“优化环境 服务企业”系列讲座。组织侨商会分别与恒丰银行、中信银行举办银企对接座谈会。4 月，省侨商会、市侨联、东海县政府联合举办“创业中华·筑梦江苏”——侨商东海行活动。承办江苏省侨联权益保障干部培训会暨侨界法顾委年会，在会上作经验介绍与交流。2 件维护侨益案例获评省侨界维权优秀典型案例。

·海外联谊　2021 年，市侨联、江苏海洋大学承办中国侨联 2021“亲情中华·为你讲故事”网上夏令营活动，向 150 余名海外华裔青少年讲述港城历史文化。邀请美国连云港商会会长程纵军出席 2021 西游文化嘉年华暨中国旅游日主题活动启动仪式、西游文化与旅游产业融合发展推介会，参与现场连线。协调促成市委宣传部与马来西亚中国企业家联合会举行视频会议，就推动双方交流合作和共同发展进行会谈。市侨联与内蒙古鄂尔多斯侨联、海南琼海市侨联、泰国江苏青年总商会、江苏山东两省十一地市侨联等社团组织缔结友好合作关系。推进“云连五洲、花香海外”中华文化走出去项目，在世界各地建立 10 余个海外文化工作联络点。

·侨界权益维护　2021 年，市侨联深化与市委政法委、市中级法院、市司法局开展的多元化解涉侨纠纷试点工作。全年开展侨法宣传、讲座等 5 场次，受益群众 600 多人次，接待侨界群众来信来访 40 余件次，帮助侨资企业和侨眷协调化解矛盾纠纷，为侨商公司减少损失 1000 余万元，累计帮助侨资企业和侨眷避免或挽回经济损失超过 1.3 亿元。入户走访慰问全市老归侨

80余人次，深入贫困家庭10余次，定向资助江苏海洋大学等贫困学子3人。

·参政议政 2021年，侨联界别委员共同或分别参加政协组织的会议和有关视察调研等活动，围绕“高质发展、后发先至”主题主线，了解侨界群众关心的热点难点，对接基层就有关专题开展调研，建言献策。侨联界别部分委员调研检察机关服务保障涉外民企发展活动，4次参加相关提案建议座谈会，向人大、政协提交提案建议10余件。 （徐 妍）

连云港市台湾同胞联谊会

·台胞服务 2021年，连云港市台湾同胞联谊会（以下简称“市台联”）开展“走基层，送温暖”活动，帮助台胞解决实际困难。完成2020年度全市老台胞和困难台胞补助款统计发放工作。市台联利用市贸促会开展活动的平台，加强全市台商与兄弟市台商间的交流交往。10月29日，第二十三届（2021）江苏农业国际合作洽谈会在连云港工业展览中心开幕，市台联组织老台胞参观展览大厅。做好全市中考、高考台籍考生籍贯核对确认工作。

·参政议政 2021年，在市政协第十三届五次会议上，市台籍政协委员真诚协商、务实监督、深入议政、建言献策，提案内容涉及经济、教育、卫生等各方面。朱国锐连续2年被评为市优秀政协委员，《关于彰显城市文化魅力，推动全域旅游发展》获评全市政协优秀提案。

·组织建设 2021年，市台联加强会领导班子和理事会建设，进一步发挥兼职会长、副会长和理事履职作用。加强横向交流，与市国际商会、市侨联等部门加强工作联系和沟通，实现创意互鉴、资源互通、平台共建、成果共享。市台联配合完成宗教、民主党派及台籍政协委员换届工作。7月，参加全市涉台干部能力素质提升专题培训班。 （赵 辉）

连云港市文学艺术界联合会

·概况 2021年，连云港市文学艺术界联合会（以下简称“市文联”）下辖12个市级文艺家协会，5个行（产）业文联，分别是公安文联、检察院文联、港口文联、邮局文联、烟草文联。有会员3839人，全年新增市级会员279人、省级会员42人、国家级会员12人。

·文艺服务 2021年，市文联开展“文艺服务·惠民乐民”行动，围绕庆祝中国共产党成立100周年、“我为群众办实事”实践活动，组织红色题材文艺作品创作、开展文艺惠民活动。构建便捷畅通的文艺需求对接机制，分层分类召开文艺工作者代表座谈会，建立文艺服务“项目式、清单化”管理。聚焦“奋斗百年路 启航新征程”建党百年主题，推出电影《信仰》、纪录片《石头记》，广播剧《连云港保卫战》《永远的小推车》，音乐作品《旗帜》《青春红船》，曲艺作品《胡服进村》《百姓为您来点赞》《喜看港城换新天》；报告文学《形塑人心的力量》《高扬的旗帜》入选《向人民报告——江苏优秀共产党员时代风采》；报告文学《西棘荡的跨越》《花果山下桃花开》入选《向时代报告——中国全面小康江苏样本》，报告文学《神奇扶贫人》《蛙声里的决战》入选《茉莉花开——脱贫攻坚江苏故事》。歌曲《九千万个我》入选中宣部第九批中国梦主题新创作歌曲。举办“红色旋律”主题文艺晚会、书法美术摄影各类展览，满足基层人民群众文化精神需求。以“文艺创作、文艺演出”为抓手，完善活动共联机制，将社区党群服务中心建设成为长期性文艺服务机构。深入灌南县新集镇大前村、海州区浦南镇江浦村和新海街道西苑社区开展慰问演出活动，结合党史宣传、文艺采风、文艺纪实、文艺创作、文艺惠民“五大行动”，开展丰富多彩的专场演出、专题展览、专家辅导、文艺支教等活动。各文艺家协会联合社区结对开展“举行一场文艺惠民服务”等系列活动。推进“国粹非遗·唱响港城”戏曲快闪活动、市新人书法篆刻展、朗诵艺术家进校园、“港城文化课堂”舞蹈教学与演出等惠民项目的实施。策划上演“红色旋律·党在我心中”庆祝中国共产党成立100周年大型文艺演出，举办“百年铸辉煌、开启新征程”庆祝中国共产党成立100周年大型摄影作品展、“红色旋律”庆祝中国共产党成立100周年美术作品、书法篆刻展，举办“童心向党 致敬百年”儿童书画展等活动。

市文联举办迎接建党100周年文艺演出 周锡俊/视觉江苏网

·市文联召开七届五次全委(扩大)会议召开　3月30日,市文联召开七届五次全委(扩大)会议。市文联第七届委员会全体委员,各县区文联、行业文联、市各文艺家协会主要负责人及党支部书记、秘书长,市文联机关全体工作人员120余人参加会议。会议增补7人为市文联第七届委员。表彰17家先进集体、31名先进文艺工作者、38名文艺成果先进个人、7家文艺宣传信息工作先进单位、6家优秀文艺单位;海州区文联、东海县文联、市书法家协会、市作家协会主要负责人作交流发言。会上,市文联党组与市各文艺家协会签订党风廉政建设及意识形态工作目标责任书。　(蔡　青)

连云区高公岛街道依托新时代文明实践所开展残疾人健身周体验活动　王健民/视觉江苏网

连云港市残疾人联合会

·概况　2021年,连云港市有持证残疾人10.05万人,其中肢体残疾5.51万人、智力残疾1.36万人、视力残疾0.96万人、精神残疾1.08万人、听力残疾0.69万人、言语残疾0.04万人、多重残疾0.41万人。连云港市“互联网+辅助器具”服务模式在2021中国国际福祉博览会暨中国国际康复博览会上展出。

·残疾人社会保障　2021年,市残联为6.15万名残疾人发放护理补贴、生活补贴2.16亿元;为247名残疾儿童少年提供送教上门等服务,为1125名残疾学生及家庭发放教育补贴197.5万元,为2688名贫困精神病人提供免费服药,为303名重度贫困精神病人提供免费住院,为1173名贫困白内障患者提供免费复明手术。为1.67万名残疾人购买残疾人养老保险,为1.74万名残疾人购买残疾人综合商业保险。与市电视台合作打造“助残之窗”——残疾人特殊救助平台,帮扶困难残疾人96名。加强与省福利基金会、市慈善总会对接,开展99公益日募捐活动。

·残疾人康复服务　2021年,全市定点康复机构管理体制转换有序推进。全面实施定点康复机构绩效考核管理制度。开办孤独症残疾人康复托养一体化实验班,被省残联确定为全省残联系统创新创优项目。加强定点康复机构专业师资队伍培训,为2997名残疾儿童提供高质量康复救助。在赣榆区试点推进残疾预防和残疾人康复信息共享,形成残联与卫生健康、教育、民政等部门和社会组织协同服务。建成连云港市“光明奥秘”科普体验馆。参与连云港市“健康宝贝”行动计划,实施先天性结构异常救助项目、聋儿筛查项目。全市有康复需求的持证残疾人全部实施家庭医生签约服务,建立健康档案,年度签约服务1.43万人,签约服务率100%。完成11个“康复之家”全国试点项目示范点建设,全市残疾人“康复之家”建设试点实施方案、建设标准发布。

·残疾人辅具适配服务　2021年,市残联全面规范辅具适配服务机构管理,明确准入标准和服务规范,残疾人辅具适配补贴各项配套制度基本建立。完善智慧残联信息平台,残疾人“线上申请审批、线下评估适配、物流定向配送、全程实时监控”的一站式服务通畅运行,基本实现辅具适配“只跑一次”和“不见面审批”。市县联动,建立辅具适配常态化应急协调工作机制,集中解决第三方服务机构偏少、乡镇物流配送不能入户、响应不及时等问题。全年为3032名残疾人适配各类辅具3751件。小额货币化补贴、辅具租赁维修试点有序推进。10月,市残联代表江苏参加中国国际福祉博览会暨中国国际康复博览会,现场展示“互联网+辅助器具”服务模式。11月,省残联、省电视台对连云港市的做法进行专题现场直播。连云港市残疾人辅具适配便捷化服务项目被省残联确定为全省残联系统创新创优项目。

·残疾人托养服务　2021年,全市有各级各类托养机构248个,实现以县域为单位寄宿制、居家、日间照料3种机构、4种服务形式全覆盖,以乡镇(街道)为单位实现服务项目全覆盖、服务对象全覆盖。为4411名残疾人开展托养服务,比2020年新增1411人,增长47%。出台《连云港市残疾人托养服务实施方案》,统一全市托养对象、服务标准、考核机制等方面。开发市残疾人托养服务监管平台,在市区“残疾人之家”安装考勤及视频监控设备。海州区失能残疾人托养、“残疾人之家”实现常态化运营,连云区以残助残居家托养、"残疾人之家"与电商相结合，东海县民办残疾人托养机构规范化发展，灌云县试点居家托养与居家就业结合、试点精神病残疾人托养，灌南县残疾人托养与辅助性就业相结合。

·残疾人培训就业 2021年，全市有残疾人集中就业企业49家，年内新增6家，其中东海县新增3家，灌南县、海州区、连云区各新增1家。赣榆区将菜鸟驿站和"残疾人之家"功能相结合，海州区将集中就业企业挂靠在"残疾人之家"，连云区打造"线上电商直播+线下电商实体"创业模式，被评为全省残联系统创新创优示范项目。全市实名制新增残疾人就业1438人，总数1.71万人。在全省率先开办盲人中医康复保健职业中专三年学历教育。全市残疾人实名制培训完成2514人。举办"线上+线下"残疾人就业专场招聘会15场次。落实高校残疾人毕业生"一人一策"帮扶政策，开展就业政策宣传、就业岗位推介、职业技能培训线上线下"三服务"，全市应届高校残疾人毕业生就业率93.55%，就业服务率100%，全市实现按比例年审和残保金征收"双增长"。按比例安排残疾人就业工作被省政府残疾人工作委员会授予"优秀单位"称号。

·残疾人文化体育 2021年，全市各县区依托网络平台、残疾人服务机构及公共文化场所，开展残疾人文化周活动。开展"共享书香·助飞梦想"专项文化助残活动，为全市1324名残疾人中学生和残疾人子女中学生赠送读书卡。开展"讴歌新时代 启航新征程"庆祝中国共产党成立100周年系列文化艺术活动。各县区依托残疾人自强健身示范点、残疾人体育健身活动室等场所，开展残疾人健身周活动，举办残疾人趣味健身运动会。举办残疾人社会体育指导员培训班，打造市残疾人乒乓球训练基地、残疾人旱地冰壶训练场，向国家、省输送优秀残疾人运动员。在东京残奥会上，连云港市获17枚金牌、6枚银牌、2枚铜牌。 （刘　强）

市红十字生命体验馆举办小志愿者体验活动　　市红十字会　供图

连云港市红十字会

·概况 2021年，连云港市红十字会有基层组织509个，团体会员单位311个，注册志愿者7690人。出台《参与应对突发公共卫生事件应急预案》《自然灾害应急预案》，在省内率先做到市红十字会、县区红会均与应急管理局签署合作协议、与邮政公司签署运输保障合作协议。10月，市红十字功能型救援队成立，全市累计成立各类救援队12支，拥有骨干队员395人，实现红十字救援队县（区）全覆盖。对备灾救灾仓库进行维修改造，动态储备救灾物资214万元，时刻做好救灾保障准备。全年募集款物1872.38万元，网络筹资100.06万元。实施"博爱送健康""博爱光明行""救在身边"等项目，募集资金296万元，受益群众4.1万人。"博爱送万家"救助项目开展活动18次，发放救助款物46.1万元；为27例贫困白血病、先天性心脏病患儿家庭发放救助金98万元。

·造血干细胞与遗体器官捐献 2021年，市红十字会新增采集造血干细胞样本626人份，全市累计招募中华骨髓库入库志愿者12374人，成功捐献造血干细胞3例，挽救3名白血病患者生命。新增遗体器官捐献志愿者登记入库6568人，累计入库近3万人。实现遗体捐献12例、器官捐献10例，挽救45人生命。红十字救护员孙嘉宁、造血干细胞志愿者薛峰入选"中国好人榜"。

·救护培训 2021年，市红十字会为市县（区）配置AED机（自动体外除颤器）24台。连云区红十字会在景区配备11台AED，灌南县红十字会在县政府、新汽车站等公共场所投放5台AED。实施应急救护培训项目，深入机关、学校、企业、社区开展培训，创新网络培训方式，全年培训救护员7674人，救护知识普及6.82万人次。为汉高华威、诺泰生物等10家企业无偿进行应急救护技能培训。市委宣传部、文明办首次在全市开展"博爱港城"红十字品牌创建工作，评选8个品牌。开展"人道主义践行者"评选活动，70多岁老志愿者徐传义被评为"港城最美人物"。 （王　元）

责任编辑　王佳生

法　　治

人大立法

·地方性法规制定　2021年，连云港市人大常委会制定3部地方性法规。4月22日，连云港市第十四届人民代表大会常务委员会第三十四次会议表决通过《连云港市农贸市场管理条例》，5月27日经江苏省第十三届人民代表大会常务委员会第二十三次会议批准，2021年9月1日起施行。8月31日，连云港市第十四届人民代表大会常务委员会第三十八次会议表决通过《连云港市垃圾分类管理条例》，9月29日经江苏省第十三届人民代表大会常务委员会第二十五次会议批准，2022年4月1日起施行。10月26日，连云港市第十四届人民代表大会常务委员会第四十次会议表决通过《连云港市石刻保护条例》，12月2日经江苏省第十三届人民代表大会常务委员会第二十七次会议批准，2022年3月1日起施行。　（孟凡山）

·立法制规监管　2021年，市司法局围绕《连云港市生活垃圾分类管理条例》《连云港市石刻保护条例》《连云港市餐厨废弃物管理办法（修正）》《连云港市公共消防设施管理办法（修正）》4个立法项目，开展立法调研4次。完成《连云港市水利工程管理办法》规章实施周年报告工作。创新利用“立法民意直通车”开展《江苏省中小企业条例（草案）》等立法项目草案的意见建议征集，征集基层建议30余条。实行立法项目草案专家咨询论证制度。在立法过程中组织专家论证10余次，对4个立法项目提出70余条意见建议和17个修改问题建议。对41件省市法规文件反馈176条意见建议。制定出台《连云港市行政规范性文件备案审查办法》，完成市本级规范性文件、政府合同、土地审批等合法性审查284件。开展涉及行政处罚法、长江保护法等专项清理，对920件规范性文件进行拉网式清理。对县区部门备案文件及时进行实质性审查并开展专家评估。　（姜茂龙）

政法工作

·概况　2021年，连云港市政法系统以重大风险防范化解、常态化扫黑除恶、社会治理创新实践、政法队伍教育整顿为着力点，打造“最安全市”。全市群众安全感98.82%，创历史新高。政法队伍满意度提升4.6个百分点。

·平安港城建设　2021年，全市政法系统深化平安创建活动，化解重点风险16个，刑事警情比2020年下降8.2%、破案数上升12.7%。亡人道路交通事故起数、亡人数、火灾事故比2020年分别下降21.7%、22.4%、13.2%。在全省率先制定常态化开展扫黑除恶专项斗争实施意见，建立健全线索管理、依法惩处、督导考评等6项常态化机制。开展“线索核查、案件侦办、打伞破网、打财断血、逃犯追捕”五大攻坚行动，整体绩效得到全国扫黑办第10特派督导组肯定。深化“护校安园”专项行动，对全市1269所中小学、幼儿园开展拉网式排查，检查校园周边场所行业、出租房屋4300余家，按照“一校一策”，排查整改校园隐患漏洞720余处；设立公安护学岗542个，组织校园安全演练22次，培训师生1.1万余人次，校园技防、人防、物防措施全面提升。建强市县两级9家反诈中心，封堵各类涉诈信息1万余条、推送各类预警类信息12.2万条、见面劝阻1800余人次。电信网络诈骗案件发案率下降25.6%、破案率上升10.3%，止付冻结涉案账户7670个、涉案资金2.6亿元，及时挽回群众财产损失1500余万元。

·社会治安防控体系建设　2021年，连云港市完成全国“雪亮工程”建设任务，实现一类视频监控点位100%联网共享，二类视频监控点位中，重点行业、重点领域、重点单位涉及公共安全的视频监控系统100%联网共享。视频图像破案支撑贡献率超过70%。新建22个治安快速反应圈，组建首接责任警组、梯次响应警组40个，按照“1、3、5分钟”快速反应要求，围绕重点区域部位划设定点值守组118个、机动巡线组193个、公安武警联勤巡逻组13个，日均投入警力3617人次、警车481辆次。

·政法队伍教育整顿 2021年，全市政法系统围绕“筑牢政治忠诚、清除害群之马、整治顽瘴痼疾、弘扬英模精神”4项任务以及“学习教育、查纠整改、总结提升”3个环节，开展政法队伍教育整顿。3月，成立由市委书记和市长担任组长，市纪委书记、组织部部长、宣传部部长、政法委书记以及公检法“三长”任副组长的全市政法队伍教育整顿领导小组，抽调专人成立综合协调、专项整治、执纪监督、舆情引导4个专班集中办公。下发《工作指引手册》《学习资料汇编》《学习教育计划》，让每名干警全面知晓流程规范、主要任务。举办习近平法治思想专题报告会、英模先进事迹报告会、旁听职务犯罪案件庭审活动。举办各类学习教育活动1300余场次，培训3万余人次，参与率100%。市委主要领导带头上专题党课，各地、各政法单位“一把手”讲党课、市县两级纪委书记作廉政报告。赴开山岛开展“学习王继才精神，锻造政法铁军”主题党日活动和“学习王继才精神，锻造政法铁军”大讨论活动。利用“邓小平与人民在一起”群雕公园、开山岛、抗日山、“雷锋车”事迹陈列馆等加强党史和英模教育。到前三岛派出所值一次班、到“雷锋车”组拉一次雷锋车、与“全国三八红旗手标兵”王仕花座谈交流。依托报刊、电视台、政法微信公众号等，向社会公布政法委、公检法司系统“顽瘴痼疾”专项整治内容公告，结合违规查封扣押处置涉案财物、审判质效指标不高、社区矫正队伍执法不严格等实际问题征集意见，公开对外举报电话、受理信箱。召开市县乡村四级座谈会300余场次，邀请社会各界代表建言献策。制定全市政法系统《查纠整改计划》《顽瘴痼疾专项整治方案》《纪律作风建设“十查十治”方案》等，结合问题查找，分类施策、靶向发力。公安机关开展“以案为鉴知敬畏”专题大讨论大排查大整改，出台《警务辅助人员“八个严禁”》；市法院开展为期3个月规范裁判文书发布专项整治活动。在全省率先制定出台“自查从宽、被查从严”政策暂行规定，率先探索建立司律良性互动监督协作机制，灌南法院执行终本案件智能化管理平台等一批经验做法被全国、全省教整办简报刊发推广。把解决突出问题、维护群众利益、推动工作成效作为检验教育整顿成果风向标，全市命案积案去库存率全省第一，刑事案件破案率增幅全省第一；检察机关在省院68项指标考核中，10项居全省第一；审判执行结收案比、结案率位列全省第二；办理法律援助案件1947件，增长107%，化解矛盾纠纷3.1万件。全市立案查处政法干警211人，组织处理176人，留置14人。

连云港市是全国政法队伍教育整顿办整治违反防止干预司法“三个规定”（领导干部干预司法活动、插手具体案件处理的记录、通报和责任追究规定）联系点。市政法队伍教育整顿办、市纪委、市委政法委、市中院构建从内驱到规制再到引导的制度体系，建立违反防止干预司法“三个规定”问题线索移送联动机制，实现信息共享共用，形成整治违反防止干预司法“三个规定”的监督合力。细化制定违反防止干预司法“三个规定”记录报告清单，相关经验做法被全国政法队伍教育整顿办推广。全市260余名政法干警在政策引导下，主动向组织说明违反“三个规定”相关问题，在“三个规定”相关信息登记中，明确拒绝“说情打招呼、过问案件”的信息呈逐渐上升趋势。

·执法监督 2021年，全市政法系统对2018年以来44万余起在处警情、在办案件、在案人员进行拉网式排查，对1.6万条民警、配偶和子女、配偶人员信息数据进行智能式核查，对7824件容易滋生司法腐败、执法不公、引发信访案件进行覆盖式评查，对3237件涉法涉诉信访事项进行起底式清查，对1949件违规违法办理减刑假释、监外执行案件进行联合式检查，对1064件民事执行、涉财产刑案件进行专项式督查，排查出477个顽疾问题，全部整治到位。针对30件市级重点信访案件，邀请省政法单位、淮安市政法委进行提级评查和交叉评查，全部落实纠错补正和倒查问责。

·网格化社会治理体系建设 2021年，连云港市推进市域社会治理现代化试点城市建设，创新实施网格治理“3365”工程，实施网格实战“共建共治、平战转换、感知处置、管理保障”四项机制，加强网格化治理人员、阵地、机制、保障等方面短板弱项。重构主官统筹、党建统领、中心统管“三位一体”组织推进体系。明确县区党政主要领导为总网格长，乡镇（街道）党政主要领导为分网格长，村（社区）书记为网格长。细化党委政府、部门单位、网格事项“三张清单”，明确党委政府在平安建设领导小组框架下，成立社会治理协调组，加强统筹谋划、协调推动，研究解决重点难点问题。明确网格员在网格巡查、信息采报、隐患排查等7个方面、52项任务清单，网格事项清单化率100%，在规定时间内，事件流转办结率达95%以上。城市社区、农村地区专职网格员配备率分别达100%、80%；网格信息公示率100%；网格内重点人员场所走访率100%；群众对网格员知晓率、满意率均达90%，综合网格内服务率达95%。

·非诉讼纠纷解决机制试点建设 2021年，连云港市出台《连云港市轻微刑事案件“检调对接”工作办法》，完善轻微刑事案件刑事和解工作机制，建立专业调解平台，邀请当事人亲友、代理律师等多方参与开放式调解。推广手机端“苏解纷”微信小程序，实现“一站式受理”。线上平台入驻人民调解组织、律所、公证处、行政调解、行政复议、行政裁决成员单位、仲裁委、公共法律服务中心等机构，实现“一条龙服务”。全市人民调解组织调解矛盾纠纷10.6万件，95%以上矛盾纠纷化解在乡镇(街道)、村(社区)和企事业单位，基本实现“小纠纷不出村(社区)、大纠纷不出乡镇(街道)、纠纷不激化、矛盾不上交”。（常 瑞）

法治政府建设

·概况 2021年，连云港市司法局构建社会治理新模式，打造新时代非诉讼纠纷解决机制获评省创建全国法治政府建设优胜项目，中央政法委专刊推广连云港市非诉讼纠纷解决机制。完成“七五”普法工作，受到中宣部、司法部、全国普法办通报表彰。“一委三会”社区治理模式被省委组织部“光辉百年”宣传活动推介。证明事项告知承诺制获评全省法治惠民实事优秀项目，行政调解组织建设获评全省司法行政系统改革创新成果奖，行政调解协议司法确认制度被最高人民法院《人民法院服务和保障长三角一体化发展司法报告》予以推广。

·依法行政 2021年，市司法局印发《2021年度连云港市重大行政决策目录》，对涉及全市性重大决策实施目录管理。市政府常务会议专题研究政府立法、规范性文件管理、行政执法、依法行政等工作。健全督察考核，制定出台《连云港市党政主要负责人履行推进法治建设第一责任人职责情况列入年终述职内容工作方案》，开展公共卫生领域法律实施效果评估。市政府常务会议组织学习《优化营商环境条例》等各类学法活动8次。举办全市政法领导干部学习习近平法治思想专题辅导报告会、组织市管领导干部任前法律知识考试，实现非人大任命领导干部常态化考法。开设大型全媒体网络互动公益栏目，打造《普法直播间》等多个普法专栏。

·行政复议与应诉 2021年，市司法局印发《连云港市行政复议体制改革实施方案》，发布《关于市县两级人民政府统一行使行政复议职责有关事项的通告》，引导群众通过行政复议解决行政争议。全市各级行政复议机关新收行政复议案件783件，比2020年增长66.24%，受理707件，收案数、受理数、结案数均创历史新高，行政复议收案数首次超过行政诉讼一审收案数。全市司法机关代表市政府办理各类行政应诉案件24件，无败诉。全市行政机关负责人行政诉讼出庭应诉率95.79%，居全省前列。探索“行政复议+全过程调解”工作制度，以调解、和解及撤回申请终止等方式化解行政争议案件197件，占总结案数的31.2%。当事人对复议决定的满意度提高，实质性化解率达80.5%。行政复议决定书全年网上公开120件。

·行政权力制约监督 2021年，市司法局全面推行证明事项告知承诺制，市司法局、市政务办、市人社局、市卫健委等部门联合制定告知承诺制事中事后监管规定6项、制定联合惩戒、信用管理制度2项，全市办件量超过15万件。对全市食品药品、公共卫生、生态环境、劳动保障等8个重点领域开展专项行政执法监督检查和案卷抽查调研活动，抽取行政处罚卷宗68件，下发《行政执法监督意见书》12份，提出整改意见和建议25条。制发《关于规范做好全市乡镇(街道)开展相对集中行政处罚权工作的通知》，就镇街综合执法相关工作提出8项具体的指导意见和举措，全市90个镇街综合执法局全部挂牌运行。全市各级政府公示执法清单522项。组织包容审慎执法研讨座谈，在全市147项不予处罚清单、87项从轻减轻处罚清单基础上，市司法局、市生态环境局、市应急管理局分别制定不予处罚7项、13项，轻罚减罚4项。制定下发《连云港市规范行政裁量权工作实施意见》，规范全市行政处罚裁量权工作。（姜茂龙）

公安

·概况 2021年，连云港市公安机关加强社会及社区新冠肺炎疫情防控，市县两级公安机关500余人的“线上+线下”流调战队24小时运转，核查中高风险地区人员线索87万余条。把危害群众生命财产安全、关系群众切身利益的违法犯罪作为打击的重点，持续推进涉疫违法犯罪打击、“打盗车、反诈骗”以及系列民生“小案”等侦办工作，全市打掉黑社会组织团伙1个、恶势力犯罪集团5个，侦办的菲律宾东方“OG”跨境赌博犯罪集团被列入全国打击跨境赌博“十大犯罪集团”，侦破的“3·11”传播淫秽物品牟利案被列为全国“净网”行动首批典型案例，电信网络诈骗案件发案数、损失数分别比2020年下降44.7%、38.9%。社区基础信息采集数增长30%，社区民警走访率79.8%，社区可防性案件下降27.3%。

·社会治安管理 2021年，全市公安治安部门侦办黄赌娼刑事案件176起、采取刑事强制措施564人，公诉黄赌娼案件143起，其中公诉5人以上案件27起，公诉10人以上案件7起。侦办制售假刑事案件17起，采取刑事强制措施119人，公诉57人。破获涉危刑事案件18起，抓获犯罪嫌疑人37人，公诉21人。查处涉旅违法案件54起，行政处罚60人。重点对剧毒、易制爆危化品企业3123家次、民爆单位38家次、枪弹库36家次进行摸底排查。检查寄递企业4000余家次，摸排登记寄递企业35家、末端网点2872家，发现整改问题686处，查处寄递业违法案件836起。开展“九小”(小商店、小餐饮场所、小旅馆、小歌舞娱乐场所、小美容洗浴场所、小学校、小医院、小生产加工企业、小仓库)场所、“三合一”(住宿与生产、储存、经营)场所、居民住宅隐患排查整治专项行动，检查各类单位6.97万家，发现隐患1.15万处，比2020

年分别上升46%、101%；查处消防违法行政案件501起，行政拘留3人，处罚单位467家、个人63人、罚款229余万元。开展校园周边治安秩序整治专项行动，出动警力7200余人次，检查场所3500余家次，排查隐患370余处，处罚违规经营25家，取缔3家。开展旅馆业等重点场所安全专项整治，检查餐饮业396家、旅馆业1512家，整改隐患566处，下发整改通知书48份，治安处罚4家。加强养犬管理，查处违反《连云港市文明行为促进条例》案件1377起，捕捉、收容流浪犬528只。

·刑事案件侦查 2021年，全市公安刑侦部门破获涉黑涉恶案件416起，抓获犯罪嫌疑人1392人，查封、扣押、冻结涉案资产4330万余元。办结全国扫黑办、公安部、省厅线索126条，成案44条。抓获逃犯811人，其中命案逃犯2人，潜逃10年以上逃犯7人，抓获外省逃犯315人，省内外市逃犯77人。摧毁网络敲诈、套路贷等网黑团伙10个。命案破案率100%。抓获涉枪犯罪嫌疑人56人，缴获枪支74支、铅弹3000余发。破获侵财类案件4218起，抓获侵财犯罪嫌疑人3334人，上升8.54%，破案率提升4.4个百分点。破获各类文物犯罪案件13起，抓获犯罪嫌疑人24人。破获拐卖儿童犯罪案件2起，抓获犯罪嫌疑人5人，找回被拐失踪儿童40人。破获电信网络诈骗案件513起，抓获犯罪嫌疑人706人，封堵涉诈信息1万余条，推送预警信息58万余条，见面劝阻2500余人，止付资金5亿元，冻结2.1亿元。打掉非法买卖电话卡、银行卡用于电信网络诈骗及其他相关违法犯罪团伙60个，抓获1978人，冻结银行账户7341个，关停电话1571个，联动处罚代办点10家，训诫从业人员76人。市公安局刑警支队在全省第二届刑事科学技术职业技能竞赛中，获得第四名、团体三等奖，1人获个人二等奖，2人获个人三等奖，《GOIP快速打击模型》获得全省刑侦部门情报数据建模“十佳模型”。

·经济案件侦查 2021年，全市公安经侦部门立案经济案件226起，破获84起，抓获犯罪嫌疑人304人，通过“猎狐行动”抓获境外逃犯8人。破获地下钱庄案件3起，抓获犯罪嫌疑人32人。灌南县公安局破获1起涉及江苏、广东等9个省区利用虚拟货币为境外网络赌博和诈骗犯罪团伙洗钱案件，抓获犯罪嫌疑人22人。破获洗钱案件3起，抓获犯罪嫌疑人3人。立案涉税犯罪案件18起，抓获犯罪嫌疑人58人，刑拘26人，逮捕3人，移送起诉54人。东海县公安局破获涉案价值16亿余元的利用农产品伪报贸易性质骗取出口退税案，被公安部贺电嘉奖。处理非法买卖、储存及运输汽油警情197起，行政拘留131人，立案危险作业刑事案件42起，采取刑事强制措施46人。抓获境外逃犯8人，向塞浦路斯司法机关提交《引渡请求书》1份。全市立案非法集资犯罪案件10起，涉案金额4703万元，涉及人数262人，抓获非法集资犯罪嫌疑人29人。侦办益众再生资源职务侵占案、康缘药业职务侵占案等涉企大案，为企业挽回经济损失。

·禁毒工作 2021年，市公安禁毒部门破获毒品犯罪案件169起，抓获涉毒犯罪嫌疑人207人；查处吸毒人员数624人次，执行强制隔离戒毒169人。斩断云南、湖北等地数条毒品入连通道，缴获毒品冰毒5.5千克、氯胺酮0.15千克。各类案件缴获毒品折合海洛因约5.5千克。连云港海关破获2起境外走私入连的毒品案件，抓获外籍犯罪嫌疑人1人。开展易制毒化学品安全监管专项行动，列管易制毒企业698家，列管率100%，实地核查422家，发现整改隐患30余处，核查流向异常报警12条，查处违法企业27家。开展排查吸毒人员“清隐”“清库”“清零”行动和吸毒人员收戒管控会战，摸排核查吸毒人员1.44万人，核查率95.9%，风险评估高危人员15人、关注人员1087人，依法注销驾照187件。开展禁种铲毒专项行动，铲除原植物罂粟幼苗7519株，查处违法种毒案件27起，行政处罚16人，批评教育296人。

·海防管理 2021年，全市海防辖区接处警1.85万余起，查破案件1022起，抓获违法犯罪嫌疑人1800余人，网上逃犯40人。排查各类船舶6500余艘次，渔船民1.2万余人次，剧毒、危爆品单位81家次，整改安全隐患85个，驱离碍航渔船1000余艘次。开展“三无”（无船名船号、无船舶证书、无船籍港的船舶）船舶专项整治，查破涉海涉渔违法犯罪案件85起，抓获112人。加强沿海普法宣传，组织各类宣传活动20场次，参与群众2000余人，召回避风渔船1300余艘。

·居民出入境管理 2021年，全市出入境管理部门受理因私出国（境）证件申请11133人次，其中因私出国护照申请2780人次，赴港澳证件及签注申请8293人次，赴台湾证件及签注申请53人次，中华人民共和国出入境通行证7人次；办理外国人签证证件491件，审核临时登记住宿外国人2714人次，排查重点国家人员住宿信息241条。查处骗办出入境案件5起、9人。查处“三非”（非法入境、非法居留、非法工作）案件59起，查获处罚“三非”外国人67人次，遣返“三非”外国人15人。全市立案侦办妨害国（边）境刑事案件33起，破案31起，抓获犯罪嫌疑人87人，其中“1·11”组织他人偷越国（边）境案被列为公安部督办案件。市公安局牵头侦办“10·1”跨境赌博专案，打掉沈阳、上海2个代理团伙，抓获境内犯罪嫌疑人21人，冻结涉案资金627万元。加强新冠肺炎疫情防控工作，核查入境人员数据16.6万余条，推送属地落实管控1.56万余人。

·水上治安管理 2021年，全市公安机关查处非法电捕鱼案件100

起、处罚 121 人，查处无证驾驶机动船舶案件 190 起、处罚 190 人，破获刑事案件 11 起，抓获犯罪嫌疑人 65 人，查扣涉案金额 70 余万元。其中，摧毁非法捕捞犯罪团伙 9 个，抓获团伙成员 63 人。开展“三无”（无有效渔业船舶检验证书、船舶登记证书、捕捞许可证）船舶违法犯罪专项行动，联合执法行动 17 次，清理、拆解涉渔“三无”船舶 3771 艘。重大活动安保期间，清查码头 93 个次、闸口 56 个次，水上服务区 13 个次，各类船舶 816 艘，涉水单位及相关场所 67 家处，水上旅游景点 26 个次，发现和整改隐患 12 处驱离擅自捕鱼、垂钓人员 150 余人。

·见义勇为表彰奖励 2021 年，市见义勇为基金会奖励见义勇为有功群众 374 人，慰问见义勇为人员 156 人，颁发奖金、慰问金 123 万余元。公交司机庞洪刚不惧汽车随时爆炸危险勇救昏迷女子、赣榆“好医生”李锋志在“黄金三分钟”成功抢救被撞男童、司机陈金庄爬上侧翻入水事故车勇砸车窗救出 4 人、东海小伙陈业佳勇救昏厥男童、东海县培仁学校热心路人合力抬起事故车等见义勇为事迹被《新华日报》《现代快报》《连云港日报》《苍梧晚报》等多家媒体报道。陈金庄被省基金会评为第六届“江苏十大见义勇为好司机”、朱文强和董书胜获得第六届“江苏十大见义勇为好司机”提名奖。

（成标荣）

检察

·刑事案件检察 2021 年，连云港市检察机关严惩故意杀人、抢劫等严重暴力犯罪，提起公诉案件 30 起 50 人；报请最高人民检察院核准追诉 20 年以上陈年命案 2 起、2 人，做法获最高人民检察院转发。危害国家安全案件做到全部提前介入、全力教育转化，提起公诉 3 起 4 人，被告人均认罪认罚，做法获《人民日报》刊发。起诉涉黑涉恶案件 8 起 33 人，移送“保护伞”线索 1 件。东海县法院在办理黄某某等 13 人黑社会性质组织案中，提前介入、引导侦查，追加认定组织成员 1 人、犯罪事实 2 起、罪名 2 个。落实少捕慎诉慎押刑事司法政策，不批捕 816 人，不起诉 1055 人，审前羁押率压降至 29.39%。促成刑事和解 189 起，居全省第一。落实认罪认罚从宽制度，认罪认罚适用率、确定刑量刑建议采纳率分别达 91.81%、95.26%。市检察院对 1 名认罪认罚后反悔并虚假宣传煽动网络舆情的被告人，按审判监督程序提出抗诉，获法院改判。191 起案件进行公开听证。东海县院将公开听证开到村民家门口，有效化解一起持续 8 年的涉诉信访案。出台《助力市域社会治理现代化实施意见》，结合办案形成分析研判报告 32 篇，制发社会治理类检察建议 54 份，其中 2 份入选省院优秀检察建议。灌南县院针对“美团民宿”管理漏洞向“美团网”所属公司制发检察建议，被省院推荐至最高人民检察院参加全国优秀检察建议评选。落实“谁执法谁普法”责任制，创作推出《民法典通俗演义》《天上不会掉馅饼》等微视频、动漫等宣传作品，获中央政法委、中央宣传部表彰。

·经济案件检察 2021 年，全市检察机关依法惩治经济领域犯罪，批准逮捕犯罪嫌疑人 82 人，提起公诉 372 人。提起公诉集资诈骗、非法吸收公众存款等金融领域犯罪嫌疑人 55 人。市检察院与人民银行连云港支行、连云港海关等六部门签署《打击洗钱犯罪合作备忘录》，办理洗钱犯罪 2 起、2 人，向公安机关移交洗钱犯罪线索 1 起，洗钱犯罪案件入选省检察院典型案例。加强知识产权司法保护，提起公诉侵犯知识产权和制售假冒伪劣商品犯罪嫌疑人 150 人。连云港经济技术开发区法院成立全省首个派驻自贸试验区检察工作室。连云区法院办理 1 起非国家工作人员受贿案中，抓住疑点深挖彻查，将受贿金额由公安机关查证的 26 万增加到 260 万元。灌云县检察院提前介入以举报偷埋排污暗管为由敲诈勒索企业案件 3 起，对 2 家单位、28 名被告人提起公诉。海州区检察院对伪造东京奥组委印章、冒用东京奥运会标志诈骗赞助费的 2 名被告人批准逮捕、提起公诉，帮助 8 家民营企业挽回损失近 300 万元。东海县检察院在办理 1 起上市公司污染环境案中，依法不起诉的同时制发检察建议，帮助企业引进提纯废水技术，实现年增收 100 余万元。

11 月 4 日，连云港市检察院联合市律师协会举办全市检律辩论赛

郭壮 摄

·民事行政案件检察 2021年，市检察院民事执行检察建议、审违检察建议、行政裁判案件提出监督意见采纳率以及民事抗诉再审改判率均达100%。民事检察跟进监督数比2020年上升100%。行政检察跟进监督数全省第一。市检察院与灌南县院一体化办理滥用“优先债权”稀释破产财产的虚假诉讼、虚假劳动仲裁案33起，剔除虚假债权442.6万元，挽回因虚假仲裁被冒领的工资95.3万元，该案做法获最高人民检察院转发。开展行政争议实质性化解专项活动，实质性化解行政争议42起，经验做法获《检察日报》等媒体报道。省、市、区三级检察院联动配合，化解刘某某持续8年的拆迁安置补偿行政争议案。

·生态司法、食品药品案件检察 2021年，全市检察机关依法惩治破坏生态环境犯罪，提起公诉78起240人。其中，市检察院提起公诉的走私1500余吨危险性固体废物案是全省最大走私废物案。提起公益诉讼35起，发出诉前检察建议258条，追偿环境修复费用2.12亿元，督促清理被污染河流43条，恢复耕地16.33公顷，回收和清理生产类固体废物155.74吨，取缔非法洗砂点3处。灌云县检察院劳务代偿替代性生态修复项目被省自然资源和规划厅评为全省首届最美生态修复案例。全市检察机关立案海洋公益诉讼案件67起，办理《中华人民共和国民法典》实施后全国首例以劳务代偿方式保护海洋生态公益诉讼案。提起公诉食药领域刑事犯罪37起、118人，发出诉前检察建议26条，提起公益诉讼14起，索赔食品药品安全赔偿金1891万元。市检察院推动解决窨井盖安全问题，出台十项工作措施，制发检察建议7份，推动整改问题窨井盖、消除安全隐患982处，赋予全市22.15万个窨井盖专属编号，进行系统管理。

·未成年人犯罪案件检察 2021年，全市检察机关依法惩治侵害未成年人犯罪，提起公诉110起、133人，连云区检察院支持被害人武某某起诉某教育机构侵权案，获评最高人民检察院未成年人检察工作典型案例。全力挽救涉罪未成年人，不批捕、不起诉217人，附条件不起诉率49.7%，对涉罪未成年人帮教1.02万人次。创新“司法训诫＋督促监护＋多元帮教”工作模式，加强家庭教育指导，赣榆区检察院办理的朱某某、徐某某虐待案被最高人民检察院评为典型案例。开展“护苗成长法治护航”校园宣讲158次。连云区检察院帮助困境儿童范某某追回其生父拖欠10年的抚养费，协调相关部门为其家庭落实低保政策、申请廉租房。

·诉讼监督 2021年，市检察院在全省率先与市中级法院会签意见，合力破解民事执行检察监督难题。开展虚假诉讼领域深层次违法行为监督专项活动，办结涉嫌虚假诉讼案件77起。刑事“案件比”比2020年下降23.9%。二审抗诉、再审抗诉案件分别上升66.7%、150%，办理的李某某重大责任事故案入选全省检察机关抗诉典型案例。市检察院在审查一起28年前致母子2人死亡的抢劫杀人案时发现，该案另一名已服刑完毕的罪犯量刑畸轻，依法提出抗诉，法院再审改判死刑。

（李秉坤）

法院

·概况 2021年，连云港市两级法院受理案件10.73万起，审执结9.22万起，分别上升24.38%、22.09%。审结破产案件134起，化解不良债权23.81亿元，盘活土地房产60.31万平方米。一审审结合同、公司等商事案件8345起，标的额42.62亿元。全市法院结案率、结收案比等质效指标居全省第二位，长期未结案件数下降64.39%。连云港市中级法院受理案件10738起，审执结9153起，比2020年分别上升14.84%、13.1%。

·刑事案件审判 2021年，全市法院一审审结刑事案件3929起，其中故意杀人、伤害等严重暴力犯罪案件417起。审结毒品犯罪案件197起，对制造22千克毒品的赵某某、赖某某等人，依法执行死刑。制定100条实施细则，常态化推进扫黑除恶专项斗争，8起一审涉黑恶案件全部清零。审结电信网络诈骗犯罪案件52起188人，为3661名被害人挽回损失1.78亿元。一审审结职务犯罪案件66起。

渔船上的巡回法庭　　孟姜玲　摄

· **民商事案件审判** 2021年，全市法院一审审结民事案件4.95万起，其中婚姻家事案件9571起。两级法院少年法庭实现全覆盖，对涉案未成年人及其监护人开展家庭教育指导及心理疏导，2起案例入选省法院典型案例。市法院、赣榆区法院少年法庭分别创成全国青少年维权岗、全国巾帼文明岗。与市人社局完善“裁审衔接”工作机制，一审审结劳动争议案件893起。选聘35名专家咨询员提供专业辅助，一审审结房地产案件5533起。涉进城务工人员工资案件动态清零。海州区法院成立军人权益保障合议庭。

· **生态环境案件审判** 2021年，全市法院一审审结环资案件240起，1起案例入选江苏法院环境资源十大典型案例，环资审判“灌南模式”在生态环境法治研讨会上作经验分享。打造生态修复一体化平台，对接景观大道建设、破损山体修复等政府工程，优化使用生态修复资金203.1万元。开展示范案件巡回审判、庭审直播等活动，受众超1亿人次。

· **知识产权案件审判** 2021年，市中级法院推出全面加强知识产权司法保护十项举措，与市公安局等单位建立重大案件联合督办制度，与市场监管局深化联动调解。全市法院一审审结知识产权案件859起，民事案件调撤率84.69%。引导当事人将侵权纠纷转化为合作共赢，推动达成授权许可协议，化解41起侵害作品发行权案件。坚持最严格知识产权司法保护，适用惩罚性赔偿规则，判决恶意投诉他人网店盗图侵权人赔偿200万元。市中级法院与淮海经济区9家市中级法院签署协作协议，联合发布典型案例。

· **行政案件审判** 2021年，连云港经济技术开发区法院集中管辖全市一审行政诉讼案件，其他法院加强协作配合，形成行政审判合力。坚持保护相对人合法权益与支持监督行政机关依法行政并重，一审审结行政案件809起。依托涉诉行政争议实质性化解“3+2”（指由人民法院主导、各级人民政府支持、司法行政部门居中协调，三方共同推动行政主体和行政相对人双方之间涉诉行政争议实质性化解的工作机制）工作机制，238起行政争议协调解决。健全行政机关负责人出庭应诉制度，出庭应诉率95.79%。

12月16日，第二届新亚欧陆海联运通道司法协作研讨会在连云港召开　　方帅　摄

· **案件执行** 2021年，全市法院开展夜间执行、假日执行102次，拘传523人，执结案件36870起，执行到位29.51亿元。灌云县法院认定1名为阻却执行、参与伪造证据的律师为虚假诉讼罪共犯追究刑事责任，入选全省法院十大典型案例。在执行方洋服务集团与珠钢公司等合同纠纷案件中，推动双方达成涉及金额1亿多元的和解协议。灌南县法院创新运用附条件托管被执行人债权债务的模式，妥善化解涉及金额6000多万元的龙都花园系列案件，入选最高人民法院典型案例。

· **社会治理服务** 2021年，全市法院深化“审务进基层、法官进网格”，开展法治宣传教育677次，快调快处涉诉矛盾纠纷1.02万起。推进纠纷诉前化解，全市法院分流案件3.96万起，调解成功1.63万起。灌云县法院打造“五老”调解中心，化解案件304起，调解成功率52.33%。推行“示范诉讼+集中调解”机制，解决一个、化解一片。海州区法院通过示范判决，一揽子化解某楼盘103户业主逾期交房索赔案件。沙河法庭获省编办批复设立，全市人民法庭增至12家，审结案件9482起。开展“乡村振兴、服务有我”品牌创建，“渔家法庭”等品牌得到省法院肯定，赣榆区法院创成省法院服务乡村振兴实践基地。

· **智慧法院建设** 2021年，全市线上线下、本地跨域等立案渠道互联互通，网上立案6.9万人次，跨域立案253起。依托“江苏微解纷”等平台，在线调解、审理案件1.38万起。赣榆区法院、海州区法院在物业、医疗等领域，创新协同化解机制。建成集中送达中心，推广电子送达等方式，首选线上送达方式占比53.1%。直播庭审实况3.57万次，市法院获评全国优秀直播法院。市法院微博连续12个月入选全省法院影响力排行榜前十，赣榆区法院《圆梦少年》获评第二届全国法院未成年人司法保护优秀微电影。完善人民陪审员工作机制，全面实现随机抽取、均衡参审。东海县法院开发的人民陪审员综合管理系统，获评全国智慧法院创新案例。

· **第二届新亚欧陆海联运通道司法协作研讨会召开** 12月16日，第二届新亚欧陆海联运通道司法协作研讨会在连云港召开。会议围绕"护航'一带一路'建设 服务保障自贸试验区发展"主题,就司法实务经验、法学理论成果,建立执行联动协作机制进行交流。最高院审判委员会委员、民四庭庭长王淑梅在线上出席会议,省高院审判委员会专职委员李玉柱,市委常委、政法委书记李振峰出席开幕式并致辞。研讨会新增大连经济技术开发区法院、烟台市中级法院、海口市中级法院、海南藏族自治州中级法院、新疆生产建设兵团第四师中级法院、南京海事法院等12家协作法院,新亚欧陆海联运通道司法协作法院的数量累计33家。研讨会共同签订执行联动协作协议。 (殷 蔚)

司法行政

·概况 2021年,连云港市司法行政系统做好全面依法治市和司法行政各项工作。"七五"普法、国家统一法律职业资格考试、公共法律服务等工作获全国表彰。实体实战非诉讼纠纷解决机制获评全省法治政府建设示范创建项目。全市有基层法律服务所74家,基层法律工作者299人,办理法律事务69966件。涉诉行政争议实质性化解"3+2"工作机制获全省司法行政系统改革创新成果奖。

·公共法律服务 2021年,全市开展"中小企业法律服务年"专项行动、村(社区)法律顾问"六个一"专项行动、村(社区)法律顾问质效提升年工程,推进公共法律服务进园区。印发专项行动实施方案、《村(社区)法律顾问质效提升年工程实施方案》《乡村振兴·法治同行实施方案》等文件。成立自贸区公共法律服务中心,仲裁、公证、民商事调解和司法鉴定相继进驻。"12348"公共法律服务热线和"12345"政务服务热线优化归并,实行"双号并行",全年接听来电2.58万人次,群众满意度98.4%。

·社区矫正 2021年,全市在册社区矫正对象2477人,其中假释34人、缓刑2384人、管制4人、暂予监外执行55人。全市接收刑释人员4079人,其中重点帮教对象596人。当年重新犯罪率低于0.2%以下。全市在册后续照管对象585人,实际照管人数574人、照管率98%;保持操守人数569人,保持操守率97%。全市社区矫正对象全部在管在控,无脱管漏管和脱逃。实现市、县、乡三级社区矫正委员会全覆盖。购买专职律师岗位参与社区矫正执法工作,与社会组织合作开展全市未成年和女性社区矫正对象损害修复项目。

·法律援助 2021年,全市司法部门实施法律援助"1+1"项目,组建28支"1+1"志愿服务团队,培养110名法律援助新人。开展"法援惠民生·助力农民工""薪连心""进园区、进社区、进校园"等系列活动27场次,举办普法讲座11场次。印发《关于调整法律援助经济困难标准的通知》《关于"法援惠民生·拓展工程"具体实施方案》《民事法律援助事项范围负面清单(试行)》等一系列指导性文件。办理法律援助案件6510件,受援群众满意度97.6%。建成"职工维权一体化中心""退役军人法律援助中心""困境儿童法律援助中心""渔家驿站""法律援助公园"等86个服务站点与宣传阵地。

·司法鉴定 2021年,全市开展司法鉴定执业专项检查整改活动和司法鉴定行业突出问题专项治理。全市9家司法鉴定机构办理案件8919起,业务收费1854.66万元。

·法治宣传教育 2021年,市司法局出台《关于在全市公民中开展法治宣传教育的第八个五年规划(2021—2025年)》《连云港市法治社会建设实施方案(2021—2025年)》《关于推动社会主义法治文化建设高质量发展实施方案》。开展"民法典宣传月""12·4国家宪法日暨宪法宣传周""农民工学法活动周"等40余个主题普法宣传活动。培育7600名网格"法律明白人",向网格内群众提供精准化法治宣传和法律服务。市司法局被评为全国"七五"普法工作先进集体,《猴娃说民法典》普法动漫在第六届全国学生"学宪法·讲宪法"活动中展播。 (姜茂龙)

仲裁

·概况 2021年,连云港市仲裁委员会受理案件606起,比2020年增长86%;标的额超14.6亿元,增长76%。未发生被法院撤销或不予执行的案件,办理的仲裁案件调撤率68%,在全省仲裁工作绩效考核中获得第二名。

·经济纠纷仲裁 2021年,市仲裁委员会化解涉侨民商事矛盾纠纷32起,涉案标的1900万余元。受理化解涉及专利、商标等各类纠纷。为自贸区民商事主体提供,非诉讼纠纷解决渠道,化解涉及某侨商与某学校校舍建设工程案件矛盾纠纷,确保该校秋季开学。加入长三角仲裁联盟、淮海经济区仲裁机构联盟,开展仲裁业务、仲裁员互荐、互联网仲裁技术等多方面的深度合作。市仲裁委、市中级法院、市知识产权局、市侨联、市金融监管局等部门建立多元化解纠纷机制,引导民商事纠纷通过仲裁途径解决。市仲裁委员会对建设工程施工合同、房屋买卖合同、国有建设用地使用权出让合同的仲裁条款进行宣传沟通,合同文本的仲裁条款选择率明显提升,在受理案件中有规范仲裁条款的占到90%以上。当事人线上即可完成立案、缴费、接收通知书。

(凌 晨)

责任编辑 王佳生

军 事

连云港警备区

·概况 2021年，连云港警备区（以下简称"警备区"）以习近平新时代中国特色社会主义思想和习近平强军思想为指引，学习中共十九届六中全会精神，深入开展党史学习教育，庆祝中国共产党成立100周年，利用驻地红色资源开展现场教学。挖掘完善18名干休所老干部红色历史档案，与市电视台合作开设《讲党史故事、明前进方向》栏目，推动党史学习教育走深走实。开展向"人民楷模"王继才学习活动，在开山岛组织《守岛人》电影首映式仪式，相关做法被《中国国防报》头版头条、《解放军报》一版、中央电视台新闻频道、军事频道等报道。压实党管武装政治责任，召开警备区党委十届四次全体（扩大）会议暨党管武装工作述职会，6个县（区）人武部党委第一书记进行述职，召开2个县（区）人武部党委第一书记宣布任职大会，进一步增强党管武装意识。

·日常战备 2021年，警备区强化备战打仗意识，提升战备行动能力，常态化保持战备状态，4次结合辖区实际滚动修订国防动员行动方案，按照要求落实指挥机构，建立完善指挥通联手段。连云港警备区、连云港海事局、市农业农村局等部门建立常态值班联络、动态信息共享、联合应急救援等机制，健全落实层级管理、教育培训、通报讲评、报情奖励等制度规定，增强信息员报情意识。

·军事训练 2021年，警备区创新训练理论、组训形式、训练手段和保障条件，紧盯问题抓创新，瞄准难点抓落实。组织首长机关带县（区）人武部、干休所、全市基层人武部长及部分民兵专业分队参加，组织开训动员。参加省军区年度军事训练考核，优良率90.5%。警备区被中央军委国防动员部表彰为军事训练先进单位。

·思想政治建设 2021年，警备区围绕庆祝中国共产党成立100周年，开展党史学习教育，巩固深化"不忘初心、牢记使命"和"传承红色基因、担当强军重任"两项重大主题教育成果。紧贴部队实际统筹抓实经常性基础性教育，深化培育"四有"（有灵魂、有本事、有血性、有品德）新时代革命军人。

·国防动员 2021年，警备区持续抓好国防动员潜力调查，研究上报的重点潜力运用分析得到战区、省军区主要领导表扬，并被战区全文转发。组织"连动—2021"国防动员系列演练，重点动员3个县（区）民兵及国防动员专业队伍，抽组安全警戒、装卸载、抢修、消防等分队，完成

2月2日，连云港警备区召开党委十届四次全体（扩大）会议暨党管武装工作述职会　　警备区　供图

相关演训保障任务。深化全民国防教育，持续办好“苍梧国防”国防教育电视栏目，播放92期。

·后勤保障 2021年，警备区围绕服务备战打仗要求，军地联合修订完善区域综合保障中心指挥运行方案，与中国邮政集团连云港分公司签订《军用物资运输投送保障战略合作框架协议》。做好常态化新冠肺炎疫情防控，投入20余万元购置口罩、消毒液、体温检测仪等防护物资器材，采购6.5万件防疫物资支援扬州军分区疫情防控。升级改造机关训练室、民兵装备仓库、士官家属临时来队住房、幼儿园教育用房和营区供水管道。

·征兵工作 2021年，全市全面完成征集义务兵、直招士官、大学生入伍等任务，实现全省唯一“零退兵”区市，全年“五率”（报名率、上站率、合格率、择优率、退兵率）量化考评排名全省第六。

·基层武装部建设 2021年，全市以16个基层武装部规范化示范点建设单位为标杆，开展乡镇（街道）基层武装部达标建设“月清零”活动，全市89个乡镇（街道）高标准完成基层武装部规范化建设。分批组织专武干部集训暨履职考核、新任职专武干部资格认证，参加两期全省新任职专武部长集训，分别获得团体第二、第三。落实专武部长月例会和党管武装工作述职等基本制度。军地联合表彰基层武装部标兵单位、党管武装好书记、优秀基层武装部长和民兵工作先进单位。

·民兵整组 2021年，警备区调整优化民兵组织，按照辖区环境编实民兵应急分队，结合海上任务编强海上民兵分队。制定《连云港市深化民兵调整改革检查考评细则》，采取自下而上逐个单位量化考评方式全面铺开检查验收，县区、乡镇（街道）普遍检查整改达到3个回合以上。11月29日，省军区民兵工作考评组对市应急营进行检查考评，总评成绩970.5分。 （李洪林）

武警连云港支队

·概况 2021年，武警连云港支队（以下简称“支队”）深入贯彻习近平强军思想，紧跟武警部队和总队党委决策部署，各项任务圆满完成，支队全面建设处于武警总队先进行列。

·思想政治建设 2021年，支队深入学习贯彻习近平总书记“七一”重要讲话和中共十九届六中全会精神，抓实党委中心组带机关理论学习。统筹做好庆祝中国共产党成立100周年、开年思想政治教育、党史学习教育和主题教育，全面推进军史场馆、“书香军营”及政治文化环境建设，创新用好“卫士风采”系列文化活动。支队官兵获武警总队演讲比赛二等奖，知识竞赛三等奖，政治教员评比获评“十佳”、优秀。

·安全保卫 2021年，支队组织军事体育运动会和“卫士”系列演习，承办苏北片区“魔鬼周”极限训练，参加总队军事体育运动会取得2个单项第一、2个单项第三。7月，支队完成新沭河赣榆段抢险救援任务。全年完成2个目标巡逻通道阵地化建设，治理执勤隐患46处。

（唐 晓 王国庆）

人民防空

·概况 2021年，市住建局制定印发《关于加强全市住建人防融合发展的指导意见（试行）》，推进住建人防高效融合。人防疏散基地建设有序推进。加强隧道安全设施建设和管理，日常维护通车运行。开展“港城人防在行动”主题活动，组织“9·18”防空警报统一试鸣活动。

·人防指挥与信息化建设 2021年，全市人防专业队整组组建抢险抢修、医疗救护、通信等人防专业队和人防志愿者全员落实实名制。开展人民防空训练、人防专业队干部训练、机动指挥所跨区拉动训练。参加省人防办、连云港警备区组织各类演习3次；开展“5·12”防灾减灾日和“9·18”防空警报统一试鸣、人防宣传、实战化演练，全市10万人次参加人员疏散、消除空袭后果演练，出动车辆、设备11台（套），鸣响各类警报器154台。机动指挥所开展跨区拉练活动，与徐州市人防办、宿迁市人防办、盐城市人防办开展指挥协同联合训练。

·县区人防基本指挥所建设 2021年，海州区人防基本指挥所项目完成土建施工封顶和信息化系统招

武警执勤 武警支队 供图

标，进入信息化施工阶段，灌云县、灌南县基本指挥所建设进行重新选址。（孟凡哲）

双拥共建

·拥政爱民 2021年，警备区先后3次组织到帮扶村现场考察帮扶项目、督导项目落实，组织干休所门诊部军医开展现场送医送药活动。协调70余万元定点挂钩支持6个村振兴建设，走访慰问15户生活困难群众，结对助学11名贫困生考上大学，为驻连部队188名随军未就业家属发放生活补助，为5名军人家属安置工作或岗位调动。军地合力打造连云港高铁站军人候车区"双拥共建示范点"，相关做法被10余家媒体报道。（李洪林）

·拥军优属 2021年，市、县（区）政府开展春节、"八一"等节日走访慰问驻连部队活动，赠送慰问品价值300余万元，开展双拥演出活动17场。开展"送法律、送政策、送岗位"进军营活动10多次。为驻扎马耳峰等驻连部队安装路灯和净水设备，为188名随军未就业家属发放生活补助150万元。市退役军人事务局安置30名团职随军未就业家属进社区工作。举办"旗帜引领、同心铸梦"迎端午、庆中秋双拥慰问演出进军营系列活动。开展"拥军门店"评选活动，颁授"拥军门店"牌匾46家。筹集60万元资金购置军供保障专用车辆等装备，保障过往部队官兵24小时吃上热饭热汤，免费为官兵提供军供保障专用纯净水。

8月13日，连云港市退役军人关爱基金启动暨签约捐赠仪式

孙国飞 摄

链接

连云港籍获个人二等功以上奖励的现役军人、退役军人

李晓微 男，东海县人，1986年9月出生，2004年8月考入空军航空大学，2008年6月入党，空军某部中校飞行大队长，获授一级飞行员、服兵役铜质、银质奖章，嘉奖六次，三等功一次。2021年，在执行飞行训练任务中表现突出，立个人二等功一次。

王 威 男，东海县人。东部战区某部服役，从事飞机维修保障工作，参与保障过多种机型。2018年因工作成绩突出立三等功1次。2021年因工作成绩突出，立个人二等功1次。

董 强 男，灌南县人，1987年3月出生，2005年12月入伍，2009年7月入党，南部战区某部航空兵，从事机务维修工作，维修保障过多类机型。获"优秀士兵""优秀士官"表彰，2014年、2018年分别立个人三等功，获"全军优秀士官人才奖"三等奖。2021年，因工作成绩突出，立个人二等功1次。

李文超 男，赣榆区人，1986年9月出生，2003年8月入伍，2007年8月入党，空军某部飞行大队中校大队长。多次参加重大演习、比武竞赛和战斗值班任务，被评为优秀基层军官、优秀共产党员。2021年，因完成任务成绩突出，立个人二等功1次。

刘成科 男，赣榆区人，1985年出生，2006年12月入伍，2010年5月火线入党，68303部队四级军士长，多次被评为优秀士兵（士官）、"四有"优秀士兵。2021年，因工作成绩突出，立个人二等功1次。

牟英见 男，赣榆区人，1978年出生，1998年入伍，1999年12月入党，空军某部高级工程师，大校军衔，先后荣获二等功2次，三等功3次，2014年被评为空军优秀航空人员，2018年评为空军高层次人才、战区质量安全突出贡献个人，2020年被评为"四有"优秀军官，基地"强军先锋"先进个人。2021年，因工作成绩突出，立个人二等功1次。

汪长涛 男，汉族，赣榆区人，1982年2月出生，1999年8月入伍，2004年9月加入中国共产党，东部战区某部飞行员，上校军衔。多次执行重大军事演习、抢险救灾和安保维稳等任务，被评为优秀共产党员、优秀基层干部、飞行技术能手、飞行技术标兵。2021年，因完成任务出色，立个人二等功1次。

李春霖 男，中共党员，1986年1月出生，2005年9月入伍，2021年3月转业，空军技术十级，2018年立二等功1次。

孙 啸 男，中共党员，1993年7月出生，2012年12月入伍，2021年4月转业，战略支援部队中士军衔，2018年11月立二等功1次。

（丁婷婷）

责任编辑 王佳生

经济管理

宏观经济运行管理

·发展规划编制 2021年,《连云港市国民经济和社会发展第十四个五年规划和二〇三五年远景目标纲要》编制完成,经市十四届人大五次会议审议通过,市政府印发实施。全市编制"十四五"期间市级专项规划110个,其中重点专项规划43个,一般专项规划67个。12月31日,连云港市"十四五"科技创新规划、教育发展规划、城镇住房发展规划、海洋经济发展规划、金融发展规划、生态环境保护规划、住房和城乡建设事业规划(含防震减灾规划)、养老服务发展规划、数字经济发展规划、新型基础设施建设规划、社会信用体系建设规划、沿海发展规划、水利发展规划、自然资源保护与利用规划、文化和旅游发展规划、"一带一路"强支点建设规划、高质量就业促进规划、人力资源和社会保障发展规划、综合防灾减灾规划、安全生产规划、应急管理体系与能力建设规划、民政事业发展规划、医疗保障发展规划、新型城镇化规划、卫生健康事业发展规划、社会消防救援事业发展规划26个重点专项规划经市政府第78次常务会议审议通过印发。

·经济运行分析 2021年,市发展改革委针对经济运行中出现的新情况、新问题,注重发现苗头性、倾向性问题,逐月分析经济运行情况。全市经济运行总体呈现稳定恢复、稳步向好态势。40个可考的指标中,地区生产总值等38个指标达到或超过年度预期目标。全年地区生产总值3727.92亿元、增长8.8%,经济总量显著提升。社会消费品零售总额增长9.0%,超过年度预期目标3个百分点。固定资产投资、外贸进出口分别增长8.4%、55.9%,增幅均位居全省前列。

·重大项目推进 2021年,全市实施市级重点项目460个,计划总投资5735亿元、年度计划投资1633亿元。其中,重点产业项目352个,年度计划投资1350亿元。16个项目列入省重大项目投资计划,年度计划投资431亿元。截至年底,352个市级重点产业项目完成投资1089亿元,总投资过100亿元项目7个、过50亿元项目15个。连云港市主导实施的14个省重大项目完成投资545亿元,投资完成额、投资完成率均居全省前列,3个项目被遴选为省领导挂钩联系项目。完善重点项目推进机制,印发市领导挂钩联系重点项目工作方案,成立市级重点产业项目推进专班,制定加快推进全市重点项目建设实施方案。印发实施《连云港市临港石化产业规划布局方案》,《连云港石化产业基地总体发展规划(修编)》获省政府批复。开展重点产业项目前期手续和要素保障座谈活动,推动盛虹炼化一体化项目获批原油进口资质和配额。盛虹炼化一体化项目建成,卫星化学、中化国际部分项目投产达效,高效低碳燃气轮机项目实现动态调试,江苏核电5号、6号机组并网发电,7号、8号机组在中俄两国元首的见证下开工建设。连徐高铁建成通车,花果山机场正式通航,上合组织(连云港)国际物流园专用铁路开通运营,连淮高速改扩建、连宿高速新建项目开工建设。

·项目审批 2021年,全市审批、核准和备案投资项目3236个,较2020年减少55个;总投资5004.18亿元,增加329.27亿元,增长7%。其中,审批政府投资项目740个,减少188个,总投资568.42亿元,减少616亿元,下降52%;核准企业投资项目82个,增加16个,总投资414.92亿元,增加216.38亿元,增长109%;备案企业投资项目2414个,增加117个,总投资4020.84亿元,增加728.89亿元,增长22.1%。

·固定资产投资 2021年,全市固定资产投资完成2154.8亿元,比2020年增长8.4%,高于全省增速2.6个百分点,增速居全省第二、苏北第一。全部项目投资完成1813.4亿元,增长12%;房地产投资完成341.4亿元,下降7.3%。

·能源管理 2021年，市发展改革委编制“十四五”能源发展规划，完成“可再生能源”“海上风”“石油天然气”的规划编制工作。开展电力安全生产工作和油气输送管道保护工作，推进电力和油气长输管道安全生产专项整治，组织隐患排查整治活动50余次，发现电力问题隐患99处，对发现的问题隐患实行专家“一对一”辅导，限期整改。开展建构筑物占压管道专项整治工作，清理占压隐患29处。采用网格化监管方式，创新管道保护智能化系统。保障青宁管道竣工通气，协调中俄东线天然气管道施工的诸多问题。赣榆华电LNG项目加快推进，完成LNG项目申请报告核准评估。

（沈 阎）

国有资产监督管理

·概况 2021年，连云港市国有企业资产总额7481.6亿元，比2020年增长11.2%；净资产2702.4亿元，增长8.3%；实现营业收入583.3亿元，增长36.3%。其中，纳入市国资委监管的企业7家，分别是港口控股集团、城建控股集团、工业投资集团、交通控股集团、金融控股集团、农业发展集团、碱业公司，资产总额2995.7亿元，增长5.8%；营业收入342.0亿元，增长13.8%；企业集团盈利面100%，实现利润18.2亿元，增长53.8%，创2015年改革重组以来最高水平。上缴税费16.6亿元，增长15.1%。

·国有企业改革 2021年，按照市国有企业改革三年行动方案工作部署，累计压缩8家超层级企业，国有企业全面剥离办社会职能，22家全民所有制企业完成改制。实现董事会应建尽建，重要子企业董事会外大于内，建立“专职＋兼职”外部董事人才队伍。建立董事会向经理层授权的管理制度，严格落实总经理对董事会负责、向董事会报告。在各级子企业全面推行经理层契约化和经理层任期制管理。加快推行职业经理人制度，推行经理层成员任期制和契约化管理。建立和实施以劳动合同管理为关键、以岗位管理为基础的市场化用工制度，推行员工公开招聘、管理人员竞争上岗、末等调整和不胜任退出等制度。企业加快构建以绩效贡献为依据的薪酬分配机制。鼓励商业类国有企业特别是科技型子企业，聚焦关键岗位、核心人才，建立超额利润分享机制。

·国有企业经营 2021年，市属国有企业克服新冠肺炎疫情防控常态化下经营困难，围绕综合金融服务和产业投资运营两大板块，全力支持地区经济产业发展。列入政府工作报告、民生实事及国资委考核的重点项目(人文纪念园、大浦工业区污水处理厂扩建工程、蓝色海湾项目、石梁河水库生态修复、智慧停车系统等)均超额完成年度目标。建设完善市中小企业金融服务平台，通过“线上＋线下”相结合方式，为各类企业提供覆盖全生命周期的综合金融服务，解决800多家中小企业融资难等问题。完成核电7号、8号机组投资1.25亿元，累计完成投资10.85亿元，为重大能源项目建设提供有力支撑；出资3亿元参与的盛虹炼化基金达到预期成效。持续运营总额2.7亿元的市医药人才基金完成投资2.3亿元，重点支持新医药产业项目或企业；设立总规模3亿元的市科技创业投资基金，扶持培育具有成长潜力的科技型中小企业；参与组建上合物流园基金、连云港市投资基金、碱厂搬迁基金，全面投资支持全市重点产业和重大项目。发挥金控集团设立的江苏股权交易中心连云港分中心的功能作用，新增78家企业在省区域股权交易市场挂牌，累计实现全市挂牌企业281家。通过股权和基金投资等方式，扶持培育7家企业在资本市场上市或挂牌，助力德源药业成功登陆北交所。不断拓展现代农业，全年稻麦总产量突破8300万千克。打造综合保税区“一带一路”标杆示范项目，睿林德进口谷物加工项目按序时推进。

·风险防控 2021年，市国资委、各监管企业加大与各类金融机构、资本市场的对接力度，强化资金储备，防控风险。把防范化解债务风险作为“攻坚战”纳入高质量考核。以全面预算为龙头、审计监督为抓手，管控投资项目，化解存量、严控增量。加大对国企发行债券、公益性项目规范运作等事项的审计力度，推动企业降负债去杠杆。国企市场化融资承建的公益性项目加快移交。

（褚明浩）

财政

·财政收入 2021年，连云港市实现一般公共预算收入274.81亿元，居全省第12位；比2020年增长12.1%，增幅居全省第四位。税收收入占一般公共预算收入的79.3%，财政收入质量显著提升。其中，增值税83.89亿元，增长61.3%；企业所得税40.11亿元，增长31.1%；个人所得税10.87亿元，增长18.7%；城市维护建设税12.35亿元，增长16.6%。

·财政支出 2021年，全市完成一般公共预算支出534.05亿元，比2020年增长6.4%。“八项支出”累计完成379.4亿元，占一般公共预算支出71.0%，支出总额增长9.0%。其中，一般公共服务支出增长2.9%、公共安全支出下降2.6%、教育支出增长6.0%、科学技术支出增长2.5%、社会保障和就业支出增长13.8%、卫生健康支出增长28.0%、节能环保支出下降29.9%、城乡社区支出增长23.4%。政府性基金支出252.1亿元，增长0.4%；国有资本经营预算支出6.8亿元，增长50.7%。

·财政政策 2021年，市财政部门综合运用财政专项资金、政府债券资金、政府投资基金等政策工具，引导社会资本投入，推动资源配置、政策供给服务构建新发展格局。健全财政支持科技创新政策。落实高新技术企业培育“小升高”行动计划，支持实施科技“揭榜挂帅”项目。全年统筹3300万元支持高新技术企业培育、科技成果转化奖励、研发机构、双创载体建设。健全财政促进产业强链延链补链政策。及时足额兑现产业政策奖励资金，支持临港石化、新医药、新材料等重点产业做大做强。安排市级工业和信息产业发展奖补资金1000万元，支持制造业高端化智能化绿色化重大技术改造、信息化应用示范、“专精特新”小巨人企业等发展。创新财政支持方式助力产业发展。组建市投资基金（有限合伙），设立乡村振兴政府投资基金，统筹各类社会资本推动全市产业升级和创新发展。上合组织（连云港）国际物流园发展基金实缴到位20亿元，设立科创投资基金等子基金，累计完成投资14.13亿元，直接撬动社会资金81.1亿元。按照“1＋N”模式，市、区财政共同出资设立小微企业信用保证基金，总规模1.81亿元，全年累计发放贷款31亿元。健全财政保障培育完整内需体系政策。争取新增政府债券资金51.1亿元，支持园博园、连宿高速等104个重要民生和基础设施领域项目建设。完善“一带一路”标杆示范项目支持政策。争取30万吨级航道二期工程省补资金5亿元、连云港集装箱航线省级定额补贴3000万元、连云港国际班列省级补贴5600万元，筹措市级资金3000万元用于连云港国际班列补贴，3058.83万元用于集装箱航线补贴，下达“霍尔果斯—东门”无水港2020年度贷款贴息资金1051万元。全市减税降费171.7亿元。

2021年连云港市财政预算收支情况统计表

表8　　　　单位：万元

指标	金额	指标	金额
一般公共预算收入合计	2748083	上划中央企业所得税	601680
国内增值税	838937	上划中央个人所得税	162974
企业所得税	401120	一般公共预算支出合计	5341827
个人所得税	108650	一般公共服务支出	548312
资源税	8347	外交支出	—
城市维护建设税	123474	国防支出	9299
房产税	72155	公共安全支出	284025
印花税	37513	教育支出	990601
城镇土地使用税	108967	科学技术支出	85406
土地增值税	186712	文化旅游体育与传媒支出	104956
车船税	23134	社会保障和就业支出	735188
耕地占用税	12394	卫生健康支出	487823
契税	249957	节能环保支出	118974
环境保护税	7779	城乡社区支出	543373
其他税收收入	1106	农林水支出	549904
专项收入	115906	交通运输支出	239871
行政事业性收费收入	135499	资源勘探工业信息等支出	76656
罚没收入	80131	商业服务业等支出	22361
国有资源（资产）有偿使用收入	158608	金融支出	16085
捐赠收入	235	援助其他地区支出	4743
政府住房基金收入	12415	自然资源海洋气象等支出	70907
其他收入	65044	住房保障支出	321407
政府性基金预算收入合计	2627426	粮油物资储备支出	15010
国有资本经营预算收入合计	169114	灾害防治及应急管理支出	29515
上划中央税收	1840498	其他支出（类）	8035
上划中央国内增值税	856140	政府性基金支出	2520639
上划中央国内消费税	219704	国有资本经营预算支出	68100

·“三农”投入 2021年，市财政部门落实中央和省市各项强农惠农富农政策，完善财政支农政策体系。支持重点水利工程建设，统筹安排省市资金1.87亿元。多渠道筹措资金，保障年度农田水利及重点水利建设工程配套，重点保障市级防汛度汛应急、农田水利、水美乡村、水环境、水生态及沭新渠加固、新沭河水系连通、河长制建设等项目。筹措财政资金7.6亿元，建设高标准农田2.85万公顷、高效节水灌溉1300公顷。争取省以上财政衔接推进乡村振兴补助资金1.37亿元，支持农村低收入人口帮促、脱贫人口小额信贷贴息、省定经济薄弱村集体经济发展、少数民族发展等工作。争取省级农房改善专项资金6000万元分配下达到县区，统筹安排市级农房改善专项资金1500万元，对县区开展农民群众住房条件项目建设予以奖补。江苏农业融资担保公司连云港分公司在保余额9.76亿元，较2020年增长39.27%。

·民生投入 2021年，全市民生支出428.6亿元，占一般公共预算支出的80.3%。优先兜牢基本民生底线，统筹各类稳就业资金1.83亿元，推动落实就业优先政策。支持健全多层次社会保障体系，全市安排1.67亿元提高城乡居民基本养老保险基础养老金标准，企业养老保险实现省级统筹，企业养老保险和机关事业单位养老保险待遇实现连增连调。落实低保标准动态调整机制，提高各项社会救助标准。落实学生资助政策，市级安排2000余万元托底保障困难家庭学生平等接受教育。补助近1亿元用于区级学校教育现代化、校安工程建设。支持构建疫情常态化防控全链条保障体系，全市筹集疫苗接种费用7.37亿元做好全民免费接种经费保障，市级财力投入7578万元为市级新冠肺炎疫情顺位收治医院配备必要的医疗设施设备。市级财政投入1.34亿元加强安全生产领域保障机制建设。争取化工产业安全环保整治提升省级奖补资金2096万元。

·生态建设投入 2021年，全市安排各级生态环境专项资金6亿元。争取到位省财政林业发展专项资金3962.6万元，用于支持市区林业发展项目。拨付2020年市级耕地保护补偿激励资金1678.15万元，用于市区村集体耕地保护补偿和全市工作先进乡镇奖励。用好用活土地综合整治、城乡增减挂钩，打好政策运用“组合拳”形成集成效应。安排耕地开垦费指标3500万元，促进城乡建设用地增减挂钩和占补平衡项目推进速度和质量双提升；市区争取到省投土地综合整治项目资金8526万元，用于建设用地整治、生态保护修复和公共空间治理的综合性整治活动。安排70万元启动全市碳达峰行动方案编制工作。加强生态环境分区管控。安排220万元对前期完成的“三线一单”（生态保护红线、环境质量底线、资源利用上线和生态环境准入清单）成果及实施应用情况进行评估。加快培育绿色低碳生活方式，安排150万元支持公众生态环境满意度宣传及公众教育普及工程项目。

·政府和社会资本合作模式项目 截至2021年底，全市入选省PPP（政府和社会资本合作）项目库项目共11个，包含市政垃圾处理、污水处理、养老、水利建设等领域，总投资66.71亿元。8个项目招标确定社会资本合作方，其中徐圩新区达标尾水排海工程、赣榆区生活垃圾焚烧发电工程、东海县生活垃圾焚烧发电项目一期工程和233国道灌云北环段（204国道至236省道段）建设工程等4个项目建成运营。

·政府债务管理 2021年，连云港市加强政府债务预算管理和限额管理，履行向市人大报批程序，将政府债务分门别类纳入全口径预算，按时还本付息付费。全市发行地方政府新增债券51.1亿元，有力支持园博园、连宿高速等104个重要民生和基础设施领域项目建设。发行再融资债券65.7亿元，平均拉长到期政府债券还本期限9.7年。严格落实市委财经委、全市政府性债务管理领导小组等会议精神，督促各地区各单位根据十年化债方案，加快隐性债务化解，全市超额完成年度化债计划。开展对存量隐性债务进行展期重组，促进隐性债务融资成本“高变低”、期限“短变长”。市政府印发《关于加强融资平台公司经营性债务管理进一步做好地方政府隐性债务风险防控工作的实施意见》，强化融资平台公司经营性债务管理。成立经营性债务数据填报工作小组，全程专门负责系统填报的培训、审核和数据库维护，实现政府债务、隐性债务、经营性债务全口径闭环管理。

·政府采购 2021年，全市政府采购实际采购规模76.07亿元，节约资金6.64亿元。与中型企业签订的政府采购合同金额为17.98亿元，与小微企业签订的政府采购合同金额为36.04亿元，中小微企业取得市政府采购合同占比71.02%。建立疫情防控物资政府采购“绿色通道”，确保设备和防控物资及时采购到位。推进“互联网＋政府采购”，电子化系统上线运行，出台政府集中采购目录，货物、服务以30万元，工程以60万元为限额，建立省网上商城、市网上商城、电子竞价、省（市）协议供货等灵活多样的采购渠道。 （张吉哲）

税务

·税费收入 2021年，连云港市各项税费收入616.4亿元，比2021年增长26%。其中，税收收入422.6亿元，增长18.3%，一般预算收入222.3亿元，首次超200亿元，增幅位居全省第二。税费优惠政策侧重制度性安排，包括延长小规模纳税人增值税优惠等部分阶段性政策执行期限、提高小规模纳税人增值税起征点、对符合条件的小微企业和个体工商户再减半征收所得税等。2021年起，全市制造业企业可享受100%研发费用税前加计扣除。全年全市医药企业享受退税减税降费累计5.6亿元。

·税收征管改革 2021年，市税务局深化税收征管改革。推进“放管服”和办税缴费便利化改革，走访77家党委政府部门，调研59家基层分局及股所，组织16次纳税人、缴费人座谈会，梳理9大类、60个问题，解决纳税人缴费人多头跑、多次跑、用票难等关键问题，化解监管质效低、执法不规范等突出矛盾。对283项纳税服务流程进行细化梳理，将31项有调查环节的事项调整到专业纳税服务机构统一实施。构建全环节、全过程发票监控体系，杜绝“一张票”情况。解决“一张票”问题思路被省税务局列为优化营商环境重点，开通电子税务局更正申报建议被省税务局采纳。推进增值税专用发票电子化试点扩围工作，首开、首收电子专票纳税户均及时接受辅导。推进大数据可视化试点工作，建立大数据应用分级分类培训考核办法。

·纳税服务 2021年，市税务局开辟预约办税新渠道，在微信公众号发布“智能导税功能应用”系列宣传视频。增设海州区、徐圩新区办税延伸点。全面推广“江苏税务”App，拓展“非接触式”办税缴费事项。404个办税缴费事项可通过电子税务局办理，135个办税缴费事项可通过“江苏税务”App办理，17个社保费事项实现“网上办”“掌上办”。实现社保经办和缴费业务“一厅联办”，在“我的连云港”App端开通自然人社保缴费功能。个体纳税人覆盖率79.6%，单位纳税人覆盖率97.5%，综合用户活跃度从全省第14名跃居第四名。全面推广新办企业套餐智能审核系统，实现24小时自动化审核，总体办结时间在20分钟以内。通过“连税通”平台推送涉税信息通知公告554条，覆盖纳税人457万户次。全年办理承诺事项1.4万件，其中网上承诺1.2万件、书面承诺1926件。

·风险防控 2021年，市税务局围绕现金税费征缴开展全量兜底排查，对上海特派办下发的运输、煤炭经销企业涉嫌虚开增值税专用发票情况开展专项核查，开展成品油消费税专项整治，对盛虹炼化等重点企业开展管理跟踪，消费税全部征收到位。开发“重点事项监控分户预警表”模型，对新办、注销纳税人按日进行风险扫描分析。在全省率先协调不动产登记部门获取2016年以来不动产登记全量发证信息，实现“先税后证”强制性校验。开展房土两税欠税清理工作，在全省率先制定《土地增值税清算建安成本管理办法》和预警指标，完成计划清算项目32个。对全市901个重大基建项目开展税收分析，选取花果山机场、连徐高铁等重大建设项目构建风险分析模型。组建市级大数据应用团队，打造智慧江苏税务连云港版。新立案查处企业155家，结案(包括以往年度立案未结案件)179家，查补总额6.3亿元，入库税款5.4亿元。

·依法治税 2021年，市税务局推广行政执法信息公示平台，为执法人员配备执法记录仪，为服务窗口配备高清探头，建立高科技执法约谈室和查账室；打造以公职律师、法律顾问、系统内通过法律职业资格人员为主的法治专家审核团队。对10个涉税办理事项涉及的12类证明采取告知承诺制，其中在全市全面推行的6类，在自贸区试点推行的6类。落实重大税务案件审理各项规定，提高重大税务案件办理质量。严格遵守裁量基准的规定，落实执法程序的具体规定，确保调查取证、事项告知、听证举办、文书送达等环节规范。处理3起行政复议案件；处理1起税收优惠申请、核准争议行政诉讼案件；处理1起社会保险费行政再审案件。

·税务服务经济发展 2021年，市税务部门落实支持疫情防控、增值税改革、小微企业普惠性减免、研发费用加计扣除、高新技术企业税率优惠、支持和促进重点群体创业就业、个人所得税改革等各项税费优惠政策。全年减税降费171.7亿元，其中办理留抵退税24.6亿元，退税进度由全省末位提升到全省前列；落实煤电保供和制造业中小微企业专项缓缴2.9亿元；办理出口退税22.8亿元，比2020年增长28.2%。还清历史欠账近5.4亿元。开展纳税信用管理，通过税银互动发放贷款1.2万笔23亿元。在全省税务系统唯一一家入选“德美江苏”全国网络媒体江苏行活动。推出自贸区“智慧礼包”、发票区域配送信用激励全覆盖、6个证明事项告知承诺等创新举措，与市场监管等部门共建注销“一体化”办理平台。自贸区创新成果“出口退税‘先退后核’”入选全省第二批十大创新实践典型案例。 （殷 然）

金融监管

·金融改革 2021年，连云港市地方金融监管局入驻市政务服务大厅综合窗口，对审批事项实施“一窗受理”。开展“不见面审批”，办理线上审批件10件。全市新设商业保理公司2家、融资租赁公司1家、筹建小贷公司1家。工商银行连云港分行、农业银行连云港分行、中国银行连云港分行、建设银行连云港分行、交通银行连云港分行分别在自贸区连云港片区设立专营分支机构，《连云港东方农村商业银行深化改革工作方案》经市委常委会和市政府常务会审议通过，报省级农商行风险处置协调小组研究待批。制定连云港市“十四五”金融发展规划。

·金融行业监管 2021年，全市新筹建小额贷款公司1家，受理1家新设典当行申报材料，办理变更审批事项17个，行业退出企业1家。市金融监管局明确小额贷款公司审批与备案事项清单，确定事项办理权限、程序、申报材料以及有关条件等，将下放至县区的小额贷款公司相关审批权限收回。对全市5家融资租赁公司、1家商业保理公司开展名单制管理和监管评级工作；组织第三方会计师事务所对全市9家典当企业2020年度业务合规性、真实性进行年度现场检查审计，根据事务所出具的审计报告，下发整改通知书6份。对融资担保机构开展10余次现场检查，对农民资金互助社开展30余次现场检查。辖内银行保险机构累计自查发现问题698个，涉及金额49.22亿元，整改率92%，银行保险机构完善内控合规制度、业务流程86项。赣榆农商行、灌云农商行调换3名不合格独立董事；开展法人机构关联交易制度和关联方名录审查，关联方名录增加约40%。开展现场检查和处罚“回头看”，重新对银行保险机构207人追加问责，其中记过、警告纪律处分42人次，督促5家农商行重新修订违规问责制度。

·金融风险管控　2021年，市金融监管局、市公安局、市市场监管局、市人民银行等部门开展养老服务组织、私募基金机构、征信机构风险排查等专项整治行动，妥善处置中国银行“原油宝”“恒大财富理财”事件，日常排查各类经营主体5116家。依托“12345”平台、省非法集资监测预警平台，及时处置风险线索100余条。严格落实投融资服务企业商事注册登记会商机制，对不符合条件和风险隐患大的3家企业及时劝退。推进互联网金融风险整治，域内原生互联网金融点对点借款业务(P2P)完成存量业务出清。严禁地方金融组织资金违规流入房地产领域，督促落实相关金融政策；非法集资陈案结案率92%。全市上市公司风险实现率先“清零”。市银保监局贯彻落实房地产贷款集中度管控要求，针对灌南、灌云农商行集中度指标位居全省高位的状况，前瞻考量县域产业发展、机构市场定位等实际，制订科学合理调整方案，确保稳妥压降，避免因紧急停贷引发新的风险隐患。农村小法人金融机构房地产贷款、个人住房贷款占比分别较2020年下降2.18、1.63个百分点，其中灌南农商行2项指标降幅均超过6个百分点。开展经营贷和消费贷违规流入房地产市场风险排查，对发现问题的贷款547笔1.12亿元，全部整改到位。设计并建立政府隐性债务季度统计监测体系，包含隐债融资接续、到期、处置以及平台流动资金融资变化等情况，有针对性摸底重点企业债务风险状况。东海张农商村镇银行完成配股工作，东方农商行增资扩股风险化解方案经市委常委会通过。全市法人农商行和村镇银行拨备覆盖率分别上升104.41、100.8个百分点。针对部分机构车险数据异常增长情况，下发质询函，开展监管约谈，对市场增速超标准2个点以上的公司停业一周调整。

（刘万利　田晓军）

9月14日，连云港市拟上市挂牌企业专题融资对接会举办

市金融监管局　供图

·外汇管理　2021年，连云港市结汇收入40.44亿美元，比2020年增长25.79%，其中经常项目收入34.15亿美元，增长21.06%；资本与金融项目收入6.29亿美元，增长59.7%。外汇收入合计65.4亿美元，增长45%。其中，货物贸易收入49.07亿美元，增长43.70%；服务贸易收入4.68亿美元，增长54.39%。外汇支出45.25亿美元，增长1.75%。服务江苏自贸试验区连云港片区建设，推动企业异地登记等5项外汇支持政策落地。探索开展区块链物流金融功能，开展国际贸易货押授信融资，推出“出口信用保险＋”融资模式等3项创新业务。跨境投融资业务取得突破，在全国自贸区完成首单CIPS标准收发器安装并成功运行，助力企业实现实时申报监测，快速推进外籍人才外汇服务便利化试点落地。加强外汇事中事后监管。创新开发运行国际收支间接申报数据核查程序，开展跨境资金流动监测分析。　（孟　田）

价格管理

·概况　2021年，连云港市居民消费价格累计上涨1.3%，涨幅较2020年同期回落1.2个百分点，创2010年以来新低。其中，食品价格上涨1.1%，非食品价格上涨1.4%；消费品价格上涨1.5%，服务价格上涨1.1%。扣除食品和能源的核心CPI上涨0.8%。

·价格监管　2021年，市物价管理部门完善价格监管机制。针对新冠

肺炎疫情常态化防控下保供稳价工作，建立部门会商协调机制，专题召开重要民生商品保供稳价调度会，调度产供储运销各环节运行情况。开展污水收费成本监审调查，核减全市33家污水企业不合理成本4800万元。完成主要农产品成本调查，调研材料被国务院办公厅、省委办公厅采用。围绕“降本减负”优化市场营商环境，出台《关于清理规范城镇供水供电供气供热行业收费促进行业高质量发展的工作方案》《关于明确市区红线外电力接入工程政企共担相关事项的通知》，全年为各类用户减少支出约2亿元。

·价格调控 2021年，公布《2021年连云港市行政事业性收费项目目录》《2021年连云港市政府制定价格的经营服务性收费项目目录》，动态更新调整《连云港市执行政府定价的价格和收费减免与优惠政策清单》。降低新冠病毒核酸检测、公证服务2个项目收费。市物价管理部门调整市区非居民用天然气销售价格，为企业减负3800万元。落实燃煤发电上网电价市场化改革，各项电价优惠政策落地，全年为企业降本3.7亿余元。落实完善居民用电阶梯价格政策。优化居民天然气阶梯价格政策，实现“加量不加价”。连续3年保持民用供热价格稳定。核定市区19个小区配建公共租赁住房租金标准。完成市区118批次新建商品房销售价格备案，其中商品住宅1.8万余套，企业申请备案均价12939元/米^2，经行政指导后实际备案均价10749元/米^2，降幅16.93%。核定花果山景区玉女峰至渔湾景区旅游客运线路试行票价。（沈 闯）

审计

·概况 2021年，连云港市审计机关实施审计项目144个，出具审计报告196份，促进增收节支5.65亿元，移送问题线索41条，推动建章立制106项，3个项目获评全省审计机关优秀审计项目，推进改革强审经验做法被省审计厅推广，推动国企设立总审计师工作获评2021年度全省审计系统十大新闻。

·政策跟踪审计 2021年，全市审计部门针对重大决策部署贯彻落实，实施政策跟踪审计项目12个。围绕乡村振兴战略实施，开展高标准农田建设、农村人居环境整治、乡村产业发展等事项的审计，促进“三农”领域补短板强弱项、提高涉农资金使用绩效，推动问题整改，涉及资金6376万元，建立健全规章制度7项，移送案件线索6条。围绕促进加快自由贸易试验区建设的战略部署，首次开展重大政策措施落实情况审计。将涉粮领域相关工作纳入审计事项，加强涉粮专项审计监督。

·预算执行审计 2021年，市审计部门按照推动党政机关“过紧日子”和促进财政资金提质增效要求，关注预算绩效管理、盘活存量资金等事项，实施财政审计项目20个。在市“同级审”报告中，重点反映预算资金管理不规范、政府采购政策执行不到位等80个问题，涉及问题金额22.67亿元，推动制度“废改立”43项。连续三年对市级80家一级预算单位开展全覆盖审计，重点关注预决算编制、专项转移支付、“三公”经费及一般性支出压减等事项，查出管理不规范金额3.58亿元，促进增收节支1.97亿元，盘活存量资金2000余万元，移送案件线索9条，促进出台政府采购、资产管理、工会经费等方面规章制度39项。

·经济责任审计 2021年，全市审计部门建立审计对象分类管理机制，强化部门间“审前共商、审中互动、审后运用”协作机制，有效推进经济责任审计全覆盖。全年实施经济责任审计项目51个，查出“三重

2021年连云港市审计机关审计情况统计表

表9

审计或审计调查单位（个）	审计查出违规金额（万元）	审计处理结果落实情况（万元）			移送处理		审计结果开发利用		
		上缴财政	减少财政拨款或补贴	归还原渠道资金	落实事项（件）	落实人员（人）	被采纳的审计建议（条）	被批示采用工作报告、信息（篇）	发布审计结果公告（篇）
144	31630	45857	0	10614	41	44	413	63	39

2021年连云港市内部审计情况统计表

表10

内审机构（个）	内审人员（人）	完成审计项目（个）	审计总金额（万元）	增收节支（万元）	提出建议意见被采纳（条）	实际给予行政处分（人）	向司法机关移送案件（件）	向司法机关移送人员（人）
284	1159	2563	25802.31	14067.06	724	0	0	0

一大”（重大事项决策、重要干部任免、重大项目投资决策、大额资金使用）决策制度执行不到位、存量资金未上缴财政、公务接待管理不规范、内控机制不健全等问题 380 余个，促进增收节支 1.25 亿元，推动完善制度 19 项，移送案件线索 10 条。

·民生项目资金审计　2021 年，全市审计机关加强对保障性安居工程、社会保障资金、物业维修资金等重点民生项目和资金情况审计，审计民生项目 20 个。其中，社保审计揭示问题 15 个，推动解决重复领取养老待遇和重点人员应保未保等问题，维护基金安全和可持续运行；住房保障审计揭示问题 30 余个，促进 4.63 亿元保障性安居工程专项资金拨付到位，推动 120 户困难家庭享受住房保障政策，收回被挤占资金 2000 余万元，追回挪用资金 200 余万元。

·政府重大投资项目审计　2021 年，全市审计部门强化对政府投资建设项目的监管，实施蓝色港湾、市应急水源地、中华药港等 16 个重大项目审计，发现问题 109 个，核减工程价款 1.95 亿元，提出审计建议 47 条，报送审计专报 10 份，移送案件线索 13 条，3 人受到党纪政纪处分。

·国有企业审计　2021 年，全市审计部门开展企业审计项目 4 个，重点关注减轻企业负担相关政策落实情况和市属国有企业长期股权投资情况，推动国有企业强化主业、规范投资决策、优化投资结构。查出各类问题 300 余个，查出违规违纪金额 4000 余万元，促进增收节支 4505 万元，推动建立健全规章制度 3 项，移送纪检监察部门案件线索 3 条，移送科级公职人员 4 人。

·内部审计　2021 年，全市 58 家市级部门设立内审机构或明确内审职能，93 家部门和单位成立审计委员会或审计工作领导小组，实现内审工作领导机构全覆盖。72 个乡镇（街道）成立审计委员会，覆盖面近 80%。3 家市属国企在全省率先设立总审计师。　（吴　琼）

统计

·统计改革　2021 年，全市统计系统深入推动统计改革，建立健全部门联席会议制度，形成统一核算指标采集体系、工作体系以及推进措施分解表。统一核算基础指标纳入市政府对部门考核体系中，确保核算支撑数据统全统实。出台《统一乡镇级季度地区生产总值核算指导性意见》，规范乡镇季度地区生产总值统一核算方法，乡镇数据准确性、可比性显著增强。推进全市能源统一核算改革。按季核算公布全市及各县区单位地区生产总值能耗、单位工业增加值能耗等重点指标，定期监测能耗高、排放高、产能过剩行业发展情况，探索研究碳达峰统计制度。完善文化产业调查统计。建立水晶工艺品、直播电商等特色文化产业制度，有效解决水晶、海鲜直播、主题服饰等特色文化产业三类规模以下企业和个体户无法纳入产业统计问题，推动直播电商等新兴文化产业数据采集、增加值测算等工作。

·统计规范化建设　2021 年，市统计局出台《连云港市统计质量管理体系（2021）》《市统计局统计数据管理工作规范》，推进企业建立电子统计台账。工业、投资、服务业、贸易、社科、农业、能源等各专业对县区（板块）开展数据质量核查。执法监督处联合贸易专业，运用“法律＋信用”约束机制，推进统计执法前移到报表报送环节。推进统计造假、弄虚作假整治，围绕虚报瞒报、代填代报、授意干预、违规入库、违规文件等问题开展整治，对抽中的 350 家联网直报企业（投资项目）开展统计执法检查。

·统计监测　2021 年，市统计部门建立完善省对市、市对县区、市对乡镇、市对园区 4 个层面的数平方据定期填报收集制度；建立指标提醒预警机制，对指标推进情况开展“红黄黑”三色预警。落实《江苏沿海地区发展规划》，沿海三市联合制定统计监测方案，建立统计联席会议制度。开展能耗“双控”监测预警，利用单位地区生产总值能耗、用电量、用煤量等重点指标，分析反映全市能耗目标完成情况。完成 13 项社情民意调查任务，调查样本 3.6 万个，新收集并整理电话样本 20 多万个。

·统计服务　2021 年，市统计部门围绕省高质量发展监测考核体系，加强分析，深入解读经济运行中出现的新特点新变化新趋势，按季度对全市经济运行提供预警监测分析。发布全市第七次全国人口普查公报，全面查清全市人口数量、结构、分布等基础信息，掌握人口变化的趋势性特征。实地走访 120 余家文化企业，形成《连云港市文化产业发展调研报告》《东海水晶产业统计情况调研报告》等分析研究，为制定相关制度提供参考依据。编印《庆祝中国共产党成立 100 周年连云港市经济社会发展成就系列汇编》。撰写统计分析 107 篇。　（刘从鸿）

市场监督管理

·概况　2021 年，连云港市新增市场主体 12.88 万户，较 2020 年增长 0.29%。其中，新登记各类企业 4.78 万户，增长 43.73%；新登记外商投资企业及分支机构 133 家，增长 30.39%；新登记个体工商户 8.09 万户，下降 14.87%；新登记农民专业合作社 158 户，下降 17.28%。截至 2021 年底，全市实有市场主体 64.78 万户，增长 14.01%。其中，实有企业 17.54 万家，增长 20%；实有外商投资企业及分支机构 1284 家，增长 4.99%；实有个体工商户 46.77 万户，增长 12.7%；实有农民专业合作社 4665 家，下降 33.71%。新登记各类企业中，私营企业占新登记企业的 83.34%。全市自贸区内有企业1.17万家，主要集中在批发零售业、租赁和商务服务业、建筑业、交通运输、仓储和邮政业新设企业6235户，增长13.72%。

2021年新登记的企业中，第三产业占比73.45%，增长41.31%；第一产业增幅最大，增长217.34%；第二产业增长30.66%。新登记企业中农、林、牧、渔业增长217.34%，位列第一，主要为农业服务、畜牧养殖及家庭农场等；居民服务、修理和其他服务业增长112.15%，位列第二；科学研究和技术服务业增长78.96%，位列第三。新登记个体工商户中文化、体育和娱乐业增速列第一，增长77.75%；建筑业增长66.93%，增幅第二；科学研究和技术服务业增幅第三，增长58.23%。

市场主体退出方面，全年注销企业1.48万家，增长91.96%，其中简易注销1.02万家，增长133.38%；注销外商投资企业及分支机构75家，增长70.45%；注销个体工商户2.96万户，增长115.41%。开展空壳农民专业合作社清理行动，注销农民专业合作社2521家，增长1365.7%。

2021年，连云港市党委质量督察在全国先行先试，国家市场监管总局将连云港市确定为全国质量创新工作联系点。连云港市连续六年获得省长质量奖。连云港检验检测产业园建成投入使用，创新“省市共建”“省管市有”模式，设立省药监局审评核查连云港分中心、省食药检院连云港分院，属全省首家、全国首创。市市场监管局获评全国市场监管卫士、全国消费维权先进集体。

·商事制度改革 2021年，全市实行企业开办全生命周期“一件事一次办”，线上、线下融合办理。为新开办企业免费刻制印章、免除银行账户开户费用，实现企业开办全免费、0.5天办结。推行市场主体住所（经营场所）信息智能核验，实现登记地址精确匹配，查验通过的住所不再需要企业提供使用证明材料，直接进行登记。推进“一照多址”改革，试点住所与经营场所分离登记，对于市场主体在住所以外开展经营活动、属于同一县区级登记机关管辖的，可免于设立分支机构，申请增加经营场所登记即可。在自贸试验区推行市场主体登记“确认制”改革。依托“互联网＋政务服务”，通过引导式填报、标准化数据采集、信息智能核验，整合名称自主申报、经营范围规范表述和身份电子认证，实现“一表一章程”开办企业，全流程“零人工干预”，线下当场确认、线上智能审批。

11月10日，省药监局审评核查连云港分中心和省食品药品监督检验研究院连云港检验室签约暨揭牌仪式举行　　市市场监管局　供图

·质量强市 2021年，市市场监管局在全国率先探索党委质量督察机制，一些列入党委质量督察清单的难点、堵点问题得到有效化解。聚焦“三新一高”（新医药、新材料、新能源、高端装备制造）和石化、冶金等重点产业，实施质量攻关、质量比对、质量合格率提升三大工程，质量提升行动覆盖9个重点行业、18个重点产品和220余家重点企业。加强首席质量官培训，省级高级班、市级中级班、县（区）级初级班，分别培训32人、300人和500人。省石化产业计量中心、省海洋食品质检中心获批筹建，江苏省特检院连云港石化产业基地综合服务中心运行。中复神鹰碳纤维股份有限公司获江苏省省长质量奖。全市累计9家企业获得省长质量奖、省质量管理优秀奖，获奖企业数位列苏北首位。江苏三吉利化工股份有限公司、江苏斯尔邦石化有限公司获得“江苏精品”认证证书，日出东方控股股份有限公司、中复神鹰碳纤维有限责任公司、江苏海福特海洋科技股份有限公司、江苏东浦管桩有限公司通过先进性评价或完成现场认证。全市食品药品评价性抽检合格率长期保持99%以上，钢筋、水泥、危化品等多种工业产品合格率100%。加强工业企业社会信用体系建设，11家企业获江苏省质量信用AA级以上企业。在全省率先出台质量基础设施“一站式”服务平台建设方案，获批江苏省首批试点平台。12月，完成《质量基础设施质慧港建设与服务规范》5个系列标准制定，在全市进行复制推广。牵头实施长三角高性能纤维产业质量提升示范试点项目，建立区域产业质量提升行政合作和技术交流机制。投资近亿元建设连云港市检验检测产业园，整合检验检测、计量、标准、认证认可、知识产权、质量管理等多项职能，以“优秀”等级通过省市场监管局验收。省药监局审评核查连云港分中心、省食品药品监督检验研究院连云港检验室揭牌。组建连云港市委、市政府质量督察专家团，建成

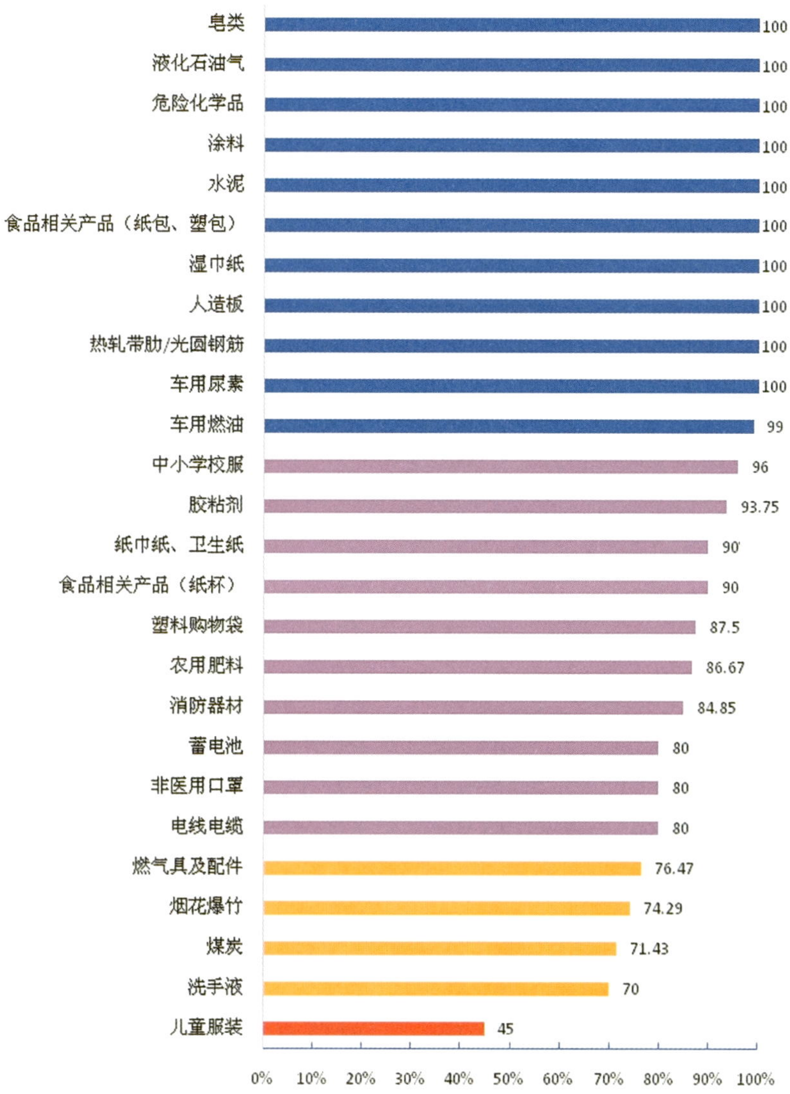

图 4　2021 年连云港市市级监督抽查各品种产品合格率示意图

苏北首个质量主题广场。首次获得省对市质量工作专项考核 A 等次。

·质量监督管理　2021 年，市市场监管局监督抽查全市生产企业和实体店铺产品生产或售卖产品 26 种 551 批次，合格 493 批次，总体合格率 89.47%。其中生产企业抽样 101 批次，合格 100 批次，合格率 99.01%；流通领域实体店抽样 430 批次，合格 374 批次，合格率 86.98%；使用单位抽样 20 批次，合格 19 批次，合格率 95%。

·检验检测能力建设　市质量技术综合检验检测中心在全省率先启动质量基础设施“一站式”服务平台建设，以质量专家工作站、质慧港网站、质慧 e 站为载体，实现线上“一网通”，线下“一窗通”。65 家检验检测认证机构入驻质慧港网站，建成 16 家质慧 e 站，服务延伸至县区、工业园区。平台为全市企业免费检测 1200 批次，减免收费 200 万余元。质量基础设施“一站式”服务平台作为全省首批试点，在全省推广应用。国内净水行业首家省级质检中心——江苏省净水产品质量监督检验中心在连云港建成并通过验收。市纤维检验中心为全市企业提供委托检验 949 批次，承担市级儿童服装、中小学生校服产品质量市级监督抽查与风险监测 46 批次，完成进口棉入库、新疆棉入库、新疆棉监管，国储棉出库和期货棉五大类棉花公检任务，现场公证检验棉花 5600 批次、29 万吨，创历史新高。市纤维检验中心实验室搬迁至连云港经济技术开发区，向省市场监管局申报并立项能力提升项目 1 个、科技计划项目 2 个，帮助企业制订企业标准 20 余项，外观设计专利 2 项。

·标准化工作　2021 年，市市场监管局制定实施《连云港市地方标准实施信息反馈和实施效果评估办法（试行）》。市卫生监督所承担的“连云港公共卫生监督服务标准化试点”获批国家试点。朝阳街道承担的国家级美丽乡村农村综合改革标准化试点项目通过验收，是全市首个国家级农村综合改革标准化试点项目。苏北金银花产业标准化试点、东海水晶产业服务标准化试点、药品安全性评价标准化试点获批省级标准化试点。自然资源基层所“四型”建设标准化试点、中哈国际现代物流服务产业标准化试点、养老服务标准化试点、连云港检验检测产业园综合检验检测服务标准化试点、生物医药产业标准化试点通过省级验收。《港口船舶压载水接收设施技术规程》《东海（老）淮猪生产技术规程（修订）》2 项省地方标准通过立项，《专业纤维检验机构管理规范》发布实施，2 项通过技术审查，2 项待审查。《质量基础设施质慧港建设与服务规范》系列标准等 7 项市地方标准发布实施，《火龙果设施栽培技术规程》等 14 项市农业地方标准通过技术审查批准发布。全市新增 244 家企业在企业标准信息公共服务平台上自我声明公开 1074 项标准，其中现行有效企业标准 684 项。

·计量管理　2021 年，市计量中心针对全市机关、企事业单位的计量需求，检定校准计量器具 14.7 万套。免费检定集贸市场和农村医疗卫生机构在用计量器具4213台(件)。以连云港市计量检定测试中心为建设主体,筹建江苏省石化(烯烃)产业计量测试中心。全市完成20.07万台(件)强制检定计量器具的检定工作,其中用于贸易结算13.95万台(件)、安全防护5.12万台(件)、医疗卫生9959台(件)、环境监测36台(件)。

·认证认可监管 2021年,市市场监管局开展综合类检验检测机构双随机检查、通过质量管理体系认证的化工类获证组织抽查、家用和类似用途产品强制性产品认证双随机抽查、防爆电器类强制性产品认证获证组织抽查和其他强制性产品认证获证组织抽查。开展全市机动车检验机构质量管理体系认证提升行动,对新获CMA(检验检测机构资质认定标志)资质的机动车检验机构进行专项监督检查,建立机动车检验机构监管四部门联席会议制度。推动乳制品、肉制品生产企业建立和实施HACCP(危害分析的临界控制点)等食品质量安全管理体系。到2021年底,全市有效认证证书4475张,年新增1245张,其中管理体系认证证书3025张,年新增990张;产品认证证书1376张,年新增216张;服务认证证书74张,年新增39张。全市共有获CMA资质认定的检验检测机构158家。

·网络交易监管 2021年,市市场监管局出台《网络交易监管工作联系点制度》《电子商务平台消费争议处理及知识产权保护规则》。14个部门联合开展"2021网剑执法行动",检查网站、网店3.68万个次,清理删除违法商品信息672条,查处网络违法案件106件,关闭违法违规账号46个。围绕价格欺诈、强制搭售、新冠肺炎疫情相关防护用品、野生动物及其制品、长江禁捕"打非断链"、穿越机、知名医院被冒牌等问题开展专项监测3.23万户次,整改下架涉疫用品、野生动物交易信息128条。抽查核实经营者主体信息559个次,列入异常管理27户,移交违法违规线索116条。针对校外培训机构利用格式条款免除自身责任、加重消费者责任、排除消费者权利等违法行为,检查校外教育培训机构153家,收集、评审教育培训合同147份,下发责令改正通知书21份,约谈企业7家,全面推广《校外培训服务合同(示范文本)》。

·执法稽查 2021年,市市场监管局对防疫物资、医药购销和医疗服务、互联网、电子商务和直播平台、生活消费、要素市场等重点领域开展反不正当竞争执法专项行动。全市查处不正当竞争案件20起,罚没入库268.2万元,3起案件被省市场监管局评为典型案例。查结赣榆区9家液化气站价格串通案件,罚没入库450万元。在全省设区市率先成立反不正当竞争工作联席会议制度。建立企业商业秘密维权联系点4个,培育企业商业秘密保护示范企业28家。全面落实公平竞争审查制度,修订公平竞争审查内部审查机制,完善第三方评估制度。开展市区渣土运输行业公平竞争审查调研。在全市高校中开展"防止传销进校园"专题活动。某医疗设备有限公司为传销提供便利案被苏鲁豫皖周边地区22市打击传销规范直销协作会议表彰为优秀案例。围绕农村市场、重点产业、食品安全、药品医疗器械安全、建材质量、安全生产六大领域,开展系列综合执法行动,立案查处各类经济违法案件3061起,罚没款7419万元。1起案件被国家市场监管总局和省市场监管局列为民生领域案件查处典型案例。查封涉嫌问题口罩4万多只,货值约40余万元。对某药店的价格违法行为及时上报,被省市场监管局列为疫情防控典型案例。查获假冒3M口罩案件,7人被以销售假冒注册商标商品罪判刑。针对进口非冷链集装箱货物预防性消毒抽查,深入码头、市场、超市等场地经营单位,不定时牵头开展督导抽查243批次。市市场监管局综合执法稽查处被国家市场监管总局授予全国"市场监管卫士集体"称号。 (关紫平)

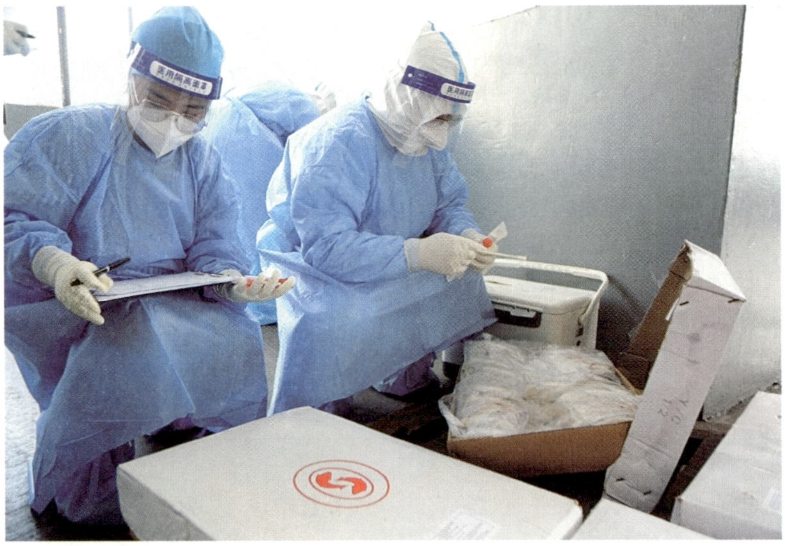

8月11日,连云区市场监督管理局与疾病预防控制中心人员对外贸冷库进口鱼进行新冠病毒核酸检测 王春/视觉江苏网

知识产权保护

·概况 2021年,连云港市累计授权专利9607件,比2020年增长19.22%,其中发明专利授权901件,增长59.47%。万人发明专利拥有量10.4件/万人,PCT专利申请162件,增长27.56%,高维持年限发明专利拥有量1146件。全市申请商标1.85万件,注册商标2.49

万件，有效商标注册量9.42万件，万企有效注册商标企业数961.87家。恒瑞医药“PD－1抗体、其抗原结合片段及其医药用途”获第二十二届中国专利奖银奖。中船第七一六研究所的“一种大型圆柱壳体的拼装及翻转焊接平台”、中复连众的“一种兆瓦级风轮叶片根部的制作方法”、中交第三航务工程局江苏分公司的“一种防波堤桶式构件的安装方法”获中国专利奖优秀奖。赣榆区通过国家知识产权强县工程试点县创建验收，连云港经济技术开发区通过省知识产权示范园区复核。赣榆经济开发区成功获批省级知识产权示范园区。市政府制定出台《关于促进知识产权高质量发展的若干政策措施》，整合专利、商标、地理标志等奖补政策，新增资金奖励和补贴项目13个。向上争取省级资金1019万元，下达市级知识产权奖补资金588万元，在示范园区建设、企业贯标、高价值专利示范中心、知识产权保护和服务等方面给予资金奖补。

·知识产权服务 2021年，全市新增贯标备案企业135家，通过贯标绩效评价企业15家，联瑞新材料获批省企业知识产权战略推进计划，杰瑞电子获批省高价值专利培育计划。知识产权质押融资项目69件，融资金额13.5亿元。国家知识产权局商标业务连云港受理窗口获批运行。

·知识产权维权 2021年，连云港市开展知识产权执法保护系列专项行动，重点查处针对驰名商标、地理标志、专利、北京冬奥会和冬残奥会奥林匹克标志的侵权假冒行为。全市立案查处知识产权违法及纠纷案件434起，其中商标侵权案件124起，专利执法案件169起，专利侵权纠纷行政裁决21起，电商专利纠纷案件120起。各县区均成立公益事业单位知识产权维权援助中心，全市共有知识产权维权援助、非诉纠纷解决机构72家。推进中国(连云港)知识产权保护中心报至国家知识产权局审批。 (关紫平)

·版权保护 2021年，全市18个版权服务工作站强化审核标准，完成作品著作权登记1.5万余件，新增注册用户数位居全省前列，83件作品获评全市优秀版权作品。开展全市版权示范单位创建工作，推动版权示范创建向软件园区、文创园区、正版化先进单位拓展。累计创成省级版权示范园区(单位)6家，市级版权示范单位15家。推荐全市优秀版权企业申报省优秀版权作品产业转化重点培育项目，组织优秀版权企业参展国家版博会，推动优秀传统文化、创意产业等重点领域版权资源进入流通环节。东海县恒达珠宝有限公司、东海县俏艺坊工艺品有限公司2家单位入选省优秀版权作品产业转化重点培育项目。开展“剑网”专项行动，健全打击侵权盗版统筹协调机制，集中文化执法、公安等部门执法骨干组成网络版权执法专门小组进行网络巡查，开展视听作品、电商平台、社交平台、在线教育等领域版权专项整治。全市查处著作权案20余起，涉案金额38万余元，获评全国查处侵权盗版案件有功单位3家，有功个人5人。逐步建立属地互联网企业管理信息资源库，通过举办新媒体座谈会、单独约谈属地网站等形式，落实互联网企业主体责任。签订网络安全行业自律承诺书，合力构建政府监管、企业自管、行业自律与公众监督相结合的版权保护格局。依托市网络传播协会成立市网络“扫黄打非”工作联盟。推进国有企业全部实现软件正版化。利用“4·26知识产权日”版权宣传周等重要节点，依托各级各类媒体和社会宣传阵地，通过发放宣传海报、举办主题文艺会演、组织开展“中国红·百年正青春”青少年优秀版权作品征集活动等多种形式经常性开展版权普法和典型案例宣传。 (赵全全)

消费者权益保护

·概况 2021年，连云港市“12315”消费者投诉举报平台受理消费者投诉、举报、咨询8.4万件，比2020年增长12.12%。其中，举报广告违法行为1.58万件，占75.39%；举报产品质量违法行为1165件，占5.55%；举报侵害消费者权益行为1163件，占5.54%；举报食品违法行为846件，占4.03%；举报其他市场监督领域违法行为468件，占2.23%；举报不正当竞争行为404件，占1.93%。受理消费者投诉2.39万件，增长49.76%，其中商品消费投诉1.92万件、服务消费投诉4713件，分别占投诉总量的80.31%、19.69%。商品消费投诉中，一般食品、服装鞋帽、首饰、交通工具、家居用品、家用电器位居前列，总占比65.81%。

服务消费投诉中，餐饮与住宿服务、电信服务、制作保养和修理服务、电信服务、文化娱乐体育服务、互联网服务位居前列，总占比64.61%。投诉问题类别中，质量问题、售后服务、食品安全、合同问题、广告问题成为投诉热点问题，总占比80.3%。全年与疫情相关的口罩、酒精、消毒用品等防疫物资的投诉举报大幅下降。网络直播带货相关投诉呈上升趋势。

·消费者权益保护机制建设 2021年，市消费者权益保护委员会、市检察机关联合做好个人信息公益诉讼工作。全年办理个人信息保护领域公益诉讼案件10起。与市中级法院建立消费纠纷诉讼与非诉讼对接工作机制，成功解决1起诉至连云港经济技术开发区人民法院的消费权益纠纷案件，帮助消费者和商家达成退货退款协议。开通“我要投诉”在线投诉平台，推进建设“智慧3·15”平台。 (关紫平)

责任编辑 郭 云

参与"一带一路"建设

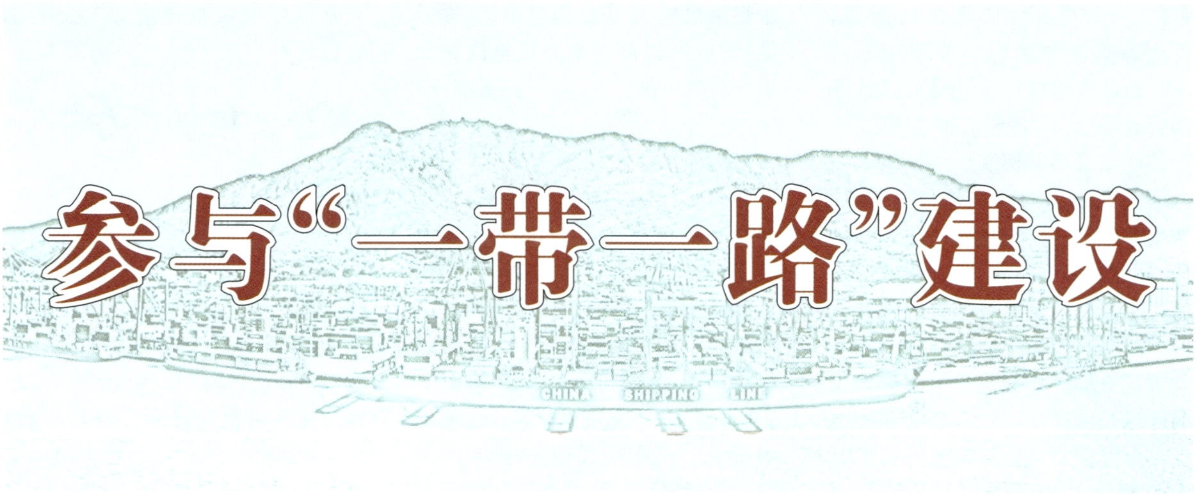

综述

·概况　2021年，连云港市围绕习近平总书记"打造标杆示范"重要指示，"一带一路"建设与合作取得新进展。中哈（连云港）物流合作基地（以下简称中哈物流合作基地）、上合组织（连云港）国际物流园（以下简称上合国际物流园）建设等一系列重大事项纳入国家"一带一路"方案和省"十四五"规划纲要。东中西区域合作示范区新一轮建设方案上报国家发展改革委。编制印发《连云港市"十四五""一带一路"强支点建设规划》。连云港港纳入"十四五"首批国家物流枢纽建设名单，国际枢纽港建设水平显著提升。哈萨克斯坦霍尔果斯无水港累计换装量占全国进出境中欧班列换装量近五分之一，东中西共建新亚欧陆海联运通道格局初步形成。连云港中欧班列全年开行619列，比2020年增长11.7%，位居全省第一。形成覆盖中亚五国、蒙古、西亚（阿塞拜疆、格鲁吉亚）、欧洲（德国、土耳其、波兰）的运输格局。"一带一路"出海口关键性工程——30万吨级航道二期工程完成疏浚总量的78%。强力推进重大产业发展、平台载体打造，全力构建国家级石化产业基地，投产项目8个、在建项目16个。"中华药港"加快崛起，6平方千米的核心区初具规模，入驻项目24个，生物医药产业创建国家先进制造业集群。江苏自贸试验区连云港片区加快政策创新，"一带一路"供应链基地一期建成投入运营，集聚优质要素能力有效增强。举办上合组织国际圆桌会议、共建"一带一路"绿色典型项目研讨会等重要活动，连云港新亚欧陆海联运标杆示范项目入选共建"一带一路"绿色典型项目。（沈　闯）

·商贸合作　2021年，连云港市在"一带一路"沿线国家投资项目5个，连云港方协议出资额7617.96万美元，占比35.84%。涉及的国家有新加坡、哈萨克斯坦、乌兹别克斯坦和孟加拉国，行业有批发业、仓储业、商务服务业、房屋和土木工程建筑业。全年全市与"一带一路"沿线国家（地区）进出口额307.4亿元，比2020年增长56.3%。（刘　莉）

·文化交流　2021年，连云港市开展一系列与"一带一路"沿线城市人文领域务实合作。中央电视台俄语频道拍摄"上合组织成立二十周年"纪录片连云港部分。以《区域全面经济伙伴关系协定》框架协议签署、中韩文化交流年为契机，面向日韩、东盟、"一带一路"沿线国家，拓展交流平台渠道。举办2021中国（连云港）与中亚五国"丝路迎新年"网络云端晚会，在连云港广播电视台及中亚五国国家电视台同步播出。晚会作为中央宣传部中华文化"走出去"项目，以"地方特色、丝路风情、中国气派、国际表达"为主题，精选中国与中亚五国最具代表性节目，呈现丝路人文情怀。启动"云连五洲"海外传播基地项目。在马来西亚、英国、美国、澳大利亚设立连云港市海外传播基地并初步开展工作，重点联系日本、韩国、印度尼西亚等经贸往来密切的国家和地区。举办西游文化嘉年华、上合组织国际圆桌论坛、丝路物博会活动情况被"一带一路"重点国家地区主流媒体、门户网站广泛报道。12月，江苏艺术基金年度资助项目"一带一路"中心线城市水晶艺术品巡展在连云港首展，并相继在河南郑州、陕西西安、甘肃兰州、新疆霍尔果斯4个省市展出。上合国际物流园参加上海合作组织20周年人文与工业展，参加上合组织秘书处举办的国际纳乌鲁兹节活动。（赵全全）

·2021上海合作组织国际圆桌会议在连云港召开　6月18日，由上海合作组织秘书处、连云港市人民政府共同主办的2021上海合作组织国际圆桌会议在连云港举办。上合组织秘书处以及上合组织成员国、观察员国、对话伙伴国相关负责人以"线上+线下"的形式参会。上合组织秘书处秘书长弗拉基米尔·伊玛莫维奇·诺罗夫，副省长惠建林，市委书记项雪龙分别致辞。会议以"加强国际经济贸易合作，促进上合国家进出口便利化”为主题，以上合组织发展国际产业合作、特色产品贸易的现实需求与长远发展需要为切入点，锚定新趋势新问题，探索新思路新对策，构建相互尊重、相互支持、合作共赢的国际物流合作关系。会上，各国代表围绕特色商品物流贸易、国际产业合作、海关国际合作、跨境商品检验检疫准入等方面分别进行发言，就加强国际经贸合作、共同努力简化上合组织框架内进出口环节的现状和前景交换意见，就上海合作组织在贸易、农业和粮食安全、物流和运输等领域的合作问题达成共识，强调优先落实2020年元首理事会以及政府首脑（总理）理事会线上会议期间确定的目标和任务，强调进一步深化交通领域多边合作的重要性，包括建设运输走廊、多式运输物流中心和产业集群，以形成互联互通的国际物流网络体系。与会代表们分享上合组织国家农业领域实践成果，包括打造农产品可持续产销链，发展跨境电子商务，建设农产品贸易与运输、仓储联合基础设施，形成高效的质量控制和农产品进出口安全保障制度，促进上海合作组织框架内经贸合作的发展。

·第七届中国(连云港)丝绸之路国际物流博览会召开　10月18—20日，以“共建新亚欧陆海联运大通道 共促双循环经济发展新格局”为主题的第七届中国(连云港)丝绸之路国际物流博览会在市工业展览中心举办。省人大常委会副主任刘捍东，原铁道部副部长国林，中国贸促会秘书长、中国国际商会执行副会长兼秘书长于健龙，哈萨克斯坦驻沪总领事拉合莫夫·拉合穆江等出席开幕式。丝路物博会展览展示总面积3.7万平方米，其中室内展馆3.2万平方米，室外展场5000平方米。1—4号馆分别为新亚欧大陆桥经合走廊建设成果主题展区、智慧物流科技装备与物流综合服务专业展区、“一带一路”交汇点建设特色展区、“一带一路”商贸物流及跨境电商展区。大型物流装备展区（室外）集中展示工程车辆、公路运输车辆、装卸机械设备等重型物流装备。来自22个国家和地区的450家企业参展，其中馆内展示的物流装备及科技类企业121家，物流服务类企业200余家，商贸物流类企业130家。展会期间，总成交及意向成交金额850万元，签约合作项目36个，总投资402亿元，涉及物流、新材料、高端装备等多个产业。展会期间，举办第五届全球贸易与集装箱运输大会暨“集装箱铁水联运”推进十周年研讨会（“一带一路”国际港航合作论坛）、连云港跨境电子商务创新发展高峰论坛、中国(江苏)—哈萨克斯坦企业家论坛、连云港—里海“一带一路”供应链基地合作洽谈会、新亚欧陆海联运通道自由贸易试验区共建联盟成立大会暨自由贸易试验区创新发展高峰论坛、2021中国国际货代物流发展论坛暨中国国际货代物流行业发展蓝皮书(2020)发布会及中国国际货代物流100＋企业对接交易会等专业论坛，2021“一带一路”中国(连云港)第五届餐饮文化博览会等配套活动。

·2021中国·江苏—哈萨克斯坦企业家论坛在连云港举行　10月18日，中国·江苏—哈萨克斯坦企业家论坛在连云港举行。中国贸促会秘书长、中国国际商会执行副会长兼秘书长于健龙，哈萨克斯坦驻沪总领馆总领事拉合莫夫·拉合穆江出席。论坛以“共建共用‘一带一路’交汇点，开拓中哈经贸合作新局面”为主题，聚力搭建双向沟通平台，推动中哈在国际物流、贸易投资、农畜牧业、能源化工、医药等领域开展深入交流和双向合作。论坛期间，哈萨克斯坦国家投资股份公司分别与江苏省贸促会、连云港市贸促会签署合作备忘录，发起《中国——哈萨克斯坦企业家委员会两国秘书处关于加强中国江苏与哈萨克斯坦共和国企业投资和产业合作的倡议》。

·共建“一带一路”绿色典型项目研讨会在连云港召开　10月21日，由国家发展改革委“一带一路”建设促进中心主办，江苏省发展改革委、连云港市政府承办的“一带一路”绿色典型项目研讨会在连云港召开。国家发展改革委副秘书长苏伟、外交部国际经济司副司长郭学军、国家发展改革委“一带一路”建设促进中心主任翟东升出席，来自19个国家的驻华使领馆、3个国际组织驻华机构、跨国公司、国际非政府组织、中国“走出去”重点企业、金融机构、高校智库等单位的约100人参加会议。研讨会主题聚焦绿色“一带一路”，设立绿色能源、绿色交通基础设施、绿色投资、绿色金融4个研讨单元。围绕7个绿色典型项目以及绿色金融支持

6月18日，第二届上海合作组织国际圆桌会议在连云港举办

市政府办　供图

进行研讨，分享绿色可持续发展方面的经验做法。连云港新亚欧陆海联运标杆示范项目同哈萨克斯坦札纳塔斯风电站、巴基斯坦旁遮普光伏电站、加纳特码新集装箱码头工程、中阿(联酋)产能合作示范园、中埃(及)泰达苏伊士经贸合作区、伊拉克哈法亚油田等项目入选“一带一路”绿色典型项目。

链接

连云港市参与“一带一路”建设8周年综述

2021年，在第三次“一带一路”建设座谈会上，习近平总书记指出“8年来共建‘一带一路’取得了实打实、沉甸甸的成就”。连云港市牢记习近平总书记“将连云港—霍尔果斯串联起的新亚欧陆海联运通道打造为‘一带一路’合作倡议的标杆和示范项目”的重要指示，依托新亚欧大陆桥建设，顺畅联通国内市场和国际市场，充分利用两个市场、两种资源，推进“一带一路”建设工作成效显著。

深化中哈合作，标志性工程示范效应稳步彰显

作为落实“一带一路”合作倡议的首个实体平台，中哈国际物流合作项目建设获得中哈两国元首的4次共同见证，成为中国“一带一路”倡议与哈萨克斯坦“光明之路”战略对接的示范性项目。连云港中哈物流合作基地自2014年7月正式运营以来，货物进出库量年均增长21.7%，集装箱进出场量年均增长5%，累计完成货物进出库量2478万吨，集装箱进出场量145.2万标准箱。

霍尔果斯东门无水港自2017年5月份合作以来运营稳定，过境集装箱换装量由2017年的9.27万标准箱升至2021年的25.6万标准箱，占全国进出境中欧班列数近五分之一，增幅达到146.8%。

深化中欧班列建设，构建国际铁路物流大通道

1992年12月1日，新亚欧大陆桥开通运营，预示着连云港进一步向西延伸链条。截至2021年底，连云港开行6条线路覆盖104个国际货运站点，形成覆盖中亚五国、土耳其、俄罗斯、波兰、德国的线路格局。从连云港出发的中欧班列累计开行4535列，居江苏第一。开行哈萨克斯坦小麦、中亚铁合金等特色专列，集装箱“船车直取”零等待模式获得全国口岸推广。连云港中欧班列承担陆桥过境运量居全国第一。

深化国际枢纽港建设，打造顺畅通衢的东方大港

2021年2月，中共中央、国务院出台《国家综合立体交通网规划纲要》，连云港成为7条交通走廊中的大陆桥走廊起点和11个国际枢纽海港之一。以连云港区为主体，南部徐圩、灌云、灌南港区和北部赣榆港区为两翼的组合型深水大港格局已形成。74条集装箱航线、24条滚装杂货班轮航线及2条中韩客货班轮航线在此交织。从连云港港出发，货物贸易能够触及150多个国家和地区的近千个港口。在疫情防控、场地紧张等不利因素影响下，连云港港完成货物吞吐量实现2.77亿吨，同比增长10.1%，集装箱完成509万标准箱，同比增长6.0%。连通全球、畅达五洲的16条滚装航线带动出口汽车突破15万台，大幅增长77.43%，挺进全国前三。

深化开放平台引领作用，打造开放经济发展新引擎

国家东中西区域合作示范区建设稳步推进，服务中西部地区的进口资源加工基地、出口产品加工基地、产业承接与转移基地建设取得重大突破，东中西共建新亚欧陆海联运通道格局初步形成。连云港获批自贸试验区，企业数超1.2万家，较获批前增长10倍，形成制度创新成果105项，牵头成立新亚欧国际陆海联运通道自贸试验区联盟并举办高峰论坛。上合组织(连云港)国际物流园入驻物流企业达61家，专用铁路开通，连续4年进入全国优秀物流园区，2021年完成物流量4381.1万吨，增长接近翻倍，累计完成物流量超过1.1亿吨。“一带一路”供应链基地(连云港)项目一期建成投运，“连云港—里海”7000千米的消费类商品供应链通道正式启动。田湾核电站核电科技研发国际科技合作基地建设稳步推进，7、8号机组顺利开工。

深化国际人文交流合作，城市国际化水平不断提升

连云港市与“一带一路”沿线地区交流日益频繁，成功举办2届上合组织国际圆桌会议、5届连云港论坛、7届中国(连云港)丝绸之路国际物流博览会，承办共建“一带一路”绿色典型项目研讨会。江苏海洋大学与乌克兰马卡洛夫造船大学联合设立海洋工程学院。国际友城外交步伐不断加快，相继与韩国木浦、俄罗斯伏尔加斯基、日本佐贺、吉尔吉斯斯坦比什凯克等城市缔结友好城市关系。国际传播力度不断加强，先后在埃及、新加坡、日本、韩国等地开展文化交流，传播西游文化、徐福文化、镜花缘文化，传递港城声音。 (年 编)

中哈(连云港)物流合作基地建设

·概况 2021年，中哈物流合作基地完成货物进出库量398万吨，比2020年增长6.65%；集装箱空、重箱进出场量19.96万标准箱，增长12.27%，集装箱拆装箱量2.35万标准箱，增长49.06%。中哈物流合作基地是“一带一路”倡议的首个实体项目，依托陇海铁路及空港、公路网，来自世界各地的海运货物在中哈物流合作基地运用多式联运的模式，将中亚的粮食、铁合金等运往欧美、日韩。建设集装箱堆场22万平方米、1763个集装箱位，铁路专用线3.8千米。截至2021年底，累计完成货物进出库量2478万吨，集装箱空、重箱进出场量145.2万标准箱。

·业务经营 2021年，中哈物流合作基地利用新老仓库开展胶合板、铅锭、碱粉拆装箱等业务，开发在场集装箱拆装箱业务，减少外拖运输费用18万元。国际业务通过拓展回程货源市场、争取铁路计划支持等措施，

7 月 30 日，“连云港—土耳其”班列从中哈（连云港）物流合作基地整列发出　　　　市政府办　供图

维护中欧班列满载率、重箱率持续稳定，全年完成东行过境代理业务 20 列，跨里海及中亚全程代理 176 车，比 2020 年增加 232%。国际班列“船车直取”模式进一步提高发运效率，实现过境箱发运“零等待”，7 月在全国口岸推广。　（张　严）

上合组织（连云港）国际物流园

·概况　2021 年，上合国际物流园管辖面积 69.79 平方千米，兼备公、铁、河、海等多种运输方式。完成物流业主营收入 63 亿元，比 2020 年增长 365%；完成物流量 4381.1 万吨，增长 84%。上合国际物流园地处串联连云港区和徐圩港区两大港区走廊位置，兼备公、铁、河、海等多种运输方式。园区重点打造基础物流、增值物流、公共物流三大功能体系，发展多式联运、国际商贸、保税物流、加工增值、智慧信息、商务金融六大服务功能。建成公路港、内河港、保税物流中心等平台，专用铁路、装卸场站、中外运物流中心等重点项目。上合国际物流园连续 5 年获评全国优秀物流园区，2021 年在全市省级园区考核中位列第一，在近三年全省省级园区考核中累计进位 18 位，进位幅度全市第一。

·基础设施建设　2021 年，总投资约 18 亿元的专用铁路和铁路装卸场站项目建成运营，作为新亚欧大陆桥终端设施发挥作用。云港路延伸至徐新路工程、钱江路二期工程主体完工，纵一路桥、保税一路具备通车条件，金港路延伸至徐新路工程加快推进，公路路网体系进一步完善。海州港二期加快推进，加大内河码头设备设施改造和场地修复力度，打造绿色低碳高效内河港。完善水、电、雨、污等管网及生态环保、绿化养护等公共配套设施建设，西北片区 72 号泵站和大岛山路开闭所主体完工。

·物流业务经营　2021 年，上合国际物流园围绕新亚欧陆海联运通道，打造面向日韩、连通中亚、辐射全国的重要平台载体，提升物流产业服务功能，获评全国优秀物流园区。物流业完成主营收入 63 亿元，比 2020 年增长 365%；完成物流量 4381 万吨，增长 84%；新增 AAA 级物流企业 1 家。发挥海河联运整体联动优势，优化集装箱作业流程，提高车船直取比重，稳定运营航线 11 条，完成内河吞吐量 1031.4 万吨、海河联运量 823.5 万吨、集装箱运量 3.5 万标准箱。丰富货源结构，开辟保税市场，开发原糖、萤石球团、硅锰合金等新的保税货种，年入库货种 39 个，累计完成货运量 91.6 万吨、监管货值 6 亿美元。提升公路港“一卡通”系统、车辆自助服务系统、汽车后市场消费服务等平台服务水平，完善品牌重卡、装卸机械、汽车创新技术等配套服务，形成车、货、人、信息、资金等要素融合的公路港产业生态圈，完成进出场车辆 102.5 万辆、集装箱 2.7 万标准箱。与连云港港口集团和中原物流签署三方战略合作协议，共同商定打造完善的专业化物流仓储体系，开展专业化物流合作。

·上合组织（连云港）国际物流园专用铁路开通　10 月 28 日，上合组织

10 月 28 日，上合组织（连云港）国际物流园专用铁路开通　　　　市政府办　供图

(连云港)国际物流园专用铁路线开通。该项目主要包括物流园支线、铁路装卸场站及20万平方米配套堆场，2017年2月开工，2020年12月通过初步验收，2021年10月19日完成试验运行。专用铁路设计近期年到发量1290万吨，远期1800万吨，主要装卸运输集装箱、煤炭、钢铁、有色金属、矿石等。首批接卸货物主要是来自河南的无烟喷吹煤，在园区卸载后直接转运至海港码头下水，首次以海铁联运方式运送到客户家门口。（吕俊燕）

新亚欧陆海联运通道建设

·概况 2021年，连云港市推进新亚欧陆海联运通道建设，持续深耕中亚市场，重点打造五条中欧班列精品线路，包括经霍尔果斯口岸出境，至阿拉木图、塔什干的点对点直达班列，辐射中亚五国，以及至阿塞拜疆、格鲁吉亚、土耳其共享班列。经喀什口岸、二连浩特口岸出境，形成“日中蒙”铁海快线、“中吉乌”海铁公多式联运班列。截至2021年底，全市累计开行中欧班列4535列，总量位居全省第一、占比超40%。连云港新亚欧陆海联运标杆示范项目入选“一带一路”绿色典型项目。

·国际班列运营 2021年，连云港市有效发挥“海上快船+陆上快线”优势，形成日韩、东南亚以及国内沿海地区经连云港至中西亚、蒙古、欧洲的双向对流运输格局。开行各类班列619列，比2020年增长11.7%。自2015年开行至阿拉木图首趟中欧班列以来，累计开行班列4535列，总量位居全省第一、占比超40%，累计运量39.9万标准箱，基本形成以中亚为主导的品牌优势。在6条班列中，重点打造5条中欧班列精品线路，包括经霍尔果斯口岸出境至阿拉木图、塔什干的点对点直达班列，辐射中亚五国，以及至阿塞拜疆、格鲁吉亚、土耳其共享班列。经喀什口岸、二连浩特口岸出境，形成“日中蒙”铁海快线、“中吉乌”海铁公多式联运班列。连云港中欧班列实施“走出去”战略，由市场化培育推动阶段逐渐转入质量型发展轨道，实现“重去重回”，满载率、重箱率基本达到100%，哈萨克斯坦小麦、中亚铁合金专列数量全国领先。全力拓展回程班列货源，稳固提升铁合金、钾肥等回程货源，新开发棉浆、尿素等货种，全年回程班列194列，增长54.2%。新开韩国—连云港—土耳其转至波兰欧洲过境班列；连云港—波兰欧洲整列发运；新开“连云港—俄罗斯”通道。推出同一集装箱“海—铁—空”联运、“内陆—中亚—东南亚—中亚”循环利用等运输模式，依托自贸试验区政策优势，创新实施“保税+出口”混拼、“船车直取”零等待、“哈萨克斯坦小麦全程多式联运、中亚钾肥过境“集改散”等18种新模式，压缩货物在港时间。其中，国际班列过境集装箱“车(站)船直取”零等待模式使中转时间节约75%，企业转运、仓储、装卸等费用节约60%，年度油耗节约58万吨，碳排放量减少183万吨，在全国口岸推广。（张　严）

·多式联运 2021年，全市海铁联运完成69.6万标准箱，比2020年增长10.8%；海河联运集装箱运量1792万吨，下降1.1%。以新亚欧大陆桥大通道为依托，创新构建“一平台、三支点、四线路”的多式联运格局，开展以港口为核心枢纽的海铁、公铁、海河多式联运模式，实现港口枢纽内外多种运输方式的无缝衔接。新亚欧大陆桥集装箱多式联运示范工程获评国家首批多式联运示范工程。国家级甩挂运输试点中韩—中哈—苏北集装箱跨境甩挂运输项目通过交通运输部验收。率先开发运行的铁水联运信息系统，实现集装箱铁水联运“一次填单、一口报价、一次委托、一次结算”的业务新模式。建成国家集装箱海铁联运应用示范工程，整合口岸通关信息，实现多式联运一体化电子支付；建成蓝宝星球多式联运综合服务平台，通过信息化手段整合平台数据，实现港口跨区域综合性信息服务；打造“连云港国际贸易单一窗口”“霍尔果斯东门无水港管理系统”等特色项目，推动航运物流无缝衔接，实现货运信息一站式通报。“合肥—连云港”整车出口海铁联运通道开通，苏皖两地企业依托大陆桥走廊实现地理串联。依托内河形成一港四线海河联运体系，连通苏鲁豫皖四省和长江流域地区。连云港港和山东港口青岛港、日照港签署深化战略合作框架协议，在新亚欧大陆桥经济走廊建设和海上合作方面统筹联动。（宋　琦）

10月18日，新亚欧陆海联运通道自由贸易试验区联盟在连云港成立
市政府办　供图

·“霍尔果斯—东门”经济特区无水港建设 2021年，哈萨克斯坦“霍尔果斯—东门”经济特区无水港完成过境集装箱换装量25.66万个标准箱，比2020年增长12.2%；仓库及敞车件杂货量10.47万吨增加5225.4吨，增长5.3%。哈萨克斯坦“霍尔果斯—东门”经济特区无水港距中国霍尔果斯口岸15千米，主要经营集装箱班列国际中转业务、物流和多式联运、仓储服务等业务，是重要的物流通道节点。该项目是中国“一带一路”倡议与哈萨克斯坦“光明之路”战略对接的示范性物流项目。无水港移植中哈物流合作基地的TOS系统运行稳定，在无差错换装方面发挥显著作用。截至2021年底，累计完成57.64万标准箱。无水港注重场站的低碳、环保运营，电力环保设备占比增至45%，轨道式龙门吊实现自动化控制和智能化装卸，集装箱吊具散货装卸专用箱技术获得国家专利，装卸箱一次耗电仅0.1千瓦时，专用箱运行成本低于0.5元。 （张 严 吕俊燕）

·韩国—中国（连云港）—波兰（马拉舍维奇）国际班列整列首发 8月25日，满载着韩国汽车配件、电子产品等50车货物的韩国—中国（连云港）—波兰（马拉舍维奇）国际班列首次整列发出，从中哈（连云港）物流合作基地沿着新亚欧大陆桥一路向西，经由霍尔果斯口岸离境，途经哈萨克斯坦、白俄罗斯等国，最终抵达波兰最大铁路转运港马拉舍维奇，连云港中欧班列线路再增新通道。连云港中欧班列形成覆盖中亚五国、蒙古国、西亚、欧洲的运输格局。

·连云港中欧班列首次实现单一货种整列发运 8月28日凌晨，一列满载着高效单晶硅太阳能组件的中欧班列从连云港中哈物流合作基地鸣笛发出，其目的地为德国杜伊斯堡，到站后通过公路配送网络把产品分销到德国、荷兰等欧洲地区。该班列运送的是来自江苏、山东企业所产的光伏产品组件，全列共计50车。这是中欧班列开行以来，首次实现单一货种整列发运。连云港至土耳其、德国、波兰“南北双线”均实现整列运输。

·新亚欧陆海联运通道自由贸易试验区联盟在连云港成立 10月18日，新亚欧陆海联运通道自由贸易试验区联盟成立大会暨首届自由贸易试验区创新发展高峰论坛在连云港市举办。商务部研究院院长顾学明、副院长崔卫杰，国务院研究中心对外经济研究部副部长罗雨泽出席，市委副书记、代市长马士光致辞。新亚欧陆海联运通道自由贸易试验区联盟由江苏自由贸易试验区连云港片区，河南自由贸易试验区郑州片区、开封片区、洛阳片区，陕西自由贸易试验区中心片区、西安国际港务区片区、杨凌示范区片区，安徽自由贸易试验区合肥片区、蚌埠片区及霍尔果斯经济开发区、阿拉山口口岸等单位联合发起设立，联盟秘书处设在江苏自由贸易试验区连云港片区管委会。联盟合作聚焦推进通关便利化改革、健全信息共享共用机制、重点产业协同发展、对外贸易合作、完善合作体系等重点事项，探索“共建共用”合作新模式。活动现场，沿线9个自贸片区与霍尔果斯经开区、阿拉山口口岸等2个重要口岸代表共同签署联盟协议，联盟成员共同发布一批新亚欧陆海联运通道自由贸易试验区制度创新案例。

·中哈物流合作基地首开至俄罗斯班列 11月23日上午9时18分，一列满载着生活用品、家用电器等货物的班列从中哈物流合作基地发出，于20日后抵达俄罗斯莫斯科沃尔西诺站，中哈物流合作基地首次开通至俄罗斯中欧班列。中国（连云港）至俄罗斯（莫斯科）首发班列共有50车，所运载的货物主要是来自江浙沪所生产的轮胎、灯具、鞋底、插座等小商品，经由二连浩特口岸出境。

·“一带一路”供应链物流基地建成投运 4月，“一带一路”供应链基地（连云港）项目建成投运，联通“连云港—里海”消费类商品供应链通道启动。该项目总投资40亿元，主要建设多组物流中转库，包含期货交割、商品保税、配送及交易等功能，同步配套建设一条铁路专用线。“连云港—里海”双方借助该平台向深层次产业合作转型，集聚日韩、长三角、珠三角大批制造企业资源，通过中欧班列点对点的方式输送，为里海五国提供新的产业项目和就业机会，并吸引里海周边国家把优质资源类产品输入中国。 （年 编）

国家东中西区域合作示范区

·概况 2021年，国家东中西区域

11月23日，连云港首开至莫斯科中欧班列　　王健民 摄

4月，“一带一路”供应链基地（连云港）项目建成投运 市政府办 供图

合作示范区先导区徐圩新区实现地区生产总值110.2亿元，比2020年增长33.4%；入库固定资产投资535亿元，增长34%；重点产业项目投资491亿元，占全市产业投资总额的40%；制造业投资420亿元，增长27%；工业应税销售收入457.2亿元，增长113.5%；制造业增加值85亿元，增长135%；工业战略新兴产业产值占工业总产值的39.8%；一般公共预算收入8.74亿元，增长156.1%；外贸进出口总额30.1亿美元，增长196.8%，增幅全省最高。新增应税销售收入过100亿元企业1家，新增过50亿元企业1家。徐圩新区是国务院批准实施的《江苏沿海地区发展规划》重点开发区域，是国家“一带一路”交汇点建设产业合作的重要载体。总规划面积约467平方千米，其中徐圩港区74平方千米、临港产业区153平方千米、香河生态园12平方千米、埒子河口防护绿地10平方千米、东辛农场218平方千米（含海军农场16平方千米）。徐圩新区主要布局石化、高端装备制造、新材料以及临港物流贸易加工等产业。2021年，连云港石化产业基地总体发展规划（修编）获省政府批复。首度跻身全国化工园区30强，获批中国绿色化工园区、中国智慧化工园区、江苏省新型工业化产业示范基地。

·基础设施建设 2021年，徐圩新区建成应急备用水源、重型化工消防站、地下综合管廊、应急救援实训基地等一批重大产业支撑保障工程。建设七大石化基地首个IGCC（整体煤气化联合循环发电系统）公用工程岛，启动推进田湾核电石化基地供热管网工程。省内首个30万吨级原油码头建成投用，盛虹石化、卫星石化等8个液体化工码头全面建成，洋井集团2个公共液体化工码头加速推进。建成国家危险化学品应急救援连云港基地，其中投资3.4亿元的液体散货泊位区应急消防通道建成使用，“海陆空”一体化救援体系基本形成，打造5分钟应急救援生态圈。徐圩新区达标尾水排海工程、连云港石化基地工业废水综合治理中心、增量配电网试点项目220千伏炼化变电站、220千伏深港变电站等项目建成投入运行，新建方洋·邻里荟购物中心、智慧大厨房食品研发科技园，建设2042间工业邻里中心、徐圩湖石化基地服务区配套用房，3334间施工工人生活营地配套用房等项目。

·重大项目建设 2021年，盛虹炼化一体化项目部分装置具备投料试运行条件；卫星石化项目一期一阶段于4月投料生产，实现投资超70亿元，二阶段开展桩基施工；嘉宏新材料项目推进建设；中化连云港循环产业园瑞恒新材料一期建成投产。

·功能平台建设 2021年，徐圩新区建成投用数据与决策分析、技术与创新孵化、生态与减污研发三大平台于一体的生态环境质量管控中心；建成投用集安全管控、环境监测、能源管理、应急联动等功能于一体的石化基地运管服务中心，集成智慧安监、智慧管网、智慧工地、全景监控、封闭管理、生态环境、应急综合指挥等15个功能平台，构建以事前监测管控为核心保障的全过程管理机制，实施安全和生态环境的全生命周期、全产业链条管理。

（高 欣）

徐圩新区大陆桥产品展览展示中心 来一麟 摄

责任编辑 郭 云

连云港港

港区建设与运输

·**概况** 2021年，连云港港由“一港四区”构成“一体两翼”布局：连云港区为主体、赣榆港区为北翼、徐圩港区和灌河港口为南翼。“一体两翼”组合大港格局加快建设，有万吨级以上生产性泊位79个，形成码头泊位岸线21.7千米，年设计通过能力2.06亿吨。2021年，连云港港吞吐量2.77亿吨，比2020年增长10.1%，其中外贸货物吞吐量1.39亿吨，增长5.1%；集装箱吞吐量509万标准箱，增长6.0%。累计完成投资29.5亿元，其中固定资产投资22.5亿元。开通集装箱航线75条，其中远洋3条、近洋27条、外贸内支线9条、内贸25条、海河联运11条，集装箱吞吐量503.49万标准箱，增长4.8%。新辟包括LNG罐箱专线在内的集装箱航线9条，美西干线向美东地区延伸；新增5条海铁联运通道；新增至波兰、俄罗斯2条中欧线路。连云港港被《国家综合立体交通网规划纲要》确定为11个国际枢纽海港之一，纳入全国沿海港口40万吨铁矿石码头规划布局。

两翼港区产业配套航道和码头加快建设。陆海联运体系持续完善，有内河作业区10个，生产性泊位69个，综合通过能力1510.8万吨。海铁联运量69.6万标准箱，增长10.8%，两翼港区吞吐量4450万吨，增加580万吨。煤炭、液体化工、机械设备、红土镍矿、件杂货、粮食、有色矿合计增量超过1400万吨，其中木薯干和胶合板增量翻番。从连云港港出口车辆15.08万台，跻身全国前三。连云港区进港航道双向通航等级提升。30万吨级航道徐圩港区段累计疏浚8185万立方米，完成总量的78%。30万吨级航道二期工程列入省“首要建设”工程。徐圩港区航道延伸段工程实现10万吨级原油船舶进出、集装箱泊位围堤工程提前完工，赣榆港区液体散货泊位水工基本建成。

·**海陆双向通道建设** 2021年，连云港港放大“海上快船＋陆上快线”优势，打造日韩、东南亚、国内沿海地区至中西亚、欧洲的双向海铁联运特色线路，至中亚五国、蒙古、土耳其、波兰、德国的海铁快线和中吉乌国际联运通道，巩固在中亚地区的主通道地位，提高对欧洲国家的覆盖范围。新开至波兰、俄罗斯2条中欧班列线路，国际班列全年开

2021年，连云港港被《国家综合立体交通网规划纲要》确定为国际枢纽海港。图为连云港港集装箱码头 王健民/视觉江苏网

行619列，比2020年增长11.7%。累计开通6条欧亚通道，分别是连云港—霍尔果斯—中亚、连云港—二连浩特—蒙古、连云港—霍尔果斯—里海—阿塞拜疆—格鲁吉亚—土耳其、连云港—喀什—吉尔吉斯斯坦—乌兹别克斯坦、连云港—波兰、连云港—俄罗斯，实现中亚五国、蒙古、西亚、欧洲等国家和地区的联通。

·对外开放合作 2021年，连云港港加强与上海港战略合作，推进与上海港在港航物流、资本合作、智慧绿色、人员交流等方面合作，合力打造上海国际航运中心和长三角港口群北翼强港，争取支持把集装箱泊位增量项目纳入长三角世界级港口群建设方案，开展与上海港洋山港区外贸集装箱沿海捎带业务试点。与甘肃(兰州)国际陆港管委会签署战略合作协议，双方在共建甘肃进出口商品中转中心、共建共用无水港、促进通关一体化和自贸区经验复制、共同成立无水港服务平台公司、加强人才交流等方面开展深入合作。谋划特色化合作新领域，与安徽省港航集团、徐州港务集团、徐州市交通局等单位商洽交流，就海河联运、资本合作、业务联动等达成初步共识。

2021年，连云港港出口车辆15.08万台，比2020年增长77.43%，居全国第三。图为连云港港等待出口的汽车 王健民 摄

·连云港区 2021年，连云港区完成货物吞吐量2.33亿吨，比2020年增长20%。连云港区南侧自西向东设有墟沟、庙岭、马腰、旗台4个作业区，北侧规划大堤作业区。实现30万吨级航道联通，有万吨级以上生产性泊位49个，设计能力约为1.1亿吨。墟沟作业区形成客运、杂货滚装、通用散货为主的功能格局，庙岭作业区形成集装箱、散粮为主的功能格局，马腰作业区形成氧化铝、化肥及其他通用散杂货为主的功能格局，旗台作业区形成大宗散货、液体散货为主的功能格局。港区内设有中国(江苏)自由贸易试验区连云港片区港口区块，实施面积4.43平方千米，位于庙岭、墟沟2个作业区和中哈物流合作基地。持续推进40万吨矿石码头改造升级及20万吨级矿石装船泊位建设、旗台南区混配矿堆场，快速开展29—30号集装箱泊位升级改造、铁路中心站申建、散粮筒仓扩容、中韩轮渡航线客滚码头及新船建造等前期项目。连云港港中心货运站一期工程、客运站南广场改造工程、马腰危险品库区拆除工程、庙岭作业区33号泊位改扩建工程、南疏港公路主体工程、南疏港公路完善工程、东疏港隧道“白改黑”工程全部完工，旗台作业区大宗商品集散中心围堤主体形成。

徐圩港区盛虹石化30万吨级原油码头 来一麟 摄

·赣榆港区 2021年，赣榆港区完成货物吞吐量1871.18万吨，比2020年增长31.65%。赣榆港区进港航道等级为10万吨级，在一突堤建成1个5万吨液体化工泊位和3个5万吨级通用散货泊位(码头水工预留15万吨级)，设计能力858万吨，主要装卸液体散货、红土镍矿、钢材、木薯干、木材、矿建材料等货种。年内重点建设6号液体散货泊位、4—6号散货泊位、LNG接收站配套泊位等工程。6号液体散货泊位疏浚和水工施工完成；4—6号

散货泊位工程疏浚及水工标段完成70%，后方陆域地基处理及道堆标段完成50%，辅建标段完成80%。港区皮带机基础项目主体完工，港口数字孪生工程平台试运行。

·徐圩港区 2021年，徐圩港区完成货物吞吐量1361.68万吨，比2020年增长3.0%。徐圩港区一港池形成通用散货为主的功能格局，二港池与四港池形成大件吊装、液体散货为主的功能格局。进港航道等级为10万吨级，在建30万吨级。形成各类泊位14个，设计能力4300万吨。建成液体散货区公共配套起步工程、液体化工泊位支管廊工程、四港池支航道工程。其中，公用码头为2个10万吨级通用泊位(码头水工预留15万吨级)，主要接卸各类矿种、矿建材料、水泥熟料、钢材、煤炭等货种，设计能力1000万吨。加快30万吨级原油码头及有关产业配套码头、公共管廊(支管廊)、集装箱围堤等重点工程建设和验收。徐圩港区禾兴码头，143—145号泊位对外开放获得省政府批复。129号泊位临时启用延期获省商务厅批复。徐圩公共管廊通过竣工验收，30万吨级航道延伸段工程完成第一阶段施工；通过中间验收具备通航(盛虹)能力，疏浚施工完成85%，30万吨航道二期工程徐圩航道LYG-302-H2.2标段通过交工质量核验，集装箱泊位围堤工程主体完成。

·灌河港区 2021年，灌河港区货物吞吐量1218万吨，比2020年增长7.7%。灌河港区由燕尾作业区和九队作业区组成，燕尾作业区形成通用散货、件杂货、集装箱为主的功能格局，九队作业区形成散货、件杂货为主的功能格局。在建5万吨级进港航道，拥有6个2万—5万吨级泊位，设计能力821万吨。根据“以散杂货运输为主，着力拓展海河联运功能”的功能定位，规划在“十四五”期间实现海港码头设计能力新增300万吨，建成海河联运区一期工程(设计能力500万吨)。10月，来自海南的聚对苯二甲酸乙二酯吨袋船靠泊灌河港区301泊位进行卸船作业，吨袋添新货种。 (张　严)

·货物代理 2021年，中国外运陆桥运输有限公司推进综合物流业务四大通道建设。水运通道完成东南亚、中东、北美航线箱量600标准箱；陆运通道实现国际多式联运、国际铁路和国内疏港铁路发运箱量3.6万标准箱；汽运通道发运箱量7000标准箱；空运通道开发国内至美国的空运新业务。代理国际铁路业务4800标准箱，实现支线承运量6.5万标准箱。中国外运上合物流中心项目工程建设加快推进，年度投资额4500万余元。1月，公司代理的圣蓝轮停靠港口88泊位，该轮船长340米、靠泊吃水21.49米，卸载31.8万吨巴西进口铁矿货物，创港口靠泊最大吃水好望角型船舶纪录。2月24日，公司代理的天使轮完成进口化肥卸载任务安全驶离港口82号泊位，刷新连云港港接卸进口化肥单船货量最大船舶历史纪录。该轮船长229米、宽32米，承担中化公司从约旦阿拉伯钾肥公司APC进口7.8万吨化肥运输任务。揽取卫星石化集团进口的单件长104米、重达1150吨的超大件乙烯精馏塔设备船舶代理业务。

(沈　刚)

·连云港港被《国家综合立体交通网规划纲要》确定为国际枢纽海港 2月24日，中共中央、国务院印发《国家综合立体交通网规划纲要》，连云港港被列为全国沿海27个主要港口之一，并确定为国际枢纽海港。纲要在“国际性综合交通枢纽港站——国际枢纽海港”中明确提出，要“发挥上海港、大连港、天津港、青岛港、连云港港、宁波舟山港、厦门港、深圳港、广州港、北部湾港、洋浦港等国际枢纽海港作用”。在“国家综合立体交通网主骨架布局”中提出建设7条走廊，大陆桥走廊位列其中，其主要路径之一为连云港经郑州、西安、西宁、乌鲁木齐至霍尔果斯—阿拉山口。

·连云港港30万吨级航道二期工程列入省“首要建设”工程 3月，省交通运输厅提出首要建设一批世界级重大工程，“连云港港30万吨级航道二期工程等标志性工程取得新进展”被纳入其中。连云港港30万吨级航道是国内乃至世界上在开敞海岸淤泥质浅滩建设的等级最高的人工深水航道。二期工程在一期工程航道轴线基础上进行增深、拓宽、延长，包括建设30万吨级连云港区航道和30万吨级徐圩港区航道及配套围堤、锚地工程等，航道疏浚工程量约2亿立方米，疏浚段长约70.5千米，建设围堤9.6千米，工程

连云港港灌河港区燕尾作业区码头　　王庚　摄

连云港港30万吨级航道三期工程施工现场　　王健民　摄

总投资77.49亿元。外航道内段、外段疏浚工程于2020年完工，徐圩港区航道截至2021年底累计疏浚8185万立方米，完成总量的78%。

（年　编）

临港产业区

·江苏柘汪临港产业区　江苏省赣榆海洋经济开发区核心区区位调整至柘汪临港产业区。内容参见“开放型经济”类目“江苏省赣榆海洋经济开发区”条目。

·灌云县临港产业区　2021年，灌云县临港产业区建成核心区35平方千米，实现一般公共预算收入4.12亿元，地区生产总值17.66亿元，工业应税销售收入50.07亿元。新增企业85家，其中规模以上企业7家。海河联运吞吐量1600万吨，比2020年增长6.25%；集装箱运量1.8万标准箱，增长4%。

全年累计招引过亿项目19个，计划总投资224.5亿元，其中过百亿元项目1个，为投资182亿元的中林国际木材产业园项目；过10亿元项目3个，分别是投资40亿元的碱业公司搬迁项目、投资10亿元的LNG储备站及冷链物流项目和投资10亿元的渔港经济区项目。新增高新技术企业2家，完成高新技术产业投资2.2亿元；新招引科技类企业项目3个。连云港临海新材料有限公司获评省最具成长性高科技企业。新竣工项目7个。8月，总投资53亿元的华能灌云海上风电项目实现30万千瓦全容量并网发电。累计投入资金1.84亿元，推进化工集中区道路环境综合提升、老324省道改扩建、园区水系疏浚等基础工程建设。绿业污水处理厂完成土建主体施工，附属工程建设加快推进。物流园内，总投资1.5亿元的公用型保税库项目竣工，进口木材处理区、大宗物流堆场、400万吨建材粉料转运中心等重点物流项目加快建设。

（黄　洁）

·江苏灌河半岛临港产业区　2021年，江苏灌河半岛临港产业区修编制定园区产业规划、发展规划和规划环评，明确沿海钢铁发展基地和新材料区、装备制造区、海河联运区“一基地三园区”的产业发展定位。完成规模以上工业投资23.2亿元，规模以上工业技改投资11.6亿元，工业应税销售税收6.7亿元。集聚形成钢铁冶炼、物流仓储、船舶修造等核心产业板块。其中，钢铁冶炼有炼铁产能300万吨、炼钢产能300万吨、轧材产能240万吨的兴鑫钢铁和总投资60亿元、年产300万吨的亚新钢铁等百亿规模钢铁企业2家；船舶产业园有名洋船业、海中洲船业、胜华船舶、美尔美图船业4家企业在产，年产船舶约30艘；现代物流产业园进驻灌河国际、中储粮、中交三航五公司等国有企业3家，中小型物流企业近100家；灌河港区建成5000吨以上泊位11个，以钢铁、大型预制件、粮油、散杂货物等为主导的物流基地年吞吐量超2000万吨。延展金属、东铭焊网、闵信PC棒、庆延冷轧等投资超亿元项目投产达效；总投资16.8亿元的绿色建材、6亿元的超细粉等项目开工建设。完善路网、电网、物流等配套基础设施建设，2座220千伏变电站主体完工，日处理1万吨污水的污水处理厂建成，2个万吨级码头开工建设。　（张　宇）

江苏灌河半岛临港产业区国际标准件产业园项目建设现场

尤子龙/视觉江苏网

口岸管理

·海关通关管理　2021年，连云港海关实际监管进出口货物1.2亿吨，比2020年增长2.5%；进出境船舶8841艘次，增长1.4%；进出境集装箱96.3万标准箱，增长6.5%；进出境人员17.7万人次，下降1.4%。报关单接单19.7万份，比2020年下降19.6%；征收税款214.62亿元，增长40.3%；检验检疫进出口货物2.5万批、货值799亿元，分别下降27.7%、51%。开展"国门利剑2021""蓝天2021"等专项行动，惩治"洋垃圾""水客"走私等各类走私行为。立案侦办刑事案件14起、案值1.98亿元，查获一类管制精神药物"三唑仑"20粒，查获制毒化学品轻质纯碱3121吨。立案调查行政案件50起、案值2996万元。开展打击跨境电商进口走私"断链刨根"专项整治。口岸查获固体废物3610吨，在南京关区货物查验渠道首次查获3批危险固体废物。修订退运处置操作规程，与环保部门建立"双无"固体废物移交处置机制，退运固体废物4279吨。

连云港海关大力支持"一带一路"交汇点强支点建设，助力打造中欧班列"江苏号"连云港标杆。支持徐圩港区143—145号泊位对外开放，保障129号泊位临开延期，推进盛虹石化原油泊位临时开放。推进花果山机场海关监管场所及配套设施建设，完成机场转场搬迁。连云港海关、市商务局联合开展"优化环境促发展、问题清零解难题"系列活动，实施"覆盖＋精准"企业信用培育。落实《关市合作备忘录》重点任务，出台支持"中华药港"建设发展12项措施，推进国际邮件互换局（交换站）、整车进口口岸申建，助力铜精矿"保税混矿"项目通过验收。深化关港合作机制，专人对接支持"千万个标准箱、东方大港"建设，探索推出"检力共享""无接触重量鉴定""远程卫生检疫"等新模式，服务港口提效上量。拓展国际贸易"单一窗口"应用，助推多式联运"一单制"发展，稳中有进压缩口岸整体通关时间。推进过境集装箱"船车直取零等待""保税＋出口"集装箱混拼业务试点。强化自贸试验区监管制度创新，推出6项创新举措，"优化进口粮食品质检验"获海关总署备案。"一带一路"智慧监管示范项目有序推进。"顺势机检"优化集装箱查验流程、海运出口集拼监管流程再造等自主创新项目开展。进境粮食自动化取制样项目通过预验收。科研项目申报、立项数量保持关区前列，1个项目获江苏省科学技术奖三等奖。完成海关总署科普基地、出口食品实训教学点建设。连云港海关综合技术中心通过中国合格评定国家认可委员会和中国计量体系认证评审，新增检测能力27项，获批建设海关总署进口固体废物属性鉴定常规实验室，新冠病毒样本日最高检测能力达2000人份。

4月7日，连云港海关对9万吨进口化肥船实施查验　　林军　摄

·出入境检验检疫　2021年，连云港口岸检疫出入境船舶5779艘次，船员11.5万人次，监管换班船员2597人次。查处非法引进外来物种和种子苗木，设置138个国门生物安全监测点，严防非洲猪瘟、高致病性禽流感、沙漠蝗、红火蚁等重大动植物疫情传入。截获进境植物检疫有害生物415种、1万余种次，检出二类动物疫病动物103头，保障3批、1.7万余头进境种牛安全引进。开展进口食品"国门守护"行动，检出不合格食品79批次。退运249.8吨放射性超标的大理石荒料。开展"龙腾行动2021"，查获涉嫌侵犯知识产权案件23起，扣留侵权货物38万余件，查获首起侵犯专利权案件，查处侵权玻璃杯案件入选海关总署典型案例。连云港海关面对新冠肺炎疫情的严峻挑战，组建2个条线的工作专班，严格落实专班封闭管理要求。成立安全防护监察队伍，推进三级监控指挥中心实体化运作，构建全方位安全防护体系。建立"周通报、旬会商、特情应急处置"联防联控机制，妥善处置"鑫拓""水星""金悦"轮等突发情事。做好进口冷链食品和高风险非冷链集装箱货物的安全监管。

（施菲菲　陆　红　刘　宁）

·海事管理　2021年，连云港海事局接收船舶进出港报告12.65万艘次，办理国际航行船舶进出口岸手续9420艘次，VTS（船舶交通服务系统）保障船舶进出港2.55万艘次，海巡艇巡航里程3.95万海里，办理水工审批184件，开展PSC（港口国监督）检查116艘次、滞留7艘次，FSC（船旗国检查）488艘次、滞留40艘次，办理各类船舶登记业务

1593件，核发各类船员证书4.6万本，实施开箱检查1786标箱，开展船用燃油快速检测1441次，办理无线电业务8443件次。查处各类违法违章行为570起、840件，处罚金额1470万元，比2020年上升74%。辖区发生水上交通事故19起，沉船2艘，死亡失踪3人，直接经济损失2079万元，分别下降17.4%、下降33.3%、下降62.5%、上升36.9%。实施海上搜寻救助行动111起，涉及遇险人员511人，其中466人成功获救，搜救成功率91.19%。高效处置"9·30"直升机坠海事故，机上4名人员被全部救起，其中3人生命体征平稳，1人经抢救无效死亡。

建立海上交通安全工作协调机制，市政府印发防台风船舶撤离、海上活动安全管理方案。连云港海事局、市农业农村局、市交通运输局印发防范商渔船碰撞专项行动方案。推进中韩客货班轮运输安全管理提升，开展内河船舶涉海运输、水上无线电通信、长期逃避海事监管船舶、船载危化品、船舶碰撞桥梁等重点领域专项治理。开展水上无线电通信专项检查1206艘次，清理逃管船舶139艘。强化船载危险货物监管力度，查处涉危违法行为12起。推进"商渔共治2021"专项行动，开展桥区水域隐患专项治理。完成春节、全国"两会"、第二届全球可持续交通大会、第四届中国国际进口博览会期间水上安全监管任务。有效应对台风、寒潮极端天气。积极融入长三角一体化融合发展大局，落实海事证明事项告知承诺制度。落实"好差评"制度，做好"一网通办"平台应用宣贯，推出委托代办制、告知承诺制、海员证信息采集免费拍照等便民服务举措，实现船员办证"一件事一次办"。优化江苏自贸区连云港片区服务监管、政务办理模式，连云港海事局船载危险货物"1+4"联合查验机制作为江苏自贸区第二批改革试点经验在全省范围内复制推广。海事政务闭环管理获江苏自贸区首批十佳制度创新成果奖。全国海事系统首家海事海警联合检查站在灌河海事处挂牌成立。保障1358万吨电煤、294万吨原油、193万吨天然气、416万吨粮食等能源民生物资水上运输高效畅通。推动徐圩港区3个泊位正式对外开放。服务30万吨级航道二期工程、灌河5万吨级航道施工和华电赣榆LNG项目。保障"柳林湾"轮载运8.8万吨原油进靠连云港港徐圩港区30万吨级原油码头，系该码头首次进靠10万吨级大型油轮。新成立1家船员培训机构，填补辖区无油船和化学品船特殊培训的空白。开展国内首艘纯电动拖轮配员减免试点，为该型船配员改革提供先行先试样本。开展"碧海2021"海洋生态环境保护专项执法行动，启动污染物排放取样检测工作，查处船舶非法排放污染物行为。应对新冠肺炎疫情对航运业和水上安全监管带来的冲击和影响，严格落实内外部防控。解决"天空蓝"等10余艘船舶换班难，完成换班5000余人次。组织开展锚地船舶违规搭靠、港作船专项整治，发现违反新冠疫情防控规定行为6起。

（许钦泰）

·边防检查 2021年，连云港出入境边防检查站检查出入境（港）船舶7843艘次，出入境人员15.67万人次，业务量居全省水港口岸之首、全国水港口岸第九。查处各类边检行政案件13起13人、在逃人员1人。利用巡逻艇提高锚地巡查密度，及时查堵口岸违法活动。协助市公安局侦破"2·22"开设赌场案，核查涉赌嫌疑人员和同行人信息3万余条，锁定犯罪团伙成员5人，涉案资金流水200亿余元。推动口岸反恐处突纳入地方应急指挥体系，与公安、海关、海事等建立联勤联动机制，联合开展海上巡查18次、集中整治5次、处突演练6次。地方政府投入120万元，建立主体港区船舶外舷管理系统，实时监控非法搭靠行为，最大限度挤压违法犯罪活动空间。制定出台防控处置规范、突发疫情处置预案，每日进行情况跟进、风险研判、数据推送。组建数据核查专班，实行24小时值班，全年推送连云港籍人员入境信息3.2万条，排查国内航班到连云港旅客信息42.16万条，反馈有涉疫重点国旅行史4404人。与地方政府、防疫部门、海关、码头公司四方协作，开通"口岸疫情处置直通车"，构建大防控体系，妥善处置24起60人

12月28日，连云港出入境边防检查站、连云港海事局签署全面深化战略合作框架协议 连云港边检站 供图

次国际航行船舶涉疫事件。加强开放海域盲区管控，投入 195 万元建设“沿海感知预警系统”，实现出入境船舶在开放海域的监管。加强港区精准化管控，完成港口梯口核查终端和监控智能化改造，实现人、车、船、证、码头 AI 智能采集与识别，打造完整闭环的“口岸管控识别圈”。加强勤务指挥实战管控，投入 80 余万元建设指挥中心，规范站队两级勤务实体运行，整合指挥中心、执勤队“业务流”和港口码头、沿海感知系统“信息流”。投入 221 万元采购大型文检仪、快速证照采集仪、车底高清探测仪、生命探测仪等设备，更换 2 台海港梅沙业务服务器，更新全站梅沙系统 VPN(虚拟专用网络)设备。

加强口岸出入境数据分析，向地方党委政府报送出入境数据分析报告 11 份，工作专报 1 份。加快推进“互联网＋边检服务”建设，做好“12367”咨询热线、“网窗系统”和“两微”平台宣传推介工作，实现电子化审核、网络化流转、无纸化管理。助力复工复产，加强“线上线下”警企联络平台运用，采取行政审批云办理，对运输防疫物资、国际进出口商品和鲜活农产品的交通运输工具，实行“零等待”验放等措施。全年为 1273 艘船舶一次性办理出入境手续，节约船方运营成本约 215 万元，为受伤、患病船员开通边检“紧急通道”9 次，审批办理上下外轮许可 2.69 万份、搭靠外轮许可 996 份，节约服务对象手续申办等待时间 1.06 万小时。对于花果山国际机场、徐圩卫星石化、盛虹炼化配套码头和赣榆港区码头建设，研提建设需求和改进意见 5 大类、21 项。开展学法在警营、普法进校园、送法进企业等活动 16 场次，普及法律法规近万人次。组建法治工作小组，开展网上巡查、实地检查、交流研讨 22 次，案件回访 11 人次。与驻地律师事务所签订法律咨询服务协议，开展法律援助 20 余次、重大采购项目合同草拟提供意见建议 32 条。滕莹获评“全国三八红旗手”、全国公安系统二级英雄模范。（刘益辉）

连云港航标处对连云港海域内 67 号灯浮标进行更换

耿玉和/视觉江苏网

·航标管理　2021 年，东海航海保障中心连云港航标处负责从山东省岚山港以南至江苏省启东市长江口北角沿海整个江苏沿海干线、重要港口航标，以及安徽、山东、河南重要内河 AIS 基站的建设、管理和维护工作。连云港市境内设连云航标管理站、灌云航标管理站，建有连岛航标基地。连云港航标处对接连云港 30 万吨航道建设指挥部等单位，为港口航道、海上风电场、码头工程项目建设提供航标咨询服务和技术支持。重点服务连云港 30 万吨级航道二期工程、赣榆港区 10 万吨级航道工程。为连云港市海域使用动态保护中心提供航标技术指导，协助连云区政府完成前三岛海域清障工作 3 次，撤除障碍物 10 余座。与连云港通信中心签订《一体化融合发展合作备忘录》。开展海事航标巡检，为专用航标行政管理提供技术支持和保障。启动防台防汛应急响应 11 次，最高响应等级为三级。修订《连云港航标处应急反应预案》，完善内部安全应急程序。年内安全完成灯浮标维护保养 87 座次。5 个科技项目通过东海航海保障中心“自奋领”项目审批，“多功能 AIS 航标应用测试”获中心科技讲坛暨“自奋领”青年人才创新大赛三等奖。“碳纤维快速安装航标”项目获全国交通运输领域复合材料技术创新二等奖。与连云港神鹰复合材料科技有限公司签订战略合作框架协议。8 月 30 日，江苏沿海首个桥梁助航标志项目——连云港海滨大道跨海大桥通航孔航标工程项目完成航标设置，通过验收。连云港航标处获评东海航海保障中心 2020－2021 年度先进集体。（张海龙）

责任编辑　郭　云

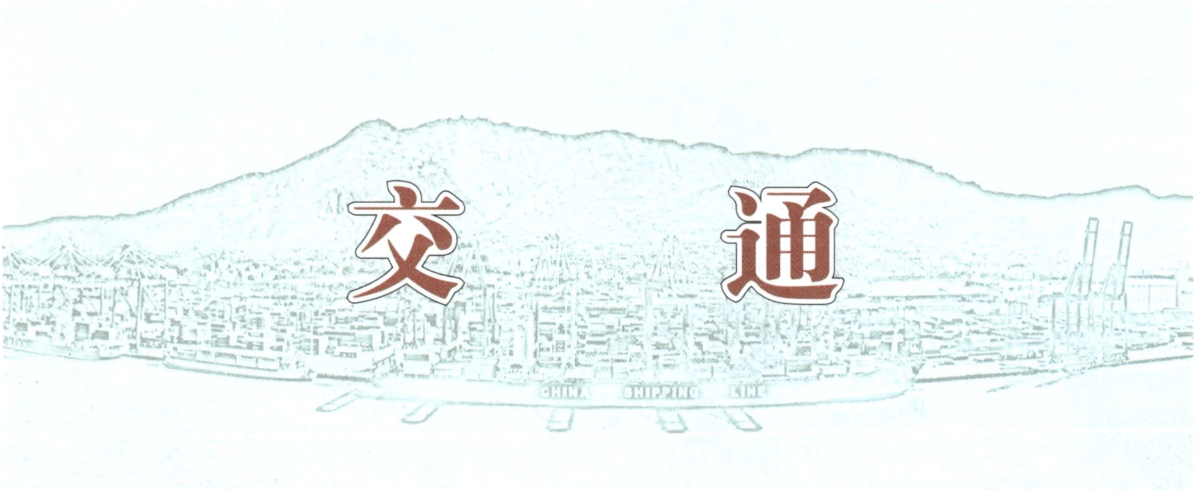

交　通

综述

·概况　2021年，连云港市构建公路、铁路、水运、航空较为完备的综合交通运输体系。高速公路形成以G15沈海高速、G25长深高速、G30连霍高速为主骨架的“两纵一横”布局，实现市到县、县到县的高速公路联网畅通。国省干线公路形成以204国道、228国道、310国道等5条国道和242省道、267、324等10条省道构成的“六纵七横”布局。连徐高铁开通运营，花果山机场建成通航。铁路客运量1345.62万人，铁路货运量6614万吨，全年机场飞机起降1.51万架次，旅客吞吐量123.33万人次，货邮行吞吐量1.26万吨。港口完成货物吞吐量2.77亿吨，集装箱吞吐量509万标准箱。内河航道总里程1103千米，通航船闸5座，水上服务区1座。全市有客运场站42个，二级以上客运站实现全省联网售票。连云港市区（不含赣榆区）有104条公交线路，城市万人公共交通车辆拥有量15.5标台，公交出行分担率26.3%，江苏交通“一卡通”实现县区全覆盖。连宿蚌铁路规划研究成果通过专家评审。连云区“大桅尖路”名列交通运输部“我家门口那条路——最具人气的路”榜首，灌云县、灌南县创建成省级“四好农村路”示范县。　　（宋　琦）

5月，交通运输部公布2020年度“我家门口那条路——最具人气的路”名单，连云港市连云区大桅尖路名列榜首　　市交通局　供图

·绿色出行城市创建　11月24日，市政府办印发《连云港市绿色出行城市创建方案》，提出到2022年6月底，构建“布局合理、生态友好、清洁低碳、集约高效”的绿色出行服务体系，绿色出行环境明显改善，公共交通服务品质持续提升，绿色出行在公众出行中的主体地位基本确立。该创建活动重点实施小微堵点疏通、公交专用道成网、公交场站保障、常规公交提质、慢行环境治理、公交站台便民、绿色文化宣贯、公共交通提速、一站式出行、新能源车辆出新、城市家具示范11项工程。　　（年　编）

链接

《连云港市绿色出行城市创建方案》（摘要）

完善城市路网体系，推进主次干道结构合理化、通行快速化。一是完善便民路。完成中环路、后河路等10余条便民道路建设，对背街小巷和便民路进行综合整治和改善。二是打通断头路，改善交通“微循环”。三是建设慢行路。建设自行车道389.6千米，打造具有滨海、环山、田园特色，环云台山大道、沿海滨大道等重要景观廊道的“一湾一环两带十

二区”骑行体系。

构建多层次、一体化、高效能的公交线网。一是优化线网布局。大力发展定制公交、园区公交、旅游公交等特色线路，创建期内新辟及优化调整58条线路。二是加快公交场站的落地建设，持续提升公交服务保障能力。

开展智慧停车建设，打造智慧出行系统，聚焦改善停车难、停车乱问题。一是实现交通一卡通互联互通。在第三代社保卡中加载“交通一卡通”功能，可在全国300多个城市刷卡乘坐公交和地铁等公共交通工具，实现长三角地区交通出行跨省应用。二是打造智慧公交平台。建成功能相对完善的智能城市公交信息管理系统，建成“智慧港城”系统，“掌上公交”APP实现公交车辆到站信息实时查询，中心城区主次干道实现常规公交电子站牌全覆盖。三是融合多种支付方式。实现微信、支付宝、云闪付、IC卡、银行二维码等多种支付方式通刷通乘。四是完成智慧停车建设。对现有道路公共停车泊位进行智慧化升级改造，完成37条道路近5000个泊位的智能化改造工作。

4月2日，连霍高速公路新墟互通新增匝道工程现场

耿玉和/视觉江苏网

公路

·公路建设 截至2021年年底，连云港市公路总里程1.21万千米，密度161千米/百平方千米。其中，高速公路360千米，一级公路840千米，二级公路1857千米，三级公路843千米，四级公路8209千米。全年农村公路完成投资6.35亿元，建成通车里程551千米，改造桥梁27座。12月26日，连淮高速公路连云港段开工建设。连宿高速公路徐圩至灌云段施工单位进场施工。长深高速连云港新机场互通、新机场互通连接线、235省道灌南段建成通车。402省道赣榆南环段8.3千米完成年度投资计划。204国道赣榆城区段快速化改造启动征地拆迁。233国道海州南段、灌云北段有序推进。创建省级“美丽农村路”样板路4条、省级“平安放心路”样板路3条；东海县“一路晶彩”获评江苏十大优秀农村公路品牌，3座农路桥梁入选“水韵江苏”最美乡村桥。

11月11日，310国道黄川至连云港界大修工程建成通车

市交通局 供图

·公路运输 2021年，全市公路客运量1646万人次，客运周转量8.23亿人千米；公路货运量1.31亿吨，货物周转量352.57亿吨千米。有客运场站42个，其中一级客运站4个、二级客运站4个、农村客运站34个，二级以上客运站实现全省联网售票。道路旅客运输经营业户21户，其中班车客运经营业户10户、镇村公交经营业户4户、旅游包车客运业户7户。营运客车1057台，三级以上客运站场42个。在营客运线路244条（含镇村公交），其中省际班线45条、市际班线133条、县际班线50条、县内班线16条、镇村公交97条。高速客运班线155条。全市有货运经营业户2.64万户、货运车7.9万辆；有道路化学危险品运输企业56家、车辆2730辆。 （宋 琦）

·宁连高速连淮段提速扩建 12月26日，宁连高速连淮段提速扩建工程开工。宁连高速连淮段起自连云港宁海枢纽，向南经海州区、灌云县、灌南县、涟水县、淮阴区，止于淮安王兴枢纽，顺接长深高速淮安至南京段，全长98.651千米。项目建成于

2月8日，连徐高铁开通运营　　王健民　摄

20世纪90年代中期，原为一级公路，2000年完成高速化改造，采用双向四车道高速公路标准，设计速度100千米/小时。扩建工程全线采用双侧拼宽的总体建设方案，按照双向八车道高速公路标准扩建，设计速度120千米/小时、路基宽度42米，批复概算160.31亿元，建设工期3.5年。

·**连宿高速建设**　6月11日，连宿高速公路灌云段启动征地拆迁。连宿高速连云港段起自徐圩新区方洋路与228国道交叉处，向西经东辛农场、同兴镇、下车镇，下穿青盐铁路和连镇客专，经仲集镇，止于灌云县小伊镇与长深高速公路交叉处，路线全长约40.7千米，总投资90.61亿元。该项目采用双向四车道高速公路标准建设，设计速度120千米/小时，全线设置徐圩、东辛、灌云东（枢纽）、仲集南、小伊（枢纽）5处互通式立交，设置主线收费站和服务区（含加油站）各1处。　（年　编）

铁路

·**铁路建设**　2021年，连云港市国铁干线运营里程330千米，其中，连徐高铁、连淮扬镇铁路等4条高快速铁路运营里程240千米。2月8日，连徐高铁开通运营。连云港站、灌云站、灌南站、赣榆站、东海站5个铁路客站和综合枢纽全部投用。连云港全面融入北京4小时、上海3小时、南京2小时、青岛1.5小时、徐州50分钟交通圈，高铁辐射范围1000千米。

·**铁路运输**　2021年，全市铁路客运总量1345.62万人次，货运发送量6614万吨，占全省国铁运量的74%，在全省设区市中继续居第一。

·**连徐高铁开通运营**　2月8日，连徐高铁开通运营。连徐高铁正线全长180千米，总投资261亿元，设计时速350千米/小时，沿线设连云港站、东海县站、新沂南站、邳州东站、后马庄站（接轨站）、徐州东站6座车站。项目连云港段涉及海州区、东海县，约55千米，投资90亿元。

·**连宿蚌铁路规划通过专家评审**　12月1日，连宿蚌铁路规划研究成果通过专家评审。项目推荐线路东起江苏连云港，西至安徽蚌埠，途经沭阳、宿迁、泗洪、五河，线路总体呈“东北—西南”走向，斜向贯穿苏北和皖中南。线路全长285.5千米，利用既有宿淮铁路线路长度24.9千米，新建线路长度260.6千米。　（宋　琦）

空港

·**花果山国际机场建设**　12月2日零时，连云港花果山国际机场实施转场运营正式通航，连云港白塔埠民用机场同步关闭。花果山国际机场位于灌云县小伊镇，北距连云港市中心21.5千米，为4D级国际民用运输机场、江苏省内大型干线机场、国家一类航空口岸、苏北地区国际航运中心。2019年2月开工建设，2021年2月机场跑道道面全面贯通，5月完成飞行校验工作。6—8月，通过民航专业工程第一、二批次竣工验收。9月，机场通过民航华东地区管理局机场建设工程行业验收和使用许可审查。

12月2日，连云港花果山国际机场正式通航。图为机场候机楼
王健民　摄

·航空运输 2021年，连云港机场与国内17家航空公司合作，通航北京、上海、广州、深圳、厦门、成都、西安、南京等33条国内航线，通达32个国内城市。连云港机场航班运输1.51万架次，较2020年增长27.8%；旅客吞吐量123.33万人次，增长27.8%；货邮吞吐量8415.6吨，增长334.4%。全年实现营业收入累计7021.21万元，增加1303.47万元，增长22.8%。受新冠肺炎疫情影响，利润亏损4693.94万元。

（万虹羽）

善后河船闸集装箱船舶过闸　　市交通局 供图

航道

·航道建设 2021年，连云港境内有内河航道82条，总里程1102.55千米，市域范围内三级航道147.02千米，四级航道75.1千米，五级航道90.95千米，六级航道64.24千米，七级航道135.34千米，等外级航道589.9千米。全市有通航船闸5座，水上服务区1座。12月17日，沂南、沂北船闸大修项目完成验收。12月31日，淮沭新河航道疏浚工程完成验收。投入船闸运行维护经费857万元，船闸通航保证率100%。投入航道日常维护经费1250万元，集中开展航道护岸维护、航道疏浚、清障扫床、航标及标志标牌维护、流量观测、船闸机电等日常养护，航道日常维护完成率、干线航道通航保证率、航标正常率均为100%。

·内河运输 2021年，全市有水路货物运输企业54家，辅助业（船舶管理）企业22家，营运船舶1023艘，273.6万载重吨；危货运输船舶19艘，1475载重吨。全年完成水路货物运输量3210万吨，货运周转量237.8亿吨千米，内河港口货物吞吐量535.99万吨。全年五座船闸累计开放闸次3.76万次，过闸单机船舶9.1万艘（船队3564队），船舶通过量0.93亿万吨，扫床总里程972.68千米。（宋 琦）

行业管理

·概况 2021年，连云港市交通运输部门投入850万元，加强道路维护。必检路段路面状况、行驶质量均为优级。全年投资7700万元用于日常路面小修保养，完成投资1.8亿元实施养护大中修工程6项，完工总里程59千米。完成226千米"市级养护现代化示范路"创建试点。首次争创养护大中修市级品质工程，3个项目被评为市级平安工地建设示范工程。完成连云港籍400总吨以下货运船舶生活污水防污改造286艘。淘汰国家第三阶段污染物排放标准及以下排放标准的营运柴油货车1661辆，推进"绿岛项目"实施，海通汽车服务有限公司投资的钣喷中心投入使用。

·路网运行监测 2021年，市交通运输部门完善路网运行监测体系，新建国省干线公路道路监控32处，新建交调站点2处，更新升级交调站点4处。全市有1个市级路网中心、4个县级路网分中心，省市县三级联动的路网应急管理体系基本形成。

·路政管理 2021年，市交通运输部门完成路政巡查及清障里程34.87万千米，清除违法堆积物1587处、摊点1.03万个、非标悬挂物8649块，查处路政案件189起，办理行政许可133件，收取处罚金额32.58万元，路损赔（补）偿费收取84万元。推进国省干线安防工程建设。

·道路运输管理 2021年，市交通运输部门开展治理超载专项行动，查处超限车辆9656台次，卸驳载超限货物13.73万吨，查处"百吨王"车辆95台次。全年免费放行鲜活农产品运输车辆12.91万辆，免征通行费190.19万元；通行持运政苏通卡货车83.48万辆，减免通行费407.52万元。重大节假日期间，免费通行七座以下小型客车12.76万辆，免收通行费127.21万元。开展非法营运专项整治、道路旅客运输站外上下客专项整治、道路旅客运输严管严控、旅游包车客运市场专项整治、非法营运重点地区夜间值守等专项行动，查处道路运输案件711起，其中非法营运类案件432起。（宋 琦）

责任编辑 邱仕明

海洋经济

综述

·概况 2021年，连云港市海洋产业加快恢复增长，结构不断优化，整体呈现稳定向好发展态势。构建一、二、三产业融合发展的现代海洋产业体系，形成陆海内外联动、东西双向互济的海洋经济发展格局。全市海洋生产总值突破千亿元，达到1048亿元，比2020年增长13.79%，占地区生产总值的比重为28.12%，居全省之首。海洋第一、二、三产业比重为15:26:59。海洋服务业、海洋交通运输业、滨海旅游业、海洋渔业等支柱产业增长贡献显著，海洋再生能源利用、海洋生物医药、海洋工程装备制造业等战略新兴产业发展势头强劲，电商“新业态”带动海洋渔业“老产业”实现新跨越。制定出台《连云港市“十四五”海洋经济发展规划》，在全省首家启动建设海洋经济信息化平台。江苏省海洋资源开发技术创新中心获省科技厅批复筹建，由连云港市政府、连云区政府、江苏海洋大学、中船重工七一六所等单位共同建设，是推进全市“十四五”时期海洋产业发展的重大科技平台。

·海洋产业 2021年，全市对外贸易快速复苏带动沿海港口生产较快增长，海洋交通运输业发展态势良好，主要指标创近十年同期最高。连云港港累计完成货物吞吐量2.77亿吨，比2020年增长9.62%。新辟包括LNG罐箱专线在内的集装箱航线9条，新增6条海铁联运通道，新增至波兰、俄罗斯2条中欧线路，中欧班列累计开行4535列，总量居全省第一，占比超四成。港口跻身国际枢纽海港，上榜首批国家物流枢纽建设名单，为全省独家。海洋渔业转型升级持续推进，养捕结构进一步优化。海水养殖和海洋捕捞产量43.71万吨，实现增加值442.5亿元，连云港市被中国渔业协会授予“中国紫菜之都”称号。国内首艘南极磷虾专业捕捞加工船“深蓝号”从连云港市开赴南极，连云区南极磷虾高值化配套产业园加快建设。赣榆区海苔、扇贝、鱿鱼、比目鱼等海产品电商网络销售量全国第一。连云区创新实施“海田托管”养殖服务新模式，累计托管海田超过1350公顷。灌云投资10亿元建设的燕尾港渔港经济区投入使用。滨海旅游业较2020年实现强势反弹。全年接待国内游客3614万人次，实现旅游收入495亿元，分别增长41%、85.4%。优质滨海旅游资源持续开发，连岛景区实施国家AAAAA级旅游景区创建提升工程。秦山岛二期提升改建、伊水温泉康养中心等6个文旅融合项目入选全省第五批文旅专项资金名录，获得扶持资金440万元。

连岛中心渔港　　王健民/视觉江苏网

· 国家级海洋经济发展示范区建设 2021年，连云港市加快建设国家海洋经济发展示范区。持续推动双向开放，完善上合组织出海基地功能，紧密联系日韩、东南亚，提升海外物流基地和港口运营水平，以向海开放引领向西开放，丰富海陆物流一体化业态，集聚特色物流项目。抓住新亚欧陆海联运通道"标杆和示范项目"打造契机，有效完善和优化海陆多式联运体系。连云港港被确定为11个国际枢纽海港之一，纳入全国沿海港口40万吨铁矿石码头规划布局。推动航线网络布局优化，覆盖和加密远近洋航线，深化省内合作，发展江海联运、海河联运及水水中转业务。推进新亚欧大陆桥集装箱多式联运国家级示范工程、陆海联运电子数据交换通道等建设。拓展海铁联运示范，打造"开顶箱"下水示范港，扩大铁路箱与海运箱、客户自备箱的相互适用规模，实行"量价捆绑"优惠政策。2021年，连云港港24条滚装杂货航线带动出口汽车14.25万台，位列全国前三。以海陆物流多式联运为主要方式的港口货物吞吐量为近十年同期增长最高，港口集装箱增幅为近八年同期增长最高水平。连云港港主要指标增长首次超过全国平均水平，货物吞吐量高出同期全国港口平均增幅2.8个百分点，高出沿海港口平均增幅4.9个百分点。深入推进江苏自贸试验区连云港片区制度型开放，加快现代海洋服务业开放步伐，支持开展离岸业务。实施自贸区港航发展中心、大型智能化集装箱中心、国际粮食中转中心、绿色专业化大宗商品集散中心和液体散货运输中心等现代海洋服务业"五大中心"建设。完善海洋公共服务体系，提升"湾长制"工作成效，健全海洋生态治理指标体系，开展海域动态管理、海洋环境变化实时监测。（韦 丽）

海洋渔业

· 概况 2021年，连云港市海洋渔业转型升级持续推进，养捕结构进一步优化。海洋捕捞和海水养殖产量43.71万吨，比2020年下降3.4%。实现增加值442.5亿元，连云港市被中国渔业协会授予"中国紫菜之都"称号。国内首艘南极磷虾专业捕捞加工船"深蓝号"从连云港市开赴南极，连云区南极磷虾高值化配套产业园加快建设。秦山岛东部海域国家级海洋牧场示范区获批。赣榆区海苔、扇贝、鱿鱼、比目鱼等海产品电商网络销售量全国第一。连云区创新实施"海田托管"养殖服务新模式，累计托管海田1350公顷。灌云投资10亿元建设的燕尾港渔港经济区投入使用。

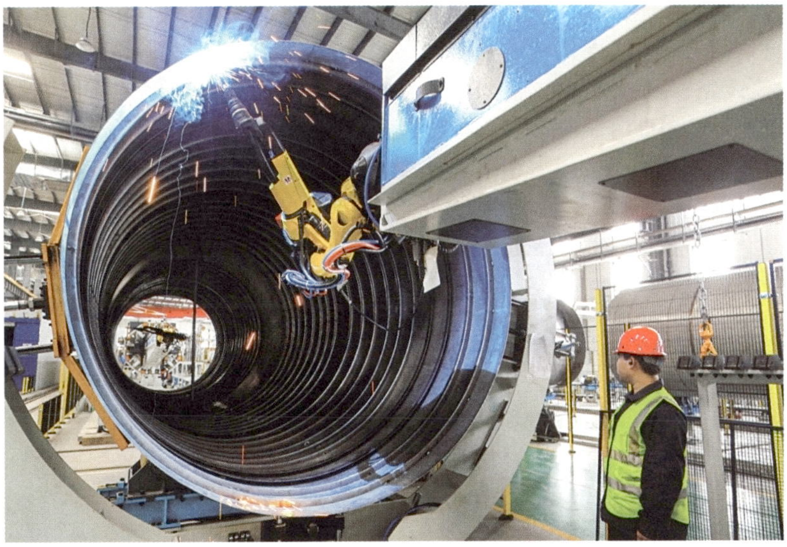

连云港中远海运特种装备制造有限公司生产车间 高屹 摄

· 海洋捕捞和海水养殖 2021年，全市海洋捕捞产量10.91万吨，比2020年减少7.79%。全市海水养殖面积4.7万公顷，产量32.8万吨，主要养殖品种有紫菜、大菱鲆、半滑舌鳎、中国对虾、南美白对虾、梭子蟹、贝类等。

· 紫菜养殖 2021年，连云区紫菜育苗7.65万平方米，养殖0.8万公顷，采收鲜紫菜5.25万吨，一次加工干紫菜14.5亿张，完成6次紫菜入场交易，成交13.01亿张，成交额4.67亿元，实现总产值7.35亿元。其中，养殖产值3.1亿元，一次加工产值2.65亿元，二次加工产值1.6亿元。"连云港紫菜"入选江苏农产品省级特优区名单。赣榆区紫菜养殖面积1.23万公顷，一次加工企业144家。赣榆条斑紫菜养殖形成育苗、养殖、一次加工、精深加工的产业格局。实施柘汪紫菜产业园建设项目，建筑面积21万平方米，可容纳180套紫菜初加工生产线，年产紫菜50亿张，是江苏省内最大紫菜绿色加工产业园。全年签约企业17家，进驻生产5家。

（王继澍 成秀珍）

· 海产品加工 2021年，柘汪、青口、高公岛紫菜产业园区加快建设，形成集研发、育苗、加工、交易和办公于一体的现代紫菜产业园区，逐步实现紫菜一次加工集中供热、紫菜加工废水达标排放、紫菜加工企业片区化管理。海福特公司30万吨海洋食品加工基地、青口蓝湾加工物流基地2个投资额超过15亿元的全产业链园区建设推进。

（王 超）

· 国家级海洋牧场示范区建设 2021年，全市首个国家级海洋牧场示范区——海州湾海洋牧场示范区通过农业农村部五年复查。推进连云区休闲兼顾增殖型海洋牧场建设，编制竹岛海域西墅海洋牧场、牛背岛西南海域多营养层次海洋牧场建设计划，以海洋牧场示范区为载体，将海洋休闲、垂钓、体验、观光、美食等旅游活动与现代渔业方式有机结合，加快打造海洋牧场产业新形态。加大渔业增殖放流力度，建立水生生物保护与管理专家库，印发《连云港市水生生物增殖放流工作细则》，构建财政资金、生态补偿资金、社会资金用于水生生物资源养护和增殖放流多元投入机制，全市累计增殖放流各类水生生物苗种 15 亿余尾。赣榆区推进秦山岛东部海域国家级海洋牧场示范区创建，投入资金 3678 万元，建设海上综合管护平台 1 座，增殖放流驯化基地 1 个，投放人工鱼礁空方量 3.3 万立方米。

（宋新成）

规模化紫菜育苗场的技术人员查看苗种附着贝壳情况

朱华南/视觉江苏网

海洋新兴产业

·概况 2021 年，连云港市海洋新兴产业实现多领域、多行业的高质量发展。海上风电、海工装备等产业实现较大突破，海洋生物医药、海水利用、海洋化工等产业发展平稳增长。

·海上风电 2021 年，国内首个旋转流潮汐海域风电项目——华能灌云 300 兆瓦海上风电全部并网发电。该项目位于灌云县灌河口的旋转流潮汐海域，是连云港地区第一个海上风电项目，也是国内首个旋转流潮汐海域风电项目。项目用海面积约 48 平方千米，场区中心离岸距离 14 千米。主力机型为单机 6.45 兆瓦的海上风电机组，其叶轮直径 184 米，居亚太地区之最。7 月 30 日，华能江苏灌云海上风电场 34 台风机全部安装完毕，实现 30 万千瓦全容量并网发电，全年发电量 61561.35 万千瓦时。

·海洋装备制造 2021 年，中国船舶重工集团七一六所研制、中国海防连云港杰瑞自动化公司生产的全球首台具备自动对接功能的 LNG 卸料臂在国内首座“双泊位”LNG 码头天津 LNG 接收站正式投用。中复连众“一种兆瓦级风轮叶片根部的制作方法”发明专利首获中国专利奖，百米级大型海上风电叶片在连云港市叶片生产基地成功下线。中复新水源年产 400 万平方米高端反渗透（RO）膜及元件项目投产。云洲智能落户连云港并建立无人船艇研发测试基地。（韦 丽）

海洋盐业

·海水制盐 2021 年，受市场需求下降和盐田面积减少等因素影响，连云港市海洋盐业产量下降。累计生产盐产品 69.54 万吨，比 2020 年减少 4.75 万吨。其中，生产原盐 61.29 万吨，生产食用盐 8.25 万吨；销售盐产品 87.19 万吨，实现营业收入 2.62 亿元。日晒制盐单价创历史新高，全年销盐 68 万吨，实现营业收入 1.63 亿元。台北投资公司销售原盐 7.8 万吨、钙液 22.17 万立方米。金桥制盐公司在省内新增淮牌立袋 200 克雪花盐、淮牌 400 克精制海盐等新品种，在省外新增海水自然盐新品种，销售大小包装食用盐 8.39 万吨。日晒制盐公司实施“一星三制”产改工作法，与江苏海洋大学、中国船舶重工七一六所等单位合作，生产效能提升。金桥制盐公司使用食品级除垢剂替代结晶锅人工除垢，节约除垢成本 30 万元，新增洗涤卤水池排淡管道。

·盐化工业 2021 年，全市生产盐化工产品 76.53 万吨，销售盐化工产品 73.62 万吨。利海公司完成氯化氢尾气资源利用、甲类仓库项目可研和施工初步设计，循环水改造及清下水综合利用项目投入运行，全年外销氯化苄 1105 吨，实现创汇 138 万美元。氯碱公司有效应对能耗“双控”影响，销售烧碱等化工产品 58.61 万吨，实现利润 1.25 亿元。

（姚永旭）

责任编辑 郭 云

开放型经济

综述

·概况　2021 年，连云港市外贸进出口快速增长。随着传统外贸业态不断积聚新动能，跨境电商新业态转型升级注入新活力，外贸竞争优势不断提升。全市外贸进出口总额 144.9 亿美元，比 2020 年增长 55.3%，比全省平均增幅高 29.8 个百分点，进出口增速列全省第一位。其中，出口额 60.1 亿美元、增长 58.6%，比全省平均增幅高 31.6 个百分点，出口增速列全省第一位；进口 84.8 亿美元，增长 53.0%，比全省平均增幅高 30 个百分点，进口增速列全省第二位。全市实际利用外资及港澳台资 10.09 亿美元，增长 25.01%。新设外商及港澳台商投资项目 108 个，协议注册外资及港澳台资 34.2 亿美元，分别增长 35%、111.1%。全市新批境外投资项目 16 个，下降 5.88%；连云港方协议投资额 2.13 亿美元，增长 122.02%。其中，在“一带一路”沿线国家投资项目 5 个，连云港方协议出资额 7617.96 万美元，占比 35.84%。涉及的国家有新加坡、哈萨克斯坦、乌兹别克斯坦和孟加拉国，行业有批发业、仓储业、商务服务业、房屋和土木工程建筑业。对外承包工程新签合同额 554 万美元，对外承包工程完成营业额 110 万美元。　　（刘　莉）

·营商环境优化　2021 年，连云港市成立优化营商环境工作领导小组，由市委副书记、市政府市长担任组长，市委常委、市政府常务副市长担任副组长，53 个市级机关、县区政府主要负责人为小组成员。出台《连云港市优化营商环境政策 100 条（2021 版）》，围绕优化便捷高效的政务服务、提升企业全生命周期服务、打造公平竞争的市场环境、构建公开透明的监管体系、强化有力的法治保障、营造亲商安商的社会环境等 6 个方面明确 100 项政策和目标任务。从市场环境、政务服务、监管执法、法治保障等 4 个方面以规范性文件的形式出台《连云港市优化营商环境办法》。出台 4 项工作机制，将 88 家市级机关单位纳入服务高质量发展考核，推动各县区、功能板块和市级机关单位优化营商环境。建立优化营商环境投诉举报处理制度，征集市场主体意见建议，归集“12345”政府服务热线和市政府网站营商环境专栏收到的营商环境问题投诉举报，及时交办并督促相关责任单位按时反馈。建立优化营商环境工作月度监测督办制度，按月统计分析营商环境政策及营商环境评价指标推进情况。建立营商环境特邀监督员制度，从党代表、人大代表、政协委员、行业协会商会、民营企

4 月 28 日，中国·连云港（上海）经贸合作恳谈会召开

市商务局　供图

业、外资企业以及媒体记者等领域，聘请100名特邀监督员对全市营商环境推进情况进行暗访督查。

（沈　闳）

招商引资

·概况　2021年，连云港市克服新冠肺炎疫情防控政策收紧不利影响，转变招商思路，开展各类线上招商活动，实际利用外资及港澳台资10.09亿美元，比2020年增长25.01%。举办中国·连云港（上海）经贸合作恳谈会、“云上参访 投资江苏”——抢抓RCEP机遇促进双向投资交流会等系列招商活动。全市重点在谈、签约招商引资在库项目615个，总投资4782亿元，下降27.3%。制造业项目主要集中在机械设备制造、资源利用加工、新能源、新材料、新医药等行业。615个项目中，投资10亿元以上项目125个，总投资3655亿元，下降34.3%。

·利用外资及港澳台资　2021年，全市实际利用外资及港澳台资10.09亿美元，比2020年增长25.01%。到连云港投资的国别地区共13个。全市实际到资项目94个，其中结转类项目50个，实际到资4亿美元，占全市比重的40.3%；新设类项目累计36个，实际到资5.1亿美元，占全市比重的51%；增资扩股类项目8个，实际到资8730万美元，占全市比重的8.7%。新设外资及港澳台资项目108个，投资总额53.3亿美元，协议注册外资及港澳台资34.2亿美元，分别增长35%、75.1%、111.1%。从产业结构看，三产到资占比较高，全市三产新设项目73个，协议注册外资及港澳台资21.6亿美元，实际到资6.1亿美元，占全市比重分别为67.6%、63%、60.3%。

·中国·连云港（上海）经贸合作恳谈会举办　4月28日，中国·连云港（上海）经贸合作恳谈会在上海举办，市长方伟作连云港市情和自贸试验区产业发展规划介绍，副市长吴海云作重点产业合作推介，港口集团作专题推介。韩国、俄罗斯、白俄罗斯、哈萨克斯坦等国家驻上海总领事馆，日本贸易振兴机构，日中经济贸易中心，韩国贸易协会，中国香港贸发局等经贸机构，以及韩国SK综合化学、日本伊藤忠商事、德国采埃孚、中远海运等世界500强企业以及美国空气化工、奥升德功能材料、韩国大象食品、日本味之素、新加坡益海嘉里、上海实业、金辉控股、新城控股、新松机器人等行业领军企业代表200余人参会。会上集中签约合作项目16个，总投资177亿元；推进项目69个，总投资724亿元，主要集中在新医药、新材料、机械装备、节能环保等产业。

全市重大在谈、签约招商引资在库项目655个，总投资6158亿元，其中在谈项目176个、签约项目211个、新开工项目268个。全年新增在谈项目469个，新签约项目319个，在谈项目签约率48.6%，新开工项目209个，总投资额1527.4亿元，签约项目开工率44%。

（刘　莉）

2021年连云港市重要经贸洽谈活动一览表

表11

序号	时间	地点	活动名称	活动内容
1	4月28日	上海	中国·连云港（上海）经贸合作恳谈会	推进项目69个，总投资724亿元，主要集中在新医药、新材料、机械装备、节能环保等产业。集中签约合作项目16个，总投资177亿元
2	5月18日	连云港	中国·连云港电商发展大会暨首届5·18网络购物节	开幕式上，连云港跨境电商国际物流合作平台、跨境电商智慧综合服务平台、水晶学院产学研等14个电商项目进行集中签约
3	7月22日	连云港	“云上参访 投资江苏”——抢抓RCEP机遇促进双向投资交流会	邀请新加坡企业发展局、新加坡企业中心、新加坡国际仲裁中心、新加坡证券交易所、德勤、魏氏医疗等近百家企业及机构参会
4	10月18日	连云港	第七届中国（连云港）丝绸之路国际物流博览会	签约合作项目36个，总投资402亿元，涉及物流、新材料、高端装备等产业。会上集中签约项目12个，总投资170亿元，包括新发地国际冷链交易产业园项目、盖氏智慧保税物流园项目、高端智能装备产业基地项目等
5	10月22日	连云港	第五届中国（连云港）国际医药技术大会	现场签约16个生命健康类产业项目
6	10月29—31日	连云港	第二十三届（2021）江苏农洽会	64家采购商参与，主要涵盖超市、电商、农产品批发等领域。签约农业合作项目12个，签约投资总额55.4亿元，其中5亿元以上项目5个。涉及农副产品精深加工、生态农业旅游休闲、生物科技等领域。签约技术合作项目5个，主要涉及数字农业合作、农产品即时配送等

2021年连云港市新设及增资总投资3000万美元以上的外商及港澳台商投资企业一览表

表12

序号	所属县区（功能板块）	企业名称	投资总额	协议注册资金（万美元）	国别（地区）	类型
1	东海县	江苏勇富智能科技发展有限公司	20000	20000	中国香港	新设
2	东海县	东海县梦古贸易有限公司	5000	5000	中国香港	新设
3	东海县	江苏东润食品发展有限公司	5000	5000	中国香港	新设
4	东海县	江苏盛尊电子商务产业园开发有限公司	5000	4500	中国香港	新设
5	东海县	连云港拓威新材料有限公司	4694	4694	中国香港	新设
6	东海县	连云港市显欧电子信息科技有限公司	3600	3600	中国香港	新设
7	东海县	东海县光烽农业科技发展有限公司	50000	20000	中国香港	增资
8	东海县	东海县万疆新材料科技有限公司	6000	3000	中国香港	增资
9	灌云县	连云港福灌实业投资有限公司	6000	6000	中国香港	新设
10	灌云县	连云港韩云石材有限公司	6000	5940	韩国	新设
11	灌云县	连云港恒灌实业投资有限公司	6000	6000	中国香港	新设
12	灌云县	江苏凤求凰新材料科技有限公司	5173	5173	中国香港	新设
13	灌云县	江苏连云港壹加贰新材料科技有限公司	5164	5164	中国香港	新设
14	灌云县	江苏农尚新能源科技有限公司	5000	5000	中国香港	新设
15	灌云县	连云港谦同电子科技有限公司	4703	4703	中国香港	新设
16	灌云县	连云港晟之伟建设工程有限公司	4100	2009	澳大利亚	新设
17	灌云县	恒邦智纺(连云港)科技有限公司	3000	3000	中国香港	新设
18	灌云县	江苏秋之叶贸易有限公司	3000	3000	中国香港	新设
19	灌云县	连云港兴灌实业投资有限公司	18000	1651	中国香港	增资
20	灌云县	连云港灌山云水实业投资有限公司	11745	8700	中国香港	增资
21	灌云县	江苏波仕曼智能家居科技有限公司	6500	800	中国香港	增资
22	灌南县	灌南新碧房地产开发有限公司	18545	996	英属维尔京群岛	新设
23	灌南县	江苏连云港化工产业园投资发展集团有限公司	7852	4667	中国香港	新设
24	灌南县	连云港源盛祥实业投资有限公司	4058	3856	中国香港	新设
25	赣榆区	江苏华电赣榆液化天然气有限公司	100497	8743	英国、新加坡、荷兰	新设
26	赣榆区	连云港锦霖丰翰物业管理有限公司	7852	7852	投资性公司	新设
27	海州区	连云港市朗鸿工程管理有限公司	5418	5418	中国香港	新设
28	海州区	连云港邦莱特工程科技有限公司	5397	5397	中国香港	新设
29	海州区	连云港南拓科技有限公司	4000	4000	中国香港	新设
30	海州区	连云港业顺新材料有限公司	3298	3298	中国香港	新设
31	海州区	翔士鑫新材料科技(连云港)有限公司	3000	2000	中国台湾	新设
32	海州区	光大水务(连云港)有限公司	5681	1965	中国香港	增资
33	连云区	连云港优特汇贸易有限公司	5000	5000	中国香港	新设
34	连云港开发区	创米(江苏)智能科技有限公司	30000	10000	中国香港	新设
35	连云港开发区	朗慧投资(连云港)有限公司	30000	10000	中国香港	新设
36	连云港开发区	连云港达利鸿林投资有限公司	30000	10000	中国香港	新设
37	连云港开发区	江苏蒂阿茉生物科技有限公司	17000	510	日本	新设
38	连云港开发区	连云港德实锦投资有限公司	10000	10000	中国香港	新设
39	连云港开发区	连云港翰锦睿投资有限公司	10000	10000	中国香港	新设
40	连云港开发区	连云港方硕嘉霖物业管理有限公司	9422	9422	投资性公司	新设
41	连云港开发区	连云港卓盛翔基物业管理有限公司	9252	9252	投资性公司	新设
42	连云港开发区	连云港翰高睿物业管理有限公司	7740	—	投资性公司	新设
43	连云港开发区	连云港德进实业有限公司	5000	5000	中国香港	新设
44	连云港开发区	江苏素康生物科技有限公司	4000	3465	中国香港	新设
45	连云港开发区	连云港泰润融资租赁有限公司	8287	1326	中国香港	增资
46	连云港开发区	连云港博云生物科技有限公司	8100	7200	中国香港	增资
47	徐圩新区	纪舟(江苏)新能源有限公司	20000	20000	中国香港	新设
48	徐圩新区	奥升德功能材料(连云港)有限公司	17134	5758	荷兰	新设
49	徐圩新区	中韩科锐新材料(江苏)有限公司	16390	155	中国香港	新设
50	徐圩新区	连云港航连建设发展有限公司	9180	6000	中国香港	新设
51	徐圩新区	连云港中南能源工程有限公司	4082	4000	中国香港	新设
52	徐圩新区	连云港云泰港口物流发展有限公司	12000	12000	中国香港	增资
53	云台山景区	奇志新科技(连云港)有限公司	3500	3500	中国香港	新设

货物贸易

4月14日，海州宁海工业园内一家灯饰公司的工人组装一批彩色玻璃工艺台灯，全部通过跨境电商平台出口国际市场　耿玉和/视觉江苏网

·概况　2021年，连云港市完成进出口总额144.9亿美元，比2020年增长55.3%，比全省平均增幅高29.8个百分点，进出口增速列全省第一位。其中，出口额60.1亿美元，增长58.6%，比全省平均增幅高31.6个百分点，出口增速列全省第一位；进口额84.8亿美元，增长53%，比全省平均增幅高30个百分点，进口增速列全省第二位。美国、巴西、东盟、韩国和欧盟(除英国)是连云港市前五大贸易伙伴，合计进出口额470.5亿元。新兴市场开拓有力，对"一带一路"沿线国家进出口263.4亿元，增长49.2%。

·出口　2021年，全市有进出口实绩企业1266家，比2020年增加3家，其中出口企业1073家，减少4家。有进出口额1亿美元以上的企业26家，其中出口额1亿美元以上的企业9家，出口额1000万美元以上的企业109家。出口额100万美元以上的企业428家，增加25家。全市出口产品中，机电产品出口额17.6亿美元，增长74.1%，占全市出口总额的29.3%；农产品出口额4.6亿美元，下降8.9%，占全市出口总额的7.7%；高新技术产品出口额4.1亿美元，增长16.1%，占全市出口总额的6.8%；纺织服装制品出口额1.8亿美元，增长18.0%，占全市出口总额的6.4%。全市一般贸易出口额50.6亿美元，增长57.1%，占出口总额的84.1%；加工贸易出口额5.5亿美元，增长22.2%，占出口总额的9.2%；保税贸易等其他贸易方式出口额4亿美元，增长233.3%，占出口总额的6.7%。　（刘　莉）

·进口　2021年，全市进口额84.8亿美元，比2020年增长54.0%。从贸易方式看，一般贸易进口额56亿美元，增长59.8%；加工贸易进口额28.8亿美元，增长44.3%；保税仓库进出境货物21亿美元，增长41.1%。从进口产品看，矿产品进口额34.3亿美元，增长74.5%；化学工业及其相关产品进口额22.2万美元，增长118.7%。从进口市场看，自巴西进口额14.4亿美元，增长7.8%；自美国进口额12.2亿美元，增长142.7%；自韩国进口额6.7亿美元，增长105.1%；自欧盟(除英国)进口额7亿美元，增长84.3%；自东盟进口额9.4亿美元，增长58.3%。从主体看，外商投资企业进口额21.7亿美元，增长3.6%；民营企业、国有企业分别进口额5.0亿美元、12.7亿美元，分别增长112.2%和23.1%。（施菲菲）

2021年连云港市出口前十位企业一览表

表13

序号	单位名称	2021年出口额(万美元)	比2020年增长(±%)
1	连云港陆桥公共保税仓库	108271	26.4
2	江苏新海石化有限公司	107548	101.2
3	东方国际集装箱(连云港)有限公司	75806	474.1
4	连云港石化有限公司	72727	325.8
5	益海(连云港)粮油工业有限公司	66560	−10.5
6	江苏斯尔邦石化有限公司	57613	108.3
7	江苏虹港石化有限公司	48883	49.2
8	盛虹炼化(连云港)有限公司	47087	1494.7
9	连云港鑫顺通新材料有限公司	36786	−18.2
10	连云港荣泰化工仓储有限公司	35504	271.7

服务贸易

·概况　2021年，连云港市完成服务贸易进出口总额13.53亿美元，比2020年增长54.3%。其中，服务贸易出口额5.5亿美元，增长54.2%；服务贸易进口额8.03亿美元，增长54.4%。在岸服务外包接包合同金额3515.5万美元，下降13.1%。全市技术进口业务登记备案21笔，备案金额1.74亿美元。

2021年连云港市服务贸易国际收支情况统计表

表14 单位:万美元

类别	进出口			出口			进口		
	2021年	增幅(%)	占比(%)	2021年	增幅(%)	占比(%)	2021年	增幅(%)	占比(%)
服务贸易合计	135350	54.31%	100	55103	54.18%	100	80246	54.4%	100.00
1.加工服务	2310	11.49%	1.71	2310	11.49%	4.19	—	—	0
2.运输服务	98041	86.33%	72.44	49745	64.72%	90.27	48296	115.44%	60.19
3.旅行	16684	−5.94%	12.33	712	−30.80%	1.29	15972	−4.41%	19.9
4.建设	110	−44.72%	0.08	29	−47.27%	0.05	81	−43.36%	0.1
5.保险	46	58.62%	0.03	0	−97.75%	0	46	100%	0.06
6.金融服务	224	−21.68%	0.17	0	—	0	224	−21.68%	0.28
7.电信、计算机和信息服务	593	0.66%	0.44	280	−3.78%	0.51	313	5%	0.39
8.其他商业服务	9105	26.56%	6.73	1031	30.67%	1.87	8073	26.02%	10.06
其中法律、会计、广告等专业和管理咨询服务	1089	36.30%	0.8	167	4.40%	0.3	922	44.06%	1.15
9.文化和娱乐服务	296	1.72%	0.22	0	—	0	296	1.72%	0.37
其中视听和相关服务	—	—	0	—	—	—	—	—	—
10.别处未涵盖的维护和维修服务	222	30.59%	0.16	213	67.72%	0.39	9	−79.07%	0.01
11.别处未涵盖的知识产权使用费	7276	18.29%	5.38	783	−33.08%	1.42	6493	30.36%	8.09
12.别处未涵盖的政府货物和服务	443	17.20%	0.33	0	−100%	0	443	17.51%	0.55

全市登记注册的家政企业400余家,家政从业人员(含兼职)3万余人。

·服务外包 2021年,连云港市在岸服务外包接包合同金额3515.5万美元,下降13.1%;在岸服务外包执行额2748万美元,下降5.9%;其中信息技术外包执行总额891.9万美元,占比32.4%;业务流程外包执行额1856.1万美元,占比67.6%。纳入商务部服务外包统计管理系统的企业41家,从业人数1.2万人。

·技术进出口 2021年,全市技术进口业务登记备案21笔,备案金额1.74亿美元;技术出口业务登记备案2笔,备案金额2.45亿美元。技术进口备案中,江苏斯尔邦石化有限公司备案7笔,备案金额4300.4万美元;江苏丰海高新材料有限公司备案4笔,备案金额3801.1万美元;江苏虹威化工有限公司备案4笔,备案金额8081万美元;丰益高分子材料(连云港)有限公司备案3笔,备案金额55.6万美元。技术出口备案中,江苏恒瑞医药股份有限公司备案2笔,备案金额2.45亿美元。

(刘 莉)

跨境电商

·概况 2021年,连云港市推进跨境电子商务综合试验区建设,跨境电商交易规模约26亿元,比2020年增长34%。跨境电商经营主体显著增多。全市有3家省级跨境电商产业园,1家省级公共海外仓,跨境电商公服平台备案企业150余家,交易规模超过2亿元。全市跨境电商活跃企业260余家、水晶跨境电商直播个体户超过1000户。培育新增跨境电商企业107家,引导孵化20家传统外贸企业以"9710"模式开展跨境电商B2B业务。有出口规模超2000万元的跨境电商企业40余家,入驻跨境电商产业园区企业19家。全市为跨境电商提供支付、物流、培训等服务的企业12家。

·跨境电商产业园建设 2021年,东海水晶跨境电商产业园、东海东大跨境电商产业园和连云港综合保税区跨境电子商务产业园被认定为省级跨境电子商务产业园。东海跨境电商产业园交易中心面积3000多平方米,有商品展示区、社交洽谈区、网红直播区等多个功能区域,培育孵化水晶跨境主播300余名,从业人员2万余人,通过阿里巴巴国际站、ebay、shopee等平台将水晶产品销往美国、加拿大、澳大利亚、英国、挪威、新加坡、越南等国家和地区，交易额23.2亿元，比2020年增长30%，邮快件出口总数约130万票。培育东海捷晶跨境电商龙头企业1家。连云港综合保税区跨境电子商务产业园建成海关监管中心、仓储货源中心、孵化运营中心、直播办公中心4大跨境电商功能板块，入驻跨境电商企业50余家，开通跨境电商"1210""9710"及线下新零售等业务模式。（刘 莉 马京河）

境外经济技术合作

·综述 2021年，连云港市新批境外投资项目16个，比2020年下降5.88%；连云港方协议投资额2.13亿美元，增长122.02%。其中，在"一带一路"沿线国家投资项目5个，连云港方协议出资额7617.96万美元，占比35.84%。涉及的国家有新加坡、哈萨克斯坦、乌兹别克斯坦和孟加拉国，行业有批发业、仓储业、商务服务业、房屋和土木工程建筑业。对外承包工程新签合同额554万美元，对外承包工程营业额110万美元。

·外派劳务 2021年，受新冠肺炎疫情影响，对外劳务合作企业经营、人员跨境流动严重受阻，劳务市场萎缩和外派资源短缺问题突显。全市对外劳务合作新签合同工资总额794万美元，比2020年下降90.64%；劳务人员实际收入总额1802万美元，下降57.74%；期末在外人数1282人，下降72.53%。

·境外投资 2021年，全市新批境外投资项目16个，比2020年下降5.88%；连云港方协议投资额2.13亿美元，增长122.02%。涉及新加坡、哈萨克斯坦、美国等国家和中国香港特别行政区。其中，在中国香港投资5个项目，连云港方协议出资额9203.79万美元，占比43.3%；新加坡1个项目，连云港方协议出资额7489.88万美元，占比35.24%；开曼

2021年连云港市境外投资项目统计表

表15

序号	境外企业（机构）名称	国别（地区）	行业	连云港方投资主体名称	连云港方协议投资额（万美元）
1	展恒国际有限公司	中国香港	研究与试验发展	江苏恒瑞医药股份有限公司	8845
2	启元医疗科技有限公司	中国香港	批发业	江苏正大天晴药业股份有限公司	1.29
3	盖亚生命科学有限公司	韩国	农、林、牧、渔服务业	韩友（连云港）贸易有限公司	8.53
4	衡所株式会社	韩国	化学原料及化学制品制造业	衡所华威电子有限公司	540
5	莱卡尔产业株式会社	日本	农、林、牧、渔服务业	莱卡尔（连云港）海洋食品有限公司	15.38
6	广隆工程有限公司	孟加拉国	房屋和土木工程建筑业	连云港龙泰建筑工程有限公司	3.08
7	欧亚供应链阿克套有线责任公司	哈萨克斯坦	仓储业	连云港亚欧"一带一路"供应链基地有限公司	100
8	明亮建设工程有限公司	孟加拉国	房屋和土木工程建筑业	连云港腾盛国际货运代理有限公司	5
9	恒瑞欧洲生物科学有限公司	瑞士	研究与试验发展	江苏恒瑞医药股份有限公司	994.53
10	韩国高工株式会社	韩国	纺织业	连云港瀚邦新材料有限公司	10.7
11	璎黎药业有限公司	开曼群岛	研究与试验发展	江苏恒瑞医药股份有限公司	3000
12	远大物产集团（新加坡）有限责任公司	新加坡	批发业	远大产业控股股份有限公司	7489.88
13	江苏泽川国际货运代理有限公司代表处	乌兹别克斯坦	商务服务业	江苏泽川国际货运代理有限公司	20
14	香港亚菲尔国际贸易有限公司	中国香港	批发业	连云港亚菲尔网络科技有限公司	100
15	瀛洲（香港）发展有限公司	中国香港	批发业	江苏瀛洲发展集团有限公司	257.5
16	广发信德 Bay City Capital 国际生命科学美元基金（有限合伙）	开曼群岛	商务服务业	江苏康缘药业股份有限公司	164.22

群岛1个项目，连云港方协议出资额3000万美元，占比14.11%。境外投资大项目占比较大。其中，远大产业控股股份有限公司在新加坡设立远大物产集团（新加坡）有限责任公司，连云港方协议出资额7489.88万美元，占比35.24%；江苏恒瑞医药股份有限公司在香港设立展恒国际有限公司，连云港方协议出资额8845万美元，占比41.61%。投资项目的行业主要集中在第三产业，连云港方协议出资2.07亿美元，占比97.26%；第二产业中的农业，连云港方协议出资558.78万美元，占比2.63%；第一产业，连云港方协议投资额26.11万美元，占比0.11%。

·对外承包工程　2021年，江苏海通建设工程有限公司在巴基斯坦承揽的俾路支省N50公路库齐拉克至佐布复线工程5标项目、信德省卡拉奇芒霍皮尔北向行车道改造工程，新签合同额554万美元，对外承包工程营业额110万美元。

（刘　莉）

贸易促进

·企业服务　2021年，连云港市贸促会签发出口货物一般原产地证书11520份，办理优惠原产地证书3871份，出具商事证明书1653份，代办领事认证380份，签证金额11.3亿美元，实现全程网上办理。创新涉外商事调解模式，与省贸促会、市中级人民法院签定涉外商事法律服务战略合作协议，为企业打造多渠道、多手段、全方位的一站式综合法律服务平台，提供事前预防、事中控制、事后补救的全流程法律服务。

·经贸活动　2021年，中国·江苏—哈萨克斯坦企业家论坛在连云港举办。论坛期间，哈萨克斯坦国家投资股份公司分别与江苏省贸促会、连云港市贸促会签署合作备忘录，发起中国—哈萨克斯坦企业家委员会两国秘书处关于加强中国江苏与哈萨克斯坦共和国企业投资和产业合作的倡议。中哈两国商协会、企业家和智库等机构和人员在国际物流、贸易投资、农畜牧业、能源化工、医药等产业、跨境电商等领域开展深入交流和双向合作。举办“连云港—里海”一体化供应链基地合作洽谈会。邀请中国、哈萨克斯坦、日本、韩国、德国、意大利等国家众多制造、贸易、金融、物流企业、研究机构共商放大“连云港—里海”一体化供应链基地的功效，更好推动中哈、里海周边国家在国际物流、贸易投资、能源化工、跨境电商等领域开展深入交流和双向合作。

（徐佳佳）

开发园区

综述

·概况　2021年，连云港市有国家级经济技术开发区1个，国家级自贸试验区片区1个，国家级高新区1个，综合保税区1个，省级开发区10个，参照省级管理的开发区1个。全市开发园区完成业务总收入5427.26亿元，比2020年增长12.8%；工业总产值3703.64亿元，增长17.2%；工业增加值907.40亿元，增长17.6%；固定资产投资1348.76亿元，增长5.7%；实际利用外资及港澳台资8.28亿美元，增长35.5%；进出口总额124.39亿美元，增长57.5%。市开发区连续两年获评五星级国家新型工业化示范基地，徐圩新区盛虹炼化一体化项目、中化高端精细化工项目、斯尔邦丙烷产业链项目部分装置投产。上合组织（连云港）国际物流园获批江苏省国际合作园区，实现全市省级国际合作园区零的突破；灌云经济开发区高端精密装备制造产业园获批省特色创新产业园，全市特色创新产业园共4家。

·产业发展　2021年，全市开发园区有新能源、新医药、新材料、装备制造、石化、冶金等10个百亿元特色产业，销售收入占全市省级以上开发区销售收入的70%以上。连云港经济技术开发区新医药、新材料和装备制造三大主导产业实现产值567亿元，工业应税销售收入785亿元、增长8.9%。徐圩开发区推进重大临港石化产业项目建设，打造“互供互联、交换共享、循环发展”的四大石化产业集群，以盛虹炼化、卫星石化、中化国际为龙头的重大产业项目建设推进。

·招商引资　2021年，全市开发园区在库签约项目216个，投资总额1767亿元，新开工项目147个，投资总额709亿元。连云港经济技术开发区新签约过亿元产业项目33个，新开工过亿元项目27个，新竣工过亿元项目22个。徐圩开发区石化产业链项目招引持续向好，签约5个投资10亿元以上的项目，总投资额292.4亿元。发挥徐圩港区、综合保税区及后方临港产业的区位优势，储备一批化工补链强链、非化工产业项目27个，总投资超1700亿元。

·对外及对港澳台贸易　2021年，全市开发园区实际利用外资及港澳台资8.28亿美元，比2020年增长35.5%，其中7家省级以上开发园区实际利用外资及港澳台资超5000万美元。实现外贸进出口额124.39亿美元，增长57.5%，9家开发园区增幅在20%以上，其中徐圩开发区、赣榆海洋经济开发区分别增长197%和124%。连云港经济技术开发区等8家开发园区获批省、市级自贸试验区联动创新发展区。上合组织（连云港）国际物流园成功获批江苏省国际合作园区，为全市首家。

·科技创新　2021年，全市开发园区新增高新技术企业20家，总数347家。新材料产业“黑白金”三色高性能纤维创新力全国领先，斯尔邦石化管式光伏级EVA树脂填补国内空白、替代进口。连云港经济技术开发区全社会研发投入占地区生产总值比重达9.8%,“新药创制”国家科技重大专项、科技贡献率均处于国家级开发区前列;国家重大科技基础设施“高效低碳燃气轮机试验装置”CTF1号燃烧室首套试验平台顺利点火,项目建设步入快车道。连云港高新区获批国家大学科技园、第二批企业创新积分制试点单位,获批建设省自贸区联动创新区、省知识产权示范园区、省智能装备特色产业示范园区、省电商示范园区,博奥精准医学、斯克斯精密传动等5个产业创新平台建成投用,新增省、市级工程(技术)中心10个、各类创新平台30余个,获批省重点研发计划、现代服务业发展专项等项目7个。 (刘　莉)

中国(江苏)自贸区连云港片区

·概况　2021年,中国(江苏)自贸区连云港片区(以下简称“江苏自贸区连云港片区”)新设立企业6246家,比2020年增长13%;合同外资及港澳台资金额7.18亿美元,实际利用外资金额2.97亿美元,增长73%;进出口总额184.89亿元,增长53%。江苏自贸区连云港片区以全市2.7‰的面积,贡献全市近三分之一的实际利用外资及港澳台资、五分之一的外贸进出口额。江苏自贸区连云港片区内企业数1.2万余家,较获批前增长10倍,累计实际利用外资及港澳台资4.5亿美元,外贸进出口总额272.5亿元。

·制度创新　2021年,江苏自贸区连云港片区建设加快推进。培育上报综合保税区“散进整出”“政府增信、银行开户”新模式等37项制度创新成果,累计形成制度创新成果105项。“创新多式联运协同监管服务体系”入选长三角自贸区十大制度创新案例。全省发布两批次复制推广改革试点经验32项、创新实践案例40个,连云港市分别入选10项、12个。围绕海港口岸和国际班列,提升通关效率,推进贸易便利化,主持编制修订3项海铁联运信息化国家行业标准,国内首推铁水联运“一单到底”,形成27项彰显海港优势、独具连云港特色的制度创新案例。多式联运便利化、信息化相关工作经验被国务院自贸试验区部际联席会议办公室专刊推广。中欧班列“保税＋出口”货物集装箱混拼新模式、进口粮食品质检验“风险分级”模式获海关总署备案。二手集装箱价格指数获推广使用。船载危险货物“1＋4”联合查验工作机制、“互联网＋”公路运力交易、国际班列时效“画像”等14项具有全国首创性。第一批171项自贸试验区连云港片区省级赋权事项,承接使用164项,承接率96%。承接新一批省级赋权事项,涉及连云港片区7项。与淮海经济区成员城市、新疆霍尔果斯签订共建共享自贸试验区协议,融入区域一体化步伐加快。

·服务和融入国家战略　2021年,连云港市联合发起设立长三角自由贸易试验区联盟、全国大健康产业园共同体,牵头成立新亚欧陆海联运通道自由贸易试验区联盟,举办联盟成立大会、首届自贸试验区创新发展高峰论坛;与淮海经济区成员城市、新疆霍尔果斯签订共建共享自贸试验区协议,融入区域一体化步伐加快。申建获批4家省级自由贸易试验区联动创新发展区(以下简称联创区),自主建设4家市级联创区,形成“1＋4＋4＋N”的全域自贸格局,徐圩新区化工园区“安全业主委员会”管理模式创新案例纳入省联创区制度创新案例库,连云港经济技术开发区“一业一证”改革试点启动,12个行业实现“一证准入”,探索实施项目“拿地即开工”、“先建后验”、施工图免审查取得成效。连云港高新区企业创新积分制改革被科技部火炬中心列入全国第二批试点。

·营商环境建设　2021年,江苏自贸区连云港片区设立企业服务中心、海事海关危险品联合查验中心、连云港国际商事仲裁院等专业服务机构,成立自贸试验区巡回法庭、检察室,引进顺利办、财通咨询等专业招商平台11家,专业化税务师事务所1家。金融从业机构在连云港自贸区内设立银行分支机构4家,地方金融从业机构2家,推出“跨境电商贷”“中银自贸物流贷”等25个服务自贸试验区企业的金融产品,各项贷款余额41.97亿元。开展跨境资金集中运营业务,搭建连云港跨国公司跨境资金通道。近100家油品贸易类企业落户,其中行业百强企业3家;近30家类金融企业入驻。商事制度改革持续推进。推行“网上办、掌上办、寄递办、预约办”,建立企业开办“一窗受理、业务协同、集成服务、全程代办”模式,片区内实现企业开办0.5个工作日办结。推进企业开办线上、线下融合办理,实现企业登记、刻制公章、领取发票(获得申领资格)、社保登记和住房公积金缴存登记等全生命周期“一件事一次办”,出台《连云港市企业开办“一件事一次办”实施方案》。破除附加在商事登记中的不合理限制,运用名称自主申报、经营范围条目勾选、主体人员身份电子识别、住所地址信息核验等信息化手段,实现互联网＋审查的无人工干预智能登记新模式。进一步推行“一业一证”改革,将一个行业的多个许可证件,合并为一张载明行政许可信息的“行业综合许可证”,一码覆盖行业内所有许可信息。

·产业发展　2021年,江苏自贸区连云港片区产业业态不断丰富。印发连云港片区产业发展规划,确定“一带三组团九功能区”的功能布局,打造“1＋4＋4＋N”的“全域自贸”体系。“中华药港”一期40万平方米公共研发孵化平台建成投入使用,招引生物医药上下游企业64家。国家重大科技基础设施高效低碳燃气轮机试验装置首套试验台位点火,矿铜精矿保税混配项目投产,“一带一路”供应链基地(连云港)项目建成运营。花果山医学科学中心挂牌运营,省药品审评苏北分中心等推进建设。“蓝宝星球”公路运力交易、“箱咖集市”二手集装箱交易等平台经济势头强劲，开放发展的生态体系逐步健全。中科院高效低碳燃气轮机试验装置点火。油气贸易产业加快布局，500余家油品贸易类企业落户。实施低风险类金融企业注册承诺、联合会商审核、银行定向监控及事中事后监管等举措，加速类金融企业准入。跨境电商综合试验区建设步入快车道，跨境电商体验中心、海外仓等相继投用，初步形成以1210、9610、9710、9810等监管方式和海运快件、国际邮件为支撑的跨境电商全业态功能。省药品监督管理局审评核查连云港分中心、省食品药品监督检验研究院连云港检验室挂牌运营。

（杨　波　刘　莉）

连云港综合保税区

·概况　连云港综合保税区是全市开放层次最高、功能最齐全、手续最简化的海关特殊监管区域，是江苏自贸试验区连云港片区的核心组成部分。规划面积2.97平方千米，其中连云港经济技术开发区片区2.44平方千米，徐圩新区片区0.53平方千米。2021年，连云港综合保税区完成工业总产值17.78亿元，比2020年增长43.0%；工业增加值4.04亿元，增长44.28%；经营总收入14.29亿元，增长64.05%；物流企业经营收入1.64亿元，增长51.79%；进出口总额11.43亿美元，增长140.13%；创新业态进出口总额249万美元，增长75.72%。

·制度创新　2021年，江苏自贸区连云港片区管委会内设机构和综合保税区管理机构优化调整方案出台，理顺优化机构职能，打造职责明确、管理高效的运行机制。探索有色金属保税混矿业务新模式，复制推广江苏自贸区连云港片区保税混矿监管创新制度。根据《海关总署关于连云港市开展进口铜精矿锌精矿等有色金属保税混配业务的复函》要求，五矿有色金属公司在综合保税区开展进口铜精矿保税混配业务试点。

·项目建设　2021年，连云港综合保税区项目固定资产投资5.67亿元。新签约入区项目7个，其中保税加工项目3个。新设立外资企业4个，合同利用外资及港澳台资3.37亿美元，实际利用外资及港澳台资1.77亿美元。全年续建项目4个，新开工项目2个，建成投产项目2个，分别为总投资5亿元的进口铜精矿混矿及仓储物流项目、总投资5000万元的多功能辅料产业化（药用级、食品级预拌糖）项目。

（马京河）

连云港经济技术开发区

·概况　2021年，连云港经济技术开发区（以下简称“连云港开发区”）管辖面积193平方千米，下辖朝阳、中云、猴嘴3个街道和台北、青口2个盐场，户籍人口10万人，产业工人5万人。连云港开发区是连云港市对外开放的主窗口和工业发展的主阵地，建成国家生态工业示范园区、国家新型工业化示范基地、国家新医药产业基地、国家新材料高技术产业基地等载体，是全国最大的对美药物制剂出口基地，抗肿瘤药物、抗肝炎药物、现代中药生产基地，碳纤维生产应用基地，是亚洲最大的风电装备生产基地。2021年，连云港开发区实现地区生产总值407.7亿元，比2020年增长8.2%，人均地区生产总值是全市的6倍、全省的3倍。入选首批10家省生态环境政策集成改革试点园区，在国家生态工业示范园区复查评估中获得第一名。

·招商引资　2021年，连云港开发区围绕新医药、新材料、高端装备制造“3＋N”主导产业体系，推行产业链招商、精准招商，全年新签约和泽高端制剂、TCE新型环保材料等过亿元产业项目33个。

·产业发展　2021年，连云港开发区“3＋N”主导产业加速成链，生物医药产业、新材料产业、高端装备制造业三大主导产业实现产值606亿元，占园区工业总产值比重为77.7%。工业应税销售收入785亿元，比2020年增长8.9%。恒瑞、康缘、正大天晴、豪森全部进入中国药品研发综合实力榜20强，恒瑞医药在全市率先实现世界500强本土企业“零突破”。诺泰制药、德源药业分别在上交所科创板、北交所上市。

2021年，连云港经济技术开发区生物医药产业等三大主导产业实现产值606亿元。图为一家医疗设备公司生产一次性医用耗材

耿玉和/视觉江苏网

举办第五届中国(连云港)国际医药技术大会,现场签约13个产业项目。中国材料谷、高端装备制造产业园启动建设。为企业减税降费14.7亿元。发起设立长三角自贸联盟和全国大健康产业园共同体,外贸进出口逆势增长41.5%,实际利用外资及港澳台资2.34亿美元。

·项目建设 2021年,连云港开发区51个市重点产业项目完成投资103.4亿元。深入实施市场主体和规模以上企业倍增计划,新开工联瑞电子级新材料、华海诚科封装材料等过亿元项目27个。中远海运LNG压力容器、豪森生物制药工程、中复高端反渗透膜及组件、联瑞功能性材料、中复碳芯复合材料产业园、和泽高端制剂研发生产基地等22个过亿元项目竣工。中华药港核心区一期公共服务平台竣工,二期高端化学药物制剂产业园24栋标准厂房及配套设施主体建筑施工完成,三期商务服务区的中央厨房投用。花果山医学科学中心、省原创化学药创新中心、省原料药产业创新中心运行。

·科技创新 2021年,连云港开发区全社会研发投入占地区生产总值比重达9.8%。新获批上市1类新药5款,分别是恒瑞医药的羟乙磺酸达尔西利片、降糖1类新药脯氨酸恒格列净片和海曲泊帕乙醇胺片,豪森药业的艾米替诺福韦片,康缘药业的银翘清热片。累计获批一类新药17款,获批数占全国的1/8,全省超半数,位居全国地级市首位。3月27日,位于连云港开发区的国家重大科技基础设施"高效低碳燃气轮机试验装置"CTF#1燃烧室首套试验平台点火,项目建设步入快车道。11月18日,江苏康缘药业股份有限公司董事长、研究院院长肖伟当选中国工程院院士。

·营商环境建设 2021年,连云港开发区深化放管服改革,在全省发出首张智能审批营业执照,简化涉企经营许可事项超3000项。创新审管分离模式,探索开展"一业一证"改革试点、商事登记确认制度改革试点、"一照多址"登记、拿地即开工审批、施工许可豁免、联合竣工验收、"一件事"改革等一系列创新举措。打造营商环境标杆示范区,创新成立"立即解决、问题清零"指挥部,建立"一般问题快速解决,疑难问题集中攻坚、复杂问题领导牵头"的三级派办机制。 (胡卫星)

连云港高新技术产业开发区

·概况 2021年,连云港高新技术产业开发区(以下简称"连云港高新区")采取"一区五园"发展格局,规划总面积145.2平方千米,实际管理面积80.85平方千米,包括海州工业园、新浦工业园、宋跳工业园、科教创业园和云台产业园5个特色产业园区。2021年7月,市委、市政府决定推动高新区向南拓展开发,结合海州区城市南部空间开发利用情况,在海州工业园原有11.4平方千米的基础上,向南拓展121.6平方千米,形成总面积约133平方千米的高新区南部拓展区。高新区主导产业为生物医药、装备制造、新材料、电子信息及软件和现代服务业5大产业,南部拓展区主导产业为医药健康、智能装备、智慧物流、高效农业。2021年,连云港高新区完成一般公共预算收入16.55亿元,比2020年下降1.6%;完成规模工业产值339.47亿元,增长7.1%;完成固定资产投资74.22亿元,增长46.1%;完成工业投资40.94亿元,增长15.4%;完成工业技改投资21.76亿元,增长34.6%;完成高技术产业投资22.83亿元,增长53.5%。连云港高新区在参加年度评价排名的157家国家高新区中综合排名第66位,其中结构优化和产业价值链单项排名第26名;在省科技厅组织的全省50个省级(含)以上高新区创新驱动发展综合评价中排名第18位,位居苏北地区首位。科技部战略规划研究院开展连云港高新区"十四五"产业规划编制,对园区产业和规划布局进行优化提升,构建"3+1+1"产业体系。

·招商引资 2021年,连云港高新区以长三角、珠三角、京津冀等区域为重点方向,以世界500强、全球领军企业、知名品牌企业和上市公司、龙头企业和具有科创资源禀赋的项目为重点对象,实施基金引导、资本撬动、增资扩股、兼并重组、资源禀赋、产业链招商、嫁接合作和以商引商8大招商新举措,强力推动招商引资工作。全年实际利用外资及港

连云港高新技术产业开发区大陆汽车电子生产车间,工人生产外贸订单产品 王春/视觉江苏网

澳台资1亿美元，累计签约项目149个，协议总投资209.4亿元，其中世界500强企业区域总部项目2个、签约过亿元项目64个、过10亿元项目6个，微软创新中心、太平洋建设集团区域总部、万联利自动化等优质项目落地。

·项目建设 2021年，连云港高新区实施重点项目61个，总投资213.5亿元，年度计划投资82.8亿元，完成投资51.2亿元。其中，重大项目54个，包括工业项目35个、服务业项目17个和创新创业载体项目2个，总投资208.5亿元，年度计划投资78.5亿元，完成投资47.9亿元；重点工程7个，包括基础设施及城建项目5个、生态环保项目2个，总投资5亿元，年度计划投资4.3亿元，完成投资3.3亿元；市重点项目32个，总投资133.5亿元，年度计划投资53.1亿元，完成投资41.2亿元。

·科技创新 2021年，连云港高新区实施新一轮企业培育三年行动计划，全年新申报高新技术企业75家、通过认定33家，新增"双软"认证(软件企业认定、软件产品登记)企业9家、备案国家科技型中小企业300余家，全年"小升规"(小微工业企业升级为规模以上企业)企业10家。全区有国家高新技术企业103家、国家科技型中小企业301家。恒瑞医药、正大天晴获评"2021中国药品研发综合实力排行榜TOP100"第一位、第二位。加大科技研发平台建设，获批国家大学科技园、第二批企业创新积分制试点单位，获批建设省自贸区联动创新区、省知识产权示范园区、省智能装备特色产业示范园区、省电商示范园区，博奥精准医学、斯克斯精密传动5个产业创新平台建成投入使用，新增省、市级工程(技术)中心10个、各类创新平台30余个，申报国家级企业技术中心1个。新获批省重点研发计划、现代服务业发展专项等项目7个、省科技副总17人，省科学技术奖4项，累计建有国家级企业技术中心6个、省级以上研发机构80多个，获批省"双创人才"3人、"省333人才培养工程"5人、市"花果山英才计划"8人。

·营商环境建设 2021年，连云港高新区成立强优企业工作专班，推动正大天晴、天明机械、联瑞新材料、天马网络等9家强优企业20余项发展诉求及时解决。推进正大天晴、鹰游纺机等46家企业增资扩股，总投资78.1亿元，年度投资40.1亿元。建立2000多家企业信息库，设立1亿元科技奖补资金、10亿元产业发展基金，牵头设立市科创基金、医药人才基金，引导社会资本流向高端制造业和科技型企业，为企业解决融资需求2亿余元。加快建设省自贸试验区联动创新区，复制推广投资、贸易、营商环境等领域制度措施，创新并联审批、多规合一、重大项目"摘牌即发证，拿地即开工"极简审批等新模式，大幅缩短审批周期，承接投资建设领域施工许可等23项市级赋权，实现工程建设项目审批从项目备案到施工许可全链条审批。完成项目审批279个，完成项目招投标132项，"不见面"审批事项办理率98%。

(朱自清)

省级开发区

·江苏省赣榆经济开发区 2021年，江苏省赣榆经济开发区实施区镇(宋庄镇)合一、去行政化改革，重新编制发展控制性规划。按照打造江苏沿海水韵魅力生态型园区、苏北地区产业升级创新型园区、赣榆先进制造产业高质承载区的发展定位，编制园区控制性详细规划，控制性详细规划范围北至青口河、宁海路，南至朱稽河南空间规划范围内，西至G204、华中路，东至宋庄辖区边界，规划面积约19.1平方千米，确立"纺织、新能源、装备制造、商贸物流""3+1"产业定位。实现一般公共预算收入2.13亿元，工业应税销售收入86.16亿元，外贸进出口额2.82亿美元，完成投资31.79亿元，其中工业投资29.76亿元。有国家级高新技术企业15家，与南京理工大学、南京大学、南京工业大学、清华大学合作设立科技服务中心，形成"国家级众创空间—省级科技企业孵化器—省级科技企业加速器—省级众创社区"创业孵化全链条。

2021年，园区新引进投资3.8亿元的荣发光伏玻璃项目、投资3.3亿元的太平洋半导体用硅材料项目、投资8000万元的神舟新能源技改项目等光伏产业项目3个；投资1.2亿元的黑马瓦特机械防护罩、投资1.2亿元的易仁智能制造项目、投资7000万元的高低压配电柜项目等装备制造产业项目3个。加强营商环境建设，全面实现"2330"审批目标，为荣发新能源、恒嘉新材料等新开工项目采取容缺审批的方式，保障企业有序推进。

·江苏省赣榆海洋经济开发区 2021年，江苏省赣榆海洋经济开发区入驻企业40余家，其中规模以上工业企业24家，新海石化、镔鑫钢铁是中国民营企业、中国民营制造业企业"双500强"企业。形成石化新材料、钢铁及装备制造两大主导产业，海洋食品精深加工、塑料循环经济、木材加工三大特色产业。完成一般公共预算收入6.33亿元，工业应税销售收入539.01亿元，实现工业增值税5.94亿元，外贸进出口额14.63亿美元，实际利用外资及港澳台资3100万美元。

园区内拥有研发机构8个，其中省级工程技术研究中心2个、市级工程技术研究中心3个；拥有研发人员309人，其中博士11人、硕士17人；期末有效发明专利100件，29件被有效实施。围绕高端装备制造、石化新材料、海洋食品精深加工、塑料循环经济和木材加工等重点产业，招引上下游配套企业。镔鑫钢铁高速棒材、空分制氧、渤海宏铄危废处置、秀博表面处理剂等项目竣工投产。丰海高新材料丙烷综合利用、华电LNG、镔钢智慧生产控制中心技改等项目按序时进度推进。新海石化、镔鑫钢铁等22家规模以上工业企业加大科技创新力度，全年投入研发经费4.34亿元。制定2022—2023年高新技术企业培育行动计划，做好连云港润知、起点等知识产权服务机构对高新技术企业、科技型中小企业的培育力度，新认定省科技型中小企业24家，新认定国家高新技术企业2家。

（秦德超）

·江苏海州经济开发区 参见“连云港高新技术产业开发区”副分目。

·江苏连云经济开发区 2021年3月，江苏连云经济开发区与上合组织（连云港）国际物流园全面融合发展。参见“参与‘一带一路’建设”类目“上合组织（连云港）国际物流园”分目。

·江苏徐圩经济开发区 参见“一带一路”类目“国家东中西区域合作示范区”分目。

·江苏东海经济开发区 2021年，江苏东海经济开发区实现一般公共预算收入3.08亿元，比2020年增长12.1%；工业应税销售收入40亿元，增长8.1%；企业税收4.4亿元，增长18.1%；产业投资35亿元，增长15%；实际利用外资及港澳台资4663万美元。江苏东海经济开发区是“星火技术密集区”，国家半导体（硅材料）产业集聚标准化示范区，国家级新材料高技术产业基地。以新材料产业园建设为抓手，围绕超高分子量聚乙烯（PE）、氨纶纤维、差别化纤维等方向，招引体量大、质量高的新材料产业及配套项目。重大项目加速推进，盘活盈达空调、纳华光伏、雨润等闲置资产，嫁接落户莱卡尔食品、乾润新材料、弘扬半导体石英、鼎冠食品4个项目。洁欧康二期、翰能电气、兰天车轮、丰联食品等项目开工建设。企业争取技改、科技创新、两化融合等专项奖补资金1000万元以上。

·江苏省东海高新技术产业开发区 2021年，江苏省东海高新技术产业开发区以硅材料产业为特色战略产业，以农副产品精深加工为主导产业，以先进装备制造、新型建材、新循环经济等产业为培育型产业。新签约项目26个，总投资105.2亿元，其中过30亿元项目1个，过10亿元项目2个。入库在谈重点项目38个，总投资244.7亿元，其中过30亿元项目2个，过10亿元项目10个。完成一般公共预算收入3.44亿元；工业应税销售收入74.38亿元，比2020年增长35.2%；工业增值税1.08亿元；产业投入完成67.5亿元，增长22.7%。列入市县重点项目10个。台玻浮法玻璃生产线技术改造、鑫正光电新型液晶显示器、圣天覆铜板专用硅微粉、海力源半导体石英坩埚、高纯硅微粉技改、海格覆铜板专用复合硅微粉、感瓷氮氧传感器陶瓷芯片、佩玛智能机械臂、东皇玻璃年产36万平方米玻璃深加工等8个项目投产，法狮图合成高分子材料、桂柳食品日产65吨速冻调理品项目按序时推进。入选2021年瞪羚企业1家。产学研合作项目获省级立项2个，获批科技副总3人。发明和实用新型专利授权量354件。国家科技型中小企业评价入库45家，国家高新技术企业培育入库17家，新增国家高新技术企业认定9家。（张竞舟）

位于东海高新技术产业开发区的晶海洋半导体材料公司生产线

张开虎/视觉江苏网

·江苏灌云经济开发区 2021年，江苏灌云经济开发区完成一般公共预算收入3.95亿元，实现规模以上工业产值54.63亿元，完成工业固定投资24.82亿元，实现工业应税销售收入50.83亿元，外贸进出口额1.37亿美元，实际利用外资及港澳台资2168万美元。新增“四上”（规模以上工业、有资质的建筑业和房地产开发经营业、限额以上批发零售业和住宿餐饮业、规模以上服务业）企业21家，其中工业企业5家。灌云经济开发区高端精密装备制造产业园获批江苏省特色创新产业园区。新签约项目25个，总投资209.9亿元，其中亿元以上项目21个，超10亿元项目8个。新开工项目13个，其中超10亿元项目1个。鹰游拉舍尔毛毯等5个项目投产运行。实施强优企业、科技小巨人、上市企业等培育行动。新增国家高新技术企业4家，全区累计有高新技术企业16家。新增省级研发机构2家，上市培育目标企业3家，培育市强优企业2家。（黄　洁）

·江苏灌南经济开发区 2021年，江苏灌南经济开发区有企业176家，其中规模以上企业53家、国家高新技术企业23家。完成地区生产总值24.99亿元,一般公共预算收入2.5亿元,税收收入5.21亿元,工业应税销售收入67.03亿元,外贸进出口1.49亿美元,实际利用外资及港澳台资3800万美元。初步形成“233”产业发展结构,即精密机械、电子信息两大主导产业,酿酒食品、板材家具、纺织服装3个传统产业,东区、西区、太仓园3个片区协调发展。重点建设纺织产业园,依托宏达家纺产业园,推进康盛纺织、太全纺织、宏耀纺织、虹洋纺织等项目建设。重点建设电子信息产业园,依托太仓高新技术产业园,新建2万平方米标准化厂房,围绕智能终端、电子元器件等细分领域,招引电子信息类超项目。全年引进项目19个,其中超亿元项目15个,超10亿元项目2个,包括总投资10亿元的宏达家纺产业园、总投资10亿元的毅狮迈特种轮胎、总投资5亿元的励成食品添加剂、总投资2亿元的鼎锐特科技、总投资2亿元的丰嘉新能源等项目。企业加强技术改造、科技创新,新招引科技类企业6家,45家企业进入省科技型中小企业库。累计获批省工程技术研究中心2家、省企业技术中心1家、省科技企业孵化器1家、省博士后科研工作站1个、省企业研究生工作站6个,发明专利54件。全年新增高新技术企业6家,入选市“双创人才”1人,设立500万元人才基金,腾升公司设立人才“双创”基金,为人才提供奖补和金融支持。

·连云港化工产业园区 2021年,江苏连云港化工产业园区贯彻落实省市安全环保整治提升决策部署,累计关闭化工企业65家,累计处理危废10.98万吨、清理转移物料2.7万吨、处理废水15万吨、处置污泥2.8万吨,腾退释放土地资源433.33公顷。按照连云港石化产业基地拓展区的功能定位,确定由连云港石化产业基地产业链延伸生产的化工新材料和由传统精细化工产业升级生产的高端精细化工两条主导产业链。全年实现规模以上工业产值16亿元,工业应税销售38亿元,入库税收1.4亿元,外贸进出口额2794万美元。严格落实最新复产标准和流程,围绕安全、环保、住建、消防、特种设备、职业健康6个方面进行对标找差,开展整改复产。委托第三方专业机构,对园区基础配套设施进行全方位评估检测,保证园区智慧平台精准监控、企业废水有效处理、集中供热安全运行。6家企业复工复产。开展复产企业重大危险源、拆除企业承包商规范作业等10多项专项检查,发现隐患156条,下发文书86份,立案处罚16起。完成园区污染物排放限值限量方案编制,园区大气稳定在二级标准。完成雨水明渠整治、河道清淤、亚新闸改建工程,河道水质明显提升,达到Ⅳ类水标准。水环境“三级防控”体系被选为全市示范点。

依托连云港石化基地的资源优势和辐射带动作用,重点发展医药、装备制造、轻工、电子等优势产业配套的高技术含量、高附加值化工产品。中石化南化公司搬迁项目上报省发展改革委。聚酰胺、硝基氯苯、苯胺助剂项目计划总投资170亿元,初步完成项目、危化品码头、热源点扩建、生活区等建设选址工作。推动福建永荣集团总投资120亿元的可降解塑料、中化安道麦投资50亿元的嘉隆科技作物产业园等一批重大项目落地建设。 (张 宇)

区域经济合作

·对口支援 2021年,连云港市克服疫情等不利因素影响,加快实施援疆项目,霍尔果斯连云港高级中学附属配套项目、伊车乡便民服务中心、都拉塔中小微企业园一期配套工作和都拉塔综合治理中心等项目进入审计阶段,霍尔果斯市融媒体中心改造升级等项目完成年度投资任务,霍尔果斯苏港中学宿舍楼项目、都拉塔幼儿园项目主体建成。伊犁州特色农产品展销中心连云港对口援疆店销售额突破600万元,销售霍尔果斯农产品110万元,贫困户扶贫农产品75万元。开展“组团式”医疗援疆,选派两批医疗专家20人赴霍尔果斯开展工作。选派38名优秀教师赴霍尔果斯开展支教工作,在2021年高考中,霍尔果斯苏港中学本科升学率43.75%,位列全州第三。

·对口合作 2021年,连云港市与营口市投资促进中心建立战略合作关系,连云港石化产业基地与营口仙人岛能源化工区开展产业对接,营口市北海新区招商局派员常驻连云港石化产业基地,双方互通投资项目信息。两市加强对口学习交流,市商务局、市教育局、市民政局先后到营口市调研学习,对接口岸建设、民办教育、养老院标准化建设等工作。营口市商务局等部门到连云港市参加第七届中国(连云港)丝绸之路国际物流博览会,考察相关企业,围绕两市产业项目合作进行座谈。两市港口单位加强沟通交流,共同在“单一窗口”使用上与外贸物流、港口生产进行业务对接,为企业提供全程电子化数据服务。

·连云港与镇江共建省级创新试点园区 11月,省委办公厅、省政府办公厅批复镇江连云港工业园区高质量发展总体方案,支持镇江连云港工业园区开展省级南北共建园区高质量发展创新试点。根据方案规划,该园区位于连云港市灌云县城区南部,东至孙腾路、伊山南路,南至工业路,西至幸福大道、宁连高速,北至张洪河,规划面积6.12平方千米,健康食品、新材料产业为主导产业。规划到2025年,主导产业工业销售收入占比70%以上。 (沈 闯)

责任编辑 郭 云

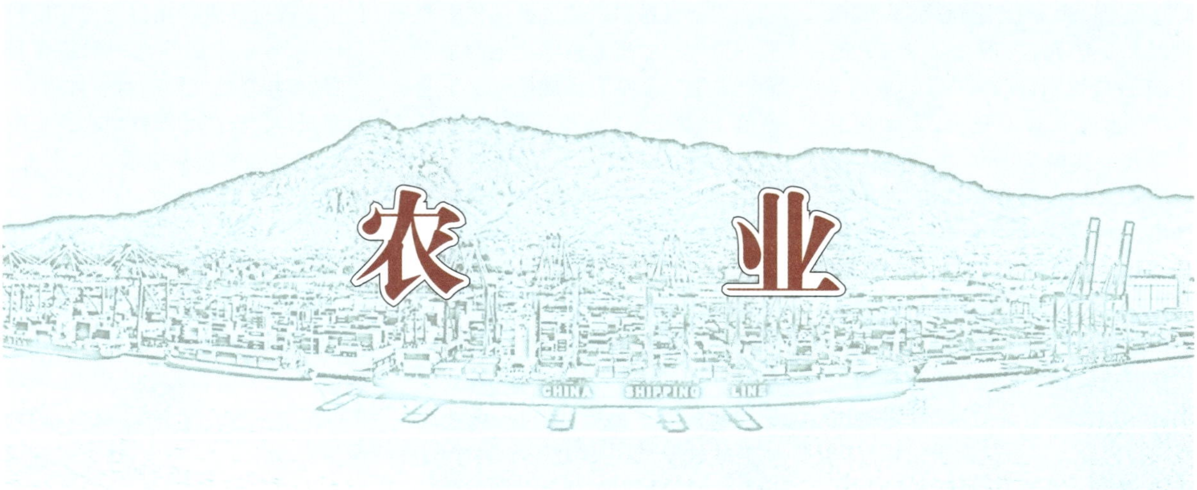

农业

综述

·概况 2021年,连云港市坚持农业现代化与农村现代化一体设计、一并推进,全面推进乡村振兴,促进农业高质高效、农村宜居宜业、农民富裕富足。全市实现农林牧渔业总产值728.03亿元,按可比价计算比2020增长4.3%;农林牧渔业增加值432.45亿元,增长3.5%。其中,农业增加值227.6亿元,增长3.5%;林业增加值5.58亿元,下降16.2%;畜牧业增加值47.47亿元,增长5.1%;渔业增加值117.48亿元,增长3.4%;农林牧渔服务业增加值34.32亿元,增长5.1%。粮食产量稳中有增。全市粮食播种面积51.17万公顷,总产量368.8万吨,连续十年超350万吨,市农业农村局获评全国粮食生产先进集体。全市生猪饲养量406.8万头,增长13.5%,其中存栏160.3万头,恢复至2017年末存栏的94%。全市海淡水养殖总面积6.45万公顷,总产量74.35万吨,增长2%,海州湾国家级海洋牧场示范区通过年度评价和五年复查,"赣榆梭子蟹"获评全省特色农产品优势区,连云港市获"中国紫菜之都"称号。连续两年实施全国伏季休渔期毛虾专项(特许)捕捞试点,作业海域420平方海里,实现捕捞总量2500吨。

推进现代农业发展,实施推进耕地地力提升行动,落实酸性土壤改良示范,建成酸性土壤改良核心示范区2个,面积145.67公顷,新增水肥一体化面积670公顷,基本实现主要经济作物全覆盖。开展农畜水产品种质资源普查,征集农作物种质资源样品277份,录入畜禽遗传资源畜种17个、品种42个。全市粮食生产全程机械化水平84%,特色农机化水平超59%,东海县、赣榆区入选全省农业生产全程全面机械化示范县。

连云港农业对外开放合作试验区加快建设,获批国家首批农业国际贸易高质量发展基地1个,新增农业产业化国家重点龙头企业1个。全市县域规模设施农业物联网推广应用占比66.43%,农村电商网络零售额突破300亿元,农业卫星遥感监测项目入选全国数字农业农村优秀案例。东海县、灌云县、赣榆区入选全国农民合作社质量提升整县推进试点,双店镇获批国家农业产业强镇项目。 (胡晨浩)

·高效设施农业 2021年,全市设施蔬菜播种面积3.93万公顷,占耕地面积比重达10%,其中小拱棚面积3580公顷,中供棚面积8980公顷,大拱棚(单体)1.47万公顷,连栋

赣榆区青口镇海水稻种植基地 王春/视觉江苏网

大棚667公顷，日光温室1.26万公顷，大型连栋温室807公顷。建成省级“菜篮子”工程蔬菜生产基地7个，面积4413公顷，其中设施面积3600公顷。打造东海西北部设施园艺、灌云中西部设施蔬菜、灌南新安镇食用菌、赣榆西北部特色果蔬、市郊都市农业等面积达十万亩以上的5个高效设施农业集聚区。东海县成为苏北鲁南最大的西葫芦、西红柿种植和批发集散地，灌云县建成全国最大的芦蒿生产基地，灌南县双孢菇、杏鲍菇生产规模国内最大。（孙潇潇）

东海县推广喷滴灌、套袋、根域限制等绿色循环标准化生产，提高葡萄种植效益　　张开虎/视觉江苏网

·休闲旅游农业　2021年，全市有休闲旅游农业经营主体1076个，从业人数7.23万人，实现综合营业收入52.2亿元，带动农户5.02万户。聚焦打造“山海乡连，悦游阅美”乡村休闲旅游农业新业态，启动《连云港市休闲农业发展规划（2021—2025）》编制，实施乡村休闲旅游农业“百村千点”工程，推进“农业＋休闲观光”“农业＋互联网”“农业＋服务业”“农业＋健康养生”等多元化发展。连云区宿城街道留云岭村入选2021年中国美丽休闲乡村，连云区“海岛生态休闲游”线路和3个精品景点获农业农村部2021中国美丽乡村休闲旅游行（冬季）精品景点线路推介。强化休闲旅游农业“一园两基地”建设，6个主题创意农园、9个农耕实践基地、6个康美基地获省级推介。举办2021“苏韵乡情”乡村休闲旅游农业（连云港）专场推介活动暨第十三届赣榆大樱桃蓝莓文化节，认定全市首批星级农旅融合精品景点30个，发布东海青松岭星空房、西游文创剪纸、赣榆小鱼煎饼等十佳乡村创意民宿、乡游伴手礼、乡土地标菜美食文化故事。参加全省休闲旅游农业精品展，获创意精品特等奖1个、金奖2个、银奖4个，宣传精品特等奖、金奖、银奖各1个。

·农业产业化　2021年，全市围绕农业供给侧结构性改革，加快农村一二三产业融合发展，乡村产业质量效益和竞争力显著增强。新增农业产业化国家重点龙头企业1家，递补省级重点龙头企业8家，评选市级重点龙头企业53家，实现市级重点龙头企业涉农乡镇全覆盖，全年省级以上农业产业化重点龙头企业营业收入252.38亿元，比2020年增长11.42%。东海县双店镇获批2021年中央农业产业强镇项目，赣榆区海头镇海前村、东海县曲阳乡薛埠村获评第十一批全国“一村一品”示范村，灌南县新安镇上榜2021年全国乡村特色产业十亿元镇，桃林镇北芹村等6个村上榜2021年全国乡村特色产业亿元村。培育省级农业产业化联合体5个，灌南现代农业示范区获评省级示范农产品加工集中区，开发区朝阳街道获评省级农村一二三产业融合发展先导区。实施农产品初加工用电价格新政，对148家符合条件的农产品初加工企业名单及其执行农业生产用电比例予以明确。落实农村一二三产业融合发展用地保障政策，保障海州集瑞园、灌云龙大食品等4个融合发展项目用地28.73公顷。（郭凯妍）

·农业标准化建设　2021年，市农业农村局完善连云港市农业标准化技术委员会管理运行机制，实施农业标准专家库动态管理，累计入库专家48人。组织农业地方标准立项评审，评审农业地方标准15项，建议修订农业地方标准7项，废止农业地方标准58项。结合食用农产品“治违禁 控药残 促提升”三年行动，编写《生产主体质量安全控制基本要求》《鳊鱼、大口黑鲈、乌鳢精准治理清单》《三棵菜精准治理方案及清单》等，发放《连云港市农产品质量安全告知书》《农业标准化生产技术指导之农药、兽药、鱼药安全使用指南》等系列技术指导资料5万多册（份），全面推行标准化绿色种植养殖方式，提升全市农产品质量安全水平。（顾绍军）

·“连天下”品牌建设　2021年，全市实施农业品牌提升行动，强化品种培优、品质提升、品牌打造和标准化生产，初步形成以“连天下”为核心、县级品牌协同发展的农业品牌体系。“连天下”区域共用品牌授权企业达106家，产品360个，黄川草莓等12个品牌进入江苏农业品牌目录名单。开设连云港游1路品牌公交车，建设“连天下”优质农产品体验中心，组织“连天下”精品农产品亮相中国·连云港（上海）经贸合作恳谈会、上海合作组织国际圆桌会议等重要活动。第二届中国·连云港电商发展大会暨“5·18”网络购物节期间，“连天下”品牌农产品以现场展示和抖音直播“线上＋线

东海县安北生态园工人直播销售花卉　　滕福春/视觉江苏网

下”的方式呈现在消费者面前，第二十三届江苏农业国际合作洽谈会期间，开展“连天下”品牌农产品专场展示展销。以“奋力推进乡村振兴、喜迎建党百年华诞”为主题，举办“连天下”杯全市乡村振兴主题摄影大赛。　（韩善红）

·农业新型经营主体培育　2021年，全市聚焦培育壮大新型农业经营主体，完善基础制度、加强能力建设、深化对接服务，推动由数量增长向量质并举转变。建立完善家庭农场名录系统，累计录入家庭农场15611家，其中省级示范家庭农场134家、市级示范151家、县级示范780家。开展家庭农场监测，评选明星家庭农场30家，培育省级示范家庭农场18家、市级示范家庭农场75家、县级示范家庭农场333家，灌云县小伊乡陈军浅水藕种植家庭农场入选省级家庭农场典型案例。开展农民合作社“双建双创”行动，成立连云港市农民合作社联合会，评选明星农民合作社20家，全市依法登记的农民专业合作社达4553家，其中国家级示范社32家，省级示范社101家，市级示范社151家。东海县、灌云县、赣榆区入选全国农民合作社质量提升整县推进试点单位。强化农业产业化龙头企业梯次培育，全市市级农业产业化龙头企业数量达385家，其中国家级5家、省级58家。　（姜成波　郭凯妍）

·高标准农田建设　2021年，全市争取国家高标准农田项目财政总投资7.64亿元，建设高标准农田项目52个，建设高标准农田2.85万公顷，高效节水灌溉措施1367公顷，全市高标准农田建成量26.85万公顷，覆盖镇街46个、行政村882个。2021年高标准农田项目涉及东海县、灌云县、灌南县、赣榆区、海州区的43个乡镇175个行政村，项目区年直接受益农民35.43万人。全市新建拦河坝7座，新建、改建电灌站167座，衬砌明渠（沟）608千米，配套水闸1586个、渡槽235个、农桥3632个、涵洞4397个。田间道路投资2.68亿元，修筑硬化干道603.93千米。农田防护与生态环境保护投资0.15亿元，建农田防护林网85.16千米。10千伏以下的高压输电线路10.75千米，变压器43台（套）。　（陈洪建）

·“中国农民丰收节”庆祝仪式　9月26日，连云港市在赣榆区城头镇后黄墩村振城农业稻虾田农业示范基地举行“中国农民丰收节”庆祝仪式，同时举办赣榆首届生态稻虾美食文化节。围绕“庆丰收 感党恩”主题，进行“丰收发布”，公布连云港市国家最新认定地标农产品、“最美乡村振兴带头人”、农业特色产业强镇以及乡村振兴摄影大赛获奖作品并现场颁奖。丰收节期间，城头镇融合生态旅游和红色文化，推进“红色文化＋农业产业＋田园休闲＋民俗文化”要素集聚，放大赣榆人民支前纪念馆、董力生故居示范带动作用，围绕稻虾产业园，建设稻虾文化核心体验区，举办系列民俗文化活动。　（杨　量）

·连云港市农业发展集团有限公司　截至2021年年底，连云港市农业发展集团资产总额87.3亿元，比年初增长3.1％。实现营业收入18.9亿元，比2020年增长21.9％。实现利润9433.3万元，其中现代农业实现利润347.6万元。牛肉进口贸易、稻谷小麦销售额增加，利润实现扭亏为盈。大力发展粮食、海洋、城市邻里广场、农业电商及会展、建筑业五大产业，构建新产业体系。全年完成收购粮食11.39万吨，销售粮食10.81万吨。新增土地流转653.4公顷，协议流转6913公顷，实际种植面积3333公顷。全年稻麦产量实现4.18万吨，稻麦销售收入1.04亿元。新建粮食周转场2个。完成进口粮储备争取计划，8万吨进口玉米储备入库6.1万吨。并购江苏睿林德生物科技有限公司，在市开发区综合保税区布局进口粮食深加工项目。推进东河邻里广场产业建设，集团与家得福、亚朵酒店等签订战略合作协议，通灌路邻里广场实现地下室开挖。市妇幼保健院、振华路南等8个地块开发项目同步推进。推进农业电商及会展产业建设，举办第二十三届江苏省国际农业合作洽谈会。农洽会选品中心功能逐渐健全、海州区孵化基地揭牌运营，入驻跨境企业14家，国家电商产业园雏形初现。网上农洽会成效初显，平台进驻商家4267家，线上签约企业242家，在线交易285万余单。稳步推进重点项目建设。蔷薇湖项目整体验收有序推进，完成海州区、东海县移民验收自验工作。拓展蝴蝶兰国外销售渠道，完成输美规格苗13.6万株。对蔷薇湖复垦地块实施深耕作业，稳步推进复垦土地利用。龙尾河阻水桥梁完成拆除，新建桥梁手续报市行政审批中心批复。玉带河生态廊道建设、市级机关办公区二期改造工程有序推进。

（周 晨）

2021年，全市工厂化食用菌生产量占全国五分之一。图为食用菌工厂化生产车间 陈守勋 摄

种植业

·概况 2021年，连云港市粮食产量连续第10年超过350万吨，达368.8万吨。粮食种植面积51.17万公顷，位列全省第6，单产和总产均位列全省第5。蔬菜产业迈上新台阶，累计培育省级现代农业产业园区7家，建成省级现代农业产业示范园4家，省级蔬菜标准园35家，市级现代农业产业示范园实现涉农乡镇全覆盖。

·粮油种植 2021年，全市粮食播种面积51.17万公顷，总产量368.8万吨。夏粮面积24.89万公顷、总产量146.88万吨，其中小麦面积24.61万公顷、总产量145.29万吨。秋粮面积26.28万公顷，总产量221.92万吨，其中水稻面积20.97万公顷、总产量190.08万吨。主要旱作物生产面积8.06万公顷，比2020年下降5.5%，其中玉米面积恢复性增长，花生面积减少，大豆、山芋面积略减，总产量44.14万吨，下降2.6%。油料种植面积2.13万公顷，产量10.22万吨。其中，花生种植面积2万公顷，产量9.85万吨；油菜籽种植面积0.13万公顷，产量0.37万吨。

（仲蓉格）

东海县桃林镇蔬菜立体种植大棚 关照新 摄

·蔬菜种植 2021年，全市蔬菜种植面积8.5万公顷，总产量385.8万吨，总产值超150亿元。全市累计建设绿色蔬菜产业基地229个，绿色蔬菜播种面积4.43万公顷，绿色蔬菜占比达52.82%。香河农业开发有限公司等7家单位（合作社）获批省园艺作物标准园建设单位，江苏裕灌现代农业科技有限公司等11家单位获批第七批江苏省园艺作物标准园。灌南县获评省绿色蔬菜产业特色县，东海县桃林镇获评省绿色蔬菜产业特色镇，东海县北芹蔬菜专业合作社等7家单位获评省美味菜园。参加第三届江苏“好西（甜）瓜”品鉴推介活动，连云港市获瓜王1个、特等奖3个、金奖4个；参加江苏省“好黄瓜”品鉴推介活动，获特等奖1个、金奖1个、银奖7个。

·食用菌种植 2021年，全市食用菌种植面积2167.9万平方米，鲜菇总产量71.9万吨，总产值60.9亿元。其中，工厂化栽培面积1957.83万平方米，鲜菇总产量68.9万吨，产值59.8亿元，工厂化面积比例达90.3%，全市工厂化食用菌生产量占全国工厂化生产总量的五分之一。全市有食用菌工厂化企业46家，其中新三板上市公司1家、国家级农业龙头企业2家、省级农业产业化龙头企业11家、市级农业龙头企业27家。连云港市参加江苏省食（药）用菌大健康论坛暨首届江苏“好鲜菇”品鉴推介活动，获特等奖3个、金奖7个、二等奖9个和优秀组织奖。农户大棚栽培秀珍菇、茶树菇，每亩净收益6万余元，工厂化栽培金针菇每亩收益可达40万～50万元，栽培杏鲍菇、海鲜菇等珍稀品种每亩收益高达80万～100万元。作为劳动密集型产业，食用菌产业发展带动大量农民在家门口就业，人均年收入4万～5万元。

（孙潇潇）

园艺业及林业

·特色林果 2021年，连云港市果树种植面积2.35万公顷，产量41.32万吨，产值54.26亿元，良种苗木繁育面积6500公顷，果品加工总量3.32万吨。其中，桃树种植面积6953公顷，葡萄4947公顷，梨2467公顷，草莓2407公顷，苹果1847公顷，蓝莓1427公顷，猕猴桃1027公顷，板栗607公顷，樱桃500公顷，核桃220公顷，黑莓140公顷，还有少量石榴、李子、柿子、银杏、无花果、枇杷、杏、山楂等。

·花卉苗木 2021年，全市花卉种植面积2620公顷，比2020年增加73公顷，全年销售额9.79亿元。其中，鲜切花种植面积1020公顷，观赏苗木520公顷，食用与药用花卉34.67公顷，盆栽植物类10.51公顷，种苗用花卉1公顷。连云港市是江苏省主要鲜切花生产基地，主要花卉品种有菊花、非洲菊、百合、郁金香等。全市有花卉市场10个，花卉企业20家，其中大中型企业11家。全市有花农4755户，农民专业合作组织23个，花卉产业从业人员8402人，花木经纪人247人，基本形成较为完善的产业流通体系。

·茶业 2021年，全市有茶园面积1067公顷，干毛茶总产量69.65吨，总产值4290万元。拥有云雾茶、大伊山、芦阳春、芦阳红、绿祥、猴香红、南车厢、麒红、弼马温、六径岭等茶叶品牌。（孙潇潇）

畜牧业

·概况 2021年，连云港市生猪饲养量406.8万头，比2020年增长13.5%。其中，存栏160.3万头，域内存栏数位列全省第三，外供存栏指标38.58万头，获生态补偿资金6172.8万元；出栏246.5万头。羊饲养量67.62万只，出栏43.05万只，分别增长12.03%、36.45%。家禽饲养量8493.25万羽，出栏6396.12万羽，分别增长32.08%、36.89%。牛饲养量15.17万头，增长10.07%。全市肉类总产量35.75万吨，奶类总产量6.88万吨，禽蛋总产量9.44万吨，生猪大中型规模养殖比重达83.8%。（董燕萍）

·畜牧业生态健康养殖 2021年，全市开展畜牧生态健康养殖示范创建活动和标准化生态健康养殖普及行动，推进部省示范创建和生态健康养殖技术推广联动，县（区）农业农村部门开展生态健康等示范创建技术培训、帮扶等服务。全市共创建省级畜牧生态健康养殖示范场41家，新增推广应用生态健康养殖技术的养殖场398家，生态健康养殖比重达99.87%，连云港北欧农庄生猪养殖有限公司通过农业农村部标准化示范场复验。

连云港市振兴花卉基地，工作人员管护、打包上市销售的蝴蝶兰

王春/视觉江苏网

·畜禽遗传资源普查 2021年，全市开展第三次畜禽遗传资源普查，全市普查录入系统畜禽资源16个畜种、38个品种、群体数量61.7万头（只），蜂资源3个品种，群体数量3632箱，新发现徐海鸡资源，种群数量8000只。在云台山脉首次发现野生北方中蜂，连云港市地方品种淮北猪和苏北毛驴在民间重现。灌南县养殖户自行选育的江苏省地方品种梅山猪的繁殖性能超过原产区，且有一定规模，拟以新品种报国家审定；赣榆区的鹌鹑、水貂、蓝狐等特种动物形成规模，均有提质发展可能。（蔡鹤峰）

·重大动物疫病防控 2021年，全市重大动物疫病群体免疫密度维持在92%以上，应免动物免疫密度达100%，强制免疫废弃物回收处理率达85%以上，除在连云港市属于非强制免疫的布病外，其他病种的平均免疫抗体合格率96.4%，超过国家标准26.4个百分点，人畜共患病稳定控制，未发生畜产品质量安全事件。做好非洲猪瘟防控，在全省设区市率先部署全年集中洗消行动，开展集中洗消行动5轮，洗消场点数28.72万个次，使用消毒药物354.06吨，消毒面积1.49亿平方米。强制免疫“先打后补”稳步推进，印发明白纸8320张，悬挂横幅82条，实施“先打后补”规模养殖场32个。建成国家级、省级动物疫病净化场各1个，实现国家级动物疫病净化创建零的突破。

（董燕萍　单玉平）

·动物防疫社会化服务 2021年，全市开展动物防疫社会化服务发展提升年活动，“1+N”畜牧兽医社会

化服务发展全面提档升级。全市投入 330 多万元，66 家服务企业基本建成“五有”（有合法的服务机构、固定的服务场所、基本的服务设施、专门的服务队伍、稳定的服务保障）标准企业。农业农村部组织专家组到连云港市开展专题调研，《省政府促进畜牧业高质量发展实施意见》充分肯定连云港市“1＋N”畜牧兽医社会化服务模式，要求各地借鉴推广连云港市经验。《中国畜牧业》《农民日报》等报刊、杂志和媒体相继报道连云港市“1＋N”畜牧兽医社会化服务模式。（范圣成）

水产业

·概况 2021 年，连云港市以“生态优先、绿色发展”为主线，做好渔业生产指导工作，开展池塘高标准生态化改造、水产养殖用药专项整治、稻渔综合种养推广、水生生物资源养护、深蓝渔业建设等工作。全市水产养殖面积 6.46 万公顷，总产量 74.35 万吨，比 2020 年增长 2%，渔业一产产值 226.26 亿元，增长 6.77%，位居全省第三位，其中淡水产品产量 30.64 万吨。全年淡水捕捞产量 1.34 万吨，下降 1.14%。

·淡水养殖 2021 年，全市海淡水放养面积 6.46 万公顷，其中淡水养殖面积 1.76 万公顷，产量 29.3 万吨，主要养殖品种包括四大家鱼、泥鳅、斑点叉尾鮰等。全市发展水库生态渔业，市政府办印发《连云港市石梁河水库网箱养殖管理办法》《关于推进水库生态渔业发展的意见》《关于建设高标准生态池塘 提升水产品保障能力的意见》等指导文件，推进石梁河水库综合整治，清理涉渔“三无”船舶 3771 艘，布设高标准网箱 1.58 万只、投放鱼苗 340 余万尾，建成高效养殖平台 9 个。

·水产加工 2021 年，全市有水产加工企业 328 家，年水产加工能力超过 33.6 万吨，其中规模以上水产

10 月 29 日，第二十三届江苏农业国际合作洽谈会在连云港举办。图为展销现场　　王春/视觉江苏网

加工企业 49 家，规模以上水产品交易市场 9 家。柘汪、青口、高公岛等紫菜产业园区加快建设，形成集研发、育苗、加工、交易和办公于一体的现代紫菜产业园区，逐步实现紫菜一次加工集中供热、紫菜加工废水达标排放、紫菜加工企业片区化管理。打造水产品加工产业集群，评选推介渔业类市级农产品加工集中区 1 个、市级产业融合发展示范区 2 个，推进海福特 30 万吨海洋食品加工基地和青口蓝湾加工物流基地两个投资额超过 15 亿元的全产业链园区建设。（王 超）

开放型农业

·概况 2021 年，连云港市围绕建设“一带一路”农业对外贸易物流集聚区、中西部农产品出口合作引领区、全国农业对外开放合作样板的目标定位，加快国家首批农业对外开放合作试验区建设，构建“一心四区两基地”发展布局，推动全市开放型农业发展，形成以东海县为中心的粮油蔬果、以灌云县和灌南县为中心的设施蔬菜（食用菌）、以赣榆区为中心的海淡水产和特色水果、以连云区为中心的紫菜、以市开发区为中心的黄桃加工等一批出口集群，新增省级出口农产品示范基地 4 个，连云港银丰食用菌科技有限公司入选国家首批农业国际贸易高质量发展基地。全市累计建成蔬菜、泥鳅、水果、食用菌 4 个国家级食品农产品出口质量安全示范区，建成省级出口示范区（基地）17 个，总量位居全省第一位。全年农业利用外资及港澳台资 5822.6 万美元，涉及企业 16 家，其中东海县、海州区各 4 家，灌云县、连云区、开发区各 2 家，灌南县、赣榆区各 1 家。7 家企业参加中国国际食品及饮料展览会、意大利果蔬国际展、中国国际食品及配料博览会等国际性展会，宣传推介连云港市特色优质农产品。

·第二十三届江苏农业国际合作洽谈会 10 月 29—31 日，第二十三届江苏农业国际洽谈会在连云港工业展览中心举办。农洽会设置标准展位 546 个，线上线下有 4600 多家境内外企业参展，5000 多种农产品参加展示展销，有白俄罗斯、埃及、斯洛伐克、摩尔多瓦、罗马尼亚、比利时、西班牙、匈牙利、印度尼西亚、墨西哥等国家代表参展参会。线上展会功能更优化，开发官方小程序“农洽汇”，发放农洽会专项消费券 545 万元，网上农洽会平台进驻商家 4267 家，发起直播 1216 场，在线交易 285 万单，交易总额 515 万元。

农洽会全省共签约农业合作项目43个，其中外商及港澳台商投资项目25个，协议外资及港澳台资2.72亿美元；技术合作项目10个，协议金额1.38亿美元；“走出去”项目3个，中方投资2060万美元；贸易合作项目5个，协议金额1.37亿美元。农洽会期间，举办江苏·欧盟地理标志农产品推介会、驻华使节商务联盟农产品供需对接会。

（李　进）

农业机械化

·概况　2021年，连云港市加快推进农业机械化和农机装备产业转型升级。全年发放农机购置补贴资金1.76亿元，资金全部兑付，新增各类机具9821台（套），受益户数7752户，全市农机总动力达543万千瓦，拖拉机和联合收割机7.4万余台。农业机械化逐步向低耗、高效、高性能、大中型发展明显，农作物耕种收综合机械化水平达83.5%，粮食生产全程机械化耕整、种植（机插秧）、植保（高效植保）、收获、产地烘干、秸秆处理六个生产环节机械化水平分别达到99%、82%（75%）、97%（65%）、98%、56%、97%，小麦、水稻、玉米三大主要农作物耕种收水平达98.3%。

·特色农机化发展　2021年，全市特色农机化水平58.85%。其中，设施农业机械化水平56.25%，畜牧业机械化水平69.38%，渔业机械化水平60.52%，林果业机械化水平53.07%，农产品初加工机械化水平55.04%。加快新型智能化绿色化农机装备示范推广和传统农机智能化绿色化改造力度，安装智能化装备1100余台，实现农机信息智能化作业平台县区全覆盖。主推麦秸秆机械化还田集成机插秧技术、稻秸秆机械化还田集成三麦机播技术，科学制定秸秆机械化还田技术路线，使用秸秆机械化还田暨生态型犁耕深翻资金9124万元，全年秸秆机械化还田率达83%，完成生态型犁耕深翻作业面积7333公顷。

·农机社会化服务　2021年，全市以“全程机械化+综合农事”服务中心建设为抓手，培育壮大集农业生产经营与农机社会化服务于一体的“双主体”，鼓励农机服务组织向农户提供全程机械化作业、农资供应、农产品购销等“一站式”综合服务。建成省级“全程机械化+综合农事”服务中心项目7个，在东海县、灌南县举办2021年全国粮食机收减损大比武江苏分赛区东海（灌南）赛场暨连云港市夏收夏种现场会，全面推广粮食收获减损技术。承办全省农机跨区作业出征仪式，全年发放跨区作业证9968张，作业品种覆盖小麦、水稻、玉米和马铃薯等主要农作物，作业时间贯穿全年，全年作业收入超10亿元。

（谷少委）

6月10日，全国粮食机收减损技能大比武江苏分赛区东海赛场暨连云港夏收夏种现场会在东海县平明镇周徐村举行　陶士振/视觉江苏网

·农机综合保险　2021年，全市承保农机综合保险5777台，承保面覆盖所有涉农县区，签单保费288.83万元。其中，农业机械综合保险签单保费284.83万元；拖拉机交通事故责任强制保险签单保费4万元。全年报废、更新各类机具219台，落实财政补贴资金258.44万元。

·农机安全管理　2021年，连云港市强化农机安全源头管理，被评为省级“平安农机”示范市，海州区上榜省级“平安农机”示范区。开展“铁牛卫士”执法行动，重点查处拖拉机联合收割机无牌作业、无证驾驶、逾期未检、违规作业等违法行为，执法检查768台次，执法处罚办结561起，普通程序执法处罚320起。全市拖拉机登记率达95.8%，全年检验拖拉机4171台、收割机1.01万台，检验率分别达92.2%、92.3%。落实网格化监管责任，全市涉农镇（街）和行政村农机安全监管人员全部到岗到人，明确镇级农机安全监管人员101人、村级农机安全协管员1489人，初步建成镇村农机安全监管网格体。

（张金伟）

国有农场

·东辛农场　2021年，东辛农场土地面积2万公顷，其中耕地1万公顷，养殖水面1667公顷，林地1333公顷，总人口4万人。实现国有营业收入13.41亿元，国有利润2.37亿元。全年种植三麦1.35万公顷、水稻1.27万公顷、青贮玉米800公顷。本部周年麦稻亩产连续三年突破1200千克，外拓基地、托管基地麦稻周年亩产1050千克。农场与市农发集团合作，新增流转、托管土地种植面积273公顷。加快科技创新和养殖结构调整，做好933公顷集体养殖基地精细化管理和对虾育苗工作。到年底，农场有全资企业11家，控参股企业6家，外资企业1家，民营企业及个体工商户1124家。其中工业企业24家，从业人员3714人，涉及食品加工与制造、机械制造与修理、纺织、包装、建材、化工等10余个行业，年销售收入18.66亿元。水产公司全年实现利润2439万元，入围2021年江苏水产养殖高质量发展先锋企业，获2021年连云港市"菜篮子"基地认定，金鲤渔业公司实现利润2001万元。东旺奶牛公司全年生产鲜奶2.58万吨，实现利润1860万元，养殖二场入围《荷斯坦》杂志评选的2020长三角牧场单产10吨俱乐部。三元双宝公司存栏奶牛1921头，生产鲜奶9650吨、乳制品1.36万吨，实现利润300万元。东米公司实现国有利润1351万元，被评为中国农垦农产品质量追溯基地。推进农产品检测公司规范化运作，通过CMA资质能力扩项认证。惠丰生物肥料公司化运作取得肥料登记许可证、排污许可证，完成环评验收和"苏辛""东犁"等6个商标注册。

（李玲玲）

云台农场"梦觉夏韵"果园　　云台农场　供图

·云台农场　2021年，云台农场土地面积2800公顷，其中耕地面积1467公顷，常住人口6000余人，职工730余人。实现麦稻总产2.11万吨。麦稻实现平衡高产，周年亩产达1200千克，小麦亩产673千克，水稻亩产600千克。农场强化品牌创建和新产品开发，葡萄、梨、桑葚、桃四类水果获国家绿色食品认证。研制生产出新产品桑叶茶，丰富产品种类。开展拓展训练基地项目和省农耕实践基地学生培训等业务，参观学习学生5000人，创收近6万元。华缘旅游公司被评为连云港市四星级农旅融合精品景点，获评2021年江苏省重点推介100个乡村休闲旅游农业农耕实践基地。林业服务中心拓展四季草花业务，全年销售草花93.9万盆，销售额43.7万元，实现利润14.2万元。

（方　丹）

·岗埠农场　2021年，岗埠农场土地面积9000公顷，其中耕地4667公顷，林业苗木用地1227公顷，养殖水面267公顷，拥有国家级优质商品种子生产基地、鲜切花生产基地、绿色有机食品生产基地、绿化苗木产业基地、特色水产品养殖基地。实现地区生产总值11.54亿元，场域营业收入22.73亿元，国有营业收入2.16亿元，人均可支配收入3.98万元。全年粮食种植面积8667公顷，总产量7.69万吨。全场小麦种子繁育面积1680公顷，生产种子1.48万吨；水稻种子繁育面积327公顷，生产种子651.17千克。全年新增植树造林30公顷，栽植苗木1.9万株，实现林业收入326万元。水产品产量4000吨，渔业产值7060万元。出栏生猪2.46万头、牛98头、羊1470只、家禽8.78万羽。高效设施农业占地面积179公顷，复种面积520公顷。全年轮作瓜果蔬菜种植面积307公顷。生产鲜切花6180万枝，销往全国40个大中城市。

（徐安徽）

责任编辑　徐　敏

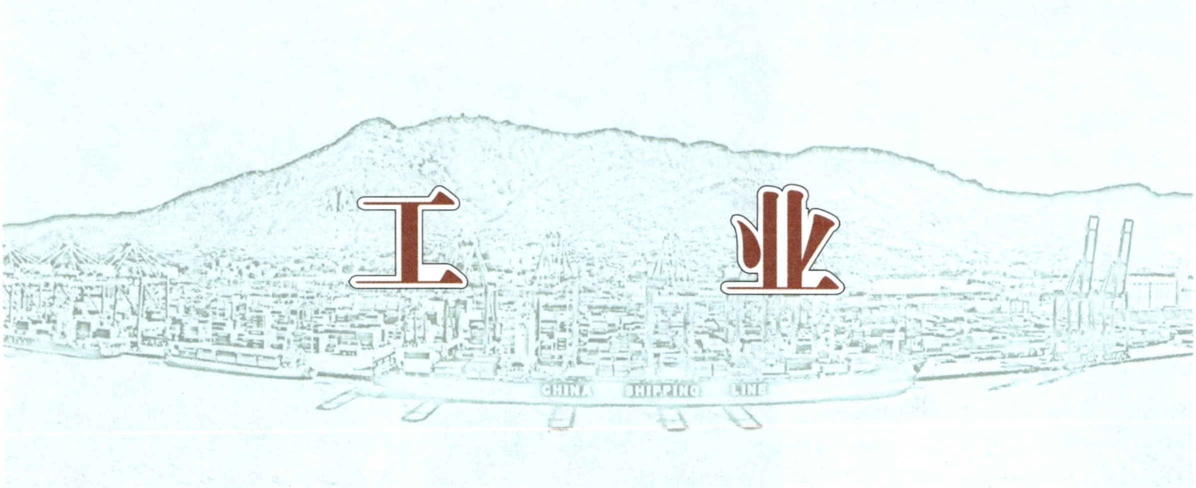

工　业

综述

·概况　2021年，连云港市工业生产经营稳中有进。全市实现工业应税销售收入4038.8亿元、增长33.8%，增幅居全省首位。全部工业用电量131.68亿千瓦时，增长10.8%。1045家规模以上工业企业完成产值3636.45亿元，比2020年增长27.1%；规模以上工业企业完成增加值998.18亿元，增长13.4%。规模以上工业企业实现营业收入3681.79亿元，增长28.9%；实现利润总额348.29亿元，增长39.6%。石化、钢铁、医药等重点行业对全市工业产值增长贡献率达52.2%。36家强优企业实现工业应税销售收入2512.2亿元、增长30.5%，总量占全市的62.2%。强化企业培育，扶持2家企业成功上市。市政府、市发展改革委围绕科技创新、产业强链、重点产业加快发展、工业园区建设等方面，制订发布《关于印发深化创新型城市建设若干政策的通知》《关于印发推进高新技术企业高质量发展若干政策（修订稿）的通知》《关于加快产业强链推动工业经济高质量发展的实施意见》《关于促进乡镇工业集中区提升发展的实施意见》《关于印发连云港市制造业高质量发展三年行动纲要（2021—2023年）的通知》等8个政策文件，深化创新型城市建设、推动工业高质量发展、打造产业强链、优化营商环境。

主导行业持续发力　八大主导行业产值均超过100亿元。其中，黑色金属冶炼和压延加工业产值701.16亿元，比2020年增长32.4%；化学原料和化学制品制造业产值614.5亿元，增长78.7%；医药制造业产值611.58亿元，增长1.3%；电力热力生产和供应业产值242.16亿元，增长29.2%；农副食品加工业产值226.74亿元，增长10.3%；非金属矿物制品业产值217.62亿元，增长27.0%；石油煤炭及其他燃料加工业产值182.51亿元，增长16.8%；电气机械和器材制造业产值129.21亿元，增长15.8%。八大行业合计完成产值2925.49亿元，占全市规模以上工业总产值的80.4%，拉动全市规模以上工业总产值增长21.5个百分点。

行业效益逐步提升　全市34个规模以上工业大类行业中，19个行业利润实现正增长，行业增长面为55.9%，其中11个行业利润增速超过50%。单位费用下降，盈利能力有所增强，规模以上工业企业每百元营业收入中的费用为14.59元，比2020年同期减少2.73元。企业盈利能力明显提升，营业收入利润率9.5%，提高0.59个百分点。亏损企业数目减少，全市规模以上工业企业亏损211家，减少18家，下降7.9%。利润总额超亿元的企业41家，增加14家，超10亿元的企业8家，增加5家。

民营工业拉动有力　全市规模以上民营工业生产和销售状况均呈现良好势头，完成产值2528.84亿元，增长31.6%，占全市规模以上工业总产值的69.5%，对全市规模以上工业生产增长贡献率为78.4%，拉动全市规模以上工业产值增长21.2个百分点；实现营业收入2537.87亿元，增长34.5%。恒瑞医药、镔鑫特钢、亚新钢铁、兴鑫钢铁入选“2021中国民营企业500强”榜单，分别位列第394位、第403位、第492位和第500位。恒瑞医药位列“2021江苏民营企业创新100强”首位。

重点企业发展势头强劲　全市工业产值30强企业完成产值2411.79亿元，增长29.5%，增长面83.3%，比全市规模以上工业总产值增速高2.4个百分点，占全市规模以上工业总产值的66.3%，拉动全市规模以上工业产值增长19.2个百分点。镔鑫钢铁、恒瑞医药、新海石化、斯尔邦石化、亚新钢铁、正大天晴药业、江苏核电、兴鑫钢铁、虹港石化、豪森药业10家企业完成产值分别超100亿元，其中镔鑫钢铁、恒瑞医药完成产值均超200亿元。从产值增速看，东方国际集装箱、鑫顺通新材料、晶海洋半导体材料、中汇矿业、虹港石化5家企业增速保持三位数增长。

·产业转型升级 2021年，全市战略新兴产业培育壮大，推动产业提质升级。全市战略性新兴产业完成产值1523.04亿元，比2020年增长25.7%，占全市规模以上工业总产值的41.9%。医药制造业、化学原料和化学制品制造业、电力热力生产和供应业、电气机械和器材制造业产值居前四位，分别占各行业规模以上工业产值的93.7%、39.9%、79.1%、78.9%。9月，市政府印发《关于加快产业强链推动工业经济高质量发展的实施意见》，实施产业基础再造工程，重点培育石化、生物医药、高性能纤维及复合材料、化工新材料、钢铁合金、新能源、硅材料、高端装备、绿色食品、信息产业10条产业链向规模化集聚、链条化延伸、高端化发展；印发《连云港市制造业高质量发展三年行动纲要(2021—2023)》，深入实施重大项目推进提速工程、强优主体梯次培育工程、产业地标工程、产业强链工程、创新潜能激励工程、绿色安全发展工程、县域经济特色集聚工程，推动全市制造业转型升级。市政府出台《关于支持重点产业加快发展若干政策意见》，提出3个类别、12个方面的32条政策，支持产业投资项目，包括支持重大产业项目、产业链项目以及地区总部、研发中心、生产基地项目。支持强优企业提升经营业绩、支持重大企业兼并重组、支持小微企业升规模企业、支持质量标准建设等；支持重点产业发展，包括支持临港石化产业发展、支持新医药产业发展、支持新材料产业发展；统筹相关财政专项资金，按年按时拨付奖励资金；依托连云港市产业发展基金，创新运用"拨改投、拨改转、拨改贷"等方式支持重点产业发展，为重点产业在融资服务、项目推进、创新驱动、转型升级、专题培训等方面给予支持。

·工业投资 2021年，全市完成工业投资1398.43亿元，比2020年增长11.6%，工业投资占全市固定资产投资64.9%，比2020年提高1.9个百分点。其中，工业技术改造完成投资333.64亿元，增长1.1%；制造业完成投资1248.77亿元，增长12.6%，投资超百亿元的行业分别有：石油煤炭及其他燃料加工业288.69亿元、化学原料和化学制品制造业144.69亿元、非金属矿物制品业143.20亿元、计算机通信和其他电子设备111.03亿元。市工业投资集团完成市级重大项目建设和股权投资合作，35个产业项目完成投资16.45亿元。组建连云港碱业公司化工转型专项基金、市级新材料产业基金。完成对江苏润美新材料、弘扬石英、瑞丰医药等8家企业1.34亿元的股权投资。全方位搭建融资担保、基金投资、应急转贷、科技小贷等四大平台，为中小企业、"三农"客户提供综合融资服务规模近30亿元，新增小额贷款3.16亿元，提供应急转贷7.5亿元，融资担保余额18.92亿元。

·科技型中小企业培育 2021年，全市市级小巨人培育库新入库企业90家，省级专精特新培育库新入库企业212家。新增认定市级"小巨人"企业35家，新增认定市级专精特新产品17个。实施制造业单项冠军企业培育提升专项行动，围绕专精特新中小企业开展精准帮扶，加大企业技术创新、人才引进、融资保障等方面的扶持力度。江苏联瑞新材料股份有限公司获批第六批国家制造业单项冠军示范企业。弘扬石英、杰瑞电子、杰瑞自动化、中复碳芯4家企业获批第三批国家专精特新"小巨人"企业。嘉明碳素、中复神鹰等8家企业获批省级"小巨人"企业，日出东方、佑源医疗获批2021年省级专精特新产品。截至年底，全市有国家专精特新小巨人企业9家、省级"小巨人"企业18家、省级专精特新产品8个、市级科技"小巨人"企业119家、市级专精特新产品64个。江苏鹰游纺机、江苏华海诚科、天富食品配料入选中央财政资金重点支持"小巨人"企业名单。德源药业获得省级工业和信息化转型升级专项资金支持400万元；市级转型升级专项资金和工业信息化专项资金对专精特新"小巨人"奖励132.5万元。围绕省重点先进制造业集群，培育制造业"双创"(大众创业、万众创新)平台试点示范项目。推动连云港经济技术开发区建设融通发展平台载体，依托中华药港打造中小企业融通发展特色载体，连云港经济技术开发区获批省大中小企业融通型特色载体并获得首批次3000万元资金支持。

·工业和信息化融合 2021年，《连云港市加快推进工业互联网创新发展三年行动计划(2021—2023年)》实施，全面推进工业互联网平台、星级"上云"企业、工业互联网标杆工厂、两化融合贯标、工业电商、"互联网+先进制造"特色基地建设等。建立全市星级"上云"企业后备库，储备意向企业100家。新增认定省三星级"上云"企业47家、四星级"上云"企业6家。270家企业开展工业与信息化融合自评估、自诊断、自对标，东海太阳光新能源、江苏弘扬石英、鹰游新立成纺织、康缘药业、汤沟两相和酒业、德邦多菱健康6家企业被认定为省两化融合管理体系(升级版)贯标试点企业。康缘药业工业互联网平台被认定为省级重点工业互联网平台，康缘药业被认定为省级工业互联网标杆工厂，中船重工集团716研究所工业互联网赋能平台船舶行业典型应用项目入选工业和信息化部新一代信息技术与制造业融合发展试点示范名单。

·连云港市位居全国先进制造业百强市第53位 11月29日，赛迪顾问智能装备产业研究中心发布《赛迪顾问先进制造业百强市(2021)》榜单。连云港市位居全国百强市第53位。该榜单从创新能力、融合发展、经济带动、品牌质量和绿色集约五个维度27项指标，对全国293个地级市的先进制造业发展情况进行系统研究和综合评估。

·连云港市省百强企业数量位居苏北第一 2021年，连云港市多家企业上榜省企业联合会公布的江苏营收百强企业、制造业百强企业和服务业80强企业名单。其中，恒瑞医药、镔鑫钢铁、新海石化、亚新钢铁、兴鑫钢铁5家企业入选营收百强企业，分别位居全省第67、70、77、86、88位，数量居苏北第一、全省第六。恒瑞医药、镔鑫钢铁、新海石化、亚新钢铁、兴鑫钢铁、康缘集团、江苏核电、豪森药业8家企业入选制造业百强企业，分别位居全省第43、46、51、59、60、85、86、97位，数量居苏北第一、全省第四。港口集团、天马网络、交通控股3家企业入选服务业80强企业，分别位居全省第40、59、73位，数量居苏北第一、全省第四。

2021年连云港市产值20强企业名单

江苏省镔鑫钢铁集团有限公司
江苏恒瑞医药股份有限公司
江苏新海石化有限公司
江苏斯尔邦石化有限公司
连云港亚新钢铁有限公司
正大天晴药业集团股份有限公司
江苏核电有限公司
连云港兴鑫钢铁有限公司
江苏虹港石化有限公司
江苏豪森药业集团有限公司
连云港石化有限公司
益海（连云港）粮油工业有限公司
连云港华乐不锈钢制品有限公司
连云港天嘉不锈钢有限公司
东方国际集装箱（连云港）有限公司
江苏新海发电有限公司
江苏康缘药业股份有限公司
连云港润众制药有限公司
晶海洋半导体材料（东海）有限公司
丰益油脂科技（连云港）有限公司

2021年连云港市新认定国家制造业单项冠军示范企业一览表

表16

序号	企业名称	认定时间	所属县区
1	江苏天明机械集团有限公司	2018年认定，2021年复核通过	海州区
2	江苏联瑞新材料股份有限公司	2021年	海州区

2021年连云港市新认定国家专精特新“小巨人”企业一览表

表17

序号	企业名称	所属县区（功能板块）
1	江苏弘扬石英制品有限公司	东海县
2	连云港杰瑞电子有限公司	连云港经济技术开发区
3	连云港杰瑞自动化有限公司	连云港经济技术开发区
4	中复碳芯电缆科技有限公司	连云港经济技术开发区

2021年连云港市新认定江苏省“小巨人”企业一览表

表18

序号	企业名称	认定时间	所属县区（功能板块）
1	连云港天明装备有限公司	2013年认定，2021年复核通过	海州区
2	江苏联瑞新材料股份有限公司	2014年认定，2021年复核通过	海州区
3	江苏华海诚科新材料股份有限公司	2016年认定，2021年复核通过	开发区
4	连云港杰瑞电子有限公司	2017年认定，2021年复核通过	海州区
5	连云港天邦科技开发有限公司	2021年	海州区
6	江苏嘉明碳素新材料有限公司	2021年	东海县
7	连云港神鹰复合材料科技有限公司	2021年	连云港经济技术开发区
8	中复神鹰碳纤维股份有限公司	2021年	连云港经济技术开发区
9	江苏中金玛泰医药包装有限公司	2021年	连云港经济技术开发区
10	江苏奥神新材料股份有限公司	2021年	连云港经济技术开发区
11	连云港如年实业有限公司	2021年	海州区
12	连云港远洋流体装卸设备有限公司	2021年	海州区

2021年连云港市新认定江苏省专精特新产品一览表

表19

序号	企业名称	认定产品名称	认定时间
1	江苏泰格油墨有限公司	醇溶纸张环保油墨	2012年认定,2021年复核通过
2	连云港佑源医药设备制造有限公司	减压沸腾清洗消毒机	2021年
3	日出东方控股股份有限公司	太阳能热水器	2021年

2021年连云港市新认定“小巨人”企业一览表

表20

序号	企业名称	认定时间
1	连云港福东正佑照明电器有限公司	2016年认定,2021年复核通过
2	东海县圣达石英制品有限公司	2017年认定,2021年复核通过
3	连云港市东海县宏伟石英制品有限公司	2017年认定,2021年复核通过
4	江苏瀚能电气有限公司	2017年认定,2021年复核通过
5	连云港市弘扬石英制品有限公司	2018年认定,2021年复核通过
6	晶海洋半导体材料(东海)有限公司	2021年
7	连云港华鼎车轮有限公司	2021年
8	东海县亚连玻璃有限公司	2021年
9	东海县晶盛源硅微粉有限公司	2021年
10	东海县太阳光新能源有限公司	2021年
11	连云港神汇硅材料科技有限公司	2021年
12	江苏得乐康生物科技有限公司	2021年
13	江苏汇九齿轮有限公司	2021年
14	连云港鹰游新立成纺织科技有限公司	2021年
15	江苏锐巴新材料科技有限公司	2021年
16	江苏润普食品科技股份有限公司	2018年认定,2021年复核通过
17	江苏香如生物科技股份有限公司	2021年
18	连云港康乐药业有限公司	2016年认定,2021年复核通过
19	江苏金茂源生物化工有限责任公司	2016年认定,2021年复核通过
20	天富(连云港)食品配料有限公司	2018年认定,2021年复核通过
21	江苏润美新材料有限公司	2021年
22	江苏海福特海洋科技股份有限公司	2021年
23	江苏三旗流体设备有限公司	2021年
24	连云港永泰塑业有限公司	2021年
25	江苏天眼医药科技股份有限公司	2021年
26	连云港金大地新型建材有限公司	2021年
27	连云港连利福思特表业有限公司	2016年认定,2021年复核通过
28	连云港市港圣开关制造有限公司	2016年认定,2021年复核通过
29	连云港杰瑞电子有限公司	2016年认定,2021年复核通过
30	江苏金鸽网络科技有限公司	2017年认定,2021年复核通过
31	江苏联瑞新材料股份有限公司	2017年认定,2021年复核通过

续表 20

序号	企业名称	认定时间
32	连云港市拓普科技发展有限公司	2017 年认定,2021 年复核通过
33	连云港天邦科技有限公司	2017 年认定,2021 年复核通过
34	连云港如年实业有限公司	2018 年认定,2021 年复核通过
35	连云港天明装备有限公司	2021 年
36	江苏连港皮革机械有限公司	2021 年
37	江苏交控智慧城市技术有限公司	2021 年
38	连云港腾越电子科技有限公司	2021 年
39	江苏智维玻璃科技有限公司	2021 年
40	连云港唯德复合材料设备有限公司	2021 年
41	江苏德发房车科技有限公司	2021 年
42	福泰克(连云港)电子有限公司	2021 年
43	连云港耐特网具有限公司	2021 年
44	连云港富兴康渔具有限公司	2021 年
45	珩星电子(连云港)股份有限公司	2021 年
46	江苏天之捷信息技术服务有限公司	2021 年
47	江苏赫尔斯镀膜技术有限公司	2021 年
48	丰益表面活性材料(连云港)有限公司	2020 年
49	江苏三吉利化工股份有限公司	2021 年
50	江苏德源药业股份有限公司	2016 年认定,2021 年复核通过
51	连云港佑源医药设备制造有限公司	2016 年认定,2021 年复核通过
52	江苏苏云医疗器材有限公司	2016 年认定,2021 年复核通过
53	江苏华海诚科新材料股份有限公司	2016 年认定,2021 年复核通过
54	江苏奥神新材料股份有限公司	2016 年认定,2021 年复核通过
55	江苏诺泰澳赛诺生物制药股份有限公司	2017 年认定,2021 年复核通过
56	连云港杜钟新奥神氨纶有限公司	2017 年认定,2021 年复核通过
57	连云港天诺光学仪器有限公司	2017 年认定,2021 年复核通过
58	连云港杰瑞自动化有限公司	2017 年认定,2021 年复核通过
59	连云港千樱医疗设备有限公司	2018 年认定,2021 年复核通过
60	连云港国鑫食用菌成套设备有限公司	2018 年认定,2021 年复核通过
61	江苏暨明医药科技有限公司	2018 年认定,2021 年复核通过
62	连云港华海诚科电子材料有限公司	2018 年认定,2021 年复核通过
63	中复神鹰碳纤维有限责任公司	2018 年认定,2021 年复核通过
64	江苏中金玛泰医药包装有限公司	2018 年认定,2021 年复核通过
65	连云港东睦新材料有限公司	2018 年认定,2021 年复核通过
66	连云港正大农牧发展有限公司	2021 年
67	重山风力设备(连云港)有限公司	2021 年
68	中复连众风电科技有限公司	2021 年
69	连云港泓昊复合材料有限公司	2021 年

2021年连云港市新认定专精特新产品一览表

表21

序号	企业名称	产品名称	所属县区（功能板块）
1	连云港奇晴光电照明有限公司	LED日光灯	东海县
2	连云港步升机械有限公司	码头激光靠泊与环境监控系统	赣榆区
3	连云港杜钟新奥神氨纶有限公司	无染氨纶纤维	连云港开发区
4	江苏奥神新材料有限公司	细旦聚酰亚胺纤维	连云港开发区
5	连云港新江环保材料有限公司	重金属离子捕捉剂、飞灰螯合剂	赣榆区
6	连云港石港高压电瓷有限公司	一种耐高频、高温的大电阻电瓷绝缘子	赣榆区
7	连云港市兴安机械制造有限公司	新型手扶式插秧机	赣榆区
8	连云港海太尔防护用品有限公司	军工品质耐磨防穿刺手套	赣榆区
9	江苏西德电梯有限公司	紧凑型小轨距新型无机房客梯	赣榆区
10	连云港步升机械有限公司	智能化自动快速脱缆钩	赣榆区
11	连云港强连铁塔制造有限公司	国家电网专供高强度高压输电线路杆塔	赣榆区
12	天富（连云港）食品配料有限公司	焦磷酸二氢二钠	赣榆区
13	连云港天明装备有限公司	8.8米大采高工作面智能综采刮板输送机成套设备	海州区
14	江苏天明机械集团有限公司	智能化24饼氨纶纺丝成套设备	海州区
15	连云港如年实业有限公司	火焰加热烫光机	海州区
16	江苏联瑞新材料股份有限公司	大规模集成电路封装及IC基板用电子级球形硅微粉	海州区
17	江苏鹰游纺机有限公司	MB331H7048起毛机	海州区
18	江苏鹰游纺机有限公司	双辊烫光机	海州区
19	连云港正航电力节能技术有限公司	高效节能环保除氧器	海州区
20	连云港连利·福思特表业有限公司	垂直螺翼式表阀一体智能远水表	海州区
21	江苏金鸽网络科技有限公司	金鸽互联网信息搜集与监测系统软件	海州区
22	衡所华威电子有限公司	TO碳化硅高功率器件封装用环氧模塑料	海州区
23	连云港神鹰复合材料科技有限公司	高性能防弹复合材料	连云港开发区
24	连云港杰瑞药业有限公司	硫酸阿扎那韦	连云港开发区
25	江苏弘扬石英制品有限公司	蓝色高效节能石英玻璃管	东海县
26	连云港永泰塑业有限公司	资源再生型尼龙颗粒PA6	赣榆区
27	江苏天眼医药科技股份有限公司	新配方、雾化式一次性洗眼液	赣榆区
28	江苏西德电梯有限公司	智能型积木式旧楼加装电梯	赣榆区
29	连云港石港高压电瓷有限公司	高强度大直径支柱绝缘子	赣榆区
30	连云港康乐药业有限公司	对乙酰氨基酚	赣榆区
31	中碳能源（江苏）有限公司	高品质低硫煅烧石油焦	赣榆区
32	江苏三旗流体设备有限公司	全自动粉刷石膏机M6	赣榆区
33	江苏丽鑫炭业有限公司	高吸附性活性炭	赣榆区
34	连云港市沃鑫高新材料有限公司	直径300毫米硅晶圆半导体材料切割专用高纯碳化硅微粉	东海县
35	江苏圣达石英制品有限公司	光敏石英玻璃管	东海县
36	连云港连利·福思特表业有限公司	LXSY-(15-20)/W旋翼液封式多流无遮挡无磁NB-IOT物联网水表	海州区

续表 21

序号	企业名称	产品名称	所属县区（功能板块）
37	连云港飞雁毛毯有限责任公司	印金毛毯	海州区
38	江苏赫尔斯镀膜技术有限公司	黑膜吸热板芯	海州区
39	江苏金鸽网络科技有限公司	基于物联网和大数据技术的智慧消防平台	海州区
40	连云港市港圣开关制造有限公司	低压抽出式开关柜 GCS	海州区
41	连云港鹰游新立成纺织科技有限公司	采用闪染生产工艺的赛棉绒面料	灌云县
42	星禾环保科技（江苏）有限公司	机动车尾气遥感监测系统	连云区
43	连云港市拓普科技发展有限公司	油气回收处理装置	连云港开发区
44	江苏华海诚科新材料股份有限公司	QFP、SOP 封装用环氧模塑料	连云港开发区
45	连云港华海诚科电子材料有限公司	纳米压印用 UV 胶水	连云港开发区
46	江苏德立信电子科技有限公司	锂电池用极耳	连云港开发区
47	中复神鹰碳纤维股份有限公司	干喷湿纺高性能碳纤维	连云港开发区
48	江苏嘉明碳素新材料有限公司	增碳剂	东海县
49	东海县奥博石英制品有限公司	石英管	东海县
50	连云港高品再生资源有限公司	氧化镨钕	东海县
51	连云港海蓝研磨材料有限公司	2000# 电子级别零划痕碳化硅微粉	东海县
52	连云港创新储运设备制造有限公司	喷气燃料过滤计量检测总控系统	赣榆区
53	江苏中京电缆科技有限公司	稀土高铁铝合金电缆	赣榆区
54	连云港市海贡机械有限公司	双排全自动夹心海苔加工机组	赣榆区
55	连云港鑫祥铸造有限公司	智能型循环燃烧真火壁炉	赣榆区
56	连云港东康金属制品有限公司	低碳合金高强度预应力 PC 钢棒	赣榆区
57	连云港赣榆腾飞机械铸造有限公司	新型节能防爆铸件	赣榆区
58	连云港市赣榆榆翔机械有限公司	低温稳流式高强度铸钢件	赣榆区
59	江苏科伦多食品配料有限公司	磷酸盐系列产品	灌云县
60	连云港龙泰威食品配料有限公司	精细硫酸盐—硫酸亚铁	灌南县
61	江苏中金玛泰医药包装有限公司	药用复合膜袋	连云港开发区
62	江苏寅昊智能装备有限公司	风力叶片避雷接闪系统	海州区
63	江苏天明机械集团有限公司	智能化双层 40 饼氨纶纺丝成套设备	海州区
64	连云港长和游乐设备有限公司	齿轨观光火车	海州区

（于　跃）

石化产业

·概况　2021 年，连云港市石化产业实现产值 182.5 亿元，比 2020 年增长 16.8%，实现应税销售 184.2 亿元，增长 22.3%。全市石油化工产业加快转型发展，经济规模不断扩大。随着盛虹炼化一体化等项目逐步建成投产，逐渐形成空间布局合理、主导产业突出、产业集聚优势明显、绿色安全保障的现代石化产业体系，成为全市主要支柱产业之一。全市原油一次加工能力达到 1900 万吨（含盛虹炼化在建 1600 万吨炼油项目），PTA（精对苯二甲酸）产能合计 340 万吨，乙烯产能合计 110 万吨，聚乙烯产能合计 135 万吨，丙烯腈产能合计 78 万吨。连云港石化产业基地和赣榆柘汪临港产业区是全市石化产业的主要发展载体。

链接

市政府《关于支持重点产业加快发展若干政策意见》支持临港石化产业发展政策（摘要）

1. 支持石化企业实施信息化、智能化建设，对充分利用新技术、新工艺、新原理、新方法，推行高效率、低消耗、可循环、少排放的绿色生产模式，实现资源节约化、生产清洁化、排放减量化、安全生产标准化的，给予最高不超过500万元奖励。

2. 支持石化企业创新发展，对企业对标国际先进水平，自主研发“卡脖子”技术产品并采用一流工艺设备生产的，给予最高不超过1000万元奖励。

3. 支持创建国家级产业创新中心、工程研究中心，根据国家发展改革委《国家产业创新中心建设工作指引（试行）》、《国家工程研究中心管理办法》，新获批国家级产业创新中心、工程研究中心的，给予最高不超过1000万元奖励。

4. 支持石化企业提升经营业绩、提质增效，对石化企业年销售额首次超过200亿元、500亿元、800亿元，并在同类企业中投入产出比高的，分别给予最高不超过500万元、1000万元、1500万元奖励。

5. 支持化工园区争创世界一流，对企业利用自身比较优势，打造行业标杆示范，在细分领域成为行业龙头，形成具有较强影响力和国际竞争力连云港品牌，以及引进世界500强企业生产石化产业链高附加值产品的，给予最高不超过1000万元奖励。

·连云港石化产业基地建设 连云港石化产业基地以徐圩新区为中心，是国家重点规划布局的七大石化产业基地之一，也是《江苏省“十四五”化工产业高端发展规划》中明确的“1+N”化工产业发展格局的主要布局地。建设1600万吨/年炼油、280万吨/年芳烃、110万吨/年乙烯及下游衍生物的盛虹炼化一体化项目，配套30万吨原油码头、300万立方米仓储及公用工程岛等项目。截至2021年底，连云港石化产业基地形成以盛虹炼化、卫星石化、中化国际为龙头的三大石化产业集群，引进重大产业项目30个，总投资约3200亿元。其中，斯尔邦石化、虹港石化PTA一二期、卫星石化烯烃综合利用一期、海科新能源一期、中化瑞恒新材料一期、鹏辰新材料一期等8个项目建成投产，盛虹炼化一体化、卫星石化嘉宏新材料等16个项目加快建设，韩国SK、美国奥升德、盛虹新材料等8个签约或待签约项目开展前期工作。《连云港石化产业基地世界一流环保指标体系》通过生态环境部环境工程评估中心评审。11月19日，省政府批复同意《连云港石化产业基地总体发展规划（修编）》。石化产业基地规模调整为4000万吨级炼油、700万吨级芳烃、600万吨级乙烯，设立石化产业基地拓展区，促进石化产业联动融合发展。

·重大项目建设 截至2021年年底，盛虹炼化一体化项目部分装置具备投料试运行条件。盛虹石化项目总投资1500亿元，主要建设炼油、乙烯、丙烯、PTA以及下游高端新材料等项目，9月27日，盛虹集团旗下斯尔邦石化与冰岛碳循环利用公司15万吨级二氧化碳捕集与综合利用项目在北京签约，中国和冰岛合作共建的全球首套“二氧化碳捕集利用——绿色甲醇——新能源材料”产业链项目启动。项目一期投资近3亿元，设计回收二氧化碳规模为每年15万吨。卫星石化项目总投资约750亿元，建设250万吨烯烃综合利用、130万吨聚乙烯、52万吨丙烯腈联合装置及配套下游高分子新材料装置，一期一阶段于4月投料生产，实现投资超70亿元，二阶段开展桩基施工，嘉宏新材料项目推进建设。中化连云港循环产业园总投资约800亿元，建设35万吨芳烃下游化工系列产品、碳三产业链、5万吨集成电路级电子化学品系列产品、60万吨圣奥橡塑助剂系列产品以及ABS系列产品等。其中，瑞恒新材料一期建成投产。

·徐圩新区获批绿色石化园区 11月11日，中国石油和化学工业联合会发布2021年绿色化工园区名录，

盛虹炼化一体化项目罐区 张言华 摄

徐圩新区入选。2021年，徐圩新区$PM_{2.5}$年度日均值为26.9微克/米³，比2020年下降22.09%，空气优良率88.8%，位居全市第一。

徐圩新区出台《打造国内化工园区生态环境示范标杆建设世界一流石化产业基地三年行动方案》，集中攻坚大气污染治理、烟气消白、水环境改善、生态环境质量管控中心建设等重点工作任务。占地5500平方米的生态环境质量管控中心，是全国七大石化基地内唯一具备大气、水、土壤、生态全要素检测体系的监测平台。连云港石化产业基地特征污染物"指纹库"建成投用，初步实现污染物预警动态查询、快速比对和精准溯源。该平台接入园区各类环境自动监测点位169个、视频103路，实现对园区内污染源的在线监控全覆盖。徐圩新区联合上海环科院、南京工业大学等科研院所，对园区的试点企业开展全面摸底排查，从工艺装置、仓储罐区以及污水站等异味高发区域着手进行提升整改，将无组织废气应收尽收、有组织废气提标治理。为每家企业"量身定制"重点污染物管控清单。与清华大学国家工程实验室多污染物协同脱除技术集成优化平台联合开展挥发性有机物高效治理工艺研发推广，建设石化产业前沿技术"孵化基地"。徐圩新区、中科院植物所及生态中心联合开展生物高固碳藻类筛选、水下森林系统构建和徐圩生物DNA调查等研究。

·重点企业 2021年，全市石化产业重点企业取得进一步发展。江苏新海石化有限公司实现应税销售收入180亿元，位列2021年"中国石油和化工企业500强"第71位，"江苏民营企业200强"第69位，"江苏民营企业制造业100强"第46位。创新研发项目6个，累计投入研发费用2.8亿元。江苏斯尔邦石化有限公司建设运营240万吨/年醇基多联产项目，建有14套上下游生产装置，二期丙烷产业链项目推进。实现工业产值178亿元，比2020年增长41.2%。江苏虹港石化有限公司二期240万吨/年精对苯二甲酸扩建项目年内建成投产，筹备三期240万吨/年精对苯二甲酸项目和13万吨聚对苯二甲酸乙二醇酯项目。（于　跃）

生物医药产业

·概况 2021年，连云港市有规模以上医药企业37家，其中医药制造企业29家，医疗仪器设备及器械制造企业8家，实现产值617.7亿元，比2020年增长1.3%；实现营业收入567.3亿元，增长3.2%。抗肿瘤药、精神类药、肝病类药、麻醉类药、心脑血管类药等多个品种销售全国领先，全市年销售过10亿元产品15个，30余个产品市场占有率全国第一。医药生物产业涵盖化学药品原料药、化学药品制剂、中成药、生物药、卫生材料和医药用品、医疗器械、药用包装材料、中药饮片加工八大子行业，具备较为齐全的医药产业链，是全市行业集中度最高、竞争力最强、发展潜力最大的支柱产业之一。形成新型肝病药物、新型抗肿瘤药、麻醉镇痛药物、新型中成药、医用消毒灭菌设备及新型药用包装材料六大特色医药集群，以及化学创新药、现代中药、医疗设备及医用材料三大产品群，建成全国最大的抗肿瘤药物、抗肝炎药物生产基地及重要的现代中药生产基地。全面推进中华药港建设，加快建设总面积6平方千米、总投资90亿元的中华药港核心区，医药大厦、展示中心、孵化器等载体建成投用，高端化学制剂产业园具备入驻条件，国际医药创新产业园二期桩基施工，商务生活配套区加快建设。在第38届全国医药工业信息年会发布的"2020年度中国医药工业百强榜"中，恒瑞医药、正大天晴、豪森药业分别位列第4位、第15位和第32位。

链接

市政府《关于支持重点产业加快发展若干政策意见》支持新医药产业发展政策（摘要）

一、支持新医药产业投资项目

1. 对全市生物医药产业发展具有全局带动和重大引领作用的产业项目建设，特别是高端生物医药产业项目建设，或全球标杆生物医药企业在连云港市设立地区总部、研发中心、生产基地，按照固定资产投资总额一定比例给予奖励，奖励资金由县区承担。

二、支持新医药企业做大做强

（一）支持企业扩大规模

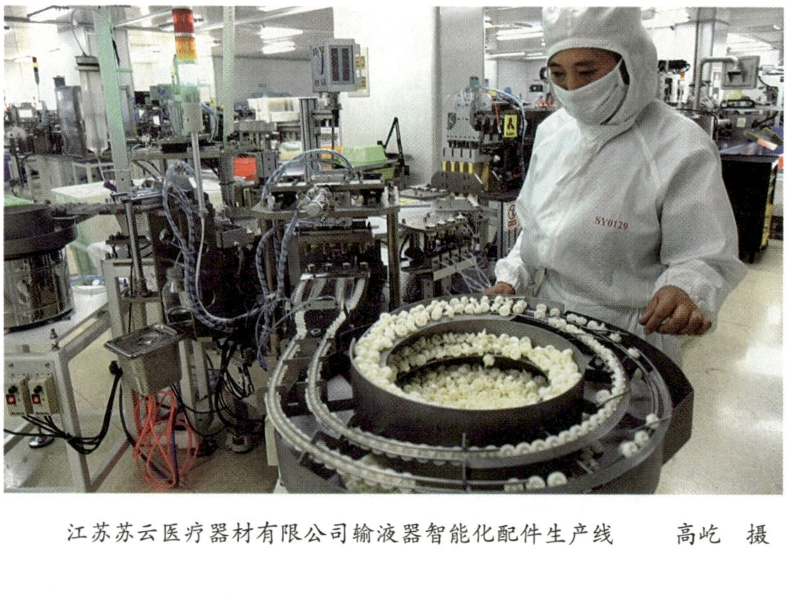

江苏苏云医疗器材有限公司输液器智能化配件生产线　　高屹　摄

2. 对药品、医疗器械、药包材、药用辅料生产企业，按企业较上年对全市经济社会发展新增贡献的30%奖励企业，用于企业研发投入、技术改造和平台建设。对生物医药企业在中国医药工业百强榜等国家部委发布的榜单中排名较上一个年度前进五位以上给予10万元争先进位奖励。

（二）支持企业拓展国际业务

3. 对年度出口规模首次达到50万美元以上的企业，给予10万元奖励，以后年度按照出口增加额给予一定奖励，单个企业年度奖励最高不超过200万元。对通过开展国际联合临床研究新取得境外上市的药品，按实际投入费用不超过20%给予奖励，最高不超过500万元。对新通过美国、欧洲、日本上市许可并在国外市场实现销售的创新药品和高端医疗器械，每个产品给予10万元奖励，单个企业年度奖励最高不超过200万元。

（三）支持产品委托生产

4. 对市内药品或者医疗器械上市许可持有人委托生物医药企业生产其所持有产品，按该品种实际交易合同金额不超过5%给予奖励，最高不超过500万元，单个企业每年奖励最高不超过1000万元。

5. 对市内生物医药企业按照药品上市许可持有人制度、医疗器械注册人制度承担生产的，按实际投入费用不超过15%给予奖励，每个品种最高不超过1000万元，单个企业每年奖励最高不超过2000万元。

三、支持新医药企业创新创优

（一）支持创新药品研制

6. 对在国内临床试验研发费用投入1000万元以上的1类化学药品、1类中药及天然药物、1类生物制品，根据其研发进度，分阶段按实际投入临床研发费用最高不超过30%给予奖励：完成Ⅱ、Ⅲ期临床试验的，经认定分别给予最高不超过1000万元、2000万元，单个企业每年奖励最高不超过6000万元。

7. 对在国内临床试验研发费用投入1000万元以上的2类化学药品、2类中药及天然药物、2类生物制品，根据其研发进度，分阶段按实际投入临床研发费用最高不超过15%给予奖励：完成Ⅱ、Ⅲ期临床试验的，经认定分别给予最高不超过200万、500万元，单个企业每年奖励最高不超过1000万元。

8. 对新取得1类化学药品、1类中药及天然药物、1类生物制品药品注册批件，每个批件奖励300万元；对新取得2类化学药品、2类中药及天然药物、2类生物制品药品注册批件，每个批件奖励100万元。单个企业每年最高奖励1000万元。

（二）支持仿制药、生物类似药、中药配方颗粒研制及中药注射剂再评价研究

9. 对新取得药品注册批件的第3～4类化学药、生物类似药，按实际投入研发费用不超过15%给予奖励，最高不超过100万元，单个企业每年奖励最高不超过500万元。

10. 对新取得中药配方颗粒生产备案的药品，给予每个品种药品5万元奖励，单个企业每年奖励最高不超过500万元。对新通过中药注射剂再评价药品，给予每个品种药品500万元奖励，单个企业每年奖励最高不超过1000万元。

（三）支持高端医疗器械研制

11. 对新取得医疗器械注册证的第三类医疗器械产品，按实际投入研发费用不超过30%给予奖励，最高不超过100万元，单个企业每年奖励最高不超过1000万元。

（四）支持创新平台建设

12. 对新获批创建的医药行业国家级制造业创新中心，给予最高1000万元的一次性奖励。对新获批建设医药行业国家级重点实验室且实际运作并经过考核验收的，给予500万元一次性奖励。

13. 对已经建成的运营良好的国家级研发平台，按照新增固定资产投资总额一定比例给予奖励，奖励资金由县区承担。

14. 对新设立的药物非临床安全性评价机构（GLP）、药物（含医疗器械）临床试验机构（GCP）、药品检测机构等具有国内、国际资质的平台载体，按项目总投资额一定比例给予奖励，奖励资金由县区承担。

·项目建设　2021年，全市生物医药产业重点项目实现突破。中华药港核心区引入奥萨医药、旺山旺水生物药、和泽医药CRO（合同研发服务）及MAH（药品上市许可持有人）转化平台、荣森基因一批优质企业，填补全市医药产业细分领域空白。

·研发创新　2021年，全市医药产业实现由以仿制为主的“仿创结合”向以创新为主的“创仿结合”的实力转变。截至2021年底，全市16个1类新药获批上市，占全省45.7%，占全国14.3%，居全国医药城市首位，其中2021年度获批5个，创历史新高。恒瑞医药、豪森药业、正大天晴、康缘药业蝉联“2021年中国医药研发产品线最佳工业企业”榜单前十强企业，分别位列第1、第3、第4和第7位。11月4日，恒瑞医药自主研发创新药达尔西利联合氟维司群治疗激素受体阳性HER2阴性晚期乳腺癌的3期临床研究在国际权威杂志《自然医学》全文在线发表，是国内药企研发的首个国产CDK46抑制剂。翰森制药集团有限公司与Silence Thera-peutics合作开发siRNA药物，基于Silence独有的mRNAi GOLD™平台开展合作。康缘药业桂枝茯苓胶囊临床试验期进入三期。

（于　跃）

·“中华药港”建设　2021年，“中华药港”一期暨公共服务平台的医药研发楼、加速器、安评中心及示范车间等载体建成投入使用，集聚医药研发、生产、商务及公共技术服务等项目50多个。二期高端化学药物制剂产业园标准厂房和公用设施主体施工完成；三期商务服务区的中央厨房、人才公寓、生活广场、运动中心等配套开工建设，功能性医药园区加快形成。　（胡卫星）

·恒瑞医药入选全球制药企业TOP50榜单　6月11日，美国《制药

中华药港核心区　　王健民　摄

经理人》(PharmExec)杂志公布2021年全球制药企业TOP50榜单,5家中国药企上榜。其中,连云港市药企恒瑞医药连续3年进榜,排名从2019年的第47位升至第38位。在上榜医药企业的研发投入中,恒瑞医药以7.14亿美元排在第34名,位列上榜中国医药企业榜首。榜单排名主要依据各个企业2020年的处方药全球销售收入,恒瑞医药重磅创新品种艾坦(甲磺酸阿帕替尼片)2020年销售额3.92亿美元,仿制药多西他赛销售额2.08亿美元,创新药吡咯替尼销售额1.98亿美元。

·连云港2家药企上榜全球千家药企榜单　11月,知名投行Torreya发布《全球1000强药企报告》,该报告按市值对全球1000家药企进行排名,连云港市药企恒瑞医药位居全球第24位,名列中国入选药企首位;豪森药业位居全球第82位。全球医药千强榜前100名企业中,江苏有4家企业入选,其中2家在连云港。

·连云港多款创新药纳入国家医保目录　12月3日,国家医疗保障局与人力资源和社会保障部公布《国家基本医疗保险、工伤保险和生育保险药品目录(2021年)》,连云港市医药企业共13款药物纳入医保,其中有4款创新药。翰森制药艾米替诺福韦片实现创新药当年获批当年进医保。

·第五届中国(连云港)国际医药技术大会举行　10月22日,以"关注全民健康 打造活力药港"为主题的第五届中国(连云港)国际医药技术大会在连云港举行。全国政协副主席、农工党中央常务副主席何维在开幕式上作视频致辞。全国政协教科卫体委员会副主任、中国药学会理事长孙咸泽,江苏省政协副主席周健民等出席开幕式。美国宾夕法尼亚大学医院精神分裂研究中心主任、美国国家医学科学院院士拉奎尔,香港中文大学副校长汪宁笙向大会发来视频致辞;昆翎医药联合创始人兼首席执行官、俄罗斯工程院外籍院士张丹,国家首批重大人才工程入选者、深圳奥萨医药有限公司董事长徐希平在大会开幕式致辞;中国科学院院士、北京大学第六医院院长陆林在大会开幕式作主旨演讲。开幕式上,举办"中华药港"招商推介会,现场签约16个生命健康类产业项目。大会期间,举办高壁垒化学药制剂开发高峰论坛、浩翰心森"一带一路"精神医学发展高峰论坛、医药产业发展国际论坛等论坛活动。同写意药学院院长萧柏明,中欧生命科学联盟名誉主席贺毅,南京脑科医院副院长、中华医学会精神医学分会副主任委员张宁等国内行业专家,围绕"构建创新给药系统、化学药物制剂开发的新技术与新趋势、改良型新药的立项与开发、难溶性药物开发关键技术、建立绩效评价新机制助力医院发展新效能、构建学科建设和人才培养新体系推动区域科研和诊疗水平快速提升、国家医改政策给医院药品管理带来的变化及挑战"等话题,开展交流对话。　(年　编)

·重点企业　2021年,江苏恒瑞医药股份有限公司等重点医药企业取得新的发展。恒瑞医药在美国制药经理人杂志公布的2021年全球制药企业TOP50榜单中,连续3年上榜,排名攀升至第38位;蝉联中国医药研发产品线最佳工业企业榜首。累计申请国内发明专利1321项,拥有国内有效授权发明专利360项,欧美日等国外授权专利478项。20多个创新药项目获准开展全球多中心或地区性临床研究。正大天晴药业集团股份有限公司位列2021年中国医药研发产品线最佳工业企业第四位。公司在研项目192个,其中创新药108个,累计申请发明专利2100多件,拥有授权专利700多件。江苏豪森药业股份位列中国医药研发产品线最佳工业企业第三位。6月,公司自主创新的首个中国原研口服抗乙型肝炎病毒(HBV)药物恒沐(艾米替诺福韦片)获批上市。江苏康缘药业股份有限公司的"中药制药过程大数据挖掘技术"入选中国科协2021"科创中国"先导技术榜(生物医药领域)。　(于　跃)

新材料产业

·概况　2021年,连云港市新材料产业呈现加速发展态势,实现总产值427亿元,比2021年增长69%。新材料产业是连云港市"三新一高"主导产业体系之一,形成先进化工新材料、高性能纤维及复合材料、先进无机非金属材料三大重点领域。产业布局不断优化，以连云港经济技术开发区为核心的高性能纤维及复合材料基地，形成碳纤维、聚酰亚胺纤维、超高分子量聚乙烯纤维等高性能纤维产业集群；以东海县为核心的硅材料基地，围绕硅资源及其相关产品深加工，形成光伏材料、电子材料、高端磨料等细分行业，延伸发展成为国内市场占有率最高的环氧模塑料生产基地；以徐圩新区为核心的化工新材料基地，是国家规划布局的七大石化产业基地之一，以化工新材料和精细化工为特色，延伸发展新材料产业链条。加强骨干企业培育，全市兑现市级重点产业政策奖励资金4672.87万元，26家新材料企业被认定为国家高新技术企业，联瑞新材料获得国家制造业单项冠军示范企业，弘扬石英、中复碳芯等6家企业认定为省级以上专精特新“小巨人”企业。晶海洋半导体材料（东海）有限公司、丰益表面活性材料（连云港）有限公司等企业获评省智能制造示范车间，10家新材料企业获批省星级上云企业。中复神鹰碳纤维有限公司在科创板成功上市。出台《新材料产业高端人才引进实施办法》，对人才创业、创新平台建设给予重点支持。

链接

市政府《关于支持重点产业加快发展若干政策意见》支持新材料产业发展政策（摘要）

一、支持新材料产业投资项目

1. 加大对高性能纤维及复合材料、先进石化材料、先进无机非金属材料、新一代电子信息材料、新型能源材料、海洋新材料等领域内的产业链项目招引，优化项目建设服务，加大政策集成支持，对市场前景好、产业升级带动作用强、地方经济发展支撑力大的重大产业项目，给予一定奖励，奖励资金由县区承担。

二、支持新材料企业做大做强

2. 支持新材料小微企业升规模企业。对年销售额首次达到规模以上并纳入统计部门联网直报的新材料小微工业企业，按年销售额的1%予以奖励，奖励金额最高不超过100万元。

3. 支持企业提升经营业绩。对年销售额首次超过5亿元、10亿元、15亿元、20亿元的新材料企业，分别给予最高不超过100万元、200万元、500万元、1000万元奖励。

4. 支持产品“首购首用”。对企业生产的新材料产品“首购首用”的，按购买方第一次向生产方购买产品实际支付金额的10%给予奖励，单个企业每年奖励最高不超过200万元。

5. 支持企业拓展国际市场。对年出口额50万美元以上的企业的新材料产品开拓国际市场，按出口销售额的10%给予奖励，单个企业每年奖励最高不超过200万元。

三、支持新材料企业创新创优

6. 新获批创建新材料国家级技术创新中心的，给予最高1000万元的一次性奖励。获批建设新材料国家级重点实验室且实际运作并经过考核验收的，给予500万元一次性奖励。

7. 企业、高校、科研院所承担国家重点研发计划（新材料专项）在我市实施产业化的，给予国拨资金1∶0.5配套奖励，最高奖励500万元。

8. 对新材料企业自主研发符合国家发改委《战略性新兴产业重点产品和服务指导目录（2016版）》、工信部《新材料产业“十二五”重点产品目录》的创新产品并实现产业化的，给予最高500万元奖励。

9. 支持开展产品质量与责任保险。鼓励企业自主创新产品积极投保产品质量与安全责任保险，对保费给予20%奖励，单个企业每年奖励最高不超过100万元。

10. 支持企业申请国际认证。对新材料企业申请美国UL、欧盟EN13432、日本JBPA等国际认证，给予实际发生费用的30%奖励，最高不超过100万元。

11. 鼓励建设新材料新型研发机构。鼓励自建或参股建设市场化运作的、企业性质的、具有独立法人资格的新材料新型研发机构。设立的新型研发机构利用自身科研成果在连创办或参股达10%以上的企业，经培育孵化成国家高新技术企业的，每孵化一家给予研发机构20万元奖励。

·技术创新 2021年，连云港市注册设立市新材料产业基金，规模6亿元，为引培更多新材料优质项目提供支撑。市科技创业投资基金投资鹏辰新材料3000万元，与中复碳芯等企业签订意向投资协议。启动实施市级科技创新“揭榜挂帅”项目，企业创新能力不断增强。中复连众首支百米级大型海上风电叶片成功下线。中复神鹰碳纤维股份有限公司承担省产业前瞻与关键核心技术重点项目，为全市首家。推进国家高性能纤维及复合材料高新技术产业化基地等重大载体建设，规

国家碳纤维复合材料试验公共服务平台 贺成东 摄

划建设新材料产业园区。加强国家工业强基项目“碳纤维复合材料试验公共服务平台”建设。斯尔邦石化、晶海洋半导体材料、神鹰复合材料科技有限公司创建省级工程技术研究中心，斯尔邦石化、丰益表面活性材料等企业与省产业技术研究院共建企业联合创新中心。举办第七届中国国际风电复合材料高峰论坛，国内风电产业上下游300多家单位600余人参会。

·项目建设 2021年，全市有新建、续建新材料产业重点项目39个，总投资730亿元。维赛高性能结构芯材、鹏辰新材料、中复新水源反渗透膜等项目建成，斯尔邦石化第三套丙烯腈装置投产，成为国内规模最大的丙烯腈生产企业。中复连众复合材料产业园、卫星石化超塑新材料、鼎奥石英等一批项目开工建设；慧智光学新材料、韩亚超高水氧阻隔膜、中化瑞恒新材料一期等重点项目加速推进。中复神鹰航空航天高性能碳纤维及原丝试验线、太平洋石英二期、海力源高纯硅微粉项目等按序时进度推进。

·重点企业 2021年，中化国际股份有限公司等新材料产业重点企业取得新的发展。中化国际股份有限公司中化连云港循环经济产业园加快建设，瑞恒新材料一期A阶段投产，B阶段项目建成试生产；瑞恒新材料碳三产业链（一期）全面开展施工，其中双氧水、环氧树脂等装置基本建成投产；圣奥化学聚合物添加剂（一期）全面开展建设；瑞兆科电子化学品一期项目高纯氯气、高纯硫酸、高纯氨水等装置建成投产，二期项目完成备案、设计等工作。中化瑞恒新材料实现工业产值10.8亿元，比2020年增长67.4%。江苏太平洋石英股份有限公司高纯石英产品市场占有率稳居国内第一，国际前三。全年应税销售9.94亿元，增长49.27%。中复神鹰碳纤维股份有限公司营业收入11.73亿元，比2020年增长120.44%，净利润2.79亿元，增长227.02%。完全自主研发的百吨级T1000碳纤维生产线实现投产运行平稳，碳纤维航空应用研发及制造项目落户上海临港新片区。神特新材料千吨级高强高模聚乙烯纤维项目列入国家高性能纤维发展专项计划。

（于　跃）

新能源产业

·概况 2021年，连云港市全市有新能源产业企业47家，实现产值329.7亿元。其中，发电行业企业19家，实现产值170.39亿元；光伏制造行业企业17家，实现产值80.8亿元；生物质能源行业企业1家，实现产值16.79亿元；风电装备制造业行业企业5家，实现产值41.23亿元；电力制造行业企业3家，实现产值4.81亿元；太阳能光伏企业2家，实现产值15.66亿元；形成风叶、塔身、发电机组、风电站安装、运营维护完善产业链，重大成套装备制造和产业协作配套环境逐步形成。其中，可再生能源发电装机容量246.72万千瓦，比2021年增长38.99%，占全省新能源装机容量的5.53%。1项技术装备列入2021年度能源领域首台（套）重大技术装备项目清单。

·项目建设 2021年，全市首个海上风电项目实现全容量并网发电，年发电量8.2亿千瓦时。灌南县，赣榆区被国家能源局综合司纳入整县（市、区）屋顶分布式光伏开发试点名单。全市农村地区配电网建设改造投资1.86亿元，架空线路338.67千米，电杆4771根，电缆17.06千米，电缆分支箱72台，维修接户线3.07万户，接户线路径505.81千米，接户电缆22.62千米，安装智能配变终端3839台。

·重点企业 2021年，江苏核电有限公司田湾核电站发电量482.19亿千瓦时，上网电量449.65亿千瓦时；营业收入158.89亿元，上缴税收14.21亿元。中俄核能合作项目7、8号机组开工。6月2日，6号机组提前151天实现商业运行，田湾核电三期工程（5、6号机组）全面建成投产。

（沈　闯）

4月14日16时11分，田湾核电6号机组首炉燃料开始装载，是“十四五”期间全国首台装料的核电机组　　耿玉和/视觉江苏网

装备制造业

·概况 2021年，连云港市有规模以上装备制造业企业195家，实现产值387.2亿元，占全部规模以上企业产值的10.6%，比2020年增长20.6%。全市装备制造业建有国家级企业技术中心2个、省级企业技术中心16个、省级工程技术研究中心29个、博士后科研工作站11个。

其中，高端装备制造业以风电装备、纺织装备和工程装备（工业机器人）3条产业链为重点产业链，实现产值83.6亿元。形成一批重点骨干企业，成功研制碳纤维成套设备、智能纺织设备、多功能钻机、高端智能采煤机、石油物探装备、智能机器人等一批填补国内空白的成套装备。全市累计34个产品获得省首台（套）重大装备及关键部件认定。

·技术创新 2021年，连利福思特表业的物联网水表、天明机械的智能化双层40饼氨纶纺丝成套设备、鹰游纺机的涤纶绒类织物连续式免水洗染色成套装备等通过省级新产品新技术鉴定。鹰游纺机研发的“LMV-901A全自动免水洗染色成套装备”获得省首台（套）重大装备及关键部件认定。

·项目建设 2021年，全市完工验收省级以上在建智能制造项目5个，鹰游纺机碳纤维成套装备项目、如年实业高端数字化全流程功能整理装备产业化项目、杰瑞自动化航空航天精密管件智能柔性制造关键技术研发及产业化项目等9个重大智能制造项目按序时进度推进。

·重点企业 2021年，国能联合动力技术（连云港）有限公司等装备制造业重点企业取得新的发展。国能联合动力技术（连云港）有限公司获批江苏省绿色工厂；累计获得授权专利206件，其中发明专利27件，登记软件著作权11件。连云港天明机械有限公司自主研发的全球首台TMH3120立式大直径硬岩环形智能旋挖钻机生产性试验取得成功，通过工业和信息化部、中国工业经济联合会“中国制造业单项冠军示范企业”复核。江苏鹰游纺机有限公司实现产值8亿元，研发的“LMV－901A全自动免水洗染色成套装备”获得省首台（套）重大装备及关键部件认定。连云港杰瑞自动化有限公司全年研发投入1199.58万元，研制的LNG大口径岸基智能装卸系统中标中石化天津LNG接收站国内公开招标的国产首台卸料臂，实现实船应用。 （于 跃）

9月1日，中复连众102米海上风电叶片成功下线 市科技局 供图

江苏天明机械集团生产车间，工人组装一批氨纶高速卷绕机成套设备 耿玉和/视觉江苏网

冶金工业

·概况 2021年，连云港市冶金行业实现应税销售743.2亿元，比2020年增长43.6%；工业产值737.6亿元，增长31.8%。受钢铁产能置换、钢铁产能指标严禁新增等相关政策影响，全市钢铁产业项目未有新增，粗钢产能一直保持在1260万吨，占全省总产能的10%左右。全市具备冶炼能力的钢铁企业共有4家，分别是江苏省镔鑫钢铁集团有限公司、连云港亚新钢铁有限公司、连云港兴鑫钢铁有限公司和连云港华乐合金集团有限公司。镔鑫钢铁、亚新钢铁、兴鑫钢铁主要产品以螺纹钢等建筑用钢为主，生产特种优质钢、热轧带肋钢筋、热轧光圆钢筋、高速线材等和钢坯、矩形坯、方钢；华乐合金主要产品以镍铬锰合金不锈钢热轧、冷轧为主，其马氏体不锈钢国内市场占有率接近40%。在限制钢铁产能的总体大背景下，冶金行业的高质量发展坚持智能化、绿色化、高端化导向，推动制造过程、关键装备、产品生产智能化升级，加强智能装备集成应用。

·重点企业 2021年，江苏省镔鑫钢铁集团有限公司等冶金行业重点企业取得新的发展。镔鑫钢铁、亚新钢铁、兴鑫钢铁入选2021年中国民营企业500强，分别位列第403位、第492位和第500位。镔鑫钢铁获评热轧带肋钢筋质量能力分级A级企业，钢渣辊压破碎有压热闷资源化成套技术研发和产业化项目获省科学技术奖。4家冶金企业均进行超低排放改造，建立全流程清洁生产标准体系，覆盖烧结、球团、高炉炼铁、炼钢等主要工序，行业污染物排放总量持续下降。

（于　跃）

电力工业

·概况　2021年，连云港市电力工业主要以火电、核电为主，光伏、风电等能源为补充。全市电力装机规模1198.6万千瓦，其中核电装机660.8万千瓦，煤电装机287.65万千瓦，可再生能源装机247.04万千瓦。发电量647.96亿千瓦时，增长32.45%。

·重点企业　2021年，江苏新海发电有限公司发电机组为2台1000兆瓦超超临界火电机组和2台330兆瓦机组，总装机容量2660兆瓦，全口径发电量126.7亿千瓦时，上网电量120.0亿千瓦时。实现产值41亿元。江苏核电公司参见“新能源产业”分目。（沈　闯）

船舶工业

·概况　2021年，连云港市有在产民用船舶修造企业11家，其中规模以上船舶工业企业7家，规模以下船舶工业企业4家，以建造海工船、散货船、加油船为主。全年下水各类船舶30艘，计6万载重吨，在建船舶60艘，实现总产值1.86亿元。

·重点企业　2021年，连云港五洲船舶重工有限公司等船舶行业重点企业取得新的发展。连云港五洲船舶重工有限公司下水船舶8艘，2万载重吨，在建船舶15艘，实现产值5000万元。连云港鸿云实业有限公司坞修船舶70余艘，建造船舶下水7艘，在建船舶3艘，建造交付全国首艘纯电动拖轮“云港电拖一号”，实现产值4000万元。（于　跃）

纺织工业

·概况　2021年，连云港市有规模以上纺织企业86家，其中纺织业企业30家，纺织服装、服饰业企业44家，化学纤维制造业企业6家，纺织专用设备制造企业6家。规模以上纺织企业实现产值81.5亿元，比2020年增长15.7%。纺织行业子行业中，纺织业实现产值32亿元，增长6.2%；纺织服装、服饰业实现产值26.7亿元，下降2.5%；化学纤维制造业实现产值22.9亿元，增长75.5%。全市高性能纤维及复合材料产业建有省级以上产业基地园区5个，其中国家级2个，省级以上公共服务平台2个，省级以上企业研发机构14家，建成国家“工业强基”项目碳纤维复合材料试验公共服务平台。

·项目建设　2021年，江苏鹰游纺机有限公司总投资8亿元的拉舍尔毛毯项目投产运营，无水印染技术及装备产业化项目通过鉴定。鹰游新立成纺织年产3万吨的涤纶针织绒技术改造项目试生产。

·重点企业　2021年，江苏鹰游纺机有限公司实现产值26.3亿元、利税4.8亿元。江苏鹰游纺机有限公司专业从事纺织专用整理设备、印染定型设备和高性能碳纤维设备的研发、制造与销售的企业和生产基地，具备年产3000台套纺织专用整理设备、600台套碳纤维成套设备的生产能力，是国内唯一自主研发碳纤维成套装备的企业。形成烫光、剪毛、刷毛、起毛、磨毛、印染、定型、特整、水洗、碳纤维设备等十大系列产品，多个产品获江苏省首台（套）重大装备认定。（于　跃）

食品工业

·概况　2021年，连云港市有规模以上食品企业176家，其中农副食品加工企业134家，食品制造企业39家，酒、饮料和精制茶制造企业3家。食品产业实现产值284.6亿元，比2020年增长12.7%，其中农副食品加工业实现产值226.7亿元，食品制造业实现产值49.8亿元，酒、饮料和精制茶制造业实现产值8.1亿元。形成粮油加工、饲料加工、肉类加工、水产品加工、果蔬加工、淀粉及淀粉制品、添加剂制造7大特色品类，成为全市食品产业的主体。涌现出益海（连云港）粮油工业有限公司、江苏汤沟两相和酒业有限公司、江苏花果山食品有限公司、江苏金桥制盐有限

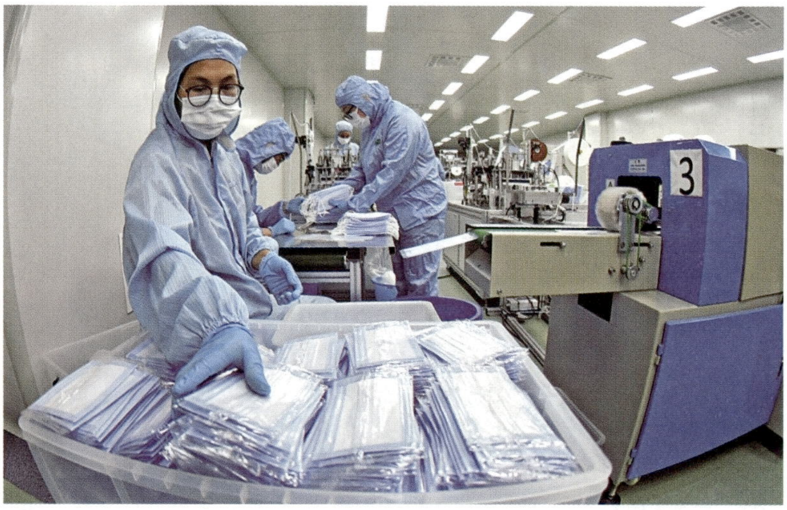

连云港鹰游纺机集团口罩生产车间　　耿玉和/视觉江苏网

中华老字号企业——汪恕有滴醋厂生产现场　　王春/视觉江苏网

公司、江苏雅仕保鲜产业有限公司、罗盖特连云港有限公司等一批龙头企业和知名品牌。

·项目建设　2021 年，汤沟两相和酒业 5000 吨名优酒技改工程开工，占地面积 1.7 万平方米，计划总投资 1.6 亿元。东海晶泉酒业年产 3 万吨高端白酒项目部分投产，计划总投资 11.8 亿元。江苏省最大紫菜产业加工园——连云港市赣榆区柘汪紫菜产业园投入使用，17 家企业入驻，年产紫菜 50 亿张。

·重点企业　2021 年，益海（连云港）粮油工业有限公司等食品工业重点企业取得新的发展。益海粮油实现产值 76.43 亿元，累计投资 12 亿元。大豆日加工量 6000 吨，日产饲料用豆粕 4800 吨，大豆油 1200 吨。主要产品有“金龙鱼”“口福”“海皇”牌等系列中小包装食用油产品和“丰苑”牌饲料用豆粕，中小包装食用油销售覆盖苏北、皖北、鲁西南地区；豆粕销售覆盖周边及陇海沿线区域，远销至日本、韩国、东南亚等地区。江苏汤沟两相和酒业有限公司实现营业收入 15.75 亿元，销售较 2020 年增长 30%。汤沟酒是中华老字号、国家地理标志保护产品，汤沟酒酿造技艺是江苏省非物质文化遗产，有“南国汤沟酒，开坛十里香”之誉。汤沟两相和酒业 5000 吨名优酒技术改造工程开工。花果山风鹅是全国鹅产业第一个通过国家绿色食品认证的绿色品牌。金桥制盐经营范围覆盖全国、跻身“中国制盐行业十强”；罗盖特连云港公司是法国罗盖特公司在亚太地区的生产基地，业务扩展到多元醇和淀粉衍生产品。　（于　跃）

化学工业

·概况　2021 年，连云港市化学工业实现应税销售收入 623.7 亿元，比 2020 年增长 68.3%，工业产值 614.5 亿元，增长 78.7%。形成盐碱、肥料、农药、医药、染料、助剂、油墨、表面活性剂、食品添加剂等品种分类。压减低端落后化工产能，完善园区封闭式管理、公共管廊、集中供气、固危废处置、污水处理、危化品仓储物流、消防场站、环保安全在线监管等安全环保配套设施，调整产业结构，推动产业做精做深。以连云港石化产业基地、灌云县临港产业园区化工集中区、连云港化工产业园区、赣榆柘汪临港产业园 4 个化工园区集中区和化工重点监测点为载体，推行绿色低碳安全生产，推进数字化、网络化、智能化改造，丰益高分子、科莱恩获评省级绿色工厂，三吉利化工获评省级示范智能车间。

·重点企业　2021 年，江苏三吉利化工股份有限公司等连云港市化学工业重点企业取得新的发展。江苏三吉利化工股份有限公司应税销售收入 11.3 亿元，比 2020 年增长 36.5%。主要从事邻苯二酚、对苯二酚、邻羟基苯甲醚、呋喃酚等高新技术产品的生产和销售，建有全球产能最大的苯二酚装置和唯一运行的呋喃酚装置。苯二酚生产车间、呋喃吩生产车间是“江苏省示范智能车间”。丰益油脂科技（连云港）产业园首期建成 53.33 公顷，完成固定资产投资 40 亿元，应税销售 68.7 亿元，增长 45.8%。成立丰益表面活性材料（连云港）有限公司、丰益高分子材料（连云港）有限公司、连云港环海化工有限公司、科莱恩丰益脂肪胺（连云港）有限公司、金桥丰益氯碱（连云港）有限公司、丰益远大生物科技（连云港）有限公司 6 家公司。建成癸二酸 2 万吨/年、烷基烯酮二聚体 3 万吨/年、脂肪胺 3.5 万吨/年、光气 5 万吨/年、酰氯 6 万吨/年、甘油 6.6 万吨/年、环氧氯丙烷 10 万吨/年和氯碱 15 万吨/年等生产设施。　（于　跃）

责任编辑　郭　云

商贸服务业

综述

·概况 2021年，连云港市消费品市场增长平稳。全市完成社会消费品零售总额1203.31亿元，比2020年增长9%。其中，限额以上社会消费品零售总额405.08亿元，增长17.8%。市场消费升级类商品销售增速加快，金银珠宝类商品零售额比2020年增长71.5%，化妆品类商品零售额增长22.5%。汽车消费市场中，新能源车增速迅猛，比2020年增长309.7%。限额以上农村消费市场发展迅猛。全年城镇实现社会消费品零售额382亿元，增长17.8%；农村实现社会消费品零售额23.69亿元，增长17.2%。（刘　莉）

·服务业集聚区建设 2021年，全市按照协调发展、功能互补、联系紧密的原则，创新产业集聚推进方式，加大政策引导，促进服务业企业向园区积聚，打造一批现代服务业集聚区。全市有省级现代服务业集聚区7个，分别是“一带一路”（连云港）国际商务中心、连云港杰瑞科技创意服务业集聚区、上合组织（连云港）国际物流园集聚区、东海水晶市场现代服务业集聚区、连云港汽车产业服务集聚区、连云港现代科技服务产业园、连云港高新区智慧物流现代化服务业高质量发展集聚示范区。其中，生产性服务业集聚示范区4家，主导产业主要为物流、商务会展、商贸金融、电子商务、科技服务、研发外包、工业设计、文化创意及汽车产业等。（沈　闯）

市民在海州区民主路老街休闲、购物　　耿玉和/视觉江苏网

·商业街区和综合体 2021年，连云港市市区有商业街区19条，营业面积57万平方米，总长7500米，2700余个店铺，营业额71亿元。其中，政府主导开发建设管理的商业街区10条，营业面积34.3万平方米，营业额39亿元；企业自主开发经营的商业街区4条，营业面积11.8万平方米，营业额23亿元；历史自然形成的商业街区5条，营业面积10万平方米，年营业额7.4亿元。陇海步行街人气旺销售好，年营业额25亿元。连云老街、民主路文化街、三禾水晶街、盐河巷历史文化街、新世界文化城美食街区、栖霞路步行街6个重点推进的特色街区项目运营良好。全市有重点商业8家，分别是海州区万达广场、苏宁广场、吾悦广场、中央百货、利群广场，赣榆区吾悦广场、嘉会城、连云区嘉瑞宝。

·商贸设施建设 2021年，全市有重点商贸项目33个，总投资182亿元。其中，商业综合体项目8个，商业广场街区项目4个，配送中心3个，商务中心13个，中央厨房4个，小商品市场1个。海州区文峰广场综合体完工开业。白虎山小商品市场A区主体建设已出地面。公铁联

运物流分拨基地等项目序时推进。

（刘　莉）

物流业

·**概况**　2021年，连云港市紧抓物流业发展的重要机遇期，突出物流业在转变经济发展方式和产业转型升级中的支撑引领作用，实现全市物流业高质量发展。连云港市成功入选"十四五"首批国家物流枢纽建设名单，2021年度江苏省仅有连云港市入选名单。全市有国家级示范物流园1处，为上合组织（连云港）国际物流园；省级示范物流园4处，分别是连云港四季农产品物流园、东海电商物流产业园、赣榆临港综合物流园区和灌云海河联运物流园，省重点物流企业18家。

（沈　闯）

·**物流园区建设**　2021年，中哈（连云港）物流合作基地完成货物进出库量398万吨，集装箱空、重箱进出场量19.96万个标准箱，集装箱拆装箱量2.35万个标准箱。上合组织（连云港）国际物流园物流业完成主营收入63亿元，比2020年增长365%；完成物流量4381万吨，增长84%。

·**港口物流**　2021年，全市港口完成货物吞吐量2.77亿吨，比2020年增长10.1%，其中外贸货物吞吐量1.39亿吨，增长5.1%。集装箱吞吐量完成509万个标准箱。海铁联运完成69.6万个标准箱。海河联运集装箱完成1792万吨。

·**连云港市纳入国家"十四五"首批国家物流枢纽建设名单**　11月29日，国家发展改革委印发《关于做好"十四五"首批国家物流枢纽建设工作的通知》，连云港市入选"十四五"首批国家物流枢纽建设名单，江苏省仅连云港市入选。连云港国家物流枢纽建设项目选址连云区，规划范围包括两个片区，占地面积约13.55平方千米，规划港口核心区、保税物流区、多式联运区、公路物流区、供应链物流区、智慧商务区六大功能区。

（年　编）

商贸流通

·**百货批发零售**　2021年，连云港市批发和零售业形成多种经济结构、多种经营形式、多种业态全面发展的格局，大型超市、专卖店、便利店、网上购物、电视购物等构成多层次、多业态、开放式、竞争型的市场格局。随着居民生活水平的提高和消费理念的转变，升级类商品增长加快，对时尚潮流、品质居住、智能便捷的消费需求不断提高，服装、鞋帽、针纺、家用电器和音像器材、建筑及装潢材料、金银首饰、化妆品等升级类商品较快增长。全市批发业销售额2036.61亿元，比2020年增长19.9%；零售销售额1052.78亿元，增长18.2%。

·**老字号**　2021年，连云港市有中华老字号企业2家，分别是江苏汤沟两相和有限公司、板浦汪恕有滴醋厂。4家江苏老字号企业分别是东海县桃林酒厂、连云港市凯威酒业有限公司、连云港市天缘食品有限公司、灌南县汤沟曲酒厂。2018年，市商务局公布第一批14家连云港老字号企业，分别是连云港市中央百货有限责任公司、江苏万千食品投资有限公司、连云港康济大药房连锁有限公司三和兴药店、连云港市李记明章食品有限公司、连云港绿中业蔬菜有限公司、连云港市天缘食品有限公司、连云港市小上海糕点有限公司、青岛啤酒（连云港）有限公司、连云港市海州板浦东达肉制品厂、连云港赣榆徐福茶厂、赣榆区夹谷春茶场、连云港市东海五交化有限公司、连云港康宝鹿业有限公司、连云港桃林蒋记食品有限公司。

（刘　莉）

·**供销合作商业**　2021年，全市供销合作社系统实现销售总额262亿元。实现农业社会化服务面积8.13万公顷，其中土地全托管面积2万公顷。打造1个统筹办公室、4个回收站、20个网点的"1420"农药包装废弃物回收体系，全年回收农业废弃物1500万件。全市有1个市级农业社会化服务中心和7家"田管家"公司，形成"7+1"农业社会化服务连云港模式，被省农业农村厅作为农业社会化服务典型案例在全省推广。全年新建市级农业社会化服务中心1个，改造为农服务社5个，建设乡镇为农服务综合体6个，新增农民专业合作社13个，海州区供销社与东方农村商业银行签订战略合作协议，开展生产、供销、信用"三位一体"综合合作试点工作。东海县供销社、赣榆区供销社在省名特优农产品展示展销中心成功举办推介会。海州区供销社与博雅（江苏）供应链管理有限公司现代流通合作项目签约成功，推动区供销系统现代流通及线上线下融合发展进程。加快社有企业转型，全年为6宗1.15万平方米地块办理不动产使用证。东海县供销社以温泉基层供销社的土地进行置换，建设千庄商贸有限公司物流配送中心和供销现代农业服务中心。开展农产品经纪人、无人机植保操作员、农村网络电商骨干、农药包装废弃物回收农民骨干等人员培训，参加人员1000人次。

（邓　鑫）

·**粮油购销储备**　2021年，全市做好粮食收购，推进市场化收购，粮食流通市场供给充足，全年收购农民余粮223.36万吨。推进地方储备粮体制机制改革，印发《连云港市市级政府储备粮轮换管理办法》，完成储备粮企业实施"两分离四分开"改革，（四分开即人员、实物、财务、账务分开，两分离是地方储备粮承储企业政策性职能和经营性职能分开），规范地方储备粮管理。

（沈　闯）

·**石油贸易**　2021年，全市石油及制品类实现零售额63亿元，比2020年增长34.7%。全市在营加油站（点）470个，其中加油站230个，全年销售汽油38万吨，柴油31万吨。

（刘　莉）

连云港中国石化销售股份有限公司连云港石油分公司　全年实现成品油经营总量54.82万吨，天然气销售6.49万吨。新建1座加油站、2座加气站，完成6座综合体、2座充电站、19座光伏站建设，完善服务体系。拓展非油品业务，拥有128家易捷便利店。提升加油站综合服务，31个站点开设汽服洗车业务。

（庄涵汀）

连云港中油石油销售有限公司　全年实现油品经营总量12.38万吨，天然气1343吨，区域在营加油站47座。公司配套服务往复式自动洗车机、搭建非油线上商城、开启油品线上支付。推行全员安全责任制，实现安全价值目标零事故。开辟医疗、农机、城市公交、重点工程用油绿色通道，24小时保障油品供应。

（马芝跃）

·烟草专卖　2021年，江苏省烟草公司连云港市公司销售卷烟13.2万箱，全市有卷烟持证零售户2.8万户。全年在侦涉烟网络案件12起，破获国标网络案件4起。查获涉烟违法案件1690起，查获卷烟数量2719.07万支，案值3025.88万元。市烟草专卖局对接海警、边防、边检、渔政等部门，联合开展巡防巡查活动。市烟草专卖局、山东日照市烟草专卖局协同管控两省搭界港口码头。开展打击寄递渠道涉烟违法活动专项行动。召开全市海上卷烟走私现场推进会，在重点码头建立大型发光LED宣传牌，安装海防监控摄像头28个，发放宣传册1.4万册，发放宣传物品1.42万件。强化电子烟监管。召开全市电子烟监管工作现场会，开展保护未成年人免受烟侵害"守护成长"专项行动。开出两张向未成年人销售烟（含电子烟）行为罚单，作出向未成年人销售卷烟违法行为的行政处罚。优化《零售点合理布局规定》，组合运用数量、间距等模式，对零售点进行合理规划。完善"互联网+政务服务"，全市网上申请率达98%以上，审批发证缩短至3个工作日。

（赵若文）

·水晶贸易　东海是世界水晶之都，是世界水晶原料集散地和交易中心。"东海水晶"为国家地理标志保护产品，入选"江苏符号"，获评长三角地区最具影响力旅游地理标志符号。2021年，东海县水晶从业人员达30万人，拥有水晶加工企业3000家，形成年产3000万件水晶首饰、500万件水晶工艺品的产业规模。从事水晶外贸的跨境电商5000余家，水晶球、水晶珠、水晶灯、水晶摆件、挂件、水晶雕刻工艺品、装饰工艺品等出口至美国、日本、韩国、德国、意大利等国家和地区。全年水晶产业交易额达300亿余元，其中电商交易额198亿元。（张竞舟）

电子商务

·概况　2021年，连云港市创新电子商务产业模式，推进载体建设，延伸产业链条，全市电商发展潜力进一步释放，电商产业呈现快速健康发展的良好态势，逐步成为全市经济的重要新增长极。全年电商网络零售额完成714亿元，其中农村电商网络零售额完成403亿元，农产品电商网络零售额完成182亿元，分别比2020年增长30%、33%、39%。全市有线上企业超9000家，网店9.2万家，从业人数80余万人，带动农村就业人数20余万人。加快跨境电商综合试验区建设，完成跨境电商交易额26亿元，增长35%，全市跨境电商经营主体超过3000家，从业人员超过2万人，邮快件出口总数150万票。

·电子商务平台建设　2021年，全市有电子商务产业园区24个，其中直播电商产业园5个，跨境电商产业园4个。拥有在册海外仓运营企业4家。东海电商物流产业园、科奇电商直播产业园、京东（赣榆）分拣中心等物流产业园投入使用。

·电子商务示范创建　2021年，东海县入库电商规模以上企业76家，涌现出"乡村小乔""小月月"等一批超百万粉丝网红，其中"乡村小乔"入选江苏省网络扶贫优秀案例。灌云县深耕主题服饰电商形成完整产业链，有规模以上厂家1000余家，网络销售占全国70%，活跃网店5000多个。赣榆区电商销售以海鲜生鲜、海洋深加工产品为主，建成5个淘宝镇、11个淘宝村，形成全国海鲜电商集群基地。海州区实现电商网络交易额260亿元，占全市电商交易额近35%，天马集团线上交易额超70亿元。市开发区加快雨润

东海县水晶城内，游客在选购水晶饰品　　张开虎/视觉江苏网

全球直播电商基地和朝阳电商文旅小镇建设。全市实现国家级、省级农村电商示范县县域全覆盖，东海县入选全国农村电商十强典型县，东海水晶城获批国家级电子商务示范基地，东海水晶跨境电商产业园、东海东大跨境电商产业园、连云港综保区跨境电商产业园获批省级跨境电商产业园。电子商务领军型企业竞争力提升，天马集团获评苏北唯一的首批国家级数字商务企业，东海县晶城社区、海州区文昌社区获批为首批省级数字商务社区。

·“直播”经济 2021 年，全市直播店铺数、带货主播数、直播商品销量均居全省第二位，直播场次数居全省第三位。赣榆区海头镇、石桥镇位列快手平台全国十强乡镇前三名。抖音生鲜年度店铺榜行业累计销售排名前十中赣榆区网红 4 家上榜，其中赣榆网红“喜哥喜嫂”排名第一。东海水晶电商直播基地入驻淘宝直播基地户 1327 家(全国排名第 7)、快手直播基地 1286 家(全国排名第 1)、抖音直播基地 450 家(全国排名第 10)。 (刘 莉)

·第二届中国连云港电商发展大会暨“5·18”网络购物节 5 月 18 日，第二届中国连云港电商发展大会暨“5·18”网络购物节在市工业展览中心开幕。活动采用“1+3+4”的形式，1 个开幕式主会场、3 个展览展示馆、4 个直播连线多场景呈现，通过新媒体同步全球直播。在开幕式主会场和各个分场地举办多项现场活动。宣布“连云港市网红创业直播大赛”获奖人员名单；为连云港市首批十名网络直播师授予证书；在花果山五圣广场举办西游文化嘉年华暨中国旅游日主题活动；“集乐西游，万物来潮”西游小镇创意市集开门迎客；副市长吴海云和知名表演艺术家侯勇在花果山玉女峰共同为连云港旅游代言；县区政府主要负责人或者知名网红在直播馆介绍情况、直播带货；东海县电商物流产业园分会场展示当地“名特优新”产品、电商与物流协同发展情况。14 个电商项目在开幕式上进行集中签约。网络购物节期间，在“518 全球购”网络购物平台发放、使用电子消费券，总计 100 万元，从 5 月 1 日起每 7 天为一个批次进行发放，5 月 18 日电子消费券再度升级。“518 全球购”平台是为连云港市 518 网络购物节专门开发打造。主要销售美妆护肤、运动户外、休闲食品、水晶珠宝以及地方特色产品等类目。平台开通“1210”跨境电商模式，全部采用线上下单购买、保税仓发货、海关全程监管、快递配送。 (年 编)

连云港雨润全球直播电商基地，主播在推荐商品

耿玉和/视觉江苏网

中介服务业

·融资担保 2021 年，连云港市有融资性担保(再担保)公司 24 家，其中国有控股公司 16 家。融资性担保行业从业人员 278 人，研究生及以上学历 16 人，本科学历 181 人，从业人员具有本科以上学历的占比达 65.11%。全年新增融资性担保业务 46.32 亿元，比 2020 年增加 5.67 亿元；在保余额 48.67 亿元，增加 6.74 亿元。全市实现市、县两级政府性融资担保机构全覆盖。市级政府性融资担保机构为格斯达担保，注册资本 7 亿元，灌云泰和担保、东海晶都担保、灌南灌河担保为县级政府性融资担保机构，注册资本均为 3 亿元。全年政府性融资担保机构在保余额 39.61 亿元，其中小微和“三农”在保余额 32.96 亿元，占比 83.2%，服务小微企业和“三农”1273 户。 (刘万利)

·广告业 2021 年，东海水晶文化创意产业园被江苏省市场监管局认定为江苏省广告产业园区，连云港市成为全省唯一拥有两个江苏省广告产业园区的设区市。市市场监管局、财政局联合印发《连云港市广告业发展专项扶持资金管理办法》，9 个项目被列为 2021 年度市广告业发展专项扶持资金扶持项目，扶持资金 138 万元。强化“主流媒体+户外+互联网”三位一体广告监测平台建设，全年围绕群众关注热点金融、教育培训、医疗、房地产、食品、保健品、医疗器械等行业，监测户外广告 1 万余条，监测经营性网站 163 家、微信公众号 85 家，互联网广告 10 万余条，对其中涉嫌违法的 80 余条户外广告、近 300 条互联网广告均采取相关处置措施。广告违法率比 2020 年下降 0.04%。加大医疗、教育培训、房地产、金融等虚假违法广告的查处力度。开展“守护夕阳红·呵护青少年健康成

长”虚假违法广告清理整治行动、加强教育培训和危害青少年身心健康广告监管工作、儿童青少年近视防控产品违法违规商业营销宣传专项整治行动、文娱领域综合治理。做好市场经营活动监管工作，市委宣传部等8部门印发《连云港市校外培训广告管控工作方案》。全年查处违法广告案件87起，罚没款150万元。举办连云港市第二届“金玉兰奖”公益广告设计技能大赛。广告企业参加“紫金奖”之“公益设计传播大赛”。广告行业利用自有媒体发布公益广告，公益广告发布率达30%以上。到年底，全市有各类广告经营市场主体2352户，其中企业1778家、个体工商户574户、从业人员12368人，全年广告业及其关联产业经营额达120亿元，其中连云港广告产业园广告及关联产业经营额100余亿元。

（关紫平）

·律师服务 2021年，全市有律师事务所84家，其中合伙律所79家，个人律所5家、分所12家。有律师1201人，其中专职律师826人、兼职律师20人、法援律师12人、公职律师307人、公司律师36人，全市万人拥有律师率达到2.64。全年律师业务收费3.1亿余元。律师行业开展“产业链＋法律服务”“万所联万会”等活动，组建“生物医药产业链＋法律服务联盟”，帮助82家律师事务所与市、县两级110家商会协会结对共建。

·公证服务 2021年，全市有7家公证机构，公证从业人员117人，其中执业公证员38人，共办理公证5.6万件，业务收费1972.8万元。编制全市公证行业发展“十四五”规划，公证行业推行“我为群众办实事”十项承诺，为群众办实事1562件，接受群众咨询1.48万次。开展“公行天下”主题、走进电台直播间、大众媒体宣传、进企业入乡村、公证开放日“五个一”等活动。（姜茂龙）

·会计服务 2021年，全市有会计师事务所数量22家，从业人员368人，其中注册会计师执业人数122人、注册会计师非执业人数246人。注册会计师行业实现业务总收入5649万元。全年有2.6万人报名参加全国会计专业技术资格考试。其中，初级报名1.35万人，实际参考人数8143人；中级1.24万人，实际参考人数5244人；高级112人，实际参考人数63人。57人参加高级会计师评审，通过43人。1312名考生报名参加全国注册会计师考试，专业阶段6门平均参考率59.93%。43名考生通过注册会计师综合阶段考试。2万余人参加网上继续教育学习，网络教育成为会计人员知识更新、能力提升的主要途径。全年举办1期中高级会计人员素质提升培训，105名具有中高级会计师职称，或在企业担任财务处长（主管）以上职务的人员及业务骨干参加培训。举办1期行政事业单位财务负责人能力提升工程培训班，153人参加培训。举办2期行政事业单位财务人员业务培训，340人参加培训。做好代理记账机构通过“全国代理记账管理系统”线上审批及备案工作，126家机构通过网上进行登记和备案。开展2021年度会计师事务所执业质量行业检查，7家会计师事务所接受现场检查，其余15家事务所进行自查。（张吉哲）

·人力资源服务 截至2021年年底，全市有经营性人力资源服务机构94家，比2021年新增24家。从业人员1037人，全年营业收入25亿元。全市企业需求人数23.02万人，其中无技术等级要求9.4万人。劳动者登记求职人数20.51万人，其中无技术等级人数2.12万人。求人倍率1.12，全市人力资源市场用工需求略大于劳动力供给，供求总体保持平衡。全年职业介绍成功人次数6.71万人。666人参加人力资源从业人员资格培训。194人获得人力资源管理师技能等级证书，134人获得人力资源服务从业资格证书。（程继云）

·典当 2021年，全市有典当企业9家，其中法人机构8家，分支机构1家。按县区分布，东海县3家，海州区5家，连云区1家；按企业性质，国有企业3家，民营企业5家。到年底，典当企业实收资本2.5亿元，资产总计3.23亿元，负债总计3056万元，主营业务收入2169万元，主营业务利润823万元，从业人数35人。典当余额2.07亿元，比2020年下降5.23%。典当总额5.79亿元，下降28.8%，其中动产、房地产、财产权利典当总额为5730万元、5.06亿元、1516万元，分别占比9.9%、87.47%、2.63%，房地产业仍是典当企业主要业务。全市9家典当企业开展年度审计，2家法人企业被评定为A类，3家法人企业被评定为B类，1家法人企业被评定为C类，2家法人企业被评定为不通过，1家分支机构通过年审。

（刘万利）

·拍卖 2021年，全市有拍卖企业30家，新设立4家企业，通过年检企业20家，建议整改4家，建议取消6家。全年举行拍卖会150场次，拍卖成交额1587万元。其中，房地产拍卖会5场次，成交额1010万元，比2020年下降7.6%；土地使用权拍卖会1场次，成交额210万元，增长28%；机动车拍卖会60场次，成交额1194万元，增长56%；无形资产拍卖会19场次，成交额3447万元，增长52%；文物艺术品拍卖会2场次，成交额5万元，增长66%，其他拍卖会63场次，成交额9139万元，增长64%。（刘莉）

居民服务业

·住宿餐饮 2021年，连云港市实现住宿业营业额13.56亿元，比2020年增长12.2%。餐饮业零售额107.5亿元，增长26.7%，其中限额以上企业完成21.6亿元，限额以下企业完成75.9亿元。市烹饪餐饮协会有会员单位128家，会员2600余人。全市推进“公筷公勺”

“禁食禁售江鲜”“光盘行动”和反对浪费提倡节俭、餐厨垃圾分类、制止白色污染等行动，住宿餐饮业整体服务水平和影响力持续走强。开展餐饮燃气安全生产专项整治。全市在营的餐饮商户1.08万家，安装燃气泄漏自动报警切断装置的商户1.06万家，覆盖率97.6%。举办第五届餐博会、“连云港滋味”系列推荐评选活动，评选出市民公认、专家认可，代表性高、影响力强的名小吃21道、网红打卡地16个、招牌菜41道。连云港市23家食品小作坊被省市场监督管理局评为2021年度江苏省“名特优”食品小作坊。

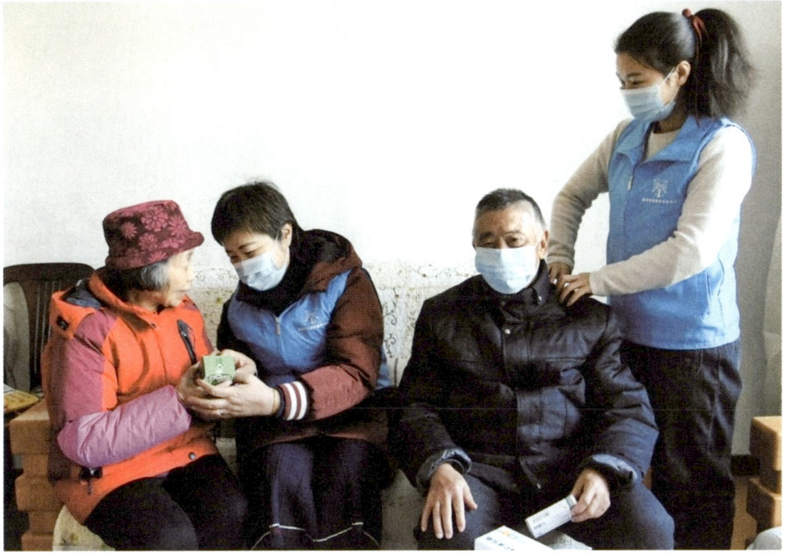

海州区新海花园小区打造智慧养老社区，工作人员与居民交流智慧养老信息 耿玉和/视觉江苏网

·家政服务 到2021年底，全市有登记注册的家政企业400余家，家政从业人员（含兼职）3万多人。杨辉家政、江苏中佳、巾帼家政、誉林家政、沁美家政、连云港好苏嫂、美佳乐家政7家市区员工制家政企业有员工550余人。完善“家服e”家政信用平台，录入平台家政服务门店98家，家政员工8404人。接轨商务部家政服务业信息管理平台，通过平台审核的家政企业114家，录入家政服务员1757人。

（刘　莉）

·养老服务 2021年，全市有60周岁以上老年人口101.2万人，占户籍人口总数的18.98%；80周岁以上人口14.55万人，占人口总数的2.73%，人口老龄化的速度在逐年加快。加快养老服务设施建设。市本级投入350万元新建市养老服务信息化中心，整合、配置全市养老服务资源。市养老服务综合平台完成内部装修工程。灌云县、灌南县失能（失智）特困老年人的集中供养服务机构推进建设，建成县级失能（失智）特困老年人的集中供养服务机构3家。推进涉农县区农村区域性养老服务中心建设，建成农村区域性养老服务中心10家。市民政局印发《关于修订〈连云港市市区社会办养老机构补贴资金管理办法〉的通知》，将社会办养老机构运营补贴标准在之前的基础上提高1倍，并与养老机构评定等级挂钩，提升养老机构参加等级评定的积极性。印发《连云港市2021年度家庭照护床位建设试点实施方案》，完成400张家庭养老照护床位建设试点。推进《养老机构服务安全基本规范》强制性达标，全市有105家机构达到安全标准，完成1～4级养老机构等级评定工作。

社区居家养老服务 市民政局印发《连云港市社区（村）养老服务用房建设移交办法》。全年建设城市街道综合性养老服务中心11家。为社区购买20台老年健康监测一体机，提高社区居家养老服务质量。推进对所有纳入特困供养、建档立卡范围的高龄、失能、残疾老年人家庭的适老化改造，全年完成2140户困难家庭适老化改造。

养老服务人才队伍建设 依托全国养老护理员职业技能大赛，开展养老护理员全员参与、全员培训的县、市级选拔赛，全市培训养老护理员1000余人次，选拔产生的市代表队在省级比赛中获3个一等奖，在全国比赛中获1个一等奖、1个三等奖。恢复养老护理员职业技能等级认定工作，全年通过职业技能等级认定的养老护理员390人。

（张　楠）

责任编辑　徐　敏

信息服务业

智慧城市建设

·概况 2021年，连云港市发改委、政务办、工信局、住建局等24家单位推进《连云港市新型智慧城市规划》实施。全市推进信息资源共享应用，提升“一网通办”能力，打破“信息孤岛”和“数据壁垒”，“数字政府”建设取得阶段性进展，智慧城市治理体系进一步完善。

·信息基础设施建设 2021年，全市推进新型信息基础设施建设，增强信息化发展支撑能力。发布实施5G空间布局规划。全年建成5G基站2030个，累计建成4450个，实现重点乡镇和工业园区全覆盖。建立5G网络建设联席会议制度，重点解决基站选址和推进过程中的问题。国际互联网数据专用通道建设竣工并完成验收，正式开通。专用通道覆盖市开发区和高新区，直连上海国际互联网出口。推进工业互联网二级节点建设应用，洋井石化二级节点建成上线，形成石化行业安全生产特色应用。市工业和信息化局印发《关于加快推进工业互联网标识解析体系建设的实施方案》，举办标识区县行等推广活动。到年底，二级节点服务企业209家，累计标识注册量1.13亿个，解析量1.55亿次。

（于　跃）

·智慧城市治理体系建设 2021年，全市加快构建智慧城市体系。打造数字政府。政务云同城灾备中心实现同城和异地灾备数据双备份，推进住房公积金、医保业务跨省异地就医、长三角地区医保关系转移等事项实现长三角“一网通办”。推进智慧警务。开展警务大数据建设，加强智慧版技防城建设，打造智慧海防、连岛景区技防、高新区森林智慧防火指挥、徐圩化工园区智慧技防监管等特色品牌系统。构建智慧交通。完成连云港综合交通安全监管平台一期项目，对全市交通安全进行整体监管。培育“平台＋供应链”物流新业态，搭建陆海联运电子数据交换通道，实现中哈物流基地与霍尔果斯东门无水港间生产数据互换、连云港与霍尔果斯东门经济特区间物流数据互换以及海关、铁路间的数据互换。推进智慧人社。开通网上办事大厅、手机App等办理渠道，实现全市人社业务“网上办”“掌上办”。实现外地游客持社保卡到连云港旅游“同城待遇”，全面发行第三代社保卡，实现在就医购药、食堂就餐、门禁管理、资金发放等多项民生领域上的应用。建成全市人才地图大数据系统，实现人社档案进出全流程“数字化办理、不见面服务”。打造智慧城管。完成城市运行管理服务基础平台和智慧园林管理平台（一期）建设，实施智慧路灯建设，在红砂路试点安装7

海州区智慧城市管理中心　　耿玉和/视觉江苏网

套智慧路灯，集成智能网关、模拟广播、单灯控制等功能，实现智能控制和城市精准治理。推广智慧旅游。开展智慧广电乡村工程建设，创建省级智慧广电镇(街)7个，农村地区广播电视公共服务提质升级。实现对AAAA级景区、市图书馆等5处文博场馆和将军崖岩画等4处国家级文保单位实时监控。发展智慧环保。累计建成空气自动监测站点78个、水质自动监测站点6个等大气环境监测设备，实现对全市大气环境的实时监测、靶向治理。推进智慧教育。申报全国第二批人工智能助推教师队伍建设试点，全省独家教育大数据系统二期建设完成，苏北首个5G教育专网开工建设，全市79.43%的中小学成功创建省智慧校园。实现智慧医疗。全市远程医疗平台被国家卫健委列入5G+医疗健康应用试点项目；医疗便民服务平台获首届CHITEC数字医疗健康创新服务优秀案例。建成卫生健康大数据中心，形成417万份居民健康档案，占全市总人口92.6%。建设智慧水利。建设防汛专网、防汛抗旱决策信息系统、水雨情自动测报系统等水利信息系统，实现水利大数据共享和智慧管理。全市建设水情遥测站270个，167座大中小型水库防汛通信预警系统全面建成。 （沈 阅）

·2个项目入选智慧江苏重点工程 2021年，省信息化领导小组办公室(省工信厅)组织2021年智慧江苏重点工程建设及遴选工作。50个项目入选智慧江苏重点工程，其中江苏核电有限公司的田湾核电站7、8号机组智慧工地管理平台、江苏洋井石化有限公司的连云港石化产业基地封闭管理工程智能化项目2个项目入选，连云港市入选数量苏北第一。

·3个项目获“绽放杯”全国5G应用大赛奖 2021年，全市电信运营商、企业等单位参加第四届“绽放杯”全国5G应用大赛各赛道比赛，3个项目获奖，其中，灌云县开山岛5G+智慧党建示范基地项目获得党建专题赛全国三等奖。区域赛方面，全市2个项目获奖，分别是江苏田湾核电站5G智慧核电项目，获二等奖；中复新水源科技有限公司5G工业互联网助力中国“膜”行业提质新突破项目，获工业互联网专项奖。

·连云港市“5G+工业互联网”融合应用暨工业互联网标识解析二级节点推广应用大会 3月26日，由连云港市工业和信息化局和徐圩新区管委会主办的以“5G汇聚数字生态，工业互联引领未来”——连云港市“5G+工业互联网”融合应用推进暨工业互联网标识解析二级节点推广应用大会在徐圩新区举行。会议旨在贯彻落实国务院《关于深化“互联网+先进制造业”发展工业互联网的指导意见》和省市关于加快工业互联网发展有关要求，推进“5G+工业互联网”建设，推动标识解析体系建设和集成应用创新。依托通信运营商技术支撑和渠道拓展能力，加快平台培育推广，智慧互联推动5G+工业互联网深度融合，构建工业互联网公共服务体系，实现平台跨区域服务。会上，省工信厅二级巡视员常如平作“新经济新基建新动能——江苏面临的机遇与挑战”主题演讲。中国联通大数据首席科学家范济安、中国信通院工物所副主任池程分别授课。

·连云港国际互联网数据专用通道开通运营 10月18日，连云港国际互联网数据专用通道正式开通运营，是全省第八条通达全国互联网国际出入口局的直联高速通道，覆盖连云港经济技术开发区、高新区、自贸区，为园区企业、跨境电商提供优质可靠的国际互联网数据服务。

（年 编）

数字经济

·概况 2021年，连云港市数字经济呈现良好发展势头，数字经济核心产业产值550亿元，增加值达200亿元，综合实力位列《2021中国数字经济城市发展百强榜》第65位。数字基础设施加速布局。全市建成5G基站4400个，实现中心城区、县城、重点乡镇和工业园区全覆盖。国际互联网数据专用通道获批建设。“智慧港口”特色形成，港口生产经营业务处理全部实现信息化，入选省智慧物流主体培育试点。产业数字化转型步伐加快。全市信息化和工业化融合发展指数为63.1。石化产业基地获批中国智慧化工园区试点示范(创建)单位。全市电商网络零售额完成714亿元，连续4年以百亿元幅度增长，增幅均超30%。全市有电商产业园24个，线上企业超9000家，网店约9.2万家，实现国家级、省级农村电商示范县县域全覆盖。数字产业化规模不断壮大。全市规模以上数字经济企业达820家，2021年物联网、电子信息制造业、软件和信息技术服务业、数字创意营业收入分别达到150亿元、100亿元、25亿元、50亿元。提升数字化治理效能。构筑五级畅通的电子政务网络，建成电子证照共享平台，电子证照部门全部覆盖。加快推进数据信息资源共享交换，开放33个部门共计207类数据资源。建成市级社会治理大数据中心和网格化服务管理中心。完成“信用连云港”一体化查询认证和个人信用分系统建设，实现信用审查网点(窗口)市县全覆盖。 （沈 阅）

·电子信息制造业 2021年，全市电子信息制造业基本形成“雁阵”格局，以集成电路封装材料为特色优势产业为主，其余含石英晶体元器件、太阳能电池及组件、LED照明产品等多个细分特色产业。其中，集成电路封装材料为全市电子信息制造领域关注度最高的优势产业，是国内最大的环氧塑封料生产基地，主要有江苏华海诚科新材料股份有限公司、衡所华威电子有限公司等重点企业。产品从低端的硅材料加工到技术含量较高的半导体专用材料制造，从基础的灯具生产到灯源控制自主研发，从电子元器件组装到集成电路芯片自主研发设计，全市电子信息制造产业逐步从低端向产业链中高端迈进。全年纳入统计的电子信息制造企业共46家，实现主营业务收入140.6亿元，比2020年增长47.29%。通过实施高驰高频超薄柔性覆铜板、联瑞功能性材料生产等重点项目，推进电子信息制造产业发展。70个电子信息重点项目全年完成投资103.59亿元。

（于　跃）

·“一带一路”大数据平台建设 2021年，连云港市加快大数据产业园加快建设，移动大数据中心主体建成，内外装修完成，设备安装进行调试，实施院落硬化绿化工程。电信大数据中心进行正负零下清理补桩泥浆、砌筑桩承台砖胎模、浇筑砼垫层，其他区域14个承台挖土方、浇筑垫层、砌筑砖胎模。2021年，新入驻大数据产业园企业58家。（吕俊燕）

·连云港位列全国数字经济城市发展百强榜第65位 9月7日，赛迪顾问发布2021数字经济城市发展百强榜名单，连云港位列三线城市区间，全国排名第65位。“十三五”期间，连云港市数字经济与实体经济加快融合，数字政务、数字民生水平、数字基础和数字创新等指标值位列全省前列，数字经济成为推动连云港市高质量发展的新引擎。

·数字经济创新发展高峰论坛 10月18日，由连云港市人民政府、中国服务贸易协会数字经济分会共同主办的“数字经济创新发展高峰论坛”举行。论坛上，与会嘉宾以“促进双循环、构建新格局”为主题，围绕跨境电商创新发展的新形势与新趋势、跨境电商如何助力中小企业发展、从贸易数字化看跨境电商新发展、数字化跨境贸易的创新发展、跨境电商物流行业供给端建设、跨境B2B助力推动物流新生态链等发表演讲，展开讨论。（年　编）

软件业

·概况 2021年，连云港市有省级软件和信息服务产业园1个——市高新区，有第七一六研究所和连云港电子口岸信息发展有限公司2家省级软件技术中心，电子口岸、江苏金鸽网络科技有限公司分别获评2021年省规划布局内的重点软件企业、专精特新产品软件企业。软件产业在工业软件、智慧交通物流、智慧港口、智慧医疗等领域形成一定的产业生态。全年新增通过评估软件企业12家、软件产品72件，通过认定的软件企业53家、软件产品350余件。

·软件企业发展 2021年，全市软件和信息技术服务产业形成以园区为主体、骨干企业为龙头的产业发展格局。全年软件和信息技术服务企业主营业务收入超500万元共38家，实现收入22.77亿元，比2020年增长18.29%。海宏智能、蓝宝星球、智诚科技3家企业增长靠前，分别完成收入3005万元、6626万元、2046万元，增长487.42%、394.46%、309.2%。软件业重点企业有江苏杰瑞信息科技有限公司、连云港电子口岸信息发展有限公司、江苏交控智慧城市技术有限公司、江苏蓝宝星球科技有限公司，全年主营业务收入分别实现0.8亿元、0.51亿元、0.4亿元、0.66亿元。（于　跃）

通信服务业

·中国电信股份有限公司连云港分公司 2021年，公司完成投资2.99亿元。加快新型基础设施建设，全年新建5G基站664个，室分193套，5G基站累计达1660个，5G室分累计达272套，全面覆盖市、县核心城区，及高铁、高校、医院、景区、石化产业园等重点场景，5G路测覆盖率达97%，有效覆盖面积746平方千米，人口覆盖率69%，实现已开通5G基站全部共享。4G基站5200余个，人口覆盖率99.5%。城域网出口带宽提升至2400G。光网新增10G PON端口1.15万个，累计2.7万个，光网覆盖率99.7%，全市具备按需提供1000兆带宽接入能力，宽带用户平均速率239.6兆。利用5G、云计算、大数据和AI等新技术，推出云主机、企业云盘、翼填报、天翼云会议、天翼云办公、云课堂、疫情防控外呼机器人、天翼对讲、体温快速筛查系统、智能广播、企业复工管理平台等服务，助力全市疫情防控及企业复产、复工。（张文文）

联瑞新材料有限公司内，工人在码放一批高端芯片封装用球形粉体材料　　耿玉和/视觉江苏网

11月11日，灌云县开山岛及附近海域700兆频段中国移动5G信号开通 王平成 摄

·中国移动通信集团江苏有限公司连云港分公司 2021年，全市有移动用户300万户，有线宽带用户92万户，互联网电视用户69万户，物联网用户530万户。全年公司实现运营收入25.2亿元，比2020年增长12.3%，净利润4.5亿元。加快5G网络建设。近2500个5G站点开通，实现市区城区、县城城区、乡镇驻地及部分农村热点区域的5G覆盖。利用4G站址资源、集约高效建设，徐圩新区等重要化工园区实现5G基本覆盖，建成700M-5G站点66个。扩大农村场景覆盖范围，动态满足5G接入用户快速增长后的扩容需求。在近海覆盖方面，建成700M-5G站点30个，实现开山岛、前三岛、连岛等岛屿，以及近海渔业区、航道、锚地等5G信号覆盖。完成连云港国际互联网数据专用通道建设，收集开发区、高新区国际访问需求企业15家。参与车路协同示范区项目、“中华药港”智慧园区项目建设。实施5G+产业应用，为田湾核电站7、8号核岛提供5G智慧工地解决方案，建设5G核电专网并承载视频监控、人员定位、环境监测等系列智慧应用。推进5G+智慧企业建设，提供5G+MEC专网、5G+AGV、5G+工业互联网等应用。推动新一代信息技术在政务服务、城市治理、生态保护、应急保障等领域的创新应用，服务数字政府建设。中国移动连云港分公司与华为联合，在开发区建设运维“人工智能计算中心”，推动普惠AI。公司通过“天眼”“天网”“数字化城管”等项目实施，以移动信息化的应用提升平安城市管理水平。通过5G技术，实现港口5G专网。利用5G低时延的特性使港口大型机械的远程控制成为可能，打造智慧化、无人化智慧港口。投资1.33亿元，建成覆盖全市完备的NB-IoT物联网，实现城乡区域全面覆盖。在交通、政府、电力、保险、公安、金融、医疗、水利等领域签约物联网项目超100个。参与NB-IOT智能水表业务发展，为县区NB智能水表拓展提供通讯支撑。参与市智慧停车项目建设，在市区路面泊位建设2600个地磁智慧停车位。拓展云计算服务。在云范畴推出数百种SAAS产品，涉及办公、财务、安全等多种应用场景。中标市政务灾备云扩容项目，扩容后资源规模达到4000核，承载市全民健康数据灾备平台、市自然规划局六套业务系统、全市电子政务外网CA认证等核心业务。建设连云港移动行业云资源池2400核。投资440万元，为全市98家企事业单位提供桌面云服务。（徐 娟）

·中国联合网络通信有限公司连云港市分公司 2021年，公司完成通信工程建设投资2108.06万元。4G建设投资746万元，新建4G站点120个，扩容75个小区，其中双优小区场景站点77个，2B及校园场景站点37个，重点场景覆盖站点6个。公司有4G宏站1784个，室分站点348个，覆盖楼宇1542栋。开通5G站点2059个，其中宏站1798个、室分261个，涉及5G信源5519台。区县主城区、乡镇核心区域以及赣榆沿海区域、徐圩产业园区等重点区域实现连续覆盖。5个宽带建设项目完成投资602.58万元。新建120个新国标小区和230个补覆盖小区，改造195个小区宽带覆盖9.3万户。提升传输网络容量，新建东海县、灌云县、连云区100G智能城域网环、配套管道45孔千米、主干光缆54皮长千米、基站和室分接入光缆266.7千米，总投资759.48万元。做好重大活动期间的通信服务保障工作。推进“智慧港城”“数字港城”建设。建设智慧政务、智慧公安、智慧安全、智慧司法、智慧农业、智慧校园、智慧党建云等项目。推动连云港“数字乡村”建设，打造数字乡村国家级、地市级示范村，开通数字乡村平台。提供门磁、短信、苏康码机器、登记小程序、外呼机器人等助力科技抗疫。（王国强）

·中国铁塔股份有限公司连云港市分公司 2021年，公司推进5G新基建战略，推动《连云港“十四五”信息通信业发展规划》《连云港市城镇老旧小区通信和广电基础设施工作实施方案》等制度的下发和《连云港市5G网络建设联席会议制度》的建立，全年建成5G基站838座，保障连徐高铁、沂河等重点项目的建设。加大维护资源投入，应对第6号台风“烟花”，打赢“防台、防汛”保卫战，参与老旧小区改造、外卖小哥换电等领域信息化建设。

（陶 飞 程 星）

邮政服务业

·概况 2021年，连云港市邮政行业业务收入(不包括邮政储蓄银行直接营业收入)完成39.83亿元，比2020年增长41.7%。业务总量完成40.88亿元，增长47%。函件业务量完成42.71万件，下降29.3%。包裹业务量完成4.81万件，下降38.2%。订销报纸业务完成5037.26万份，增长7.7%。订销杂志业务完成178.48万份，下降24.1%。汇兑业务完成1.12万笔，下降50.9%。邮政服务业务总量完成7.93亿元，增长10.8%。邮政寄递服务业务量完成1.28亿件，增长17.4%。邮政寄递服务业务收入完成2.04亿元，增长9.8%。

·快递服务 2021年，全市快递服务企业业务量完成4.11亿件，比2020年增长59.1%。业务收入完成31.63亿元，增长55.8%。其中，同城业务量完成2183.97万件，下降3%；异地业务量累计完成3.88亿件，增长65%；国际/港澳台业务量完成61.45万件，增长73.7%。全市快递业服务现代农业发展，增加服务供给，创新服务模式，推动农产业出村进城，提升农产品流通效能、促进农民增收、助力乡村振兴。国家邮政局公布100个“2021年度快递服务现代农业金牌项目”名单中，连云港市“快递＋海鲜”“快递＋紫菜”获评金牌项目，分别位列第15位、21位，两个项目拉动就业1万余人，拉动农业总产值68亿元。

（殷　杰）

·邮政普遍服务 2021年，中国邮政集团有限公司连云港市分公司推进普遍服务三年行动计划，农村给据邮件投递信息及时上网率、约投挂号及时妥投率高于全省标准。压降平信丢失率，推进平信条码化，省内互寄信件测试零丢失，条码平信断点率为零。加强日常规范管理，实现机要通信连续33年质量全红。全年收寄普通包裹4.36万件、快递包裹7542.61万件、标准快递583.53万件、国内国际信函42.71万件。投递普通包裹2.6万件、快递包裹5910.3万件、标准快递732.7万件、国际国内信函487.03万件、报刊5243.43万份。加快县乡村三级物流体系建设。依托邮乐加盟店、村邮站资源，建设乡村级自提代投点1543个，涵盖1417个行政村。实现邮快合作行政村覆盖177个。东海县邮政分公司完成县域仓配处理中心建设规划布局，建成4个镇级运营中心。全市可循环快递箱(盒)使用量达1000个，全市网点包装废弃物回收装置布放74个，布放率58.3%。快递包裹、特快一联电子面单使用率分别达95.3%、94.3%，全面达成行业监管部门和绿色行动规划目标。全年开发连徐高铁全线通车主题邮册项目，举办第九届花果山读书节启动暨《中国古典文学名著——西游记(四)》特种邮票首发活动，全市建成《西游记》、中华药港等8个主题邮局。深化农邮合作，破解农民合作社等新型农业经营主体销售难、物流难、贷款难问题，全市培育县级以上示范690家，建成“邮政农品”基地2个，助销农产品1900余万元。

（王　慧）

互联网信息服务与广播电视传输服务

·政府网站集约化建设 2021年，连云港市推进政府网站集约化、规范化、标准化建设。开展政府信息公开业务在线培训。政府网站群全年信息发布总量超9.5万条，独立用户访问量近356万次，总访问量近7000万次。完善网站功能，强化信息发布，提升市政府门户网站服务能力和保障水平。在2021年度全省政府网站测评考核中，连云港市政府门户网站获评政府网站工作先进单位。

·政务网络安全运行保障 2021年，市信息中心运行维护市行政中心机房，保障系统安全稳定运行。制定重要时期网络信息安全保障工作专项方案，实施市政府网站群、行政中心网络安全防护，开展年度应急演练活动。完成庆祝中国共产党成立100周年，全国、省市两会，国庆等重要时期网络安全保障工作，为政府网站63个站点提供安全防护、7个站点提供安全检测。市政府门户网站通过市“网安2021”检测和等级保护测评。结合机房改造，巡

海州区天马电商产业园，工作人员将货物分拣、打包、发送

耿玉和/视觉江苏网

查巡检网络设备，更新升级行政中心A、B楼互联光纤。

·**政务云运行维护** 2021年，全市实施政务云扩容项目建设，调控均衡各个云资源集群，按需合理分配云资源、提高资源利用率，持续保障主机状态稳定。加强政务云安全管理，开展政务数据中心现场巡查、政务云运行巡查等工作。统筹云资源申请分配和系统部署，做好政务云使用单位业务系统运行管理，发放安全隐患整改报告170个。到年底，政务云为69家单位436个信息系统和模块提供服务。

·**公共数据开放应用** 2021年，市信息中心对接数据共享平台，完善数据资源推送机制，调整“我的连云港”App数据开放栏目访问方式。完成数据开放网站数据库和功能板块的升级优化。按季度编制数据开放统计报表，督促全市各部门完善开放数据。到年底，市公共数据开放网站开放33个部门的213类数据资源，超600万条数据。市公共数据开放平台获评全国2021数字政府管理创新奖。

·**政务服务信息化项目建设** 2021年，市信息中心完成2020年3个信息化项目的实施和验收工作。做好2021年信息化项目招标、建设实施等工作，修改完善特定IP、特殊URL等黑白名单配置，协调东海县、灌南县、海州区等63个政府网站纳入安全防护统一管理，增设AAAA域名、别名解析，统筹实现63个网站的IPV6、IPV4双栈服务。完成2022年信息化项目申报工作。

·**区域经济服务** 2021年，新亚欧大陆桥信息网站建成大陆桥沿桥城市主要经济指标数据库和长三角、珠三角35个城市主要经济指标数据库，归集27个沿桥城市近3年的数据。全年编发《周边经济动态》周刊48期，供市领导参阅。市信息中心配合商务部中国国际经济技术交流中心完成《中国南南合作网资源黄页》图文资料供稿。与市“一带一路”发展研究会联合承办连博会2021中国国际货代物流行业发展分论坛。（籍海星）

·**网络综合治理体系建设** 2021年，全市加快建立网络综合治理体系，推进互联网领导管理、正能量传播、内容管控、社会协同治理、网络法治、技术治网“六大体系”建设，综合治网格局基本形成。开展“清朗2021”专项行动，清理整治互联网有害信息，关闭违法违规账号，处置违规从事互联网服务网站。建立全市网络信息管理联合执法协作机制。全年开展“法治新时代 清朗e空间”网络普法“五进”活动40余场，制作展板、宣传单页、普法文创礼品3万余份。发起“连e护老”“连e护苗”互联网保护行动，针对青少年学生群体推出“连小朗课堂·普法系列短视频”，627所学校75万余名学生观看。（李 李）

·**网络社会组织建设** 2021年，全市开展多样性网络文化活动。举办2021年连云港市网络文化季暨“峥嵘百年 初心不变”网络主题宣传活动，分为“领航新征程、聚力新港城、网传新风尚”三大篇章，共同构建清朗的网络空间，弘扬传播正能量。开展“最美网络达人”活动，举办全市“走好网上群众路线”优秀案例征集展示活动，运用图文、动漫、H5、微视频等形式，展示各地各单位通过互联网听民声、察民意、聚民智、解民忧、惠民生、暖民心的优秀成果。举办“好网民故事分享会”7期，进基层、进企业、进校园，以线下课堂+线上直播的方式，强化示范引领作用，推进文明办网、文明用网、文明上网、文明兴网，参与人数达十万余人。开展“点亮满天星 书送新希望·红色经典进乡村”网络公益活动，筹集款数12.63万元。举办“V行港城 红色E旅”——连云港市网络媒体“9·9”公益日主题活动，推出“直播助残公益行 传递网络正能量”系列活动，邀请公益主播“乡村小乔”为“唐宝宝”直播带货，相关视频在抖音、西瓜视频等平台播放量突破4000万人次，点赞数超过65万。（刘 兵）

·**广播电视传输服务** 2021年，江苏省广电有线信息网络股份有限公司连云港分公司新建全市统一的“一云一播四屏”智慧乡村应用平台，完成7个智慧广电乡村工程。完成《市委常委会工作要点》重点任务，全部通过省广电局复评。低保农户看电视是省政府部署的民生实事项目，公司对入网的低保用户实行“宣传发动优先上门、免费安装优先安排、故障维修优先服务”，3.3万个低保家庭享受到优惠看电视惠民政策。做好老旧小区改造惠民工程，完成49个老旧小区广电基础设施改造。公司获评2019—2021年度江苏省文明单位，连续12年获得“江苏省文明单位”称号。

（臧 乐）

责任编辑 徐 敏

旅游业

综述

·概况 连云港是中国优秀旅游城市和江苏三大旅游资源富集区之一,具有“海古神幽泉奇”六大特色,山、海、岛、泉、林相得益彰,名胜古迹浑然一体,享有“东海第一胜境”“神奇浪漫之都”等美誉。2021年,全市有国家A级景区42家,国家乡村旅游重点村2个,国家级特色景观名镇1个,全国休闲农业与乡村旅游示范点1个,省级旅游度假区3个,省级全域旅游示范区2个,省级夜间文化和旅游消费集聚区2个、省级乡村旅游重点村4个,省级生态旅游示范区2个,省星级乡村旅游区50个,省特色景观旅游名镇(乡)3个,省工业旅游示范区7个,省级自驾游旅居车营地3个,省级智慧旅游景区2个、省文明旅游示范单位2家、星级旅游饭店10家,旅行社124家。其中,新增AAAA级旅游景区2家、省乡村旅游重点村3个、AAA级旅游景区2家、AA级旅游景区1家、省级文明旅游示范单位2个、银树叶级绿色旅游饭店6家、三星级旅行社4家。连云港市获批国家文化和旅游消费试点城市,获评“全国十大避暑城市”“全国健康旅游城市”,入选“五一”假日全国新晋旅行热门城市榜单前三,连岛景区作为全省唯一AAAAA级旅游景区创建推荐单位上报文旅部验收。全年接待游客3619.91万人次,较2020年增长41.2%;实现旅游总收入496.33亿元,增长85.6%。

2021年,连云港市获批国家文化和旅游消费试点城市。图为盐河巷街区夜景　　王健民/摄

·旅游产业规划 2021年,连云港市开展《连云港市旅游开发策划暨发展规划(2021—2035)》编制,组织专家于12月2日在南京召开评审会,根据专家组评审意见,编制完成《连云港市旅游发展总体规划(2021—2035)》。实施《连云港市“十四五”文化和旅游发展规划》编制,12月31日经市政府批准印发。

·旅游设施建设 2021年,全市实施65个文旅重点项目建设,完成年度投资93.5亿元。连岛AAAAA级旅游景区创建提升工程、潮河湾配套设施工程、硕项湖酒店二期、月牙岛水利风景区等建成。渔湾游客中心、连云港军事主题馆、连云港园博园、连岛AAAAA级旅游景区创建提升工程4个项目入选全省重点文旅产业项目。渔湾公共服务提升、连岛海鲜美食街、黄窝村凤凰山居民宿一期工程、高公岛村西山便民道路二期及海波挡墙工程、潮河湾豆腐坊乡村文创、2021年连云港全域旅游嘉年华暨灌云第四届梨花节6个项目获省级旅游景区(村镇)公共服务纾困补助资金166万元。

·旅游产业发展　2021年,全市旅游产业加快数字化转型,扩大优质数字文旅产品供给,发展沉浸式体验型文旅消费,东海水晶城水晶小镇项目、桃花涧景区提档升级项目、孔望山景区提档升级项目、连岛景区AAAAA级景区创建提升改造工程等14个文旅项目获批省级旅游产业发展基金1.2亿元。秦山岛二期提升改建工程、《乐见西游》巡演、康缘现代中药健康产业园提升项目等6个文旅项目获得省文化和旅游发展专项资金440万元。

·大花果山景区建设　2021年,大花果山景区建设完成花果山西入口综合提升和渔湾游客服务中心主体工程。花果山景区游客中心完成提升改造投入运营,升级改造花果山景区智慧旅游系统,获批江苏省旅游智慧景区。　(欧勇军)

·连云港市获批国家文化和旅游消费试点城市　10月27日,文化和旅游部、国家发展改革委、财政部联合印发《关于公布第二批国家文化和旅游消费试点城市名单的通知》,连云港市入选第二批国家文化和旅游消费试点城市名单。连云港市推进文旅融合创新发展,乡村生态旅游、工业研学旅游、康养度假旅游、红色教育旅游等文旅新业态快速发展。全市公共文化场馆错时延时免费开放,开展百姓大舞台、特色小剧场等文化惠民活动,精品旅游演艺《乐见西游》获好评。开发"连云有礼""茶小孙"等文创产品,品质酒店和特色民宿集群化发展,智慧旅游实现AAA级以上景区全覆盖。全市公共文化服务体系不断完善,增设文旅实景体验、城市主题书吧、24小时图书馆等。

连岛景区海水浴场　　张言华　摄

·连云区入选首批省级文旅融合发展示范区建设单位　12月11日,省文化和旅游厅公布首批省级文化和旅游产业融合发展示范区建设单位名单,连云区上榜。连云港老街获评省级夜间文化和旅游消费集聚区以及首批省级旅游休闲街区,羊山岛获批国家AAA级景区;高公岛村、留云岭村获批省级乡村旅游重点村,"邓小平和人民在一起"雕塑公园成为省内党性学习教育实境课堂,云台山抗日石刻群被评为市级红色革命主题教育基地,连云区文化馆公共展馆、图书馆获评"江苏省最美公共空间",大型音乐儿童剧《寻找花果山》获2021紫金文化艺术节优秀剧目奖。　(年　编)

旅游资源

·花果山景区　2021年,花果山景区接待游客153.16万人次,实现门票收入6592万元,旅游总收入2.04亿元。花果山风景区是国家AAAAA级旅游景区、国家地质公园、国家森林公园。景区规划面积75.39平方千米,共有74座山峰,其中花果山玉女峰是江苏省最高峰,海拔624.4米。主要景点有阿育王塔、花果山山门、九龙桥、十八盘、三元宫、水帘洞、照海亭、玉皇阁、玉女峰等。完成西入口游客中心提升、智慧景区升级改造二期、梅园AA级旅游厕所、高老庄至竹节岭约740米步游道等项目建设,新建高老庄至徐培晨艺术馆配套设施、玉女峰遥镇洪流观景平台,对九龙阁建筑进行装修,恢复原有接待功能,严格按照国家《旅游景区质量等级评定与划分》和建设行业相关规定,对景区年久失修的多宝塔景点进行排险性修复。　(吕幅强)

·连岛景区　2021年,连岛景区接待游客92.58万人次,实现旅游收入3654.87万元。连岛是江苏第一大海岛,通过6.7千米的拦海大堤与连云港海滨城区相连。海岛东西长5.5千米、南北长0.9千米,海岸线长17.66千米。连岛景区有海州湾海湾生态与自然遗迹暨国家级海洋特别保护区、国家健康型海水浴场两处(大沙湾、苏马湾),属暖温带向亚热带过渡的季风性海洋气候,森林覆盖率60%,北部岸线海蚀地貌发育保护完好。主要景点有大沙湾海水浴场、苏马湾生态园、游艇畅游港湾、"邓小平与人民在一起"雕塑公园、金圣禅寺等,是江苏省最优质的海滨旅游度假目的地,国家AAAA级旅游区。围绕创建国家AAAAA级旅游景区,进行资源开发、项目建设、市场营销、景区管理、品牌创建。旅游市场拓展到北京、

海上云台山云海景观　　周锡俊/视觉江苏网

上海、武汉、西安等全国大中城市，构成“6小时都市圈”客源市场。

·海上云台山景区　2021年，海上云台山景区接待游客33.4万人次，实现旅游收入2400万元。海上云台山景区位于连云区后云台山，北邻连云港港口，南环宿城街道，国家AAAA级景区。景区以雄、古、秀、险为特色，可同时观赏山、海、港、岛、城五位一体的美景。景区内有云顶游览区、陶渊明文化园、法起文化园、万寿谷、“一带一路”文化园、船山、枫树湾等特色景点。景区是省级生态旅游示范区，全国森林养生基地、省级生态旅游示范区、中国森林体验基地、中国慢生活休闲体验区、国家森林康养基地。完成枫树湾丛林冒险乐园一期建设、海上云台山云顶局部节点景观提升工程、八间房民宿与游客中心的自来水安装工程。　（吕俊燕）

·孔望山景区　2021年，孔望山景区接待旅游人数22.58万人次，实现旅游门票收入48.49万元。孔望山位于锦屏山东北部，是国家AAAA级旅游景区。山体东西长800米，南北宽300米，海拔123米，占地73公顷，由花岗岩和片麻岩组成。《方舆纪要》载，“相传孔子问官于郯子，尝登此望海”，故名孔望山。孔望山有新石器时代杯盘刻石、秦东门遗址、孔望山摩崖造像、龙洞庵、宋元明清的名人题刻等景观。孔望山生物群落丰富，植被类型有针阔叶混交林、竹林、丘陵低山草丛和人工经济果树林，森林覆盖率达80%，大群白鹭栖息于此。年内举办第四届孔子文化旅游节、重阳诗会等活动。　（于　龙）

·渔湾景区　2021年，渔湾景区接待游客12.54万人次，实现旅游收入374.65万元。渔湾景区位于云台山国家级风景名胜区南麓，是国家AAAA级旅游景区，规划面积3.5平方千米。景区由两条大涧一道山梁组成，三面环山、一面东向大海，明代被列入云台山三十六景之一，称为“三潭汲浪”。景区在山水的自然风韵、环境的清幽美丽、民风的古老纯朴、文化的深厚积淀等诸多方面，与四川九寨沟异曲同工，被誉为“江苏省的九寨沟”。主要景点有神鱼化龙雕塑、九孔桥、龙潭涧、龙祈洞、老龙潭等。实施改造提升，收购景区内部分民居，全面更新景区家具系统，实施小游园等区域绿化提升和游步道改造，建设渔湾网红桥、龙床栈道、仿古围墙等设施，建成小游园至山顶水库的循环水项目。与常州恐龙园集团合资运营进行洽谈，确定初步合资章程，形成渔湾景区概念性策划方案。渔湾游客中心完成地上主体建设、项目主体验收、消防和规划验收，完成EPC内装招标并进场施工。开通旅游旺季渔湾至花果山景区的免费往返交通。通过AAAA级景区的评定性复核、创文和创卫复核。　（吕幅强）

·桃花涧景区　2021年，桃花涧景区接待游客30万人次，实现营业收入158万元。桃花涧景区位于海州区锦屏山南麓，是国家AAAA级旅游景区。景区面积4.5平方千米，分东西两个部分，东部是全长4.5千米的桃花涧，涧内石刻、奇石、名木、幽洞、龙潭、亭台、岩洞、古寺等构成桃花涧“三十六景”。西部由将军崖岩画、桃花涧旧石器遗址、石刻文化艺术园、芊水园、古樟园“五园”构成。将军崖岩刻有人面、兽面、子午线、太阳图案、鱼形图案、农作物图案及多个符号，距今约7000年。　（于　龙）

·西双湖景区　2021年，西双湖景区接待游客168.1万人次。西双湖位于东海县城西，总面积8.1平方千米，其中湖面5.3平方千米。因两湖南北而居，一桥横跨东西得名。景区以自然秀美的湿地生态景观和百合花观赏基地闻名，是国家AAAA级旅游景区。景区包括湖东生活区、东堤景观区、湖中运动休闲区、南湖湿地保护区，有“晶塔朝晖”“虹桥卧波”“百合圆梦”“万杉傲雪”等特色景点。景区内的百合公园是华东第一大百合主题公园，栽种百合200余个品种、200余万株。景区获批国家湿地公园，环湖健身步道获评省最美跑步线路。

·东海水晶文化旅游区　2021年，东海水晶文化旅游区入选省放心消费创建示范街区，接待游客181.26万人次。东海水晶文化旅游区是国家AAAA级旅游景区，以中国东海水晶博物馆为核心，整合东海水晶城以及周边水晶产业资源，集科普、购物、娱乐为一体。水晶博物馆汇聚东海及世界各地品质好、工艺精美的天然水晶和水晶工艺品，建筑面积2.9万平方米，总投资3亿元。东海水晶城占地30公顷，建筑面积45万平方米，总投资32亿元，主体包括1、2号交易主馆和购物中心、淘晶广场，7000余家水晶商户、企业入驻。建成投用保税仓库，升级改造安防智能化设备，完善绿化区喷淋系统，新增安全出口指示标识209个，应急照明135处，防火门顺位器45个。　（徐　宁）

潮河湾景区　　李岩　摄

·大伊山景区　2021年，大伊山景区接待游客49.89万人次，实现旅游综合收入750万元。大伊山景区位于灌云县城北部，占地5平方千米，有“十里青山半入城”之美誉，为国家AAAA级旅游景区，省级旅游度假区。景区有距今6500年历史的新石器时代母系氏族遗址——石棺墓遗址和亚洲第一坐佛——释迦牟尼说法坐像。对裸露山体、枯杂树木、病虫害防治全方位开展治理，在防火车道两旁新植阳光樱、郁金樱等23种樱花品种4600株，在涧水红叶谷二期栽植鸡爪槭和红枫2200株，地被植物替换更新5000平方米，新种植五叶地锦、爬山虎等品种3万株，形成四季皆景、层林尽染的特色风光。

·伊甸园景区　2021年，伊甸园景区接待游客34.5万人次，实现旅游收入1022.5万元。伊甸园景区位于灌云县城东部，占地6.67平方千米，是国家AAAA级旅游景区、中国农业公园。景区由欢乐伊甸园、四季百花园、浪漫百果园、宜居新家园四大功能板块组成，形成“春赏花、夏戏水、秋采果、冬体验”四季不同的自然风光。完成伊山万亩梨花廉政园和牡丹园建设，牡丹园高标准种植国内外牡丹、芍药7600余株。深化景区爱情、童话主题元素，打造网红热门景点区域，扩建花仙子乐园。新增无动力设施及免检有动力设备，建成规模化游乐区。举办连云港全域旅游嘉年华暨灌云第四届梨花节、灯光节、国庆烟火秀等活动。

伊甸园景区　　市政府办　供图

·潮河湾景区　2021年，潮河湾景区接待游客18.17万人次，实现旅游总收入655万元。潮河湾景区位于灌云县杨集镇境内，是集旅游观光、休闲度假、餐饮娱乐、采摘体验、科普教育、拓展训练等多功能于一体的国家AAAA级旅游景区、全国休闲农业与乡村旅游五星级园区、江苏省四星级乡村旅游区、江苏省水利风景区、江苏省湿地公园、江苏省自驾游基地。景区规划总面积4.2平方千米，围绕潮河湾主轴主线，打造东有滨河风光带、特色田园乡村，中有潮河千亩水卉园，西有滨水公园、主题水上乐园、梦幻水世界，南有沂河淌百里风光带的景区格局。景区以“自然、生态、野趣”为主题，围绕“春赏油菜花海，夏游水上乐园，秋看金海田园，冬玩农家百事”节点，培育“魅力潮河”系列旅游品牌。举办2021“大圣故里·醉美乡村”万人游活动暨潮河湾第二届美食节、中国·灌云县第四届油菜花节等活动，用3

万余副扑克牌组成牛年迎新图，创造“最大规模的扑克牌展示”吉尼斯世界纪录。（黄　洁）

·二郎神文化遗迹公园　2021年，二郎神文化遗迹公园接待游客7.27万人次，实现门票收入35.36万元。二郎神文化遗迹公园位于灌南县城北，地处五河交汇处的灌河河口，是二郎神文化传承展示基地，苏北鲁南地区最大的道教场所点。公园占地26.33公顷，规划建筑面积1.6万平方米，全部为仿古建筑，主要景点有真君殿、慈孝阁、斩蛟台、团圆宫等，是国家AAAA级旅游景区。投入80万元维修木栅道、加固司水神台和通天神目护栏、移建妙道亭等基础设施。（张　宇）

·2家景区获批国家AAAA级景区　12月，省文旅厅公布一批新增国家AAAA级旅游景区名单，连云港市潮河湾景区、连云港市博物馆入选。

·东海县入选首批长三角高铁旅游小城　12月，江苏省文旅厅联合上海、浙江、安徽文旅部门，依托高铁网络和站点，开展“首批长三角高铁旅游小城”评选，东海县入选首批31个长三角高铁旅游小城名单。东海县是世界水晶之都，境内有水晶文化旅游区和西双湖景区2个国家AAAA级旅游景区、温泉旅游度假区。面向长三角游客推出桃林烧鸡、桃林酱豆、双店猪蹄、东海老公鸡、老淮猪肉、海陵湖大鱼、白塔肘子、金牌淮猪宴、温泉西施煎饼、温泉朱沟全牛宴、温泉水煮鸡蛋等特色美食。（年　编）

旅游业态

·工业旅游　2021年，连云港市推动高新材料、高效农业等高科技企业创建工业旅游区，打造“三新一高”现代化工业旅游集聚区。有江苏核电有限公司、康缘现代中药健康产业园、中国水晶文化创意产业园、连云港红香溢樱桃酒文化旅游区、桃林酒工业旅游区、日出东方清洁能源观光工厂、汤沟酒生态文化酿造基地7个省级工业旅游区。

·乡村旅游　2021年，灌云县潮河村、连云区高公岛村、留云岭村获批江苏省乡村旅游重点村；连云区留云岭村、连云区柳河村、连云区夏庄社区、温泉镇尹湾村、石梁河镇胜泉村获批第二批市级乡村旅游重点村。

·红色旅游　2021年，连云港市加强红色旅游资源的挖掘利用，推进抗日山、开山岛等AAAA级旅游景区创建工作，抗日山、开山岛入选省2022年度国家AAAA级旅游景区创建名单。推出“缅怀致敬红色印记”“追寻革命信仰”等一批红色旅游线路，“连云港之大国重器”旅游线路（田湾核电站—日出东方清洁能源工厂—花果山）入选全省建党百年红色旅游线路，“走进海滨之城连云港重温红色历史”等3条线路入选“建党百年·不忘历史”江苏经典红色旅游线路。（欧勇军）

·海岛生态休闲游入选中国美丽乡村休闲旅游行精品景点路线　12月25日，农业农村部发布2021中国美丽乡村休闲旅游行精品景点路线推荐，共推荐全国旅游线路52条。连云港“海岛生态休闲游”入选。该路线由枫树湾景区、高公岛黄窝风景区及高公岛羊山生态岛风景区串联而成，带领游客体验连云港秋冬山海风光、品特色海鲜美食。（年　编）

2021年，连云港“海岛生态休闲游”入选中国美丽乡村休闲旅游行精品景点路线。图为高公岛羊山生态岛景区民居　张言华

旅游节庆活动

·2021连云港全域旅游嘉年华　4—10月，连云港市举办为期6个月的2021年全域旅游嘉年华活动。活动由市文广旅局、灌云县人民政府主办，以“大圣故里 醉美乡村”为主题，举办开幕式，发布10条连云港市乡村旅游精品线路。活动分别在伊甸园、潮河湾景区、高公岛举办，接待游客5万余人次。活动期间，举办全市乡村旅游重点村图片资料展、各县区及功能板块旅游乡村文创商品展销，各地非遗传承人现场展示非遗技艺。

·连云港之夏旅游节　7—10月，连云港市举办以“相约大圣故里 浪漫

2021年连云港市旅游业情况一览表

表22

旅游总收入（亿元）	比2020年增长（%）	国内外旅游人数（万人次）	其中：国内旅游人数（万人次）	比2020年增长（%）	国内旅游收入（亿元）	比2020年增长（%）	其中：入境旅游人数（万人次）	比2020年增长（%）	旅游外汇收入（万美元）	比2020年增长（%）
496.33	85.6	3619.91	3619.51	41.2	495.84	85.9	0.4	−31.2	711.84	−30.8

2021年连云港市AAA级以上景区一览表

表23

序号	等级	景区名称	地址
1	AAAAA	花果山景区	海州区郁林路5号
2	AAAA	连岛景区	连云区连岛街道
3	AAAA	孔望山景区	海州区盐河路198号
4	AAAA	渔湾景区	海州区云台街道渔湾村
5	AAAA	水晶文化旅游区	东海县中华路1号
6	AAAA	连云港市革命纪念馆	海州区朝阳东路70号
7	AAAA	海上云台山景区	连云区宿城街道桃园路62号
8	AAAA	二郎神文化遗迹公园	灌南县新安镇闸北村
9	AAAA	西双湖景区	东海县西双湖
10	AAAA	大伊山景区	灌云县伊山镇公园路18号
11	AAAA	桃花涧景区	海州区锦屏镇
12	AAAA	伊甸园景区	灌云县伊山镇川星村
13	AAAA	潮河湾景区	灌云县杨集镇
14	AAAA	连云港市博物馆	海州区朝阳东路68号
15	AAA	抗日山景区	赣榆区班庄镇
16	AAA	灌南县人民革命纪念馆	灌南县新安镇人民东路17号
17	AAA	青松岭森林公园	东海县李埝林场
18	AAA	灌云县博物馆	灌云县西苑南路2号
19	AAA	赣榆海州湾旅游度假区	赣榆区海头镇小口村
20	AAA	和安湖湿地公园	赣榆区青口镇银滩路
21	AAA	宿城船山飞瀑景区	连云区宿城街道
22	AAA	徐福泊船山景区	赣榆区金山镇
23	AAA	云龙涧原生态景区	连云区中云街道
24	AAA	灌云县烈士陵园	灌云县公园路20号
25	AAA	东海御园景区	东海县李埝林场驻地
26	AAA	海州湾海洋乐园	赣榆区海头镇小口村
27	AAA	连云港夹谷圣境景区	赣榆区班庄镇夹谷山
28	AAA	孔雀沟景区	海州区云台街道山东村
29	AAA	秦山岛景区	赣榆新城区东15.3千米
30	AAA	灌云梅园	灌云县同兴镇境内
31	AAA	高公岛黄窝景区	连云区高公岛街道黄窝村
32	AAA	灌云开山岛景区	灌云县燕尾港镇开山岛
33	AAA	汤沟酒生态文化酿造基地	灌南县汤沟镇
34	AAA	羊山岛景区	连云区高公岛街道高公岛社区
35	AAA	老新浦风情街区	海州区民主路、陇海步行街、盐河巷

2021 年连云港市乡村旅游重点村一览表

表 24

序号	等级	乡村旅游重点村名称
1	全国	连云区连岛街道西连岛村
2	全国	灌云县伊山镇川星村
3	省级	连云区高公岛街道黄窝村
4	省级	连云区高公岛街道高公岛村
5	省级	连云区宿城街道留云岭村
6	省级	灌云县杨集镇潮河村
7	市级	连云区宿城街道大竹园村
8	市级	连云区宿城街道东崖屋村
9	市级	连云区高公岛街道柳河村
10	市级	连云区云山街道老君堂村
11	市级	连云区宿城街道夏庄社区
12	市级	东海县石湖镇尤塘村
13	市级	东海县温泉镇尹湾村
14	市级	东海县石梁河镇胜泉村
15	市级	海州区浦南镇江浦村
16	市级	海州区朐阳街道吴窑村
17	市级	灌云县同兴镇伊芦村
18	市级	灌南县李集镇新民村
19	市级	赣榆区黑林镇小芦山村
20	市级	连云区朝阳街道韩李村

2021 年连云港新增省级以上特色旅游品牌一览表

表 25

序号	品牌名称	单位	地址
1	国家文化和旅游消费试点城市	连云港市	—
2	省级全域旅游示范区	东海县	—
3	省级全域旅游示范区	连云区	—
4	省级文化和旅游消费试点单位	连云区	—
5	省级文化和旅游消费试点单位	海州区	—
6	省级旅游休闲街区	连云老街历史文化街区	连云区胜利路 115 号
7	省级智慧旅游景区	连岛景区	连云区连岛街道
8	省级智慧旅游景区	花果山景区	海州区郁林路 5 号
9	省级夜间文化和旅游消费集聚区	老新浦风情街区	海州区南极北路 62 号
10	省级夜间文化和旅游消费集聚区	连云老街历史文化街区	连云区胜利路 115 号
11	省级文旅消费便捷支付示范区	老新浦风情街区	海州区南极北路 62 号
12	省级文旅消费便捷支付示范区	连云老街历史文化街区	连云区胜利路 115 号
13	省文明旅游示范单位	花果山风景区管理处	海州区郁林路 5 号
14	省文明旅游示范单位	江苏东海水晶产业发展集团	东海县牛山街道中华北路 1 号

山海一夏”为主题的第22届连云港之夏旅游节。期间，线上线下组织第17届连云港西游记文化节开幕式暨连云港文化产品博览会、连云港丝路音乐节、连岛沙滩音乐狂欢节、“临海沐风看港城 大圣故里品西游”采风踩线活动、“仲夏夜港城”连云港十大夜游打卡地评选活动、“十省百城万人嗨港城”活动、“抖 in 连云港”夏季海滨风情文旅消费季活动等20余项文化旅游活动，推动文旅市场全面复苏，培育开发旅游新业态新产品。 （欧勇军）

·《西游记》文化节 10—12月，由省文化和旅游厅、连云港市人民政府共同主办，市文广旅局、云台山景区管委会联合承办的第17届《西游记》文化节举行。《西游记》文化节以“相约大圣故里 弘扬西游文化”为主题，立足文旅产业融合、全域旅游发展，举办第十三届中国·连云港文化产品博览会、“丝路祥云”民族音乐会、灌南县汤沟开坛节、第十二届徐福故里海洋文化节、第四届孔子文化旅游节等5项重要活动，各县区、功能板块围绕节庆主题策划举办22项系列文旅活动。

（年 编）

旅游开发

·旅游市场开发 2021年，连云港市发布城市旅游形象标识（Logo），市文旅部门组织国家级、省级主流媒体到连云港采风，在中央电视台、《中国旅游报》等媒体，连云港至北京、上海高铁及“12306”App上开展城市形象宣传，11月22日《新华日报》整版刊发连云港文化和旅游发展成效。赴上海、杭州、西安等10余个城市开展文化旅游推介及交流活动，全球首架西游主题彩绘飞机从花果山机场首飞北京。冠名“大圣故里花果山 西游胜境连云港”的高铁12组旅游品牌列车运行北京、上海、杭州、南京、武汉、长沙等城市。12月9日，赴澳门举办2021澳门国际文化产业博览会开幕式暨连云港推介会，与澳门江苏商会签订战略框架合作协议，设立连云港（澳门）城市推广中心。

·旅游商品开发 4月，连云港市举办首届“连云港礼物”文创大赛，赛事网络连接访问量参与人数超过110万人次，网络投票数超70万，评选出金奖2个、银奖4个、铜奖10个，其中海州古文化、西游文化系列产品受到消费者广泛好评。东方天书主题雨伞、连云港紫菜夹心海苔、西游范儿系列、茶小孙系列等“连云港礼物”旅游文创商品在第十二届江苏省乡村旅游节、第三届大运河文化博览会、第七届中国（连云港）丝绸之路国际物流博览会等活动现场展示。“连云港礼物”旅游文创淘宝店上线，上架旅游创意类、旅游工艺品类、旅游食品类、旅游纪念品类等四大类近百种港城优质特色旅游文创商品。

·国人游港城惠民生促消费活动 2021年，花果山、连岛、海上云台山等8家AAAA级及以上国有收费景区开展2期“国人游港城”免费电子门票发放活动，面向省内外游客发放免费电子门票11万余张，激发文旅消费潜力。 （欧勇军）

旅游服务与管理

·旅游饭店 2021年，全市有旅游星级饭店10家，其中五星级饭店2家、四星级饭店4家、三星级饭店4家。市文广旅局开展旅游星级饭店评定性复核及绿色旅游饭店创建和评定。取消桃园宾馆、远洋宾馆2家饭店星级资质；东圆国际大酒店、赣榆金苑大酒店、和安湖大酒店、金陵云台宾馆、金陵神州宾馆、华美达广场酒店6家旅游饭店创成银树叶级绿色旅游饭店。举办2021年连云港市旅游饭店业务骨干服务技能提升培训。

2021年连云港市新增绿色旅游饭店一览表

表26

序号	饭店名称	星级	所在地
1	东圆国际大酒店	银树叶级	灌云县
2	赣榆金苑大酒店	银树叶级	赣榆区
3	和安湖大酒店	银树叶级	赣榆区
4	金陵云台宾馆	银树叶级	海州区
5	金陵神州宾馆	银树叶级	连云区
6	华美达广场酒店	银树叶级	开发区

2021年连云港市游客接待量前10名景区一览表

表27 单位：万人次

序号	景区名称	接待数
1	老新浦风情街区	295.05
2	水晶文化旅游区	181.26
3	西双湖景区	168.1
4	花果山景区	153.16
5	连岛景区	113.8
6	连云港市革命纪念馆	71.51
7	孔望山景区	59.35
8	连云港市博物馆	51.8
9	赣榆海州湾旅游度假区	50.9
10	大伊山景区	49.89

· **旅行社** 2021年,全市有旅行社124家,其中出境游旅行社12家、国内旅行社112家。市文旅部门加强旅行社事中、事后等日常监管,开展星级旅行社评定性复核及培育评定,8家旅行社通过三星级旅行社评定性复核,中天国际旅行社、阳光旅行社、海滨国际旅行社和中韩国际旅游有限公司评为江苏省三星级旅行社。开展未经许可经营旅行社业务及"不合理低价游"、旅行社旅游包车等旅游市场专项检查,依法查处超范围经营、"零负团费"、虚假广告等违规违法行为。

· **导游员管理** 2021年,全市持有电子导游证的导游员1554人。市文旅部门开展导游专项检查,严厉查处导游向游客强售套票、兜售旅游商品、未经游客同意擅自变更行程、擅自增加购物和另行付费旅游项目以及未经旅行社委派私自承揽导游业务等违法违规行为。

· **旅游年票** 2021年,全市发行旅游年票27.9万张。旅游年票系统进行智能化升级,补充完善身份证识别、人脸检测等功能,增加支付宝快捷登录通道,开发升级移动式移动POS终端设备和人社自助查询柜机,实现旅游年票、社保卡等多卡种办理旅游年票业务及入园方式。

· **旅游市场综合监管** 2021年,市文旅部门开展旅游包车、未经许可经营旅行社业务及不合理低价游等整治行动,全市游客满意度始终位居全省满意城市之列。智慧文广旅平台行业监管功能持续完善,基础资源、实时动态、执法监督等功能上线运行。扩大平台视频监控覆盖面,优化智慧平台视频监控接入方案,完成AAAA级及以上景区、市级文博场馆、演出场所等350余路监控视频接入。与省智慧文旅平台完成数据接口对接,共享城市访客、重点区域实时客流等运营商大数据,编制节假日大数据报告。东海全域旅游大数据中心平台项目、大花果山智慧景区建设二期工程被评为省智慧文旅培育项目。

2021年连云港市新增旅行社一览表

表28

序号	注册名称	注册地址	注册时间
1	连云港东华国际旅行社有限公司	海州区海连中路中恒大厦510室办公用房	4月25日
2	连云港云海润文化传播有限公司	海州区海连中路6-4号东塔楼1708号	5月28日
3	连云港云港国际旅行社有限责任公司	海州区通灌南路75号兆隆大厦3层25号	4月19日
4	东海县晶泉文化旅游有限公司	东海县牛山街道晶都大道北50米	7月1日
5	连云港环游旅游有限公司	灌南县人民西路南侧(计量泵公司商住楼东幢)103室	1月27日

2021年连云港市营业收入前10名旅行社一览表

表29

序号	名称	地址	营业收入(万元)
1	江苏友好国际旅行社有限公司	连云区中华西路17号	1500.0
2	连云港如意行旅行社有限公司	海州区巨龙南路59号八佰城市走廊1号楼589室	669.8
3	连云港中国国际旅行社有限公司	海州区凤凰大道1号2号楼108商铺	514.02
4	江苏永安国际旅游有限公司	海州区通灌北路93-2号2202号	350.0
5	连云港完美国际旅行社有限公司	海州区海宁西路9号中茵名都37号楼112铺	264.9
6	连云港三兴同心圆旅行社有限公司	赣榆区青口镇黄海西路1号	200.2
7	连云港郁洲国际旅行社有限公司	海州区蔷薇小区4号楼3-401室	193.4
8	连云港广电国际旅行社有限公司	海州区盐河北路39号	180.6
9	连云港华云国际旅行社有限公司	海州区苍梧路山水丽景广场AB楼B508室	176.3
10	连云港康辉旅行社有限公司	海州区朝阳东路7-1-2号	167

(欧勇军)

责任编辑 邱仕明

房地产业

综述

·概况 2021年，连云港市房地产新开工面积729.30万平方米，其中住宅579.77万平方米；竣工面积377.97万平方米，其中住宅277.56万平方米；施工面积2926.64万平方米，其中住宅2336.67万平方米。全市商品房销售面积708.40万平方米，全市库存商品房、商品住宅去化周期分别为21.42个月、11.07个月，去化周期保持在合理稳定区间。房地产业税收91.5亿元，占全市税收比重21.6%。强化房地产市场“一城一策”调控，支持刚需家庭购房需求。开发电子保单平台投入使用，在省内率先试行“互联网+保证金”模式。实施“拿地即开工+告知承诺制”审批新模式，工程审批时限控制在“5—5—3”。

·房地产投资 2021年，全市完成房地产投资341.43亿元，比2020年下降7.3%，其中住宅投资294.95亿元，下降2.2%。市区完成房地产投资198.57亿元，下降16.0%，占全市58.16%；其中住宅投资167.53亿元，下降11.7%，占全市56.8%。

·房地产企业 2021年，全市有房地产开发企业334家，其中一级资质2家、二级资质36家、三级资质1家、四级资质1家、暂定二级资质216家、暂定三级资质78家。

·房地产金融 2021年，连云港市调整首付款缴存模式，将首付款缴交作为网签的前置条件。新增缴款短信提醒绑定功能和掌上查询房源首付款缴款功能，全面实现“便民利企”及“互联网+”的不见面政务服务要求。不断完善ABC三级账户管理模式，在保证首付款、同行按揭贷款、分期款等预售资金及时缴存的前提下，优化跨行按揭贷款的归集方式。根据账户余额存量及开发企业用款情况，及时转存大额资金，提高大额资金存储效率。截至年底，监管开发企业148家，监管项目170个，项目监管率100%。预售资金缴存240.38亿元，比2020年增长31.15%。核查并催缴开发企业首付款43家、分期款47家、尾款30家，缴存率99.83%。

（孟凡哲）

土地市场

·概况 2021年，连云港市市区土地评估中介机构年度备案12家；完成25宗地出让底价集体会商决策。推进集体经营性建设用地入市改革，推进农村集体经营性建设用地入市试点，为全面开展集体经营性建设用地入市工作探索路径。试点地区赣榆区、灌云县编制入市方案，探索完善市场交易规则和服务监管制度、建立公平合理的土地增值收益分配机制、健全集体经营性建设用地产权管理制度。赣榆区入市成交工业用地26宗，面积74.72公顷，成交金额2.24亿元；灌云县入市成交工业用地8宗，面积41.1公顷，成交金额0.74亿元。

·土地储备 2021年，连云港市土地储备计划通过省自然资源厅审核。完成原大成砖厂地块和原万润地块考古调查勘探工作，完成天然居南侧地块土壤污染状况调查工作，对原万润、原顺天毛绒厂、市疾控中心（二期）、海州高级中学南侧等地块土壤污染状况调查排出计划表。完成德邦化工集团、烟草巷东等地块的成本审核工作。全年收储地块3宗，收储面积70.33公顷，协议金额共3.87亿元，完成支付3.53亿元，地块分别是碱业煤渣场地块、北固山庄地块和天然居南等地块；碱业主厂区地块签订预收储协议，收储面积78.75公顷，协议金额15.38亿元，支付4.7亿元。截至年底，收储土地15宗，收储面积394.12公顷；在库地块14宗，在库面积99.5公顷。

·土地出让 2021年，市自然资源和规划部门采用全数字化推介展示方式，确保实现土地有效供应。全市土地挂牌出让175宗，面积1154.8公顷，成交金额209.45亿元、成交面积、金额分别比2020年增长10.43%、16.21%。其中，经营性用地成交81宗，面积322.4公顷，成交金额188.53

亿元;工业用地成交 91 宗,面积 808.46 公顷,成交金额 19.87 亿元;其他用地成交 3 宗,面积 23.94 公顷,成交金额 1.05 亿元。

·农村不动产确权登记 2021 年,全市自然资源和规划部门实施农村"房地一体"宅基地和集体建设用地等农村不动产确权登记工作,完成登记 48.77 万宗,发证 30.96 万宗,基本实现"应登尽登"。 (韦 丽)

房地产市场

·商品房建设 2021 年,连云港市完成房地产投资 341.43 亿元,其中住宅投资 294.95 亿元。全市房地产新开工面积 729.30 万平方米,其中住宅 579.77 万平方米;竣工面积 377.97 万平方米,其中住宅 277.56 万平方米;施工面积 2926.64 万平方米,其中住宅 2336.67 万平方米。市区完成房地产投资 198.57 亿元,其中住宅投资 167.53 亿元。市区房地产新开工面积 302.7 万平方米,其中住宅 227.45 万平方米;竣工面积 264.41 万平方米,其中住宅 176.50 万平方米。赣榆区和东海县、灌云县、灌南县完成房地产投资 142.86 亿元,其中住宅投资 127.42 亿元。区县房地产新开工面积 426.6 万平方米,其中住宅 352.32 万平方米;竣工面积 113.6 万平方米,其中住宅 101.1 万平方米。

·商品房销售 2021 年,全市商品房销售面积 708.40 万平方米,比 2020 年增长 16.2%,其中商品住宅销售面积 661.81 万平方米,增长 11.7%;商品房成交均价 8071 元/平方米,增长 6.34%,其中商品住宅成交均价 8206 元/平方米,增长 7.96%。市区商品房销售面积 429.57 万平方米,增长 17.1%。东海县、灌云县、灌南县商品房成交量 278.82 万平方米,增长 14.9%。

·房屋租赁 2021 年,连云港市市区(除赣榆区)住房租赁月价格为 18.37 元/平方米,比 2020 年上涨 4.24%。2021 年度租赁价格区间在 18.26 元/平方米至 18.58 元/平方米,价格波动幅度不大。第一、二季度租赁价格走势平稳,第三季度的租赁市场受学生毕业季租房影响,租金惯性上涨,量价齐升,处于全年度价格顶峰。海州区住房租赁月均价为 20.85 元/平方米,上涨 2.95%,连云区为 15.88 元/平方米,上涨 5.99%。

·二手房交易 2021 年,连云港市市区二手房交易挂牌 15726 户,其中个人挂牌 73 户,经纪机构挂牌 15365 户,手机 App 端挂牌 361 户。市区二手房交易监管 13109 户,监管金额 133.83 亿元,监管面积 211.09 万平方米。"我的连云港" App 中加入"房产交易监管"模块,实现二手房交易监管资金支取线上办结。全年 App 实现线上支取交易监管资金 19094 笔、119.6 亿元。

·房地产中介管理 2021 年,连云港市开展房地产市场专项检查和双随机检查,移交经纪机构违规的行政处罚 3 起,信访件 10 余件,存量房监管平台和资金监管系统开户和续期 47 家,起草《连云港市房地产经纪信用暂行管理办法》草案。针对群众投诉集中的"学区房炒作"、"二手房包销"、签订"阴阳合同"等不正当经营行为,对市区 21 家房地产经纪机构开展专项检查和集中整治,从严规范二手房交易经营行为。市住建局开展房地产经纪机构"双随机"检查,现场检查 20 家经纪机构,大部分按要求规范开展经纪活动,对于少数经营门店公示信息不齐全、收费明细公示不规范等问题,现场责令整改。 (孟凡哲)

房产管理

·房屋测绘 2021 年,市自然资源和规划局新建、完善 1721 栋楼盘表的不动产物理状态信息、权利状态信息及其他信息,含预测户 4.39 万户,预测面积 380.78 万平方米,实测户 3.11 万户,实测面积 4.22 万平方米。 (韦 丽)

·房屋安全管理 2021 年,市政府印发《连云港市既有建筑安全隐患排查整治专项行动实施方案》,通过旧城改造、维修加固、拆除、封存等措施,全年整治维修城镇危旧房屋 4.13 万平方米。

·直管公房管理 2021 年,连云港市市区有直管公房 3600 户,房屋遍布市区 20 多个街道,大部分为 20 世纪五六十年代建设。市住房保障中心管理的直管公房产权登记在市房投集团名下,面积 15.27 万平方米。市区直管公房累计征收地块 11 宗,1019 户,建筑面积约 4.58 万平方米。其中,海州区地块 10 宗、963 户、建筑面积 4.28 万平方米;市经济技术开发区地块 1 宗、56 户、建筑面积 3087.78 平方米。

·白蚁防治 2021 年,市白蚁防治中心新建白蚁预防施工 276 万平方米,签订白蚁预防公共服务单 199 份,完成工业白蚁预防项目 30 个,新建工程白蚁防治覆盖率 100%,工程质量合格率 100%。完成新建工程现场勘查项目 190 个,下达施工通知单 190 份,制订工程施工方案 190 份,开具竣工报告 192 份;白蚁危害现场勘察 62 处,白蚁灭治处理 5 处,完成 275 个白蚁防治复查回访项目。加强对全市白蚁防治工程质量监督和检测,抽取施工土样 4 次,检测 20 次,全部合格。完成抗日山等全市 11 处不可移动革命文物检查工作,发现白蚁危害地点 2 处,完成前期现场灭治。 (孟凡哲)

物业管理

·概况 2021 年,全市有在册物业服务企业 580 家,管理住宅市场化物业项目 735 个,管理面积 8021.75 万平方米,从业人员 3.7 万余人,新建住宅项目物业管理覆盖率 100%。县区物业管理行政主管部门对全市

21个住宅项目的前期物业管理招投标工作进行全程监管，总建筑面积335.13万平方米。全年申报创建省级物业管理示范项目20个。全市创建市级物业管理示范项目44个。

·维修资金管理 2021年，连云港市出台《连云港市物业维修资金管理办法》，完善物业维修资金归集模式，推行信息化交存，业主可通过扫描《连云港市物业维修资金交款通知书》上二维码交存物业维修资金，实现交存的“不见面”服务。引进专业化管理模式，推行信息化表决。改变现场查勘模式，试点第三方机构负责维修资金使用现场查勘，制定维修方案；按照《民法典》相关规定，完善物业维修资金使用表决程序，修改物业维修资金管理信息系统表决功能模块，联合中国移动江苏有限公司连云港分公司开展物业维修资金使用业主表决实名认证工作，推行短信、微信、网络信息化表决，提高物业维修资金申请使用效率。全年归集物业维修资金4亿元，拨付使用3000万元。

·老旧小区设施改造 2021年，连云港市修订2017年发布的《连云港市既有住宅加装电梯指导意见》，主要就增梯表决方式进行修改，完善矛盾调解机制及扶持补贴政策等。至年底，全市累计完成加装电梯28部，其中海州区24部、赣榆区1部、东海县1部、灌云县2部，开展前期工作的26部，进行施工的21部。

·物业服务质量综合测评 2021年，连云港市将业主满意度纳入宜居示范居住小区评选考核标准。市住建局、市广播电台联合开展线上线下物业服务业主满意度测评工作。线上通过每周“物业在线”栏目征集市民对物业服务企业的意见，线下随机选择在15个小区设抽查点，现场发放满意度调查表，组织物业服务企业自行组织测评、申报。经统计测评结果，评选出10个业主满意物业服务小区，分别是淮海花园小区、东方瑞园小区、尊悦府邸小区、四季金辉二期、天顺国际花园小区、香阁里拉花园小区、河畔花城小区、恒仁嘉天下小区、华阳璟都小区、新海花园小区。

·物业信用监管 2021年，全市580家物业服务企业完成基本档案数据采集，实时完成物业企业信息、项目信息、信用信息审核，信用评价结果实时在连云港智慧物业网站上公示。监管系统内580家企业纳入信用考评，其中AAAA级企业5家、AAA级企业15家、AA级企业37家，A级企业523家。新增登记64家物业企业信息，74家物业项目信息，其中新增外地企业信息12家。因物业企业疫情防控或创文工作履约不到位，扣减物业企业信用信息分值19家。 （孟凡哲）

·全市16个小区上榜省级宜居示范居住区 9月，省住建厅通报2019—2020年度省级宜居示范居住区创建项目名单，连云港市陇园新村、新海花园、淮海花园、玉带新村、恒利小区、开发小区、观澜尚城、金海岸花园、学府一号、信安阅城、港利上城府邸、尚书院、美麟大公馆（南区）、香墅湾花园、书香府第、五农景苑等16个小区榜上有名。 （年 编）

装饰装修

·概况 2021年，连云港市有装饰装修企业资质502家，其中海州区284家、连云区36家、赣榆区37家、东海县68家、灌云县35家、灌南县20家。装饰装修企业资质分为一级和二级，一级资质29家，二级资质473家。开展“玉女峰杯”优质工程评比，全市11个装修工程获得年度“玉女峰杯”优质工程。

·行业管理 2021年，市住建局印制各种宣传品近万份，开展装修企业走访活动，加强现场施工监管，开展工程执法检查，下达50余份整改通知书。指导海州区住建局开展室内装修工程执法检查，帮助建立二次装修工程巡查发现制度和报告制度，明确执法材料清单。转办383起投诉，接收投诉140起，其中城管34起、家装67起。调查处理老市委大院门面房、壹品国际等案件，配合督办东海拆改结构案件，处理省住建厅关于集中交办房屋安全信访问题2件。

·新材料推广 2021年，召开建筑生产企业座谈会，宣贯市住建局《关于明确绿色建筑和装配式建筑配建要求的通知》、省创新联盟团体标准《江苏省预制混凝土构件生产企业评价标准》要求。对全市装配式建筑生产企业全面测评，对全市装配式建筑生产情况、构件质量、运用情况摸底，形成全市装配式建筑生产情况报告。4家装配式建筑生产企业完成认证，18项装配式建筑技术获省厅推广认证。 （孟凡哲）

责任编辑 邱仕明

金融业

综述

·**概况**　2021年，连云港市金融业实现增加值261.19亿元，浙商银行连云港分行、英大泰和财险、财通证券等金融机构开业，贷款增速、证券交易额增长率全省排名第一。新增社会融资规模1309.96亿元，比2020年增加143.11亿元。截至12月末，全市银行业各项贷款余额5197.05亿元、存款余额4786.94亿元，比年初分别增长22.03%、12.35%，余额存贷比108.57%。制造业贷款保持高速增长，年末制造业贷款余额507.83亿元，比年初增长53.53%，高于全部贷款平均增速31.5个百分点。小微企业贷款量增价降，全市银行业机构向小微企业发放贷款579.6亿元，比2020年多投放73.83亿元。贷款加权平均利率7.73%，下降0.08个百分点。

·**地方金融从业机构**　2021年，全市经批准或备案的地方金融从业机构有6大类、82家，其中小额贷款公司17家、融资担保(再担保)公司24家、农民资金互助合作社25家、典当行9家、融资租赁公司5家、商业保理公司2家。到年底，全市小额贷款公司贷款余额19.4亿元，融资性担保在保余额49.2亿元，典当余额2.1亿元，农民资金互助合作社投放互助金余额2.62亿元。

·**金融服务**　2021年，全市金融机构对接服务全市重点投资项目，向82个年度重点项目发放贷款447.3亿元。优先保障石化基地信贷额度，全年投放信贷资金近130亿元，涉及盛虹石化、卫星石化等重点石化项目5个。为斯尔邦石化实施市场化债转股提供支持。16亿元慧智光学银团贷款闭团并顺利提款，30亿元碱业公司搬迁升级改造项目银团贷款完成初审。搭建银企对接平台，线下举办重点项目专题政银企融资对接会，相关项目(企业)获得授信867.92亿元，完成提款372.96亿元。举办拟上市挂牌企业专题政银企融资对接会，20家银行与拟上市挂牌企业现场签订融资合作协议，实现授信45.83亿元。推进综合金融服务平台建设，上线企业5.8万家，对接融资需求1.87万项、授信总额331.57亿元。完善政策性融资增信服务机制，设立市级小微企业信用保证基金，4家银行机构完成业务合作协议签约，信保基金业务成功落地，缓解小微企业融资难、融资贵问题。小贷、典当公司等为“三农”、中小企业提供21.2亿元资金支持。市县政府性融资担保实现全覆盖，政府性融资担保机构涉及小微企业和“三农”担保金额达

5月20日，诺泰生物在上交所科创板上市　　市金融监管局　供图

39.61 亿元。全市小额贷款公司平均年化贷款利率降至 9.83%，低于全省平均水平。政府性(国有)融资担保调降费率至 1%以下，为全市中小微企业和“三农”主体降低融资成本超 4000 万元。

·企业上市 2021 年，全市有上市公司 10 家，总市值 5080.12 亿元。其中，诺泰生物、德源药业分别在上交所、北交所上市。拥有新三板挂牌企业 11 家，区域性股权交易中心挂牌企业 299 家。全市有证券、期货公司 23 家，其中证券分公司 1 家、证券营业部 19 家，期货营业部 3 家。全年证券交易量达 7532.2 亿元，全市非金融企业新发行直接债务融资 548.3 亿元。

（刘万利 田晓军）

·连云港市金融控股集团 2021 年，市金融控股集团资产总额 245 亿元，净资产 130 亿元，资产负债率保持在 50%以内。全年完成营业收入 14 亿元、利润 4.43 亿元。参与地方农商行改革重组工作，推动集团获取主流金融牌照。市中小企业金融服务平台服务企业 400 余家，涉及资金 40 亿余元。完成田湾核电 7、8 号机组年度出资，累计实现出资 10.85 亿元。推进盛虹炼化一体化项目建设，出资 3 亿元参与的盛虹炼化基金达到预期成效。市金融控股集团、农发集团、交控集团及县(区)属国企开展融资租赁、固定收益等业务合作，提供资金 3.5 亿元，服务重点民生工程建设。高效运营总额 2.7 亿元的市医药人才基金，完成投资 2.3 亿元，重点支持全市新医药产业项目或企业。设立总规模 3 亿元的市科技创业投资基金，扶持培育具有成长潜力的科技型中小企业。参与组建上合物流园基金、连云港市投资基金、碱厂搬迁基金，投资支持全市重点产业和重大项目。到年底，金融控股集团参与基金 18 只，签约总规模 283 亿元，累计完成投资 122 亿元。权属创业投资公司为全市第一家通过备案的国有基金管理公司。全年新增 78 家企业在省区域股权交易市场挂牌，累计实现挂牌企业 281 家。通过股权投资、可转债等方式，支持 2 家企业实现上市，7 家企业挂牌“新三板”，助力德源药业成功登陆北交所。成功发行 10 亿元公募公司债、8 亿元资产支持专项计划(ABS)。

（初 钊 王笑威）

4 月 22 日，浙商银行连云港分行开业　　市金融监管局 供图

银行业

·概况 2021，连云港市各项融资快速增长，金融对实体经济支持实现“量增价降”。截至 12 月末，全市金融机构存款余额 4786.94 亿元，比年初增加 526.32 亿元；金融机构贷款余额 5197.05 亿元，增加 938.32 亿元；新增贷款 938.32 亿元，增加 139.8 亿元。LPR 改革红利持续释放，货币传导效率增强，全市贷款利率稳中有降，企业融资成本有效降低。全市一般贷款、企业贷款、小微贷款加权平均利率分别为 5.28%、4.73%、4.75%，分别比 2020 年下降 0.18、0.08 和 0.25 个百分点。市政府印发《关于推动绿色金融发展的实施意见》，及时向金融机构发布绿色项目目录，全省首单“绿色创新组合贷业务”落地。全市制造业贷款 507.8 亿元，比年初增加 177.1 亿元。市科技局等六部门联合印发金融支持科技创新“六个一百”实施方案。全市法人机构贷款延期率 90.3%，普惠小微企业信用贷款新增占比 54%。开展全市“中小微企业服务月”暨重点项目专题融资对接活动、“贷动小生意 服务大民生”普惠金融专项行动，年末普惠小微贷款 560.8 亿元，比年初增加 154.7 亿元。金融服务自贸试验区建设。推动企业异地登记等 5 项外汇支持政策落地，推出“出口信用保险＋”融资模式等 3 项创新业务。在全国自贸区完成首单 CIPS 标准收发器安装并成功运行。推进外籍人才外汇服务便利化试点落地见效。外币汇款手续费减免与贸易项下结售汇点差优惠政策惠及企业 100 余家，减免金额 500 余万元。

连云港银保监分局建立重大项目融资监测机制，引导机构加大金融资源投入，督促石化、生物医药等重大产业链上下游企业，做好有效融资需求保障，为市级重大项目提供全口径融资 433 亿元。市政府设立知识产权类专项资金，支持自贸区首单知识产权侵权保险落地。提升小微民营服务质效。成立连云港市中小企业服务联盟，银行机构借助企业诚信纳税数据推出18种"银税互动"信贷产品，累计放款51.92亿元。召开江苏"信易贷"全省行系列推介活动连云港站推介会，解决小微企业融资困难。"政府推荐＋机构认领＋集中会商"政银企对接机制、"一册一卡一牌"服务机制被纳入市"富民兴村"行动，在6家市级试点乡镇启动涉农主体信用建档评级、经营主体金融需求对接、镇村金融顾问配备、金融知识宣传等八大专项工作。落实房地产贷款集中度管控要求。开展经营贷和消费贷违规流入房地产市场风险排查，通过EAST系统筛查、监管督查等方式，发现问题贷款547笔、1.12亿元，全部整改到位。全年银行保险机构自查发现问题698个，涉及金额49.22亿元，整改率达92%，完善内控合规制度、业务流程86项。

（孟　田　吴桂阳）

12月8日，中国工商银行与中核苏能核电有限公司进行田湾核电站7、8号机组项目融资签约仪式　　工商银行　供图

·中国农业发展银行连云港市分行　截至2021年年底，全行各项贷款余额为336.83亿元，比年初增加30.65亿元，全部为正常类贷款。全年投放贷款116.51亿元，增加20.42亿元。服务国家粮食安全，投放夏收贷款15.5亿元，秋收贷款11.31亿元。巩固脱贫攻坚成果同乡村振兴有效衔接，全年投放帮扶贷款12.51亿元，调动帮扶资金81万元。聚焦农田、水利、生态环保等重点领域，投放城乡一体化贷款35.54亿元、农地贷款14.96亿元。服务国家及区域重点战略，围绕"一体两翼"港口布局，扩大码头、物流、仓储设施等领域支持力度，全年投放流通体系贷款7.3亿元。　（张　培）

·中国工商银行股份有限公司连云港分行　截至2021年年底，全行人民币全部存款余额372亿元，比年初增加25.96亿元。人民币各项贷款余额471.13亿元，比年初增加79.42亿元。推进重大项目信贷支持，强化对公共事业、幸福产业、园区升级、政府隐债置换等重点项目跟踪支持。全年实现项目贷款投放63.31亿元。围绕制造业、民营、战略性新兴产业等实体经济重点板块，加快普惠事业发展，支持乡村振兴，综合运用供应链融资等重点产品，提升融资服务质效。全年实现制造业贷款净增8.91亿元，民营企业贷款净增16.63亿元，战略性新兴产业贷款净增10.84亿元。推进乡村振兴建设，加大农业龙头企业、骨干企业信贷支持。全年实现涉农贷款余额比年初增加11.54亿元。

（徐长江）

·中国农业银行股份有限公司连云港分行　截至2021年年底，全行本外币各项存款余额501.93亿元，比年初增加46.34亿元。其中个人存款余额272.61亿元，对公存款余额229.32亿元。各项贷款余额518.16亿元，比年初增加113.04亿元。实现中间业务收入3.82亿元、营业收入19.04亿元。支持基础设施、产业发展等领域重大项目建设，全年获批项目24个、160.6亿元。当年投放各类项目贷款79.78亿元。中国农业银行灌云县支行投放全市同业首笔城市更新贷款。全年投放灌云县土地增减挂钩二期、赣榆港区4～6号散货泊位工程、华能海上风电等县域重点项目贷款17.41亿元，县域贷款比年初增加39.46亿元。年末灌云县、灌南县两个乡村振兴重点帮促县贷款余额112.02亿元。新设东海平明、灌云东王集、灌南孟兴庄3个重点乡镇网点。采取"一项目一方案一授权"信贷模式，审批项目94个，合作额度37.88亿元，投放白名单客户9121户，用信余额29.13亿元。支持"专精特新"企业，为恒瑞医药、豪森药业等办理大额贴现6亿元，利用"江苏省分行专精特新小巨人贷"，向天富食品、中复碳芯授信0.9亿元。开办市财政局子账户"连云港市国土资源局本级"，新增日均存款6000万元。激活连云港市社会保险管理中心支出专户，用于发放事转企退休职工补贴等资金。实现结售汇业务量14.9亿美元，外币贸易融资发生额1.26亿美元，办理进出口信用证业务4.81亿美元。为港口集团、筑港建筑办理内保内贷业务4亿元，内保自贷业务1000万美元。全年新增贷记卡有效户2.47万户、分期交易额15.08亿元，贷记卡发卡总量46.8万张。　（于祥彪）

·中国银行股份有限公司连云港分行　截至2021年年底，全行本外币存款余额505亿元，各项贷款余额639亿元。实现营业净收入、中间业务收入、拨备前利润分别为17亿

2021 年连云港市金融机构可比口径本外币存贷款情况统计表

表 30 单位：亿元

来源项目 \ 栏目	12 月余额	比年初增减数	运用项目 \ 栏目	12 月余额	比年初增减数
一、各项存款	4786.94	526.32	一、各项贷款	5197.05	938.32
（一）境内存款	4785.13	526.36	（一）境内贷款	5197.01	938.34
1. 住户存款	2073.48	224.48	1. 住户贷款	2192.86	402.78
（1）活期存款	837.68	70.36	（1）短期贷款	545.98	92.37
（2）定期及其他存款	1235.80	154.12	消费贷款	156.84	25.74
2. 非金融企业存款	1829.35	335.32	经营贷款	389.14	66.63
（1）活期存款	721.64	104.93	（2）中长期贷款	1646.89	310.41
（2）定期及其他存款	1107.71	230.38	消费贷款	1534.90	263.85
3. 广义政府存款	851.39	－33.72	经营贷款	111.99	46.56
（1）财政性存款	41.10	－9.65	2. 非金融企业及机关团体贷款	3004.17	535.56
（2）机关团体存款	810.29	－24.07	（1）短期贷款	991.62	63.95
4. 非银行业金融机构存款	30.92	0.28	（2）中长期贷款	1801.40	461.21
（二）境外存款	1.81	－0.04	（3）票据融资	210.74	10.83
二、金融债券			（4）融资租赁		
其中：境外发行			（5）各项垫款	0.41	－0.43
三、卖出回购资产			3. 非银行业金融机构贷款		
四、借款及非银行业金融机构拆入			（二）境外贷款	0.04	－0.02
五、联行往来（净）	395.76	326.28	二、债券投资	124.30	30.72
六、应付及暂收款	100.32	16.36	其中：境外债券		
七、各项准备	111.77	18.96	三、股权及其他投资	34.66	1.82
八、所有者权益	165.08	52.16	四、买入返售资产		
其中：实收资本	36.21	1.05	五、存放非银行业金融机构款项	0.10	0.07
九、其他	－159.48	34.03	六、联行往来（净）		
			其中：境内存放二级准备金	33.32	2.43
			七、金银占款		
			八、中央银行外汇占款		
			九、应收及预付款	19.40	2.35
			十、投资性房地产		
			十一、固定资产	24.85	0.84
资金来源总计	5400.37	974.12	资金运用总计	5400.37	974.12

元、3.75 亿元、13.34 亿元。全年为重点项目投放信贷资金近 60 亿元，优先保障制造业、民营企业发展。制造业贷款余额 106.81 亿元，民营企业贷款余额 132.26 亿元。绿色信贷比年初增加 21.67 亿元。推进普惠金融，银保监口径贷款余额 47.65 亿元，比年初增加 17.14 亿元。

（王　寿）

·中国建设银行股份有限公司连云港分行　截至 2021 年年底，全行全量资金新增 69 亿元，一般性存款日均余额新增 54 亿元，各项贷款新增 123 亿元，不良额比 2020 年下降 0.1 亿元，不良率 0.25%。融资投放资金 158 亿元，制造业贷款新增 26.5 亿元。绿色贷款 70 亿元，民营贷款比年初增加 35 亿元，普惠贷款比年初增加 18 亿元。银行与市农业农村局、邮政管理局、市工商联、徐圩新区管委会等单位共同推进金融科技项目，便捷市民生活、政府管理。与“我的连云港”App 合作，创新打造“政务＋金融＋便民”服务新模式。与市商务局推出预付卡监管平台，实现全市所有的商业体发行会员预付卡业务的申请、管理和资金监管。在东海水晶市场创新推出“收款行家”产品，打通东海水晶跨境电商收款渠道，缩短结算周期。

（陈怡君）

·交通银行股份有限公司连云港分行 截至2021年年底，全行人民币存款时点余额231.83亿元，比2020年增加18.59亿元，贷款时点余额236.44亿元，增加48.38亿元，实现经营利润6.01亿元，增长25.7%。年末不良贷款余额1578万元，比年初减少4453万元；不良率0.06%，比年初减少0.26个百分点。加大金融支持实体经济力度。全年为石化基地重点项目投放近50亿元，为江苏田湾核电站7、8号机组项目批复项目贷款额度10亿元。年末，银行对公实质性贷款年均余额157.81亿元，增量38.4亿元，增速32%。银行与市县区农业农村局及重点企业签署战略合作协议，助力落地连云港市规模最大的乡村振兴专项债券（2亿元）。拓展“交银e办事”服务，实现6项新系统上线及1项交银e办事产品的对接，获连云港市“三代社保卡”发卡行资格及市长三角文旅消费“同城待遇”项目资格。为连云港港口集团部署全国自贸区首单CIPS标准收发器。

（王 敏 李启亮）

11月17日，交通银行连云港分行与江苏盛世节能科技股份有限公司、江苏宇田医药有限公司举行政银企合作签约仪式　　交通银行　供图

·江苏银行股份有限公司连云港分行 截至2021年年底，全行各项存款余额566.3亿元，比2020年增加62.3亿元。各项贷款余额444.5亿元，比年初增加63亿元。投放投行业务超百亿元。清降对公逾期欠息贷款3.1亿元，逾期欠息贷款余额下降1.35亿元，逾期欠息率下降0.46个百分点。实现拨备前利润14.39亿元，中间业务收入净增5.09亿元。承销的港口集团2021年度第一期定向债务融资工具连续落地，发行规模8亿元，派生存款规模8亿元，带动监管规模8亿元。承销的江苏福如东海发展集团有限公司2021年度第二期定向债务融资工具（乡村振兴）发行缴款，发行规模1亿元，期限2+1年，票面利率6.8%，银行与市住建局联合举办连云港市物业维修资金线上交存启动仪式。承办全市首场“中小企业科学融资宣讲活动”。落地绿色创新组合贷业务，项目首次投放金额1.61亿元。落地江苏慧智新材料科技有限公司的“财资管家”业务，为企业全线开通对外转账、批量代发、批量代扣、多级账簿的调账、收款等功能。

（时 武）

·中国邮政储蓄银行连云港市分行 截至2021年年底，全行实现收入7.88亿元，比2020年增长14.55%。实现利润4.8亿元，增长30.38%。各项存款余额359.88亿元，增长12.11%。各项贷款余额273.09亿元，增长22.94%。实现经济增加值17185万元。涉农贷款结余114.75亿元，普惠型涉农贷款结余29.84亿元。落地系统内全国首笔内保直贷业务3亿元，带动结算量超6亿元。全年实现公司信贷余额净增19.98亿元，发放公司信贷36.67亿元。年末小企业贷款余额12.01亿元，比年初增加2.22亿元，增长22.68%。申报并完成碳核算试点企业5家。

（王 琴）

·上海浦东发展银行股份有限公司连云港分行 截至2021年年底，全行总存款年日均119.62亿元，比2020年增加9.69亿元，其中人民币低成本结算存款日均42.04亿元，

7月12日，“江苏银行杯”连云港市农村创业创新大赛颁奖现场

江苏银行　供图

增加1.51亿元，占总存款日均35%。各项贷款余额156.42亿元，其中对公中长期贷款余额40.23亿元，增加3.59亿元，增长10%，占对公贷款比重36.93%。制造业贷款余额23.74亿元，占对公贷款比重21.79%。民营企业贷款余额28.62亿元，占对公贷款比重25.8%。普惠"两增"贷款余额4.46亿元，"三非"贷款增量1.46亿元。后三类不良额1289万元，不良贷款率0.08%，比年初下降0.09个百分点。全年实现全口径营收4.48亿元，中间业务净收入8148万元，全口径利润3.5亿元。（王灵敏）

·招商银行股份有限公司连云港分行 截至2021年年底，全行人民币各项存款余额93.03亿元，比年初增加23.66亿元，增长34.11%。人民币贷款余额73.65亿元，增长11.74亿元，增长18.96%。实现营业净收入3.05亿元，保持对公无不良，零售小额不良的态势，不良贷款率0.05%。全年对公表内外业务投放金额132.8亿元，其中为连云港市重大项目建设提供资金支持30亿元，新增制造业贷款、民营企业贷款均超10亿元。2021年12月18日，招商银行私人银行（连云港）中心开业，是全市首家私人银行中心。（滕泓伯）

·恒丰银行股份有限公司连云港分行 截至2021年年底，全行日均存款43.8亿元，比年初增加6.7亿元，增长18.06%，其中对公存款日均余额40.4亿元。储蓄存款日均余额3.6亿元，比年初增加1.48亿元。各项贷款余额63.75亿元，比年初增加8.94亿元。其中，对公贷款余额58.79亿元，个人贷款余额4.96亿元。制造业贷款余额5.69亿元，制造业中长期贷款余额5.69亿元。贸金业务1.72亿元，比2020年增长148%，实现贸金中间业务收入410万元。AUM日均余额6.6亿元，比年初增加1.82亿元。实现营业收入1.71亿元。不良资产保持为零。（贾永辉）

·南京银行股份有限公司连云港分行 截至2021年年底，全行各项存款总额188.36亿元，贷款总额156.04亿元。个人金融资产总量44.92亿元，比年初增加7.28亿元。扩大金融服务覆盖面，下辖分行营业部、赣榆支行、东海支行3家全功能营业网点。聚焦区域支柱产业、战略性新兴产业推进"1+3"行动计划。制定普惠工作推动机制，举办"知鑫服务直通车"扩宽服务渠道，围绕科技型小微企业需求建立融资清单对接机制。加大对乡村振兴重要项目及涉农主体信贷支持。以东海水晶市场综合化营销为试点，围绕"一城一商圈"创新营销举措，拓宽获客渠道。（张　宇）

·苏州银行股份有限公司连云港分行 截至2021年年底，全行存款余额30.9亿元，比年初增加1.51亿元，增长5.14%。各项表内贷款余额36.04亿元，比年初增加7.57亿元，增长26.59%。从贷款投向看，租赁和商务服务业增加0.61亿元、批发和零售业贷款增加1.08亿元、制造业贷款增加3.12亿元、建筑业贷款增加1.43亿元、交通运输仓储和邮政业贷款增加1.02亿元。分行不良贷款余额、不良率分别比年初下降445.75万元、0.19个百分点。（季　珏）

·华夏银行股份有限公司连云港分行 截至2021年年底，全行各项存款余额71.47亿元，全行日均存款64.07亿元，各项贷款余额77.03亿元，实现拨备前利润2.86亿元。坚持服务地方经济社会高质量发展，支持实体经济和重大项目建设，获批授信客户88户，授信74.56亿元。加大小微企业支持力度，发放小微企业贷款68户，余额11.06亿元。（范佳慧）

·中国光大银行股份有限公司连云港分行 截至2021年年底，全行各项存款余额79.77亿元，日均存款69.84亿元。各项贷款余额79.46亿元，全行无不良和关注类贷款。全年实现营业收入1.93亿元，其中中间业务收入1563.35万元。实现拨备前利润1.49亿元。开展3笔金额合计18.5亿元债券承销。全年为138家企业获批授信190.77亿元，新增发放普惠小微企业贷款18户，普惠小微企业贷款余额累计2.56亿元，新增制造业贷款投放4.18亿元，民营企业贷款投放7.07亿元。（陆荣华）

·中国民生银行股份有限公司连云港分行 截至2021年年底，全行存款余额66.98亿元，比年初增加7.31亿元，增长12.25%。其中，对公存款

6月11日，连云港市中小企业金融服务平台签约现场　王笑威　摄

64.88亿元，比年初增加6.45亿元；零售存款2.09亿元，比年初增加0.86亿元。各项贷款余额76.54亿元，比年初增加37.72亿元，增长97.17%。其中，对公贷款68.9亿元，比年初增加32.51亿元；个人贷款7.64亿元，比年初增加5.21亿元。银行开立儿童医院基本结算账户，是连云港市股份制商业银行唯一一个医院基本账户。银行参加12家金融机构参与的连云港市百亿银团签约，98亿元的银团获不低于17.5亿元的份额。（提云飞）

·中信银行股份有限公司连云港分行 截至2021年年底，全行实现一般性存款余额42.37亿元，各类贷款余额54.61亿元。银行与哈萨克斯坦子行阿尔金银行合作，协调为连云港市港口集团办理内保外债业务，实现连云港市与“一带一路”沿线国家的首笔资金融通。落户江苏省政府“一带一路”重点项目30万吨级原油航道建设项目。推动连云港第一笔放“政采贷”落地。落地医保贷产品，为定点医疗机构、定点药店提供普惠金融服务。（万傅文）

·浙商银行股份有限公司连云港分行 4月22日，浙商银行股份有限公司连云港分行开业。开业当天，浙商银行南京分行与连云港市政府、浙商银行连云港分行与连云港4家重点企业签署战略合作协议。截至2021年底，全行各项存款余额13.02亿元，全行日均存款3.56亿元。各项贷款余额23.5亿元，全行无不良和关注类贷款。（朱洪涛）

·连云港东方农村商业银行股份有限公司 截至2021年年底，全行各项存款215.2亿元，比年初增加11.21亿元。各项贷款178.95亿元，比年初增加23.31亿元。实施阳光信贷整村授信工程，完成91个村评议授信，新增授信1.03万户、10.38亿元，阳光E贷新增用信3060户、3.22亿元。全行农户及个体工商户贷款（含小微企业主）2.37万户、63.97亿元，新增4578户、16.95亿元。加强制造业贷款、民营企业贷款、绿色信贷三大领域信贷投放。延期还本付息1482户、12.97亿元，新增普惠小微信用贷款5.88亿元、制造业贷款1.42亿元、民营贷款13.54亿元、绿色信贷1000万元。推进社保卡转化及医保电子凭证营销。新增激活社保卡2.82万张，发行第三代社保卡1.35万张，社保卡沉淀资金7195万元。公司与市农发集团在农业电商产业园、农洽会、连云港乡村振兴金融服务平台上进行合作，增加互金平台交易量3.16万单。与城管部门合作开展“港城云码”项目建设和地推布码，实现执法人员巡查签到、公众查询商户信息、商户缴纳管理费、客户消费付款“四码合一”。推进普惠金融服务点提质工程。全行普惠服务点155个，新增46个。（陈　晋）

保险　证券

·保险业 2021年，连云港市有保险公司59家，其中财产险公司23家、人身险公司30家、保险中介公司6家。全年保费收入120.8亿元，比2020年增长5.82%。其中，财产险保费收入42.73亿元，增长11.68%；人身险保费收入78.07亿元，增长2.86%。全年总赔款35.65亿元，增长21.42%。其中，财产险赔款支出24.35亿元，增长24.74%；人身险赔款支出11.3亿元，增长14.84%。保险密度2626元/人，保险深度3.24%。财险公司承担保障责任12.15万亿元，寿险公司解决代理人就业岗位近1.6万人。市保险行业协会印发《维护市场秩序依法合规经营—连云港保险业“内控合规管理建设年”倡议书》《连云港市保险行业协会关于深化落实“内控合规管理建设年”的工作方案》。开展车险“持续合规 我承诺”活动。全年妥善处理保险消费者咨询投诉150余件，“12345”政府热线转办960余件。现场受理调解保险纠纷案件22起，成功调解17起，调解金额118.3万元，为会员减少损失53万元。春节、国庆期间，设立轻微交通事故快处快赔服务点，派驻理赔人员45人次、接报案38起、估损金额24.3万元。召开连云港市“警保联动”工作推进会议，印发《关于印发〈连云港市“警保联动”工作推进会会议纪要〉暨“警保联动”工作领导小组名单的通知》。保险机构落实车险综合改革“降价、增保、提质”目标，向消费者让利约3.4亿元。加快精准防贫保险招标工作，覆盖防贫对象31.3万人。市银保监分局等部门联合推行以保证金保险替代企业现金缴纳农民工工资保证金的商业保险机制，为1万余名农民工提供1.77亿元风险保障。推动城市定制型普惠商业医疗

9月13日，连云港市知识产权保险首单签约　仲琳娜　摄

保险"连惠保"升级扩面,惠及30余万人。 (张凤斋 吴桂阳)

·证券业 2021年,连云港市新引进财通证券营业部。全市有证券期货机构23家,其中证券分公司1家,证券营业部19家,期货营业部3家。全年实现证券交易额7532.2亿元,比2020年增长47.42%。营业额前三名证券公司分别为南京证券股份有限公司连云港分公司、华泰证券连云港通灌南路证券营业部、中信建投证券连云港龙河南路证券营业部。 (刘万利 田晓军)

·中国人民财产保险股份有限公司连云港市分公司 2021年,公司实现保费收入19.46亿元,上缴地方税收1.38亿元。全年承担风险责任总额达5.51万亿元,支付赔款11.8亿元。服务新医药、新材料、新能源、石化产业、港口建设等省、市重点投资计划内项目,提供风险保障近5000亿元。聚焦公共安全、社会综合治理等重点领域,承担风险保障77亿元。推进科技保险、知识产权保险等,提供60万元知识产权保险保障。为生物医药企业提供产品责任险、药物临床试验责任保险保障3.34亿元。为市区、灌南县2021—2023年职工大病保险、职工大额医疗补助保险、城乡居民大病保险选择保险服务机构项目提供服务,服务参保180万人。参与养老服务体系建设,为135家养老机构提供责任保险保障31.7亿元。推进社区安全保、物业责任险等新型社区保险产品,承担风险保障近900万元。承保普惠型医疗保险——"连惠保"项目,为26.4万人提供近5500亿元风险保障。为疫情防控一线的500余名志愿者提供2.7亿元意外险保障。助力乡村振兴,为农业生产提供66.55亿元风险保障,参保农户54.58万户次,支付赔款1.72亿元,受惠农户达30万户次。开展支农融资,向农业银行连云港分行推荐农险客户219户,贷款166户,贷款金额5168万元。开展精准防贫,为31万人提供811万元风险保障,处理赔案1862笔,支付赔款479.11万元。开展短期出口信用险服务,帮助出口企业融资1.94亿元。发展投标保证金保险、农民工工资支付保证保险、合同款支付保证保险等,帮助建筑类企业释放保证资金3.03亿元。深化小微企业及个体经济服务,为429家小微企业及个体工商户提供6092万元融资支持。 (瞿 艳)

·中国人寿保险股份有限公司连云港市分公司 2021年,公司实现总保费34.8亿元,比2020年增长4.8%,在全市寿险公司中市场份额达45.1%。升级帮扶机制,划拨8万元资金用于帮促赣榆区的乡村振兴建设,走访慰问125户特困家庭,购买集团公司对口帮扶地区农产品共计6.98万元。全年商业保险赔案总量7万起,支付赔款1.96亿元。中标赣榆区、东海县、灌云县2021—2023年职工大病保险、职工大额医疗补助保险、城乡居民大病保险,全年办理门诊、住院结算服务10.35万人次,结算支付2.03亿元。 (王林迪)

·中国太平洋财产保险股份有限公司连云港中心支公司 2021年,公司实现全险种保费收入4.95亿元,增速12.46%,全险种占市场份额11.58%。其中车险保费收入3.01亿元,非车非农险保费收入1.69亿元,农险保费收入2500万元。实现个客保费收入3.21亿元。签发中核苏能7、8号机组建安工险项目份额内保费1788万元,射阳港电厂建安工险项目份额内保费243万元。签下亚邦集团、仁兴环保科技、艾森化学3家企业一揽子保险,总保费303万元。签发德邦新华工程险项目份额内保费75万元。中标2022年度防贫保项目,实现保费收入2330万元。落地民生综合保险"安惠保"。个信保业务实现保费4695万元。实现农险保费2500万元。完成理赔打假减损950万元,理赔抵扣全年完成710万元,人伤介责减损完成140万元,追回赔款135万元。 (屈国红)

·中国太平洋人寿保险股份有限公司连云港中心支公司 2021年,公司保险代理人1253人,在全市设6家支公司和9家营销服务部。投放市场的主打产品有金福人生、安行宝(庆典版),少儿超能宝等,全年实现保费收入4.75亿元,比2020年下降15.9%,在连云港寿险市场份额占比6.09%,市场排名第四位,赔付金额4217.33万元。 (李宝明)

·中国平安财产保险股份有限公司连云港中心支公司 2021年,公司实现保费收入4.69亿元,比2020年增长7.8%,占市场份额的13.8%。车险AI持续优化业务流程,智能闪赔实现秒级定损定价。"平安好车主"App通过聚合广泛优质的车生态服务资源,为10万多名车主提供车保险、车服务、车生活一站式服务。"平安好生活"App为5000多名用户及家庭提供"保险保障+生活服务"的一站式服务平台,覆盖保险垂直领域、六大场景一站式服务平台、40+种线上生活服务。"平安企业宝"App,为300多家企业提供一站式保险服务,保险购买、查询批改、自助理赔、一键续保等服务。 (黄 艳)

·中国人民人寿保险股份有限公司连云港中心支公司 2021年,公司提升合规管理工作,构建和完善合规经营制度。全年实现标准保费2351万元,新单期交6354万元,短险保费637万元,寿代产健保费4343万元。 (徐燕燕)

责任编辑 徐 敏

城市建设与管理

综述

·概况 2021年，连云港市城市建设以打造“美丽连云港”为主线，推进城市有机更新，打造顺畅便捷城市、生态畅游城市、宜居便利城市、安全韧性城市。城市建成区面积311平方千米。机场大道等城市道路建成通车，新增城市道路约72千米，新增绿地380公顷，市区绿化覆盖率42.54%。新改建公园6个、游园18个。全年完成城市基础设施建设项目投资826.9亿元，其中市区完成投资549.9亿元。全市新开工项目594个，竣工项目573个，其中市区竣工项目255个。海绵城市规划面积48平方千米，2021年建设完成13.36平方千米。新辟优化市区公交线路23条，清洁能源公交实现全覆盖，新增智慧停车位2000个。新建污水管网297千米，投产输变电工程35项。实施老旧小区改造150个，城市老旧小区改造完成389.56万平方米。560个居民小区实行垃圾分类。改善8212户，累计改善农房4.97万户。实施农村人居环境五年整治提升行动，推进农村户厕问题排查整改，累计摸排农村户厕90.66万户，完成分类整改1.32万户。依托国家历史文化名城申报，推进历史文化街区核心保护区划定、历史文化名城保护规划编制及第三批历史建筑普查认定。

（孟凡哲）

·城市建设投融资 2021年，连云港市城建控股集团有限公司实现营业收入58亿元，比2020年增加2.9亿元，增长5.3%；实现利润总额1.92亿元，增加4200万元，增长28%；实现企业经营性现金流收入62亿元，增加14亿元，增长29%；融资到位资金437亿元，增加88亿元，增长25%；全年缴纳税费7.24亿元，增加1200万元，增长1.69%，完成总投资63.64亿元。（李 瑞）

·新型城镇化 2021年，连云港市编制《连云港市“十四五”新型城镇化规划》，系统谋划新型城镇化政策体系。举办全市城乡融合发展和新型城镇化发展实务培训班，围绕城乡融合和新型城镇化发展思路、城市数字化、长三角一体化背景下新型城镇化发展等方面开展专题培训。落实国家县城城镇化补短板强弱项政策，指导东海县开展新型城镇化示范县城建设。落实《关于建立健全城乡融合发展体制机制和政策体系的实施方案》，鼓励探索创新，总结推广东海县发展农村电商探索富裕新门路、赣榆区宋庄镇沙口村创新基层治理模式等经验。

·连云港市入选“十大心仪之城” 4月23日，由中央广播电视总台财经节目中心联合国家统计局、中国邮政集团有限公司、北京大学国家发展研究院共同推出的2020—2021年度“中国美好生活城市发布盛典”发布“十大心仪之城”榜单，连云港

2021年，连云港市入选“十大心仪之城”。图为海州区东盐河畔河滨公园，市民在休闲健身 耿玉和/视觉江苏网

市入选。“中国美好生活城市发布盛典”依托全球最大规模的民生感受型调查——中国美好生活大调查的数据，通过入户发放问卷和航空公司机上发放问卷的方式进行调查，经模型计算得出评价结果。主要评选指标为就业指数、收入状况、水空气质量、生活便利、公园绿地、兼蓄包容等。

·美丽宜居城市建设 2021年，连云港市美丽宜居城市建设水平显著提升，全市26个项目入选省级试点项目。老旧小区改造涉及小区总建筑面积近389.56万平方米，惠及4.17万户业主，完成老旧小区改造项目150个。完成老旧小区加装电梯27部，连云港站北片区等区域11个棚改项目推进，棚改新开工6876套、基本建成7846套。排查既有建筑10.1万栋1.82亿平方米，整治维修加固城镇危旧房屋4.3万平方米。通过货币租赁补贴和住房实物分配等方式，解决1793户低收入家庭安居问题。全市20个物管项目获得省级示范表彰，市疾病预防控制中心、市中医院检验综合楼、连云港师专新建学生宿舍7号楼等一批市级投资重点集中建设项目加快推进。 （孟凡哲）

国土空间规划

·概况 2021年，连云港市按照国家、省建立国土空间规划体系并监督实施的统一部署，科学布局生产空间、生态空间、生活空间。做好国土空间规划顶层设计，立足资源禀赋和环境承载能力，推动绿色高质量发展。完成国土空间总体规划初步成果，专项规划编制同步推进。完成“十四五”自然资源保护与利用、海洋经济、基础测绘、矿产资源规划编制，加快推进海岸带综合保护与利用等规划编制。加快推进市区控规编制。启动推进东盐河片区等30余项控规编制和修编工作。实用性村庄规划编制有序开展。

·国土空间总体规划 2021年，市自然资源和规划部门推进《连云港市国土空间总体规划（2020—2035）》编制工作，完成国土空间总体规划初步成果。开展规划草案公示，通过微信公众号、部门网站、规划展示中心等多渠道征求社会公众意见。统筹划定落实三条控制线，完成国家级生态保护红线评估修改、海洋“两空间内部一红线”试划成果、城镇开发边界划定初步成果。组织召开国土空间规划委员会全体委员会议，审议连云港市国土空间总体规划初步成果。各县区完成国土空间规划近期实施方案编制。

·详细规划 2021年，市自然资源和规划部门启动推进东盐河片区、科教园片区、高铁枢纽片区、猴嘴中心片区、碱厂片区、解放东路片区、龙河广场北片区、东方大道南片区、云湖片区、墟沟站片区、凤凰山北片区、花果山大道两侧片区、朝阳片区、天然居周边地块等30余项控规编制和修编工作。 （韦 丽）

海绵城市建设

·概况 2021年，连云港市海绵城市规划建设面积48平方千米，建成面积13.36平方千米，占建成区面积的23%，完成项目42个。《连云港市海绵城市建设审查流程（试行）》出台，完成海绵城市建设自评估报告。

·管网管长制落实 2021年，连云港市出台《关于完善连云港市管长制工作机制的通知》《关于进一步完善连云港市管长制组织领导体系的通知》《关于进一步明确连云港市城镇生活污水处理提质增效精准攻坚“333”行动工作任务的通知》等文件，完善市、县、乡（镇、街）三级管长制工作体系，明确三级管长和相关部门工作职责。全市新建、改建污水管网407千米，其中城市污水管网228千米、乡镇污水管网179千米。全年排查污水管网348千米，消除城市建成区管网空白区18平方千米，污水直排口全部消除，进入动态即查即改，累计完成25个106平方千米的达标区建设。

·地下管网安全整治 2021年，全市组织公安、资源、城管、交通、市场、“12345”政务服务平台等13个部门清查全市燃气、热力、供水、污水、雨水、电力、通信、广电、照明、交通信号、公安监控共11项各类管线3.13万千米，印发《连云港市城市地下管网施工管理联动机制工作方案（暂行）》等文件，强化各部门联动协同机制。对违章占压、第三方破坏防控等特征型隐患加大排查整治力度，对约57千米老旧铸铁燃气管道实施改造，年底完成全部管材置换改造实现正常通气运行。各地、各部门排查地下管网类隐患1545个，全部立查立改。各类地下管网数据及时更新共享，数据信息合理、规范使用。

·地下综合管廊建设 2021年，徐圩新区4条新建道路配建综合管廊工程总投资约14.5亿元，全长15.3千米。其中，江苏大道8.4千米、环保二路1.35千米、西安路3千米、方洋路2.6千米。连云新城金海大道二期1千米，地下综合管廊随工程主体同步施工。

·城市黑臭水体整治 2021年，全市加快推进城市黑臭水体整治工作，打造“清水绿岸、鱼翔浅底”的城市示范水体。海州区玉带河（清河桥段）园路、施工、绿化种植等改造完成。拆除云台山景区妇联河两侧58户5367.16平方米违法建设。灌云县完成山北大沟、山前河、小鸭河、三里沟等4条黑臭水体整治，清淤34万立方米，种植水生植物10.5万平方米，新建泵站、节制闸9座。三里沟与湿地公园之间完成小马庄段660米长两岸滨河空间打造，完成东方大道向东河道

300米长两岸滨河空间打造。灌南县北环河新建沿河两侧约4.2千米生态护坡，铺设4千米生态步道，栽植长约1.9千米水岸景观绿化带。

（孟凡哲）

城市改造

·房屋征收 2021年，连云港市完成房屋征收面积93.55万平方米，征收居民3244户、企业20家。其中，市区征收面积52.14万平方米，征收居民1551户、企业13家。

·老旧小区改造 2021年，连云港市制定出台《连云港市城镇老旧小区改造三年全覆盖行动计划（2021—2023年）》。完成150个老旧小区改造，其中纳入住房和城乡建设部、省级任务的项目120个，市级自行安排项目30个。涉及小区总建筑面积近380.51万平方米，惠及4.1万户业主，完成投资9.77亿元。棚户区改造新开工6876套、基本建成7846套，在建棚户区改造安置房198栋12730套，建筑面积约196万平方米。

·公共配套设施建设 2021年，连云港市实施区域供水提升改造、老旧供水管网改造，保障供水安全。全市新增绿地300公顷，其中市区新增绿地面积200公顷以上，建成区绿地率38.5%，绿化覆盖率42.5%，人均公园绿地面积15.2平方米，公园绿地10分钟服务圈覆盖率90%。机场大道、松竹路等40条道路开工建设，海州海青路改建、赣榆深圳路改造等24条道路竣工通车，新建城市道路约72千米。

·市区道路桥梁建设 2021年，市住建部门组织维修城区各类破损路面约30万平方米。实施郁洲路、科苑路、凌州广场、海连路等28个城区道路交叉口改造以及海昌路单向通行改双向通行措施。完成警民巷、洪门大桥改造工程，完成城区46座城市桥梁的常规检测和结构性检测。

（孟凡哲）

·惠民工程建设 2021年，全市排查既有建筑9.63万栋1.72亿平方米，整治维修加固城镇危旧房屋4.3万平方米。通过货币租赁补贴和住房实物分配等方式，解决1793户低收入家庭安居问题。整治主城区背街小巷45条，补建市政消火栓982个，维修348个。

·历史文化街区建设 连云老街 2021年，连云老街整体规划范围约70公顷，建设面积40.47公顷。结合食、购、娱资源，在重要节点和法定节假日策划开展“老街年味系列活动”“遇见爱情”“嬉闹元宵猜灯谜”“缤纷五一”“中国旅游日”“中秋传统喜乐会”等系列主题活动，接待39.46万人次，旅游收入272.81万元。连云老街原名老窑，是以滨海石城为特色的江苏十大历史名街之一。街内有果城里建筑群、上海大旅社、日式民居等民国建筑。老街开发遵循“陆桥起点、老窑港埠、山海石城、中西杂糅”的特色定位，有中山路海景酒店休闲街、云台路港城1933民国韵味风情街、临海路传统民俗文化风情街、胜利路工艺美术创意文化街等特色街区，有陇海铁路历史博物馆、老街历史文化馆、港口博物馆等10个展馆。

民主路老街 2021年，民主路老街根据“百年民国风情”定位，投入资金1500万元，建成时光隧道、民国舞台、电车广场、许愿池、美食街等8处文化景观，进行全街亮化、绿化改造，引导和引进商家改造建设民国风客栈、民国风酒吧、民国风饭店，打造民国风沉浸式氛围。开通“红色印象之旅”“老街非遗说”等精品研游路线，全年接待研学及旅游团队2万余人次。民主路始建于清末民初，有大华百货、公大商行、生庆公茶庄等18处市级文保单位。逐步形成以东街文创休闲，中街展示博览，西街古玩、茗茶、老字号的业态格局。以民主路为主体的“老新浦风情街区”是省级夜间文旅消费集聚区。

盐河巷 2021年，盐河巷历史文化街区全长568米，总建筑面积1.8万平方米，主要业态为品牌餐饮、时尚咖啡、休闲甜品、传统小吃、文化古玩、音乐酒吧等。围绕“港城最美美食基地”定位，建成二期“轻食＋小资＋网红”主题箱屋街区，形成“巡古步道”“魔幻光影”间的盐河夜间风情走廊，完成智能化提档升级和全街广播系统建设。新建制盐、晒盐、运盐雕塑景观7

2021年，连云港市完成150个老旧小区改造。图为改造后的海州区南园新村 市住建局 供图

处，增建盐运码头、亲水平台4处，购置摇橹船、画舫等10艘。市区首条内河游船航线于中秋节开通，单日夜间客流突破12万人次。举办美食节、啤酒龙虾节、年货大集、美食嘉年华等商贸活动，带动夜经济消费。举办“西游人物不倒翁”真人表演、海州五大宫调、淮海戏专场演出等夜间特色文化活动。接待量突破650万人次，商品零售总额2.8亿元，获评“江苏省十佳夜市”榜首。

·连云新城建设　2021年，连云港新城加快建设。连云新城东依北固山，西接临洪河口湿地，南临242省道，北至黄海，规划面积73平方千米，其中临洪河湿地约10平方千米，调蓄湖10平方千米，蓝色海湾15平方千米。年内，新入驻大数据产业园企业58家，新招引连云港申土国际贸易有限公司等4家外贸企业，新增规模以上服务业企业3家，新增注册企业220家。完成新城军事体验馆等6个过亿元项目。截至2021年底，建成海州湾会议中心、西墅湾美食街、酒吧街、商务公共服务中心、“一带一路”(连云港)国际商务中心、“一带一路”大数据园、丰惠大厦、商务公园、连云港市海滨中学、连云港英华双语学校、苏州外国语学校连云港校区、社区服务中心等配套设施，连云港保税商品展示交易中心运营良好。江苏省海滨康复医院主体建成。金海路二期、汇晶路(海滨大道—干三路)、干二路、支一路、干四路新建工程及连云新城主干路改造提升工程按序时进度推进；新光路北延工程完成前期手续，将花果山大道北延纳入新城总体规划。蓝色海湾、临洪河口湿地公园、科技体验馆等教育、休闲旅游配套设施建设加快推进；保利海上五月花、保利海上罗兰、恒泰悦珑府等住宅小区开发建设；苍梧新城苑、中石化加油站项目启动，移动大数据中心项目、电信天翼云项目实施。　（吕俊燕）

连云新城　　王健民　摄

·连云港高新区南部拓展区建设　2021年，市委、市政府做出连云港高新区南向拓展的决策部署，成立连云港高新区南拓指挥部。10月15日，连云港高新区管委会整体搬迁至昊海大厦。连云港高新区南部拓展区东至瀛洲路、新204国道、云善河，南至善后河，西至规划344省道，北至秦东门大街，总面积约133平方千米，涉及37个村、7个社区，人口10.2万。推进规划设计、征地征收、项目建设、产业招商、融资运作等七大类64个重点项目建设。11月30日，南部拓展区总投资61.36亿元的30个重点项目集中开工，包括医疗器械(应急装备)产业制造、新媒体MCN基地等产业项目11个、宁海安置小区、锦屏安置小区等公共配套项目2个、三家村路、为民路等基础设施项目4个、鸿昇贸易、天常复合材料等企业迁建项目8个、秦东门学校、板浦市场路等征地征收项目5个。　（于　龙）

市政设施

·供水　2021年，连云港市有县以上城市公共水厂13家，供水能力116.5万吨/日，其中市区城市水厂7家，供水能力65.5万吨/日，县城水厂6家，供水能力共51万吨/日。全年供水量2.9亿立方米，其中市区供水量1.64亿立方米，县城供水量1.28亿立方米。城市用水普及率100%。

·供气　2021年，全市管道天然气供气量7亿立方米，其中市区新奥燃气供气量2.5亿立方米，徐圩新区中新燃气供气量2.5亿立方米。天然气管道总长度4475.85千米。全市有管道天然气运营企业12家，天然气汽车加气站18家，管道天然气用户约78.4万户，其中民用户78万户、工商业用户3920户。全市有运营瓶装液化石油气储配站34家，液化石油气储存规模为6173立方米，瓶装液化气用户约31万户。

·供暖　连云港市属于非强制供暖区，部分居民住宅区和公共建筑采取集中供热。2021年，市区有7家供热企业，分别为新海电厂、杰能新能源公司、新海连(开发区)公司、新城热电公司、市政公用公司、晨兴环保公司、鑫能污泥公司，供热能力为1185吨/小时蒸汽。新海电厂590吨/小时蒸汽，杰能新能源320吨/小时蒸汽，晨兴环保有限公司125吨/小时蒸汽及鑫能污泥发电有限公司150吨/小时蒸汽。市区(除赣榆区)供热企业采用天然气锅炉、燃煤锅炉等形式满足主城区用热需求。　（孟凡哲）

·供电 2021年，连云港全市全社会用电量218.19亿千瓦时，其中工业用电量131.68亿千瓦时。按产业类型分，第一产业用电量8.74亿千瓦时、第二产业用电量133.82亿千瓦时、第三产业用电量36.54亿千瓦时。调度最高负荷423.3万千瓦。灌云县洋桥光伏220千伏送出等21个供电重点工程投产，全市第4座500千伏变电站——花果山变电站投运，供电度保持100万千瓦以上。建成苏北最大电缆隧道工程——盛虹炼化至徐圩南区220千伏线路工程。实施城乡融合配网三年提升行动，10千伏架空线路绝缘化率提升至97.61%。加快城乡电力基础设施改造升级，城乡居民户均容量提升至5.45千伏安，是全国平均水平的2倍。

市供电公司实施“连电特快”21项服务举措，高低压客户平均接电时长分别压缩至23.2个和3.8个工作日。在“中华药港”创新“区块化”供电方案整体答复模式，将客户供电方案、配网工程改造前置纳入电网规划，接电提速30%以上。苏北最大规模不停电作业中心投运，年内开展不停电作业1.3万次，低压用户年平均停电时长压降至3.6小时/户，比2020年下降29.3%。解决39个小区1.2万余户居民用电“临代正”问题。建成117个农房改善项目配套供电设施。初步建成灌云“零碳”县域电网，建成全省首个地市级能源大数据（碳监测）中心，实现对全市1009家规模以上企业碳排放的全面监控、精准评估。在连云港自贸片区建成集智能电网、智慧互动、智享生活于一体的能源互联网智慧园。与江苏海洋大学合作共建清洁能源产业学院。与港口集团合作，投运国内首套岸电储能一体化系统，国内首艘纯电动拖船下水运营。在华乐合金等高耗能企业中加大电动重卡推广力度，推动镔鑫钢铁10兆瓦时/40兆瓦时储能电站建设。全面建设“百镇千村”乡村电气化工程。建成连云港首个电动汽车体验中心，打造“买车一装桩一充电”一网通办的服务模式。

（尚明杨）

·污水处理 2021年，全市建成污水处理厂62座（不含工业兼生活和分散处理设施），总处理规模约61.12万吨/日，建成配套污水管网约1720千米。其中，县城及以上城市污水处理厂10座，总处理规模46.8万吨/日，建成配套污水管网1350千米，均达到一级A排放标准，城市污水处理设施覆盖率100%。乡镇污水处理设施52座，总处理规模5.62万吨/日，建成配套污水管网370千米，51座完成一级A提标改造，1座计划关停并转，建制镇污水处理设施覆盖率100%。新增污水处理能力8.7万吨/日，新改建污水管网约210千米。

·市政设施养护 2021年度，全市主次干道累计更换面包砖6000平方米、大理石道板3200平方米、混凝土路牙石1000米、大理石路牙石900米，维修大理石盲道300平方米、混凝土地坪新作1500平方米，彩色道板450平方米，维修更换大理石挡车柱2800个。主次干道累计清掏雨水检查井5500眼，雨水进水井1.4万眼，疏通下水道累计长度4500米。街巷清掏雨水井和检查井1900眼，疏通1500米。更换雨水进水井400余眼，雨水检查井200余眼，处置无主井盖110个，维修下沉井盖213个。（孟凡哲）

·赣榆区莒城湖水厂获中国建设工程鲁班奖 12月14日，赣榆区莒城湖水厂项目获中国建设工程鲁班奖，是江苏省首个水厂类“鲁班奖”，连云港市首个市政类、生态环保项目“鲁班奖”。赣榆区莒城湖水厂位于塔山镇莒城湖东侧，2019年5月开工建设，2020年6月竣工。项目投资4.16亿元，包括取水口新建工程、净水厂工程和配套管网工程，其中净水工程包括日处理规模达10万吨的反应沉淀池、V型滤池、活性炭滤池、加药间、变配电间等共25个单体，配套管网工程包括原水管道6.7千米和配水管道9.85千米。

（年　编）

园林绿化

·公园建设 2021年，连云港市投资290万元，进行郁洲公园便民中心提升改造。海州区投资7250万元，完成玉带河河滨公园惠苑路至盐河路段、惠苑路至盐河路段、南极路至通灌路段建设，完成朐阳公园建设。赣榆区投资300万元，完成

位于龙尾河畔的海州区韶华公园和龙尾河生态廊道

汪强/视觉江苏网

和安湖湿地公园提升改造；赣榆区投资6000万元，对白鹭公园进行绿化施工。连云区投资1500万元，对人文绿园进行建设。

·**河滨绿化** 2021年，连云港市投资200万元，完成盐河路—南极路两岸(玉带河闸段)绿化。海州区投资6000万元，完成玉带河惠苑路—盐河路两岸、南极路—瀛洲路两岸绿化。连云区投资1060万元，完成上合物流园沿河北岸、城郊列车沿线绿化。赣榆区投资620万元，完成沙汪河(华中路—健康路)绿化工程。连云港经济技术开发区投资1000万元，完成市域列车沿线(开发区段)环境整治、景观提升工程。

·**道路景观带绿化** 2021年，海州区投资500万元，完成青年路、青圃路、为民中路、为民南路绿化改造，完成陇海西路、颐和巷、龙山路等6条道路绿化，栽植朴树、雪松、弗吉尼亚栎、美国红枫、法桐等乔木。赣榆区投资3000万元，完成华中北路、红旗路道路绿化及金海路改造提升，栽植行道树总长度9.4千米，连云区投资1720万元，对渔港路及连岛入口、景疏路、平山北路、国展西路进行道路绿化提档升级，栽植黑松、法桐、栾树、樱花等乔灌木，完成海上云台陶云线绿化修复；投资200万元，完成云山路、连云开发区崇和项目北侧道路绿化。连云港经济技术开发区投资1940万元，完成联瑞新材等项目周边绿化景观工程，完成松竹路(G228国道—盐池西路)、云池路(玉竹路—跃湖路)、玉竹路(G228国道—盐池西路)、云池路(花果山大道—玉竹路)、盐坨西路道路绿化。国家东中西区域合作示范区(连云港徐圩新区)投资6000万元，完成连云港石化产业基地生态绿地环境整治工程(一标段)。

·**街头游园绿化** 2021年，海州区新建、改造游园10处，其中玉带路游园0.2公顷、星化社区服务中心西侧游园0.1公顷、家风家训主题游园0.1公顷、大浦河(朝阳路—海宁路)东岸游园0.63公顷、皇庙巷游园0.15公顷，景山秀水游园改造0.14公顷、海宁园改造0.9公顷、海虹园改造0.1公顷、宁海收费站西侧游园改造1公顷、白虎山公园改造0.2公顷。赣榆区新建游园2处，其中海城北路游园0.35公顷、玉河路游园0.6公顷。连云区新建游园3处，其中西园游园0.5公顷、万福路游园0.4公顷、水榭花都游园0.3公顷。

·**单位小区绿化** 2021年，海州区投资3070万元完成碧桂园·观山源著、世纪凤凰城、桃李江山、祥生·翰林府、保利·秦门府等小区绿化。赣榆区投资1480万元，完成紫宸东西苑、馨海佳苑(新海石化专家楼)、信榆国际等小区绿化。连云区投资1800万元，完成印象西班牙三期、保利罗兰小区、核电二村三期、院前社区老年活动中心、华乐合金南厂区等小区和单位绿化。连云港经济技术开发区投资1950万元，完成优步花园、德惠尚书房、美麟湖畔花园配套绿化。

·**第12届省园博会博览园建设** 2021年，第12届省园博会博览园完成投资8亿元，主展馆完成上部结构，花果园艺街8个院落主体封顶，桥梁完成主体工程；开展园区土方回填和地形施工，栽植苗木2000余株。第12届省园博会博览园集园艺展示、休闲观光、生态旅游、田园康养为一体，主展园面积237.14公顷。

(孟凡哲)

城市公共交通

·**城市公交** 常规公交 2021年，连云港市区公交有运营企业6家，在运营车辆1154辆，其中纯电动公交车777辆、燃气车361辆、燃油车16辆，清洁能源与新能源公交车比例达98.6%。全市有公交从业人员1501人，全年发放公交IC卡131万张，线网长度2496千米，建成区公交站点500米覆盖率100%。公交出行分担率26.3%。城市公共交通拥有1505.4标台，每万人拥有公共交通车辆15.5标台。乡镇村公交全部开通，行政村客运班线通达率100%。江苏交通"一卡通"实现县区全覆盖。全年新辟优化调整公交线路22条，其中新辟4条、优化调整18条，延长市区6条线路运营服务时间，市区夜班公交线路增加至11条。在运营公交线路104条，客运总量1.01亿万人次，比2020年增长13.8%。

快速公交 全市在运营快速公交线路11条，线路总长322千米，在线运营车辆302辆，日发班次900余班，日运行里程5.2万千米，快速公交线路承担市区约40%的公交客运量，日均客流12.6万人次(含换乘)，日最高客流15万人次。城市快速公交一号主线在线运营车辆40辆，日发班次201班，日运行里程1.36万千米。

旅游公交 市区有26条旅游公交线路、350余辆公交车服务景区，包括11条旅游专线和3条城市快速公交主干线路，日均发班3100余班，旅游公交线路占比30%。市区AAAA级以上景区至少有2条公交线路通达，其中花果山景区有B11、游1等5条公交线路通达，平均发车间隔10分钟；连岛景区有游3路、游6路2条公交线路通达，渔湾景区有游5路、游8路2条公交线路通达；市区AAA级以上景区实现公交线路串联，AA级以上景区实现公交全覆盖，火车站、汽车站等重要交通枢纽实现公交直达主要景区。

·**市域列车** 2021年，连云港市市域列车连接主城区与自贸试验区、连云港经济技术开发区以及东部海滨城区。全长35.1千米，全线运行时间41分钟，沿线设置连云港站、盐坨站、连云港东站、墟沟站、连云站5个客运站，采用3列4编组CRH6F-A型动车组，采取"站站停"

公交模式运营。优化调整途经5个客运站的47条公交线路发班时间和间隔，高效输送和分流市域列车的客流。

·出租汽车 2021年，全市有出租汽车企业13家，其中市区出租企业5家。运营车辆总数1929辆，其中市区1314辆、赣榆区150辆、东海县212辆、灌云县107辆、灌南县146辆；双燃料车辆1738辆，新能源车辆191辆。全年载客车次总数2190.3万车次，客运量4490.1万人次，运营里程19.83亿千米，载客里程11.32亿千米，里程利用率57.1%。（房子涵）

·公共自行车 2021年，全市新增公共自行车注册用户5.56万人，比2020年增加1035人；累计租用量2355万人次，增加10万人次，增长0.4%。维修车辆1.59万辆，站点故障抢修131次，锁桩维修5529个，站点除锈87个，站点及配套设施设备完好率98.3%。全年实现降本增效24万元，减少运营成本7万元；累计降低二氧化碳排查5916吨，获得全国公共自行车碳排放优秀奖。（李 瑞）

城市水利

·概况 2021年，连云港市水利建设完成投入17.09亿元，其中水利基本建设完成投资9.59亿元，主要实施病险水闸除险加固、武障河闸扩建、灾后应急治理、鲁兰河治理、兴庄河治理、石梁河水库生态修复等15项工程。工程维修养护投资0.58亿元，善北套闸等7个单位通过省级复核。临洪闸等3个单位通过省一级水管单位考核，芝麻翻水站等5个单位通过省三级水管单位考核，临洪东站等4个单位创建成水利工程精细化管理单位。抗御台风"烟花"和沂沭泗大洪水等灾害袭击，全年排水约230亿立方米。实行最严格水资源管理制度，县级以上集中式饮用水水源地全面完成达标建设，启动管理与保护规范化建设，强化地下水管理与保护，开展大中型水库等重要水体年度生态状况评价，加快节水型社会建设，创建国家级县域节水型社会1家、建成省部级各类节水型载体61家、市级节水标杆5家。

7月29日，江苏最大人工水库——石梁河水库为应对台风"烟花"带来的汛情，开闸泄洪　陶士振/视觉江苏网

·市区水环境整治 2021年，市水利部门加强河道长效管护，每条河道每天保洁人员不少于3人，每天保洁在岗时间不低于10个小时。安排专人每天沿线检查，每月总结考核，确保卫生整洁。根据市区生态用水需求，全年调水2.1亿立方米，比往年减少30%，同期市区水质数据达到历年最好。优化6闸联动调度方案，电厂闸采取"夜大昼小"调水方式，即夜间大流量、日间小流量调水，维持市区河道水体流动。

·市区水环境工程 2021年，市水利部门实施玉带河闸拆建工程。该工程于2020年12月25日开工，拆除原玉带河闸，原址新建玉带河闸。闸室采用开敞式结构，共3孔，闸室总净宽18.0米，其中中孔净宽8.0米，两边孔净宽5.0米，工作闸门采用平面直升钢闸门，配1台QPB－2×125千牛、2台QPB－2×80千牛卷扬式启闭机。新建启闭机房、管理房以及电气设施、自动化控制等其他附属设施。12月26日，通过合同工程完工验收。（李 军）

建筑施工

·概况 2021年，连云港市完成建筑业总产值596.69亿元，实现建筑业增加值311.22亿元，占全市GDP比重8.35%。建筑业企业实现利税35.7亿元，建筑业营业税收占全市税收的8.4%。全市1107家总承包建筑企业，其中建筑施工总承包特级资质企业1家、一级资质企业27家、二级资质企业171家、三级资质企业908家。全市有注册建造师10559人。

·工程建设管理 2021年，全市新受监建筑工程(单位工程)1366个，面积1694.52万平方米。开展全市建筑施工安全生产专项整治工作，各级召开建筑施工安全生产专题会议22次；开展督查29次，排查隐患1.66万处；开展检查157次，督导解决问题498个。培育"玉女峰杯"优质工程81个，省级"扬子杯"优质工程11个。全市城镇燃气管理部门依据新修订城镇燃气检查标准检查液化石油气储配站等燃气场站525次，发现并整改各类隐患3068处，行政处罚32次，责令停产停业4

家，关闭取缔19家，移送司法机关1人，约谈警示13家，联合惩戒2家，罚款12.3万元。市燃气专治办开展督导检查39余次，检查单位94家次，督导问题354个。开展消防审查44件，办结消防验收146件。市区27个问题楼盘有效化解19个，涉及的网签应办理不动产权证1.99万户中，已办证及基本具备办证条件的1.46万户，占比74%。

（孟凡哲）

市政市容管理

·城市长效管理　2021年，市城管部门围绕新时代文明实践中心（所、站）、城市商贸综合体和综合写字楼、交通站场、农贸市场及周边300米重点区域以及城乡接合部等5个新增实地考察点位，做到市容秩序整洁有序、非机动车停放整齐统一、“门前四包”广泛落实、环卫保洁高质精细、公益广告氛围浓厚达标。加强社区联动共建，推进社区日常创建。加强户外广告管理，做好氛围营造和夜景亮化。开展户外广告专项规划修订，印发《户外广告审批流程规范》，启用店招标牌备案系统，通过信息化手段落实审批制向备案制转变，实现店招标牌网上办理“不见面”，制定《户外广告资源化利用实施方案》。市城管局等14家单位共同实施完成市区45条道路、6个公园、5个广场及27个交通节点的春节氛围营造，各区及相关单位滚动播放各类主题公益广告比例不低于30%。

·垃圾分类管理　2021年，《连云港市生活垃圾分类管理条例》出台，在全省第6家实现生活垃圾“全量焚烧、填埋保障”。新建750吨/日晨兴生活垃圾焚烧厂炉排炉，建成东海县600吨/日和赣榆区700吨/日生活垃圾焚烧厂，新增生活垃圾无害化日处理能力2050吨。全市焚烧处理能力4600吨/日，填埋保障能力790吨/日，城乡生活垃圾无害化处理率100%。建成覆盖全市的餐厨废弃物收运网络，完成市区餐厨扩建项目、灌云县和灌南县餐厨废弃物处理厂建设，新增日处理能力270吨；建成赣榆区、灌南县、海州区分散厨余垃圾处理设施。新建86个省级垃圾分类达标小区，全面推行生活垃圾“四分类”，新建、改建垃圾转运站16座以及各类公厕25座。推动建筑垃圾资源化利用能力建设，海州区装潢垃圾全链条监管处置体系，获批省住建厅城市生活垃圾分类和治理创新重点项目。

·道路扬尘治理　2021年，全市开展“清洁城市”城市行动，制定《连云港市城市道路环卫作业“以克论净”深度保洁实施方案》《连云港市城市道路“以克论净”检测考核实施办法》，国省控点半径3千米内主次干道确保每日2次清扫、4次冲洗洒水降尘，每周组织3次洗扫车、高压冲洗车、洒水车编组进行深度清扫保洁作业，组织小型冲洗车辆对路牙以上道路逐条进行“洗地”作业，开展城市道路全面积洗扫，压降城市主次干道积尘量。

·城管行政执法　2021年，连云港市推广城市管理“721”工作法，开展立足岗位练精兵活动。投资799万元基本建成市级城市运行管理服务基础平台，创新“城管智慧云码”新模式，畅通城管、商户、公众三方信息沟通渠道，实现公众反映各类“城市病”随手拍、及时传、商户诉求及时受理反馈。全年办理行政执法案件3107起，处罚总金额235.6万元，其中简易程序案件1551起、一般程序案件1556起。开展违法建设“双清”攻坚三年行动和住宅小区违法建设集中整治专项行动，全年全市累计拆除违法建设2281处，面积61万余平方米，其中新增违建1199处，面积17万余平方米。

（汪　斌）

海州区首批利玛国际、玉带新村、新海花园3个小区生活垃圾碳中和体验站建成投运　耿玉和/视觉江苏网

责任编辑　邱仕明

乡村振兴

综述

·概况　2021年，连云港市因地制宜，围绕乡村特色产业，发展壮大村级集体经济，加快推进乡村振兴。现代农业发展步伐稳健，粮食生产连续10年超350万吨，生猪存栏水平恢复至2017年末存栏的94%，高标准农田覆盖率61%以上，连云港市入选第三批国家农产品质量安全市创建名单。村容村貌持续提升，培育树立农村人居环境整治市级示范镇34个、示范村303个，建成省级垃圾分类试点乡镇6个，市级垃圾分类试点乡镇2个，完成133条农村黑臭水体治理，全市农村生活污水设施行政村覆盖率70.9%。全市改善农房4.97万户，建成美丽宜居乡村1193个，建成率71.7%，全市双车道四级公路覆盖率、自然村公路通达率均达100%。农村公共服务更趋均衡配套，城乡基本养老、医疗、失业保险覆盖率和参保率实现“五连增”，兜底保障水平进一步提升，防贫保费提高至100元/年，因病防贫救助纳入医保“一站式”结算系统，城乡居民基本养老保险基础养老金最低标准提高到每人每月173元。全市累计创成全国文明村镇16个，省级文明村镇69个，市级文明村镇210个，县(区)级以上文明村镇1139个，县级以上文明乡镇、文明村占比分别达86%、72%，实现全市乡镇(街道)、行政村(社区)综合文化站(中心)全覆盖。全市农村居民人均可支配收入保持高位增长，村级集体经营性收入增幅达15%，基本医疗、义务教育、住房和饮水安全等“三保障”持续巩固提升，149个省级重点帮促村、51个市级重点帮促村实现稳定增收，20个乡村振兴样板村建设取得阶段性成效。　(于　磊)

2021年，连云港市建成美丽宜居乡村1193个。图为东海县石梁河镇南辰新型农村社区　　市住建局　供图

·镇村规划　2021年，全市做好县区村庄规划编制工作，开展乡镇规划管理人员培训。根据全域土地综合整治、农房改善等项目落地的实际需要，完成74个村庄规划编制，推进村庄规划由“个别试点”转向“逐步覆盖”。　(韦　丽)

·村级集体经济　2021年，全市发展新型农村集体经济，拓展村级组织服务能力。全市村集体经营性收入达12.21亿元，比2020年增长5.17%，村均经营性收入达81.64万元，连云区板桥街道张艞村等6个村入选全省“共同富裕 百村实践”新型农村集体经济发展典型案例。建立“党建引领富民兴村”工作联席机制，落实2021年省扶持壮大村集体经济项目76个，投入省以上财政扶持资

金4560万元。推进农村集体资产清产核资，清理集体资产资源收入0.95亿元，规范集体土地资源管理5093公顷，完善资源资产管理合同0.94万份。实施“五项监管”提升工程，实现农村产权交易、集体资金监管、村务卡使用、“e阳光村务”线上监管，全市经农村产权交易市场交易项目1.32万个，交易额23.72亿元，溢价金额8418万元。（徐媛媛）

东海县洪庄镇薛团村乡村振兴产业示范园 佘富臣 摄

·人才兴农 2021年，全市推进乡村人才队伍建设，加大乡土人才培育力度，优化人才培养环境。实施本土人才“雁归计划”，招引979名原籍大学生回村任职。依托乡村振兴学院，实施百名村书记学历、富民兴村能力“双提升”行动，培训村支部书记300人。实施高素质农民培训工程，新增省级田间学校（实训基地）4家、市级实训基地30家，培训高素质农民1.49万人次。举办“江苏银行杯”第五届连云港市农村创业创新项目创意大赛，评选金奖、银奖、铜奖各4人，优秀奖12人，选送“鱼肉食品深加工及产业化”项目获省成长组一等奖并代表江苏省参加全国总决赛，获成长组三等奖。承办全省乡土人才“三带两助”工作推进会暨省人才工作领导小组会议，连云港市农村电商直播、东海水晶、连云港锻铜技艺等18个特色产业、农产品和民间技艺广受好评。实施乡土人才“智·富”行动，开展“金镶玉竹”乡土人才“三带”（带领技艺传承、带强产业发展、带动群众致富）典型申报评选，培育“三带”典型26人、平台载体18个。举办全市首届“金镶玉竹”乡土人才技艺技能大赛，获奖的24名选手分别晋升相应职称和职业技能等级。开展省级乡土人才大师（示范）工作室申报工作，入选省乡土人才大师工作室9家、省乡土人才大师示范工作室4家。（于 磊 胡晨浩）

·连云港市乡村振兴局挂牌成立 根据省委编办批复，经市委、市政府批准，为进一步巩固拓展脱贫攻坚成果、统筹推进实施乡村振兴战略，决定在连云港市农业农村局加挂连云港市乡村振兴局牌子，不再保留市政府扶贫工作办公室牌子。2021年6月4日，连云港市乡村振兴局正式挂牌成立，全市拉开巩固拓展脱贫攻坚成果同乡村振兴有效衔接的帷幕。（孙国利）

江苏省东海县双店镇南双绣花厂，村民在加工出口刺绣产品，实现“家门口”就业 邵光明 摄

·全市多个镇村入选全国乡村特色产业十亿元镇亿元村 11月10日，农业农村部公布2021年全国乡村特色产业十亿元镇亿元村名单，其中连云港市有1个十亿元镇和6个亿元村上榜。名单是根据2021年全国“一村一品”示范村镇运行监测结果，经专家审核，由农业农村部遴选推介。灌南县新安镇为连云港市入选的唯一十亿元镇。入选的亿元村有东海县桃林镇北芹村、东海县曲阳乡薛埠村、连云区高公岛街道黄窝村、赣榆区海头镇海前村、赣榆区厉庄镇谢湖村和灌南县新集镇周庄村。（年 编）

农村综合改革

·农村土地制度改革 2021年，连云港市完成1377个行政村、77.79万户、28.23万公顷承包地确权基础数据和现状数据汇交，全市家庭承包地经营权流转总面积达16.73万公顷，流转出承包地经营权的农户37.11万户，全年经农村产权交易市场流转

交易土地经营权面积2.32万公顷。依法健全农村土地承包经营纠纷调解仲裁工作体系，实现农村土地承包纠纷调解仲裁工作机构县区全覆盖。宣传贯彻《农村土地经营权流转管理办法》，规范农村土地经营权流转合同管理，推广使用《江苏省农村土地经营权流转合同》文本，指导建立健全一户(宗)一表、一村一册土地流转登记制度。（姜成波）

·农村集体产权制度改革　2021年，全市深化农村集体产权制度改革。在赣榆区开展农村集体资产股份抵押贷款试点，印发《赣榆区农村集体资产股权抵押担保管理办法(试行)》，召开农户小额普惠信用贷款暨集体股权抵押政策推介会，实现全市农村集体资产股权抵押担保贷款零的突破，全年赣榆区实现小额普惠信用贷款及股权抵押贷款授信签约6701户，授信金额达8.08亿元。在徐圩新区开展村委会与村股份经济合作社“政经分开”试点，实现农村集体经济组织和村民自治组织会计核算分账管理，推动机构职能、人员选举、议事决策、资产管理、财务核算“五分开”。（徐媛媛）

·农村改革试验区建设　2021年，赣榆区“三联四通”农村产权交易模式获全省推广，灌南县“探索生猪‘保险＋期货’‘保险＋贷款’金融支持模式”、赣榆区“探索稻麦秸秆收储模式”入围省第四轮农村改革试验区及改革试验任务。开展第三轮农村改革试验区中期评估，赣榆区“构建小农户和现代农业发展有机衔接长效机制”“家庭农场发展机制创新”改革试验任务取得阶段性成效，东海县《以产权交易市场建设引领农村产权制度改革》、赣榆区《加强农村集体“三资”管理 助推乡村振兴发展》入选全省农村改革试验区典型案例。（姜成波）

12月12日，灌云县在南岗镇岗东村举办首届乡村振兴文化节，现场展销优质农产品　魏士化/视觉江苏网

灌云县圩丰镇海通富渔光一体化项目建设现场　吴磊/视觉江苏网

镇村建设

·特色镇村建设　2021年，全市建设美丽宜居乡村584个，建成率71.7%，比2020年增长35.1%。建成东海县洪庄镇薛团村薛团、黄川镇桃李村桃李、石榴街道讲习村讲习新村，灌南县新安镇硕项村吴圩、百禄镇南房新型农村社区，连云区宿城街道大竹园村大竹园，赣榆区石桥镇韩口7个省级特色田园乡村。全市有赣榆区海头镇和沙河镇，东海县桃林镇3个省级美丽宜居小城镇试点。到年底，3个省级美丽宜居小城镇试点项目投入资金超5亿元。其中，沙河镇投入2.2亿元，完善公共服务、推进产镇融合、塑造城镇风貌、繁荣传统文化等方面，做大做强区域中心镇，打造产业兴、百姓富、环境美、文化强的美丽宜居小城镇。海头镇投入2.1亿元，以海洋产业发展和滨海生态建设为导向，从总体规划编制、渔港航道疏浚、道路提档升级、新建公共服务设施、配套电商产业工程、提升旅游配套服务、创新基层社会治理等方面入手，打造集居民富裕、生活便利、环境优美、产业兴旺的美丽宜居滨海特色小城镇。桃林镇投入0.7亿元，围绕非遗传

承保护活化、循环经济产业强化、桃源酒巷街道靓化、主要道路改造体系化4个方面，推进美丽宜居小城镇建设。（孟凡哲）

·美丽乡村建设 2021年，全市申报省级特色田园乡村10个，验收通过5个，申报市级特色田园乡村35个，验收通过30个。到年底，全市建成省级特色田园乡村23个，市级特色田园乡村61个，省级传统村落8个。累计改善农房4.97万户，完成省下达连云港市3年4.5万户农房改善任务，建成美丽宜居乡村1193个，全市双车道四级公路覆盖率、自然村公路通达率均达100%。

·乡村振兴样板村建设 2021年，根据“产业兴旺、生态宜居、乡风文明、治理有效、生活富裕”的要求，全市确定20个乡村振兴样板村，其中，东海县、灌云县、灌南县、赣榆区各4个，海州区、连云区、开发区、徐圩新区各1个。全年投入市级以上财政资金2270万元，完成样板村一份村史村情、一个项目库、一套乡村振兴规划、一份振兴影像档案“四个一”建设。推进样板村“四个三”建设，即通过乡村庭院“三园”、乡村农房“三建”、乡村环境“三清”、村容村貌“三拆”专项行动，形成一批与乡村振兴深度融合的先进典型案例，有效促进全市乡村面貌整体提升。（张文博）

·人居环境整治 2021年，全市巩固农村人居环境整治三年行动成果，改善提升农村人居环境质量。全市累计投入人居环境整治的资金3.6亿万元，清理农村生活垃圾、建筑垃圾、白色垃圾、河岸垃圾等63.4万吨，清理农村排水沟、河塘沟渠3387千米，清理农业生产废弃物3370吨。建成市级整治示范镇12个、市级整治示范村100个，庭院美化示范户1万户。建成省级垃圾分类试点乡镇6个，市级垃圾分类试点乡镇2个，全市开展农村生活垃圾分类的乡镇达20%以上；完成农村生活污水治理的行政村1312个，覆盖率90%，完成治理自然村1980个，覆盖率46%；完成156条农村黑臭水体治理。印发《连云港市农村户厕问题摸排工作实施方案》，建立市、县、镇、村户厕问题摸排账册。“学习强国”江苏学习平台推介连云港市典型示范村庄，“全国农村人居环境”微信公众号、江苏新时空、我苏网等媒体介绍连云港市农村人居环境整治工作推进情况及典型经验。（陈 辉）

·连云港“鲜花小镇”获批国家级农业产业强镇 4月2日，农业农村部办公厅、财政部办公厅公示了2021年农业产业融合发展项目创建名单，东海县双店镇入选农业强镇创建名单，成为连云港市唯一上榜镇。双店镇有20年鲜切花种植历史，是省内品种最多、品种最新、品种最全的百合花生产基地。

·留云岭村入选中国美丽休闲乡村名单 11月12日，农业农村部公布了2021年中国美丽休闲乡村名单，全国254个乡村入选，连云区宿城街道留云岭村位列其中，是继赣榆区谢湖村、灌云县同兴镇伊芦村之后全市第三个获评的村落。留云岭村位于宿城街道中心偏西地段，三面环山一面临海，自然人文旅游资源丰富，是国家AAAA级景区海上云台山和中国十佳村镇漫游地的重要组成部分，辖区内涵盖子午亭、江南竹苑、绿汪佛光、新罗人宅遗址、

2021年，连云港市建成省级特色田园乡村56个，市级特色田园乡村61个。图为连云区朝阳街道韩李村

王健民 摄

陶公祠、仙人屋、抗日石刻等多个人文景观，集山、林、海、雾等自然景观于一处。2021年，全村接待游客10万人次。（年 编）

农村水利

·概况 2021年，连云港市实施重点水利工程建设15项，完成投资9.59亿元。东海县青湖闸、埝河闸、上湾坝闸、竹墩闸、范埠闸、羽山闸、磨山闸、灌云县同兴闸列入水利部第一批水闸除险加固规划的8座病险水闸全面销号。鲁兰河治理工程基本完工。武障河闸扩建工程1月开工建设，年度完成投资1.5亿元。兴庄河治理工程11月开工，年度完成投资8000万元。善北套闸等7个单位通过省级复核，临洪闸等3个单位通过省一级水管单位考核，芝麻翻水站等5个单位通过省三级水管单位考核。全市有临洪东站等4个单位创建成水利工程精细化管理单位。东海县、赣榆区、连云区等5座小水库除险加固工程概算2915万元，5座小水库除险加固均通过完工验收。全年完成11座大中型水库和98座小水库规划编制审查。完成71条河道保护规划和技术审查。

·农村水利建设 2021年，连云港市重点实施农村生态河道建设、中型灌区续建配套与节水改造、农村饮水安全巩固提升、水土保持等农村水利建设项目，全年完成农村水利与水土保持工程建设投资4.59亿元。建设农村生态河道78条544千米，完成农村河道疏浚土方834万立方米。实施东海县昌梨水库灌区、灌南县沂南灌区、赣榆区八条路水库灌区3个中型灌区续建配套与节水改造项目，新建、拆建泵站23座，新建闸、涵、桥、渡槽等建筑物319座。实施赣榆区石埠小流域国家水土保持项目，治理水土流失面积10平方千米，赣榆区代表江苏省接受水利部水土保持规划目标考核，现场核查获得优秀，连云港市水土保持工作考核获全省优秀等次。全年完成水利绿化面积886.66公顷，新增有效灌溉面积1413公顷，新增旱涝保收田3620公顷，新增节水灌溉面积5333公顷。更新改造农村供水管网554千米，新增工程受益人口20万人，全市农村供水保证率达95%，农村区域供水入户率达99%以上。完成4个大型灌区及31个中型灌区干支渠及建筑物划界工作，完成149条县级河道及653条乡级河道划界，并通过县级政府验收。小塔山灌区、沭新渠灌区、沂南灌区、界北灌区成功创建2021年省级节水型灌区。东海县城北水厂、灌南县硕项湖水厂被水利部命名为2021年度全国100家农村供水规范化示范水厂。

·移民后扶 2021年，全市拨付大中型水库移民后扶资金3.04亿元。核定发放移民直补资金4.15万人、2415万元。完成后扶项目建设71个，新建改造村庄道路36.17万平方米、铺设人行道2.31万平方米。新建、改建生产桥11座，新建、改建下水道42.59千米。居民墙体出新4.27万平方米。村庄河道水系治理（清淤、护坡）14.55千米。自来水入户改造1.03万户。购置安装太阳能路灯876盏。新建村民服务中心1735平方米、活动广场2处、公厕1处。村庄绿化1.8万平方米。新建标准厂房2.02万平方米、农业大棚3.77万平方米、电商创业园2600平方米及粮食服务中心2800平方米。（李 军）

脱贫成果巩固

·概况 2021年，连云港市实施"精准防贫保"工程，开展乡村振兴样板村建设，推进乡村振兴产业园发展，巩固拓展脱贫攻坚成果，原市政府扶贫工作办公室获评全国乡村振兴（扶贫）系统先进集体。加强防贫对象动态监测，防贫保费提高至每年每人100元，累计救助4565户，发放救助金1366万元，排查出脱贫监测户、边缘贫困户"两类人员"1036户、3128人，全部按照"12345"精准防贫工作机制落实帮扶措施。加大财政帮促投入，全年安排帮促资金3.89亿元，实施帮促项目201个。完善低收入人口增收机制，以乡村振兴产业园、帮促车间等载体，开展春风就业行动、线上线下技能培训活动，发放脱贫人口小额信贷4.28亿元，惠及农村低收入人口1.05万户。构建村集体增收长效机制，创新实施《关于推动"党建引领、富民兴村"九条措施》，举办首届百名村党支部书记学历水平和发展能力"双提升"班，全市766个村集体经济项目全部投产见效，带动增加村集体经济收入1.6亿元，带动就业6.8万人。优化帮促资产管理，全市有扶贫资产1366个，资产总额13.32亿元，其中经营性资产11.28亿元，全年帮促资产收益4524.43万元。（孙国利）

·乡村振兴示范区建设 2021年，市乡村振兴局发挥中央彩票公益金和省级重点片区帮促资金引导作用，重点打造石梁河水库片区和灌云县西部岗岭地区两个乡村振兴示范区。石梁河水库片区以打造践行生态文明理念的实践地、红色旅游和教育基地、探索港城共同富裕实现路径的试验区为定位，编制《石梁河水库片区乡村振兴示范区建设规划》，构建"一环·两核·三片区"的核心区总体空间结构体系，完成库区采砂、网箱养殖等综合整治和库区一期生态修复工程。灌云县西部岗岭地以中央彩票公益金支持乡村振兴示范区项目为依托，重点推进农村人居环境整治和公益性基础设施建设、促进脱贫劳动力就业增收、发展农业特色产业等。（陈建华）

责任编辑 徐 敏

生态建设

综述

·概况　2021年，连云港市生态环境持续改善。全市$PM_{2.5}$浓度32微克/米^3，比2020年改善13.5%；空气质量优良天数比率83.8%，上升4个百分点。全市45个国省考断面达到或优于三类水标准比例为86.7%，劣五类断面全面消除。全市土壤和地下水环境质量总体保持稳定，受污染耕地安全利用率99.2%，污染地块安全利用率100%。全年完成绿化造林2933.33公顷，新建省级绿美村庄50个，新建、完善农田林网1.81万公顷，“四旁”植树546万株。建设生态安全缓冲区2处，新建生态护坡及水源涵养林2处。海岛、岸线生态修复岸线长度累计80余千米。建立生态副县长、副镇长制，省生态环境系统选派3名处级干部挂职任生态副县长（副主任），市生态环境局选派4名科级干部到乡镇、园区挂任生态副镇长（副主任）。开展生态环境与健康管理试点，出台《连云港市建设项目环境健康风险评估技术办法（试行）。开展海洋生态环境保护规划编制试点，试点工作经验在全国水流域、海洋生态环境等规划编制工作会议上被推广。开展“三线一单”实施跟踪评估试点和构建以排污许可制为核心的环境管理制度体系试点，探索“三线一单”协同减污降碳的技术路径和管理模式。建成省内首个能源大数据中心（碳监测中心），对规模以上企业开展碳数据采集、监测，为能源消耗、碳排量和电力建立映射关系提供数据基础。在主港区建成国内首艘海上电动拖轮，每年可节约燃油消耗300吨。江苏新海发电公司安装碳排放精准计量系统。建成全市首座居民小区“零碳配电站房”，实现站房能源的供应清洁化、使用低碳化和管理智能化。创建生态环境系统行政执法类新录用公务员专题培训示范班，探索实

2021年，国家气候中心授予连云区“中国气候宜居城市”国家气候标志。图为连云区北固山生态环境

王健民　摄

施"1＋1＋1"(1个月基础理论学习、1个月现场教学、1个月实战练兵)培训模式。

·生态空间管控 2021年，市生态环境部门加强生态红线保护，开展"绿盾2021"专项行动，加强自然保护地监管，对破坏自然保护地生态环境的行为开展整治效果"回头看"行动。开展全市自然保护地遥感监测，摸清全市生态空间保护区和自然保护地内的人类活动情况。推进生态空间管控区优化调整和论证，对符合在生态空间管控区内开展的项目，开展不可避让生态空间专家论证。海州区和赣榆区生态空间管控区域调整方案获得省自然资源厅批复。（韦 丽）

·生态示范创建 2021年，连云港市实施产业转型升级、大气污染防治、水污染防治、土壤污染防治、自然生态保护、生态文明能力建设"六大工程"。推进生态文明示范创建，修编《连云港市国家生态文明建设示范市规划(2021—2025)》。推进省级生态园林城市创建，全市新增绿地380公顷，其中市区新增绿地234公顷，绿化覆盖率42.54%，绿地率38.57%，人均公共绿地面积达15.4平方米/人。刘志洲公园、和安湖湿地公园、朐阳公园等6个公园建成开放，园博园、赣榆白鹭园等建设有序实施。苍梧绿园等6个综合公园提升为健康主题公园。建成新海路游园、关庙巷游园等18处"口袋公园"。实施东苑巷、康泰路等24条各具特色"小而精"的街巷绿化改造，打造花园式小街巷。实施市区50余处道路交叉口草花节点面积近14万平方米，打造"绿树成荫、色彩绚丽、季相分明、自然生态"的城市道路林荫多彩长廊。海州区获批江苏省生态文明建设示范区，10个乡镇(街道)和15个村(社区)获批江苏省生态文明建设示范乡镇(街道)、村(社区)。灌南县盐河片区公园绿地体系化建设项目获批省园林绿化示范项目。徐圩新区启动"绿水青山就是金山银山"实践创新基地创建。（王 莉 韦 丽）

·国家森林城市创建 2021年，连云港市做好国家森林城市创建工作，推进城市公园、城郊绿道、生态步道建设，围绕大中型河堤马道、苗木基地、经济林果基地、沿海防护林工程、农田林网建设等重点林业项目，全市完成造林面积2933.33公顷。开展公园城市、山体绿化、宕口修复、海岛绿化、绿色通道、河湖绿化等重点工程建设，连片栽植流苏10万株，打造云台山"祥云景观"、大圣湖"樱花大道"、万年山"杜鹃花海"，网红森林成为一道亮丽的景观线。全市有林地面积14.94万公顷，林木覆盖率27.4%。建成区绿地总面积8679公顷，绿化覆盖面积9571公顷，绿化覆盖率42.54%，人均公共绿地面积15.4平方米，城区林荫道路率72%。高标准建设城市动车沿线绿化，实现国省干道和高铁沿线绿色通道全覆盖，开展石梁河库区生态修复和市级机关对口帮扶村庄绿化建设。印发《连云港市关于全面推行林长制的实施意见》，推行林长制工作，建立市、县(区)、乡(镇、街)、村(社区)四级林长制体系。全市未发生重大森林资源案件，未发生重大森林火灾，接受中央环保督察未发生重大涉林生态典型案件。

·南云台林场获评中国森林康养林场 10月21—22日，在四川眉山市洪雅县举办的2021年森林康养年会上，南云台林场被中国林场协会授予"中国森林康养林场"称号，全省仅有3家林场上榜，连云港市南云台林场位于江苏省最高峰玉女峰南麓，是连云港云台山国家级风景名胜区的重要组成部分，拥有森林资源2133公顷。林场群峰峭立，秀水长流，古树名木众多，珍稀树种荟萃，森林景观优美。（韦 丽）

·花果山国家地质公园建设 2021年，云台山景区管委会编制《花果山国家地质公园建设升级改造科普基地实施方案》。投入资金130万元，完成花果山国家地质公园标识系统改造，更换、新增导向牌及景点解说牌208块。博物馆地学科普系统维护提升稳步推进，建立青少年沉浸式体验地学系统和互动探索地学的科普系统。更新博物馆老旧破损多媒体展示系统。完成地质公园VR科普体验一体机调研询价及合同草拟等前期工作。完成智慧科普机器人采购、调试和使用。购置书籍1000余套(册)，增设触摸屏电子阅读器，安装LED显示屏，打造科普读书角。启动地质公园科研项目，开展系列科普活动。完成花果山海侵海退演变与花果山地质地貌的形

2021年，南云台林场获评中国森林康养林场　　王健民/视觉江苏网

成初步调研，推进科研课题《中国东部的海侵海退演变与花果山地质地貌的形成》研究。建立地学导游队伍，全年开展5000人次系列科普宣传活动。　（吕虎强）

环境质量

·概况　2021年，连云港市$PM_{2.5}$浓度32微克/米^3，空气质量优良天数比率83.8%，两项指标均为2013年有监测数据以来历史最优水平。臭氧最大8小时滑动平均值的第90百分位浓度为150微克/米^3，排名全省第一。$PM_{2.5}$、臭氧、可吸入颗粒物(PM_{10})等6项指标年均浓度首次全部达到国家二级标准。全市45个国省考断面中有39个水质达到或优于三类，优三类断面比例为86.7%，高于省定目标8.9个百分点，22个国考断面中有19个水质达到或优于三类，优三类断面比例为86.4%。近岸海域优良海水（一、二类）点位面积占比88.7%，为沿海三市最优。

·空气环境　2021年，市区环境空气质量优良天数为306天，其中优87天、良219天，优良率83.8%，比2020年上升4个百分点。空气质量超标59天，其中轻度污染44天、中度污染11天、重度污染1天、严重污染3天。市区环境空气质量达到《环境空气质量标准》(GB 3095—2012)二级标准。其中二氧化硫、二氧化氮、PM_{10}和$PM_{2.5}$的年均浓度分别为10微克/米^3、27微克/米^3、57微克/米^{3}和32微克/米^3，年均浓度降幅分别为16.7%、3.6%、0、13.5%。臭氧最大8小时滑动平均值的第90百分位浓度为150微克/米^3，一氧化碳日均值第95百分位浓度为1.1毫克/米^3，分别下降9.6%和21.4%。赣榆区、东海县、灌云县、灌南县城区空气质量达标率分别为78.9%、78.1%、81.4%、84.1%。4个县区细颗粒物年均浓度为34～40微克/米^3，灌南县细颗粒物年均浓度达到《环境空气质量标准》二级标准，其余三县区细颗粒物超标。其他指标均满足相应标准要求。市区酸雨发生率为0.9%，下降9.9个百分点，主要发生在胡沟管理处点位。4个县区酸雨发生率为零。全市农村环境空气质量总体较好。全年开展环境质量监测的10个监控村庄，按《环境空气质量标准》日平均二级标准评价，环境空气达标率80%～90%，灌云县、灌南县的4个村庄环境空气达标率较高，首要污染物为可吸入颗粒物、细颗粒物和臭氧。全市降尘年均值为2.9吨/月·平方千米，比2020年下降6.5%。四县区降尘浓度为2.4～3.1吨/月·平方千米，降尘量均达目标要求。

江苏省生态文明示范街道——花果山街道　　赵俊/视觉江苏网

·水环境　2021年，连云港市水环境质量持续改善。22个国考断面水质优三类比例86.4%，比"十三五"末上升9.1个百分点；45个地表水省考断面优三类占比86.7%，比"十三五"末上升4.8个百分点，地表水断面全面消除劣五类。入海河流水质状况良好，优三类比例82.2%。市区、东海县、灌云县、灌南县等县级以上集中式饮用水源地及应急备用水源地水质达到或优于三类比例为99.8%。全市3个大(二)型水库及1个中型水库（西双湖水库）中，石梁河水库水质类别为五类，处于中营养至轻度富营养状态之间；塔山水库水质类别为四类，处于中营养状态；安峰水库、西双湖水库水质类别为三类，处于中营养状态。湖库的主要营养元素均为总磷、总氮。海州双龙井、墟沟水井各项水质指标符合《地下水水质标准》四类标准。灌南县新安镇水厂、汤沟镇水厂总大肠菌群超过《地下水水质标准》三类标准，氯化物、钠超过《地下水水质标准》三类标准，其余各项水质指标均符合三类标准。全市农村千吨万人饮用水源地1个，为灌南县通榆河田楼水源地，2021年水质全部达标，高锰酸盐指数、氨氮、总磷三个指标满足《地表水环境质量标准》(GB 3838－2002)三类水标准值。连云港农田灌溉水监测点位共设8个，主要分布在塔山水库灌区、石梁河水库灌区、沭南灌区、沭新渠灌区，8个监测点位各项监测指标浓度均满足《农田灌溉水质标准》(GB 5084－2021)。

·海洋环境　2021年，连云港市近岸海域春夏秋优良海水面积占比分别为98.7%、84%、87.16%，全年平均优良海水面积占比88.7%。主要入海河流全部消除劣五类，优三类占比86.7%。15处直排海污染源全部达标排放。做好1471个入海排污口监测溯源工作，完成430个入海排污口整治工作。灌河口邻近

大群反嘴鹬在海州湾沿海湿地聚集　　司伟/视觉江苏网

海域海洋生物多样性综合指数(MBI)由2016年的34.3(接近低等级生物多样性),提升至60.2(中等生物多样性),大型底栖生物由2011年的2种增加到16种。连岛海滨浴场和苏马湾海水浴场水质全部优良,其中优为71.4%、良为28.6%。全部监测结果评价为适宜游泳或较适宜游泳,比2020年上升14.3个百分点。

·声环境　2021年,连云港市声环境质量基本稳定。市区环境噪声年均等效声级为53.3分贝,达到"较好"等级,比2020年上升0.7分贝。市区交通噪声等效声级为63分贝,达到"好"等级,下降1分贝。市区17个功能区噪声昼间全部达标,夜间达标率为97.1%。其中,1类区昼间等效声级42.9～52.6分贝、夜间等效声级35～44.2分贝;2类区昼间等效声级45.2～58.5分贝、夜间等效声级35.7～49.3分贝;3类区昼间等效声级51.1～58.4分贝、夜间噪声等效声级43.1～55.5分贝;4a类区昼间等效声级51～66.1分贝,夜间等效声级45.3～51.5分贝。

·土壤环境　2021年,全市36个省控网土壤点位各项指标均低于《土壤环境质量建设用地土壤污染风险管控标准》土壤污染风险筛选值,全部达标,土壤环境质量较好。土壤环境风险基本得到管控,受污染耕地安全利用率达99.2%,污染地块安全利用率稳定在100%。在17家土壤重点监管单位基础上,确定将39家排污重点单位纳入土壤污染重点监管单位名录管理。完成全市地下水水质监测和地下水污染防治分区,建设360眼地下水水质监测井。完成连云港石化产业基地地下水环境调查评估,开展地下水智能化监管试点。省审计厅对连云港市开展的土壤污染防治情况专项审计调查工作,涉及的6个方面、17个问题,全部整改完成。完成全市重点行业企业用地调查,获省级优秀等次。

·生物生态环境　2021年,全市生态环境状况指数(EI)为63.6。县区中灌南县生态环境质量指数最高,为68.1;市区最低,为57.9。生态环境状况良好,植被覆盖率较高,生物多样性较丰富,生态环境质量略微变好,生态环境评价等级为良好。生物丰度指数为27.1,县区生物丰度指数22.6～31。市区生物丰度指数最高,为31;灌南县最低,为22.6;赣榆区、东海县、灌云县在生物丰度指数中权重较大的林地、草地、水域面积相对较少,权重较小的耕地和建筑用地面积相对较大。植被覆盖指数为81.3,环比减少0.3。县区植被覆盖指数由高到低依次为东海县>灌南县>灌云县>赣榆区>市区,东海县植被覆盖指数最高,为89.4。土地胁迫指数为11.6。县区的土地退化指数中市区最高,为20.2;东海最低,为7.7。连云港市以平原地形为主,大部分地区水土流失程度较轻。全市污染负荷指数为1.1。灌云县污染负荷指数最低,市区及赣榆区环境质量指数最高。全市县域农村生物丰度指数在22.6～31;植被覆盖指数在58.9～

鹭鸟在连云港市小岛山野生动物保护区树林枝头上栖息

王春/视觉江苏网

89.4;水网密度指数在63.9～98;土地胁迫指数在7.7～20.2;污染负荷指数在0～0.5。依据《农村环境质量综合评价技术规定(试行)》,全市县域农村生态状况指数在57.9～68.1,县区生态状况均为良,整体生态状况良好。

·辐射环境 2021年,全市辐射环境质量保持良好。空气吸收剂量率和大气中放射性核素浓度处于天然本底涨落范围内;海洋生物及土壤中放射性核素浓度处于天然本底水平;重点饮用水源地取水口水中放射性水平符合标准要求;电磁环境测值均低于标准中暴露控制限值的要求。田湾核电站外围辐射环境状况处于正常水平,辐射环境监督性监测系统正常运行,数据捕获率100%。核电站周围大气、水体、土壤和生物等介质中放射性监测结果均在天然本底涨落范围内。电磁设施周围电磁环境水平均满足相应标准要求。全市有使用放射性同位素工作单位32家,在用密封放射源总数843枚;在用非豁免射线装置单位149家,射线装置468套,全市持有辐射安全许可证单位175家。

(王　莉)

水资源保护

·概况 2021年,连云港市完成水利投资17.09亿元,其中水利基本建设完成投资9.59亿元,主要实施病险水闸除险加固、石梁河水库生态修复等15项工程。完成工程维修养护投资0.58亿元,善北套闸等7个单位通过省级复核。全市22个国考断面优三类比例达86.4%,45个省考断面优三类比例达82.2%。新建、改建城市污水管网180千米。恒隆、墟沟、浦南、西湖4座污水处理厂扩建工程加快建设,新增污水处理能力8.7万吨/日。完成农村黑臭水体整治133条,行政村生活污水处理设施覆盖率达90%。全年建设农村生态河道209条,整治疏浚河道1382千米。加快石梁河水库生态修复一期工程建设,55千米环库道路基本打通,实施周边镇村截污治污工程。实施蔷薇河月牙岛段提升改造项目,加快东盐河河滨公园提档升级,全市建成河长制主题公园7座。临洪闸等3家单位通过省一级水管单位考核,芝麻翻水站等5家单位通过省三级水管单位考核,临洪东站等4家单位创建成水利工程精细化管理单位。开展大中型水库等重要水体年度生态状况评价,创建国家级县域节水型社会1家、建成省部级节水型载体61家、市级节水标杆5家。

实施生态修复后的东海县石梁河水库　　邵光明　摄

·水资源管理 2021年,连云港市严格用水管控,禁止超用水总量控制红线的地区新批取水许可。完成沭河、沭新河等河道和沭新渠、鲁兰河、石梁河水库等跨县区河库水量分配,细化跨区域河道用水管控。落实《江苏省水资源管理监督检查办法(试行)》,加强取水许可事中、事后监督指导。完成23家取水企业取水规范化建设,改善取水设施老旧、日常监管粗放等状况。建立灌区、公共供水企业、工业、服务业、畜禽养殖户等用水统计名录库,通过直报系统按季度调查各行业用水情况,按年度核算全市用水总量,全年用水总量为26.47亿立方米。完成2021年省市最严格水资源管理考核。

饮用水源地保护　加强集中式饮用水水源地管理与保护。小塔山水库水源地、叮当河水源地等纳入全省首批规范化贯标名录。成立节假日水源地管护专班,由市县两级分管领导、水源地负责人、现场负责人等人员组成,确保24小时专人值守,要求水源地异常或突发污染情况即时报告、无特殊情况定时零报告。

地下水保护　市水利部门编制《连云港市地下水利用与保护规划》。贯彻落实《地下水管理条例》。实施地下水开采总量与强度控制。加强超采区治理,修复生态环境,保障地下水水位稳定。做好地下水水位监测和核查,严查违法盗采地下水行为。

取水许可管理　根据建设项目水资源论证导则,履行水资源论证审查、取水许可审批、取水工程验收等手续。加强省级水资源信息管理系统运维。全年非农监测站平均在线率99.9%,非农业用水量在线监测率80.22%。完成连云经济开发区、柘汪临港产业园水资源论证区域评估。

生态水位　全市印发23条重点河湖库生态水位及保障方案,明确县区政府主体责任及预警机制。运用连云港市防汛防旱决策网的实时水位信息开展监测及预警，及时做好水资源调度。全年重点河湖库生态水位保证率100%。

节水工作　1月1日，《连云港节约用水管理办法》实行。全年完成市级10家自备水企业用水户，374家公共供水用水户的计划用水下达和管理。印发《连云港市"十四五"节约用水规划》。在规划、建设等项目中开展节水评价工作，全年完成10项节水评价；完成用水审计8家，水平衡测试39家。推进节水型社会建设，灌云县国家级县域节水型社会达标建设通过验收；赣榆区水利局、赣榆区通榆河北延送水工程管理所完成水利行业节水型机关创建工作；建成省级水效领跑者3家，入围1家；水利部节水型高校1所，省级节水型学校23所，节水型企业9家，节水型社区19个，节水型单位2家，节水型灌区2个。市区苍梧片区、东海县节水教育基地建设通过省级验收。评选出市级水效领跑者10家，建设市级节水标杆3家，节水型学校16所，节水型企业26家，节水型社区13个，节水型单位2家，节水型灌区1个。

·河长制工作　2021年，全市建立"河长＋检察长"工作机制。市县纪委监委对河长制工作实行嵌入式监督。推行"河长制＋"行动、"河长制＋乡村振兴"、"河长制＋社会治理"等创新机制。实施河长制督查交办三色清单管理制度，做好交办问题提醒、警示和问责。全年签发三色单39份，其中黄色提醒单34份、橙色催办单5份。连云港市与山东省临沂市、日照市签订跨省流域突发水污染事件联防联控机制框架协议，推动跨省流域协同共治。召开全市河长制工作会议。全年市级总河长、市委书记方伟调研河长制工作9次，市级总河长、代市长马士光调研河长制工作4次。15名市级河长巡河96次，签发问题交办单47份，116名县区级河长巡河643次。

·水行政执法　2021年，全市巡查河道长度3.48万千米，巡查监管对象745个，出动水行政执法人员814人，执法车辆300车次，执法船只65航次，现场制止水事违法行为116起。全年调查非法采砂、违规取水、非法养殖等以及公安移交的涉嫌违反水法律法规案件十余起。立案查处非法采砂案2起，申请法院强制执行5起。办理市水利局涉施工合同仲裁案，挽回损失560多万元。完成水利科技档案馆租赁、人员聘用等涉法文书拟写及审查近30份。推进连徐高铁、连盐铁路和204国道等重点建设项目监管。10个涉河建设审批项目独立建档，定期检查。全年调查处理涉法举报案件12起、市级水利系统信访和舆情40余件。开展"智慧执法"建设，推进执法基地建设。配套完善通榆河执法基地，建成石梁河水库执法基地。全年处理河库"两违三乱"问题300余个，清理石梁河水库网箱10.45万只、涉渔"三无"船舶3771艘，清理安峰山水库网箱2.66万只，立案查处水事违法案件4起。　（李　军）

·全市首例水权交易签约　9月10日，江苏新龙港港口有限公司与华能灌云热电有限责任公司在省市县三级水利部门的共同见证下，签订水权交易合作意向书为全市首例。甲方江苏新龙港港口有限公司存在10万米^3/年的生产用水需求，乙方华能灌云热电有限责任公司拥有345万米^3/年的水资源使用权，通过实施生产废水综合利用节水技术改造，每年可节约12余万立方米水量。

·石梁河水库幸福河湖建设清水进城行动　11月19日，连云港市启动石梁河水库幸福河湖建设清水进城行动，该行动通过碧水畅流、生态修复、乡村建设、道路通达、文旅融合五大工程、50项重点任务建设，发挥石梁河水库资源优势，实现清水进城、活水绕城的高质量发展目标。玉龙泵站是连接玉带河、龙尾河的重要水利工程，是石梁河水库幸福河湖建设清水进城行动中的重要节点工程，发挥着防洪排涝、龙尾河水环境维护等重要作用。到年底，工程进行上下游围堰以及基坑支护等临时工程的施工。石梁河水库生态修复一期工程项目属于清水进城行动中的河口整治部分，主要通过清除底淤以及种植水生植物等方式，对河口水质进行提升改善。

（年　编）

海洋环境保护

·海洋生态修复　到2021年底，连云港市生态恢复岸线长度超过80千米。推进岸线修复工作，羊山岛整治修复项目、赣榆区砂质岸线综合整治、赣榆区海洋科技城岸线整治项目通过省自然资源厅验收。赣榆区砂质岸线资源调查沙滩修复项目获批省级专项资金216万元，赣榆区绣针河口湿地生态修复示范项目获批250万元。

·海域和海岛使用管理　2021年，市自然资源和规划局落实《连云港市海域使用事中事后监管工作制度》，提升全市海域使用管理法制化、规范化水平。加大重点用海项目保障，连云港港旗台港区25万吨级矿石码头工程项目用海变更获得自然资源部批复，连云港港徐圩港区30万吨级原油码头工程用海及秦山岛保护与生态旅游项目用岛获省自然资源厅批复。推进围填海历史遗留问题处置工作，累计投入8400余万元实施海洋生态保护修复。

·"蓝色海湾"建设　2021年，连云港市加快蓝色海湾整治行动项目建设，湿地修复工程有序推进。到年底，已建设20公顷耐盐碱植物选育基地，完成场地平整及供水管网铺设，引种乔灌草植物100余种；完成生态在线监测系统设备安装，基本完成岸线和湿地地形塑造、陆生植物区绿化种植工作，实施海堤生态化建设和滨海湿地湿生水生植物区绿化种植。优化项目实施方案，实施方案（优化）通过省级审查，上报自然资源部。

·海洋综合管理 2021年，市自然资源和规划部门编制《连云港市海岸带综合保护与利用规划（2020—2035）》。沿海县区投资近300万元，启动全域县级尺度海洋灾害风险评估和区划工作。开展海洋灾害重点防御区划定和隐患排查试点工作，8月通过专家验收，相关成果移交连云区、徐圩新区实际应用。国务院第一次全国自然灾害综合风险普查领导小组办公室发文通报2021年度第一次全国自然灾害综合风险普查工作情况，市自然资源和规划局典型经验做法获国家通报推广。

·江苏省2021年世界海洋日暨全国海洋宣传日活动 6月3日—4日，江苏省2021年世界海洋日暨全国海洋宣传日活动在连云港举行。活动主题为“保护海洋生物多样性 人与自然和谐共生”。活动由江苏省自然资源厅主办，江苏海洋大学、连云港市自然资源和规划局、江苏省海涂研究中心等单位承办。活动期间，举办世界海洋日主题宣传活动暨第六届海洋科技文化节开幕式，现场为江苏海洋大学“江苏海洋科普教育基地”授牌；现场连线霍尔果斯市莫乎尔中心学校，向新疆地区的青少年捐赠书籍，宣传海洋知识、普及海洋文化；召开江苏省海洋日宣传系列活动座谈会；在在海一方公园举行净滩活动，为连云港清洁海岸志愿服务中心颁授“江苏海洋卫士”旗帜，并与现场群众互动赠送生态瓶。

（韦 丽）

土地资源保护

·土地开发利用 2021年，连云港市合理分配土地利用计划298公顷，向上争取省级重点项目指标587公顷。开展增减挂钩实施方案审批工作承接工作，制定《连云港市承接江苏省委托用地审批权工作实施方案及补充规定》《连云港市城乡建设用地增减挂钩实施方案审查细则》。全市国有建设用地供应总量为288宗1936.78公顷。其中，经营性用地460.65公顷，占比24%；工业、仓储用地963.67公顷，占比50%；公共管理和服务用地275.29公顷，占比14%；交通运输用地237.17公顷，占比12%。保障重点项目用地，江苏省十三届园艺博览会、连云港至宿迁高速公路、雅仕“一带一路”供应链基地二期和三期、农村村民住房建设取得用地批复。落实“增存挂钩”机制，加大批而未供和闲置土地处置力度，推进城镇建设用地提效工程，完成低效用地再开发882.27公顷，消化批而未供土地400.71公顷。

·耕地保护 2021年，全市加强巩固永久基本农田划定成果，开展永久基本农田核实整改补足工作。县区编制完成2021年第1批次土地征收成片方案并上报省政府批准。建立“普惠＋激励”耕地保护机制，市自然资源和规划局、财政局联合出台《连云港市耕地保护补偿激励实施办法》，完成2021年市级耕地保护补偿激励评定工作，拟拨付资金1667.95万元。启动修改连云港市征地补偿暂行办法工作，研究修改青苗和地上附着物补偿标准，形成《连云港市集体土地征收补偿办法》草拟稿。依托市级补充耕地指标交易平台，开展补充耕地指标交易226公顷，交易资金近5亿元。

（韦 丽）

·土壤修复 2021年，连云港市强化地块转让、用途变更管理，市、县（区）生态环境部门、自然资源和规划部门联合印发《关于进一步加强污染地块联动监管工作的通知》，明

2021年，连云港市加快蓝色海湾整治行动项目建设。图为连云区在海一方公园　张言华　摄

确对于涉及疑似污染地块的土地使用权转让、农用地用途变更为住宅、公共管理与公共服务用地的，土地使用权人要按国家相关规定开展土壤污染状况调查，后续土壤污染状况调查报告作为土地使用权转让及用途变更的前置条件。完成江苏德邦化学工业有限公司海宁路南、江化南路两侧等地块土壤及地下水环境修复，启动连云港市新海路东地块土壤污染修复。赣榆区永泰焊割气厂地块、连云港永益塑胶有限公司地块、连云港市德邦精细化工有限公司地块土壤污染状况调查报告通过市级评审。（王　莉）

·土地执法监察　2021年，市政府召开七次专题会议推进违法用地整改工作，开展土地执法、海洋执法巡查工作，推进59宗非法占用海域从事紫菜养殖案件强制执行案件。巩固违建别墅问题清查整治专项行动，排查移送违纪违法问题线索。推进农村乱占耕地建房问题专项整治工作，全年完成问题整改965个、188公顷。违法用地综合整治三年行动完成整改875宗、422公顷，违法违规用地清零完成整改410宗、235公顷。2019年耕地保护督察后续问题完成整改销号35宗、96.8公顷，2020年土地例行督察完成整改销号17宗、70公顷。市政府印发《连云港市耕地破坏鉴定暂行办法》，市自然资源和规划局与检察院联合建立"检源行"共建活动，与市公检法三部门联合建立自然资源行政执法与刑事司法衔接制度。（韦　丽）

矿产资源保护

·概况　2021年，连云港市有有效探矿权9个，其中普查项目2个、详查项目5个，勘探项目2个，主要勘查矿种为地热和石榴子石，勘查面积17.19平方千米。全市有有效期内在采矿山企业11家，矿山企业结构特点按矿种分，主要有片麻岩、金红石、饰面用大理岩、花岗岩、建筑用砂岩、熔剂用蛇纹岩、矿泉水、地下热水8个矿种。

·矿山环境整治　2021年，全市完成马涧通道南侧边坡生态修复和虎山矿区、西陬山矿区治理工作，启动南云台林场职工住宅区北侧宕口修复项目。争取马涧通道北侧边坡生态修复工程省级专项资金350万元。（韦　丽）

森林和自然保护地保护

·概况　至2021年底，连云港市有林地面积14.94万公顷，国家特别规定灌木林地面积1.61万公顷，"四旁"（路旁、沟旁、渠旁、宅旁）树折算面积2.64万公顷，国家级生态公益林1.45万公顷，省级生态公益林2.68万公顷。森林覆盖面积19.19万公顷，森林覆盖率21.73%，林木覆盖率27.4%。全市有省级以上的保护地共6类、15处，包括自然保护区1处、森林公园6个、湿地公园4个、地质公园2个、海洋公园1个、风景名胜区1个，全市保护地总面积833.7平方千米。

·国土绿化　2021年，全市坚持生态优先、绿色发展，推动构建"山水林田湖草沙"生命共同体，开展成片造林、重点生态景观区绿化造林（即"四河、两山、一岛、一湖"绿化工程：玉带河、排淡河、东盐河、大浦河、花果山、东海羽山、前三岛和海陵湖）和绿美村庄建设，提升自然生态系统承载力和生态服务功能。全市完成绿化造林2933.33公顷，其中成片造林1486.7公顷。更新造林1000公顷，封山育林700公顷，退化林修复228公顷。培育珍贵用材树种151.8万株，"四旁"植树546万株，新建省级绿美村庄50个，完善农田林网控制面积1.81万公顷。

·林地绿地保护　2021年，全市开展"绿盾2021"森林资源和自然保护地执法行动。全年发生破坏森林资源案件38起，查处38起。在2021森林督查中，核查疑似问题图斑798个，发现主要问题图斑17个。落实林地分级管理和准入制度，实行异地植被恢复和省级以上重点公益林"占一补一"制度，林地面积和重点公益林不因征收占用减少。坚持森林采伐量小于生长量的原则和"凭证采伐、限额采伐"两项基本制度，全年批准森林采伐12.15万立方米，抚育森林13.53公顷。自然资源和规划部门完成"十四五"森林采伐限额和县级森林经营规划编制。

连云区大港路一段长约800米的蔷薇长廊，成为市民"网红打卡地"
朱华南/视觉江苏网

·林业生物灾害防治　2021年，全市做好松材线虫病、美国白蛾等林业生物灾害防控，完成防治作业面积142.18万亩次，其中美国白蛾飞防作业面积7.53万公顷，松材线虫病死树除治面积1047公顷，注药保护3.5万株健康松树，释放管氏肿腿蜂5000管、花绒寄甲4000管、周氏啮小蜂寄生蛹2.4万头。开展全市林业检疫业务，调出木材及其制品277车，调入木材及其制品374车。

·湿地保护　2021年，全市开展市级重要湿地名录认证工作，经意见征集、数据汇总、核定修改、审定、公示等程序，拟将灌云开山岛等六处湿地列入市级重要湿地名录，形成详细的名录文本与图册。全年湿地修复面积293.24公顷，新建赣榆石桥滨海市级湿地公园1个，灌南县武障河、连云区排淡河、海州区鲁兰河、海州区大圣湖4个湿地保护小区，全市湿地保护率达30.8%，自然湿地保护率57.1%。

·古树名木保护　2021年，全市有古树名木548株，其中一级古树59株、二级古树69株、三级古树364株、其他56株。加强古树名木保护监管，对全市548株古树名木开展日常巡查检查和保护管理工作。开展濒危古树抢救保护，实施古树名木抢救复壮省级试点示范项目，制定古树抢救和复壮方案，完成10株古树和一个银杏古树群的抢救复壮工作。启动古树名木调查工作。制定古树名木调查方案，对原有的548株古树核实相关现状和数据，对新增古树名木按标准、按程序进行登记建档，并对树龄80年以上的后备古树进行调查和建档。

·生物多样性保护　2021年，市自然资源和规划部门开展生物多样性保护工作。通过《连云港日报》《苍梧晚报》等媒体报道湿地资源保护新闻20余次，开展网络及现场科普宣传活动200余次，在微信公众号发布信息20余条，发放宣传资料3000余份，科普5000余人。全年处理“12345”“110”转接的野生动物突发事件200余次，救护野生动物198只。妥善处置野禽H5N8亚型高致病性禽流感疫情1起。开展打击破坏野生动物资源犯罪的“清风行动”“非法交易鸟类专项整治联合行动”。加强候鸟等野生动物及其栖息地保护管理，将海州湾湿地水鸟聚集区纳入重要候鸟栖息地范围，并结合滨海湿地修复项目内容，在临洪湿地和青口河口周边开展国家二级保护鸟类半蹼鹬、白腰杓鹬等物种的高潮栖息地营造。（韦　丽）

月牙岛湿地　　王健民　摄

节能减排

·概况　2021年，连云港市以工业领域节能增效为核心，推进节能降耗、绿色发展等工作。分解细化节能目标任务到各县区、重点用能企业，确立“月跟踪、季分析、年考核”制度，按月跟踪重点用能企业，掌握情况。按季度分析各县区节能目标完成情况并印发晴雨表进行通报。开展全市第31个节能宣传周活动。突出“节能降碳，绿色发展”主题，通过电视新闻专栏、专题访谈、《连云港日报》印发节能专刊等形式展示全市节能工作成效，宣传绿色发展、节能改造领域先进典型，传播绿色节能理念，营造节能氛围。全年单位地区生产总值能耗比2020年下降0.2%。全年实施省市重点绿色发展类项目20个，累计节约1.8万吨标准煤。市财政安排节能专项资金216万元，用于支持企业开展节能技术改造及应用推广、节能产品研发及产业化。推进资源综合利用，新增工信部废钢铁加工行业准入资质企业1家。

·工业节能　2021年，全市实施技改投资项目节能审查16个，核减能源消费3.3万吨标准煤。开展绿色制造体系示范创建工作，太阳雨集团获评国家级绿色供应链管理企业，新认定省级绿色工厂9家。开展工业企业节能诊断服务，委托第三方服务机构对能耗增长过快的11家企业开展现场节能服务诊断，围绕提升工艺技术装备、能源利用效率、能源管理体系开展提出节能改进建议21条。完成全市30家重点用能企业“双控”（能源消耗总量、社会用总量控制）考核工作，推进“两高”（高耗能、高排放）项目能耗在线监测系统建设。

·建筑节能　全年新增绿色建筑面积762.1万平方米，城镇新建建筑全部为绿色建筑。新增太阳能光热面积513.42万平方米，浅层地能

27.4万平方米，新增公共建筑能效测评标识11项，大型公共建筑能耗分项计量7项，完成既有建筑节能改造47.2万平方米，全年建筑节能量达9.8万吨标准煤。完成海州区、连云新城绿色建筑示范区2个示范区验收，推动海州区新东街道社区卫生服务中心、连云港市自来水公司大厅和新奥燃气大厅3个公共建筑室内空气质量监测试点，发布《连云港市“十四五”绿色建筑高质量发展规划》和《连云港市公共建筑合理用能指标》，获省级能效提升示范项目2项、示范资金400万元。2021年，全市新墙材产量达31.52亿块(折标砖)，新墙材占墙材总产量的100%，节约土地347公顷，节约能源19.54万吨标准煤，减少二氧化硫排放0.49万吨，利用工业废渣189万吨。新建新墙材生产项目3个，新增产能2.4亿块(折标砖)。新墙材建筑竣工面积470万平方米，占总建筑竣工面积的100%。完成省级“禁粘”目标乡镇10个。

·交通领域节能 积极推进绿色交通体系建设，2021年新辟与优化城市公交线路22条，其中新辟4条，优化调整18条，延长公交B1K、BRT环线、4路、60路、22K线、203路6条线路运营服务时间，新购置公交车22辆，公交夜间服务保障能力进一步提升。市区所有公交车辆全部实现公交IC卡刷卡、手机“扫码乘车”，实现移动终端公交车辆到站信息实时查询，建立以BRT为骨干、常规公交为主体、旅游公交为特色、出租汽车和公共自行车为补充的城市公共交通客运体系，形成“两主四快四支一环”的BRT运营网络。到年底，全市有公交车1947辆，清洁能源及新能源公交车1895辆，节能环保车辆占比97.3%。其中，市区公交车1154辆，清洁能源及新能源公交车1138辆，节能环保车辆占比99.3%。推进全市新能源巡游出租汽车投入运营，全年更新电动车79辆，电动巡游出租车累计达191辆。全年公共交通年客运量为10098.6万人次，比2020年上升13.8%，公共交通出行分担率26.3%，城市公共交通服务保障能力不断提升。 (于 跃)

·公共机构节能 2021年，市政府印发《2021年连云港市公共机构能源资源节约和生态环境保护工作要点》《连云港市“十四五”公共机构节约能源资源规划》。市机关事务管理局上报“十三五”公共机构节能工作台账，完成2217家公共机构管理树完善更新。开展垃圾分类倡议活动，完成集中办公区公共区域垃圾设施查漏补缺工作。开展节水型标杆单位建设和水效领跑者遴选工作。召开节能示范单位创建工作现场会，全年创建6家省节能示范单位、41家节约型机关，2家省节水型单位。做好公共机构节能宣传工作，在市广播电视台《连云港新闻》栏目中播出节能宣传周新闻专题。在《连云港日报》刊发节能专刊，宣传全市公共机构节能重点工作和先进典型。以“节能降碳，绿色发展”为主题，制作节能创意漫画，在市中心地段广告屏、全市公共机构大屏幕、微信公众号循环播放。全年印制2万余份节能宣传海报，张贴在2000余家公共机构显著位置，发放节能宣传手册1万余份。争取项目和经费，促进公共机构设备改造和节能产品、技术、新能源应用的推广。全年对市政务中心水电气等能耗设备进行节能优化改造，完成市行政中心30盏庭院灯节能改造工作。实施市中医院病养综合楼节能改造和市妇幼保健院空调系统合同能源管理项目运营等项目。召开26家能耗审计单位节能技改推进会，下发节能技改建议书；发放节能引导资金50余万元，引导公共机构利用先进科技成果降耗增效，全市公共机构节能技改面积达30.5万平方米。 (姜 建)

·节能监督 全年开展监察执法325家(次)，其中开展国家级监察执法任务6次，省级监察执法任务71次、市级监察执法任务248次，共下达《限期整改通知书》24份，下达《节能监察建议书》23份。强化节能培训力度，优化节能人员能力素质，组织40家企业、78人参加能源管理师培训，有76人获能源管理师，2人获能源管理员。 (于 跃)

·循环经济 循环经济产业园建设 2021年，徐圩新区确定以石化、高端装备制造、临港贸易物流加工等为主导的新型工业化基地产业定位。连云港石化基地坚持产业链上下游一体化的原则，引进盛虹石化、卫星石化、中化循环经济产业园3个大型上游石化产业和佳化化学、思派新能源、韩国SK新材料、美国奥升德等十余个下游产业链项目，各种基础原料在基地内部得到充分延伸利用，烯烃等基础原料就地转化率达70%以上，产业关联度80%以上。中化连云港循环产业园总投资约800亿元，建设35万吨芳烃下游化工系列产品、碳三产业链、5万吨集成电路级电子化学品系列产品、60万吨圣奥橡塑助剂系列产品以及ABS系列产品等，其中瑞恒新材料一期建成投产。

循环性社会发展 2021年，连云港市循环经济效益明显提升。《美丽连云港建设总体规划(2021—2035年)》将循环经济作为重点内容，明确提出“加快发展绿色生产方式，推进现代化循环产业体系建设”。加快推动制造业绿色低碳转型，实施一批绿色制造示范项目，打造一批具有示范带动作用的绿色工厂，推动节水型载体建设，推进石化基地碳捕集项目。推动传统产业节能改造，落实能耗双控要求，实施煤炭消费减量替代。加强产业废弃物综合利用，发挥东海资源循环利用基地和连云港市大宗固体废弃物综合利用基地带动示范作用，提高固体废物资源综合利用率。

(高 欣 沈 闯)

·污染物减排 2021年，全市做好污染物减排工作。13个农业面源监测断面中,三类水断面占 7 个,四类水断面占 5 个,五类水断面占 1 个,主要污染物为总磷、高锰酸盐指数。推进化肥农药减量增效,东海县、赣榆区为中央绿色种养循环农业试点县,全市建立化肥减量等示范区 14 个,示范面积 333 公顷,建成省级绿色防控示范区 26 个,全年化肥、农药使用量比 2020 年减少 0.6%、4.76%。强化畜禽养殖场污染治理及废弃物资源化利用,推进规模场粪污收集处理设施设备提档升级,全市畜禽粪污综合利用率达 97.02%。建立农业废弃物回收体系,建成废旧农膜回收网点 125 家,基本形成村级回收、镇级收集、县级处理回收网络体系,回收废旧农膜 8600 余吨,回收率达 89.6%。全年,完成 112 个工业炉窑综合治理、25 家企业 VOCs 源头替代、72 家企业 VOCs 综合治理及 400 个无组织排放、储罐治理等大气减排项目。严控陆源污染物排海总量,制定《连云港市近岸海域污染物削减和水质提升三年行动方案》,全面推进入海排污口监测溯源整治,全市完成近岸海域污染物削减重点工程 17 个。15 处直排海污染源全部达标排放。

(沈晓阳 王 莉)

污染防治

·大气污染防治 2021 年,连云港市排定 589 个重点工程项目和 4529 个重点工作任务。建立直通"点位长"工作机制,开展镇街级"点位长"履职评定,约谈镇街"点位长"37 人次。推进工业污染治理,开展工业粉尘、挥发性有机物和砖瓦行业专项整治,确保工业企业达标排放。开展 VOCs 走航监测 166 天,实现突出大气环境问题精准溯源。加大路面保洁频次,施工工地实施远程视频管理,市区建筑工地规模项目安装视频监控系统 186 个。加大移动源污染防治力度,市生态环境、公安、交通运输部门开展联合执法,完成路检路查 2548 辆次,入户检查 1021 辆次。推进国三及以下排放标准营运柴油货车提前淘汰更新,淘汰 1855 辆国三及以下排放标准的营运柴油货车。开展邮政快递业运输车辆尾气排放专项抽检行动,抽检柴油车 63 辆,合格率 92%。利用机动车尾气遥感监测溯源查处 20 家机动车环检机构。连云港港主港区国一及以下排放标准非道路移动机械和国三及以下排放标准柴油货车基本实现清零。推进面源污染防治,完成 2000 余家餐饮单位油烟整治"回头看",在 356 家餐饮单位创新试点推行餐饮油烟制度上墙和油烟污染防治管评级工作。开展散煤污染治理专项行动,注销煤炭企业 115 家。全市建成 4 个汽车修理 VOCs"绿岛"项目。开展"首季争优""春夏攻坚"等专项攻坚行动,对部分点位存在的突出涉气问题专项整治。将 1141 家企业、371 家工地列入《2021—2022 年秋冬季重污染天气应急管控清单》,99 家企业、64 家建筑市政工地纳入管控豁免名单。

·水污染防治 2021 年,全市建立直通"断面长"工作机制,每月向市级"断面长"书面汇报水质情况。市生态环境部门完成 18 个国考断面水质提升方案编制并推进落实。开展"首季争优""春夏攻坚"等专项行动,实现新浦二桥和兴庄桥首季定向挖潜目标,汛期国考断面水质大幅改善。对部分重点国考断面实施专项帮扶,推进流域水质提升。完成 500 吨以上污水处理厂联网工作,对大浦河沿线 11 个重要节点、饮用水源地沿线 25 个重要节点每周进行加密监测,20 条市级"河长制"河流 127 个断面每月开展 1 次监测,每月通报考核水质情况,每天通报 4 次国考断面、2 次省考断面在线监测数据,及时发布水质预警。全市农村生活污水行政村覆盖率 90%,自然村覆盖率 46%,43 个省政府民生实事农村污水处理设施全部建成运行,农村生活污水治理率苏北第一。

·固体废物污染防治 2021 年,开展全市危险废物专项整治行动,排查危险废物环境问题隐患 558 处,整改完成 540 处,序时推进 18 处。组织 9 场次江苏省危险废物全生命周期系统使用培训,参训人员达 800 人次。全年产生工业危险废物 16.43 万吨,自行利用处置 6.7 万吨、委外处置 9.62 万吨、暂存 0.22 万吨。产生生活垃圾焚烧灰飞 5.19 万吨,委外处置 5.51 万吨,暂存 0.04 万吨。全市投运危险废物集中处置能力 12.29 万吨/年,形成焚烧处置、柔性填埋和刚性填埋等多种处置方式。建成 2 个危险废物焚烧项目,处置能力共计 4.5 万吨/年。建成 1 个危险废物刚性填埋项目,处置能力 1 万吨/年。

·秸秆禁烧和综合利用 2021 年,连云港市做好秸秆禁烧和综合利用工作。强化机械化全量还田,提升秸秆离田综合利用占比。推进生态型犁耕深翻还田作业试点工作,小麦秸秆还田夏季 18.64 万公顷、秋季 15.13 万公顷,推广深耕犁翻面积 1.27 万公顷。统筹安排秸秆机械化还田和离田收储利用,加强秸秆机械化还田向离田利用转变,秸秆离田收储 13.67 万公顷,秸秆综合利用率达 97.46%。成立秸秆禁烧督查巡查组,由市委、市政府领导任第一组长,市委、市政府秘书长,市人大、市政协委员会主任及秸秆综禁工作领导小组成员单位领导担任组长,对县区秸秆禁烧工作包区督查。县区领导包乡镇,乡镇领导包村组,村组干部包农户,对综禁工作实施网格化管理。加大高清视频探头覆盖范围,引入焚烧火点烟感传感系统,安装 400 余路"蓝天卫士"视频探头对农作物实时监控,对沿高速、机场等重点地块实现全覆盖。利用卫星遥感技术对禁烧工作进行精准化监控。禁烧期间,对村庄公共空间整治进行巡查,对于秸秆抛河及沿河堆放等情况均视为"火点"对待。根据国家和省卫星遥感监测和路面巡查通报，连云港市未发现火点。

·辐射安全管理 2021年，全市加强辐射安全监督管理。全年审批核发辐射安全许可证52份，放射源转让4家、17枚，放射性同位素转让备案4家。做好核与辐射环境执法监督工作。出动360余人次，检查企业170厂次，完成辖区内所有市管涉源单位和部分射线装置单位的监督检查。强化放射源移动探伤作业监管。排查辖区内探伤单位，相关单位每日上报作业计划，每周更新探伤设备、操作人员等台账信息。做好核电外围监督性监测，全市空气、水体、土壤、生物等辐射水平在历年涨落范围内。

·化工园区整治 2021年，全市化工园区（集中区）污水处理厂全部实现"一级A"排放标准，园区企业废水实现"一企一管、明管输送"，工业废水深海排放工程基本建成。化工园区（集中区）建成危废处置企业6家。化工园区实现集中供热，热力管网实现全覆盖，建成公共高架管廊等工程。化工园区建成"一园一档"环境信息管理平台，平台涵盖园区基本情况、企业基础档案、特征污染物名录库、环保专项业务管理、环境监控预警、LDAR管理系统、园区污染溯源分析、园区风险与应急指挥以及园区环境视频监控等。

（王　莉）

环境监督管理

·环保能力建设 2021年，连云港市强化监测监控硬件设备。投入2500余万元，购置离子色谱仪、流动注射分析仪、红外测油仪、VOC快速检测仪等。完善污染源在线自动监测系统，实时监控420余家排污企业的排污情况。引入2套水质指纹溯源技术和仪器，实现源头治理和源头精准监管。建设连云港市生态环境智慧监管平台，集大气、水、等生态环境以及污染源综合管理平台于一体，实现省市协同、信息共享的生态环境物联感知监测网络。全年开展生态环境综合行政执法队伍业务培训6期。市生态环境局、总工会、妇联、人社局等部门联合举办首届全市生态环境执法技能竞赛，表彰先进单位3家、生态环境执法能手10人。

·环保宣传教育 2021年，市生态环境部门做好环境保护宣传教育工作，政务微信和微博"连云港生态环境"在全省生态环境系统综合排名中位居前列。开展"最美环保故事"宣传活动，在市电视台播出"最美环保故事"节目10余期，在《中国环境报》刊登2个专版、《新华日报》刊登1个专版、《连云港日报》刊登6个专版。全年在《人民日报》、新华社、《中国环境报》等国家级主流媒体发稿78篇，在《江苏环境》、"学习强国"等省级主流媒体发稿35篇，在《连云港日报》、连网等市级主流媒体发稿314篇。开展"绿色发布"等活动30余次。打造"连云港环保市民观察团""环保直通车"等公众开放活动品牌，通过小额资助项目扶持和引导环保公益组织，完善构建环保公众参与机制。

·绿色单位创建 2021年，市生态环境局、教育局联合开展"绿色园丁""环保作文"等系列活动，89名教师被评为绿色园丁，129名学生被评为环保卫士。举办市中小学生环保知识线上大赛，近10万名中小学生参与。在第十八届江苏美境行动评比中，连云港市获97个奖项。开展绿色学校、绿色社区等绿色创建活动，创建国际生态"绿旗"绿色学校11所、国家级绿色学校1所、省级绿色学校137所、市级绿色学校375所、市级生态文明特色校120所，省级绿色社区14个、市级绿色社区300个、市级绿色家庭14个。

·企业环境行为评价 2021年，按照《江苏省企事业环保信用评价办法》，对辖区内排污企事业单位开展环保信用评价工作。全市纳入参评的企事业单位共3811家，其中绿色等级25家、蓝色等级3778家、黄色等级5家，黑色等级3家。

·环境执法 2021年，全市处理环境信访7572件，实施环境行政处罚案件480起，罚款7552.44万元，运用新环保法配套办法查处案件27起。对建筑场地、钢铁行业、有色金属、涉及VOCs排放的企业、机动车排放检测企业等开展大气专项执法检查，共立案处罚229起，罚款2258.92万元，按日计罚1件，取缔关闭6家。开展涉挥发酚、涉氟企业等水专项执法检查，对全市日处理水量500吨以上污水处理厂及企业污水处理站进行检查，立案查处36家，罚款985.11万元，移送公安5起。对2019年以来取缔关闭的化工企业拆除过程中危险废物处置情况开展专项检查，对固体废物环境信访案件进行"回头看"。办理危险废物环境违法案件25起。印发《告排污单位一封信》，就排污口建设、污染源自动监控设备安装联网、验收使用、自行监测的相关规定进行提醒告知。举办排污单位污染源自动监控、自行监测专题培训，成立检查组并邀请专家对20家重点企业进行市级督查。全年开展环保安全、内河港口、涉爆粉尘及危化品使用企业等联合执法十余次。

（王　莉）

责任编辑　徐　敏

科学技术

综述

·概况 2021年，连云港市创新能力持续增强。全社会研发投入占地区生产总值比重为2.24%，比2020年增长0.1个百分点，蝉联苏北第一。科技进步贡献率58.3%，增长1.2个百分点。规模以上工业战略性新兴产业实现产值1523.04亿元，增长25.7%，占全部规模以上工业总产值比重为41.9%。6家企业入选省百强创新型企业，数量居全省第五、苏中苏北第一。6家单位和个人获首届江苏省科技创新发展奖。科创平台加快推进。江苏海洋大学国家大学科技园成功获批。燃气轮机大科学装置成立技术委员会，挂牌成立院士之家，燃烧室试验平台首次点火、一次成功。市政府召开创新型城市建设大会，围绕推进科技创新，出台促进高新区发展、创新平台引建、高新技术企业培育等8个科技“政策包”，兑现奖励资金4.17亿元。新招引科技型企业项目、新引建重大产业创新平台、新增产学研合作成果首次纳入县区高质量发展考核。实施成果转化“揭榜挂帅”市级科技计划项目。连云港高新区“企业创新积分制”获批国家试点，苏北首家。肖伟当选中国工程院院士，成为全省首位非公企业家院士。花果山农业科学中心揭牌。

·科技投入 2021年，连云港市推进产业链、创新链融合发展，向上争取省级科技扶持到位资金1亿余元。启动市级“揭榜挂帅”科技计划，立项扶持重点项目11个，其中成果转化“揭榜挂帅”项目为全省首创。实施市级指导性科技计划项目，引导全市企事业单位加大研发投入。全社会研发投入占地区生产总值比重为2.24%，苏北领先；规模以上工业企业研发投入69.07亿元，占全社会投入的比重为94.2%。科技进步贡献率58.3%，增幅全省领先。

·科技载体 2021年，全市建有省级以上企业工程技术研究中心92家，其中国家级1家；新增省级企业工程技术研究中心11家。新增省级众创空间1家——连云港瑞普森照明科技有限公司的专业众创空间。灌南两岸青年创业科技企业孵化器被省科技厅认定为省级科技企业孵化器。市政府与中国船舶科学研究中心七〇二所签订协议，打造太湖实验室连云港中心，共建智能技术试验船。筹建省海洋资源开发技术创新中心，获省科技厅批复。燃气轮机大科学装置技术委员会成立，挂牌成立院士之家。江苏海洋大学国家大学科技园获批。“九连合作”（九三学社江苏省委与连云港市人民政府以科技创新合作为主要方向开展合作）深入推进，花果山农业科学中心揭牌。5万吨高性能碳纤维基地加速落地。省级农业高新技术产业示范区完成产业规划、空间规划编制，建成科创平台11个。

·科技人才 2021年，中国（江苏）自贸试验区连云港片区出台15条外国人才服务创新政策，3条全国首创，7条全省首创，工作许可办理速度长三角地区最快。市委发布《连云港市“产才融合、双链驱动”实施方案》《连云港市花果山英才“双创计划”实施办法》。全市资助市“双创人才”38人、“双创博士”88人、双创团队1个，资助第六期521培养对象科研项目76个。全市获批省科技副总74人。

·科技奖励 2021年，全市获省科学技术奖10个，比2020年增长42.8%，居苏北第二。其中，江苏省海洋资源开发研究院（连云港）的“散射介质环境光学成像校正及复原”等3个项目获二等奖，丰益表面活性材料（连云港）有限公司的“无甲苯法AKD生产工艺的关键技术及应用”等7个项目获三等奖。6家单位和1名个人获首届江苏省科技创新发展奖，其中市科技局、中船集团第七一六研究所产业部获先进单位奖；恒瑞医药、正大天晴、豪森药业获优秀企业奖；康缘药业董事长肖伟获先进个人奖，企业获奖数居苏北第一。强化科技型项目招引考核，将高新技术企业培育认定的奖

8月31日，全市创新型城市建设暨工业经济高质量发展大会召开

市政府办　供图

励标准提高至苏北平均水平，增加对迁入连云港市高新技术企业的奖励政策，对企业新建和绩效评价为优秀的高水平研发机构、孵化载体进行奖补，完善对技术转移转化的补助政策，在26个重点专项发布重大技术攻关“揭榜挂帅”项目榜单，立项项目6个，奖补资金180万元。

·科技金融　2021年，连云港市进一步拓宽银企对接渠道。以“苏科贷”为抓手，解决高新技术企业融资难题。有合作银行9家，截至2021年底累计帮助59家高企获得“苏科贷”科技贷款3.85亿元。中国银行连云港分行开发金融新产品“中银高企贷”，为5家高新技术企业发放贷款3000万元。将546家科技型企业纳入“白名单”，金融机构通过合理下放审批权限、试点开展无还本续贷业务为名单内企业解决资金需求，中华海诚科、中复碳芯等多家企业获得授信或增信。与省生产力促进中心在海州区、灌云县联合开展“高企融资直通车”试点，累计走访高新技术企业110余家，发放融资贷款1.6亿元。　（祁　峰）

科技创新

·概况　2021年，连云港市科技创新成果丰硕。全社会研发投入占比2.24%，蝉联苏北第一。规模以上工业企业研发投入强度2.55%，全省第二，比2020年前进4位。规模以上高新技术企业实现利润占比76.3%。科技减免税28.83亿元，居苏北第一。

·创新型城市建设　8月31日，市委、市政府召开全市创新型城市建设暨工业经济高质量发展大会，深入实施创新驱动战略，出台《关于支持重点产业加快发展若干政策意见》《关于印发深化创新型城市建设若干政策的通知》《关于印发推进高新技术企业高质量发展若干政策（修订稿）的通知》《关于加快产业强链推动工业经济高质量发展实施意见》《关于促进乡镇工业集中区提升发展的实施意见》《关于加快推进高新技术产业开发区高质量发展的实施意见》《关于印发重大产业创新平台建设实施方案的通知》《关于印发连云港市制造业高质量发展三年行动纲要（2021—2023年）的通知》等8个科技“政策包”。创新开展“中小企业服务月”活动，推进科技金融深度融合，成立首支市级科创基金，开发“高企融资服务直通车”，公布科技企业白名单，发放贷款22.12亿元。

·高新技术产业　2021年，全市高新技术产业实现产值1345亿元，比2020年增长19%。其中，医药制造业克服新冠肺炎疫情和国家药品集中采购的双重压力，实现产值617亿元。新能源制造业实现产值74亿元，增长9%。新材料领域受益于斯尔邦石化、连云港石化等石化新材料企业扩能和投产，实现产值479亿元，增长70%；智能装备制造业实现产值114亿元。全年全市372家企业申报高新技术企业认定，申报企业数较2020年增加80家，增长27.4%。160家企业通过认定，通过率居全省第四位。全市累计有国家高新技术企业449家。加大高新技术企业培育资金投入和税收优惠政策执行力度，为182家新培育高新技术企业拨付奖励资金3600多万元，市科技局、市财税部门累计为科技型企业减免税额112亿元。国家科技型中小企业入库数增长68%，目标完成率431%，均创历史新高。6家企业入选省百强创新型企业，总数位列全省第五，苏中苏北第一。“黑白金”三色高性能纤维产业创新力全国领先。

·重大项目建设　2021年，中华药港核心区累计进驻项目53个，新医药产业承担国家“新药创制”重大专项数位列全国地级市首位，连云港药企申报注册1类新药19个。启动建设“中华材料港”，5万吨碳纤维重大产业项目成功落地，形成特色鲜明的高新技术产业体系。3月27日，国家重大科技基础设施项目——高效低碳燃气轮机试验装置首套试验台点火成功。

（毛莎莎）

·科技成果转化　2021年，全市申报省科技成果转化专项资金项目11个，总投入12.78亿元。江苏斯尔邦石化有限公司承担的“10万吨/年高性能绿色光伏EVA树脂制备关键技术研发及产业化”项目获省碳达峰碳中和科技创新专项资金（重大科技成果转化）1600万

2021年连云港市获省科学技术奖项目一览表

表31

序号	项目名称	完成单位	完成人员	等次
1	散射介质环境光学成像校正及复原	江苏省海洋资源开发研究院(连云港)、中国科学院光电技术研究所、江苏海洋大学	杨慧珍、耿超、吕小光、康家银、李新阳、刘强、李枫、刘金龙、张之光	二等奖
2	复杂信道环境下工业互联网资源优化与安全	东南大学、江苏海洋大学、浙江大学、浙江理工大学	曹向辉、张恒、陈积明、徐伟强、傅凌焜	二等奖
3	淤泥质海域桶式基础防波堤及护岸关键技术研究与应用	水利部交通运输部国家能源局南京水利科学研究院、连云港港30万吨级航道建设指挥部、中交第三航务工程勘察设计院有限公司、中交第三航务工程局有限公司	蔡正银、沈雪松、程泽坤、李武、练学标、关云飞、黄朋举、方利鹤、高长胜	二等奖
4	无甲苯法AKD生产工艺的关键技术及应用	丰益表面活性材料(连云港)有限公司、江苏海洋大学、丰益高分子材料(连云港)有限公司	李庆和、韩福彬、潘红梅、李保国、王俊斌、陶传洲、徐海涛	三等奖
5	智能化油气自锁密封装卸与回收关键技术、成套装备及产业化	连云港天邦科技开发有限公司、常州大学、江苏海洋大学、连云港远洋流体装卸设备有限公司	刘麟、刘成文、陈普宽、张屹、李京、王为周、马雪荣	三等奖
6	钢渣辊压破碎—余热有压热闷资源化成套技术研发及产业化	江苏省镔鑫钢铁集团有限公司、中冶建筑研究总院有限公司	陈禹、郝以党、李惊涛、林滔、彭犇、吴龙、王晓东	三等奖
7	水产重要动物病害生态防控关键技术创新与应用	连云港市海洋与渔业发展促进中心、上海海洋大学、南京工业大学、山东省海洋生物研究院、常州大学	陈百尧、曹海鹏、安健、胡永红、盖春蕾、梁剑光、游宇	三等奖
8	南黄海主要滩涂经济贝类种质资源评价与生态养殖技术示范	江苏海洋大学、江苏省海洋水产研究所	董志国、吉红九、陈爱华、吴杨平、赵永超、张雨、葛红星	三等奖
9	邹氏肾科“补益肾元”理论体系的创建与应用	南京中医药大学附属医院、南京中医药大学附属南京博大肾科医院、南京市中医院、江苏康缘药业股份有限公司、云南雷允上理想药业有限公司	邹燕勤、王钢、孙伟、周恩超、孔薇、易岚、曾安平、仲昱、朱俊、曹亮、常锐	三等奖
10	脑卒中精准血压管理策略的循证与转化	连云港市第一人民医院、北京大学第一医院、中国医学科学院阜外医院、深圳市长卿医学研究院、深圳奥萨制药有限公司	何明利、霍勇、汪一波、王滨燕、田敏卿、王金娥、张广慧	三等奖

2021年连云港市新增新型研发机构一览表

表32

序号	名　称	所属县区(功能板块)
1	江苏原创药物研发有限公司	连云港经济技术开发区
2	江苏方洋环境监测有限公司	徐圩新区

元立项支持，是该专项中苏北唯一获批“重大科技成果转化”专题项目。正大天晴药业集团股份有限公司承担的“罕见病生物新药重组人凝血因子的研发及产业化”等8个省成果转化项目获分年度资金1300万元。日出东方控股股份有限公司承担的“太阳能全天候高效节能供热系统研发及产业化”等14个省成果转化项目完成绩效评价核查。实施成果转化“揭榜挂帅”市级科技计划项目，立项项目6个，市县(区)财政奖补资金180万元。

·高效低碳燃气轮机试验装置首套试验台点火成功　3月27日，位于连云港的国家重大科技基础设施高效低碳燃气轮机试验装置项目——CTF1号燃烧室首套试验平台点火成功，标志着该试验平台完成分系统调试并取得阶段性进

2021年连云港市入选省产学研合作项目一览表

表33

序号	项目名称	承担单位
1	医药包材吸塑设备的研发	江苏海洋大学
2	纤维素纳米晶/聚酰胺6复合长丝的开发研究	盐城工学院
3	拖挂式房车关键技术研发与产业化	江苏海洋大学
4	大型重载旋转游乐装备系统振动分析与运行可靠性设计研究	江苏海洋大学
5	连云港市紫菜离岸翻板养殖技术开发和应用	江苏海洋大学
6	大跨度装配整体式框架关键技术研究	江苏海洋大学
7	锅炉正负压远程监控软件设计	金陵科技学院
8	高强高韧聚偏氟乙烯单丝的研发及产业化	江苏海洋大学
9	异环磷酰胺质量标准提高的研究	江苏海洋大学
10	乙酰天麻素的制备工艺和速释剂型开发	江苏海洋大学
11	移动机器人多传感器融合控制算法研究	江苏海洋大学
12	多肽类长效降糖药物索马鲁肽的合成工艺开发	江苏海洋大学
13	用于高性能碳纤维制造的纺丝油剂技术开发	江苏海洋大学
14	基于远程控制的防污净化风雨智能窗系统研发	江苏海洋大学
15	日本囊对虾土著益生菌生态养殖技术开发与示范	江苏海洋大学
16	基于北斗导航的小麦精变量播种作业机关键技术研发	江苏海洋大学
17	高性能磨具用低铁高纯碳化硅微粉制备研发	江苏海洋大学
18	高强度大耕深旋耕刀开发及其延寿关键技术研究	南京工业职业技术大学
19	基于OKR的公司绩效管理体系的构建	淮阴师范学院
20	食用菌渣的高值化处理工艺开发	淮阴师范学院
21	食品添加剂研发及加工过程中的安全生产技术服务	江苏海洋大学
22	石化行业难降解生化尾水低能能耗深度净化关键技术应用研究	南京大学

展。高效低碳燃气轮机试验装置CTF1号燃烧室试验平台包含高温高压燃烧光学通透燃烧试验台、全温加压单筒全尺寸燃烧室试验台和全温全压单筒全尺寸燃烧室试验台等，可开展天然气、煤制气、纯氢/富氢气体、钢铁/化工工业流程伴生气、液体燃料等多种燃料燃烧试验，支撑从燃烧基础研究、关键技术研发到样机研制的燃气轮机燃烧室研发全流程，为航空发动机和燃气轮机重大科技专项、国内外燃气轮机厂商开展燃烧室自主研发提供平台支撑，为用户开展试验服务。

·全市6家企业入选省百强创新型企业　2021年，全市6家企业入选省百强创新型企业榜单，分别是江苏恒瑞医药股份有限公司、正大天晴药业集团股份有限公司、江苏豪森药业集团有限公司、连云港杰瑞电子有限公司、江苏康缘药业股份有限公司、连云港中复连众复合材料集团有限公司，分别位列第2、第3、第12、第67、第76、第85位。6家入选的百强创新型企业研发经费内部支出占销售收入的平均比例为13.21%，研发人员占从业人员比例为18.51%；新产品销售收入占总收入平均比重为84.03%。建有研发机构11个，全部拥有自主知识产权，户均有效专利282.2件，户均有效发明专利242.67件。硕士以上学历人员占从业人员比重为12.15%。

·连云港高新区获批全国第二批企业创新积分制试点单位　12月，科技部火炬中心发布《关于同意天津滨海高新技术产业开发区等46家国家高新区企业创新积分制试点实施方案的通知》，连云港高新区获批为第二批企业创新积分制试点单位，是苏北首家获批试点的国家级高新区。按照实施方案，连云港高新区重点围绕装备制造、生物医药、电子信息、新

2021年连云港市新增国家高新技术企业一览表

表34

序号	企业名称	序号	企业名称
1	江苏仟草堂药业有限公司	41	连云港连泰滤材有限公司
2	连云港迪升照明电器有限公司	42	连云港富兴康渔具有限公司
3	连云港高品再生资源有限公司	43	连云港瑞云智能科技有限公司
4	连云港国伦石英制品有限公司	44	连云港市瑞成机械有限公司
5	连云港华威硅微粉有限公司	45	连云港透平能源设备有限公司
6	连云港森晶硅材料有限公司	46	连云港托普科技有限公司
7	江苏归藏环保科技有限公司	47	连云港唯德复合材料设备有限公司
8	江苏浩特科技有限公司	48	连云港傲润冶金材料有限公司
9	江苏蔷薇实业集团有限公司	49	连云港江海机械设备制造有限公司
10	江苏上玻玻璃有限公司	50	连云港市福源德邦科技发展有限公司
11	连云港英格达电子科技有限公司	51	连云港晟源科技有限公司
12	东海县奥兰石英科技有限公司	52	博联昌信息技术有限公司
13	东海县华科光学有限公司	53	海略(连云港)科技有限公司
14	东海县晶明照明电器有限公司	54	江苏东浦精细陶瓷科技股份有限公司
15	东海县裕隆医学检验实验室有限公司	55	连云港博奥木华基因科技有限公司
16	江苏福港光电环保科技有限公司	56	连云港龙展环保科技有限公司
17	江苏归舜环保科技有限公司	57	连云港双诚信息科技有限公司
18	江苏伟创硅业科技有限公司	58	连云港双牛铝塑包装有限公司
19	连云港德正金属材料有限公司	59	江苏德发房车科技有限公司
20	连云港鑫宝管业有限公司	60	连云港立业信息科技有限公司
21	江苏中京电缆科技有限公司	61	连云港大禹信息科技有限公司
22	连云港众成磨料有限公司	62	丰山(连云港)新材料有限公司
23	江苏捷利达环保科技有限公司	63	江苏创晖复合材料有限公司
24	江苏金茂源生物化工有限责任公司	64	江苏铭朗装备制造有限公司
25	江苏省镔鑫钢铁集团有限公司	65	连云港金烁建材有限公司
26	考克兰(江苏)热能设备有限公司	66	连云港苏港石化设备有限公司
27	连云港德友精工科技有限公司	67	中复连众风电科技有限公司
28	连云港市赣榆榆翔机械有限公司	68	重山风力设备(连云港)有限公司
29	连云港苏瑞起重机械有限公司	69	江苏杰博复合材料有限公司
30	连云港智诚电子技术有限公司	70	连云港晨虹特种气体有限公司
31	江苏丰收菇业有限公司	71	连云港金驰生物科技有限公司
32	灌南宏耀环保能源有限公司	72	连云港特瑞磨具实业有限公司
33	江苏畅颌汽车零部件有限公司	73	江苏贺利氏医药机械有限公司
34	江苏瑞普森照明科技有限公司	74	江苏丰诺供应链管理集团有限公司
35	连云港市东堡旋耕机械有限公司	75	江苏云工建设有限公司
36	江苏美特森切削工具有限公司	76	江苏润睿生物科技有限公司
37	江苏博鹏重工机械有限公司	77	江苏星途卫星通信科技有限公司
38	江苏道众能源科技有限公司	78	江苏云洲智能科技有限公司
39	连云港东川玻纤复合材料有限公司	79	江苏思派新能源科技有限公司
40	连云港久鑫电子有限公司	80	连云港虹洋热电有限公司

续表 34

序号	企业名称	序号	企业名称
81	东海县奥博石英制品有限公司	121	江苏省晶瑞石英工业开发研究院有限公司
82	东海县晶盛源硅微粉有限公司	122	江苏泰格油墨有限公司
83	东海县亚连玻璃有限公司	123	江苏天之捷信息技术服务有限公司
84	江苏得乐康生物科技有限公司	124	江苏鹰游纺机有限公司
85	江苏瀚能电气有限公司	125	江苏智维门窗科技有限公司
86	连云港福东正佑照明电器有限公司	126	连云港东鼎实业有限公司
87	连云港华源石英制品有限公司	127	连云港海恒生化科技有限公司
88	连云港连锐针布有限公司	128	连云港杰瑞自动化有限公司
89	中材江苏太阳能新材料有限公司	129	连云港利源电力节能设备有限公司
90	江苏汇联铝业有限公司	130	连云港连鑫玻璃钢有限公司
91	江苏久泰电池科技有限公司	131	连云港市安百利环保机械有限公司
92	江苏西德电梯有限公司	132	连云港市港圣开关制造有限公司
93	连云港百利合新材料发展有限公司	133	连云港市巨生实业有限公司
94	连云港东泰食品配料有限公司	134	连云港市勘察测绘院有限公司
95	连云港康力特药业有限公司	135	连云港市万达电站辅机厂
96	连云港神舟新能源有限公司	136	连云港水表有限公司
97	连云港永喜工贸有限公司	137	连云港碳谷材料科技有限公司
98	连云港雨虹篷布制品有限公司	138	连云港元丰机械制造有限公司
99	天富(连云港)食品配料有限公司	139	连云港远洋流体装卸设备有限公司
100	连云港倍特超微粉有限公司	140	连云港中蓝光电科技有限公司
101	江苏和为警用器材制造有限公司	141	江苏同合电气有限公司
102	江苏华尔化工有限公司	142	江苏正融科技有限公司
103	江苏润普食品科技股份有限公司	143	江苏奥神新材料股份有限公司
104	江苏万年达杭萧钢构有限公司	144	江苏澳新生物工程有限公司
105	连云港光鼎电子有限公司	145	江苏德源药业股份有限公司
106	江苏永凯化学有限公司	146	江苏铭朗环境科技有限公司
107	江苏恒隆作物保护有限公司	147	连云港杜钟新奥神氨纶有限公司
108	江苏宝盛龙城药业有限公司	148	连云港国鑫食用菌成套设备有限公司
109	江苏汇九齿轮有限公司	149	连云港泓昊复合材料有限公司
110	连云港大陆农业机械装备有限公司	150	连云港检验认证有限公司
111	连云港恒贸化工有限公司	151	连云港利思特电子材料有限公司
112	连云港明昊电子有限公司	152	连云港擎天机械制造有限公司
113	连云港耀科铝业有限公司	153	连云港润众制药有限公司
114	大陆汽车电子(连云港)有限公司	154	连云港神鹰碳纤维自行车股份有限公司
115	珩星电子(连云港)股份有限公司	155	连云港市拓普科技发展有限公司
116	衡所华威电子有限公司	156	连云港万泰医药辅料技术有限公司
117	江苏鼎中智能科技有限公司	157	中复神鹰碳纤维股份有限公司
118	江苏杰瑞科技集团有限责任公司	158	连云港树人科创食品添加剂有限公司
119	江苏金鸽网络科技有限公司	159	江苏核电有限公司
120	江苏联宇医疗器械有限公司	160	江苏斯尔邦石化有限公司

材料、现代服务业等五大产业，优先选取高新技术企业、科技型中小企业、重点产业培育企业、税务登记中有研发投入的企业4类企业，开展企业创新积分制试点工作。科技部火炬中心在方案实施、政策试点、资源对接等方面予以积极支持。

2021年，全市高新技术产业实现产值比2020年增长19%。图为连云港经济技术开发区慧智新材料科技有限公司　王健民/视觉江苏网

·江苏海洋大学国家大学科技园获批　5月27日，科技部、教育部公布第十一批国家大学科技园认定结果，江苏海洋大学获批国家大学科技园。江苏海洋大学国家大学科技园由省教育厅、省科技厅批建，连云港市政府与江苏海洋大学协议共建，2014年通过省级大学科技园验收。科技园建有国家级科技企业孵化器、国家级高校学生科技创业实习基地、省级众创空间、省大众创业万众创新示范基地、省大学生创新创业示范基地、省大学生创业园、省小型微型企业创业创新示范基地、省留学归国人员创业基地、省互联网众创园等10个以上省级国家级双创平台。拥有创新创业导师队伍120人，合作专业科技服务机构20个，为在孵企业提供创业投融资、创业辅导培训、技术转移、成果转化等一站式服务。孵育各类科技型中小企业119家，累计毕业企业20家，8家企业获得国家高新技术企业认定；省、市“双创人才”计划创办企业5家，高校教师创办企业23家，大学生创业企业44家，留学归国人员创办企业4家，为社会提供近2000个就业岗位。　　（祁　峰）

2021年，连云港高新区围绕智能制造装备、新材料、医药健康等领域，打造重大产业创新平台。图为一家科技型企业的太阳能选择性吸收涂层黑膜全自动生产线　耿玉和/视觉江苏网

科技合作

·产学研合作　2021年，连云港市举办高校院所服务苏北五市产学研合作对接活动，发布高校院所科技成果1015项，80余家高校院所、108个专家团队、600余家科技型企业负责人参会，举办线下专题对接洽谈活动190多场次，达成合作协议及意向350项，与会高校院所数、专家数、企业数、对接成果数均创历史新高。市科技局、省高科技投资产业公司、省生产力促进中心、省科技发展战略研究院成立科技服务“两中心一基地”，分别是市政府与省高科技投资集团共建江苏人才创新创业路演中心连云港分中心；市科技局与省生产力中心共建江苏省科技企业融资路演服务中心连云港分中心，与省科技发展战略研究院共建创新服务示范基地。市科技局与省产业研究院共建企业联合创新中心8家，累计11家。举办“连聚英才 智汇港城”高校行（南京站）科技合作与项目对接会。对接南京大学和南京工业大学，征集企业技术需求232项，30余项成果达成合作意向；举办第三届“花果山英才双创周”科技成果产学研对接会活动，发布高校院所科技成果2000余项，120余项成果达成合作意向。全市校企联盟总数1282个，申报省产学研合作项目22个，全部获批立项，市级经费予以配套。

2021年连云港市新增省科技副总一览表

表35

序号	姓　名	任职单位	工作单位
1	许　斌	灌南县银得隆木业有限公司	南京林业大学
2	杨小军	连云港宫良木业有限公司	南京林业大学
3	关明杰	连云港华福木业有限公司	南京林业大学
4	张洪铭	连云港龙泰威食品配料有限公司	江苏海洋大学
5	徐　梅	江苏福邦药业有限公司	淮阴师范学院
6	贾明民	连云港业强生物科技有限公司	淮阴师范学院
7	刘好雨	灌南县昊悦兔业专业合作社	扬州大学
8	陈建良	连云港灌源科技有限公司	河北工业大学
9	刘鹏刚	灌南县悦诚牧业有限公司	扬州大学
10	仲　磊	连云港永强食用菌有限公司	南京农业大学
11	沈圆辉	连云港源钰金属制品有限公司	天津大学
12	曾　亮	连云港市亚晖医药化工有限公司	天津大学
13	罗俊如	江苏沃田集团股份有限公司	常州大学
14	王攀攀	连云港赣榆佳信水产开发有限公司	江苏海洋大学
15	王　震	江苏海福特海洋科技股份有限公司	江苏海洋大学
16	胡晓燕	连云港步升机械有限公司	中国矿业大学
17	孙艺丹	连云港华云桩业有限公司	江苏海洋大学
18	李　京	连云港远洋流体装卸设备有限公司	常州大学
19	张　裕	江苏好集网络科技集团有限公司	上海应用技术大学
20	王在福	连云港富士珑光电工程有限公司	江苏海洋大学
21	赵新辉	福泰克(连云港)电子有限公司	江苏海洋大学
22	罗志丹	江苏愚公生命科技有限公司	江苏海洋大学
23	卢　辰	连云港博奥木华基因科技有限公司	江苏海洋大学
24	刘楠楠	伊势久(江苏连云港)生物科技有限责任公司	江苏海洋大学
25	金　垈	连云港杰瑞药业有限公司	江苏海洋大学
26	徐淋香	连云港诺信食品配料有限公司	江苏海洋大学
27	张金学	连云港和昌机械有限公司	江苏海洋大学
28	仲兆满	江苏天之捷信息技术服务有限公司	江苏海洋大学
29	魏仙琦	江苏联宇医疗器械有限公司	江苏海洋大学
30	张丹丹	江苏寅昊智能装备有限公司	江苏海洋大学
31	张成燕	江苏杰辉新材料有限公司	江苏海洋大学
32	何文静	连云港孚纳特电子新材料有限公司	江苏海洋大学
33	刘永振	连云港市亚桥机械制造有限公司	江苏海洋大学
34	王婷婷	连云港市港圣开关制造有限公司	江苏海洋大学
35	潘太军	连云港万达电站辅机有限公司	常州大学
36	李旭辉	连云港正航电力节能技术有限公司	江苏海洋大学

续表35

序号	姓　名	任职单位	工作单位
37	董井泉	连云港海恒生化科技有限公司	江苏海洋大学
38	柳　林	连云港利德电力设备有限公司	常州大学
39	潘海军	连云港市泰格电力设备有限公司	常州大学
40	杨菲菲	江苏富利丰新材料有限公司	江苏海洋大学
41	张　驿	江苏东浦管桩有限公司	江苏海洋大学
42	卢　静	中蓝连海设计研究院有限公司	江苏海洋大学
43	张　帆	连云港傲润冶金材料有限公司	江苏海洋大学
44	王丽丽	连云港富兴康渔具有限公司	盐城工学院
45	许瑞波	连云港双牛铝塑包装有限公司	江苏海洋大学
46	沈玉萍	江苏至善堂药业有限公司	江苏大学
47	张　艳	连云港晟源科技有限公司	金陵科技学院
48	王津果	连云港顺驿紫菜加工有限公司	江苏海洋大学
49	徐　超	连云港市天元石英制品有限公司	江苏海洋大学
50	李　权	连云港海蓝研磨材料有限公司	南京工业大学
51	左立杰	连云港市沃鑫高新材料有限公司	江苏海洋大学
52	魏　真	江苏鼎味泰食品有限公司	江苏海洋大学
53	李大伟	东海县太阳光新能源有限公司	南京信息工程大学
54	魏朝青	江苏福瑞生态渔业有限公司	江苏海洋大学
55	唐明亮	连云港桃盛熔融石英有限公司	南京工业大学
56	施印炎	连云港市连发机械有限公司	南京农业大学
57	范孟孟	江苏普乐菲新材料有限公司	南京林业大学
58	周　俊	连云港双亚机械有限公司	南京农业大学
59	薛晨晨	连云港丰华种苗有限公司	江苏省农业科学院
60	李　敏	连云港鹰游新立成纺织科技有限公司	江南大学
61	李国晓	连云港立华牧业有限公司	江苏农林职业技术学院
62	冒晓莉	连云港市东堡旋耕机械有限公司	南京信息工程大学
63	刘英红	连云港宏润再生资源有限公司	江苏海洋大学
64	王云龙	连云港市锐远农业装备科技有限公司	江苏大学
65	高　璐	江苏品品鲜生物科技有限公司	扬州大学
66	付　免	江苏诺泰澳赛诺生物制药股份有限公司	江苏海洋大学
67	王晓丽	江苏鲁匠建设科技有限公司	江苏海洋大学
68	王倪传	江苏海宏智能科技有限公司	江苏海洋大学
69	史大华	连云港万泰医药辅料技术有限公司	江苏海洋大学
70	郑　璐	连云港利思特电子材料有限公司	江苏海洋大学
71	陶传洲	连云港神鹰复合材料科技有限公司	江苏海洋大学
72	朱文谨	江苏创晖复合材料有限公司	江苏海洋大学
73	曹志凌	江苏传承中药有限公司	江苏海洋大学
74	赵　宏	江苏凯序金原纸塑包装有限公司	江苏海洋大学

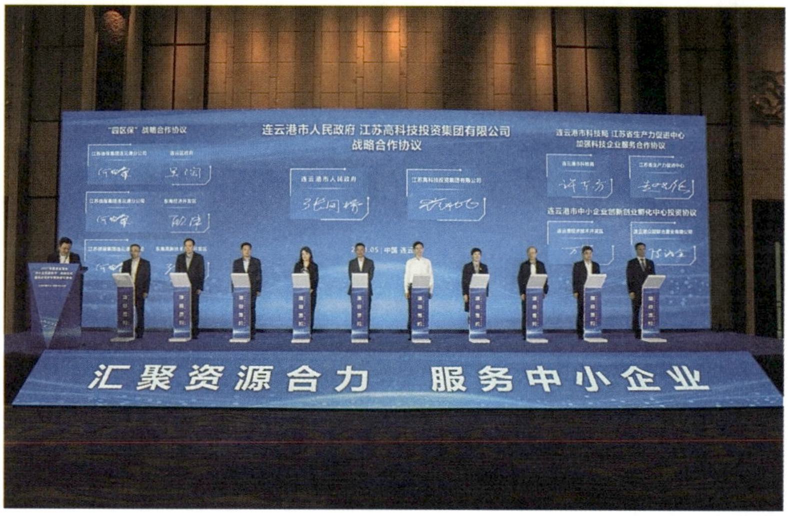

5月11日，省科技企业融资路演服务中心连云港分中心和省人才路演服务中心连云港分中心签约　　市科技局　供图

·科技副总　2021年，全市获批省科技副总74人，比2020年增长51%，其中江苏海洋大学获批41人，占55.4%。科技副总合作的企业领域主要分布在新材料、生物医药、装备制造、现代农业、电子信息。合作企业中，国家高新技术企业41家，占55.4%；科技型中小企业15家，占20.2%；高企培育入库企业及农业科技型企业等18家。全市累计从全国高校院所选派省科技副总287人。

·国际科技合作　2021年，田湾核电站核电科技研发国际科技合作基地建设推进，与俄罗斯合作的7、8号机组在国家主席习近平和俄罗斯总统普京共同见证下开工，俄方设计院代表安德里亚诺夫获“江苏友谊奖”。江苏海洋大学中乌海洋智能装备工程研究中心获批科技部国际联合研发中心，是2012年以来全市首个国际科技合作基地。江苏海洋大学马卡洛夫海洋工程学院获批设立，中外合作办学者分别为江苏海洋大学和乌克兰马卡洛夫国立造船大学。全市科技企业参加东亚企业家太湖论坛、第四届中国—阿拉伯国家技术转移与创新合作大会、“一带一路”创新合作与技术专业联盟2021年会等12场国际科技合作会议，帮助企业和高校对接人才需求和科技合作。　（祁　峰）

科研院所

·江苏中国科学院能源动力研究中心　2021年，江苏中科院能源动力研究中心主要承担由中国科学院工程热物理研究所作为项目法人单位的国家重大科技基础设施“高效低碳燃气轮机试验装置”江苏部分的建设。项目团队有职工94人，其中正高级职称5人、副高级职称22人；博士23人，硕士35人。高效低碳燃气轮机试验装置项目投资26.68亿元，配套建筑面积5.02万平方米，其中江苏部分建设总投资18.81亿元，配套建筑面积3.1万平方米。3月，项目CTF1号燃烧室试验平台完成首次点火试验，项目科技委员会成立。截至年底，项目3001号总变电站完成竣工、送电；项目2001号供气厂房和3002号综合动力站完成主体封顶、二次结构施工，开始机电安装；项目1002号高效新型循环试验台完成主体钢结构封顶；项目1001号试验室启动桩基施工。燃料制备—循环特性及测试装备与技术预研项目围绕“高效低碳燃气轮机试验装置”中的高效新型循环试验台、公用系统中的燃料与工质分系统和测控分系统相关技术开展预研，各子课题基本完成试验设计、制作任务。11月4日，由工程热物理研究所承担的燃烧室全温全压试验项目第一阶段评审会在连云港试验基地召开，实施高效低碳燃气轮机试验装置国家重大科技基础设施“边建设、边运行”。　（祁　健）

·连云港市农业科学院　2021年，连云港市农科院立项科研项目38个，新增合同经费1128万元，比2020年增长54%。28个作物新品种通过新品种审定（登记），其中水稻新品种11个，小麦新品种1个，玉米新品种5个，花卉新品种9个以及大麦新品种2个，水稻、小麦、玉米、大麦等70个农作物新品系参

9月23日，2021年高校院所服务苏北五市产学研合作对接活动签约仪式举办　　赵洁　摄

连云港市农业科学院试验基地　　耿玉和/视觉江苏网

加国家、省区预试及联合体试验。获各类科技成果奖4个，其中获中华农业科技奖三等奖1个；获植物新品种权授权6件；获得专利授权34件，其中发明专利7件；列入省主推技术1项；制定省标准1项。开展种源技术攻关，引进新的优异种植资源，成立市农作物地方种质资源收集与保护行动小组，赴云台山等地区开展珍稀、濒危、特有资源与特色地方品种收集，搜集保存云台山野生百合、狮头大白菜、芦笋等特色种质资源15份，创新、创制资源62份，建设完成种质资源圃（库）36.67公顷。与九三学社中国农科院委员会签订合作协议，建设花果山农业科学中心，10月3日揭牌。市农科院与中国农科院开展深入合作，选育水稻品种2个，筛选、鉴定适宜在连云港种植的高产、优质、熟期适宜的大豆新品种12个，引进梨树新品系20多个。在作物育种（水稻、小麦、玉米、小杂豆）及栽培技术、小麦抗病育种资源筛选、豆类蔬菜育种等领域开展深入交流。依托科技服务专家团队，开展现场技术指导培训30多场次，推广农作物新品种20余个。依托“亚夫科技服务项目”和现代农业综合示范基地等项目，开展订单式科技服务，通过现场观摩和样板示范等展示和推广农业新成果、新品种、新技术建设优质高产示范基地。发布18项科技成果发布转让公告，签订技术转让合同7份，签订技术服务合同27份，合同金额402万元。市农科院与东海县农发集团签约共建连云港市农科院东海分院，与海州区农发集团签署共建连云港市海州现代农业产业研究院战略合作框架协议，进一步加大稻麦、蔬菜、果林类新品种培育、转化和推广力度。　（封士达）

·中国船舶集团第七一六研究所

2021年，中国船舶集团第七一六研究所有各类专业技术人员1900余人，其中硕士研究生以上学历1100余人，高级职称800余人，国务院政府特殊津贴等各类省部级以上专家120余人。实现销售收入51.5亿元，实现利润5.1亿元。主要从事军用电子信息系统、民用电子信息、智能装备三大业务方向，拥有4个船舶行业测试中心、13个省级工程技术中心，其中陆上联调测试中心建设国家级军工全行业涉海装备科研试验场。设有控制科学与工程硕士点、兵器系统工程联合博士点、博士后科研工作站和江苏省院士工作站，是国家工业化和信息化融合管理体系贯标试点单位、工业企业知识产权试点企业、国家知识产权优势企业、江苏省工业化和信息化深度融合创新示范单位。注册成立江苏杰瑞科技集团公司，作为科技产业投资平台，在北京、上海、青岛等地设有区域分部，拥有“杰瑞”“JA-RI”等品牌商标，入选省科技服务业百强机构，品牌价值超30亿元。先后获得国家级奖20余项，省部级奖300余项。2021年，江苏省院士工作站通过验收；获国防科技进步奖二等奖2个，获第二十二届中国专利优秀奖1个；获批江苏省发改委战略新兴产业专项项目3个；“大型造船多分段全自主焊接双臂机器人的关键技术与装备”总体技术水平评价达到国际先进水平。（徐洋洋）

12月29日，由中国船舶集团第七一六研究所研制、连云港杰瑞自动化有限公司生产的全球首台具备自动对接功能的LNG卸料臂在天津LNG接收站投入使用　　七一六所　供图

·中蓝连海设计研究院有限公司 2021年，中蓝连海设计研究院有限公司有员工500余人，80%以上具有高、中级专业技术职称，其中国家石油和化工行业勘察设计大师2人，教授级高级工程师70余人，各类注册工程师320人(次)。有国家知识产权示范企业等9个创新平台，全年获授权专利16件，其中发明专利14件，共拥有有效专利160件，其中发明专利129件。参与国内化学矿山、环境保护、化工工程规模建设，监理、环境检测稳健经营，岩土勘察、环境评价、安全评价、招标代理持续增长，选矿药剂、环保药剂业务加速布局。全年签订合同480多份，合同金额7.5亿元。签订锦屏磷矿尾矿库治理总承包合同，合同金额4000余万元，新浦磷矿地块、海州区政府西地块、车辆厂宿舍地块等土壤污染状况调查合同、连云港经济技术开发区管委会大楼污水及食堂油烟监测合同等一揽子合同。发展环保菌剂销售代理商3家，开拓华南、华东和华北地区市场。自主立项研发项目16个。

环保微生物菌剂产品研发取得突破，获得性能稳定的高效固态硝化菌产品，实现在不同类型废水中的初步应用；获得环保菌剂功能性衍生产品1个，筛选功能性菌株4株；石化园区尾水处理技术使得化学需氧量去除率提升15%以上，其中“石化高盐难降解废水深度处理技术研究与示范”技术获批立项市科技成果转化“揭榜挂帅”项目。反渗透浓水深度处理技术、臭氧催化氧化技术与装备开发、污染场地调查与修复技术、高盐难降解废水处理技术等取得成效。在化工矿山领域，参加青海盐湖集团“揭榜挂帅”项目竞标，开展钾盐浮选药剂改性和氯化钾生产除胺工艺研究，取得阶段进展；开展磷矿尾矿和磷石膏的综合回收利用技术研发，探索矿山节能流程、尾矿水资源回收技术及应用，海盐苦卤提取硫酸钾工艺设计开发项目实现从科研立项到工程化设计的完成创新链，与此相关的澳大利亚钾盐资源化项目进入二期技术论证。与江苏海洋大学就“耐盐硝化菌的选育培养技术”开展合作；与南京工业大学等五家单位共同筹建“化工废水绿色化高效处理集成技术联合创新体”；与无锡市环保集团有限公司签订战略合作协议，双方就地方重大环境项目开展技术合作；与青海盐云钾盐有限公司签订钾盐领域新产品开发及技术创新合作框架协议；“环保耐盐反硝化微生物菌剂产品开发”获得中国蓝星公司首届科学技术奖一等奖，“耦合高效脱氮微生物菌剂的高氨氮废水处理关键技术与应用”获中国中化科技进步奖一等奖。

（陆　坤）

·连云港市建筑设计研究院有限责任公司 2021年，连云港市建筑设计研究院有限责任公司完成工程项目设计总建筑面积600多万平方米，签订工程项目设计合同200多份，获评省诚信单位、省质量管理先进单位。获省级奖项8个，市级奖项25个；获授权发明专利2个，实用新型专利4个。

2021年，市建筑设计院完成的主要设计项目有：天誉未来城(建筑面积50万平方米)、灌南紫宸花苑(建筑面积27万平方米)、赣榆时代天荟(建筑面积18万平方米)、时光印象(建筑面积18万平方米)、云海湾小区二期(建筑面积16万平方米)、尚都明悦府(建筑面积15.4万平方米)、云悦星宸(建筑面积13万平方米)、尚都天璞(建筑面积13万平方米)、半岛铭筑(建筑面积12.6万平方米)、银都城商业(建筑面积4.6万平方米)；方洋集团徐圩商务口岸(建筑面积12万平方米)、融盛国际学校(高中)(建筑面积10万平方米)、奥萨大健康中心(建筑面积6万平方米)、素康生物科技一期厂区(建筑面积4万平方米)；盐河上院住宅小区、新海天成花园住宅小区、合樾兰亭住宅小区、凤熙台紫东城、滨海港利上城嘉苑雅苑住宅小区、江苏通湖物流园、锦屏新型农村社区、熙墅湾B地块、淮南文庭苑住宅、金海梧桐苑、乾亨文华苑住宅小区、书香依云湾、华杰书院住宅、连云港师范高等专科学校二期、连云区公共卫生服务中心、连云区云山中小学、开发区中小学、电商中心、壹号郡府御园小区、桃李春风等项目。设计的润潮国际小区、市食品药品检验检测中心、南京医科大学康达学院体育馆和看台、铂悦府住宅小区一期、东盛阳光新城住宅小区获省建筑工程设计二等奖；市质量检测研究中心、金融中心1号金融新天地、金箔龙眼山庄住宅小区(一期)获省建筑工程设计三等奖。灌云县衣趣小镇主题服饰电商产业园项目方案设计、徐圩小镇东香湖康养中心方案设计获市“建筑师杯”优秀建筑设计公共建筑一等奖；新材料产业园综合服务中心概念方案设计、时光街巷·东香湖商业街规划与建筑方案设计、连云港市实验学校东河校区获市“建筑师杯”优秀建筑设计公共建筑二等奖。中民集团7号院规划设计方案获市“建筑师杯”优秀建筑设计居住建筑一等奖；凤凰新城规划与建筑方案设计获市“建筑师杯”优秀建筑设计居住建筑二等奖。融信学院府、江苏连云港工贸高等职业技术学校新校区建设4号学生宿舍楼项目、尚都峰璟、绿洲学府、灌云县九年制实验学校建设项目获评市建筑施工标准化文明示范工地；绿洲学府3号楼、7号楼获得市建筑优质结构奖。市建筑设计院作为牵头人或者独立工程总承包的项目有4个，分别为连杭产业园一期工程、LNG压力容器制造项目(一期)工程、连云区老旧小区改造项目一期工程、二期工程。连杭产业园项目获得市“玉女峰杯”优质工程奖。3月，建筑智能化设计研究所成立。

（张丽辉）

责任编辑　郭　云

教　育

综述

·概况　2021年，连云港市有各级各类学校（幼儿园）1283所，在校生101.26万人，专任教师7.19万人。其中，幼儿园649所，在园儿童15.3万人，专任教师1.12万人，幼儿园教师具有专科及以上学历占比92.09%；普通小学426所，在校生43.1万人，专任教师2.72万人，小学教师具有本科及以上学历占比95.64%；初级中学149所，在校生22.2万人，专任教师1.86万人，初中教师具有本科及以上学历占比99.91%；特殊教育学校7所，在校生0.14万人，专任教师0.02万人；普通高中35所，在校生10.2万人，专任教师0.91万人，普通高中教师具有研究生及以上学历占比22.30%；中等职业学校12所，在籍学生4.26万人，专任教师0.29万人，中职教师"双师型"教师比例为79.25%；普通高等院校5所，全市高校、高职校共有大专以上在校生6.05万人，专任教师0.27万人。

·教育现代化建设　2021年，全市优化教育信息化应用环境，推进智慧教育建设。申报为全国第二批人工智能助推教师队伍建设试点，教育大数据系统二期建设完成，全市中小学创建省智慧校园合格校覆盖

2021年连云港市教育事业情况统计表

表36

类别	单位	2020年	2021年	类别	单位	2020年	2021年
学校总数	所	1286	1276	小学	人	67911	65618
普通高校	所	5	5	幼儿园	人	47751	44034
普通中专	所	12	12	在校学生总数	人	1008292	1011222
普通中学	所	186	184	普通高校	人	54005	60457
小学	所	441	426	普通中专	人	43327	42625
幼儿园	所	642	649	普通中学	人	301471	324147
毕业生总数	人	256390	253737	小学	人	444662	430977
普通高校	人	12432	13389	幼儿园	人	164827	153016
普通中专	人	18463	12872	专任教师数	人	71445	71649
普通中学	人	83906	90928	普通高校	人	2495	2691
小学	人	74399	77021	普通中专	人	2808	2877
幼儿园	人	67190	59527	普通中学	人	26016	27683
招生总数	人	259096	259475	小学	人	27960	27208
普通高校	人	19990	19220	幼儿园	人	12166	11190
普通中专	人	15465	14696	学龄儿童入学率	%	98.1	98.15
普通中学	人	107979	115907				

率90%以上,“三通两平台”覆盖率100%。“城乡互动课堂”全面助推教育均衡发展和“双减”工作实施,连云港智慧教育云平台“云海在线”2.0全面升级上线。

·教师队伍建设 2021年,全市优化教师队伍结构,投放统筹编制1600余个,全市中小学教师编制4.19万个,首次超过国家标准应核定教师编制数。完善教师培训体系,市级教师发展学院运营,东海县、灌云县、灌南县、赣榆区、海州区完成省示范性县级发展中心创建工作。新建省级培育站21个,组织青蓝“三百”工程98场,培训教师近万人次。推进教师队伍高层次人才建设,启动第二周期“新333工程”。连云港市被确定为全省唯一的全国第二批“人工智能助推教师队伍建设”试点市。建设省、市“四有”好教师团队40个。减轻教师非教学负担,制定出台全市减轻教师负担文件。市教育局出台《连云港市中小学师德养成教育暨有偿补课和教师违规收受礼品礼金问题专项整治工作实施方案》,开展有偿家教专项整治工作。聘请教育行风监督员120人,面向社会开展师德评议,学校、教师、家长、学生、社会“五位一体”监督网络逐渐完善。

·教育经费 2021年,连云港市教育支出99.06亿元,比2020年增长6.0%。各级各类学校发放助学金1.22亿元、生源地助学贷款1.43亿元,惠及22.49万人次,实现困难学生“应助尽助,应贷尽贷”。落实教师收入水平不低于或高于当地公务员收入水平的要求,教师奖励性补贴发放到位。

·教育督导 2021年,市教育局高质量完成省对市政府履行教育职责实地考评,实地察看28所中小学和幼儿园。高效完成市对县级政府履行教育职责考评工作。加强责任督学队伍建设,常态化开展责任督学挂牌督导,完成全市中小学素质教育综合督导。完成国家义务教育质量监测,赣榆区、海州区作为国家义务教育质量监测样本区,区域内分别有12所小学和8所初中作为样本学校完成监测。开展义务教育优质均衡监测,全市义务教育优质均衡监测达标比例为83.33%,比2020年提高4.51个百分点;赣榆区通过县域义务教育优质均衡发展省级督导评估认定。开展“五项管理”(作业、睡眠、手机、读物、体质管理)专项督导,对409所中小学和校外培训机构开展专项督查,灌南县“五项管理”经验做法在全省宣传推广。开展“双减”工作专项督导,全市所有义务教育学校实行“一校一案”,按照“5+2”时间要求提供课后服务,落实作业布置高效、严控作业总量等6项要求,学生和家长满意度分别为96.93%、97.13%。开展巩固义务教育教师工资收入专项督导。

·办学条件优化 2021年,全市新改扩建中小学、幼儿园41所,新海高级中学开发区校区等一批重点学校建设项目持续推进,教室灯光照明改造120余所。根据全市教育发展实际和高中学位需求预测,对全市高中段学校布局规划进行统筹安排、整体规划,形成《连云港市高中阶段学校布局规划(2020—2035)》。江苏海洋大学海滨校区建设快速推进,连云港师范高等专科学校对照本科院校设置条件快速推进软、硬件达标。江苏海洋大学科技园被认定为第十一批国家大学科技园,江苏海洋大学马卡洛夫海洋工程学院获批设立。江苏省连云港中医药高等职业技术学校与韩国国立交通大学签订联合办学协议。连云港职业技术学院与市工业投资集团有限公司签订战略合作框架协议。江苏财会职业学院与四季沐歌科技集团签约共建四季沐歌产业学院。江苏省连云港中医药高等职业技术学校建成中医护理康养基地。

·校园安全 2021年,全市加强教育系统疫情常态化防控,系统做好疫情联防联控、控制集中活动、强化校园管理、开学防疫准备、加强信息报送等重点工作。每周抽取不低于5%的师生员工进行核酸检测,及早发现疫情苗头、隐患;推进教育系统疫苗接种,完成省市接种目标。因地、因时制宜调整细化学校疫情防控举措,做好学生心理健康教育和心理疏导。强化安全教育,组织安全宣讲500余场次,开展地震、消防演练等2500余次;开展防溺水专项行动、中小学生游泳技能培训,覆盖1.52万名学生;强化校园系统危化品专项治理、消防安全专项治理,消除校内安全隐患。

·“双减”政策实施 2021年,连云港市“双减”政策实施取得阶段性成效,参与学生62.15万人、教师3.56万人,占比分别为97.21%、94.97%,学生和家长满意度分别为96.93%、97.13%。义务教育学校实现全覆盖,并“一校一案”制定服务办法,分层次设置课后服务内容。逐家检查培训机构硬件设施和办学资质,逐家审核课程安排和内容设置。全市学科类培训机构压减218家,压减率96.46%;剩余8家培训机构“营改非”登记、按要求纳入资金监管范围比例全部达到100%。强化学生校外自主学习需要供给,上线教育大数据平台微信端,开发与教材配套的微课资源1.2万节;创新开展“名师约课”栏目,实现师生线上实时互动。

(王军林)

基础教育

·概况 2021年,连云港市有幼儿园649所,在园儿童15.3万人,专任教师1.12万人;普通小学426所,在校生43.1万人,专任教师2.72万人;初级中学149所,在校生22.2万人,专任教师1.86万人;特殊教育学校7所,在校生1372人,专任教师204人;普通高中35所,在校生10.2万人,专任教师9052

人。全市有四星级普通高中20所、三星级普通高中12所，三星级及以上公办优质普通高中实现全覆盖。

·学前教育 2021年，全市新建20所幼儿园，新增学位3770个。至年底，8所幼儿园投入使用，2所幼儿园竣工备案，10所幼儿园竣工验收。全市创建19所市优质幼儿园，完成37所省优质园复审，创建18所省优园，全市优质幼儿园覆盖率93.1%。灌云县、开发区获批省幼儿园课程游戏化区域推进项目。全市招聘在编教师118人，通过人事代理、政府购买等方式补充教师157人。新增省特级教师2人，市名师、学科带头人6人。

·义务教育 2021年，全市推进优质均衡发展三年行动计划实施，持续开展义务教育城乡学校结对帮扶、师资交流、教学研共建等，组建教育集团106个，其中一体多校25个、委托管理型6个、校际联盟54个、项目共建型6个、其他类型15个，覆盖超过全市62.7%的义务教育学校，覆盖全市62.3%的义务教育学段学生，符合条件的教师交流率15%。出台有关"双减"、课后服务、作业管理、"五项管理"（中小学生作业、睡眠、手机、课外读物、体质健康）、研学活动等系列文件，义务教育学校课后服务实现全覆盖。义务教育实行"公民同招"，首次启用义务教育招生网上报名系统，招收新生小学6.7万余人、初中7.4万余人。

·普通高中教育 2021年，全市高中教育质量提升显著，实现三星级以上高中全覆盖。赣榆厉庄高中晋级四星级高中，东海白塔高中、东海金桥实验学校、博雅高中等通过复审评估，海头高中、东海二中完成复审材料整改报送。新高考改革开展选科评估指导，引导考生合理选科，按照"分类实施、一校一案、一事一议、一人一策"原则，做好学生职业生涯规划和选科指导。培育并立项5个省级高中内涵发展建设项目。

·特殊教育 2021年，连云港市推进融合教育资源中心建设。102个资源中心通过市级四部门验收。做好适龄残疾儿童入学安置统计。完成教育部残疾儿童少年安置监测系统数据反馈，入学安置率98%以上。立项省级特殊教育发展工程项目2个，举办特殊教育发展研讨、"体悟教学"课堂教学研讨等。（王军林）

2021年连云港市基础教育省级内涵建设项目一览表

表37

项目类别	学段	建设学校（区域）	建设项目	共建学校
课程基地建设项目	普通高中	江苏省海头高级中学	农村高中拔尖人才基础培养课程基地	
		东海县第二中学	高中物理实验课程基地	
		江苏省灌南高级中学	高中信息技术实践课程基地	
	初中	连云港市海州实验中学	数学文化视野下的数学学科示范中心	
		灌云县实验中学	"做·思·生"初中数学课程基地建设	
	小学	连云港师范高等专科学校第一附属小学	"少儿科技信息院"综合体验课程基地	
		东海县黄川中心小学	"舞韵立美"特色文化	
		东海县实验小学西双湖校区	"做·思·悟"数学实验课程建设	
		连云港市孔望山小学	"孔望山文化"跨学科课程的建构与实施	
		连云港市新城实验小学	未来公民"公共品格"德育体验课程建设	
	学前教育	灌云县	省幼儿园课程游戏化区域推进项目	
		开发区	省幼儿园课程游戏化区域推进项目	
	特殊教育	连云港灌南县逸夫特殊教育学校	个别化教育	
		连云港东海县特殊教育学校	个别化教育	
前瞻性教学改革实验项目	义务教育	连云港市教育局教研室	做思共生：为儿童的具身科学而教	连云港市马站中心小学
	普通高中	连云港高级中学	基于SPOC平台的高中生物学混合式教学实践探索	
学生品格提升工程项目		连云港市苏光小学	传承红色基因，培育"苏光品格"	
		连云港市赣马高级中学	青春奋斗者的弘毅品格提升工程	
		灌云县实验小学	"五自儿童"化育工程	

2021年，全市中小学加强劳动教育。图为赣榆区海头中心小学学生在校园内“一分田”劳动体验园内栽种辣椒　　司伟/视觉江苏网

·重点学校　连云港市解放路小学　2021年，连云港市解放路小学有海连路、高新区2个校区，占地面积5.9万平方米，有教学班110个，学生5666人，专任教师239人。学校通过“全国文明校园”复查，被评为全国青少年禁毒知识竞赛先进集体、省青少年科技教育先进学校，创建成省中小学思政育人特色学校、省中小学心理健康教育特色学校、省智慧校园示范校、省红十字示范学校。学校通过省基础教育前瞻性教学改革实验项目结项，获省第七届中小学艺术展演活动小学甲组特等奖。1名教师入选“苏教名家”培养对象，4名教师被授予“港城名师”称号，1名教师书法作品入展江苏省摄影书画展，11名教师获江苏省优秀青少年科技教育辅导员称号；1名学生获省“新时代好少年”荣誉称号，6名学生获省红领巾“寻访小康路 争当小先锋”主题教育活动一等奖；5名学生获省红领巾“寻访小康路 争当小先锋”主题教育活动一等奖；4名学生获省“红领巾寻访党的百年足迹”主题教育活动案例征集优秀奖。

连云港市新海初级中学　2021年，连云港市新海初级中学有86个教学班，在校生七年级1555人，八年级1496人，九年级1349人。占地5.73公顷，建有教学楼、实验楼、图书信息楼、体育馆及生命科学馆、数字星球馆、物联网体验室、心理咨询室、健身房、录播教室、校园电视台等特色馆室。学校有正高级教师4人，省特级教师4人，市新“333”培养对象29人，市学科带头人、市优秀教育园丁等近百人。获评省文明校园、省智慧校园示范校，连续多年获市初中教育教学质量奖，初中英语戏剧教育项目入选江苏省课程基地。

东海县朱自清中学　2021年，东海县朱自清中学有在校生5793人，教职工261人，其中92人具有高级职称。朱自清中学连续12年获得连云港市教学质量奖。学校获批省院校师范生实习课程基地，市中小学生艺术大赛一等奖。1名学生获市美德好少年，18名学生获市三好学生，4名学生在市书法绘画比赛中获奖。1名学生获省“七彩语文杯”一等奖，1名教师获省班主任基本功大赛二等奖，6名教师论文分别在主流或核心期刊发表，24名教师分获省市表彰。

江苏省赣榆高级中学　2021年，江苏省赣榆高级中学在校生3706人。教职工405人，其中省特级教师5人、正高级教师8人、研究生学历教师120人。2021年，1人在五大学科奥林匹克竞赛中获国家级一等奖、81人获省一等奖，获奖数居全市第一；1名学生入选省科技创新领军人才培养计划，1名学生获“全省最美中学生标兵”称号；1名学生获省中学生“学宪法讲宪法”竞赛一等奖；1名学生获“苏教国际”杯省高中生作文大赛特等奖。学校师生自编自导自演的心理剧《等你回家》获省“校园心理剧”优秀剧目评选特等奖。　（王军林）

职业教育

·概况　2021年，连云港市有中等职业学校12所，在籍学生4.26万人，专任教师0.29万人，中职“双师型”教师比例为79.25%。开展连云港市首批职业教育名班主任工作室建设工作，评审确定10个名班主任工作室。完成现代职教体系中高职衔接贯通培养项目建设，经省教育厅核查审定，获批贯通培养项目69个。认定市现代学徒制项目10个，市校企合作示范组合项目9个。连云港中医药高等职业技术学校完成中医护理康养基地建设。出台《连云港市现代职业教育高质量发展三年行动计划（2021—2023）》，召开全市职业教育高质量发展研讨会。

·专业建设　2021年，全市中等职业教育备案专业170个，覆盖农林牧渔、土木建筑、生物化工、加工制造、医药卫生等16个专业大类36个专业类别、66个专业，新增精细化工技术、跨境电子商务、新能源汽车维修、数字媒体技术应用等服务区域经济和产业的专业6个。围绕国家级石化产业基地、中华药港、港口等重点产业，打造航海、石化、中医药水晶等特色专业。发布《连云港市职业教育专业结构与产业结构吻合度调研报告》，建成医药、国际物流、山海旅游、水晶工艺、大力建工等区域特色专业学院10个，开展护理、汽车运用与维修、机电技术应用、现代农艺、电子商务等产教融合现代学徒制试点专业8个。

2021年连云港市获批江苏省现代职业教育体系贯通培养项目一览表

表38

类别	牵头院校	合作院校	招生专业
中职与专科“3+3”专业班分段培养	江南影视艺术职业学院	江苏省大港中等专业学校	旅游服务与管理
	江苏航运职业技术学院		港口机械运用与维修
	常州工业职业技术学院		中餐烹饪
			生物化工技术应用
	常州纺织服装职业技术学院		计算机应用
	江南影视艺术职业学院		幼儿保育
	常州工业职业技术学院		旅游服务与管理
	无锡商业职业技术学院		中西面点
	江苏农林职业技术学院	江苏省东海中等专业学校	汽车运用与维修
	江苏财会职业学院		会计事务
	南通科技职业学院		中餐烹饪
	苏州信息职业技术学院		计算机网络技术
	徐州工业职业技术学院		汽车运用与维修
			化学工艺
	江苏财会职业学院		市场营销
			软件技术
	江苏城乡建设职业学院	江苏省赣榆中等专业学校	建筑工程造价
	江苏工程职业技术学院		建筑装饰技术
	南京机电职业技术学院		数控技术应用
			电子商务
			会计事务
	徐州工业职业技术学院		机电技术应用
	江苏电子信息职业学院		计算机应用
	江苏财会职业学院		会计
			连锁经营管理
	江苏城乡建设职业学院	江苏省灌南中等专业学校	建筑工程施工
	南京机电职业技术学院		数控技术应用
	常州工业职业技术学院		动漫与游戏制作
			建筑工程施工
	盐城工业职业技术学院		汽车运用与维修
	江苏电子信息职业学院		电梯安装与维修保养
	南通职业大学		绘画
	连云港职业技术学院	江苏省灌云中等专业学校	计算机应用
	常州机电职业技术学院		计算机平面设计
	常州工业职业技术学院		电子电器应用与维修
			机械加工技术
			汽车运用与维修
	江苏财会职业学院		审计
	徐州工业职业技术学院		汽车运用与维修
	江苏旅游职业学院		市场营销

续表 38

<table>
<tr><th>类别</th><th>牵头院校</th><th>合作院校</th><th>招生专业</th></tr>
<tr><td rowspan="34">中职与专科“3+3”专业班分段培养</td><td rowspan="2">江苏农牧科技职业学院</td><td rowspan="8">江苏省金山中等专业学校</td><td>畜禽生产技术</td></tr>
<tr><td>作物生产技术</td></tr>
<tr><td>无锡工艺职业技术学院</td><td>高星级饭店运营与管理</td></tr>
<tr><td>江苏农林职业技术学院</td><td>农机设备应用与维修</td></tr>
<tr><td>常州工业职业技术学院</td><td>计算机应用</td></tr>
<tr><td>江苏工程职业技术学院</td><td>服装设计与工艺</td></tr>
<tr><td>江苏旅游职业学院</td><td>市场营销</td></tr>
<tr><td>南京机电职业技术学院</td><td>机电技术应用</td></tr>
<tr><td rowspan="2">江苏财经职业技术学院</td><td rowspan="4">江苏省连云港工贸高等职业技术学校</td><td>机电技术应用</td></tr>
<tr><td>数控技术应用</td></tr>
<tr><td>盐城工业职业技术学院</td><td>汽车运用与维修</td></tr>
<tr><td>扬州工业职业技术学院</td><td>计算机平面设计</td></tr>
<tr><td>江苏航运职业技术学院</td><td rowspan="6">江苏省连云港中等专业学校</td><td>港口机械运用与维修</td></tr>
<tr><td>连云港职业技术学院</td><td>会计事务</td></tr>
<tr><td>徐州工业职业技术学院</td><td>精细化工技术</td></tr>
<tr><td>常州工程职业技术学院</td><td>化学工艺</td></tr>
<tr><td>常州工业职业技术学院</td><td>计算机网络技术</td></tr>
<tr><td>江苏信息职业技术学院</td><td>汽车车身修复</td></tr>
<tr><td>无锡科技职业学院</td><td rowspan="3">连云港海州中等专业学校</td><td>机电技术应用</td></tr>
<tr><td>常州纺织服装职业技术学院</td><td>计算机平面设计</td></tr>
<tr><td>连云港职业技术学院</td><td>动漫与游戏制作</td></tr>
<tr><td>连云港职业技术学院</td><td rowspan="8">连云港生物工程中等专业学校</td><td>作物生产技术</td></tr>
<tr><td>南通科技职业学院</td><td>作物生产技术</td></tr>
<tr><td rowspan="2">江苏农牧科技职业学院</td><td>畜禽生产技术</td></tr>
<tr><td>机电技术应用</td></tr>
<tr><td rowspan="2">江苏旅游职业学院</td><td>计算机应用</td></tr>
<tr><td>会计事务</td></tr>
<tr><td>常州纺织服装职业技术学院</td><td>化学工艺</td></tr>
<tr><td>常州工业职业技术学院</td><td>化学工艺</td></tr>
<tr><td>连云港职业技术学院</td><td rowspan="2">连云港市艺术学校</td><td>艺术设计与制作</td></tr>
<tr><td>徐州幼儿师范高等专科学校</td><td>舞蹈表演</td></tr>
<tr><td rowspan="3">江苏财会职业学院</td><td rowspan="3">江苏省徐州财经高等职业技术学校</td><td>会计</td></tr>
<tr><td>审计</td></tr>
<tr><td>软件技术</td></tr>
<tr><td rowspan="12">高职与本科“3+2”分段培养试点</td><td>南京审计大学</td><td>江苏财会职业学院</td><td>财务管理</td></tr>
<tr><td rowspan="2">江苏理工学院</td><td rowspan="2">江苏财会职业学院</td><td>金融管理</td></tr>
<tr><td>会计</td></tr>
<tr><td>南京晓庄学院</td><td>连云港师范高等专科学校</td><td>学前教育</td></tr>
<tr><td rowspan="2">盐城师范学院</td><td rowspan="2">连云港师范高等专科学校</td><td>小学教育</td></tr>
<tr><td>生物制药</td></tr>
<tr><td rowspan="6">江苏海洋大学</td><td>江苏食品药品职业技术学院</td><td>食品科学与工程</td></tr>
<tr><td>常州机电职业技术学院</td><td>机械设计制造及其自动化</td></tr>
<tr><td>江苏海事职业技术学院</td><td>船舶与海洋工程</td></tr>
<tr><td>南通航运职业技术学院</td><td>机械设计制造及其自动化</td></tr>
<tr><td>江苏农林职业技术学院</td><td>水产养殖学</td></tr>
<tr><td>江苏农牧科技职业学院</td><td>水产养殖学</td></tr>
</table>

·教育科研 2021年，全市职业教育中心组、名师工作室、名班主任工作室教研工作机制进一步完善，各专业教师开展各类公开课、讲座70余场次，参与教研活动教师1000余人次。30个省职业教育教学改革研究课题结题；2个课程项目入选省级职业教育课程思政示范课程项目，1个课程项目入选教育部课程思政示范课程项目。全市10个“名班主任工作室”获得首批市级立项建设；3个教学团队入选省职业教育教师教学创新团队；3个省级名师工作室通过省教育厅考核。全市职业学校教师完成国家级、省级等培训项目740余人次。全市职业学校在江苏省职业院校技能大赛获一等奖13个，36件作品在省中职“文明风采”活动中获评文明风采最佳作品；获全国班主任能力比赛一等奖1个。

·1+X证书试点申报 2021年，全市职业教育推进1+X证书试点，做好学校申报指导、专业证书的选择以及网络平台应用，利用“1+X”证书制度试点培养复合型技术技能人才，推进学校技能等级证书考核。9所中等职业学校申报成功，涉及23个类型、40个试点专业，申报考证3000余人。

·产教融合 4月29日，市教育局、市工信局成立连云港市中小企业服务联盟，建立职业教育与人力资源专委会，全市18所大中专院校加盟。全市19家大中专院校师生完成平台注册使用，市教育局《深化产教融合，校企合作的对策研究——以连云港校企合作服务平台建设为例》获省教育厅“教育改革发展战略性和政策性研究课题”立项。连云港市中等职业学校产业学院立项建设产业项目16个。认定市现代学徒制项目10个，市校企合作示范组合项目9个。连云港中医药高等职业技术学校完成中医护理康养基地建设。培育建设市级中小学生职业体验中心15个，参与中小学生职业体验2.54万人次。 （王军林）

·重点学校 江苏省连云港工贸高等职业技术学校 2021年，该校招生1654人，毕业学生1255人，其中升学216人，本地就业率61%，毕业学生工作与专业相关度82%。引进本科及以上学历专业教师27人，其中硕士研究生11人。有市第六期“521高层次人才培养工程”培养对象9人。65名教师下企业锻炼。新增五年制高职食品质量与安全专业、中职多媒体设计专业。建设认定4个校级高水平专业群，其中机电一体化高水平专业群被认定为江苏联合职业技术学院高水平专业群。粮油储运与检验技术创新教学团队获第二批省职业教育教师教学创新团队立项。“奇遇甜品”基地被认定为市级创新创业孵化项目。汽车检测与维修技术与星华胜汽车服务公司校企合作被认定为市级校企合作示范组合。学校获市教学成果奖一等奖3个、三等奖1个。获批1个省级一体化名师工作室，交通运输系“汽车维修与保养”体验中心获省教育厅认定，粮油食品工艺系“粮油储运与检验技术”创新团队获江苏省职业教育教师创新团队认定，交通运输系“汽车运用与维修”、粮油食品工艺系“粮油食品”产业学院获市级认定，粮油食品工艺系“服装设计与工艺”、机电工程系“先进制造技术”、经济贸易系“现代物流”3个中小学职业体验中心获市级认定。教师获省各类大赛二等奖6个、三等奖16个，市级各类大赛一等奖1个、二等奖2个、三等奖2个。学生获省技能大赛一等奖1个，市创新创业大赛一等奖1个、二等奖2个、三等奖1个。1名学生获第七届连云港市青少年科技创新市长奖。与中储粮集团、益海粮油公司、田湾核电站等100余家企业签订校企合作协议，建设产学研基地15个，合作项目6个。为在校生提供第二证书培训与考核服务，认定中级工825人，高级工414人。全年开展各类培训1万余人次，被人社部评为技能人才培育突出贡献单位。 （赵秋月）

江苏省连云港中医药高等职业技术学校 2021年，该校在校生6400余人，教职工298人，其中博士、硕士131人，教授、副教授等高级职称教师101人。开设与地方支柱产业发展相适应的中药学类（中药学、药学、药品经营与管理）、药品生产技术类（药品生产技术、药品质量与安全、中药制药技术）和护理类（护理、助产、康复治疗技术、中医康复技术）三大专业群、10个五年制高职专业和农村医学1个中职专业。其中，中药学专业成为全国首批健康服务类示范专业点，中药学、护理、药品生产技术创建为省级现代

11月24日，市非遗贝贴画与药用植物蜡叶标本制作优秀传承人纪效芳在中医药高等职业学校指导药用植物标本制作 梁思思 摄

化示范性实训基地，三大专业群均为省级现代化专业群。医学护理系《基础护理技术》课程获评教育部职业教育类课程思政示范课程。团队获评教育部课程思政示范团队，团队教师获评教育部课程思政教学名师。入选全市"三全育人"综合改革试点职业院校，创建市级首批职业教育名班主任工作室，拓展连云港市第四人民医院等校外德育实践基地。开展"1+X"证书考核点与学业水平考试知识点的融通教学，其中母婴护理职业技能等级（初级）考核通过率100%；老年照护职业技能等级（初级）考核通过率98.3%。新增产后恢复、家庭保健按摩、药物制剂生产、药品购销4个"1+X"项目。中医康养进社区获省社区教育特色品牌项目，"老年健康照护""老年人养生药膳"入选省老年教育学习资源库。传统医药非遗学院、健康服务产业学院、绿水青山检测分析产业学院获评市中等职业学校产业学院项目；助产专业获评市现代化学徒制项目；学校与中医院护理校企合作项目获评市校企合作示范组合项目。学校推进专业群产教融合、医教协同平台建设，完成中医健康养生实训基地建设，建设临床多站式考站（OSCE），完善数字化考试中心，新建机房4个，新增计算机240台。张宁领衔的护理技能工作室获评国家级技能大师工作室，陈敏领衔的护理教学创新团队获评省级教学创新团队，胡必梅领衔的护理团队获评江苏省教育教学创新团队，胡必梅获第三届江苏技能大奖"江苏工匠"称号。承办2021年省职业院校技能大赛中职医护康复技能竞赛、2021年省职业院校技能大赛中药传统技能高职选拔赛，2022年省职业教育技能大赛中职健康促进赛项。学生获全国职业院校技能大赛金牌1枚，省职业院校技能大赛金牌8枚、银牌15枚、铜牌9枚。定期组织师生走进社区街道、乡镇农村及中小学校，提供中医特色诊疗、日常护理、中医药文化科普宣教、中药栽培技术援助等"定制式"志愿服务。组建专业技术团队指导黄川镇前湾村种植丹参17.33公顷，帮助赣榆县夹山乡开发酸枣叶茶和枸杞叶茶。组建连云港市传统医药非遗学院，建成海州传统医药非遗体验中心，面向中小学生开展海州传统医药非遗体验项目。教职工发表论文110篇（其中中文核心论文13篇），完成省级课题立项6个、市课题立项15个，完成省第四期教改课题和2020年科协软课题的结题，完成江苏省职教学会课题开题。与国立韩国交通大学签订协议开展交流合作，与巴西阿马帕州联邦大学建立合作友好院校关系，中医药学与药用植物和草药抗炎等课程实行共建共享与学分互认。承办首届中华药港校企合作研讨会。

（刘　洪　梁思思）

6月，AHK中德化工职业教育联盟合作项目在连云港中等专业学校揭牌　蒋晶鑫　摄

江苏省连云港中等专业学校

2021年，该校全日制在籍学生近7000人。在编专任教师405人，其中公共基础课专任教师177人、专业专任教师228人。有正高级职称7人、副高级职称183人，江苏工匠1人，省特级教师6人，省名师工作室7个，省教师教学创新团队1个，省"333工程"高层次人才2人，省领军人才3人，省中心教研组成员6人，省市级名师12人，市级以上学科带头人及骨干教师70余人。招生2043人，其中五年制高职专业学生758人。学校成为省学分银行合作单位，新增高职专业2个、现代职教体系贯通培养项目2个、"1+X"证书项目2个，认定市级中小学生体验中心3个。机电技术专业群立项省江苏联合职业技术学院专业群。牵头组建市现代旅游职业教育集团。与56家企业开展校企合作，与15个企业学院深度合作。引进中德AHK合作项目。参加2021年省职业院校技能大赛获5枚金牌、6枚银牌、15枚铜牌，承办省职业院校技能大赛加工制造类焊接技术项目赛点。参加全国职业院校技能大赛获二等奖1个，参加中国烹饪协会举办的"美佳"中国名厨邀请赛获银奖。韩静获全国和省职业院校技能大赛中等职业学校班主任能力比赛一等奖，1名学生获"江苏好青年"称号。学校获评省教育系统先进集体、省教科研工作先进集体、市教育综合评价改革试点校等。现代学徒制案例获评省优秀管理案例。

（蒋晶鑫）

普通高等教育

·概况　2021年，连云港市有普通高等院校5所，分别为江苏海洋大学、南京医科大学康达学院、连云港师范高等专科学校、连云港职业技术学院、江苏财会职业学院。全市高校、高职校共有大专以上在校生6.05万人，专任教师2691人。

·学科建设　2021年，江苏海洋大学新增硕士学位授权点8个、拥有8个国家级一流本科专业建设点，新增1个本科专业"遥感科学与技术"。江苏海洋大学科技园被科技部、教育部认定为第十一批国家大学科技园。康达学院获批新增“医疗保险”“健康服务与管理”2个专业。高职校3个专业群获批江苏省高等职业教育高水平专业群。

·高等教育国际交流与合作 5月，江苏海洋大学与乌克兰马卡洛夫国立造船大学联合办学，江苏海洋大学马卡洛夫海洋工程学院获教育部批准设立。9月，江苏省连云港中医药高等职业技术学校与国立韩国交通大学签订人才培养交流合作协议。

·重点院校 江苏海洋大学 2021年，该校有全日制本科生、研究生2万余人。录取各类学生6504人，其中硕士研究生642人，比2020年增长16.73%；本科生5862人。有教职工1600余人，专任教师1328人，其中正高级职称171人，博士520人，全国优秀教师2人，省教学名师2人；省高层次创新创业人才引进计划2人，江苏特聘教授4人，省有突出贡献中青年专家3人，省杰出青年基金获得者2人，省双创博士(世界名校类)18人；省“333高层次人才”培养工程、江苏省高等学校青蓝工程、江苏省六大人才高峰等省部级人才工程251人；有省青蓝工程优秀教学团队3个、江苏省科技创新及人才团队11个。设海洋科学与水产学院、海洋技术与测绘学院、海洋工程学院、土木与港海工程学院等21个学院，开设70个本科专业。拥有8个国家级一流本科专业建设点、3个国家级特色专业、9个省一流本科专业建设点，4个专业通过教育部工程教育专业认证、海洋科学为江苏省优势学科，应用经济学、机械工程、生物工程、药学4个学科被列入省“十四五”重点学科建设规划。江苏海洋大学科技园被科技部、教育部认定为国家大学科技园。2021届研究生年终就业率97.27%，本科生年终就业率93.74%。学校制定出台《江苏海洋大学学科建设五年行动计划(2021—2025年)》。确定优势学科5个、重点学科8个、支撑学科11个。成立博士学位授予单位创建工作领导小组和督查工作领导小组，制定出台《江苏海洋大学2021年推进博士学位授予单位创建工作方案》。新增1个学术学位硕士点和7个专业学位硕士点。有7个一级学科硕士学位授权点、12个专业硕士学位授权点；有博士后科研工作站1个，省级重点实验室、工程研究中心13个。5个专业获批国家级一流本科专业建设点，4个专业新入选省级一流本科专业建设点，3个专业获批嵌入式人才培养项目备案，2个专业通过工程教育专业认证。学校获批首批省级一流课程27门。新建智能制造产业学院、水晶产业学院、清洁能源产业学院、应急管理学院4个产业学院，生物医药产业学院获批省重点建设产业学院。被国家体育总局授予“全国群众体育先进单位”称号。获批国家国际科技合作基地1个、共建自然资源部重点实验室1个、省发改委工程研究中心2个，新增省级智库平台1个。获批国家级项目28个、省部级项目53个。其中，主持国家自然科学基金项目22个，主持国家社科基金项目3个，参与重大重点等国家级项目3个。获批教育部第二批产学合作协同育人项目14个。全年科研经费累计1.62亿元，增长69.21%。获批省部级以上奖励6个，首次以第一单位获得江苏省科技进步奖二等奖1个；获批行业协会等其他科技奖励21个。发表SCI/EI论文196篇，CSSCI论文32篇，增长42.5%。获得授权各类专利170件，其中国际发明专利1件。入选省科技副总项目53个。江苏省海洋资源开发研究院与深蓝远洋渔业有限公司共建创新团队1个。入选江苏高校“青蓝工程”优秀教学团队1个，中青年学术带头人2人，优秀青年骨干教师6人，全国石油和化工教育青年教学名师1人，江苏省教育系统先进个人1人。选聘省产业教授5人。与江苏自贸试验区连云港片区管委会共建自贸区研究院，与市委政法委共建连云港市社会治理研究院，与东海水晶集团共建水晶产业学院。与乌克兰马卡洛夫国立造船大学合作共建江苏海洋大学马卡洛夫海洋工程学院，获批教育部非独立法人中外合作办学机构，招收本科生76人。依托中乌海洋智能装备研究院等科研平台开展国际科研合作，获批国家国际科技合作基地中乌海洋智能装备工程研究中心。 (徐 凯)

10月11日，江苏海洋大学马卡洛夫海洋工程学院揭牌 杨平 摄

南京医科大学康达学院 2021年，学院有在校生9650人、教职工357人。录取学生3416人，其中普

高招生 1877 人、专转本招生 1539 人。招收 229 名农村订单定向医学生,学院有定向在校生 580 人。2 名教师入选省高校教师“青蓝工程”优秀青年骨干教师培养对象,5 名教师入选市第六期“521 高层次人才培养工程”培养对象。开设临床医学、预防医学、药学、医学影像技术、护理学、公共事业管理、康复治疗学、医学检验技术等 17 个专业、21 个方向。建有 30 所临床医学院、附属医院和教学医院。新增医疗保险、健康服务与管理、临床医学(急诊医学方向)3 个专业(方向)招生,申报口腔医学、儿科医学、中西医临床医学、卫生检验与检疫、医疗产品管理 5 个新专业。修订人才培养方案,出台《关于加强专业建设的指导意见》,组建专业建设指导专家组,出台教学督导条例;新增护理学(老年护理)、康复治疗学(儿童康复、孕产康复、心肺康复)等特色班。推进校内实训平台、临床、康复实验用房、实验动物房、药学实训中心等项目建设,全面启用医学模拟教育中心。新增张家港市第一人民医院为康达学院临床医学院,新增海州区孔望山、海州、新浦、连云区墟沟、云山 5 个社区卫生服务中心为康达学院实习基地。出台《第二课堂“素质拓展”学分实施认定办法(试行)》。设立院级大学生创新创业培育项目,获得“挑战杯”铜奖 4 个、三等奖 9 个,获得各类大创比赛优秀团队 1 个,二等奖 1 个、三等奖 2 个。出台《科研人才培养计划实施办法(试行)》,确定首期科研人才培养对象 38 人。教师获国家自然科学基金青年科学基金课题 1 个,市厅级及以上科研项目立项 26 个、校级科研课题立项 4 个、院级科研课题立项 130 个。成立康缘产业学院,升级“豪森班”人才培养机制。推进与南京医科大学医政学院、马克思主义学院、护理学院共建项目。成立对外培训中心。暑期美国 UNMC 物理治疗学线上课程项目推出。(康达学院)

12 月 21 日,康缘产业学院在南京医科大学康达学院揭牌

康达学院 供图

连云港师范高等专科学校

2021 年,学校有全日制在校生近 1 万人,录取新生 3919 人,其中普高录取 3710 人,普招师范类录取 1910 人。毕业生就业率 97.61%。有教职工 534 人,专任教师 458 人,其中正高职称 48 人、副高职称 226 人,高级职称占专任教师的 59.82%;博士 18 人,具有硕士及以上学位教师占专任教师比例为 80.1%。设 9 个二级学院 43 个专业,建成美术教育,语文教育等 6 个省品牌特色专业;儿童教育与发展等 3 个专业群被确立为省重点专业群,学前教育专业群获评江苏省高等职业教育高水平专业群;应用电子技术等 2 个专业被确立为国家财政重点扶持专业;色彩人物省级在线开放课程、语文教学论等 5 门课程获评省级精品课程。建有 26 个校内实验实训中心,其中省级实验实训基地 3 个、省级人才培养模式创新基地 1 个、省级优秀教学团队 1 个、人才培养模式创新基地 1 个、省级产教深度融合实训平台 1 个。学校创本科院校工作被纳入市“十四五”发展规划,纳入省“十四五”高校设置规划,上报教育部。市政府出台《关于支持连云港师范高等专科学校升格为师范本科院校的若干意见》。全面启动办学规模及专业设置论证、考察点建设等工作。新增三级教授 3 人,引进博士 2 人,1 人获博士学位,培养 5 名教师攻读博士研究生。1 人入选省高校“青蓝工程”中青年学术带头人,1 人入选省高校“青蓝工程”骨干教师,2 人入选省产业教授(兼职),兼职教师 5 人入选省职业院校产业导师奖补项目;32 人入选连云港市第六期“521”培养工程,其中 3 人入选“521”第一层次培养对象。4 人入选市第六期“521 工程”科研项目资助计划,1 个团队入选市人才发展课题。学校作为第一单位获省级教学成果奖二等奖 2 个,与其他单位合作获省级教学成果奖一等奖 1 个、二等奖 1 个。获省教育研究成果奖二等奖 1 个。立项省重点教材 1 本,出版省重点教材 2 本。完成“十四五”首批 7 本国家职业教育规划教材申报工作。开展提质培优职业教育精品在线课程申报,10 门课程立项,建设完成 2 门。1 门课程入选省首批职业教育课程思政示范课程。立项省教改课题 4 个,其中重点课题 1 个。立项省教研课题 2 个,其中重点课题 1 个。成功申报第四批“1+X”证书试点 16 个。教师获省职业院校教学大赛一等奖 2 个、二等奖 2 个、三等奖 1 个,获奖数量居全市大中专院校及省内同类院校之首。获省微课大赛一等奖 1 个、三等奖 5 个。获首届省高校艺术教师技能展示大赛个人全能一等

奖1个、二等奖1个、三等奖1个，专业技能展示最佳单项奖1个。4人获省职业院校技能大赛二等奖，2人获三等奖。1个案例入选省高等职业教育质量年度报告。教师公开发表SCI、CSSCI、EI、中文核心论文23篇，出版著作、教材10部。其中，首次发表影响因子高于7.0以上的SCI一区文章1篇、国际顶级SSCI期刊文章1篇。加入连云港市中小企业服务联盟，开展企(事)业服务工作12项。市厅级及以上科研项目立项65个，结项41个，在研77个。年内获专利139项。获省高等学校科学技术研究成果奖1个、省紫金奖文化创意设计大赛银奖1个。中标省2021年乡村教师提优计划小学语文、小学英语项目。投入1000余万元用于建设特种作业智能化实操设备、语言综合实训室、思政课VR实训室、新媒体编辑及模拟办公基地、小学教育专业系列实训室、大数据实训室、体育教学与健康实训中心、会计专业实训实操平台。 (周烁烁)

江苏财会职业学院 2021年，该校有在校生6572人。其中，三年制招生(不含4+0)录取2034人，专转本录取333人；招生范围新增吉林、黑龙江2个省，新增应用韩语专业。有专任教师270人，其中有正高级职称11人、副高级职称89人，“双师型”教师220人；省青蓝工程优秀青年骨干教师10人，省333第三层次人才3人，占专任教师比例的81%。引进教授1人，公开招聘硕士研究生27人，新增省青蓝工程优秀青年骨干教师2人。毕业生首次就业率95.63%，年终就业率97.71%。设会计学院、金融学院、商学院、财税学院、信息工程学院、马克思主义学院、基础教育学院。开设18个专业，5个专业群。建有大商科智慧教育实训中心、现代服务业实训中心、二期教学实训中心等现代化实训中心，现代商务实训基地和现代物流实训基地为省级实训基地。申报26项“1+X”证书试点(含延续项目)通过审批。全校4068人完成学分银行注册，占在校生的61.9%。获批江苏理工学院“4+0”会计学本科人才联合培养项目，完成第二届本科班招生计划；获批江苏理工学院金融服务与管理专业“3+2”联合培养项目，完成首批招生计划。拓展与徐州财校、赣榆中专、东海中专“3+3”合作，新增大数据与审计、软件技术、大数据与会计、连锁经营与管理、财税大数据应用5个专业合作项目。做好南京审计大学“3+2”项目日常教学管理和毕业班转段考试工作，开展18级南京审计大学“3+2”班转段升学考试，完成转段综合考核，45名学生转入南京审计大学本科阶段学习。获批信息安全技术应用、人工智能技术应用等7个新专业。10门省在线开放课程线上运行情况良好，具备省级验收条件。组织省级乡村振兴在线开放课程申报，20门课程通过认定。开展课程思政和思政课程建设，申报课程思政省级示范项目2门，省级课程思政示范教学研究中心1个。组织全市思政精品课大赛，获一等奖。与四季沐歌集团、家得福集团合作开发《管理学基础》《连锁经营管理实训》教材。组织教学能力比赛，遴选9个团队参加省级比赛，其中5个团队进入省级决赛，获二等奖1个、三等奖4个。8件作品参加省微课设计大赛，获一等奖2个、二等奖1个、三等奖4个。参加2021年江苏省职业院校会计技能大赛获一等奖1个、二等奖1个，连续四年获得江苏省高职院校会计技能大赛一等奖，成为全省唯一“四连冠”高职院校。参加江苏省首届数智财经应用技能大赛获一等奖3个、二等奖4个、三等奖2个。参加第六届“科云杯”全国职业院校财会职业能力大赛获二等奖和三等奖。参加全国高等院校财务数智化大赛获省赛一等奖。参加全国职业院校业财税融合暨大数据管理会计应用能力比赛获全国总决赛三等奖。参加第四届全国大学生审计精英挑战赛获高职组一等奖。获省高职院校技能大赛电子商务与营销技能赛项、移动应用开发赛项、大数据技术与应用赛项、网络系统管理赛项等多个奖项。获批江苏省职业技能大赛银行业综合技能赛项赛点。参加江苏省“互联网+”创新创业大赛项目1652个，参与学生5867人次。获“挑战杯”创新创业大赛全省特等奖1个，第七届江苏省“互联网+”创新创业大赛职教赛道三等奖1个、红旅赛道三等奖1个。打造“小葫芦大文章”育人品牌。通过省中华优秀传统文化传承基地建设及公共艺术课程落实情况中期调研。承办“芳华献百年，党在我心中”连云港市大学生抖音短视频大赛，20个参赛视频获一等奖。《寻访家乡记忆·建设红色档案》项目获第十七届“挑战杯”江苏省大学生课外学术科技作品竞赛红色专项活动特等奖。申请立项省级课题27个、市级课题63个。签订42项横向课题合同，合同交易额117余万元。与韩国明知大学合作，开展“2.5+1.5”海外本科直通车项目；与韩国庆熙大学实行“4.5+2.5”/“2.5+2.5”模式联合办学。建立庆熙大学中国定点招生办。 (柳 青)

连云港职业技术学院 2021年，该校有全日制专科学历在校生1.1万余人，其中录取新生4317人；录取成人教育学生3979人，较2020年增加78.2%。有教职工500余人，其中博士20人、硕士304人，正高级职称33人，副高级职称204人，硕士以上学位人数占比64.2%，副高以上职称人数占比46.9%。省、市高等学校教学名师、省“333高层次人才培养工程”培养对象等各类高层次人才60余人次。开设53个专业，其中物流管理、药品生产技术为国家重点建设专业，建筑工程技术、药品生产技术、数控技术应用、计算机信息管理等4个专业为省级特色专业，计算机应用技术、药品生产技术、建筑工程技术为省级重点建设专业群，市场营销、旅游管理为省级重点专业，药品生产技术、建筑工程技术为省级高水平骨干专业。新增跨境电子商务、装配式建筑构件、智能制造技术等6个专业，建有2个国家级实训基地、5个省级实训基地（产教融合平台、技术研发中心）、1个国家职业技能鉴定所，1个省工程研究中心。筹建医药工程学院和材料与化工学院，筹建石油化工技术、材料工程技术、医药生产技术和药品验证技术等4个实训中心。与江苏理工学院联合开设高职本科“4+0”联合培养项目网络工程专业本科班，首批招生30人。毕业生年终就业率97.01%。12个专业毕业生留连云港就业率超过40%，其中药品质量与安全66.67%，市政工程技术63.89%。获批1+X职业证书试点13个。6项成果获省高校微课教学比赛一、二、三等奖，6项成果获省技能大赛二、三等奖。建设公共机房、外国语综合实训室、危废品中转库、实验室安全管理信息系统、PLC实训室等项目。投资新建10间智慧教室和121间标准化考场，改造升级18间多媒体教室。9名学生赴韩国岭南大学、清州大学深造，攻读本科和硕士研究生。2项成果分获省科学技术成果奖和省哲学社会科学研究成果奖三等奖，可见光催化材料工程研究中心获批省工程研究中心。省级课题立项30个，新增授权专利43件，其中发明专利4件。组建“海洋经济研究团队”等7个科研创新服务团队。获省第七届中国国际“互联网+”创新创业大赛职教赛道三等奖2个，红旅赛道三等奖1个。40个大学生创业训练计划项目获省级立项。

（职技院）

民办教育

·校外培训机构监督管理　2021年，市教育局、市市场监管局印发《关于开展校外培训机构利用不公平格式条款侵害消费者权益违法行为集中整治的通知》，在全市范围对校外培训机构利用格式条款免除自身责任、加重消费者责任、排除消费者法定权利等行为开展集中整治。印发《连云港市教育局2021年度“双随机、一公开”检查计划》。加强与县区联动，对市区校外培训机构办学资质、培训内容、规范收费、教师资质、广告合同、消防安全、疫情防控等多方面内容进行抽查，强化督促整改。

·民办学校年检　2021年，全市开展民办学校（包括中小学、幼儿园、培训机构）办学许可证年检工作。对民办学校的办学行为、资产管理、师资队伍、办学场地等情况进行全面审查。

·学科类校外培训机构复课审核　2021年，各县区对学科类校外培训机构进行深入摸排，明确学科类校外培训机构复课审核标准，对学科类校外培训机构进行全面审核，压减机构数量。截至年底，全市学科类培训机构压减218家，压减率96.46。全市经教育部门审批发证的学科类培训机构共226家。

（王军林）

社会教育

·概况　2021年，连云港市制订2021年老年大学建设计划。市教育局、市社科联、市社科院联合开展社会教育、民办教育课题研究，完成立项23个。3个项目被评为省社区教育品牌项目，7人被评为“百姓学习之星”，10人被评为社区教育先进工作者，5人被评为社区教育优秀志愿者。

·社会教育基础建设　2021年，海州区、连云港经济技术开发区、连云港开放大学新建老年大学，实现“设区市至少有3所、80%的县至少有1所老年大学”的目标。推进“学习苑”、学习体验基地社会教育内涵建设，满足居民学习多样化需求。

·社会教育队伍建设　2021年，市教育局组织各县区和大中专院校开展省社区教育特色品牌和老年教育学习资源库子库项目建设工作。报送“民间博物馆”学习体验基地等4个项目参加省社区教育特色品牌项目评选，报送《老年健康照护》等3个项目参加老年教育学习资源库子库评选。市、县（区）、乡（镇、街道）、社区四级联动，根据老年人生活、作息、健康等方面的特点，开展爱老、敬老、养老系列活动，打造各具特色的孝文化资源平台。加强与市社科联、社科院部门联动，开展社会教育和民办教育课题研究，立项课题23个，其中重点项目3个，一般资助项目10个，自筹项目10个。

·全民终身学习活动周　10月30日，连云港市全民终身学习活动周启动仪式在连云区举行。活动周以“庆建党百年华诞 谱终身教育新篇”为主题，面向青少年、企事业单位职工、中小学幼儿园师生、进城务工人员、社区居民、老年群体，开展各类社区教育学习和宣传活动。

（王军林）

·连云港开放大学　2021年，连云港开放大学有本科专业69个，专科专业近百个，设置开放教育学院、成人与网络教育学院、继续教育学院、职业技术学院、工程学院、人文经贸学院6个学院。学历教育在籍学生6199人。非学历社区教育学员1200余人，开展非学历教育及培训2.35万人次。有教职工149人，其中正高级职称3人、副高以上职称的教师42人，其中具有硕士、博士学位的教师53人，双师型教师46人，市高校教学名师4人，江苏省“333工程”、连云港市“521”工程等高层次人才8人。学校与南通开放大学、亳州广播电视大学、内蒙古广播电视大学签订合作共建协议。打造社区教育品牌，在国网连云港供电公司人力资源室、苍梧社区、赣榆区墩尚镇和海头镇龙河中心小学开展太极文化与健康养生知识宣传。组织社区朗诵、摄影、书画大赛，上报作品400余个，获奖作品近100项。江苏省终身教育学分银行管理中心同意在学校进行连云港分行的试建工作。与市总工会合作开展“求学圆梦”框架协议，初审通过学习者863人。成人网络教育被全国高等学校现代远程教育协作组评为中国农业大现代远程教育优秀校外学习中心。组织参加“学党史 铸师魂 强信念 育新人”思政精品课展评，1名教师获全国性思政课程大赛三等奖。工程技术学院汽车实训中心获批市中小学实验体验基地，人文经贸学院挂牌成立市场营销、电子商务虚拟仿真实验室，签约大陆桥商贸有限公司等4家实习实训合作单位。开放教育全年本专科招生1487人。继续教育开展培训项目10个，新增项目2个，累计培训与考试7955人，老年教育招生近1000人。申报汽车、钳工、工程测量等3个专业技能的等级认定并通过验收。成人网络学院全年招生163人。全日制招生527人，其中五年制高职招生152人，三年制中职招生375人。2021届毕业生就业率97.12%。1名教师获评首届“创响江苏”职业指导员技能大赛优秀职业指导师。2名教师获职业指导员四级职业技能等级证书。7名学生在省市级职业生涯规划大赛和创新创业大赛中获奖。 （顾 雪）

素质教育

·中小学德育工作 2021年，连云港市开展以爱国主义为核心的思想道德教育主题教育活动。开展“扣好人生第一粒扣子”“向国旗敬礼”“清明祭英烈”等主题教育活动，入选省中小学思政育人特色学校3所，立项省中小学生品格提升工程项目3个，评选市“一校一案”落实《德育工作指南》典型案例12个、优秀德育工作成果200余篇。认定星级学生成长（发展）指导中心47个，2所学校入选省心理健康教育特色学校。印发《关于进一步加强与改进中小学幼儿园家庭教育指导工作的通知》，研制家庭教育指导示范校（园）三级参考指标，评选家庭教育指导示范校（园）30个，优秀工作案例51篇。

·体育艺术教育 2021年，全市加强体育课堂教学改革，强化体育课和课外锻炼，确保学生每天1小时体育锻炼。推进篮球、排球、足球以及田径等传统项目特色学校的建设，推动棒垒球、手球以及橄榄球等新兴体育项目落地。市教育局、市体育局开展“市长杯”足球赛、中小学篮球联赛、武术比赛、羽毛球网球比赛以及少儿体适能等19项竞赛。开展全市中小学生艺术展演活动，组织艺术表演类器乐、声乐、舞蹈、朗诵、课本剧5个专场共100余个节目现场比赛，全市20万名中小学生和5000名教师参与组织、创作、排练和演出。举办“红色百年·艺心向党”中小学生艺术展演优秀作品会演活动和“向中国共产党成立100周年献礼教师主题书法作品展”等活动。开展省级“高雅艺术进校园”活动15场。市艺术学校承办省艺术和旅游职业院校班主任（辅导员）基本功比赛，与徐州幼儿师范高等专科学校达成舞蹈表演、音乐表演专业“3+3”合作办学意向并获省教育厅批准，2021年秋季学期开始舞蹈表演专业招生；完成智慧化实训剧场二期项目建设。

·语言文字工作 2021年，市语委、市教育局、市广电总台主办第24届全国推广普通话宣传周连云港系列活动。以“推普周”系列活动为载体，组建全市首批推普志愿者队伍。开展“诵经典·习党史”2021年度连云港市中华经典诵写讲系列活动，举办“我心向党”中华经典诵读大赛、“透过经典学党史”连云港市教师国家通用语言文字教学能力大赛、“印记中国”师生篆刻大赛、“港城少年学党史 薪火相传展未来”全市中小学生语言表演艺术大赛、第七届“红色小讲解员”评选大赛、“经典悦读达人选拔赛”等赛事。对全市60所学校进行市语言文字规范化达标校抽检，创建96所市级“书香校园”。开展60场“诵读艺术进校园（乡镇）”活动，被列入省语委实施的“经典润乡土”行动计划。

·素质教育实践基地建设 2021年，连云基地核电科普馆、云雾茶采摘制作室、“南泥湾种植区”等20多个场馆（项目）建设完成。申报“邓小平和人民在一起”雕塑公园、海上云台山抗战遗址、万寿山抗日石刻群、连云港老街历史怀旧、一帆河风光、硕项湖古韵等省中小学“红色之旅”研学线路8条。开展基地教研共同体、领航教师示范课、专家讲座、课例研讨、劳动教育综合实践优秀课程评选等活动，其中优秀课程获省一等奖7个、二等奖8个、三等奖5个，列全省第一。全

连云港市第七届中小学生艺术展演活动 市教育局 供图

市素质教育实践基地申报市"十四五"规划"新时代教育评价改革"专项课题，立项7个。举办市第十届中小学素质教育实践活动成果展示，各县区、直属学校的11支代表队参加花园砌制、心肺复苏等8个项目的现场展示。7个实践基地通过展板、实践活动作品和动态课程演练，展示各基地的实践活动育人成果。开展市中小学职业体验中心建设，连云港未成年人实践基地"急救技术"体验中心、赣榆区中小学素质教育实践基地"紧急救护"中心被认定为市中小学职业体验中心。5个基地获评市级优秀基地。

（王军林）

东海县实验小学城南校区养正书院开展"亲子共沐书香"读书活动

张开虎/视觉江苏网

招生考试

·概况 2021年，连云港市制定实施教育考试疫情防控应急处置预案，完成高考、中考、学测、大学英语四六级、自学考试、全国计算机等级考试等各类考试32次，考试规模近60万人次。开发新高考生涯规划小程序，为考生及家长提供更便捷的信息服务。

·中小学与高中段学校招生 2021年，市教育系统召开中小学招生新闻发布会，对中小学与高中段学校招生工作意见进行解读并就中考填报志愿工作及注意事项进行介绍，指导考生科学合理填报志愿。中考九年级报名考试人数65394人，八年级地理、生物考试报名人数68279人。全市设7个考区、45个考点，九年级2198个考场，八年级2296个考场。

·高考招生 2021年，全市有19836人参加普通高考，设立5个考区、13个标准化考点、677个标准化考场，顺利完成普通高校招生考试。

·自学考试 2021年，连云港市推动市、县区招考系统两级联动，为市大中专学校与自考主考高校牵线搭桥，在市内设立自考助学点、培训机构。利用手机App为考生做好报名服务。全市自考报考规模26166人次，比2020年增长11%。

·社会考试 2021年，连云港市社会考试推进项目改革，提升质量内涵建设。书法艺术水平考级重新启动，首考规模10.92万人次。组织全国英语等级考试、全国计算机等级考试、全国教师资格考试等6个项目11次考试，考试规模23.7万人次。

·招考信息化建设 2021年，全市完成考试院办公楼与指挥系统双电源建设，确保考试指挥系统的电力不间断供应与考试安全。中考前，完成海州高中阅卷点2个机房采购、安装及调试。市县区新建320个标准化中考考点，高考考点全部完成5G信号屏蔽升级，市标准化考点建设二期工程全面完成。完成全市国家教育考试58个标准化考点、3619个高清标准化考场的数据采集、备案入库。国家教育考试标准化考点的高清网上巡查、网络校时、身份验证、作弊防控等功能系统全面使用。

（王军林）

责任编辑 贾栋钰

文化

综述

·概况　2021年，连云港市围绕庆祝中国共产党成立100周年主题实施“百年百戏”“百年百场”“百年百物”系列文化活动，创排推出“永远跟党走”——连云港市庆祝中国共产党成立100周年音乐党课，举办美术、书画、图片等红色系列作品展，《孟里人家》《孤岛夫妻哨》等4部作品分别入选江苏省庆祝中国共产党成立100周年优秀舞台作品展演、主题美术书法展，组织优秀舞台艺术作品、优秀群文作品巡演巡展活动1400余场次，打造建党百年主题活动的“艺术课堂”和面向基层群众的“流动党史课”。颁布《连云港市石刻保护条例》，《藤花落遗址保护规划》获省政府批复，编制出台《“十四五”连云港市文化和旅游发展规划》《“十四五”连云港市文物事业发展规划》，公布全市第一、二批革命文物和市第八批非物质文化遗产保护名录。创作打磨《丝路祥云》等10余部艺术精品获省级以上奖项，其中大型现代淮海戏《孟里人家》等6部作品获省政府第五届文华奖8个奖项。连云港市获批国家文化和旅游消费试点城市，“东海水晶雕刻”入选第五批国家级非物质文化遗产名录，纳入江苏大运河文化带建设体系，连云港山海文化生态保护区经省政府同意推荐申报国家级文化生态保护区。东海县被文化和旅游部评为中国民间文化艺术之乡（东海版画）。江苏女子民族乐团获评省对外文化交流基地。

·文化改革　2021年，全市文化改革发展工作围绕“文化产业增加值占地区生产总值比重”高质量考核指标，推动全市文化产业高质量发展。全市文化创新水平位居全省第二，新增省级文化产业园区2个、规模以上文化企业96家，文化产业增加值增速连续多年位居全省前列。实施《连云港市文化改革发展高质量监测统计实施方案》，在全省率先建成涵盖6大类文化建设项目30个监测指标的文化改革发展高质量监测统计体系，建成20家重点监测企业库和50家规模以上文化企业培育库。挖掘特色文化产业，创新统计制度，制定实施《连云港市数字文化（直播电商）产业统计调查制度》，新增统计营收50余亿元。储备“十四五”重点文化产业项目17个，其中投资过10亿元项目3个。开展全市文化改革发展专题调研咨询，省统计局、市政府办、市政协、市统计局、市社科院、江苏海洋大学、连云港师专等部门专家学者组成3个调研组对文旅融合发展、数字文化（直播电商）经济发展、国有文化企业改革等进行调研。市委组织部、市委宣传部、市财政局、人社局等单位联合制定《市级国有文化企

6月17日，连云港庆祝中国共产党成立100周年“逐梦起航”民族管弦乐音乐会在市文化艺术中心举行　　耿万地　摄

业绩效评价管理办法》。设立连云港市艺术基金，制定出台《连云港市艺术基金实施方案》及申报指南，立项资助项目 25 个，资助金额 200 万元。

·连云港市获第五届江苏省文华奖8项大奖 10月，第五届江苏省文华奖公布评选结果，连云港市 6 部作品获得 8 个单项奖，其中大型淮海戏《孟里人家》获优秀剧目奖、文华表演奖、文华音乐奖，歌曲《守岛人》、海州五大宫调《王继才送嫁》、小型淮海戏《寻找恩人》获优秀节目奖，独舞《一把小提琴》获文华表演奖，漆画《穿梭幸福》获文华美术奖，获奖数量为历届最多。

（欧勇军　蔡　青　赵全全）

5月1日，连云港市群众文艺展演市民文艺培训中心乐团在民主路街区举办专场演出　　市文旅局　供图

公共文化

·公共文化服务体系建设 2021年，连云港市加快基层公共文化设施建设，提升公共文化设施服务效能，推进文旅设施功能融合，建成路南街道分馆、移动分馆等 5 个市图书馆分馆，提升改造 24 家室内小剧场，打造建设 35 个室外小剧场，公布 30 家示范文化站，市县 7 个文化馆被评为国家一级馆，市图书馆等 14 家公共文化场馆入选省级“最美公共文化空间”打造计划，市声乐艺术协会等 13 个文化群众团队入选省优秀群众文化团队培育对象。开展文化和旅游公共服务机构融合试点，公布 5 家文化旅游功能融合试点单位。东海县（少儿版画）被文旅部命名为 2021—2023 年度“中国民间文化艺术之乡”；赣榆区沙河镇文化站获评第九届全国服务农民、服务基层文化建设先进集体。

·群众文化 2021年，连云港市加强群众文化团队建设，开展年度优秀群众文化团队培育现场辅导、全市群众文化团队星级评定工作，组织优秀群文团队深入文旅街区举办多种会演。一批特色鲜明、专业性强的群众文化团队成为推进公共文化服务惠民的主力军。全市组织红楼越剧团、天音艺术团、牡丹艺术团等 10 余支团队，深入社区乡村、文旅街区等地举办展演活动 100 余场次。和之声合唱团、追梦残疾人艺术团、红楼越剧团等 29 支群众文化团队入选省优秀群众文化团队培育对象，争取省级补助资金 145 万元。红霞肘鼓艺术团、其魔魔术杂技团、海之韵旗袍艺术团等团队影响较大。海州童子戏被文化和旅游部列入保护扶持濒危剧种名录。

市民俗博物馆非遗保护中心团扇非遗传承人纪本菲在民主路老街指导孩子们制作团扇　　朱德富/视觉江苏网

·全民阅读 2021年，连云港市举办第九届花果山读书节、第二届连云港书展、第四届大型图书漂流活动、千场农家书屋主题阅读活动、“文化港城·阅享西游——说说你心中的连云港”市第七届经典悦读系列活动。全市 900 余家农家书屋全面建成有声图书馆，4 个公益项目获评 2020 年度省级公益项目认证（总量第一），万达大众书局获评全省最美书店。

·港城文化课堂 2021年，“港城文化课堂”作为全市“十大公共文化服务品牌”之一，举办第十七季、第十八季活动，通过“零门槛、全免费”的方式为群众提供常规艺术门类课程，主要包括：音乐、舞蹈、语言、美术、书法、摄影、非遗手工艺等，不定期开展各类文化创意体验、展示展演和交流活动。利用江苏公共文化云平台组织报名和教学管理，通过数字化管理和开发网络慕课，增设葫芦丝、语言表演等新科目，报名参训市民1200余人次。 （欧勇军）

图书馆

·概况 2021年，连云港市有公共图书馆8个，分别是市图书馆、市少年儿童图书馆、东海县图书馆、灌云县图书馆、灌南县图书馆、海州区图书馆、赣榆区图书馆、连云区图书馆，均为国家一级图书馆。

·连云港市图书馆 2021年，市图书馆藏书量120万册，拥有功能区、馆、厅、室50余处，自学座席1800个。全年服务读者160万人次，实现图书流通89万册次，新增持证读者1.12万人。举办讲座、展览、培训等线上线下主题活动约500场次，编制新书推荐36期，加工分编图书2.36万种、4.19万册，期刊合订本1184种、3640册。征集、采购《西游记》《镜花缘》《儒林外史》等清代、民国版本经典名著600余册，征集地方文献220余种、6300余册。举办港城首届谱牒文化展开幕式及姓氏文化交流研讨会，征集家谱200册；邀请地方文化名家举办“山海书谭·文史讲堂”系列讲座9场，制作非遗漫画（第二批）21组，依托古地图开发“明代海州彩绘地图”及相关衍生品，打造6处党史学习教育专区和中共一大代表王尽美事迹专题展馆，建成市党史学习教育基地。

·连云港市少儿图书馆 2021年，市少儿图书馆建筑面积3400平方米。场馆设有报刊阅览室、低幼儿活动室、绘本借阅室、文学借阅室、综合借阅室、儿童沙龙活动室、报告厅等读者服务窗口，提供文献借阅、电子阅览、参考咨询、情报检索、文献复制等服务，新建成8个馆外服务点，新购报刊338种，购买新书1.6万册，新增加150个阅览坐席，

2021年，市图书馆获评“全国最美公共文化空间” 朱德富 摄

年度接待到馆读者量60万人次，书刊文献外借45万余册。依托“棒棒堂”故事会、国学经典诵读课堂、“我们的节日”“满天星”读书队等活动品牌，举办阅读推广活动305场，参加人数4.3万人。 （欧勇军）

博物馆

·概况 2021年，连云港市有国有博物馆7家，分别为市博物馆、市民俗博物馆、东海县博物馆、中国东海水晶博物馆、灌云县博物馆、灌南县博物馆、赣榆区博物馆；非国有博物馆2家，分别为东海圣时水晶博物馆，灌南县红色文化博物馆。文物藏品总计22376件（套），其中三级以上文物1345件（套）。全年举办展览92场，举办活动844场次，接待参观130万余人次。

·连云港市博物馆 2021年，连云港市博物馆建筑面积1.36万平方米，文物藏品总计8869件（套），其中三级以上文物419件（套）。推进文物数字化保护项目和藏品数据智能化管理系统建设，完成馆藏珍贵文物数据采集，评定三级文物370件（套），修复陶瓷器、漆木器、铜器等文物36件（套），征集各类藏品33件（套），接收市重点文物保护研究所文保所移交文物30件（套）。组织孔望山村古墓葬东区、海州体育馆二期、葫芦山地块考古发掘以及观音庵西汉木椁墓抢救性考古发掘，出土各类文物及标本1576件（套）。举办扬州博物馆藏古代雕刻艺术展、嘉兴博物馆藏海派书画展等各类临时展览19台，推出“四渡赤水 出奇制胜大型图片展”“永远的丰碑·彦涵版画艺术作品展”等系列展览，“永远的丰碑——彦涵版画艺术作品展”入选2021年全国美术馆馆藏精品展出季活动并赴江苏、贵州、山东、陕西等地巡展。全年接待游客26.2万余人次，5万余人次线上观展。12月，获评国家AAAA级旅游景区。

·连云港市民俗博物馆 2021年，连云港市民俗博物馆（市非遗博物馆）展陈面积1500平方米，文物藏品总计632件（套）。举办线上线下主题展览活动80余场次，组织非遗课堂、非遗夏令营及其他社教活动82场；新征集资料、藏品52件（套），其中接受捐赠6件（套）。新增开放连云港市非物质文化遗产活动中心，常设非遗课堂，开设免费培训，邀请葫芦画、木雕等传承人进驻常态化展示，提升场馆服务能力。全年接待参观8.23万人次。

·中国东海水晶博物馆 2021年，中国东海水晶博物馆建筑面积2.82

2021年连云港市博物馆举办展览一览表

表39

序号	展览名称	主办单位	展出日期	地点
1	最美是你——致敬奋战疫线的连一医人	市文广旅局、市第一人民医院	2020年12月2日至2021年1月18日	市博物馆
2	匠心雅艺——扬州博物馆藏古代雕刻艺术展	扬州博物馆、连云港市博物馆	1月22日至3月14日	市博物馆
3	庆祝中国共产党建党100周年——四渡赤水 出奇制胜图片展	四渡赤水纪念馆(贵州遵义)、连云港市博物馆	4月17日至5月11日	市博物馆
4	奋斗70载 逐梦再启航——连云港市第一人民医院建院70周年大型图片展	市卫健委、市文广旅局、市第一人民医院	5月15日至6月6日	市博物馆
5	“党旗红·劳动美”党员劳模风采展	市总工会、市博物馆	5月1—10日	市博物馆
6	海上风——嘉兴博物馆藏海派书画展	嘉兴博物馆、连云港市博物馆	7月16日至8月12日	市博物馆
7	许金方摄影作品展暨捐赠仪式	市文广旅局	9月17日至10月17日	市博物馆
8	鸦片战争——文物陈列暨战事回顾展	鸦片战争博物馆、连云港市博物馆	10月28日至11月28日	市博物馆
9	荷香莲韵 清风有痕——宝应馆藏廉政主题文物展	宝应博物馆、连云港市博物馆	2021年12月4日至2022月1月10日	市博物馆
10	永远的丰碑——彦涵版画艺术作品展(巡展)	连云港市博物馆、四渡赤水纪念馆	4月22日至5月24日	四渡赤水纪念馆
11	永远的丰碑——彦涵版画艺术作品展(巡展)	日照市文广旅局、连云港市文广旅局	7月21日至8月16日	日照市博物馆
12	永远的丰碑——彦涵版画艺术作品展(巡展)	连云港市博物馆、徐州博物馆	8月20日至9月22日	徐州博物馆
13	永远的丰碑——彦涵版画艺术作品展(巡展)	连云港市博物馆、延安革命纪念馆	9月29日至10月31日	延安革命纪念馆
14	境·界——连云港市博物馆藏佛道教造像展	连云港市博物馆、宝应博物馆	9月30日至11月10日	宝应博物馆
15	秦风汉韵咏海州书法精品展(馆藏楹联)	市博物馆、海州区委宣传部	10月30日至11月30日	海州区
16	永远的丰碑——彦涵版画艺术作品展VR全景展览	市博物馆	全年	市博物馆
17	彦涵美术作品陈列全景展览	市博物馆	全年	市博物馆
18	千古之谜——凌惠平陈列全景展览	市博物馆	全年	市博物馆
19	汗青遗墨——“东海尹湾汉墓简牍艺术”陈列全景展	市博物馆	全年	市博物馆

万平方米，水晶藏品总计544件(套)。共分为7个展厅，一层为序厅、开天辟地厅，展陈水晶的形成、开采及物理、化学特性；二层为鬼斧神工厅、精品厅，展陈水晶的种类与分布以及东海的水晶名人和珍贵展品；三层为气象万千厅、姹紫嫣红厅，展陈水晶的历史与加工工艺与水晶及文化艺术的关联。设有第三届大运河文化旅游博览会(省运河百景展和市运河城市文化精品展)、2021澳门国际文化产业博览会等各类临时展览3台，推出“红心向党——庆祝中国共产党成立100周年非遗作品展”等系列展览，举办“元宵节趣味猜灯谜”“我心中的水晶世界绘画写生”“我的水晶梦——东海水晶文化主题知识讲座”等科普活动12场次。全年接待参观游客10万余人次，接待各地旅游团体1074个，讲解员实现对社会公众讲解服务1219次。 (欧勇军)

·陇海铁路历史博物馆 2021年，陇海铁路历史博物馆建筑面积3000平方米，其前身是原连云火车站，车站大楼是连云港的标志性建筑，始建于1935年。博物馆包括室内和室外两个部分，室内展示陇海铁路连云港段的修筑历史和发展历程，室外展示老式绿皮车厢、守车、站房及部分铁路专用设备。全馆分3层，一层介绍陇海铁路线自清光绪三十四年（1908年）起规划建设的历史进程，二层展现原陇海铁路建设、职工生活场景和沿线珍贵历史照片，三层介绍东陇海铁路电气化改造工程。全年接待参观2332人次。（吕俊燕）

纪念场馆

·连云港市革命纪念馆 2021年，市革命纪念馆展陈面积6000平方米，包括基本陈列展、陇海公寓复原、国防园、各类专题展览、老电影放映厅、红色旅游文化展示中心等。面向社会发行《中共连云港市地方史百年纪事》台历书1500册。设计制作《连云港红色旅游指南》拇指书。《无法上交的银元》《一把小提琴》《秘密文件的保险箱》《活烈士王继贵》4部作品入选江苏省百集系列短视频。放映《连云港保卫战》《智取赣榆城》《抗战七兄妹》等地方革命史专题片，开设《你守着岛，我守着你》《信仰的传承》等党史学习教育精品课程；《红色故事里的初心使命》在江苏时代楷模发布厅播出；录制视频《红色宣讲映初心》“晒党龄·守初心”百年百人主题系列活动和情景剧《曙光》等，在学习强国、“港城365”等多个平台展播；以小沙东海战为蓝本的党史情景剧《永恒的记忆》，首轮公演获“新华红·红色大讲堂”关注。广播剧《1949大河安澜》获全国党史和文献部门优秀科研成果奖。《我心向党》获全省党员教育全媒体作品创作大赛一等奖；《沂沭安澜》《红色故事》系列获全省党员教育作品观摩交流活动三等奖；《云台办事处发布的第一号布告》入选江苏省“百年百物”革命文物线上故事会十大优秀故事；《党的故事我来讲》在逾2万件参赛作品中入选省100个优秀红色故事讲解视频，2名讲解员在省第三届红色故事大赛中获评“专业组金牌讲解员”，4名讲解员获省百名“小小红色讲解员”称号；《活烈士王继贵》获全市百堂微党课进基层活动一等奖。创新打造“实境课堂”，中央电视台新闻联播、《人民日报》、《光明日报》等多家媒体给予报道。开展“讲学话议·四个一百”活动（百名老兵讲革命历史、百名党员学《决议》、百名干部话使命担当、百名青年议强国）。在第七届中国（连云港）丝绸之路物流博览会期间，举办“中国共产党在连云港历史展”。短视频《我心向党》获“百年芳华”全省党员教育全媒体作品创作大赛一等奖。采用线上和线下相结合的方式，举办连云港市第七届“红色小讲解员”大赛、第五届“信仰之旅”小学生夏令营和第四届“寻爱国印记”主题教育活动，吸引全市逾百万青少年、老师及家长的关注和参与。（史成龙）

·灌南人民革命纪念馆 2021年，灌南人民革命纪念馆位布展面积2800平方米。纪念馆设9个展厅，陈列各种珍贵图片资料582张、实物220件。一楼集中展示1928年至1949年期间灌南人民革命斗争的历史；二楼展示灌南人民的杰出代表惠浴宇、周惠、芮杏文3位老一辈革命家的革命生涯和光辉事迹。烈士陵园分别被授予“江苏省全民国防教育基地”“江苏省爱国主义教育基地”“江苏省重点烈士纪念设施保护单位”等称号。2021年，接待参观约3万人次。（张 宇）

·抗日山烈士纪念馆 2021年，在中国共产党成立100周年之际，抗日山烈士纪念馆进行大规模翻新改建，抗日山烈士纪念馆在“奋起抗日”“抗战烽火”“铜墙铁壁”“千秋丰碑”四个展厅的基础上，开辟第五展室作为八路军在江苏专题展，布展面积2500平方米。修复滨海军区大礼堂旧址，复原滨海军区司令部、滨海军区枪械所、115师教导二旅军火库、滨海区参议会等展室，修复滨海军区司令部大院。纪念馆展出实物269件，重要图片180件。抗日山原名马鞍山，位于赣榆区西部苏鲁两省交界处，1941—1944年期间，八路军115师教导二旅以及滨海军区的广大军民为抗战牺牲将士树碑建塔，抗日山由此得名。抗日山烈士陵园中有1642座烈士墓，塔碑上铭刻着3576名烈士的英名。抗日山革命烈士纪念馆位于抗日山烈士陵园第二坡段，前身是1942年由八路军一一五师教导二旅依山而建的延安窑洞式的“抗日烈士纪念堂”。抗日山烈士陵园是全国红色旅游经典景区，2021年接待社会各界游客38.2万余人次。（秦德超）

4月9日，“传承红色基因 勇立时代潮头”连云港市党史学习教育实境课堂开课仪式在市革命纪念馆举行 王振 摄

·安峰山烈士纪念馆 2021年，东海县安峰山烈士陵园占地面积6.93万平方米，包括安峰山事件烈士纪念塔、东海县革命历史纪念馆、安葬828座烈士的“慰烈工程”墓群、著名烈士冯菊芬纪念亭、安峰山阻击战无名烈士纪念亭等。陵园内的东海县革命历史纪念馆，展出早期东海党组织建设以及抗日战争、解放战争、和平建设时期先烈事迹。实施园区道路、停车场、中轴线改造提升项目，新建五莲红花岗岩门牌石、汉白玉升旗台、“英憩园”花岗岩石牌坊，重新更新启用苏鲁交通线纪念馆，接待社会各界团体177家，接待参观12万人次。

·吕祥璧烈士陵园 2021年，吕祥璧烈士陵园由祥璧广场、纪念馆和牺牲处3个部分构成，占地4700平方米，内设吕祥璧事迹展，23块展板拼接上海美术学院师生创作的40幅吕祥璧事迹油画，5个展柜摆放吕祥璧牺牲时的血衣、生前遗物、日记、入党志愿书等物品。对烈士陵园展厅、走廊及门窗进行重新装修美化，新增吕祥璧烈士塑钢雕像，实施展板、展柜、地面改造提升，全年接待参观1.1万人次。（徐　宁）

·刘少奇纪念室 2021年，刘少奇纪念室收集整理刘少奇在赣榆史料，通过革命历史照片、革命历史文物，对刘少奇旧居进行重新布展；整顿提升旧居广场，增设雕塑、展画墙等设施，完善广场布局。刘少奇纪念室所在的大树村被中央组织部评为“全国红色村”。刘少奇纪念室位于赣榆区黑林镇大树村，是刘少奇1942年检查指导山东工作时居住的地方。1992年10月，黑林镇党员干部和人民群众自发捐款，修缮刘少奇当年在大树村的旧居，建起纪念室。开国上将，时任国务委员、国防部部长张爱萍题写室名。1996年，续建刘少奇纪念广场、纪念碑墙，矗立刘少奇半身铜像。2002年，扩充东面三排房屋，重新布置刘少奇旧居纪念室，收集刘少奇生平事迹的部分图像和资料。陈列室有刘少奇曾经用过床、桌、椅、电台等物品（复制件），按原有布置，增建保卫室、厨房、马厩等。2018年，修缮刘少奇旧居，重新进行布展。展厅分为光辉的一生、伟大的行程、刘少奇在大树3个分展厅。2021年，接待省、市主题培训班次15批，接待参观2万人次。（秦德超）

·李汝珍纪念馆 2021年，李汝珍纪念馆占地1500平方米，由新建的门厅、主展厅和修葺的故居组成。正堂塑有李汝珍半身雕像，馆内陈列着与之相关的文物及《镜花缘》各种版本和国内外研究《镜花缘》的成果资料。建设李汝珍纪念馆廉政文化长廊，打造成为廉政教育打卡新地标。提炼《镜花缘》中“酒色财气”元素，制成“镜花廉缘”廉政微视频，以廉政视角解读《镜花缘》中部分精彩片段，通过纪念馆中皂角树、远油坛等小品讲述李汝珍清廉故事。（于　龙）

·徐福纪念馆 2021年，徐福纪念馆建筑面积4000平方米，包括山门、东西钟鼓楼、徐福庙、藏书阁、文物陈列室、碑廊、后花园、浮雕墙、纪念广场等。徐福纪念馆位于赣榆区金山镇泊船山徐福生态园，徐福大殿是徐福纪念馆的主要建筑，总面积286平方米，是连云港最大的祭祀大殿。东配殿是徐福故里文物陈列馆，西配殿是国内外知名人士纪念徐福的书画展馆。全年接待参观10万余人次。（秦德超）

文化馆

·概况 2021年，连云港市有公共文化馆7个，分别是市文化馆、东海县文化馆、灌云县文化馆、灌南县文化馆、海州区文化馆、赣榆区文化馆、连云区文化馆，全部通过国家复评，均为国家一级文化馆。总建筑面积3.32万平方米，开展群众文化活动1346场次，举办展览95台，举办公益性讲座184次。

·连云港市文化馆 2021年，市文化馆建筑面积6500平方米。举办庆祝建党100周年主题文化民生巡演巡展、广场文化系列活动、书画摄影作品展等活动100余场次，开展“港城文化课堂”惠民品牌活动春秋两季432课次、CATC公众艺术空间58场次、苍梧艺社艺术沙龙及社教类活动70场次，组织志愿者开展“海莲籽”志愿活动服务22场次，直接惠及少年儿童近5000人。依托江苏公共文化云平台建设完善连云港公共文化云，全年发布活动信息

3月15日，“港城文化课堂”2021春季班在市文化馆开课

耿玉和/视觉江苏网

1968 场次，直接服务 29 万余人次，其中线下 16 万余人次，线上服务 13.37 万人次。（欧勇军）

美术馆

·概况 2021 年，连云港市有美术馆 2 个，分别是市美术馆、灌云县大云美术馆，总建筑面积 3900 平方米，收藏各类美术作品 700 余件。

·连云港市美术馆 2021 年，市美术馆建筑面积 2700 平方米，设有美术资料阅览室、美术培训教室、画库、裱画室、档案室、美术作品翻拍室及两个专业展厅，展厅面积 1200 平方米，有各类艺术藏品 400 余件。全年组织各类大型展览 20 余场次，举办各类美术大讲堂和公益性书画等系列艺术培训和文化交流活动 30 余场次。

2021 年连云港市美术馆举办重要展览一览表

表 40

序号	展览名称	主办单位	展出时间	展览地点
1	“大圣故里 西游胜境”——浪漫神奇之都连云港风景名胜名家写生作品展	省文旅厅	2020 年 12 月 29 日至 2021 年 1 月 30 日	市美术馆
2	“山海廉韵”——连云港市庆祝中国共产党成立 100 周年廉政楹联书法作品展	市文广旅局	2 月 2—17 日	市美术馆
3	庆祝中国共产党成立 100 周年——“三月馨芬”连云港市女画家美术作品邀请	市文广旅局、市妇联	3 月 6—21 日	市美术馆
4	连云港市美术馆“高雅艺术进校园”馆藏作品展——新海实验中学（延安校区）暨“馆校联盟”授牌仪式	市美术馆（书画院）	3 月 12—26 日	市新海实验中学
5	连云港市美术馆馆藏“刘怀芹《西游记》人物”作品展——灌云大云美术馆巡展	市美术馆（书画院）、灌云大云美术馆	3 月 15—31 日	灌云大云美术馆
6	连云港市艺术学校庆祝中国共产党成立 100 周年“百年辉煌 漆彩飞扬”——宋健漆画作品展	市文广旅局	4 月 20—29 日	市美术馆
7	庆祝中国共产党成立 100 周年“苍梧丹青”——连云港市中国画学会优秀作品展	市中国画学会	5 月 1—16 日	市美术馆
8	“光辉历程 同心奋斗”市委统战部、市各民主党派庆祝中国共产党成立 100 周年书画联展	市委统战部	5 月 18—25 日	市美术馆
9	“童心向党 致敬百年”——2021 童绘春辉玉兰绽放儿童节书画展	市关工委、市教育局、市文广旅局、市妇联、市文联	5 月 28 日至 6 月 6 日	市美术馆
10	“墨海湘韵”海州湘潭书法联展	海州区文联、湘潭文联	6 月 8—16 日	市美术馆
11	“百年铸辉煌 开启新征程”连云港市庆祝中国共产党成立 100 周年摄影展	市委宣传部	6 月 18—30 日	市美术馆
12	“红色历程”连云港市庆祝中国共产党成立 100 周年美术、书法作品展	市文广旅局	7 月 3—18 日	市美术馆
13	百年砥砺奋进 丹青铸梦华章——连云港师范高等专科学校庆祝建党 100 周年校友书画展	连云港师范高等专科学校	7 月 20—30 日	市美术馆
14	“中国梦 丝路行”——丝路城市美术书法作品展	《新丝绸之路》杂志社	9 月 2—12 日	市美术馆
15	“百年辉煌 华彩绽放”——庆祝中国共产党成立 100 周年马伟中国画作品展	市文广旅局、灌南县委宣传部	9 月 14—20 日	市美术馆
16	周京新画展	市美术馆（书画院）	10 月 9—22 日	市美术馆
17	“青山问道”——许俊中国画作品连云港邀请展	中国艺术研究院国画院、连云港市文广旅局	10 月 26 日至 11 月 5 日	市美术馆
18	“建党百年 百联献党”——庆祝建党百年李敬伟、朱成安联墨作品展	市文联	11 月 17—22 日	市美术馆

·灌云县大云美术馆 2021年，灌云县大云美术馆建筑面积1200平方米，设有2个专业展厅及画库、篆刻展示区、石刻展示区、非遗展示区、公教部，展厅面积1000平方米，有各类艺术藏品200余件，组织各类大型展览13场，开展各类文化交流活动10余场次，举办各类美术大讲堂及公益性书画等系列艺术培训11场。 （欧勇军）

艺术表演场馆

·概况 2021年，连云港市有艺术表演场馆2个，分别是连云港大剧院、市文化艺术中心，总建筑面积约8万平方米，举办各类大中型文艺演出活动200余场。

·连云港大剧院 2021年，连云港大剧院建筑面积约6万平方米，设有专业的大剧场、小剧场、音乐厅、多功能厅、演艺吧。承接各类文艺演123场，其中自营演出39场，租场及活动84场，接待观众6.33万人。

·连云港市文化艺术中心 2021年，连云港市文化艺术中心建筑面积1.96万平方米，内设大剧院、音乐厅、多功能厅、数字影院、贵宾室、化妆间以及办公区等活动区域。全年举办各类演出活动近百场。

（欧勇军）

文化艺术

·文艺创作 2021年，连云港市文艺工作者以庆祝中国共产党成立100周年为主题主线，创新精品生产机制，推出一批精品佳作。建立文艺创作题材库，定期组织召开题材评审会、发布会，推动重点题材向文艺作品快速转化。孵化“中欧班列”“中华药港”“董力生”等一大批重点题材。

文学　陈武创作的短篇小说《三里屯的下午》获第四届“紫金·江苏文学期刊优秀作品奖——《雨花》文学奖”小说奖，刘晶林创作的长篇报告文学《海魂》获第三届江苏省新闻出版政府奖，滕敦太创作的微型小说《寻》获世界华文微型小说大赛二等奖，金培付创作的童谣《云房子》获省第十届“童声里的中国”少儿歌谣创作大赛成人组二等奖。徐继东创作的《山岗上的索玛花》入选第八届“中国童书榜”百佳书单、入选“2021年经典中国国际出版工程立项项目”。

美术　摄影　王菲创作的中国画《晨曦》，张立业创作的中国画《溪山夜色图》入选“百年华彩——2021·中国百家金陵画展”；张立业创作的《江南雅亭图》入选“伯年国艺”全国中国画（手卷）写意作品展，李磊创作的《志愿者》入选“悲鸿精神——第四届全国中国画作品展”，惠波创作的油画《山海连云》获“时代风华——第五届江苏省高校美术作品展”优秀作品奖。漆画作品《豪情壮志颂祖国》入选第三届中国青年漆画大展，《岁月如歌》入选中国漆画展。书法作品《开山岛》《建党百年诗词》入选省庆祝中国共产党成立100周年主题美术书法展，美术作品《连云新貌》《田湾核电站》入选“百年江苏”大型美术精品创作工程。李杰、张鹏来创作的2件书法作品入选第九届中国书坛新人新作展。闵新海摄影作品《空中协奏曲》获“第三届中国建筑业摄影大赛”三等奖，王振摄影作品《无言的父爱》获“全国晚报优秀新闻照片”评选金奖、“赵超构新闻奖”一等奖。冯宝林摄影作品《一切为了顾客满意》获“百年辉煌 奉献有我——庆祝中国共产党百年华诞摄影作品展”金奖。

10月28日，大型音乐儿童剧《寻找花果山》在市文化艺术中心首演

耿万地　摄

音乐　军旅词作家车行、市文联主席王咏梅作曲的歌曲《九千万个我》入选中宣部、文旅部、国家广电总局等部门组织开展的第九批中国梦新创作歌曲，在中央电视台综合频道、综艺频道，全国各地卫视频道以及“学习强国”学习平台等主流媒体循环展播。王咏梅作曲的歌曲《春色家园》获中国音乐家协会建党百年“百年百首”工程，在中央电视台戏曲频道、央视文艺等平台展播。王咏梅作曲的歌曲《守岛人》获第五届江苏省文华奖优秀节目奖，在新华网、中国文明网等国家主流媒体平台展播。民族音乐会《丝路祥云》、舞蹈《两个人的海岛》获批江苏艺术基金2021年度资助项目。

戏剧　电影　曲艺　吕剧《一抹新绿》、小品《晚霞那个红》、小品《一担包子六个兵》分别获省第三届“戏剧小戏小品”展演大赛优秀作品奖、优秀演员奖、优秀剧目奖。潘玉获省第三届“戏剧小戏小品”展演大赛优秀演员奖，折子戏《廉锦枫》主

6月18日，“永远跟党走”——连云港市庆祝中国共产党成立100周年音乐党课在市艺术中心公演　　耿万地　摄

演薛梦雅获“江苏省文艺大奖·第十届戏剧奖”金奖。淮海戏《孟里人家》《孤岛夫妻哨》入选省庆祝中国共产党成立100周年优秀舞台作品展演；小戏曲《大娄山的汉子》、相声《扶贫新歌》获批江苏艺术基金2021年度资助项目。电影《幸福的小满》获第三届江苏文艺电影大奖二等奖（一等奖空缺）。喜剧小品《晚霞那个红》、相声《扶贫新歌》、快板书《中秋夜话》3部曲艺作品获江苏省文艺大奖曲艺奖，山东快书《转账风波》在第三届全国山东快书优秀节目中展演。

舞台剧　广播剧　创排推出《寻找花果山》《逐梦起航》《青口十八勇士》等优秀舞台剧目10部，创作吕剧《他乡好秋色》、话剧《海上军魂》、大型现代戏《刻山》等优秀剧本10部。大型旅游演艺与民族器乐剧《乐见西游》获评省舞台艺术精品剧目，获省文旅发展专项资金支持。音乐儿童剧《寻找花果山》获紫金文化艺术节新创剧目奖、优秀表演奖。广播剧《抗日山》《连云港保卫战》在中央人民广播电台播出。推进广播剧《小推车》、纪录片《接力58年的奉献》等创作。（蔡　青）

·文艺活动　2021年，连云港市围绕庆祝中国共产党成立100周年，举办“永远跟党走”音乐党课、红色电影展映、“八路军在江苏”、“红色主题亲子故事会”等主题活动200余场次，举办民族音乐会“逐梦启航”、“永远的丰碑”——彦涵版画艺术作品展、“红色历程”美术书法作品展，举办庆祝建党百年“传承红色基因 永葆赤子之心”红色书画作品汇展、书法篆刻临摹展等红色专题

2021年连云港市重要文艺活动一览表

表41

序号	活动名称	活动时间	主办单位	活动内容
1	“红色旋律·党在我心中”——市文学艺术界庆祝建党百年文艺演出	6月19日	市文联	演出分为“开天辟地”“盛世欢歌”“初心逐梦”3个篇章，演绎中国共产党建党百年征程和港城实现高质量发展的奋斗历程
2	“红色历程”全市庆祝中国共产党成立100周年美术书法作品展	7月3—18日	市文广旅局	全市书画家参与“百年百幅”精品创作，精选出美术、书法精品100幅进行展览
3	2021年连云港丝路音乐节暨第五届农民艺术节	10月9日	市文广旅局	在东海县石梁河镇帕蒂亚葡萄庄园举办2021·连云港丝路音乐节、第五届农民艺术节暨百社万人美丽乡村游活动
4	海州童子戏濒危剧种公益展演	9—10月	省文旅厅	海州童子戏代表性传承人、连云港市曹艳林童子戏剧团复排经典童子戏传统剧目，在下车镇、伊山镇、连云街道等镇村、景区开展戏曲公益性演出34场
5	2021年廉洁文化周启动仪式及系列活动	12月29日	市文广旅局	先后开展廉洁文化基层巡演6场
6	“永远的丰碑”——彦涵版画艺术作品展	6月11日至10月31日	市文广旅局	该展览入选全国美术馆馆藏精品展出季，6月11日至7月12日在连云港市博物馆展出，先后到四渡赤水纪念馆、日照博物馆、徐州博物馆、延安革命纪念馆等4地进行巡展

展览100场余次。实施文化惠民服务，开展“送戏下乡”“送戏曲进校园”和演艺项目进景区等活动，开展“我们的节日”等文化进万家基层文化巡演巡展1400余场次。开展“我们的中国梦”——文化进万家活动598场次，举办城市话剧节。组织“四史”教育电影课140余场次，红色电影“四进”1.8万余场次。组织优秀文艺骨干走进黑林中心小学、精勤中心小学等10余所中小学，开展“聆听党的故事”红色故事会、“红星耀童心”主题营地活动、红歌传唱进校园等文化志愿服务活动。

（欧勇军）

·连云港城市话剧节 2021年，连云港市举办第三届城市戏剧节。从4月29日到年底，上演喜剧单元戏剧5部，分别是开心麻花舞台剧《横财满屋》《谈判专家》《竞演州长》《王的游戏》《皇帝的新娘》；上演悬疑单元戏剧3部，分别是悬疑剧《黎明之街》《放学后》《新参者》；上演情感单元戏剧3部，分别是国家话剧院婚姻题材话剧《比萨斜塔》、毕飞宇同名小说改编舞台剧《男人还剩下什么》、乌镇戏剧节展演话剧《裁缝》。突出“百年辉煌、艺心向党”年度主题，演出现实单元戏剧5部，分别是《路遥》《农民院士》《银锭桥》《平凡的世界》《立秋》。话剧节开展“我是剧评人”“寻找剧虫”“艺术赏析分享”“大师论坛”“明星见面会”“剧本围读”“戏剧夏令营”“戏剧表演体验班”“剧组探班”“艺术无障碍——关爱唐氏综合征儿童”等活动。精品剧目邀请中国好人、江苏好人、劳动模范、道德楷模、抗疫英雄、残障人士等免费观赏。《路遥》《人间正道是沧桑》《平凡的世界》等红色经典剧目作为党史学习教育和“四史”教育教材。

·连云港西游文化嘉年华活动 5月18日，由市政府主办，市委宣传部、市文广旅局、云台山景区管委会等共同承办的2021连云港西游文化嘉年华暨中国旅游日主题活动启动仪式在花果山景区举行。活动现场发布连云港市文化旅游标识形象。该项活动持续到12月。活动期间，集中一周举办“5·18”开幕及博物馆日、“5·19”中国旅游日、“520”、“521”今世缘缘起西游爱情日、周末新时代西游音乐狂欢日等主题活动。举办“集乐西游，万物来潮”西游小镇创意市集、“创意连云港”文创大赛等系列活动。

（年　编）

国家历史文化名城申报

·概况 2021年，连云港市推进国家历史文化名城申报工作。4月30日，《连云港市历史文化名城保护办法》颁布。加强文保单位和文物的价值研究和文化阐述，对照标准做好相关保护工作。建立古树名木、古井、古牌坊保护档案，完成第一至二批23处市历史建筑名录测绘，《连云港历史文化名城保护规划》经组织多轮专家咨询、意见征求和修改完善，形成送审稿并函请省住建厅审查。12月，市政府公布市第三批历史建筑名录20处，《连云港市石刻保护条例》通过省人大审议批准。《连云港历史文献集成》整理出版。

·课题研究 2021年，市文物局委托国家文物局考古研究中心开展《“海上丝绸之路”申报世界文化遗产连云港史迹研究》，总结提炼连云港市相关遗产点的规律特征及其在“海上丝绸之路”价值体系中的重要性和贡献度。加强大运河文化研究，连云港市被纳入江苏大运河文化带建设体系。召开藤花落遗址保护利用学术研讨会，6位专家围绕“再识藤花落遗址”“大小双城的历史意义”“文旅融合下的遗产保护与活用”等课题作学术报告，10余位专家学者为藤花落遗址保护利用建言献策。

·历史文化街区保护 2021年，市住建局会同市文物部门完善《南城东大街历史街区保护规划》《民主路历史街区保护规划》《连云老街历史街区保护规划》成果。市文物保护部门编制南城历史文化街区内3处古民居修缮方案，送审上海大旅社修缮方案，完成花果山前顶石刻群、海峡巷朱氏民居、南城侯府大院主屋修缮工程及白蚁防治工作。

·海上丝绸之路申报世界文化遗产 2021年，孔望山摩崖造像前期勘察研究通过国家文物局立项。委托国家文物局考古研究中心完成《“海上丝绸之路”申报世界文化遗产连云港史迹研究》并结项。对与“海上丝绸之路”关联的基础设施、生产设施、作用类遗存等7处文物保护单位安装文物安全直接责任人公告公示牌。琉球炉、北宋海清寺阿育王塔银函、银精舍等5件（套）馆藏文物参加在广州举办的“跨越海洋——海上丝绸之路·中国史迹”展。

·《连云港市历史文化名城保护办法》颁布 4月30日，《连云港市历史文化名城保护办法》颁布。办法对在历史城区范围内的建设活动提出明确的限制要求，针对各保护对象的禁止性活动提出要求。对已经确定的历史文化街区建筑形态及其他要素管控提出总体要求。规定历史文化名城保护三大措施以及若干配套措施，明确历史文化街区、名镇名村和传统村落、历史建筑的保护责任人，规定历史建筑保护责任人的有关权利和义务、历史建筑保护的有关要求和保护资金使用方式等。（欧勇军）

文化遗产保护

·概况 2021年，连云港市有各级文物保护单位217处，其中全国重点文物保护单位9处、江苏省文物保护单位32处、市文物保护单位90处、县（区）文物保护单位86处。6月，连云港市被纳入江苏省大运河文化带建设体系。

连云港市第三批历史建筑名录一览表

表 42

编号	建筑名称	建筑地址	建筑简况
LYG—03—01	原国民党连云港海防司令部	连云区连云街道胜利路 137 号	民国时期建筑，共 2 层，墙体为全石砌筑，建筑风格中西合璧
LYG—03—02	原大兴报关行	连云区连云街道临海路 9 号	民国时期建筑，曾为原国民党连云市海关和大兴报关行，共有四道院落，墙体为全石砌筑，石材排列规整，檐口为少见的抽屉檐
LYG—03—03	原连云区文化馆	连云区连云街道云台路 26 号	建于 20 世纪 50 年代，两层石材砌筑建筑
LYG—03—04	高原东巷朱氏合院民居	连云区连云街道高原东巷 7、8、9、10 号	建于 20 世纪 30 年代，典型的四合院布局。外墙为毛石墙砌筑，屋面为双坡顶瓦屋面
LYG—03—05	原侵华日军办公楼	连云区连云街道云台路 19 号	1938 年后日本侵占连云港时期所建，为硬山顶二层建筑，墙面为典型的日式粗砂拉毛墙
LYG—03—06	云台路民国时期商店	连云区连云街道云台路 28 号	民国时期建筑，建筑 1 层，转角 L 型布局，双坡瓦屋面，墙体下为石基础和石墙裙
LYG—03—07	益龄医院	海州区新浦街道民主中路 113 号	民国时期建筑，连云港市著名医师刘一麟于 1934—1937 年在此开设医院。后改为商店，上下共 12 间，屋顶为东西向，丘脊形
LYG—03—08	周亚夫楼	海州区浦西街道周巷 5 号	建于 20 世纪 40 年代，1951—1955 年曾作为新成立的新海连市盐河区政府办公楼使用。为 2 层 L 型坡屋顶建筑
LYG—03—09	协和医院	海州区新浦街道市化路 103 号	建于 20 世纪 20 年代，1946 年南京中央医院的外科医生张玉峰在此开设协和医院，建筑为二层楼大院，布局为“曰”字形。房屋结构为独特的石墙体坡屋面
LYG—03—10	福利昌巷 3 号民居	海州区浦西街道福利昌巷 3 号	民国时期建筑，一层合院布局，中西合璧，分南北主房，20 世纪 50 年代曾开设“盐河区联合门诊”
LYG—03—11	市公安局旧址	海州区新浦街道陇西路 1 号	建于 20 世纪 60 年代，曾为“连云港市公检法军管会”办公场所，1973 年 8 月市公安局恢复后在此办公，1990 年市公安局 110 指挥中心在此筹备成立，2000 年成为市刑警支队办公场所
LYG—03—12	赵德记五金店	海州区新浦街道民主中路 109 号	民国时期建筑，连排式 2 层楼房，有门面房 3 间，为前店后院式四合院，中西合璧
LYG—03—13	原王建之诊所旧址	海州区新浦街道民主中路 56、58、60 号	建于 1929 年，原为王建之诊所，连云港市解放后曾为新浦区卫生院。呈 L 型平面布局，层数 2 层，砖混结构
LYG—03—14	味芳楼	海州区新浦街道民主中路 80 号	建于 20 世纪 20 年代，餐馆老板为淮安人金宝元，擅长正宗淮扬菜。老建筑在老城改造中损毁，后重新修建
LYG—03—15	三泰客栈	海州区浦西街道民主中路 282 号	民国时期建筑，上下各 4 间，2 层坡屋顶，原为两进院落，临街的为四间二层小楼。曾是中共地下党联络点，1941 年客栈老板李复生冒死为八路军 115 师教导二旅在原新浦银楼制作“第一次党代表大会奖章”
LYG—03—16	民主中路 89 号商店	海州区新浦街道民主中路 89 号	民国时期建筑，上下各 4 间，为 2 层坡屋顶，中西合璧
LYG—03—17	东大街 69—1 号民居	南城街道东大街 69—1 号	清晚期民居，面阔 3 间，双坡蝴蝶瓦屋面，檐口为单层菱角檐，入口设有精美砖雕天香庙和砖雕门牙子
LYG—03—18	东大街 70 号民居	南城街道东大街 70 号	建于 20 世纪 80 年代初期，共 2 层，每层 2 开间，青砖墙体，双坡蝴蝶瓦屋面，有脊翼。为改革开放后本土建筑代表之作
LYG—03—19	东大街 72 号商铺	南城街道东大街 72 号	清晚期建筑，1 层，面阔 4 间，北侧两间为商铺附属库房，存货的梁架依旧保存完整
LYG—03—20	盐坨麻袋仓库	猴嘴街道佛堂路北侧	建于民国时期，为猴嘴官坨收盐发放麻袋的地方。存房屋四幢，均为通间，其最东侧一座仓库为硬山顶结构，钢混预制梁

连云港市第八批市级非物质文化遗产代表性项目名录一览表

表 43

一、传统美术(4 项)

序号	项目编号	项目名称	申报地区或单位
L165	Ⅶ—25	赏石艺术	东海县
L166	Ⅶ—26	旗袍制作工艺	东海县
L167	Ⅶ—27	农民画	灌云县
L168	Ⅶ—28	玉雕	海州区

二、传统技艺(9 项)

序号	项目编号	项目名称	申报地区或单位
L169	Ⅷ—46	传统糕点制作技艺(水糕制作技艺、板糕制作技艺)	灌云县 海州区
L170	Ⅷ—47	山芋糖制作技艺	灌云县
L171	Ⅷ—48	成氏菌菇菜制作技艺	灌南县
L172	Ⅷ—49	豆腐制品制作技艺(卤水豆腐制作技艺)	海州区
L173	Ⅷ—50	古琴制作技艺(管派古琴制作技艺)	海州区
L174	Ⅷ—51	箫制作技艺	连云港经济技术开发区
L175	Ⅷ—52	橡子酒酿造技艺	云台山景区
L176	Ⅷ—53	海州剃头(修面、采耳)技艺	连云港市民俗学会
L177	Ⅷ—55	朐海菜制作技艺	连云港市旅游饭店业协会

三、传统医药(5 项)

序号	项目编号	项目名称	申报地区或单位
L178	Ⅸ—26	朱氏烧烫伤中药外敷疗法	灌南县
L179	Ⅸ—27	侯氏中医泄血疗法	灌南县
L180	Ⅸ—28	解氏喉疾中药足浴疗法	灌南县
L181	Ⅸ—29	传统修脚术	连云区
L182	Ⅸ—30	天池伤科	江苏省连云港中医药高等职业技术学校

四、民俗(1 项)

序号	项目编号	项目名称	申报地区或单位
L183	Ⅹ—13	茶艺	连云港市茶艺协会

连云港市第一至第七批市级非物质文化遗产代表性项目名录扩展项目名录一览表

表 44

一、民间文学(1 项)

序号	项目编号	扩展项目名称	项目名称	申报地区或单位
S4	SⅠ—1	唐僧家世传说	花果山传说	花果山景区

二、传统舞蹈(1 项)

序号	项目编号	扩展项目名称	项目名称	申报地区或单位
S7	SⅢ—1	旱船舞	花船舞(灌云花船)	东海县

三、传统戏剧(1项)

序号	项目编号	扩展项目名称	项目名称	申报地区或单位
G2S24	GⅨ－1SⅨ－3	淮海戏	淮海戏	东海县

四、传统美术(7项)

序号	项目编号	扩展项目名称	项目名称	申报地区或单位
L21	Ⅻ－4	根雕(海州刻字、竹刻)	木雕(桃木雕、根雕)	东海县 海州区
L39	Ⅻ－8	葫芦画	葫芦砑花技艺(葫芦画)	灌云县
L40	Ⅻ－9	宣纸烙画	烙画	海州区
L42	Ⅻ－11	全形拓技法	海州拓片技法	连云区
L64	Ⅻ－13	金属版画	版画	连云港经济技术开发区
L104	Ⅻ－18	传统布饰品制作技艺	传统布饰品制作技艺	海州区
S26	SⅫ－2	连云贝雕	连云港贝雕	连云区

五、传统技艺(7项)

序号	项目编号	扩展项目名称	项目名称	申报地区或单位
L50	Ⅷ－11	连云凉粉制作技艺	板浦凉粉制作技艺	连云区
L70	Ⅷ－18	盆景制作技艺	连云港盆景制作技艺	东海县 连云区
L91	Ⅷ－24	杨集猪蹄制作技艺 于家猪头肉制作技艺 廖家盐水老鹅制作技艺	卤货制作技艺	灌云县 灌南县
L116	Ⅷ－29	香油古法(水代法)压榨技艺	植物油脂压榨技艺	赣榆区
L118	Ⅷ－31	珐琅银器制作工艺	金银细工制作工艺	海州区
L120	Ⅷ－33	板浦豆丹制作技艺	灌云豆丹制作技艺	海州区
L121	Ⅷ－34	民俗花钱制作技艺	仿古铜器制作技艺	东海县

六、传统医药(6项)

序号	项目编号	扩展项目名称	项目名称	申报地区或单位
L71	Ⅸ－2	中医正骨疗法	中医正骨疗法	灌云县 灌南县
L108	Ⅸ－8	痔药膏制作技艺	痔科中医疗法	灌云县
L133	Ⅸ－12	喻氏中医经络散结疗法 陈氏砭术	摸结松筋疗法	灌南县 连云港经济技术开发区
L134	Ⅸ－13	孙氏膏药制作技艺	黑膏药制作技艺	海州区
L160	Ⅸ－24	中医蜂蜡疗法	中医蜂针疗法	海州区
L161	Ⅸ－25	点刺疗法	针灸疗法	海州区 连云区

七、民俗(1项)

序号	项目编号	扩展项目名称	项目名称	申报地区或单位
S33	SⅩ－4	石梁河渔俗	海州湾渔俗	连云港市非遗保护中心

·文物保护 2021年，市文保部门加强文物安全管理，制作安装首批300多个文物安全直接责任人公告公示牌，开展文物建筑和博物馆消防安全专项整治活动4次，排除安全隐患14个，办理文物违法案件1起。加强不可移动文物保护，《孔望山摩崖造像保护工程项目计划书》通过国家文物局立项，全国重点文物保护单位东连岛东海琅琊郡界域刻石、郁林观石刻群保护规划通过省文物局论证核准，省文物保护单位盐仓城保护规划通过省文物局批复。编制3处市保单位保护方案，完成花果山前顶石刻群、谢家洋房等6处文物保护单位修缮工程，印发《连云港市第一至五批市级文物保护单位"两线"图录》。加强革命文物保护利用，召开全市革命文物工作会议。公布市第一批、第二批革命文物名录206件(处)，400余件(套)革命文物被定为三级文物。举办"百年百物"革命故事会系列主题活动，拍摄展播专题片、短视频20部，开展红色展览进社区、进校园100余场次。开展全市备案博物馆(纪念馆)馆藏文物定级工作，新增三级文物931件(套)。市、县(区)博物馆预防性保护、馆藏文物修复、安防工程、展陈提升等多个项目通过省文物局验收。年内，编制印发《连云港市"十四五"文物事业发展规划》，组建市文物保护专家库。

·考古发掘 2021年，市文保部门落实考古前置制度，引进资质单位辽宁大学参与连云港市基本建设考古调查、勘探，制订印发《连云港市文物资源区域评估成果应用指南》(试行)，统筹推进5万平方米以上地块出让前考古、调查勘探及省级以上开发区文物资源区域评估。年内，海连路北、朝阳西路东地块等12个考古调查勘探项目，连云港市板桥工业园等9个文物资源区域评估项目通过省文物局验收。完成海州体育馆二期地块等4个考古发掘项目，发现古遗址3处、古墓葬498座、盐田遗迹11处、灰坑377个、窑

连云港市第一批不可移动革命文物名录一览表

表45

序号	名称	地址
1	陇海公寓	海州区朝阳东路70号
2	抗日山烈士陵园	赣榆区班庄镇王洪爽村西抗日山上
3	刘少奇旧居	赣榆区黑林镇大树村
4	大吴山战斗纪念地	赣榆区黑林镇山前村大吴山天文台门前
5	"民族英雄"碑	赣榆区石桥镇窦沟子村
6	符竹庭殉难纪念地	赣榆区黑林镇马旦头村
7	小沙东海战登陆纪念地	赣榆区石桥镇小沙村
8	青口十八勇士战斗纪念地	赣榆区青口镇火叉巷
9	朱爱周烈士墓	赣榆区墩尚镇朱庄村南100米路南
10	张涛烈士墓碑	赣榆区墩尚镇小东关村北50米
11	磨山抗日烈士纪念塔	东海县石梁河镇界埃村磨山顶部
12	吕祥璧烈士陵园	东海县白塔埠镇白塔埠高级中学内
13	灌云县委、县政府旧址	灌云县伊山镇曙光社区
14	灌云县烈士陵园	灌云县伊山镇公园路256号
15	汤曙红烈士墓	灌南县汤沟镇汤沟村

连云港市第一批可移动革命文物名录一览表

表46

序号	收藏单位	名称
1	赣榆区博物馆	银奖章(1941年"一一五师教二旅党代会1941、5奖"银奖章)
2	赣榆区博物馆	解放东北纪念章(1948)
3	赣榆区博物馆	淮海战役胜利纪念章(1948.11.5)
4	赣榆区博物馆	渡江胜利纪念章(1949.4.30)
5	赣榆区博物馆	解放西南胜利纪念章(1949.12.1—12.27)
6	赣榆区博物馆	解放华中南纪念章(1950)
7	赣榆区博物馆	解放华北纪念章(1950)
8	赣榆区博物馆	淮海战役纪念章
9	抗日山革命烈士纪念馆	1946年山东军区滨海军分区颁给唐维安奖状
10	抗日山革命烈士纪念馆	彭雄烈士生前使用过的马鞑
11	抗日山革命烈士纪念馆	彭雄烈士生前使用过的干粮袋
12	抗日山革命烈士纪念馆	1941年八路军第一一五师教二旅颁发的第一次党代会奖章
13	抗日山革命烈士纪念馆	1945年山东军区授予竹庭县唐维安爆破队的"七一"奖旗
14	抗日山革命烈士纪念馆	抗日战争时期我军使用的烟袋包
15	灌云县博物馆	1926年灌云县地图
16	灌云县博物馆	中华民国三十年淮海地方银行伍角纸币
17	灌云县博物馆	抗日战争时期"和平还乡、四大保证"宣传单
18	灌云县博物馆	1948年《灌云斗争》专刊
19	灌云县博物馆	1948年第六分区参谋长制印淮海交通公路图

址1座、房址以及井等其他文物遗存29处，出土各类文物共1466件(套)。

·藤花落考古遗址公园建设 2021年，藤花落考古遗址公园建设前期工作推进，修编送审《藤花落遗址保护规划》，2月通过国家文物局批复，5月底省文化和旅游厅、省自然资源厅组织专家组就该规划与国土空间规划的衔接等方面进行论证，11月15日该保护规划通过省政府批复公布。完成遗址安防工程建设。市开发区成立藤花落遗址公园建设指挥部，组织遗址建控地带地上物测量，确定征收拆迁范围，启动遗址保护范围内土地征收及地面相关构筑物拆迁工作。

·非物质文化遗产保护 2021年，连云港市非物质文化遗产保护传承工作专业委员会成立，加快推进连云港山海文化生态保护实验区建设，编制完成《江苏连云港山海文化生态保护实验区规划纲要(2021—2030)》，连云港山海文化生态保护区由省政府推荐申报国家级文化生态保护区。开展新一批市级代表性非遗名录项目、代表性传承人申报，公布第八批市非遗项目名录19项、第一至第七批市非遗项目名录扩展项目24项、第八批市非遗项目代表性传承人42名。“东海水晶雕刻”入选第五批国家级非遗名录。连云港市传统医药非遗学院挂牌成立，海州区民主路老街入选江苏省首批“无限定空间非遗进景区”试点单位，市淮海剧团等10家单位被授予“连云港市非遗创意基地”称号，“蜂针堂”、花果山山楂酒等10家非遗企业获批市级“优秀创业项目”。

·非物质文化遗产传承 2021年，《连云港市市级非遗代表性项目代表性传承人认定与管理办法》出台，新命名市级非遗“荣誉传承人”10名，取消市级非遗传承人资格2人。举办2021年“文化和自然遗产日”非遗宣传展示暨第二届“非遗购物节”活动，结合“我们的节日”“颂党恩·赞小康”“永远跟党走”“万人铸党徽”等主题组织各类传承展示活动160场次以上。“老海边”煎饼制作技艺代表性传承人王统扬，徐福茶制作技艺代表性传承人韦君余，剪纸代表性传承人孙洪香，云雾茶制作技艺代表性传承人席行弟、张义香，盆景制作技艺代表性传承人张文浦，汤沟酒酿造技艺代表性传承人张加林等7名省市级传承人工作室入选“省乡土人才大师工作室”；“蜂针堂”非遗项目负责人刘华松入选2021年度全国“乡村文化和旅游能人”。

(欧勇军)

社会科学

·课题研究 连云港市开展市社科基金课题研究，立项课题150个。组织专项研究课题立项23个。“海州湾区”高质量发展、海洋经济、国际枢纽港建设3个选题入选省社科基金省市协作项目研究选题。实施2021年度市委书记、市长圈定重大课题等应用研究项目，市社科联专题围绕贯彻落实市第十三次党代会精神和市“十四五”规划拟定领导圈题命题建议题目，提请市委书记、市长圈题、市委常委和市重点部门主要领导出题，经课题申报、立项评审，立项项目203个。市社科联与市人才办、市统计局、市教育局、市审计局等合作，立项30余个课题，推出一批具有较高实际应用和决策参考价值的专项课题研究成果。其中，全市应用研究重大课题6个，分别是“基于我市构建绿色安全引领支撑战略视阈下全力打造世界级石化产业基地的对策研究”“我市加快崛起‘中华药港’的思考及建议”“我市建设国内领先的新能源、新材料产业基地路径选择”“我市加快构建‘一带一路’东方大港的思考及建议”“大力推进我市乡村振兴的思考及建议”“我市扎实推进共同富裕的问题及对策研究”。市社科院主持完成15个研究课题，其中省委、省政府主要领导圈定课题4个，分别是“江苏坚持把创新作为第一动力加快科技自立自强对策研究”“江苏深入实施乡村振兴战略促进城乡均衡发展研究”“新发展格局下高质量推进江苏沿海建设研究”“新发展格局下江苏制造业高质量发展研究”；省社科基金研究课题2个、苏北发展研究院研究课题3个、省社会主义学院研究课题1个、市人才发展课题2个和市社科规划基金研究课题2个。

·社科智库建设 2021年，全市社科界专家学者以“自贸区建设”“沿海高质量发展”“改善营商环境”等经济民生热点为主题，编印12期《决策内参》。编印《连云港智库2020》，面向市级机关单位、市社科界专家学者发放。市社科院刊印《决策参考》15期。

(王兰舟　薛继坤)

·社科普及 2021年，市社科联开展“港城社科大讲堂”专题讲座，先后举办报告会进高校、进机关等多个专场。市第十八届社科普及宣传周活动。举办中共一大代表王尽美事迹专题展和《红色印记》科普书籍赠阅等活动，王尽美事迹专题展接待参观学习超10万人次。围绕“奋进新征程 开创新境界”主题，举办市社科界第六届学术大会，分为8个学术专场，分别是市历史文化研究会承办的“西游文化与连云港文旅融合发展”学术专场研讨会，市民俗学会承办的“云台山山民习俗”学术专场研讨会，市税务学会承办的“感悟党史百年历程、深化税收征管改革”学术专场研讨会，市王尽美研究会承办的“连云港红色文化资源研究”学术专场研讨会，市朐海书院、市宗教学会联合承办的“连云港文旅融合理论研究”学术专场研讨会，市读书研究会承办的市社科界第六届学术大会“品读地方文化”专场论坛。

·社团管理 2021年，全市有社会团体70家，民办非企业4家。加强哲学社会科学学术社团建设，开展学会“分类组团”活动。全市学会召

2021—2022年度连云港市社科基金项目第一批结项课题一览表

表47

序号	项目类别	课题名称	负责人	单位
1	重点项目	连云港市“十四五”哲学社会科学规划研究及文本编制	赵　鸣	连云港市“一带一路”发展研究会
2	一般项目	连云港涉海专业科研大数据管理模式创新研究	王　阳	江苏海洋大学

2020—2021年度连云港市社科基金项目第三批结项课题一览表

表48

序号	项目类别	课题名称	负责人	单位
1	重点项目	紧抓自贸试验区建设契机，打造“一带一路”强支点研究	张宏远	江苏海洋大学
2	一般项目	基于学习心理的远程开放教育服务指导模式的实践研究	陈路萍	连云港开放大学
3	一般项目	连云港“放管服”改革经验、问题及对策研究	颜　金	江苏海洋大学
4	一般项目	新时代在连留学生中国文化认知建构研究	张　颂	江苏财会职业学院
5	一般项目	连云港市推进习近平新时代中国特色社会主义思想大众化研究	潘晶芳	江苏海洋大学
6	一般项目	政协专门协商机构在国家治理体系中的定位和运行机理研究	周桂芹	江苏海洋大学
7	一般项目	数字技术视域下连云港石刻艺术的保护及应用研究	梁玉娴	连云港师专
8	一般项目	连云港基层社会治理与基本公共服务融合发展研究——赣榆区有效利用非诉讼纠纷解决机制推进基层社会治理新实践	刘　蓼	中共赣榆区委党校
9	一般项目	连云港市优秀传统文化融入高校意识形态建设研究	陈晓丽	连云港师专
10	一般项目	高中政治课与高职思政课教学衔接融合研究	孙召路	连云港师专

开5次“分类组团”小组会议，11个团次参与开展7场分类组团轮值活动。市经济学会获评第三届江苏省哲学社会科学先进学术社团。全面加强社团党建工作，10批次、300余人次学会党员代表到市图书馆、连云老街、安峰山烈士陵园参加党史实境课堂和集中学习、辅导培训、集中观影等活动。各学会党组织结合庆祝中国共产党成立100周年，开展各类活动。举办全市智库能力提升培训班和社科类社会组织负责人暨党建工作培训班，重点就提高政策研究和参谋决策的能力水平，构建互补互动的智库合作机制等全年重点工作进行培训。　（王兰舟）

·全国沿海高校服务区域经济发展联盟第十届年会在连云港举行　6月5日，全国沿海高校服务区域经济发展联盟第十届年会暨第三届区域海洋高质量发展论坛在连云港举行。论坛由全国沿海高校服务区域经济发展联盟、江苏省社科院、江苏海洋大学、连云区人民政府联合举办，主题为“以新发展理念引领‘十四五’沿海协同开发与海洋经济高质量发展”。来自全国9个省份、23所高校代表参加会议。自然资源部海洋发展战略研究所海洋政策与管理研究室主任王芳、自然资源部海洋一所海岸带科学与战略研究中心主任刘大海、广东海洋大学原副校长朱坚真、国家海洋信息中心处长赵新生分别以《从五年规划看国家海洋政策发展》《海岸带规划陆海统筹关键问题探索》《全球海洋中心城市与沿海区域协同发展问题思考》《关于推进海洋经济高质量发展的几点思考》为题作主旨报告。第三届区域海洋高质量发展论坛同步举办。浙江海洋大学原副校长、浙江舟山群岛新区研究中心主任黄建钢，中国海洋大学经济学院副院长刘曙光，北部湾大学钦州发展研究院院长教授傅远佳，江苏省社科院财贸所所长孙克强分别以题为《论“陆海统筹战略”与“中国沿海经济”》《国家“十四五”海洋经济发展战略解读》《向海经济理论体系的构建》《江苏沿海经济高质量发展的重点与路径分析》围绕沿海开发与海洋经济发展等作报告。　（薛继坤）

史志工作

·党史编研　2021年，连云港市党史部门围绕中心履职尽责、服务大局主动作为，被人社部、中央党史和文献研究院联合表彰为“全国党史和文献部门先进集体”，全省唯一。在全省率先完成《中国共产党连云港历史》(第三卷)编纂任务，通过中央宣传部新闻出版审批。《中国共产党东海县历史》(第三卷)《连云港市革命老区发展史》《灌南红故事》等正式出版。完成《中国共产党连云港市执政大事志(2020)》《中共连云港市百年要事纪略》《开山岛精神》审定稿。完成《脱贫攻坚口述史(连云港篇)》《改革开放口述史》采访征集工作。基本完成《中共连云港地方简史》初稿。在《党史资料与研究》《连云港日报》等报刊、媒体上发表文章20多篇，成功申报连云港市社科基金项目1个。

·地方志书编纂 2021年，《金山镇志》《墟沟街道志》《新集镇志》《张店镇志》《百禄镇志》《新安镇志》《灌云县纪检监察志》《灌南县老干部志》《灌云县政协志》《灌南县交通运输志》《灌云县旅游志》《东海县人大志》《灌云县人大志》《晶都英才录》14部乡镇(街道)志、部门志、特色志完成初稿编写。《连云港口岸志》《连云港市信访志》编纂工作按序时进度推进。

·年鉴编纂 2021年，全市编纂出版《连云港年鉴(2021)》《东海年鉴(2021)》《灌云年鉴(2021)》《灌南年鉴(2021)》《赣榆年鉴(2021)》《海州年鉴(2021)》《连云年鉴(2021)》7部地方综合年鉴。《连云港年鉴(2019)》入选中国地方志指导小组办公室“精品年鉴品读季”再版品读年鉴，全国仅4部，是江苏省唯一1部。《连云港年鉴(2020)》获评省一等年鉴，连云港创建全国精品年鉴的经验在全国年鉴主编培训班上作经验交流。《灌南年鉴(2020)》获评省一等年鉴、全国三等年鉴，《连云年鉴(2020)》获评省二等年鉴，《灌云年鉴(2021)》成功创建省级精品年鉴。

·地方文献编纂 2021年，连云港古近代地方文献最大的整理出版项目——《连云港历史文献集成》完成全部卷次出版，共3辑、6函46册、220余万字，获第二十三届华东地区古籍优秀图书奖二等奖，是连云港市首次获此奖项。《连云港通史》全8卷完成2次修改。

·史志宣传 2021年，全市史志部门在中国共产党成立100周年之际，主动服务全市党史学习教育，11人加入市委宣讲团，举办党史宣讲76场、红色巡演102场。启动“百年党史忆初心”红色文化季活动，向各县区、功能板块、市直各单位等赠阅《中共连云港市地方史》一、二、三卷等学习书籍2000余册，为市委理论学习中心组及市委办、市发展改革委等百余家单位作党史学习理论辅导80余场。在《连云港日报》开设“奋斗百年路 启航新征程”专栏，刊发地方党史知识100期。“连云港史志”网站全年更新内容100余万字，推送信息120条、图片160余幅。“连云港史志”微信公众号推出百年风华专栏48期。市委党史工办与市摄影家协会联合举办“百年铸辉煌开启新征程”庆祝中国共产党成立100周年大型摄影作品展活动。市委党史工办与市退役军人事务局联合举办“百年英烈事迹展”。在全市试点设立“史志书驿”4个，定期更新党史地方志研究成果，满足基层群众对地方党史、地情文化的学习需求。 (史成龙)

档案工作

·概况 2021年，连云港市国家综合档案馆馆藏全宗1469个，档案总量170.82万卷、227.39万件，累计向社会开放各类档案43.57万卷、27.51万件。其中，市档案馆馆藏全宗429个，馆藏档案总量47.2万卷、74.4万件。

·档案收集 2021年，市档案馆接收档案1.01万卷、20.79万件；接收55个全宗单位20余万条档案数据并导入档案管理系统。市档案馆安排工作人员到市疫情防控办公室、党史学习教育办公室、创建全国文明城市办公室集中办公，指导全市各级各单位做好重大活动档案收集整理工作，修订完善《连云港市疫情防控指挥部办公室档案归档范围》。接收全市疫情防控档案3015件、照片512张，扶贫档案1081件，创建文明城市档案491件、照片1693张，申报历史文化名城档案211件。推进重要园区、重点企业、重大项目规范化建档，印发《关于加强重点建设项目档案管理工作的通知》，组织业务人员赴江苏自贸区连云港片区、连云港经济技术开发区、徐圩新区内的20余家企业开展档案业务指导，中复连众大型荣泰化工仓储有限公司等3家单位项目档案通过省市级验收。对全市50亿元以上的重点项目实施档案全过程服务，重大项目档案登记备案率100%。推进出生医学证明、中小学校学籍、儿童收养等民生档案进馆。接收出生医学证明8万余件，学籍档案426卷、10.87万件，儿童收养档案540卷。征集全国道德模范、两院院士、援湖北医疗队档案资料等一批珍贵资料。接收33家机关事业单位公开信息文件1245份。

·档案管理 2021年，市档案馆建成集温湿度控制、安监、溢水报警、存储等功能自动化、一体化档案管理系统，建立馆藏档案目录数据库，完成馆藏300余万件档案数字化校核及封装工作，数字化率93.7%。9月，市档案馆通过“全国示范数字档案馆”系统测试专家组验收，成为全省第二家通过验收的设区市档案馆。全市数字档案室系统完成与市县区两级电子政务部门协同办公系统的无缝链接，实现电子文件在线归档功能。市级立档单位、赣榆区、灌南县、灌云县投入试运行。修订档案馆档案利用、安全保密、查档服务承诺等工作制度，全面规范文书、照片、实物、字画等各门类档案整理，完善410盒综合全宗卷和独立全宗卷的编制，完成市档案馆馆藏档案重新排架和清点，配备档案修复设施设备，开展破损档案抢救修复。

·档案利用 2021年，市档案馆编制开放档案目录向社会开放，市档案馆馆藏档案开放率47%。完成馆藏自形成之日满25年的档案划控开放工作，划控档案145个全宗3.3万卷、1.22万件，调整不宜开放档案1460卷。完成馆藏短期文书档案价值鉴定，对原计生委2625卷短期文书档案进行鉴定提升。市档案馆以综合测评第二名的成绩被江苏省档案馆评定为全省档案馆业务建设综合评价示范馆。完成馆藏136家破产企业30.3万卷档案的规范整理，完成3.5万卷破产企业工资表和文书档案的数字化扫描。依托红色档案资源，与市委党史学习教育领导办公室、市档案局联合举办“建党百年 初心如磐——长三角红色档案珍品展”。召开红色档案开发利用座谈会，组织参加“百年征程 初心永恒——中国共产党在江苏历史展”。组织参加“江苏省百件红色珍档”评选活动，全市13组红色珍贵档案入选。编写《连云港市档案馆指南》《连云港市档案馆破产企业全宗指南》，编印《温暖实事幸福港城——连云港市2017—2021年为民办实事成果实录》。成立淮盐文化研究小组，召开淮盐文化座谈会，对市档案馆馆藏淮盐档案进行整理研究。配置自助查档设备，接待查档2524人次，利用档案1.28卷(件)次。（黄永艳）

大众传媒

·报纸 2021年，连云港报业集团围绕庆祝中国共产党成立100周年，策划推出“百岁党员赞小康”“奋斗百年路 启航新征程”等6个重大主题采访活动，在全省率先推出“百岁党员赞小康”系列报道，推出100个整版“奋斗百年路 启航新征程——港城红色印记”报道。组织“晒党龄守初心”百年百人主题采访等系列活动；重点策划“童心向党”等系列公益活动，参与人次超过5万人；开设《学党史 悟思想 办实事 开新局》等专题专栏，刊发各类稿件2000多篇。围绕市委、市政府重大决策部署，在《连云港日报》一版开设《聚力抓开局 夺取开门红》《大干二季度确保“双过半”》《开新局 夺首胜 加快建设现代化新港城》《大干四季度 夺取“十四五”开局首胜》等专栏。推出60个版的“连云港市第十三次党代会特别报道”特刊，全面展示港城各行各业新成就；以长图形式呈现《政府工作报告》主要内容，让广大读者一图读懂《政府工作报告》。策划互动H5页面(移动端的web页面)“送你一张前往未来的高铁票”，吸引2万人次参与。连云港发布全媒体第一时间推出原声短视频《方伟：每个人心中，都有一个属于自己的连云港》《市委书记方伟告诉你：未来的连云港是这样的》，播放17.5万余人次；开辟《直通北京》《直通南京》《连线省党代会》等专栏，重点解读全国、省两会中“连云港元素”。41件作品获评江苏省好新闻，获得赵超构新闻奖。（戴作仁）

·广播电视 2021年，全市有广播电视播出台5座，其中市级台1座，县级台4座。广播节目制作时间1.98万小时、播出3.49万小时，电视节目制作6165小时、播出3.39万小时。广播电视综合覆盖人口534万人，综合覆盖率100%。至年末，全市有广播电视节目制作持证机构23家，网络视听持证机构(备案机构)6家。广播电视从业人员985人，其中各类专业技术人员677人。实施智慧广电乡村工程，升级改造乡村广电有线网络，探索“智慧广电+文化阵地+公共服务+社会治理+产业振兴”路径。印发《连云港市智慧广电乡村工程建设实施方案》。10月，省广电局在灌南县召开全市智慧广电乡村工程建设座谈会；12月，全市7个智慧广电乡镇(街道)通过省级复评专家组的验收。全市各级应急广播系统及时发布防台防汛等气象预警信息，利用应急广播系统做好防疫宣传。开展广电传媒和调频广播频段的监听监测，组织广播电视广告、境外卫星传播秩序专项整治和净化荧屏声频、安全播出专项行动，市文广旅局获评省境外卫星电视传播秩序专项整治工作成绩突出单位。（赵全全 欧勇军）

市广播电视台 2021年，市广播电视台拥有2套电视频道(高标清同步播出)、3套广播频率以及“两微一端一抖一网”等30个全媒体平台，新媒体总用户超过420万人。形成《连云港新闻》《港城365》《问政》《在你身边》《行风热线》等一批品牌栏目。建成连云港融媒体中心，配置全媒体演播室群、购置8+2高清电视转播车，开办连云港手机台、连云港传媒网、移动终端业务、微博微信平台、视频号等多种新媒体业务，形成“一云多屏”的全媒体传播方式。年内，围绕建党百年和党史学习教育，推出《奋斗百年路 启航新征程》《百年风华路 时代看先锋》《初心百年》《学党史 感党恩》《我为群众办实事》等专栏，发稿300多篇。中广联城市台、市广播电视台联合制作《中国红·广电颂》《永远的丰碑》等6部专题片。举办“永远跟党走——市庆祝中国共产党成立100周年文艺晚会”，承办“畅行中国·追寻红色记忆”——“讴歌新时代奋斗者的价值追求”融媒传播活动，来自北京、浙江、海南等近40多家主流媒体100多名融媒体记者云集港城，通过融媒体直播、联合采访的方式，立体呈现连云港党史资源与党建文化。推出贯穿全年重点专栏《开新局·夺首胜》，做好《聚力强富美高·决胜全面小康》《同心奔小康》《乡村振兴百村行》等栏目，直播30期。做好“一带一路”强支点建设宣传，办好《同行“一带一路”》专栏，把镜头聚焦沿海开发、徐圩石化基地、中华药港建设等主导产业发展第一线。加强对省、市党代会精神宣传，以实现“新时代后发先至，建设人民期待的现代化新港城”为主轴，依托《重点项目建设巡礼》等专栏，重点对“双碳”、“双循环”、“三农”经济、区域融合发展、自贸试验区创新成果，东中西区域合作示范区建设等重点领域的全方位、成就性报道。加强对外宣传，与中央电视台一起完成“沿着高速看中国”“今日中国江苏”“走进乡村看小康”等4场直播活动。市广播电视台与上海电视台等60家电视台联合推出“理想照耀中国”系列联合融媒直播。市广播电视台与广州台等全国41家城市台联手摄制大型系列纪录片《复兴路上——奔流向海》。市广播电视台联合《人民日报》及全国100家电台采制《我和我的党支部》，其中《开山岛党支部：不变的坚守》《“网红村”炼成记》在新华网等132家媒体平台同步播出。举办中国连云港与中亚五国“丝路迎新年”网络春晚。全年电视收视率5.34，收视份额14.45，比2020年分别增长19.2%、22.9%。1件作品获江苏新闻奖，6件作品获省政府一等奖，4件作品获市委宣传部文艺精品扶持。 （陶斯嘉）

·新媒体 2021年，连云港市加快推进媒体深度融合发展。市级主流媒体“两微一端”传播力，抖音号、视频号、头条号等新平台影响力提升。连云港报业集团媒体融合获全国地市融媒体综合传播品牌十佳案例、“连云港发布”获全国地市融媒体客户端传播力十佳案例、全国地市融媒体新闻百佳案例。策划推出“青相遇·筑初心——跨越时空的青春对话”微视频；拍摄《幸福敲开农家门》12集系列纪录片在学习强国平台播放。连徐高铁通车之际，连云港报业新媒体联合徐州报业新媒体开展“连徐高铁开通运行、陆桥通道全线贯通”联动直播，连云港发布、连网、汉风号、徐州发布同步推出，直播点击量13.3万次。《今晚，经典大家读》音频节目获省委宣传部项目资金扶持，获市精神文明建设十大工作品牌。创新策划的短视频网评栏目《连视评 我来评》上线，每周两期，每期节目30秒左右，推出“个人信息泄露”“直播带货”“花果山如何出圈”等网友关注的热点话题。全年连云港发布、《连云港日报》、《苍梧晚报》微信、微博点击量超过10万次的稿件188条，比2020年增长24.5%；点击量超过100万次的6条。连云港发布和《苍梧晚报》抖音号点击量超过100万人次的68条，最高阅读量915万人次，总粉丝量240万人。市广电台组建“看见未来虚拟工作室”“花果山MCN”机构，打造抖音、快手、头条等短视频矩阵，搭建连云港手机台、直播连云港、港城365、LTV公共频道等新媒体平台30个。连云港手机台突出“视频＋直播＋资讯＋便民服务”，新媒体总粉丝数近526万人，总点击量超78亿人次，其中抖音号粉丝突破210万人，快手号60万人，客户端注册用户130万人，日活用户5%。开通手机台微信视频号，多次上榜全网民生类排行前十名。短视频单篇最高点击2.1亿人次，单位日最高点击量1.34亿人次，单月视频浏览量11亿人次。东海县、灌南县融媒体中心获批互联网新闻信息服务许可证和信息网络传播视听节目许可证。赣榆区获评全省县级融媒体中心建设优秀案例。开展全市网络视听新媒体优秀栏目推选活动，评选出《习语晨读》《百人追寻百年足迹》等7个优秀网络视听新媒体栏目。 （赵全全 戴作仁）

文化产业

·概况 2021年，连云港市文化创新水平位居全省第二，新增省级文化产业园区2个、规模以上文化企业96家。建成文创数据云和文创商业矩阵，形成线上线下文创产业链。面向全国开展西游文化标识征集，确定全市统一的孙悟空LoGo形象。举办西游文化嘉年华品牌活动，搭建“集乐西游，万物来潮”西游小镇创意市，现场展销1万余件文创产品。东海水晶文化创意产业园、高新区文化科技创意园入选省级重点文化产业示范园区创建单位；东海至善坊水晶文化发展有限公司通过省级文化产业示范基地复核，江苏鸿奥信息科技有限公司入选江苏省重点文化科技企业。连云港市获批国家文化和旅游消费试点城市，海州区、连云区获批省级文化和旅游消费试点单位和省级文化和旅游产业融合发展示范区，连云港四瓶工艺制品有限公司和激光内雕技术分别入选2021—2022年度国家文化出口重点企业名单和国家文化出口重点项目名单。举办“创意连云港”文创大赛，专题赛事增加到10个，参赛作品及“紫金奖”投稿量近2000件。打造覆盖全市的“1＋N”文化融合发展服务体系，建成1个市级“文化＋”融合发展服务平台和3个县（区）级服务平台，市文广旅局与江苏海洋大学、连云港师专等高校联合成立“文化协同创新中心”和“文创研究所”。连云港文创数据云、“创意连云港”淘宝店、连云港文创线上线下运营中心相继建成运营，文创商业矩阵初步显现。实施《连云港市文化改革发展高质量监测统计实施方案》，在全省率先建成涵盖6大类文化建设项目30个监测指标的文化改革发展高质量监测统计体系，建成20家重点监测企业库和50家规模以上文化企业培育库。挖掘特色文化产业，创新统计制度，制定实施《连云港市数字文化（直播电商）产业统计调查制度》，新增统计营收50余亿元。储备“十四五”重点文化产业项目17个，其中投资过10亿元项目3个。新建花果山景区西游文创店和花果山酒店文创体验店，花果山景区西游文创店月销售额近50万元。市文广旅局与江苏海洋大学共同建设全市文创线上线下运营中心，为学生及青年提供创业、兼职等平台。

·印刷业 2021年，全市有248家印刷企业，691家出版物发行单位。市报业印务有限公司获省级现代服务业（新闻出版业）发展专项资金项目专项引导资金40万元。

·电影业 2021年，全市《守岛人》观影票房457.8万元，位列全省第二位，全国第五位。开展连云港市“四史”教育电影课暨红色电影“四进”活动，将城市、乡镇影院展映和农村电影公益放映结合，组织“四史”教育电影课140余场，红色电影“四进”1.8万余场。电影《幸福的小满》入选全省建党百年“百片千村万场”公益展映活动，利用农村公益电影流动放映车、市民广场、户外大屏、新时代文明实践中心等开展放映活动1.5万余场，发放惠民观影券，全市各影院开展电影公益放映3000余场。高标准建成灌南县堆沟港镇、赣榆区海头镇2家乡镇影院。

·电影《守岛人》获第34届中国电影金鸡奖最佳故事片奖 12月30日，第34届中国电影金鸡奖颁奖，根据“时代楷模”王继才、王仕花夫妇守卫灌云开山岛的事迹改编的电影《守岛人》获最佳故事片奖。《守岛人》由八一电影制片厂、江苏幸福蓝海影业有限责任公司以及河北广电影视文化有限公司、福建电影制片厂、华夏电影发行有限责任公司联合出品，于6月18日在全国公映。影片通过王继才夫妇登岛初期的犹豫彷徨，到勇救落水青年、打击走私商贩以及暴风雨中接生、战友临终送别、岛上家庭春晚等情节，展现其丰富的内心世界和“守岛就是守国”的家国情怀。

·演艺娱乐 2021年，市演艺集团创作民乐《初心》、舞蹈《一把小提琴》、声乐《守岛人》、淮海戏《寻找恩人》等一批优秀文艺作品。女子民族乐团创排“逐梦起航”庆祝中国共产党成立100周年大型民族音乐会；市淮海剧团打磨提升大型淮海戏《永远记住你》，完成省艺术基金首场演出；复排小型淮海戏《孤岛夫妻哨》，获国家艺术基金小型剧目创作项目资助；市歌舞剧院创排小型舞台剧《舞乐镜花》，相声《扶贫新歌》获苏北五市文艺联盟展演优秀表演奖。大型旅游演艺与民族器乐剧《乐见西游》作为产业融合新业态示范项目，分别在剧院和景区上演，激活连云港夜游市场。大型音乐儿童剧《寻找花果山》试演成功，中标省2021年高雅艺术进校园拓展项目，开展巡演56场。“民乐茉莉”通过“筋斗云”直播平台举办面向海外的交流演出，女子民族乐团获评省文化和旅游厅系统先进集体，上榜首批省对外文化交流基地。

（赵全全　欧勇军）

文化市场管理

·概况 2021年，市文化部门深化“放管服”改革，全年办件418件，其中文化117件、广电40件、新闻出版75件，100%不见面可办、100%事项在线服务可网办，办事指南要素合格率、办结率均达100%。编制完成《连云港市石刻保护条例》，经市十四届人大常委会审议通过和报江苏省第十三届人民代表大会常务委员会批准，自2022年3月1日起施行。全年审查重大行政处罚案件9件，获首届长三角地区广播电视行政执法优秀案例评选一等奖和2020年度江苏省文物行政处罚案卷评查一等奖。

·文化市场监管 2021年，市文化执法部门完善网格化监管，开展校园周边文化市场、未成年人保护、出版物市场、旅游包车、网络市场监管（网剑行动）、未经许可经营旅行社业务及不合理低价游等30余项整治行动。智慧文广旅平台行业监管功能持续完善，基础资源、实时动态、执法监督等功能上线运行。扩大平台视频监控覆盖面，优化智慧平台视频监控接入方案，完成AAAA级及以上景区、市级文博场馆、演出场所及国家级文保单位等350余路监控视频接入。与省智慧文旅平台完成数据接口对接，共享城市访客、重点区域实时客流等运营商大数据，编制节假日大数据报告。东海全域旅游大数据中心平台项目、大花果山智慧景区建设二期工程被评为省智慧文旅培育项目。

·文化市场综合执法 2021年，全市立案查处244起案件，涵盖网吧、文物、出版物、版权、歌舞娱乐、广电、艺术考级、导游、旅行社、网络10个市场类别。处置投诉举报141起，其中文化59起、旅游82起，举报核查率、案件处理率、法定期限办理率均达100%。依法查处网吧、歌舞娱乐场所、书店等59家，取缔无证歌舞娱乐场所2家，关停非法网上书店2家，没收非法出版物1.24万本，分别吊销1家屡次违规经营的歌舞娱乐场所和网吧证照。全市游客满意度位居全省“满意”城市之列。

·扫黄打非 2021年，市文化执法部门开展“扫黄打非”专项检查12次，对县（区）开展暗访检查9次，检查出版物经营单位2800余家（次），查办扫黄打非类案件50起，取缔无证书店、游商地摊8处，没收各类非法出版物1.24万本，参与非法出版物鉴定7批次。线上开展“清朗”“剑网”等网络专项整治10次，巡查各类文旅网站、App、微信公众号、小程序等1500余家（次），论坛、平台账号等270余家（次），网络售书店铺280家（次），关停非法侵权网站、公众号、无证网上书店7家，立案查处案件4起，案件类型首次延伸至网络音乐、网络漫画等领域。

（欧勇军）

责任编辑　郭　云

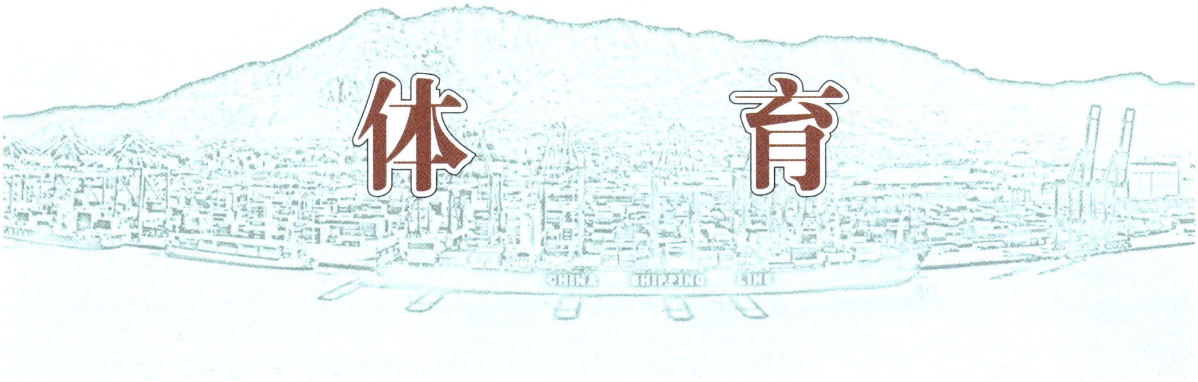

体 育

综述

·概况 2021年，连云港市有体育场地11780个，其中室外体育场地9085个，室内体育场地2695个。全市体育场地面积1396万平方米。每万人拥有体育场地25个，人均拥有体育场地面积3.03平方米，常年参加体育活动人口达全市总人口的40.7%以上。全市在册社会体育指导员2.24万人，全年组织二级社会体育指导员培训14期、800人次。市体育局做好第21届省运会申办工作，向市政府递交《关于江苏省运动会申办工作情况调研报告》。

·体育规划制定 2021年，市体育局拟定《连云港市体育发展“十四五”规划》，送审市发改委。完成《连云港市全民健身实施计划(2021—2025年)》初稿。市体育局、市卫健委联合完成《关于推进体医融合发展的实施方案》初稿。

·全民健身设施建设 2021年，东海县、灌云县、赣榆区的4个大型公共体育场馆全部实现免费低收费开放。全年建设30项沿河沿路体育设施，新建、改扩建体育公园9个，新增健身步道超过25千米，新增、更新健身路径216套、各类球场112片、乒乓球桌163副，对843处健身器材(场地)进行清理、维修。连云区完成省全民健身器材数据化信息化试点。市全民健身活动中心加快建设，室外运动场地具备使用条件。

·国民体质监测 6—11月，全市范围内开展国民体质监测，对象为3～79岁连云港市居民。其中，3～6岁参加监测人数983人，20～69岁参加监测人数3671人，70～79岁监测人数184人，共4838人。抽样人群达到《国民体质测定标准》“合格”等级以上的人数比例为93.3%。

链接

2021年连云港市国民体质监测公报

2021年，国民体质监测对象为幼儿(3～6岁)、成年人(20～59岁)、老年人(60～79岁)，监测指标包含身体形态(身高、体重、三围等)、机能(脉搏、血压、肺活量等)和体能(握力、坐位体前屈等)3个方面。采用整群随机抽样的方法，从全市6个区县及市区部分机关单位、企事业单位、高校、幼儿园、行政村等中抽取5090人，筛选后获得有效样本4838人。其中，3～6岁幼儿983人，20～59岁成年人2836人，60～79岁老年人1019人。其中，达到《国民体质测定标准》“合格”等级以上的人数4514人，国民体质抽样监测合格率93.3%，高于全省平均水平(93.2%)，经常参加体育锻炼的人口比例(40.8%)高于全省平均水平(40.4%)，两项指标均高于2020年，继续位居全省第三。

体质监测报告表明，3～6岁幼儿的身高、体重、胸围数据，随年龄增长逐年递增，在运动素质和机能指标数据与年龄呈正相关。性别数据之间的差异符合男女幼儿正常成长趋势和性别特质，如男性幼儿在立定跳远、握力、15米障碍跑、双脚连续跳测试项目的均值方面优于女性幼儿，女性幼儿在坐体前屈、平衡木测试项目的均值优于男性幼儿。

20～59岁成年组机体机能和运动素质的监测指标具有明显的年龄变化特征，如肺活量、握力、纵跳、俯卧撑/跪姿俯卧撑、1分钟仰卧起坐、闭眼单脚站立、心肺耐力、选择反应时项目指标数据与年龄增长呈负相关，即随着年龄增长呈逐年下降趋势。BMI指数、坐位体前屈、选择反应时这三项指标数据与年龄增长呈正相关，即随年龄增长呈逐年增加趋势。

60～79岁老年组身体形态指标和机能、素质指标变化不大，BMI指数随年龄增长而增加，男性组和女性组均为超重状态。肺活量、握力数据均随着年龄的增长而下降，选择反应时数据均随着年龄的增长而增加，说明老年人在力量素质、反应速度等运动素质能力随着年龄增长而下降。

·体育社团 2021年，全市新成立协会1家、俱乐部3家。市级体育协会总数达59家，俱乐部105家。全年体育社团举办比赛和活动159项。

（程秋怡）

2021年，连云港市持续开展全民健身活动。图为广场健身舞展演活动

马兴来 摄

群众体育

·概况 2021年，连云港市围绕“我要上全运”和“庆祝中国共产党成立100周年”主题，开展全市“全民健身日”系列赛事活动、全市第二届职工运动会、老年人体育节等港城健身大联动赛事活动，全年开展全民健身类体育赛事活动80余项。10家单位获评全国群众体育先进单位，8人获评群众体育先进个人。

·2021第八届环连云港自行车骑行大会 5月16日，山海骑缘·2021第八届环连云港自行车骑行大会在连岛景区开幕，河南、山东、安徽、浙江、上海、江苏等地的500余名骑行爱好者参加比赛。赛事设环骑山海团队组、环骑山海N+1组、环骑山海个人组、穿越山海组4个组别，赛道总里程约123千米。骑行大会融合了自行车骑行、风光旅游、文化感知等多重体验，将“体育+旅游+文化”完美融合。

·连云港第四届星空超级马拉松赛 5月16日，2021连云港第四届星空超级马拉松赛在北固山生态森林公园举行。赛事分为100千米长征之路、50千米新时代之路、21千米幸福之路和7.7千米小康之路四大组别，近500名长跑爱好者参加比赛。

·“一带一路”西游风筝邀请赛 5月19日，2021“中国旅游日”连云港主题活动暨“一带一路”西游风筝邀请赛开幕式在在海一方公园举行，200多名风筝运动员为观众带来一场大型风筝表演。上海、南京、西安、广州、武汉、潍坊等近40个风筝代表队200多人参赛。参赛风筝围绕“大圣故里 西游胜境——神奇浪漫之都连云港”的城市主题，突出西游文化、海洋元素等，体现连云港文旅特色。其间，举办了“特色风筝表演”“亲子风筝彩绘”等活动。

5月16日，山海骑缘·2021第八届环连云港自行车骑行大会举办

市体育局 供图

·全民健身日活动 9月17日，“我要上全运”2021年连云港市“全民健身日”活动启动仪式在月牙岛体育公园举行。启动仪式上，体育健身爱好者表演了健身秧歌、太极功夫扇、街舞、柔乐球、广场舞等展演节目。300余名健步走爱好者开展健步走活动，并参观游览了月牙岛体育场地设施。至年底，开展了健身气功交流展示、中小学生体操节、老年人柔力球联赛、舞龙舞狮比赛、跆拳道精英赛、气排球比赛、武林大会等10余项全民健身比赛活动。

·“健康连云港”健身运动短视频大赛 9月20日，“健康连云港”健身运动短视频大赛开始报名，10月15日结束评审。共收到有效参赛视频484个，累计投票量达41万。评审委员会根据竞赛规程，依据评审规则及评分标准，对484个有效视频进行评审，产生1个一等奖、3个二等奖、6个三等奖、20个优胜奖。

·“庆国庆”全市老干部门球比赛 9月28—29日，“永远跟党走 银发风采飞扬 庆党百年华诞”暨第31届

“庆国庆”全市老干部门球比赛在市老干部活动中心举行。全市36支代表队、410名运动员参加比赛。比赛分两个阶段，第一阶段采用分组循环赛的方法，决出小组名次；第二阶段采用淘汰附加赛的方法，决出前八名。

·连云港市第二届全民健身嘉年华 10月16日，由市体育总会、市交通控股集团有限公司主办，海州区文化体育和旅游局协办，市体育产业协会、中联体育产业有限责任公司、市武术文化研究会承办，江苏天马网络科技集团冠名的连云港市第二届全民健身嘉年华在康缘小区体育场开幕。500余名健身爱好者参加开幕式。活动持续到年底。其间，开展了乒乓球、武术、国防射击、路亚垂钓、篮球、羽毛球等项目的赛事。 （程秋怡）

竞技体育

·概况 2021年，连云港市落实《连云港市青少年体育振兴计划》《连云港市加强体教结合，促进青少年体育发展的实施意见》。完善全市业余训练体系和项目布局，推动青少年体育运动的普及和提高。全年设置业余训练项目29个，发放等级裁判员证书（二级）590人，申报二级以上（含）等级运动员50人，完成2113名运动员骨龄拍摄工作。实施“市队校办”“名校办名队”，按每个县（市、区）至少推动5个运动项目，每个项目至少布局6所小学、2所初中、1所高中的“5621”计划要求，开展项目训练。市体育局、教育局联合印发《二十届省运会周期梯队建设项目学校（第二批）》，新增棒垒球梯队学校4所，确定橄榄球梯队学校4所，手球梯队学校4所。全年举办“市长杯”青少年足球联赛等青少年阳光体育运动竞赛30项。

·江苏省小篮球联赛 5月15日，由中国篮球协会、中国中学生体育协会指导，江苏省篮球运动协会主办，连云港市体育总会、市篮球运动协会、江苏海州湾发展集团有限公司、连云港中垠瑞科文体旅游发展有限公司承办的2021年江苏省小篮球联赛（中国小篮球系列活动·江苏省）连云港赛区比赛在连云区举办。经过县区级赛区选拔出来的30支队伍，近260名选手参加比赛，比赛设U8、U10、U10混、U12男、U12女不同年龄段5个组别。连云港市苍梧小学、荣宇飞人U8队、芒果体育、五星体育U8、飞翔一队、飞翔二队获U8组前六名；孔望山小学一队、康宝一队、连云港市场馆中心U10、孔望山小学二队获U10组前四名；荣宇少年队、连云港市苍梧小学获U10混合组前两名；白塔埠中心小学获U12女子组第一；连云港市场馆中心U12、文体康宝U12、飞翔篮球U12、连云港市场馆中心U12一队获U12男子组前四名。

·2021年连云港全国铁人三项冠军杯赛 7月10—11日，由中国铁人三项运动协会、江苏省体育局、连云港市人民政府主办，连云港市体育局、连云区人民政府承办的2021年连云港全国铁人三项冠军杯赛在连云港市举办。赛事是第十四届全国运动会铁人三项项目资格赛最后一站，120余名“铁人三项”的选手参加比赛。前卫体协铁人三项队的白发全以2小时11分30秒夺得男子优秀组冠军，衡中河北铁人三项队黄安琪以2小时24分48秒夺得女子优秀组冠军。

·“市长杯”青少年校园足球阳光联赛 10月1—7日，由市教育局、体育局主办的2021年“市长杯”青少年校园足球阳光联赛、中小学生篮球比赛在海州高级中学、新海实验中学、师专二附小等多个中小学同时举行。61支足球代表队、28支篮球代表队、近2000名中小学生参加比赛。比赛按年龄、性别分为男（小学甲组、小学乙组、初中组、高中组）、女（小学甲组、小学乙组、初中组）7个组别，采用分组单循环和交叉淘汰赛制，61支中小学代表队1462名运动员进行167场比赛。连云港师专一附小、连云港师专二附小获小学男子甲组前两名；解放路小学、苍梧小学获小学男子乙组前两名；海宁小学、海州实验小学获小学女子甲组前两名，海州实验小学、海宁小学获小学女子乙组前两名；新海实验中学、连云港外国语学校获初中男子组前两名，海州实验中学、板浦实验中学获初中女子组前两名；海州高级中学、锦屏高级中学获高中男子组前两名。

·江苏省趣味田径亲子赛 10月

7月10日，2021年全国铁人三项冠军杯赛在连云港市连岛景区鸣枪开赛 甘爱忠 摄

23日，由江苏省体育总会、江苏省田径运动管理中心、江苏省田径运动协会主办，连云港市体育局、连云港市教育局、灌南县人民政府承办的2021年江苏省趣味田径亲子赛（连云港站）暨连云港市“奔跑吧·少年”儿童青少年主题健身活动启动仪式、连云港市小学生趣味田径比赛在灌南县淮河路实验学校举行。经过前期选拔，县区选派2支代表队，全市26所幼儿园的78组家庭、10余所小学的600余名运动员参加。六塘小学获7～8岁组一级方程式项目冠军，杭俊睿、李雨萱、陈雨涵、孟珊珊获个人全能赛项目冠军，孟兴庄小学获全能团体赛男组冠军、灌南实验小学获女组冠军。六塘小学获9～10岁组一级方程式项目冠军，沈博轩、崔心怡、吴帆、陆梦薇获个人全能赛冠军，全能团体赛男、女组冠军均为六塘小学。六塘小学获11～12岁组一级方程式项目冠军，陈宇飞、韩梦冉、陈志豪、吴孟宸获个人全能赛冠军，灌南实验小学获全能团体赛男组冠军、硕项湖小学获女组冠军。

·江苏省青少年（U17）排球锦标赛 11月28日至12月3日，由江苏省体育局、省教育厅主办，连云港市体育局、江苏海洋大学承办的2021年江苏省青少年（U17）排球锦标赛在新海高级中学举行。全省17支代表队266名运动员参赛。连云港市、徐州市、南京市代表队获男子组前三名，南通市、南京市、连云港市代表队获女子组前三名。

·江苏省青少年体育俱乐部篮球U系列比赛 12月7—10日，由江苏省体育局主办、东海县文体广电和旅游局承办的2021年江苏省青少年体育俱乐部篮球U系列比赛在东海县体育馆举办。全省8个市14支代表队、204名运动员参赛，采用单循环赛制。常州市常运篮球俱乐部、苏州振吴体育俱乐部、南京市中山东路体育运动学校成贤之星俱乐部获男子组前三名；苏州振吴体育俱乐部、常州市常运篮球俱乐部、泗阳县星梦篮球俱乐部获女子组前三名。（程秋怡）

11月28日至12月3日，江苏省青少年（U17）排球锦标赛在新海高级中学举行。图为比赛现场　　市体育局　供图

体育产业

·概况 2021年，连云港市完成体育产业单位和体育场地调查和产业名录库建设。全年争取省级体育产业发展专项资金210万元，发放市级体育产业引导资金60万元。全年销售体育彩票总额7.2亿元，市场份额达78%，增幅位居全省第二。

·示范点创建 2021年，江苏天马网络科技集团有限公司成功创建国家体育产业示范单位。海州区入选省首批省级体育消费试点城市。市体育中心获批江苏省第四批体育服务综合体。东海县石梁河镇环湖大道跑步线路、刘志洲山体育公园跑步线路获评最美跑步线路，刘志洲山体育公园、灌南县堆沟港镇兴港湖健身公园获评最美乡村健身公园。

·行业服务监管 2021年，全市取得高危险性体育经营项目许可的经营场所共36家，其中32家游泳馆、3家滑雪场和1个攀岩场所。全年举办经营高危险性体育项目培训班1期，召开专题会议2次，对经营性场所拉网式督查3次。做好全市滑雪场所疫情防控和安全保障工作。12月28日，市体育局会同第三方检测公司对3家滑雪经营场所的疫情防控和雪场安全运营工作开展专项检查。

·体育产业名录库 2021年，连云港市加强体育产业机构名录库建设，做好体育产业统计工作，核实、更新江苏省体育产业机构名录库信息，填写2021年度新增体育产业机构信息。到年底，全市有体育产业单位649家。其中，体育管理活动类72家；体育竞赛表演活动类38家；体育健身休闲活动类293家；体育场地和设施管理类23家；体育教育与培训类146家；其他体育服务类21家；体育用品及相关产品制造类16家；体育用品及相关产品销售、出租与贸易代理类39家；体育彩票中心1家。

·**体育彩票** 2021年，连云港市拓展体育彩票市场，全市有彩票网点终端599个，便利渠道41个。全年体育彩票销量7.2亿余元。全年兑奖金额1844.09万元，代扣代缴款363.19万元。

2021年连云港籍运动员参加全国以上比赛成绩一览表

表49

序号	姓名	比赛名称及项目	比赛成绩	比赛地点	比赛时间
1	陈奕帆	第十四届全运会排球19岁以下组(女子U19女子)	第一名	陕西西安	9月21—24日
2	盛　艳	第十四届全运会公路自行车女子50公里团体计时赛	第二名	陕西西安	9月24日
3	龚翔宇	第十四届全运会排球(女子成年组)	第二名	陕西西安	9月26日
4	王辰玥	第十四届全运会排球(女子成年组)	第二名	陕西西安	9月26日
5	孙俪瑞	第十四届全运会五人制篮球(女子成年组)	第二名	陕西西安	9月9—14日
6	吴　凡	第十四届全运会女子投掷团体(铅球、标枪、链球、铁饼)	第三名	陕西西安	9月15日
7	杨欢欢	第十四届全运会女子投掷团体(铅球、标枪、链球、铁饼)	第三名	陕西西安	9月15日
8	赵丽君	第十四届全运会女子投掷团体(铅球、标枪、链球、铁饼)	第三名	陕西西安	9月15日
9	李思璇	全国女子围棋甲级联赛(女子围棋团体)	第一名	上海、广东韶关	5月14日至12月27日
10	颜丙怡	2021年全国摔跤锦标赛	第三名	浙江温州	5月11—13日
11	王芳雨	2021年全国青少年U系列英式橄榄球冠军赛第一站	第一名	河南漯河	5月28—30日

（程秋怡）

2021年连云港市运动员参加第16届夏季残疾人奥林匹克运动会比赛成绩一览表

表50

序号	姓名	比赛项目	比赛成绩	比赛地点
1	邱俊飞	女子坐式排球VS1	银牌	日本东京
2	冯彦可	男子花剑B级个人赛	金牌	日本东京
3	冯彦可	男子佩剑B级个人	金牌	日本东京
4	胡道亮	男子花剑B级个人赛	银牌	日本东京
5	胡道亮	男子花剑B级团体赛	金牌	日本东京
6	胡道亮	男子重剑B级团体赛	银牌	日本东京
7	孙　刚	男子花剑A级个人赛	金牌	日本东京
8	孙　刚	男子花剑B级团体赛	金牌	日本东京
9	孙　刚	男子重剑B级团体赛	银牌	日本东京
10	田建全	男子佩剑A级个人赛	铜牌	日本东京
11	田建全	男子重剑B级团体赛	银牌	日本东京
12	荣　静	女子重剑A级个人赛	银牌	日本东京
13	荣　静	女子重剑团体赛	金牌	日本东京
14	荣　静	女子花剑团体赛	金牌	日本东京
15	冯攀峰	男子乒乓球单打TT3级	金牌	日本东京
16	闫　硕	男子乒乓球单打7级	金牌	日本东京
17	顾小飞	80千克举重	银牌	日本东京
18	邹莉娟	F34级标枪	金牌	日本东京
19	邹莉娟	F34铅球	金牌	日本东京
20	张　变	女子乒乓球单打T55级	金牌	日本东京
21	胡丹丹	女子50千克举重	金牌	日本东京
22	曹宁宁	男子乒乓球单打5级	银牌	日本东京

（刘　强）

责任编辑　徐　敏

卫生健康

综述

·概况 2021年，连云港市有医疗卫生机构2729个，其中医院92个、基层机构2604个、专业公共卫生机构26个、其他7个。92个医院中，三级医院10个，二级医院32个，一级医院39个，未定级医院7个。全市医疗卫生机构床位数2.83万张，其中，医院1.91万张，占67.71%。每千人口医疗卫生机构床位数6.14张。全市卫生人员总数达4.03万人，执业（助理）医师1.32万人，每千人口拥有执业（助理）医师2.87人。注册护士1.55万人，每千人口注册护士数3.36人。推进疫情防控和卫生健康事业改革发展。全市县医院均达到国家三级医院推荐标准。新增7个省级农村区域性医疗卫生中心和7个省级社区医院。累计73个乡镇卫生院、社区卫生服务中心达基本标准以上能力。新增20个达推荐标准村卫生室（甲级村卫生室）。基本公共卫生服务项目人均补助标准提高至88元。截至年末，全市累计接种新冠病毒疫苗408.81万人、873.33万剂次，全人群首剂接种率88.9%，全程接种率83.3%。连云港市高分通过国家卫生城市复审，是江苏省唯一进入前十的城市。获评全国健康城市建设样板市。“基层卫生服务能力和队伍建设成效明显”被省政府督查激励。“互联网+医疗健康”服务模式在中国卫生信息技术大会上作经验交流。推进卫生健康领域审批制度和“证照分离”改革，增强重大疫情应急处置能力，新冠病毒疫苗免疫屏障基本建立，医疗卫生服务能力、卫生健康科技创新能力不断提升，一老一小健康服务支撑体系逐步健全。

·公共卫生体制改革 2021年，市委市政府印发《关于完善重大疫情防控体制机制健全公共卫生应急管理体系的实施意见》，完善公共卫生应急管理工作体系，打通数据汇聚通道，实现疫情防控系统互联互通、数据开放共享，搭建统一的疫情防控大数据平台。推进流调溯源、集中隔离、核酸检测、转运救治等核心能力建设。全市人均基本公共卫生服务经费提升至88元。完善购买服务支付标准，建立以服务数量和质量为经费主要结算依据的项目绩效管理机制，促进公共卫生服务逐步均等化。推进居民电子健康档案随身带行动，实现居民电子健康档案对外开放、查询功能。居民电子健康档案建档率90.78%。7岁以下儿童健康管理率97.06%。高血压、2型糖尿病患者基层规范管理服务率分别为67.13%、66.89%。65岁及以上老年人城乡社区规范健康管理服务率66.73%。全年完成适龄妇女“两癌”检查13.68万人，为650所幼儿园的15万名儿童开展免费视

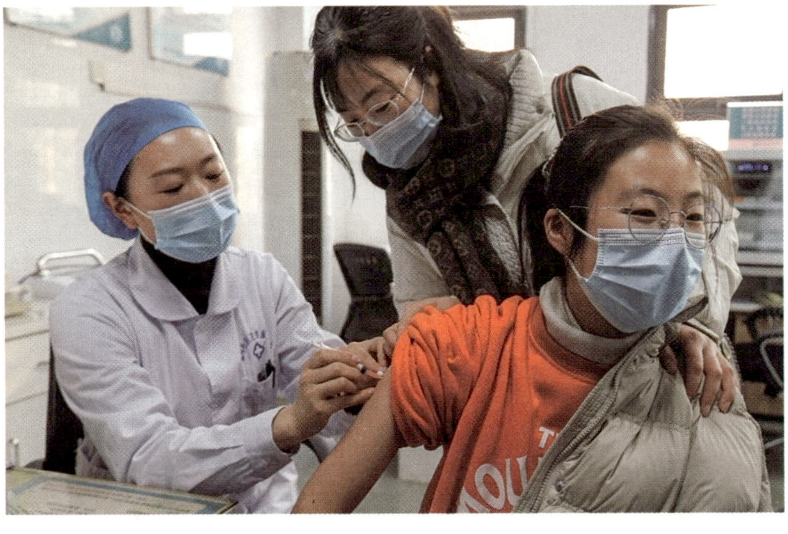

12月21日，全省第一针免费HPV疫苗在连云区接种　王健民　摄

2021年连云港市卫生事业基本情况一览表

表51

<table>
<tr><th colspan="2">类别</th><th>数量</th><th>比2020年增长(%)</th><th colspan="2">类别</th><th>数量</th><th>比2020年增长(%)</th></tr>
<tr><td colspan="2">卫生机构(个)</td><td>2729</td><td>－1.55</td><td colspan="2">卫生人员(人)</td><td>40293</td><td>0.39</td></tr>
<tr><td colspan="2">医院(个)</td><td>92</td><td>2.22</td><td colspan="2">卫生技术人员(人)</td><td>33200</td><td>2.35</td></tr>
<tr><td colspan="2">床位(张)</td><td>28275</td><td>－0.59</td><td colspan="2">乡村医生(人)</td><td>1820</td><td>－26.52</td></tr>
<tr><td colspan="2">平均每千人口医院床位(张)</td><td>6.14</td><td>－0.65</td><td colspan="2">平均每千人口卫生技术人员(人)</td><td>7.21</td><td>2.27</td></tr>
<tr><td rowspan="5">医疗服务</td><td>诊疗总人次(万)</td><td colspan="2">2649.16</td><td rowspan="5">卫生费用</td><td>卫生事业费(亿元)</td><td colspan="2">17.15</td></tr>
<tr><td>门诊人次(万)</td><td colspan="2">2451.28</td><td>卫生系统固定资产(亿元)</td><td colspan="2">96.65</td></tr>
<tr><td>急诊人次(万)</td><td colspan="2">127.12</td><td>卫生系统基建投资(亿元)</td><td colspan="2">3.64</td></tr>
<tr><td>住院总人次(万)</td><td colspan="2">68.47</td><td>平均每一门诊人次医疗费用(元)</td><td colspan="2">214</td></tr>
<tr><td>出院总人次(万)</td><td colspan="2">68.26</td><td>平均每一出院病人医疗费用(元)</td><td colspan="2">9132.4</td></tr>
</table>

力筛查，补服叶酸1.77万人，孕优检查2.05万对。

·“健康中国行动创新模式”候选试点城市建设　2021年，全国爱卫办、健康中国行动推进办确定30个国家卫生城市为健康中国行动创新模式试点城市及候选试点城市，连云港市为全省唯一候选试点城市。开展构建HPV疫苗接种、宫颈癌筛查、诊治和救助相衔接的宫颈癌三级综合防治模式试点工作。建成全国首家市级人工智能宫颈癌防治技术中心，出生缺陷综合防治模式在全国会议上交流发言。在连云区启动适龄女孩HPV疫苗免费接种工作，免费接种HPV疫苗第一针，相关经验在《人民日报》《新华日报》等主流媒体公众号报道，登上微博热搜第一名，话题发布媒体182家，讨论1.6万人次，阅读量达3亿人次，活动现场视频被央视新闻、主流视频网站广泛转发，入选《中国妇女报》发布的“2021十大女性新闻”。

·连云港市获批健康城市建设样板市　2021年，连云港市被评为全国健康城市建设样板市，在全国30个样板市中位列第21位。全面实施《落实健康中国行动推进健康连云港实施方案》，加强健康城市“6＋1”平台建设，建立大健康共建体系，推动健康环境、健康社会、健康服务、健康人群、健康文化五大领域高质发展。灌云县、连云区创成省级健康促进县区，建成6家省级健康乡镇、29个省级健康村、13个省级健康社区、5家健康促进医院。加快推进国家级和省级慢性病防治项目，东海县、灌云县、赣榆区通过“国家慢性病综合防控示范区”动态复评审，省级慢性病示范区实现县区全覆盖。主要健康指标不断提升，婴儿、儿童、孕产妇死亡率持续降低，居民健康素养水平提高到31.06％。

（朱孔豪）

基本公共卫生服务

·概况　2021年，连云港市人均基本公共卫生服务经费达88元，其中新增8元统筹用于基本公共卫生服务和基层医疗卫生机构疫情防控工作，以及城镇未就业妇女“两癌”检查等2021年新增服务内容。完成2020年度基本公共卫生服务项目绩效评价，加大问题通报整改力度，老年人等重点人群健康管理指标稳中有升。县区完善购买服务支付标准，建立以服务数量和质量为经费主要结算依据的项目绩效管理机制。推进居民电子健康档案随身带行动，实现向签约居民开放电子健康档案查询功能。　（朱　恒）

·门诊医疗　2021年，全市二级及以上医疗机构开通电话、官网、自助机、微信、手机App、市预约诊疗平台等多种形式开展预约诊疗服务，推进分时段预约诊疗、诊间预约和检查检验预约，缩短患者候诊时间，提高预约诊疗效率。门诊患者分时段预约诊疗率84.05％，比2020增长22.18％，门诊预约诊疗时间间隔平均为30分钟。落实基层转诊预约服务，向提供首诊和签约服务的城乡基层医疗卫生机构优先开放。合理分布各专业诊室和医技检查室，分层分科分区挂号、收费、候诊。优化门诊“一站式”服务和导医服务。全市二级及以上公立医院开展诊间结算等服务的医疗机构13个，提供移动设备支付的医疗机构9个，建立信息推送的医疗机构6个。根据患者就诊情况，灵活调配机构内医疗资源。

·住院医疗　2021年，全市二级及以上医疗机构开展日间手术的医疗机构13个，开展日间手术3196例，日间手术占择期手术的平均比40.36％。开展日间化疗服务的医疗机构7个，开展日间病房服务的医疗机构6个。医联体内基层医疗卫生机构为日间手术和日间治疗患者提供随访等后续服务。严格执行出院回访制度，出院后7日内，及时了解患者康复情况，并对患者提供药物使用、康复锻炼、生活起居、健康饮食、自我保健等指导咨询服务，回访率100%。

·急救医疗 2021年，全市新冠肺炎病人转运、保障能力大幅提升。按照每3万人口配置1辆救护车，其中40%为负压车辆的标准要求，均已配置到位，建成市第四人民医院和县区救护车洗消中心并投入使用。强化分站及急救点标准化建设。东海县急救站、李埝急救点和赣榆区石桥急救点建设并投入使用。

（王 庆）

·基层医疗 2021年，全市推进基层医疗卫生机构建设，被省政府表彰为基层卫生服务能力和队伍建设真抓实干成效明显地方。全年新增7个省级农村区域性医疗卫生中心和7个省级社区医院。73个乡镇卫生院、社区卫生服务中心达基本标准以上。新增20个达推荐标准村卫生室（甲级村卫生室）。新增基层专家工作室63个、联合病房17个，评选优秀基层专家工作室23个、联合病房4个。新增6个省级特色科室、26个市级特色科室建设单位、10个特色科室市级孵化中心。全市组建9个县域医共体，所有医共体建立管理章程及相关制度，进入试运行。实施卫生人才强基工程，为基层引进、培训、下派1066人。实施全科医生专项补助政策。选拔67名乡镇卫生院、社区卫生服务中心负责人参加基层卫生管理人才“双基工程”三年培养计划。开展家庭医生签约服务工作，建成118个家庭医生工作室，组建569个家庭医生团队，全市常住人口、重点人群签约率分别达49.97%、71.71%。创新家庭医生服务模式，连云港市被确定为残疾人家庭医生签约服务国家联系点，1个县区、3个基层医疗卫生机构获评2021年度江苏省家庭医生服务模式创新单位。

（朱 恒）

·护理服务 2021年，全市推进“以患者为中心”的优质护理服务，落实责任制整体护理，实施个性化、专业化、连续性护理措施，为患者提供心理与健康指导、饮食指导、康复指导和出院指导。全市三级医院开展优质护理服务率100%，二级医院开展率80.65%。推进专科护士培训，扩大专科护士培训基地建设。二级及以上医疗机构通过组建医联体、医共体、城乡对口支援等形式，以护理管理、技术帮扶、人才培养为纽带，带动基层护理服务能力。

·无偿献血及采供血 2021年，全市开展夜间献血等多种形式献血工作，满足临床供血需求。强化献血服务，开展线上预约献血。市中心血站与医院共建献血屋，首创公益合作献血模式。加强血液质量安全和血液管理信息化建设，推进用血医疗机构和全省血液管理信息系统互联互通。全年无偿献血44874人次、采血量77245单位（15.45吨），为临床提供红细胞73611单位、血小板5031治疗量，血浆69373单位。

（王 庆）

·精神卫生 2021年，全市登记在册严重精神障碍患者1.91万人，管理率97.17%，规范管理率97.16%。提高严重精神障碍患者管理质量，开展全市严重精神障碍管理信息系统质控检查以及电话随访，印发全市严重精神障碍管理工作简报。灌云县开展社会心理健康服务体系试点工作，制定试点方案、成立试点领导小组、跨部门工作组，完善学生心理健康服务网络、员工心理健康服务网络等工作，试点任务基本完成。推进市精神卫生专科机构与浦西、孔望山社区卫生服务中心延伸合作，常态化为孕产期妇女以及婚姻冷静家庭提供心理咨询等服务。

·口腔卫生 2021年，连云港市将口腔卫生项目纳入市政府民生实事工作中，争取市级财政投入，拓展项目地区，扩大受益人群覆盖面。全年为2769名儿童免费窝沟封闭8755颗牙齿。

（刘 芳）

·互联网＋医疗 2021年，连云港市建成集成化的数据中心，推出扁平化的业务系统，打造整合化的服务平台，推出具有连云港特色的“互联网＋医疗健康”模式，得到国家卫健委等部门的充分肯定和高度评价。市卫健委参加在武汉举办的“2021中国卫生信息技术/健康医疗大数据应用交流大会暨软硬件与健康医疗产品展览会”，作

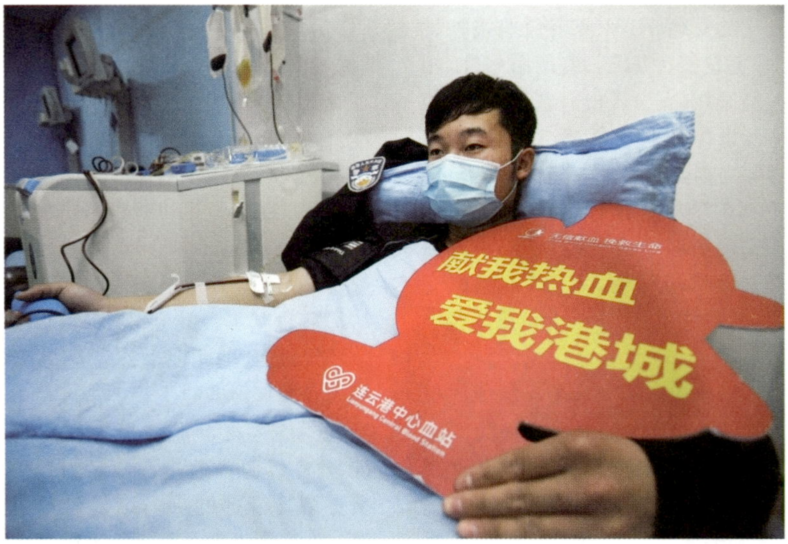

2021年，连云港中心血站与某医院共建献血屋。图为民警在捐献成份血 郑永波/视觉江苏网

了题为“创新发展‘互联网＋医疗健康’连云港模式”的交流发言。全市远程医疗平台正式启用，被国家卫健委规划司列入5G＋医疗健康应用试点项目。医疗便民服务平台获首届CHITEC数字医疗健康创新服务优秀案例，并获连云港市2021数字化转型优秀案例社会领域第一名。建成卫生健康大数据中心，完成全市医疗卫生机构核心业务数据到平台的汇聚，汇聚信息35.7亿条，形成417万份居民健康档案，占全市总人口的92.6%。健全医疗健康便民服务平台，打造覆盖诊前、诊中、诊后的精细化服务，平台累计注册79.4万人，进行预约挂号、报告查询、在线缴费、健康档案查询等服务达480.8万人次，累计发放电子健康卡173.5万张。

（李　悦）

·连云港市第一人民医院　2021年，市第一人民医院设置临床与医技科室56个、病区69个，编制床位2610张。有专业技术人员3022人，其中高级职称710人，中级职称940人。全年医院门急诊量188.53万人次，出院病人总量10.66万人次，住院手术总台次4.39万台次。常态化疫情防控期间，医院成立公共卫生科，完成核酸采集点、核酸检测基地、发热门诊等项目和第二顺位定点救治医院改造。分别派出41名、34名医护人员支援南京、扬州疫情防控，向市四院选派5批次、21名医护人员开展确诊患者救治工作，完成1例重症患者救治任务。医院获评连云港市首批“引才用才成效显著单位”。骨科、肿瘤内科、重症医学科被市卫健委评定为省级临床重点专科培育项目，胸痛中心被评定为救治中心建设项目。4个市级临床护理重点专科建设项目通过验收。组建13个市级专科联盟，创建6个市级专病中心。感染管理科创建成为市级临床重点专科，市内分泌质控中心成立并挂靠医院。市老年病医院通过市级老年病医院现场评审，一鳞医养结合养老院通过市四级养老机构评定，医院被评为江苏省老年友善医疗机构优秀单位。高新院区生物样本库和急诊医学实验室建成启用，急诊医学研究所获批成立。1人获评江苏省“最美科技工作者”。医院获省科技进步奖三等奖1项、医学新技术引进奖39项。《急诊医学》教材被认定为江苏省高校重点教材。新增锦州医科大学硕士生导师95人、南京医科大学硕士生导师4人。住培学员首次结业考试通过率96.49%，首次执业医师通过率95.24%。医院被国家卫健委评定为智慧服务三级医院。核心业务系统通过三级等保测评。推进互联网医院二期平台建设，获连云港市标准化试点项目立项。儿童医院病房楼投入使用，肿瘤放疗中心建成启用，开发区院区门诊医技楼封顶，通灌院区立体停车场启用。

（许龙龙　高　峰）

·连云港市第二人民医院　2021年，市第二人民医院设置临床医技科室61个、病区及重症监护病房36个，开放床位1150张，开设专家门诊41个、专科门诊22个、专病门诊18个、专科护理门诊3个。全年诊疗总量59.55万人次，出院3.97万人次，开展手术1.38万台次。医院有专业技术人员1520人，其中高级技术职称535人。有医学博士、硕士300余人，省“333”工程重点人才15人，省六大高峰人才9人，市“521工程”重点人才34人，国家级、省级医学会中任职专家234人，医科大学及医学院教授40人，享受市政府津贴专家5人，硕士生授予点35个。全年发表SCI论文43篇、中华医学系列论文36篇。年内获省医学新技术引进二等奖1项、市医学新技术引进二等奖4项、三等奖4项。派出80余人次医护人员支援南京、扬州、连云港海关、市四院疫情防控及救治工作，完成院外7个新冠肺炎疫苗接种点的医疗保障任务。接受省卫健委三级甲等综合医院评审专家组现场评审，现场反馈24条亮点工作。癫痫中心通过CAAE专家组现场复审，泌尿外科获省级临床重点专科培育项目。医院获评省老年友善医疗机构优秀单位，安宁疗护中心获省老年健康工作优秀案例。完成国家农村上消化道癌机会性筛查工作。承担省癌症康复指导和随访管理项目，在全省工作会议上作经验交流。依托市肿瘤医院建成市癌症中心。医院获评国家卫健委“2018—2020年全国改善医疗服务先进典型医院”。连霍ICU远程医疗项目入选国家“5G＋医疗健康应用试点项目”。西院区新大楼进入内装阶段。

（董　晋　李　繇）

·连云港市东方医院　2021年，市东方医院设置临床与医技科室44个、病区17个，编制床位620张，开设专科门诊27个、专病门诊24个、专科护理门诊4个，有省临床重点专科1个、省中西医结合重点专科2个、市医学重点学科1个、市创新团队1个、市临床重点专科19个、市护理重点专科1个。专业技术人员853人，其中高级职称206人、中级职称284人。省“333工程”培养对象5人，省“六个一”工程拔尖人才1人，“江苏省名中医”1人，享受市政府特殊津贴的专家1人，市“521人才工程”培养对象19人，市“科教强卫”工程领军人才2人、重点人才4人，硕士、博士研究生102人。医院诊疗总量45万人次，出院2万人次。全年业务收入3.82亿元。医院有5个市级救治中心，其中卒中中心获批国家综合防治卒中中心，胸痛中心成为“国家标准化胸痛中心”建设单位。医院获评2021年江苏省老年友善医疗机构优秀单位。全年获省医学新技术引进奖1项、市医学新技术引进奖3项、淮海科技创新奖1项。全年救治船员256人次，涉及印度、菲律宾等10余个国家，处置心肌梗死、严重贫血、消化道大出血、断肢再植、阑尾炎等43类病种，全部治愈出院。完成新冠肺炎顺位定点收治医院改造工作。医院涉外疫情

2021 年连云港市二级甲等及以上医院一览表

表 52

序号	机构名称	行政区划	级别
1	连云港市东方医院	连云区	三级
2	连云港市中医院	海州区	三级
3	连云港市妇幼保健院	海州区	三级
4	连云港市第一人民医院	海州区	三级
5	连云港市第二人民医院	海州区	三级
6	连云港市第四人民医院	海州区	三级
7	连云港市肿瘤医院	海州区	三级
8	连云港市儿童医院	海州区	三级
9	连云港市第一人民医院医疗集团眼科医院	海州区	二级
10	连云港市赣榆区中医院	赣榆区	二级
11	连云港市赣榆区人民医院	赣榆区	三级
12	东海县中医院	东海县	二级
13	东海县人民医院	东海县	三级
14	灌云县中医院	灌云县	二级
15	灌云县人民医院	灌云县	三级
16	灌南县第一人民医院	灌南县	二级
17	灌南县中医院	灌南县	二级
18	灌南县人民医院	灌南县	二级

防控工作获国务院、省卫健委检查组的充分肯定。（杨　洁）

·连云港市第四人民医院　2021 年，市第四人民医院设置传染科、肝病科、结核科、精神科等科室 43 个，其中结核科、精神科为市级临床重点专科。开放床位 360 张，病床使用率 83.5%。卫生技术人员 402 人，其中高级技术职称 71 人、中级技术职称 131 人。医院门急诊诊疗总量 11.63 万人次，出院 3883 人次，平均住院日 27.7 天，病历甲级率 100%，入院诊断符合率 98.8%，急危重症抢救成功率 92.3%。全年传染病及时上报率 100%，传染病监测任务完成率 100%。严重精神障碍信息系统在册患者 1.91 万人，在册患者管理率 97.17%。美沙酮药物维持治疗累计服药 3.3 万人次，保持率 95%。HIV、HCV、梅毒年检测率达 96%以上。全年获批实用新型专利 8 项，SCI 论文 7 篇。医院作为新冠肺炎患者定点收治医院，新建应急 ICU 病房、PCR 实验室、普通实验室、120 救护车洗消点、新冠医疗废弃物暂存点，配备配齐疫情专用医疗检查、医疗救治设备 236 套，全年收治境外输入病例 29 例，实现病例零死亡、医务人员零感染。（陈　杨）

·江苏省海滨康复医院　2021 年，医院有高级职称 25 人、市第六期“521”人才 2 人，市职业健康专家库 1 人。全年完成会议征文 3 篇，发表论文 10 篇，其中 SCI 论文 1 篇。引进森林疗养新项目，建成“一站式”服务高端体检区并开诊运营。开展医体融合工作，成为省内七家“省级运动促进健康中心建设试点”之一。打造养生膳食文化，做好常态化疫情防控工作，组建援扬医疗队、新冠疫苗接种队、核酸采样工作队、院感质控员队、环境采样队等，参与驻地疫情防控工作。医院成为连云港市医师协会医师健康管理与医师健康保险专委会主委单位、中国健康管理协会保健疗养分会常务理事单位、江苏省医学会健康管理学分会常委单位、江苏省健康管理学会常务理事单位。全年获评“江苏好医生”1 人、“江苏省技术能手”1 人。（杨　璐）

·东部战区总医院（原 149 医院）
东部战区总医院（原 149 医院）是一所集医疗、教学、预防、保健、康复为一体的二级甲等综合医院，建有门急诊综合楼、住院部和各类附属设施。拥有磁共振、四维彩超、16 排 CT、超声聚焦刀、胃肠镜、全自动生化分析仪等设备。医院有职工 358 人，开设专业科室 18 个，开放床位 400 余张。2021 年，医院门急诊诊疗总量 13.5 万次，收容 5300 人次，医疗收入 1.05 亿元。全年组织院内培训和学术讲座 30 余次。疫情期间，抽调人员赴扬州参加抗疫和社区接种疫苗保障工作。（魏雯雯）

疾病预防控制

·计划免疫　2021 年，连云港市疫苗接种 159.8 万人次（不含新冠疫苗），免疫规划疫苗接种率均达 95% 以上。免疫规划疫苗针对传染病发病率控制在历史低水平，全市继续巩固无脊灰状态，麻疹发病率为零。严格落实免疫规划工作指导制度，市疾控部门开展五轮次现场指导，覆盖预防接种门诊 230 家次。通过预防接种综合服务管理信息系统开展在线监测，重点查看近效期疫苗使用处置情况、冷链设备预警联系人信息绑定、冷链温度实时监测、预防接种服务等工作，发现异常及时反馈并跟踪处置结果。

·新冠疫苗接种　2021 年，全市接种新冠疫苗 408.81 万人、873.34 万人次，人群常住人口首针接种率达 88.88%，12 岁以上人群首针接种率 92.28%，18 类重点人群疫苗接种覆盖率达 95%以上。落实市新冠病毒疫苗接种实施方案、市第一阶段新冠病毒疫苗接种实施方

新冠疫苗流动接种点在南京医科大学康达医学院为学生接种

市卫健委 供图

案等阶段性工作方案。全市建立每周调度、每日通报工作制度，市政府主要领导、分管领导主持召开专题工作推进会，市疫苗接种办每日通报各县区接种进展情况。全市设立并运行115家新冠病毒疫苗固定接种单位、6家新冠病毒疫苗集中接种点、8家新冠病毒疫苗流动接种点。全市设立接种单元773个，单日最大实际接种量超13万剂次。大幅扩充预防接种工作人员，培训接种工作人员1.31万人次。接种单位严格执行“三查七对一验证”、健康询问、接种禁忌核查、信息登记、接种后30分钟留观等接种安全管理制度，做好异常反应监测处置。全市上报新冠疫苗疑似预防接种不良反应638例，其中一般反应629例、异常反应3例、偶合症6例。

· 传染病防治 2021年，全市传染病疫情总体平稳，无甲类传染病报告，乙类传染病报告13种、4168例，报告发病率为92.40/10万，比2020年上升7.17%。报告丙类传染病6种3848例，报告发病率为85.30/10万，下降20.21%。加强法定传染病监测报告质量管理，24小时专人负责，随时进行报卡审核与数据核实工作，保证网络报告质量。

· 结核病防治 2021年，全市完善疾控机构、医疗机构和基层医疗卫生机构“三位一体”的结核病防治服务体系。全年发现并治疗活动性肺结核病人（含单纯结核性胸膜炎）1012例，发现并治疗阳性肺结核病人649例，全市病原学诊断率达63.79%，肺结核患者成功治疗率达94.01%，病人管理率均达98.93%，耐多药患者新发患者纳入治疗100%。

· 慢性病防治 2021年，全市巩固慢性病综合防控示范区成果，东海县、赣榆区、灌云县通过“国家慢性病综合防控示范区”动态复评审；海州区和连云区通过“省级慢性病综合防控示范区”现场复评审。推进慢性病防治重点项目，全年完成脑卒中、心脑血管疾病等国家级和省级慢性病防治项目16个。

· 艾滋病防治 2021年，全市加强艾滋病疫情监测，深入高校等重点场所，发放自检试剂盒1.58万份，对4000余名青年学生艾滋病问卷调查。倡导主动检测和健康行为方式全人群检测率持续增加，到年底，全人群艾滋病抗体检测75.38万人份。全年治疗1097人，在治992人，每周开展1次CD4计数检测，全年开展CD4检测1029人次，病载检测798人。

· 麻风病防治 2021年，全市推进麻风病防治工作，完成麻风现症患者密接筛查28人，疑似症状监测99人，其中重点监测14人，规范处置麻风反应病例3例。全年培训二级及以上医疗机构和基层麻防人员666人。 （刘 芳）

妇幼保健

· 概况 2021年，连云港市孕产妇死亡率、婴儿死亡率和出生缺陷发生率分别为3.11/10万、2.58‰、14.13‰。从事母婴保健技术服务的机构和人员全部持证执业，托幼机构卫生保健合格率100%，住院分娩率100%。“健康宝贝工程”“七免”服务继续纳入全市民生实事项目，服务对象覆盖至全市常住人口，免费服务项目从“6+3+3”拓展至“6+X”。东海县、灌云县妇幼保健院建设按序时推进，加快妇幼健康规范化门诊建设，建成省、市、县三级规范化门诊82家，建成率93%。加强妇幼技术人才建设，申报省第三周期重点学科和重点人才项目，开展2021年度连云港市妇幼健康科研项目和适宜技术推广项目评审，确认科研项目10个，适宜技术推广项目6个。举办2021年连云港市卫生健康系统妇幼健康服务职业技术竞赛，选拔市级代表队参加全省妇幼健康服务职业技术竞赛，获得团体三等奖，个人一等奖1人。

· 妇幼重大公共卫生服务项目 2021年，全市规范实施预防艾梅乙母婴传播项目，市卫健委印发《连云港市预防艾滋病、梅毒和乙肝母婴传播实施方案（2021年版）》《关于成立连云港市预防艾滋病、梅毒和乙肝母婴传播工作领导小组的通知》。推广应用宫颈癌防治人工智能技术，在连云区试点开展TCT联合HPV筛查工作，建成全国首家市级人工智能宫颈癌防治技术中心，启动适龄女孩免费HPV疫苗接种，首批惠及700名女学生。全年完成宫颈癌检查13.62万人，乳腺癌检查13.63万人，补服

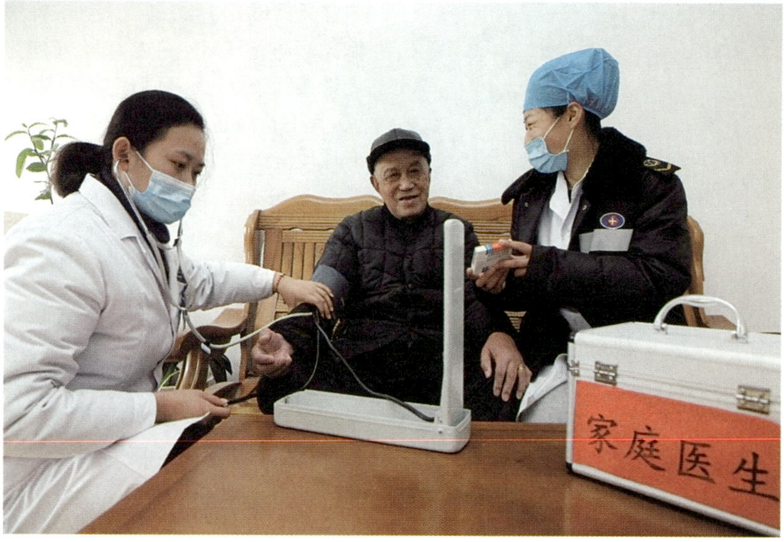

2021 年，连云港市创新家庭医生服务模式。图为连云区宿城街道社区卫生服务中心“家庭医生”上门走访服务　　朱华南/视觉江苏网

叶酸 1.77 万人，孕优检查 2.05 万对，婚前医学检查率达 89.3%，7 岁以下儿童保健管理率 96.79%，孕产妇保健管理率 98.94%，3 岁以下儿童系统管理率 95.76%，孕产妇系统管理率 95.26%。

·健康妈妈工程　2021 年，全市实施“健康妈妈工程”，强化督导问责和约谈通报。落实 24 项高危孕产妇管理制度，推进救治中心标准化建设和规范化管理，全市实现市级孕产妇危急重症救治中心全覆盖。开展“健康妈妈工程”轮训工作，全市孕产妇死亡率为 3.11/10 万，婴儿死亡率 2.58‰。

·新生儿疾病筛查　2021 年，“健康宝贝工程”“七免”（7 项产前筛查和新生儿疾病筛查免费）服务纳入全市民生实事项目。开展《江苏省出生缺陷防治办法》及“健康宝贝工程”宣传工作，做好新生儿筛查项目督导、培训工作，新生儿疾病筛查率 99.91%。　　（王其军）

·连云港市妇幼保健院　2021 年，市妇幼保健院编制床位 938 张。专业技术人员 861 人，其中高级技术职称 177 人，硕博研究生 141 人，省市级医学领军人才、重点人才、青年人才等 86 人，享受国务院政府特殊津贴 2 人。国内知名专家“名医工作室”及“特聘专家工作室”11 个。有省妇幼健康重点学科 3 个、重点学科建设单位 1 个；市“科教强卫工程”重点学科 1 个、创新团队 2 个；市妇幼健康重点学科 4 个、重点学科建设单位 2 个；省级临床重点专科 1 个、市级临床重点专科 9 个；妇产科护理重点专科 1 个。新生儿科和产科分别为省、市级危重救治中心。全年实现业务收入 4.49 亿元，门急诊人次 89.53 万人次，出院人数 2.29 万人次，分娩量 8458 例，三四级手术开展率 46.36%。开展 15 岁以下女孩免费 HPV 疫苗接种。全年派出 40 余人支援南京、扬州疫情防控及救治工作。全员“网格化”管理举措受到国务院督查组充分肯定。医院建设获评全国妇幼保健机构优秀建设项目匠心奖。通过新一轮三级甲等妇幼保健机构评审。公立医院综合改革效果评价获全市第一名，医疗服务收入占比达 40.3%。转介考核促医疗保健相融合作为典型案例在全国妇幼保健机构绩效考核专题培训中推广。第三周期省妇幼健康学科获批数全省第三。全国儿童哮喘标准化门诊区域示范中心落户医院。成立市级“两癌”检查项目培训基地及质量控制中心，筛查阳性率及阳性病例检出率排名全省第一。获批江苏省标准级特优等产后母婴康复机构，创建成为江苏省产后康复实训基地。　　（葛　衍）

中医中药

·概况　2021 年，连云港市有中医药人员 1889 人，其中中医类别执业（助理医师）1464 人、见习中医师 29 人、中药师 396 人。全年中医类医院门诊诊疗 10.33 万人次，中医类医院出院 5.23 万人次，病床使用率 70.4%。连云港市中医院通过三级甲等中医医院复审，在 2021 年中医医师规范化培训年度业务水平测试考核中省内排名第一，国家排名第五。召开中医惠侨促进会，举办中医惠侨实践基地授牌仪式，市中医院和连云港中医药高等职业技术学校被确定为中医惠侨实践基地。

·中医医疗服务　2021 年，海州区、赣榆区被国家中医药管理局命名为县级全国基层中医药工作先进单位。23 家乡镇卫生院、社区卫生服务中心达到四级及以上中医馆建设标准。23 名中医药人员完成中医全科医师转岗培训。

·中医人才建设　2021 年，全市新增 2 名 2021 年全国基层名老中医药专家传承工作室建设项目专家。2 名 2018 年、2019 年全国中医护理骨干人才完成结业考核。2017 年全国基层名老中医药专家传承工作室建设项目专家通过验收。4 名第六批全国老中医药专家学术经验继承工作继承人通过出师考核。第四批全国优秀中医临床人才通过结业考核。新增 1 名第四批省名老中医药专家传承工作室建设项目专家。

·中医药文化传播　《中华人民共和国中医药法》宣传月活动期间，发放宣传资料 4 万余份，悬挂宣传标语 20 条，普及群众 1.3 万余人。

《江苏省中医药条例》宣传月活动期间，开放中医药文化宣传教育基地28天，举办教育培训、科普讲座、学习座谈、普法宣传、义诊等活动155场次，开设媒体专栏4个，发布信息12条，惠及群众1.1万余人。开展第十一届"中医药就在你身边"中医药健康巡讲活动，全年巡讲92场次，派出专家78人，惠及群众1.7万余人。完成2021年江苏省中医药健康文化素养调查工作。

（苏　楠）

·连云港市中医院　2021年，市中医院有编制床位800张，设置临床、医技科室38个、病区20个。其中，国家临床重点专科（中医专业）1个，国家中医临床重点专科2个，江苏省中医药重点学科1个、省中医临床重点专科5个，市中医临床重点专科19个。职工962人，其中高级技术职称专家276人，硕士生、博士生153人，省名中医6人，市名中医27人。拥有国医大师工作室1个，全国和江苏省名老中医药专家传承工作室6个，全国和江苏省老中医药专家学术经验继承指导老师7人，全国及江苏省优秀中医临床人才8人。全年门急诊量58.92万人次，出院2.36万人次。医院通过三级甲等中医医院复核评审。康复科和推拿科为江苏省中医质控中心副主任委员单位，创建成为市级胸痛中心、卒中中心、创伤中心和中毒中心。新增省名老中医药专家传承工作室1个，全国和江苏省中医临床优秀人才研修项目培养对象各1人，国家中医住院医师规范化培训年度业务水平测试中名列全国第五、江苏第一。启动开发区新院区建设项目，"中医综合能力提升工程"列入国家"十四五"时期卫生健康领域重点支持项目建设库。派出5批次、46名医务人员支援南京、扬州疫情防控工作。

（顾　豪）

爱国卫生

·概况　2021年，连云港市爱国卫生工作根据市委市政府决策决议，发挥国家卫生城市创建、健康连云港（城市）建设议事协调机构职能。5月，连云港市高分通过国家卫生城市复审，在全国270个复审城市（区）中位列前十，受到全国爱国卫生运动委员会通报表扬。开展健康连云港（城市）建设有益探索，工作重心由卫生向卫生与健康拓展。开展环境卫生整治、病媒生物预防控制。开展全民健康教育与促进，推进烟草烟雾危害控制。连云港市被评为全国健康城市建设样板市，在全国30个样板市中位列第21位。

海州区浦西社区卫生服务中心国医馆　　市卫健委　供图

·农村改厕　2021年，根据省爱卫办统一部署，全市统计农村改厕数据，全市有农村户数91.17万户，改厕91.12万户，全市农村无害化卫生户厕普及率达99.5%。11月底，全市农村改厕职能由市卫健委全部移交到市乡村振兴局。

·水质监测　2021年，全市监测水样328份，其中市区200份，东海县、灌云县、灌南县、赣榆区分别完成32份，合格率均为100%，完成率100%，并通过当地市政府网站面向社会公示。

·病媒生物预防控制　2021年，市爱国卫生运动委员会办公室开展春季灭鼠、秋冬季病媒生物预防控制专项整治等活动。定期开展线下培训班及线上QQ群、微信群等指导，提高专业人员防制水平，结合疫情防控工作举办消杀、消毒培训会议，全年开展病媒生物防制技术培训班11期、病媒生物防治知识宣传教育50余次。开展专项行动降低病媒生物水平，清除"四害"孳生地3万余处，集中清理绿化带、商业街区等处杂物2500余吨。完善防鼠网、诱蝇笼等防制设施2800余处，更换3万余个破损灭鼠毒饵站，投放鼠药6000千克。对重点场所开展集中消杀，消杀面积1500万平方米。全年新建100个病媒示范小区。做好病媒生物控制水平监测工作，夏秋季对市区各街道病媒生物控制水平进行监测4次，将监测结果及时通报。

（罗贤标）

卫生监督

·概况　2021年，连云港市卫生行政处罚立案603起，结案544起，罚没款535.64万元。完成2021年度1270起国家级和642件省级"双随机"监督检查任务，完结率100%。

对全市35家消毒产品生产企业、部分消毒产品经营使用单位开展专项检查。开展打击非法医疗美容服务专项整治，对全市2018年以来的416起非法行医案件和2020年以来的171起投诉举报开展“回头看”。开展餐饮具集中消毒服务单位专项监督检查3次，对监督检查发现存在违法行为的6家企业予以警告，并责令限期改正。职业健康技术支撑体系进一步健全，全市有职业卫生技术服务机构2家、职业健康检查机构16家、职业病诊断机构1家。全市职业病项目申报2999家、从事接触有职业病危害作业的劳动者8.4万人。完成中央转移地方职业病防治项目，对162家用人单位职业病危害因素进行主动监测。举办《中华人民共和国职业病防治法》第19个宣传周活动，提升用人单位职业病防治意识。

· 职业健康监督 2021年，“连云港市职业卫生在线学习考试综合管理系统”线上学习平台上线运行。开展粉尘危害三年专项监督执法、重点企业职业卫生“双随机”监督抽查和全市放射防护专项整治，督查重点粉尘企业28家，检查冶金、化工、建材等重点企业78家。市疾病预防控制中心取得职业卫生技术服务机构资质。开展重点职业病、放射性疾病、职业病危害因素、放射性食品污染等监测工作，调查整理2019—2020年辖区内与11种职业性肿瘤相关的肿瘤病例7112例，随访间皮瘤11例、白血病病例68例；核与辐射突发事件卫生应急资源调查任务数700人，完成701人。放射卫生现场检测计量认证项目增加76项，市疾控中心作为起草单位之一完成《职业性内照射甲状腺碘—131活度体外测量方法》的制定，并颁布实施。

· 传染病防治监督 2021年，全市强化新冠病毒疫苗与预防接种监管，共督查99户次。对182家口腔医疗机构开展监督抽检，对抽检不合格单位进行行政处罚、集体约谈和培训。对36家消毒产品生产企业全覆盖开展分类监督综合评价试点工作。开展消毒产品专项整治，对抗(抑)菌制剂违法添加禁用物质进行调查处理，督查消毒产品生产企业36家、使用单位29家、经营单位86家。开展节日消毒产品监督巡查抽检。落实传染病防治分类监督综合评价工作，完成医疗卫生机构分类评价44家。开展常态化疫情防控督查、传染病防控与医疗废物专项检查、病原微生物实验室生物安全监督。分别对口腔医疗、消毒产品、院感防控等专业共350余人次开展培训。

4月25日，连云港市《职业病防治法》宣传周启动仪式在连云区板桥工业园三吉利化工有限公司举办 市卫健委 供图

· 基层卫生监督 2021年，全市开展云台山风景区打非集中行动，对景区12家无证行医场所进行突击执法检查，并开展两轮“回头看”执法行动，清理非法行医点12处，立案5起，罚款25万元，实现景区非法行医的“清零”。开展全市打非“回头看”行动，出动卫生监督员40人、发动协管员272人，完成2018年以来的416起非法行医案件“回头看”，2020年以来的171件举报投诉件“回头看”，核查2018—2020年市级受理举报投诉27件，排查处理仍存在违法行为的11家，依法严肃查处。对全市40余家医疗美容机构进行全覆盖检查。全年查处无证行医案件76起，罚没款310.26万元，移送案件5起。完成国家卫生监督中心医疗照护机构分类监管研究项目课题。在东海县举办诊所提档升级活动现场会，总结诊所提档升级三年行动成果，全市350家诊所参与改造，覆盖面达94.2%，其中209家诊所初步达到推荐标准，92家诊所因自身条件所限主动办理注销或被关停。开展社区卫生服务站监督检查，出动监督员40余人次，检查单位12家。 (王 雯)

医疗卫生管理

· 概况 2021年，连云港市加强医疗机构重点人群筛查，及早发现感染者和危险因素，全年筛查医疗机构“应检尽检”重点人群18.48万人次，发热门诊接诊11万余人，医疗机构病毒环境监测采样1.75万份。全市有38家机构具备核酸检测能力，建成核酸检测应急基地6个，配备核酸检测车6台、PCR扩增仪391台、PCR资质人员472人，日最大检测能力达29.9万管，共设置1765个采样点，储备采样人员9077人，建立人员信息库并实行动态管理。建成3个院前急救站(点)，配备

“120”救护车185辆，其中负压救护车65辆，建成洗消中心5个。抽调专业医务人员784人次支援南京、扬州开展疫情防控救治工作。调整全市临床重点专科经费使用方式，实质化推进医疗质控管理，开展学习培训、督导检查、交流会议、继续教育等业务质控活动，持续推进医疗质量提升。加快“互联网＋医疗健康”发展，6家委属医院全部建成互联网医院。

·医政管理 2021年，全市做好等级医院评审工作，市医院协会对医院运行管理情况实行“一揽子”考评。调整全市临床重点专科经费使用方式，开展重点专科建设工作。加快“互联网＋医疗健康”发展，委属医院全部建成互联网医院。东海县、灌云县、灌南县、赣榆区公立人民医院均开展互联网医院建设。建立医师不良执业行为记分电子档案，与医师执业注册管理系统和医师定期考核系统实现实时对接，形成联合惩戒。规范诊疗行为，在全市范围内开展不合理检查工作，形成问题清单，督促整改落实。市卫健委、医保、市场监管等部门联合在全市范围内开展不合理检查，对符合备案条件的17家医院49项限制类技术及时在卫健委官网进行备案公示。全市二级及以上医院建设警务室，三级医院警务室配备常驻民警，参与指导医院安防建设和突发事件处置等工作。对医院周边开展秩序维护和乱点整治工作，排查安全风险点、梳理重点人群、及时化解矛盾纠纷，保障医院周边安全。市卫健委、法院、司法等部门联合建立诉调对接工作机制，推动医患纠纷多元化解。（王　庆）

·药政管理 2021年，全市推进公立医院综合改革，贯彻落实国家基本药物制度各项政策措施，执行国家基本药物目录。加强药品供应保障机制建设。落实国家、省市药品耗材集中带量采购工作，参加国家2批次药品集采、省3轮高值耗材联盟带量采购，采购药品8487.63万元、医用耗材4264.98万元。规范基本药物制度评估与绩效管理，优先配备使用基本药物，下达市级补助资金1243万元，储备使用短缺药品33个品种、1300万元。赣榆区、灌云县纳入国家基本药物制度综合试点。加强市县一体化全民健康信息平台建设，“互联网＋”医疗服务全方位、“互联网＋”公共卫生服务全覆盖、“互联网＋”医疗健康监管全流程逐步形成。7月6日，全市远程医疗信息系统正式上线，覆盖市县乡三级医疗机构。

（张　艳）

·医疗废物管理 2021年，市卫健委等11个部门联合印发《连云港市医疗机构废弃物综合治理工作实施方案》，建成医疗机构废弃物分类投放、分类收集、分类贮存、分类交接、分类转运、分类处置的管理系统。推进医废在线监测信息系统建设，大部分二级以上医疗机构建成并使用医废在线监测信息系统。对接外市有资质公司到连云港市处理化学性医疗废物，全年处置化学性医废4吨。

·临床路径管理 2021年，连云港市将药学服务、检查检验服务等纳入临床路径管理，实现临床路径“医、护、患”一体化，增强临床诊疗行为规范度和透明度。按单病种付费的病种及农村低收入人口30种大病专项救治病种、所有高值耗材病种均纳入临床路径管理。市级及以上中医重点专科中50%以上的出院患者按照临床路径管理。全市开展临床路径的医疗机构数量16个，实施临床路径病种数2226个。

（王　庆）

·医疗事故技术鉴定 2021年，市医学会受理卫生行政部门委托的医疗事故技术鉴定102例，组织鉴定55例，结论为医疗事故的为32例（事故率为58.2%），无法确定3例，非医疗事故20例。其中，一级医疗事故2例，三级医疗事故11例，四级医疗事故18例，构成事故但等级未定的1例；医疗机构负完全责任10例，主要责任12例，次要责任10例。所涉及医疗机构中一级医疗机构6例，二级医疗机构16例，三级医疗机构10例。（祝音飞）

责任编辑　徐　敏

收入与消费

居民收入

·概况　2021年，连云港市城镇居民人均可支配收入39862元，比2020年增长8.5%。农村居民增收形势良好，城乡收入差距持续缩小。全市农村居民收入增速比城镇居民收入增速高2.6个百分点。城乡居民收入比为1.87∶1，低于全省的2.16∶1，比2020年收窄0.04，城乡收入相对差距明显缩小。全市农村居民人均可支配收入21373元，增长11.1%。农村居民人均可支配收入增幅比2020年回升4.6个百分点。分季度看，全年农村居民收入增速分别比一季度、上半年、前三季度的增速下降4.6、4.5、0.9个百分点，呈现出逐季递减回稳态势。

·工资性收入　2021年，连云港市重视富民增收工作，从促就业保就业入手，多手段促进居民工资性收入稳步提升。服务企业招聘用工。通过微信小程序“云智聘”等开展企业招聘，畅通网络招聘渠道，及时发布岗位信息，开展“迎新春送温暖 稳岗留工”“就业援助月”等系列专项活动。发放稳岗返还补贴，促进企业稳岗留工。工资标准进一步提高，机关工作人员相关各类补贴调高，8月1日起调整连云港市最低工资标准，市区为2070元/月、各县和赣榆区为1840元/月，失业保险金待遇标准上限作同步调整。乡村振兴稳步推进，大型企业开展流动招聘进乡镇活动，为农村劳动力提供就业岗位，私营企业、个体工商户数量呈现较快增长。全市城镇居民人均工资性收入21656元，比2020年增长7.2%。农村居民人均工资性收入10172元，比2020年增加1118元，增长12.3%，拉动可支配收入增长5.8个百分点，是拉动收入增长的主要动力。

·经营净收入　2021年，连云港市政府出台多项政策，通过发放贷款及贷款贴息(保费)补贴，采取减免1—3个月房租、给予小微企业贴息或者优惠利率支持、增加支小再贷款投放等举措为企业松绑减负。培育科技型中小企业和小微企业，破解中小企业融资难题，发放使用转贷资金，帮助企业节约融资成本。加快发展特色产业，电子商务发展迅猛。农业产业发展是农民经营净收入增长的重要原因。乡村振兴产业园、农民专业合作社、家庭农场等新型经营主体蓬勃发展。粮食生产稳定，农产品产销两旺，乡村旅游加快发展，带动农村居民人均经营净收入增长。全年城镇居民人均经营净收入7032元，比2020年增长9.8%。农村居民人均经营净收入6557元，比2020年增加497元，增长8.2%，拉动可支配收入增长2.6个百分点，是农村居民收入的主要来源。

市民在改造升级后的菜市场中购物　　耿玉和/视觉江苏网

·**转移净收入**　2021年，连云港市城乡居民养老保险待遇实现"十连增"。1月1日起，将城乡居民基本养老保险最低基础养老金标准从每人每月160元提高至173元，增长率8.1%，超过国家最低标准要求80元。全年完成24.79万名企业退休人员养老金待遇调整，实现"十七连调"，调整后月人均养老金2649元，增长5.58%。做好城乡低保保障金发放工作。7月1日起，城乡居民最低生活保障标准由每人每月630元提高到每人每月640元。提高相关人群保障水平，开展儿童关爱保险项目，做好残疾人两项补贴提标扩面，调整特困供养基本生活保障标准，发放帮扶和送温暖资金。民生保障有力有效，外出务工收入明显增加，支撑寄带回收入增加，带动农村居民人均转移净收入增长。全年城镇居民人均转移净收入7383元，比2020年增长10%。农村居民人均转移净收入4288元，比2020年增加474元，增长12.4%，拉动人均可支配收入增长2.5个百分点。

·**财产净收入**　2020年，全市城镇居民人均财产净收入3791元，比2020年增长11.1%。农村土地流转规范有序，集体经济发展壮大，带动农村居民人均财产净收入快速增长。农村居民人均财产净收入356元，比2020年增加46元，增长14.8%，拉动人均可支配收入增长0.2个百分点。（赵之溢）

居民消费

·**概况**　2021年，连云港城镇居民消费支出八大类全部实现正增长。其中，生活用品及服务类、交通通信类、教育文化娱乐类、医疗保健类、其他用品和服务类增速较快，增速均超20%。食品烟酒类、衣着类、居住类增长较为快速，得益于良好的疫情防控形势和强有力的民生保障措施，多项保民生政策持续落地见效，居民生活得到有力保障，促进居民基本消费持续恢复增长。2020年以来受新冠肺炎疫情影响较大的消费市场，由于疫情防控有力，农村居民消费韧性足、张力强，农村居民人均八大类消费均实现较快增长。其中，衣着、其他用品和服务在2020年缩减明显的情况下，实现大幅反弹，分别增长38.5%、3.32%；其他六大类消费支出均保持快速增长，食品烟酒、居住、生活用品及服务、教育文化娱乐增速在20%以上，交通通信、医疗保健增速在15%以上。全市城镇居民人均生活消费支出25278元，比2020年增长18.1%。农村居民人均生活消费支出14917元，增长25.5%。

2021年连云港市城乡居民消费情况一览表

表53

指标名称	2021年城镇居民消费支出（元）	比2020年增长（%）	2021年农村居民消费支出（元）	比2020年增长（%）
消费支出	25278	18.1	14917	25.5
食品烟酒	7914	13.5	5467	28.1
衣着	1873	16.8	944	38.5
居住	5264	13.4	2806	27.0
生活用品及服务	1619	22.2	903	29.0
交通通信	2527	21.7	1299	16.3
教育文化娱乐	3982	26.6	2459	20.6
医疗保健	1514	28.8	815	16.2
其他用品和服务	585	27.0	224	33.2

·**食品烟酒支出**　2021年，连云港城镇居民食品烟酒支出7914元，比2020年增长13.5%。农村居民食品烟酒支出5467元，增长28.1%。从拉动农村居民消费支出增长的动力来看，食品烟酒对消费支出增长贡献率达39.5%，拉动消费支出增长10.1%，成为推动消费增长的主要动力。

·**教育文化娱乐支出**　2021年，连云港城镇居民教育文化娱乐支出3982元，比2020年增长26.6%。农村居民教育文化娱乐支出2459元，增长20.6%。从拉动农村居民消费支出增长的动力来看，教育文化娱乐对消费支出增长贡献率达13.9%，分别拉动消费支出增长3.5个百分点。（赵之溢）

市场物价

·**概况**　2021年，连云港市居民消费价格指数（CPI）累计同比上涨1.3%，涨幅较2020年回落1.2个百分点，创2010年以来新低。低于全省平均水平0.3个百分点，高于全国平均水平0.4个百分点。其中，食品价格上涨1.1%，非食品价格上涨1.4%；消费品价格上涨1.5%，服务价格上涨1.1%；扣除食品和能源的核心CPI上涨0.8%。

全年各月CPI指数环比呈"7涨3降2平"，除1月以外，其他各月环比指数相对平稳。1月受节日效应、寒潮天气影响，生鲜食品和服务价格上涨明显，推动环比上涨1.1%。2—7月天气总体较好，鲜菜、猪肉价格明显回落，而受长江禁捕、网箱整治影响，淡水鱼价格持续上涨，各月环比指数低位平稳运行。8月份受台风"烟花"和散发疫情影响，鲜菜和鸡蛋价格上涨明显，淡水鱼结束产籽期，水产品价格进入下降周期，环比指数持平。9—10月北方遭遇暴雨灾害，鲜菜价格持续大涨，同时受衣着换季等影响，各月环比均上涨0.5%。11月受"双十一"促销影响，非食品类价格下降带动CPI环比下降0.4%。12月鲜菜和汽柴油价格回落平抑了指数上涨势头，环比持平。

·**主要商品和服务价格** 2021年，全市八大类商品和服务价格比2020年同期呈“七涨一降”。其中，交通通信、教育文化娱乐、居住、医疗保健价格分别上涨3.7%、2.3%、1%、1%；生活用品及服务、食品烟酒、衣着价格分别上涨0.7%、0.6%、0.5%；其他用品及服务价格下降0.3%。从指数贡献结构特征看，交通通信对CPI上涨影响最高，拉动指数上涨0.51个百分点，对CPI总指数影响程度为38.7%。

食品类价格涨幅总体保持低位运行，上涨1.1%，比2020年回落12.6个百分点。猪肉价格降幅明显，淡水鱼、鸡蛋、食用油价格上涨明显，鲜菜、鲜果价格小幅上涨。受大豆价格上涨带动，干豆和豆制品价格上涨明显，2021年豆类价格上涨9.8%。以大豆为主要原料的相关食品价格也普遍表现出上涨势头，食用植物油价格上涨9.7%，酱油价格上涨10.8%，其他调味品价格也有不同程度上涨。受饲料价格上涨影响，养鸡成本增加，2021年鸡蛋价格上涨17.5%，涨幅创近10年新高。其中洋鸡蛋年均价格10.04元/千克，创2015年以来新高。受猪肉价格下降带动，禽肉替代作用减弱，2021年禽肉价格比2020年下降5.3%。鲜果市场总体供应充足，大宗水果价格相对稳定，2021年鲜果价格上涨4.8%。

2021年交通通信价格上涨3.7%，因世界经济复苏预期增强，国际油价不断回升，国内成品油调价呈现“15涨6降4搁浅”。其中，汽油价格上涨17.5%、柴油价格上涨19.4%。受出行增加影响，飞机票价格上涨9.9%、火车票价格上涨4.4%。受南下高铁开通影响，长途汽车价格下降34.5%。受原材料价格上涨、芯片短缺影响，燃油小汽车价格上涨0.7%、电话机价格上涨9.9%。

服务项目价格总体呈现上涨苗头，劳务型和线下娱乐型服务价格走势分化。与2020年相比，调查的72个服务项目价格指数呈“30涨10降32平”。因人工成本上涨，教育服务价格上涨2.2%，带动总指数上涨0.14个百分点。其中，学前教育价格上涨7.3%、专业技能培训价格上涨3.5%、小学初中教育价格上涨2.2%、课外教育价格上涨2.3%。因国内疫情得到有效控制，景点门票价格上涨6.8%、网络文娱服务价格上涨8.9%、旅行社收费价格上涨2.8%、宾馆住宿价格上涨2.1%。因政策性调价，一般医疗服务价格上涨2.8%、一般治疗操作价格上涨1.7%、护理价格上涨5.7%、病理学诊断价格上涨2.6%、中医治疗价格上涨16.1%、出租汽车价格上涨2.9%、其他保险价格上涨3.2%。

（沈 闯 赵之溢）

链接

2021年连云港市城乡居民富民产业

2021年，全市城乡居民人均可支配收入32295元，比2020年增长9.5%。富民产业主要有：

电商产业 全市有线上企业9000余家，网店约9.2万家，从业人数80余万人，其中带动农村就业人员超过20万人，电商成为全市第一大富民产业。有各类电子商务产业园区24个，其中直播电商产业园5个，跨境电商产业园4个，实现国家级、省级农村电商示范县县域全覆盖。全市培育重点企业1000家，认定海外仓10家，跨境电商交易额年均增长达到20%以上。其中，东海县电商产业发展质量较高，网络年零售额达到240亿元，快递收发突破1.85亿件，电商从业人员超过5万人。东海水晶跨境电商产业园、东海东大跨境电商产业园、综保区成功获批省级跨境电商产业园，载体建设层次和质量居全省前列。

现代农业 农业产业化发展加快，全市省级以上农业龙头企业销售额162亿元，比2020年增长20.74%。形成灌南食用菌、赣榆紫菜、东海草莓、灌云豆丹等4个10亿元县域优势特色产业，“赣榆梭子蟹”获批省级特色农产品优势区。新增使用“连天下”商标农产品30个以上，组织授权企业产品参加连云港（上海）经贸合作恳谈会、世园会等现场展示和第二届电商发展大会暨518网络购物节直播展示，农产品经营主体纳入质量平台监管1.39万个。

文旅产业 打造“夜港城”地标、商圈和生活圈。委托途牛网面向省内外游客发放“连云港旅游消费券”补贴，开展“国人游港城”惠民生促消费活动，发放免费电子门票11万余张。深化文旅品牌创建，海州区、连云区获批省级文化和旅游消费试点单位，老新浦风情街区、赣榆二道街文化街区、连云港老街历史文化街区获批省级夜间文化和旅游消费集聚区，灌云县潮河村、连云区高公岛村和留云岭村获批江苏省乡村旅游重点村。发布10条乡村旅游经典线路。

责任编辑 徐 敏

社会事务

人口管理

·户政管理　2021年,连云港市公安机关开展户口清理整顿,为417名无户口人员解决户口问题,核实清理疑似重户口763人,清理参军服兵役人员未注销户口748人。开展便民服务,简化户籍业务办理手续,开通绿色通道办证1089张、上门办证56次、送证上门349次。

·流动人口管理　2021年,全市公安机关开展群租房安全管理及出租房屋流动人口集中整治攻坚行动,全市出租房屋变动量、人户分离数、流动人口数较前三年平均水平分别上升98.5%、78.6%、5%,安全监管实现零事故、零伤亡。城市“一社区一警两辅”、农村“一村一辅警”覆盖率分别达97%、98%,基础信息采集数比2020年增长30%,社区民警走访率78.75%,可防性案件下降27.3%。开展“百万警进千万家”活动,向基层一线“点对点”推送13万余条租房警情和各类人员数据,新登记出租房屋4.46万户,新登记流动人口23.2万人,人户分离新登记7.57万人,群租房由1567户清理至543户,排查安全隐患2671处、整改2300处,整改率86.1%。打造海州开发区许庄自建房、徐圩新区集宿区、高新区郁洲街道商品房三类群租房整治样板,开展群租房“清患安居”行动和群租房安全隐患清零销号行动,联合执法178次,整改群租房安全隐患2254处,查处违规房主156人次。

（成标荣）

·人口监测与家庭发展　2021年,连云港市全面落实三孩生育政策及相关配套措施,出台《连云港市全面实施三孩生育政策及相关配套支持措施实施工作方案》。开展社会抚养费的清理专项行动,清理和废止相关处罚规定6件,落实计划生育奖励假以及延长产假、配偶陪产假期间津贴待遇。全年出生人口3.14万人,常住人口出生率6.82‰,人口自然增长率0.06‰,出生人口一孩出生占比49.1%,比2020年增长6.7%;二孩出生占比43.5%,下降11%;三孩及以上出生占比7.4%,增长3.3%。出生人口性别比108。全市计划生育奖励扶助对象1.23万人,特扶对象1427人,三级手术并发症326人,省级奖扶转移支付资金508万元、市级配套资金276万元全部拨付到位。审核并发放企业持证退休职工一次性奖励金2234人、奖励金536.16万元。落实计生特殊家庭“连心卡”制度,实现联系人制度、家庭签约医生、就医绿色通道、精神抚慰等“四个全覆盖”,深入开展“暖心行动”“家庭健康促进行动”,创建幸福家庭项目帮扶点6个,创建1个省级家庭健康服

2021年,全市有托育机构168家。图为海州区新海街道小红花托育中心　　耿玉和/视觉江苏网

务中心建设项目。规范生育登记工作要求，落实婚育承诺制、首接责任制、信息公开制，完善生育登记服务系统应用，省政务App与市政务App生育登记互联互通，方便居民在线登记实现数据共享和系统统一。托育服务体系日趋完善，全市各县区均出台实施意见，建立市级托育服务联席会议制度，成立全市托育服务专业委员会，成员单位82家。托育服务指导中心实现县区全覆盖，建成12家市级普惠托育机构，其中省级试点机构4家。开展"一乡镇一街道一普惠"试点单位1家，省级示范性托育机构1家。全市建成托育机构168家，提供普惠托位1万余个，每千人口拥有3岁以下婴幼儿托位数2.4个。（陆永国）

婚姻家庭

·婚姻登记 2021年，连云港市办理结婚登记28869对、离婚登记9760对，补发结婚证14693对、离婚证2053对，开展涉外、涉港澳台结婚登记32对，离婚2对。完成婚姻历史数据录入，实现婚姻数据信息化并逐步完善、校对错误数据。自1月1日实施离婚冷静期后，全市共有216对申请离婚夫妇撤回离婚申请。

·收养管理 2021年，市民政部门按照法定机构、法定文件、法定程序、法定时限要求，规范收养登记行为。落实收养评估指标体系，做到"逢收必评"。全市为16名儿童办理收养登记。（张 楠）

创业就业

·概况 2021年，连云港市城镇新增就业6.14万人，城镇失业人员再就业3.91万人，就业困难人员就业再就业3.33万人，城镇登记失业率控制在4%以内。支持成功自主创业2.19万人，创业带动就业8.37万人。

·就业帮扶 2021年，市政府办出台《关于多渠道支持灵活就业的若干措施》和《连云港市"十四五"高质量就业促进规划》；实施"稳岗留工十条措施"、人社专员联系服务企业制度、减负稳岗扩就业、公益性岗位认定管理办法、就困人员认定管理办法、就业攻坚季行动、失业保险待遇调整等一系列支持政策，多维度促进城乡劳动者就业。实现离校未就业高校毕业生实名制登记率和公共服务率100%，保持城镇零就业、农村零转移家庭动态清零。出台减负稳岗扩就业政策，全力落实失业保险降费率和稳岗返还政策，为全市企业减免失业保险费2.8亿元，持续实行稳岗返还"免申即享、直拨到账"，主动向符合条件的1.43万家企业发放稳岗返还资金1.6亿元，实现直拨到账，减轻企业负担。发放社保补贴1.65亿元，帮扶困难人员就业3.33万人。创新开展"直播带岗"活动10场，举办"春风行动""民营企业招聘月""在建重大项目专场""金秋招聘月"等线上线下招聘活动530场，提供就业岗位34.8万个，达成就业意向6.2万人。行动期间，全市举办企业用工服务专场招聘会150场。开展"流动招聘进乡镇"活动32期，全市新增转移农村劳动力2.98万人。市人社局、市卫健委、市自然资源和规划局、市残联等部门联合开发公益性岗位1.5万个。海州区幸福路街道文化社区创建国家级充分就业社区。9月15日至12月底，在全市范围内开展"就业服务攻坚季"专项行动，市人社局服务企业人员30人，对接重点用工企业60家，全市服务企业人员200人，对接重点用工企业400家。

·职业技能培训 2021年，全市推进职业技能提升行动，开展补贴性职业技能培训16.8万人次，企业新型学徒制培训762人，专账资金使用1.1亿元。新增高技能人才0.7万人，2.92万名技能人员取得职业资格(技能等级)证书。

·自主创业扶持 2021年，全市扶持自主创业2.19万人，带动就业8.37万人，发放富民创业担保贷款9.4亿元，拨付各类创业补贴扶持资金121.7万元，各类奖补资金705万元。获批省级创业示范基地3家、市级基地7家，评选省市级优秀创业项目39个，省大学生创业标兵1人。截至年底，全市有各级各类创业示范基地83家。11月，创新举办"创业大集"活动，线下现场展示60个创业项目、10个创业示范基地，线上云展示100余个创业成果。吸引千家用工企业、万名创业者和求职者线上线下共同关注。"创业大集"经验做法被《新华日报》专刊推广。

·就业技能培训 2021年，全市实

灌南县田楼镇林丰村村民在村服装厂赶制出口服装 王华/视觉江苏网

回乡创业的赣榆区墩尚镇大学生 寇建亮 摄

施“十万低收入户技能提升行动”，组织1.1万名有培训意愿的低收入户劳动力参加就业技能培训。推进重点群体就业创业培训计划，组织城乡各类劳动者就业技能培训6.67万人、创业培训1万人。全市新增省级大工匠1人、省级工匠6人，新增省级技能大师工作室1家、省级企业首席技师2人，新增高技能人才6980人、技师和高级技师263人。江苏省经贸技师学院被人社部表彰为国家技能人才培育突出贡献单位。针对石化、生物医药、新材料三大重点产业企业技能人才引进和留用难的问题，制定《连云港市技能人才引进培养实施办法》，经市委常委会、市政府常务会审议通过，自2022年1月1日起实施。加强高端技能人才引进和培养，推动企业发挥主体作用、组织技能培训、开展自主评价，推动职业院校扩大办学规模、调整专业设置、提高毕业生本地就业，推动校企合作推行现代学徒制和企业新型学徒制。全市38家企业、院校等评价组织完成职业技能等级认定评价机构备案，2.92万名技能劳动者取得职业资格（技能等级）证书，1.6万名技能劳动者取得专项职业能力证书。“打好组合拳做好贴心人——连云港专项职业能力助乡村振兴”项目入选省技能人才评价制度改革工作成果十佳优秀案例。

·劳动关系管理 2021年，全市企业劳动合同签订率99%以上，全市报送人力资源和社会保障部门审查并在有效期内的集体合同4709份，覆盖职工46.18万人。经各级人力资源和社会保障部门审批且在有效期内实行特殊工时制度的企业122家，涉及职工4.8万人。

·劳动工资管理 2021年，市人社局打造“连护薪”维权服务品牌，国家平台欠薪线索办结率94.35%，为4281人追讨工资等待遇5983万元。开展《保障农民工工资支付条例》实施一周年集中宣传活动、“连护薪暖冬行动”集中宣传活动和“温暖人社服务先锋”普法宣传走乡镇活动。建立全市统一的“连护薪”欠薪维权投诉平台，实现全区域联动、全方位覆盖、全流程监控，平台自启用以来办理线索157件，实现欠薪问题“码”上受理、“码”上监控、“码”上清零。不定期召开5次欠薪疑难复杂案件部门集中会办会化解矛盾问题，会同相关成员单位开展6次靠前联合接访，共接访36批次，当场调处12件，跟踪督办24件，涉及农民工470余人，涉及欠薪金额1470余万元。

·劳动争议仲裁 2021年，全市劳动人事争议调解仲裁机构立案受理案件3576起，涉及劳动者3645人，涉案金额8804.19万元。全年办结争议案件3571起，案件调解成功率80%，仲裁结案率98.65%。终局裁决784件，占裁决案件数的60.6%。全市各级劳动保障监察机构查处各类劳动保障违法案件917起。督促198家用人单位办理社保登记，为264名劳动者补缴社会保险费303.55万元。老刘调解室依托“老刘说法”微信公众号探索“网络+调解”服务，累计为群众提供法律法规咨询服务3万余人次，开展在线成功调解案件800余起，提供法律援助400余件，被人社部等四部门评为2021年工作突出基层劳动人事争议调解组织。

·社会保障卡 截至2021年底，全市社会保障卡持卡人数525万人，电子社保卡签发量突破261万张。在长三角地区率先实现持社保卡跨区域旅游同城待遇和“一卡通”。创新社保卡应用场景。实现刷卡扫码在就医购药、刷卡食堂就餐、门禁身份识别、公积金提取进卡等多项民生领域上的应用。

·“12333”热线服务 2021年，全市“12333”热线咨询总量90.7万人次，服务满意度99.62%，完成和政务服务热线“12345”的归并，提供7×24小时服务。 （程继云）

社会保险

养老保险

·企业养老保险 2021年，连云港市参加基本养老保险人数为296.84万人。企业职工基本养老保险参保人数为92.86万人，其中在职职工67.05万人、离退休人员25.81万人。实现24.79万名企业职工基本养老金“十七连调”，调整后人均每月2649元，增幅5.58%。

·城乡居民养老保险　2021年，城乡居民基本养老保险参保人数189.26万人，年末领取养老金人数68.93万人；按省定标准将城乡居民保险基础养老金标准由160元/月调整为173元/月，实现“十连增”。政府办出台《关于调整城乡居民基本养老保险有关政策的通知》，在省定标准基础上实现“二次提标”，城乡居民保险基础养老金标准增长至不低于183元/月，惠及全市68.93万城乡居民。全市7.08万被征地农民100%安置到位，筹集社会保障资金48.15亿元。为全市2.55万名重度残疾人等困难群体代缴城乡居民保险基本养老费，代缴金额255万元。

·机关事业单位养老保险　2021年，全市机关事业单位基本养老保险参保人数14.72万人，其中在职职工9.86万人、参保离退休人员4.86万人。精准归集职业年金征缴资金64.93亿元。职业年金归集工作被省社会保险基金管理中心作为全省样板予以推广。　（程继云）

医疗和生育保险

·医保基金运行　2021年，连云港市基本医疗保险参保人数458.51万人。城镇职工医疗保险参保人数88.45万人，其中在职职工62.68万人、退休人员25.77万人。基本医保基金收入43.35亿元，其中统筹基金23.54亿元。基金支出38.25亿元，其中统筹基金23.09亿元。当期结余5亿元，其中统筹基金结余0.45亿元。累计结余51.97亿元，其中统筹基金22.41亿元，备付能力为11.65个月。全市城乡居民医疗保险参保人数370.06万人，基金收入44.26亿元，基金支出33.75亿元，当期结余10.51亿元，累计结余30.51亿元，备付能力为10.85个月。

·医疗保险政策调整　2021年，市政府颁布实施全市统一的职工医疗保险办法，统一参保职工和灵活就业人员缴费政策，放宽待遇享受条件，职工医保首次参保待遇等待期降至3个月，放宽新生儿参保缴费时间限制为出生后3个月内，进一步降低享受医保待遇的时间成本。统一职工医保个人账户划账比例，明确职工医保待遇享受条件、就医管理、基金监管等事项。统一城镇职工和城乡居民大病保险待遇政策，实行统一的保障范围、起付标准和报销比例，2021年城乡居民医保大病保险政策范围报销比例达87.9%。依托市级统筹的制度优势，首次打破地域限制，整合全市职工、城乡居民大病保险和职工大额医疗费用补助等三大险种实行统一招标采购，与中标商业保险公司签订2021—2023年医疗保险承办合同，支持商业保险机构参与大病保险以及医保业务经办。城乡居民大病保险筹资标准由每人每年65元提高至95元，职工基本医疗保险费用限额从10万元提高至11万元。职工医保和城乡居民医保住院政策范围内报销比例分别为82.75%和71.44%，实际报销比例分别为76.03%和64.83%。城乡居民个人缴费标准调整为340元，市政府首次召开全市城乡居民筹资工作动员部署会。明确在校大学生参保缴费由学校统一办理。将抗癌靶向药最低报销比例再提高5%，职工医保统筹基金最低支付比例80%，居民医保统筹基金最低支付比例65%。不断完善城乡居民“两病”门诊用药保障机制，将高血压、糖尿病门诊用药报销起付标准由500元调整为200元，降幅60%。落实罕见病用药保障机制，明确用药保障范围及待遇保障水平，将市第一人民医院作为全市罕见病用药保障唯一定点医疗机构，统一上解保障基金。商业补充医疗保险“连惠保”优化升级，突破医保目录、既往病史和病种限制，实现与基本医保相衔接。允许职工医保个人账户资金为其本人、子女及直系亲属购买补充医疗保险产品，参保人数26万余人。

·医保支付方式改革　3月，连云港市被确定为区域点数法总额预算和按病种分值付费省级试点城市。成立DIP（区域点数法总额预算和按病种分值付费）工作领导小组和6个专项工作小组。印发《连云港市区域点数法总额预算和按病种分值付费试点工作实施方案》，制定与之相适应的实施办法、考核办法、经办规程等配套政策。开展基线调查、多次数据交互，完成历史病案数据采集，数据匹配率和入组率远高于国家技术规范及国家试点城市平均水平。依据国家DIP分组目录和技术规范，制定本地化分组规则、分病种确定医疗机构等级系数、开展病种分值异常校正、调整集采高值耗材费用等，形成本地化分组目录。确定5个维度、13个可量化的考核指标，纳入年度考核范围，年度考核结果与DIP年度支付总额挂钩。建立DIP专家库，包括医保、临床、医务、病案管理专家492人。降低医保总额预算过细“切块”带来的风险，将全市各个区域、所有住院定点医疗机构、所有住院费用、结算病种全部纳入DIP付费，实现4个方面100%全面覆盖。设置费用结算“熔断”机制，医疗机构年度住院医疗总费用增幅、累计月度预结算金额超过“熔断”点时，实行不纳入或者暂停DIP费用结算操作，防止医疗费用恶性增长的风险。选择主目录库中非手术类病种作为中医优势病种，在中医专科医疗机构开展中医优势病种时给予系数调节，促进中医药发展。中医调节系数纳入DIP年终决算，并与DIP年度考核结果挂钩。12月28日，连云港市DIP基金结算综合管理平台正式上线运行。

·药品国家集中采购　2021年，全市公立医疗机构严格落实药品（医用耗材）集中采购统计报告、平台外采购事后报告和集中采购失信行为惩戒制度。全市公立医疗机构采购药品医用耗材41.69亿元，较2020年增长8.85%，药品耗材平台采购率分别为99.3%和87.93%。涉及药品229个品种、医用耗材30个品种，平均降幅近70%，全市累计节约资金5.69亿元。市纪委监委、市卫健委、市医保局组织3轮药品、医用耗材采购专项督查，对26起落实阳光采购制度不严格的行为作出失信惩戒，对4家采购管理规范、完成集采任务突出的公立医疗机构给予10万—50万元奖励补偿。落实国家、省市药品耗材集中带量采购，国家第一批、第二批、第三批药品集采完成率分别为591.49%、196.27%、168.47%，省第一轮、第二轮、第三轮高值耗材联盟带量采购完成率分别为392.96%、194.07%、160.12%。全市133家定点医疗机构参加第一批国家药品集中采购医保资金结余留用考核，符合条件的123家医疗机构共结算医保资金1488万元，全部拨付给相关医疗机构。

·“15分钟医保服务圈”省级示范点建成启用　2021年，市医疗保障局在全市范围内开展医保公共服务“15分钟医保服务圈”示范点建设工作，分别建设3个省级示范点、2个市级示范点，方便参保人员就近办理医保业务。确定东海县青湖镇、灌南县堆沟港镇、赣榆区班庄镇等3个距县城较远、覆盖范围较大、基础条件较好的乡镇开展省级示范点建设。在省级专项资金补助的基础上，3个省级示范点建设责任单位自筹资金154万元，市财政专项安排市级示范点建设资金60万元，对2个市级示范点分别予以专项补助。以全省统一的医保服务事项清单和办事指南为标准，将与参保人员密切相关的所有高频次医保服务事项全部纳入示范点办理。示范点全面实施综合柜员制，实行“一事办”“一窗办”，即时办理的事项办理时长不超过10分钟。工作人员统一着装和佩戴工作牌，服务场所、服务标识统一规划设计，形成统一风格。设置引导咨询区、自助服务区、等候休息区、多媒体服务区等功能区，配备公共设施、办公设备、宣传设施、基础医疗设备等服务设施。

·生育保险　2021年，全市生育保险参保人数51.43万人；待遇享受2.16万人次，比2020年下降9.09%。其中，女职工生育6720人次，下降21.52%。生育医疗及津贴费用支出2.06亿元，下降16.32%，其中生育医疗费用4913万元，占23.89%；生育津贴1.57亿元，占76.11%。（韩　雷）

失业和工伤保险

·失业保险　2021年，连云港市参加失业保险人数49.88万人，比2020年增加1.4万人。全市领取失业保险金人数0.51万人，减少0.13万人。为1.21万名失业人员发放不同期限的失业保险金共计1亿元，增加560人。失业保险金月人均水平1558.16元，增长3.26%。根据《人力资源社会保障部 财政部关于扩大失业保险保障范围的通知》，向4.9万人发放失业补助金1.85亿元。全年为领取失业保险金人员代缴基本医疗保险费0.16亿元。全年发放稳岗返还惠及职工11.1万人，发放技能提升补贴436.8万元，惠及职工0.34万人。全年失业保险基金收入3.16亿元，基金支出5.79亿元，年末失业保险基金累计结存7.06亿元。

·工伤保险　2021年，全市工伤保险基金收入2.57亿元，基金支出2.18亿元。年末工伤保险基金累计结存2.76亿元。参加工伤保险人数67.99万人，比2020年增加8.75万人。全年认定（视同）工伤3304人，评定伤残等级2903人。全年3429人享受工伤保险待遇。加强建筑业务工人员参保，实施工伤保险“同舟计划”，全市在建设项目878个、参保近10万人，建筑业工程项目参保率100%。在徐圩新区建立市工伤预防VR体验中心，对危化品、建筑业等工伤事故引入VR体验。工伤事故VR体验有11种工伤事故场景，特编入车工事故、粉尘危害、应急救援等8种事故场景。连云港市被人社部、应急管理部确定为全国危化品企业工伤预防能力提升培训工程的重点联系点城市。

（程继云）

社会福利

·儿童福利　2021年，连云港市实施困境儿童分类保障，全市社会散居孤儿、集中供养孤儿基本生活费补助平均标准分别提高至1661元/月/人、2528元/月/人。贫困家庭中的事实无人抚养儿童按照当地散居孤儿标准的100%发放生活费，重残重病儿童按照不低于当地散居孤儿标准的50%发放生活费。全市完成5.8万余名困境儿童的入户排查，帮助解决困境儿童的基本生活保障问题。加强儿童福利机构优化提质和转型升级，395名社会残疾儿童在康复中心接受综合的康复和特教服务，省民政厅召开全省现场会作为经验进行推广。14个部门印发连云港市推进儿童福利机构优化提质和转型发展实施方案。

·老龄福利　2021年，全市为80周岁以上老年人发放尊老金8298.27万元。调整市政府购买居家养老服务对象条件及补贴标准，对高龄、特殊困难老年人给予每月50—150元服务补贴。全市投入3100余万元，为全市15万余名老年人购买居家上门服务，占比14.9%。

·残疾人福利　2021年，市民政局出台《关于落实困难残疾人生活补贴和重度残疾人护理补贴调标发放管理工作的通知》，1月1日起，提高重度残疾人护理补贴发放标准，扩大困难残疾人生活补贴发放范围。城镇、农村由120元/月/人提高至130元/月/人，农村重度残疾人护理补贴标准由80元/月/人提高至90元/月/人。将低保外生活困难的三级智力、精神残疾人纳入生活补贴范围，按照低保标准25%发放。困难残疾人生活补贴标准按照低保标准同步调整。全年累计发放生活补贴1.89亿元，惠及3.8万名困难残疾人；累计发放护理补贴2697.79万元，惠及2.33万名重度残疾人，精准发放率100%。各县区依托全国残疾人两项补贴信息系统办理残疾人两项补贴资格认定申请“跨省通办”业务，申请残疾人两项补贴可以向全国范围内任何街道办事处或乡镇人民政府设立的残疾人两项补贴窗口提出，不受户籍地限制。

·福利彩票 2021年，全市福利彩票总销量2.1亿元，其中电脑票1.75亿元，刮刮乐即开票3532万元，电脑票销售站点数量503个，在全省率先建成综合体验中心并投入使用。出台新增站点扶持措施，扩充投注站数量和覆盖面，市区建成投注站29个，改造升级兼营店形象31家，建成40家刮刮乐主题形象店。持续开展“福彩连心”公益救助活动，全年投入9.2万元，为13个困难家庭送去温暖。开展“民政为民、福彩送福”爱心助学活动，投入福彩公益金30万元，资助贫困大学生60名。以60家救助引导点和爱心驿站为依托，支持流浪乞讨人员救助工作，向户外工作者和市民提供无偿服务。（张　楠）

社会救助

·城乡居民最低生活保障 2021年，连云港市城乡低保标准统一提高到每人每月640元，实现全市低保标准一体化。特困人员供养标准最高每人每月1822元，最低每人每月832元。截至2021年底，全市有城乡低保对象44329户、76274人，全年发放城乡低保金3.97亿元；全市有城乡特困供养对象8403人，全年发放特困供养保障金0.86亿元。对全市原31万户扶贫建档立卡户开展低收入人口认定工作，5029户13504人通过低收入人口认定，纳入兜底保障。

·临时救助 2021年，全市临时救助困难群众1.42万人次，支出救助金1460万元。为市本级保障的22名20世纪60年代精简退职职工发放生活补贴54.8万元。落实乡镇临时救助备用金制度，全市临时救助备用金拨付260万元，临时救助11194人次，支出临时救助金1460万元。加强应急救助，全年汛期重点摸排低保、特困等困难群众5085人，排查处置195处房屋安全隐患，避险转移安置204人。

·大病医疗救助 2021年，连云港市医疗救助补助资金预算执行率和专款专用率均达到100%。在省定7类重点救助对象基础上，将全部建档立卡低收入人口纳入医疗救助范围，对救助对象不限病种，对重特大疾病医疗救助实施应救尽救。全额资助困难人员参加城乡居民基本医疗保险，实现应保尽保。资助34.23万名困难人员参加城乡居民基本医疗保险，资助参保费用1.03亿元；门诊救助24.17万人次，救助金额1040万元；住院救助8.67万人次，救助金额1.25亿元。

·流浪乞讨人员救助 2021年，按照省民政厅部署的流浪乞讨人员救助工作质量大提升专项行动目标要求，全面完成照料服务、救助寻亲、街面巡查和综合治理、落户安置、源头治理、干部队伍建设等“六大行动”。滞留人员100%实现站内照料和公办机构托养、救治；受助人员信息全部录入全国救助寻亲网，全部开展人脸识别和DNA信息比对；分两批完成市区全部85名长期滞留人员落户安置工作；建立返乡人员信息台账和易流浪走失人员信息库，对辖区内本机构送返的成年人和未成年人回访率分别达到30%和100%。全年救助流浪乞讨人员485人次，其中护送返乡76人次。

·慈善救助 2021年，市捐助接收中心联合市委宣传部等10家单位发布“慈善一日捐”倡议书，截至年底，市本级募集善款152.57万元，全市各慈善组织募集善款365.57万元。开展“99公益日”网络募捐，全市上线3个母项目和35个子计划，涵盖助困、助学、助老3个领域，7.5万人次参与网络捐赠，募集善款786万元。“光彩慈善安居工程”完成，改善贫困家庭居住条件，市、县（区）、镇、村四级联审筛选、公示受助对象，制定“一户一策”救助方案，并配备太阳能、床、衣柜等生活设施，保障受助家庭生活需要，40户受助家庭全部搬入新居。确定赣榆区西棘荡村为“幸福家园村社互助工程”试点村，设立助医、助老、助困等6个惠民慈善项目。村慈善工作站建设完成，配专人负责项目实施，3个项目通过网络平台上线募集善款15万元。（张　楠）

住房保障

·保障性住房建设分配 2021年，市住建局落实在新建商品房小区中按计容面积3%的比例配建公租房有关政策，10个项目签订配建协议，约定配建公租房845套、54840平方

2021年连云港市住房公积金个人住房贷款情况统计表

表54

项目	2021年	2020年	增减率	到2021年底累计
贷款发放额（亿元）	59.23	47.36	25.06%	425.90
贷款回收额（亿元）	32.48	30.06	8.05%	243.41
贷款余额（亿元）	182.48	155.73	17.18%	182.48
发放户数（户）	16346	13074	25.03%	150052

东海县晶祥苑小区安置房建设现场 柴军委/视觉江苏网

米。全市保障性安居工程分配各类保障性住房1005套，发放租赁补贴788户，其中市区556户，解决1793户城镇家庭及新市民住房困难问题。 （孟凡哲）

·住房公积金 2021年，全市发放个人住房公积金贷款16346笔59.23亿元，比2020年分别增长25.03%、25.06%。截至2021年底，累计发放个人住房贷款15万笔425.9亿元，分别增长12.19%、16.15%，个人住房贷款率93.02%，增加5.70个百分点。全市回收个人住房贷款32.48亿元，增长8.05%。截至2021年底，累计贷款余额182.48亿元，增长17.18%，贷款逾期率为0。 （王 睿）

退役军人事务

·概况 2021年，连云港市建成市县两级退役军人服务中心9个，镇村两级退役军人服务站1796个，创成四星级以上退役军人服务中心（站）34个。对全市34个“星级服务站”、35家“优秀戎耀之家”命名授牌。7家单位被评为省优秀“戎耀之家”，10个基层退役军人服务站被命名为全省“百家红色精品退役军人服务站”，数量居全省第一。

·军转干部安置 2021年，连云港市按照“公开职位、量化积分、个人选岗、组织决定”以及对转业军官高层次人才“特岗选用”相结合的“阳光安置”方式，完成国家指令性下达转业军官安置任务。其中，正团职和符合进市区安置条件的副团职转业军官由市委组织部安置；符合进市区安置条件的营以下（含技术级）转业军官由市退役军人事务局负责安置；原籍东海县、灌云县、灌南县、赣榆区的副团职、营以下（含技术级）转业军官回原籍安置。市、县区党委、政府继续按1∶1.2的比例指令性下达安置岗位计划，其中公务员岗位数量不少于安置人数。1月14日，市第四期军转干部进高校专项培训班在江苏海洋大学举行结业典礼。4月7日，市第五期军转干部进高校专项培训班在江苏海洋大学开班，开设汉语言文学、行政管理、公安管理3个特色专业。

·退役士兵安置 2021年，连云港市按照“公开职位、量化积分、个人选岗、组织决定”的“阳光安置”方式，印发《连云港市2021年符合政府安排工作条件退役士兵接收安置实施方案》，完成国家指令性下达的符合政府安排工作条件的退役士兵、退出消防员安置任务。退役士兵待安置提供“一站式”返乡报到服务、组织适应性培训，开展逐人面谈，组织退役士兵到退役军人服务中心（站）、疫情防控一线实践锻炼，在《连云港日报》等平台开设“阳光安置”宣传专栏。各县区、市各功能板块按政策规定拿出不少于退役士兵总人数的事业单位、国有企业岗位计划数；市退役军人事务局、市委编办、市国资委筹集市属岗位指标；市退役军人事务局向上争取到央企和省属事业、国企岗位指标。11月2—21日，全市各县区有序开展岗位公示、岗位说明会、公开选岗等工作。

·军休人员接收 2021年，全市接收省退役军人事务厅审定下达的军休人员。严格按照标准及时足额发放离退休人员工资、生活补贴、护理费；丰富军休人员精神文化生活，开展各类文体活动20场次，开展清明祭扫、党史学习教育座谈等22场次，举办义诊等实事活动41场次。开展口述历史资料征集、全省军休文艺节目调演、网络“军休所”App推广运用等工作，打造“温馨军休”服务品牌。

·就业创业与教育培训 2021年，连云港市实施“惠兵兴业”工程，出台《连云港市促进新时代退役军人就业创业工作实施意见》，实行教育培训、资金补贴、税费减免等优惠政策，举行自主就业退役军人就业创业工作新闻发布会，对相关政策进行解读。举办“惠兵兴业，建设港城”退役军人专场招聘会、2021年全市民营企业专场招聘会、2021年秋季退役军人专场招聘会等线上线下招聘活动42场，采取“现场招聘+融媒体带岗”相结合的方式，定向提供岗位。全省部分退役士兵社会保险补缴工作现场会在连云港市召开，推广连云港市做法。对自主就业退役军人开展适应性培训，社会保险转移接续率100%。优选27家教育培训机构，建立全市退役军人教育培训承训机构黄页。成立连云港市退役军人就业创业服务促进会，获得金融机构综合授信。实施“浪花计划”，打造港城退役军人高质量就业“直通车”。首期退役军人船员上岗就业。

·优待抚恤 2021年，连云港市完善抚恤补助标准动态调整机制，为90名烈士遗属发放定期抚恤金，为818名老烈士子女发放定期生活补助金、水电气生活补贴，烈士遗属各项抚恤优待政策全部落实到位。精准核查优抚对象信息，落细落实抚恤优待政策，争取上级优抚资金，发放优抚慰问金，完成优抚对象免费体检工作，安排优抚疗养。与连云港爱尔眼科签订“优抚爱眼公益行”拥军优抚医疗合作协议，开展眼部疾病治疗、眼科知识普及等义诊公益活动，提供“三免六优先”服务，惠及连云港市户籍优抚对象、现役军人及直系亲属。

·烈士褒扬纪念 2021年，全市举办《中华脊梁 民族先锋——港城百年英烈事迹展》及专题展览进社区、进企业、进学校、进军营活动，参观人数近10万人次。编撰《“七十年七十人”抗美援朝老兵事迹》5000册面向社会发放。抢救性挖掘历史档案，开展“双百红色记忆”传承活动——“百年英烈”宣传纪念、“百名老兵话初心”活动，市退役军人事务局、连云港警备区等单位联合开展“百年献礼红色领读”活动。依托30多支退役军人志愿服务队，开展褒扬政策解读、英烈事迹宣讲、烈士遗属慰问、免费代亲祭扫等活动，清明期间祭扫烈士墓1731座，代亲祭拜烈士1958位。常态化开展“为烈士寻亲”活动，为76名安葬在外地的连云港籍烈士和外地安葬在连云港的烈士寻找到亲人。 （丁婷婷）

民族宗教事务

·民族村建设 2021年，连云港市有53个少数民族、7个民族村。分别是东海县李埝乡恰恰村、山左口乡左庄村，灌云县四队镇二队村、四队镇付岔村、圩丰镇圩丰村，赣榆区黑林镇黑林村、班庄镇欢西村。至2021年底，累计投入1025万元，建成近百条村内水泥路和生产路，修建12条下水道，新修电灌站1座、农桥2座、排水渠3条、灌溉渠2000多米，安装路灯284盏，新栽绿化苗木2000余棵。加大对民族村少数民族生产项目建设扶持力度，推动产业结构调整，发展具有本地资源优势的特色产业，逐步打造出左庄村鲜切花种植基地、恰恰村恒温大棚、黑林镇少数民族工业园区、班庄镇标准化厂房、四队镇少数民族工业园区、圩丰村少数民族发展基地，实现村村有产业的良好发展势头。建立高校、民品企业与民族村的联动共建机制，建立1家少数民族双创培训中心，惠及少数民族群众1600人次。在民族村开展“红石榴家园”创建。“红石榴家园”是集“便民服务＋政策宣传＋协商议事＋法治建设＋团结进步创建”为一体的综合载体。印发《创建市级民族工作“红石榴家园”的工作方案》，明确创建范围、标准、时间和程序，细化任务，落实责任。举办“红石榴家园”创建工作推进会，观摩连云区墟沟街道桃园社区，为第二批连云港市民族团结教育基地授牌。“红石榴家园”创建活动获连云港市精神文明建设十大工作品牌提名奖。全市6家单位被评为省级首批民族工作“红石榴家园”，评选30家市级民族工作“红石榴家园”，7个民族村“红石榴家园”。左庄少数民族村花卉产业化扩建、灌云县四队镇二队村特色水蛭养殖、赣榆区班庄镇工业集中区等7个项目进行提档升级。为全市4家全国少数民族特需商品定点生产企业申报专项贷款贴息246万余元。市民族团结进步促进会被国家民委表彰为“全国民族团结进步示范单位”。

·少数民族帮扶 2021年，全市争取省级财政衔接推进乡村振兴补助资金600万元，占全省总量近1/3。“实施‘石榴红’民族村振兴示范工程”被列入《2021年度基层党建工作市级常委项目》。市民宗部门组织市农技专家深入全市7个民族村开展花卉、稻麦种植等职业技能培训，组织少数民族定点医院为少数民族群众进行视力检查、眼病检查和白内障筛查，部分群众获免费白内障复明手术。完善公共服务中心建设，完善农家书屋、便民超市、老年活动室等服务功能。新型农村合作医疗、社会保险参保率分别达100%、98%。

·少数民族文体活动 2021年，市民宗部门组织全市少数民族开展庆祝中国共产党成立100周年系列活动，举办“民族团结谱新篇 石榴花开耀港城”图片展、“团结进步心向党 民族和谐颂党恩”文艺会演。在连云港中等专业学校内地新疆中职班开展“学党史、强信念、跟党走”实景党课，在连云港高级中学内地新疆高中班开展“新疆、连云港‘新’‘连’心——我给家人咏读党史、宣讲党史故事”主题活动。举办“民族团结一家亲”广场舞大赛、民族知识竞答、“庆丰收，迎小康”文艺会演。

·宗教场所建设 2021年，市民宗部门推进佛道教商业化专项治理，巩固专项治理成果。连云区墟沟教堂、海州区碧霞寺开展法人登记试点工作。市天主教堂实施迁建工程。构建宗教场所信息化平台。全市宗教场所开展消防安全专项整治“三年行动”，创新工作模式，市民宗部门、住建部门以“会议研究、部门确认、形成纪要”模式，在全省率先解决宗教场所消防安全许可问题。举办全市宗教界消防安全工作会议暨消防安全知识培训班，开展消防器材使用演练。市佛协在法起寺开展消防演练培训。建立宗教场所消防安全基础数据、防控执行、安全培训、措施落实、设施维护、预案演练、排查整改等台账。各场所设置爱心座位、张贴应急疏散图、畅通疏散通道、清空疏散广场、清理堆积物、明确安全引导员、每月开展一次安全演练。开展隐患“再排查”、“安全生产月”、林区宗教场所安全隐患专项整治活动，市民宗部门实地督查宗教场所87处，下发整改通知书48份，查出一般性安全隐患182处，全部整改到位。

·宗教事务管理 2021年，市民宗部门搭建“连心桥”，宗教界开展“爱党 爱国 爱家乡”系列活动。市道教协会召开第三次代表会议，选举产生新一届领导班子。市政府常务会议审议通过《连云港市宗教事务管理办法》，是全省首家地级市宗教事务管理的法规性文件，于2022年2月1日起正式施行。各宗教团体将党史学习教育纳入学习培训、教职人员讲经布道的重要内容。市佛教协会举办书画展，市基督教“两会”举办书画展和“奋进百年路、万众颂党恩”文艺会演。举办全国宗教工作会议精神专题视频宣讲会，统战委员、网格长、网格员共计1400余人参加。连云区举办赋予乡街集中行使行政处罚权事项培训班，规范基层民族宗教行政执法工作。加强宗教场所文化建设。打造法起寺“四进＋和谐文化”、延福观“四进＋祈福文化”、海宁禅寺“四进＋爱国主义教育文化”、兴国寺“四进＋孝文化”、海清寺“四进＋塔文化”。市佛教协会摄制《扬帆奋进新时代 凤凰涅槃焕新生》电视短片，市道教协会摄制《风雨同舟一十载 尊道贵德谱新篇》电视短片。（梁 静）

关心下一代工作

·概况 2021年，全市有关心下一代工作组织3698个，其中机关、企事业单位1370个，乡镇（街道）、村（社区）2328个，有2.84万名“五老”（老干部、老战士、老专家、老教师、老模范）志愿者参与各级关工委工作。5月，市关工委官方网站和微信公众号开通上线。打造“五老风采”和“童心向党”2个专题栏目。

10月13日，赣榆区抗美援朝老战士为青少年讲述战斗故事

市关工委 供图

·主题教育活动 2021年，市关工委举办全市青少年“学习党的历史、传承红色基因，颂建党百年、做时代新人”主题教育活动，组织参加省关工委“童声齐颂建党百年”主题征稿竞赛、“对话2035年的我们”主题征稿比赛、“童心永向党、筑梦新辉煌”创作演讲等活动。全市教育系统关工委组织开展320多场次演讲活动。市关工委创作的情景剧《永远的小推车》参加省文明办、省委老干部局、省关工委、省广播电视总台联合主办的“颂建党百年，做时代新人——江苏省庆祝中国共产党成立100周年老少同台节目展演”活动，获展演特等奖。

·青少年违法犯罪预防 2021年，全市各级关工委组织213个法治教育报告团1260名“五老”参加法治宣传教育活动。结对帮教问题青少年1386人，转化1290人，转化率95%。全市1200余名“五老”参加网吧义务监督工作。

·校外教育辅导站建设 2021年，全市1698个校外辅导站开展爱国主义教育、法治教育、课业辅导、兴趣拓展和社会实践等活动。5870名“五老”志愿者和748名大学生村干部担任辅导员，1506名在职教师进站辅导，17.2万人次青少年进站活动。

·弱势青少年关爱工作 2021年，全市有关爱工作团队620个，关爱工作站119个。灌南县关工委挂牌成立县青少年法学院，赣榆区关工委开展“防违创零”活动，海州区关工委举办“强国有我·健康赋能·成长护航”关爱青少年志愿行活动，灌云县政法系统关工委建立“春梅工作室”“阳光驿站”“青苹果之家”等。

·“学先争优创五好”活动 2021年，市关工委开展“学先争优创五好”活动，开展向“全国道德模范”方敬和“中国好人”张振琦等先进人物学习活动，全市19个关心下一代工作集体、41名个人在省关工委成立30周年纪念会议上获表彰，张振琦、尹开芝、徐凤珍、骆公辅、闫正玉、张秀勃、周秀丽先进事迹入选省关工委编辑出版的《“五老”赞歌》一书。

（王震彩）

责任编辑 郭 云

社会治理

社会治安综合治理

（参见《法治》类目《政法工作》分目）

社会矛盾预防和化解

·概况 2021年，连云港市信访形势总体平稳、持续向好。全年接待处理到市及以上信访总量2.15万件批次、2.79万件人次。列入业务考核的15项指标中，信访部门按期办结率等9项指标列全省第一。网上信访“四项机制”经验做法在全省推广，2件人民建议获省委书记批示，2次在全省信访工作会议做经验交流。群众信访诉求类别主要集中在城乡建设、农村农业、劳动社保、涉法涉诉、纪检监察、自然资源、教育类、文体旅游、生态环境、民政应急10个方面问题，分别占到市及以上信访总量的20.14%、12.96%、12.2%、9.6%、6.59%、6.25%、5.45%、4.1%、3.96%、3.57%，占信访总量的84.82%。

·信访工作责任落实 2021年，连云港市实行“四级书记抓信访、党政同责抓信访、部门联动抓信访”，将信访工作列入市委市政府对县区、乡街、部门高质量发展考核，市、县区党政主要领导双签，市分管领导与市级重点单位单签年度信访工作目标责任书，印发《信访工作约谈办法（试行）》《信访工作督查办法》，推进各级党委政府常议常抓信访工作、各级领导干部接访下访包案。全年开展实地督查督办46次，发送“三函一单”34份。市党政领导开展接访下访70次，县、乡两级党政主要领导开展接访下访2643次，推动化解信访问题1334个。各级因信访工作不到位问责31人次。

·信访结构优化 2021年，市信访部门开展网上信访“人民满意窗口”创建，倡导网上、书信、电话等“不见面”信访。全年到市及以上信访总量2.15万件批次、2.79万件人次，比2020年分别下降13.94%、9.23%。其中书信访量上升3%，电话访量上升38.1%，网上信访量下降19.2%，网、信、电等“不见面”信访占比91.2%。国家信访局登记网上信访一次性化解率提升至88.6%、网上重复信访占比降至53.39%，全口径重复信访占比31.51%。人民网“领导留言板”办理回复率、网友满意率均居全省第二。“夯实四项机制 实现四个落地—多措并举推动群众满意率持续提升”做法在全省信访系统推广学习。

·信访矛盾化解 2021年，全市开展集中治理重复信访、化解信访积案专项工作，推进重点信访矛盾化解“百日攻坚”“学党史解难题”信访矛盾专项化解行动、信访突出问题“双月攻坚行动”。全年化解信访积案1664件，其中10年以上积案167件、5—9年积案212件。国家信访局第一批交办连云港市的1364件重复信访件，报结率100%、结案率99.41%、再次信访率0.51%，经验做法在省信访工作联席会议第三次全体（扩大）会议暨治理重复信访、化解信访积案专项工作推进会交流推广。城乡建设领域专项整治交办连云港市480件，化解率75%。

·基层信访工作 2021年，全市推进信访工作基层基础建设以及信访工作示范县区、示范镇街创建和“人民满意窗口”建设质量提升工程，印发《关于加强信访工作基层基础建设的实施方案》，对全市各乡镇（街道）、村（社区）分类明确建设要求，两月一次现场会推进。赣榆区被国家信访局为全国信访工作示范县区。灌云县、海州区获评全省信访工作示范县（市、区）。东海县白塔埠镇等14个单位获评省“人民满意窗口”质量提升工程示范单位。37个乡镇（街道）达到全市信访工作示范乡镇（街道）标准。79.4%乡镇（街道）、76.6%村（社区）达到市级一类建设标准。

·人民建议征集 2021年，市人民建议征集办公室组织全市各级信访部门和社会各界积极建言献策，向社会公开征集人民建议116件，县区18件，市直单位和社会征集98件。择优报送省政府信访局省级层面人民建议30件，其中市级14件、县区16件（东海县1件、灌云县2件、灌南县1件、赣榆区2件、海州区2件、连云区2件、开发区1件、徐圩新区1件、景区4件），以上建议均录入江苏省信访局官网。《将连云港建设成为千万标箱集装箱大港作为整个江苏"十四五"发展必须完成目标的建议》《关于对农用塑料薄膜使用处理的建议》获省委主要领导批示，被省政府信访局评为优秀人民建议。 （孙 丹）

·人民调解 2021年，全市有1814个人民调解委员会，调解员7731人，其中专职调解员2280人，化解社会矛盾纠纷11.67万件。全年完成1695个村（社区）人民调解委员会换届工作，开展坚持发展"枫桥经验"努力实现矛盾不上交三年行动总结提升年工作，完善矛盾纠纷全周期管理，整合非诉资源进乡村助推农业农村现代化，完成非诉解纷护稳定迎党庆专项行动，完善知识产权、医患纠纷等领域矛盾纠纷调处工作机制，开展商协会调解工作，成立新丝路国际商事调解中心，服务连云港自贸区发展。

（姜茂龙）

公共安全

·概况 2021年，连云港市建立大应急联动机制，提升应急处置的系统性、科学性。市应急指挥中心处置企业火灾5起、危险品道路运输救援12起。全市建成三级应急预案体系，修编市级44个、县级292个、镇（街）级94个预案。推动政企预案衔接，逐步形成政企全覆盖应急预案体系。全年开展防御台风、森林火灾、危化品生产安全事故等应急预案的桌面推演8次，开展"江苏·连云港突发地质灾害应急演练"。整合武警连云港支队、市消防救援支队、连云港蓝天救援队、徐圩186大队等队伍力量，参与全灾种救援、全天候备勤，建立应急救援力量快速反应第一梯队，最大出动量达千人。加强应急抢险专业队伍建设，建立县区、市级机关部门值班领导以及应急救援队伍负责人信息库，强化县区、部门间灾情信息、救援装备和应急队伍的共享和联动。围绕核应急去污洗消力量建设，调整核应急民兵应急分队。坚持系统规划、综合统筹储备物资，形成以1个市级库为主体、5个县级库为基础、镇街库为补充的救灾物资储备体系，加快救援的物资、器材、装备库建设，鼓励灾害高风险的镇（街）、村（社区）建立储备站点。编制全市应急指挥决策"一张图"，实现突发状态下的应急指挥调度需求。争取应急通讯资源支持，融合卫星通信设备、手机、固话、集群、无人机、视频会议等多种通信手段。优化灾害防治体系，市应急管理、气象、水利、自然资源、住建、交通等部门制定自然灾害防范措施和抢险救援联动方案。推进自然灾害综合风险普查工作，做好自然灾害防治九项重点工程方案编制、重大项目实施等工作。按照承灾体类型开展排查，制定200余处场所、可接纳5200余人的转移安置方案，并明确责任人、责任单位。全年发放冬春救助资金261万元，近1.5万人得到救助。第六号台风"烟花"造成全市受灾人口38125人，紧急避险1560人，紧急转移安置649人。

·地质灾害防治 市应急管理局建立联情共享、联动检查、联合会商、联防调度机制，市应急管理、自然资源部门联合对111处地质灾害隐患点进行拉网式排查。在极端恶劣天气及重要节点，增加检查频次，全面掌握地质灾害隐患动态变化情况。制定111处单点地质灾害应急处置方案，汛期处置4起滑坡、崩塌险灾情，没有出现人员伤亡。编制演练脚本和视频制作，开展全市突发地质灾害

徐圩新区灭火救援应急中心 来一麟 摄

应急预案桌面推演，县区应急管理局开展地质灾害桌面和实战演练。10月28日，“江苏·连云港突发地质灾害应急演练”在连云港经济技术开发区朝阳街道韩李村举行。

·防汛抗洪 全市年降水量1288.3毫米，比多年均值多四成，其中汛期(6—9月)降水量1000.2毫米，比多年同期偏多六成。主要降水过程14场次，第6号台风“烟花”对全市及沂沭泗流域形成强降雨，致使新沂河、新沭河、蔷薇河等主要河道大流量行洪，5条主要河道超警戒水位，167座大中小型水库中，82座超汛限泄洪。市应急管理部门汛前强化部署督查，掌握52处防洪工程险工隐患段，落实应急物资和队伍，强化培训和演练。召开会议会商研判，协助城区低洼片区、下穿立交、涵洞等易积水地段排涝，帮助徐圩斯尔邦公司片区排除积涝。武警连云港支队和市消防救援支队指战员前置新沭河、新沂河备勤。全年市防汛指挥部启动防台风应急响应三级1次、四级2次，启动防汛应急响应三级1次，启动新沂河防汛应急响应四级4次。全市无重大险情、无重大灾害损失、无人员伤亡。

·森林防火 2021年，全市未发生较大以上森林火灾和人员伤亡事故。到年底，全市林区建成森林防火通道489千米，护林房267间，蓄水池495个，铺设森林消防管道156千米，祭拜台240座，林火阻隔带200千米。县区及有森林防火任务的街道(乡镇)、林场，严格执行防火期24小时值班和领导带班制度，重点区域落实专人巡山制度。举办“2021年度森林火灾应急预案桌面推演”，编制《应对极端情况下森林火灾专项预案》，完善“全市森林防灭火指挥图”。开展全市森林防灭火队伍跨区域应急拉动演练，加强市森林防灭火物资库建设，定期更新物资储备，全年完成46万元森林防灭火物资政府采购。召开全市森林防灭火队伍工作座谈会，建立锦屏山、后云台山、花果山3个防灭火“平时前置库、战时指挥部”。全年举办森林草原防灭火业务大讲堂7场次，举办全市森林防灭火业务骨干培训班，开展“进林区、进村庄、进单位、进学校、进社区、进景区”森林防火宣传教育。（曾宏利）

·防震减灾 市住建部门做好防震减灾科普教育基地创建工作。印发《关于组织申报2021年度国家防震减灾科普示范学校的通知》。在“5·12”全国防灾减灾日、“10·13”国际减灾日等重要时间节点，开展全民性防震减灾宣传和科普活动，展出防震减灾知识展板60余块，悬挂宣传横幅15条，发放地震科普知识等宣传资料1.57万份，现场解答群众咨询1800余人次。在新浦实验幼儿园、海州南门社区、淮海社区等学校、社区开展10多场防震减灾知识讲座，参加人数1000余人。防灾减灾宣传周期间，江苏公共频道、连云港电视台新闻频道分别报道海州区苏宁广场防灾减灾日宣传活动、赣榆区城头中心小学应急疏散演练和东海科技馆科普讲座以及地震体验科普宣传活动。5月12日，市住建局、海州区住建局在海宁小学开展实地演练活动，县区组织辖区内学校幼儿园开展防灾减灾疏散演练活动，参演人数6000余人。

（孟凡哲）

·农产品质量安全 2021年，全市推进绿色优质农产品发展，农产品质量安全水平稳中向好，总体合格率保持在98%以上，规模农业生产主体追溯覆盖率达80%以上。推进“网格化+精准监管”，建立“横向到边、纵向到底，上下贯通、立体覆盖”的农产品质量安全监管新机制，全年发展监管员358人，村级协管员1511人。开展全省农产品质量安全监管暨十万规模主体入网监管行动，实现入网管理的各类生产主体1.52万家，完成产品速测44.2万次，打印二码合一标签22.39万张。深化食用农产品“治违禁、控药残、促提升”三年行动，采取“一个问题品种、一张整治清单、一套攻坚方案、一批管控措施”的“四个一”精准治理模式，对11个重点品种开展督查，完成农产品快速检测24万批次、风险监测4750批次、监督抽检379批次，查办案件25起。试行食用农产品合格证，统筹资金245万元，建立31家农产品质量安全监管示范服务点，培训市、县、镇三级监管员和生产主体1.57余万人次，实现规模农业生产主体追溯、巡查、抽检覆盖率均达100%。（顾绍军）

·食品药品安全 食品药品检验检测 2021年，药品检验总计1763批次，化妆品检验220批次。其中，省级药品监督抽验400批次，实检413批，全检373批，全检率90.31%；省级化妆品专项150批，实检150批；市级药品监督抽验900批，实检903批，全检715批，全检率79.18%；市级化妆品专项70批，实检70批；省级药品专项60批，实检60批；配合公安办案非法添加专项检验29批，检出阳性21批，阳性率72.41%；案件鉴定药品5批，2批不合格。全年接收辖区内企业委托93批；医疗器械口罩委托检验3批；洁净区委托检验37批次；食品监督抽检、风险监测任务总计3280批次。市食品药品检验检测中心具有食品、药品、保健食品、洁净区(室)性能检测、化妆品、医疗器械、防护用品共七大类1059个检验检测能力参数。参加英国政府化学家实验室(LGC)组织的“紫外—可见分光光度法”“旋光度测定法”“药品中需氧菌总数、大肠埃希菌定性检查、金黄色葡萄球菌定性检查、耐胆盐革兰氏阴性菌定性检查”三项国际能力验证项目，承担的“基于HPLC-ELSD、UPLC-MS/MS和溶血率法研究银翘解毒片(胶囊、丸、液、颗粒)中掺伪的山银花成分及生物安全性评估”“食品过敏原及海洋水产品毒素检测”两个项目获省市场监管局批准立项。“山茶花等6种对照药材的标定和质量标准研究”项目获2021年江苏省药品监管科研计划项

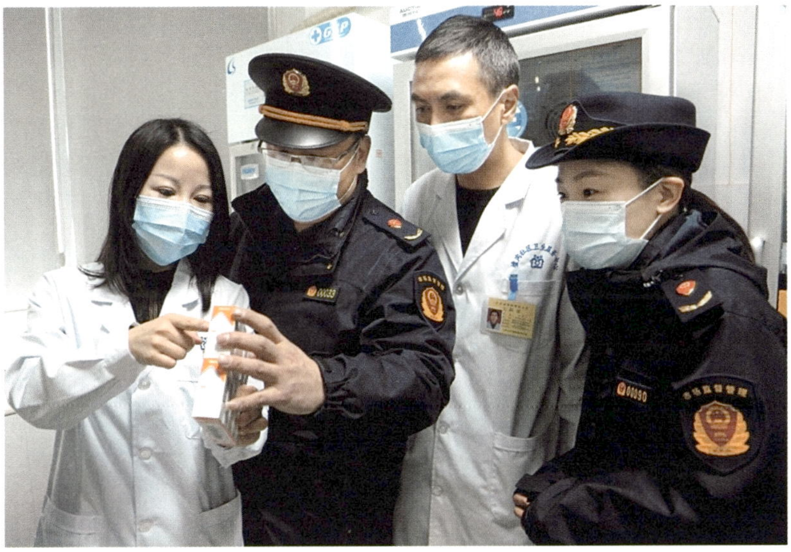

连云区市场监督管理局执法人员在疫苗接种机构监管检查

王春/视觉江苏网

目立项。

药品和医疗器械不良反应监测　全市上报药品不良反应7082例，每百万人口1539例，新的严重报告数2139例，占总数的30.2%。上报医疗器械不良事件2958例，每百万人口643例，严重报告数78例，占总数的2.64%。上报化妆品不良反应676例，每百万人口147例。药物滥用监测报告1142份。

食品安全监管　全年开展保健食品行业专项清理整治行动，检查保健食品经营主体6595家次，出动检查人员8066人次；检查发现问题447个，责令整改230家，查处保健食品经营环节违法案件15起。开展婴幼儿配方乳粉质量安全提升行动，检查婴幼儿配方乳粉经营单位1141家，出动检查人员2166人次，发现问题106个，责令整改56家，规范提升婴幼儿配方乳粉经营单位201家。开展食品生产企业监督检查1815家次，发现违法违规企业175家，发现违法违规问题616个。督促企业落实食品安全主体责任，实现全市企业自查率和自查风险报告率100%。获证食品生产企业食品安全管理人员监督抽查考核覆盖率、合格率均达100%。推进信用等级评定管理，印发《连云港市食品生产食品安全信用等级评定管理办法（试行）》，并在海苔生产企业试点。23家小作坊被评为省级“名特优”食品小作坊。

药品安全监管　加强零售药店疫情防控管理，市县联动开展零售药店疫情防控专项检查，检查零售药店2192家次。实施疫苗安全监管，印发《连云港市加强新冠病毒疫苗监管工作方案》。开展疫苗专项检查活动，对8家疾控中心和144家疫苗接种单位实施全覆盖检查。对从事新冠疫苗储存、运输和预防接种服务的8家疾控机构、119家接种单位、11家临时接种点开展3轮全覆盖监督检查。开展药品流通专项检查、药品网络销售违法违规行为专项整治、含兴奋剂药品专项检查、医疗机构药品质量安全第二阶段专项检查、儿童化妆品专项检查五个专项检查和整治活动，医疗机构和药品零售企业检查覆盖率分别达41.76%、61.81%。完成药品监督抽样906批次、化妆品抽样50批次。　（关紫平）

·公共卫生安全　2021年，全市推动新冠肺炎疫情常态化防控和应急处置能力持续提升。开展呼吸道传染病综合监测，累计采样检测流感病例1058例，发热病例1509例，住院肺炎1419例。坚持“人物同防”，加强冷链食品及包装、环境和从业人员抽样检测，累计采样4.27万份。精准闭环处置46轮次涉疫船舶，113例涉疫外籍船员就医，收治境外输入阳性病例51例。全市建成标准化发热门诊20个。三批次定点医院储备救治床位1243张，其中重症救治床位181张，达到定点医院配置重症监护床位不少于10%的要求，对定点医院移动CT等重点医疗设备“填平补齐”。全市救护车数量提高到185辆，其中负压救护车65辆，全部达到转运配置要求。强化重点人群筛查，开展重点人群“应检尽检”478.37万人次。对中高风险地区到连云港人员4611人，密接176人、次密接1621人，管理入境人员6410人开展健康管理。推进新冠病毒疫苗接种，疫苗接种能力达每日13万剂次以上。到年底，全市接种新冠疫苗408.81万人、873.34万人次，常住人口首针接种率达88.88%。推动基层卫生应急规范化建设，在全省率先实现乡镇全覆盖。　（朱孔豪）

·安全生产　2021年，全市发生各类事故117起、死亡57人，比2020年分别下降33.1%、34.5%。建立健全联防共治大安全的联控机制。实施“一年小灶回头看、三年大灶深化抓”，将“三年专项整治‘1+2+10+1’工作方案”“落实国务院安委会开展深化江苏专项整治指导工作实施方案”“深化三年专项整治工作的实施意见”三个指导性文件要求贯穿年度安全生产工作。推进三年专项整治“集中攻坚年”时序任务。到年底，全市检查企业7.3万家次，整治突出问题和重大隐患359处，行政处罚5581家，责令停产整顿1850家，暂扣吊销企业证照41家，关闭取缔485家，罚没金额7.1亿元，警示约谈1308家，联合惩戒302家。市专项治理办公室加强调度跟踪督查，开展安全生产明察暗访，集中曝光问题隐患102处。

安全生产巡查督查　优化安全生产考核体系，修订印发考核办法，按照平时监测、季度考评、年度评价等基本程序，对9个县区（板块）、75家市级机关单位和8家重点企业集团下达考核任务、明确考核标准，实施“一家一清单”精准考评，对考核反馈的33批、1325处问题隐患通报督办、挂账销号。在全省首创出台安全生产巡查组管理办法，实行组员履责“一巡一评”。市委市政府成立6个工作组，对县区全覆盖实施季度督导、同步对3个板块开展进驻巡查，延伸巡查督导基层行业部门78个、乡镇（街道、园区）85个，县区组成38个工作组同步开展巡查督导。落实安全生产问题处置监管平台日监测、周分析、月通报，全市数据总量增长163%，报警率从1.72%降至0.06%。

安全发展示范城市创建 2021年，连云港市本级、赣榆区、东海县、灌云县、灌南县5个创建对象制定创建工作方案，启动创建工作。市安全委员办公室开展创建工作任务培训，分解细化314项市级创建任务。东海县提升城市安全监管水平，市开发区探索推行“2＋2＋4”安全生产治理模式，破解区域安全发展难题，提升城市安全治理能力和保障水平。到年底，试点东海县创成省级安全发展示范城市，市开发区完成自评并报省安全委员会办公室，其他创建对象按照统一部署。

工业企业风险报告 按照《江苏省工业企业安全生产风险报告规定》，连云港市组建工作专班，工信、发改、生态环境等7个部门摸排工业企业底数，召开4次业务培训会、5次工作视频会、2次专项推进会，组建12人的市级专家讲解队伍进县区、组织73家技术服务机构提供指导培训服务、印发2万份“两书一指南”送企业、开展200余次“企企合作互动”，建立风险报告进度质量考核评估制度，强化部门联动专项执法。956家规上工业企业（不含销号46家），5847家规下企业（不含销号9189家），全部提前完成风险报告。

危险化学品使用安全专项治理 全市17个部门针对20个行业领域全面排查底数，开展安全风险辨识，建立危险化学品使用单位“一企一档”。到年底，全市摸排建档危险化学品使用单位1.22万家、风险点1.43万个，检查危险化学品使用单位1.78万家次，发现隐患1.32万处，完成整改1.29万处，整改率98.04%，5处重大隐患全部完成整改。全年立案186起，关闭取缔18家，行政处罚261.17万元。

安全生产监管执法 在冶金工贸等重点领域实行“三位一体”执法模式，督促生产经营单位落实主体责任。加大联合检查力度，推动粉尘涉爆等专项整治行业领域检查全覆盖。固化媒体曝光警示机制，累计曝光8批次、77起典型违法案件。全年执法检查企业1967家，立案总数1591起，事前立案1502起。罚没款总额3144.42万元，事前罚款1675.66万元，责令停产停业整顿2家，暂扣暂停有关证件20件，提请关闭5家。排查问题隐患9160处，其中一般隐患9070处、重大隐患90处。

安全生产基层基础 推进镇街安全管控能力“补短板”工程，全市镇街完成区域性安全风险评估。徐圩新区应急救援实训基地化工企业职业技能培训项目建成。贯彻宣传新《中华人民共和国安全生产法》，开展“百团进百万企业千万员工”活动。全年有3.5万人次参加“三项”岗位（生产经营单位主要负责人、安全管理人员和特种作业人员）人员考试，发放证件2.72万份，发放特种作业人员培训专项补贴资金438万元。连云港中等专业学校通过江苏省首批省级安全生产培训示范职业院校创建达标验收，市国网江苏电力公司连云港考试点被评为首批全省特种作业实操考试示范基地。（曾宏利）

2021年，新冠肺炎疫情常态化防控期间，连云港港加强船舶、集装箱消杀 王健民 摄

·交通安全 2021年，全市公安交警部门查处交通违法行为256.1万起，查处无证驾驶897起、假牌套牌302起、客车超员6036起、货车超载1.67万起。查处酒醉驾5694起、行人非机动车违法58万余起、机动车违停66.3万起、后排乘员未使用安全带1.7万起、工程运输车重点违法3.9万起。市政府印发《连云港市机动车停车场管理办法》，完成智慧停车运营中心建设以及城区核心区域1850个道路临时停车泊位的标准化改造和智能化建设等工作。

（成标荣）

·消防安全 2021年，全市发生火灾3132起，死亡2人，直接财产损失2673万元。消防救援队伍接警出动6984次，出动次数6984起，出动消防车8615辆次、消防人员5.06万人次，抢救被困人员数275人，疏

市交警支队开展酒驾醉驾夜查　　市公安局　供图

散人员数346人。成功处置“4·22”连云东城海岸住宅火灾、“4·27”东海如意情菌菇厂火灾、“6·19”天然气罐车泄漏事故、“9·5”液化石油气罐车泄露等应急救援处置和防汛抗洪、重点时段重大活动消防安保工作任务。全市连续30年未发生重大以上火灾事故。

消防设施建设　2021年是连云港市应急救援体系建设消防基础工作三年行动计划收官之年，县区消防队站、水源、车辆装备建设水平得到提升。开发区盐池西路、灌云县开发区、灌南县城东消防站具备入驻执勤条件，海州区消防救援指挥中心完成主体建设，连云区消防救援指挥中心列入区政府十大民生工程施工招标。解放东路、凌州路消防站完成立项审批。东海高铁消防站完成前期手续办理工作。8个重点乡镇消防站建设稳步推进，配备8辆消防车，装备器材6600余件（套）。推广安装独立式感烟火灾探测报警器5000只、简易喷淋装置590套、电气火灾监控系统800套，社会面消防安全环境不断改善。

消防监督执法　加强消防安全标准化管理，1106家一、二级重点单位全部接入消防安全管理系统，实行“红、黄、绿”三级标准化管理。狠抓大型商业综合体、宾馆饭店、高层建筑、公共娱乐、消防车通道5大领域治理，开展“秋风”系列专项清查行动，成立执法服务队对31家大型商业综合体和医疗建筑“体检式”服务检查。全年检查单位1.6万余家，督查整改隐患3.5万处，临时查封392家，责令“三停”（停产停业、停止施工、停止使用）171家。在主城区试点实施《消防安全领域失信联合惩戒办法》，应用“磁吸式电子告知单”，查处违规占用消防车通道行为。424个高层住宅小区、462个多层住宅小区共施划消防车通道标线5600余处、设置警示标牌1500余个，清理违规占堵行为2600余处。（徐家勇）

·核安全　2021年，全市开展核应急机构、队伍、设施、装备、物资和人口等资源调查采集工作，完成《连云港市田湾核电站核事故场外应急预案》修编初稿。举办“连安－2021A”核应急公众撤离交通运输保障单项演练，交通运输保障组组长、副组长、联络员和下设的客运、货运、道路抢修专业队共120人参加演练，动用车辆、装备28台（套）。完善市核应急指挥信息系统，在省核应急指挥信息系统升级改造验收会上，首次实现省市平台文件文本的上传下达、地理信息的协同标会和监测数据的实时展示等互联互通功能，完成锦屏核应急洗消中心修缮改造工作。编发《核应急宣传册》，在全市中小学生素质教育基地举办核知识讲座。完成连云区核知识科普馆选址、设计、施工等工作，初步具备开馆条件。（曾宏利）

·特种设备安全　2021年，市场监督管理部门对特种设备制造、安装、维保、检验和气瓶充装单位开展现场监督检查，共检查特种设备生产单位76家、使用单位272家，指导企业整改问题隐患1164处，对13家化工企业开展复产前技术指导，消除隐患100余处。县区检查特种设备使用单位2727家，排查隐患1994处，下达指令书642份，立案查处138起，经济处罚566.5万元，责令拆除0.5吨以上简易升降机197台、停用225台。开展特种设备规范化监管试点，确定15个基层市场监管分局作为第三批特种设备安全规范化管理试点单位。加强特种设备安装管理，特种设备安装告知采取现场告知和网上告知相结合的方式，接受安装告知13240台设备，其中锅炉137台、压力容器7286台、电梯3619台、起重机械2198台。完成锅炉定检487台，锅炉安装监检39台，压力容器定检3864台，压力容器产品制造监检2520台。压力容器投用前检验1962台，压力管道定检466千米，压力管道安装监检726千米。起重机械定检2617台，起重机安装监检472台。厂内机动车辆定检3671台。安全阀固定校验26736只，在线校验安全阀977只。水质化验锅炉水样206个，锅炉能效测试48台。全年无检验质量事故和检验安全事故。完成电梯定检1.78万台、电梯安装监检2668台。《连云港市电梯安全管理条例》入选省人大立法精品工程。建成“96333”电梯应急处置服务平台，全市电梯应急救援平均救援时间压缩至15分钟以内。成立5个检查组对66家电梯维保单位开展现场检查。开展2021年度电梯维保单位星级评定工作，评出二星级以上维保单位29家，其中五星级维保单位1家、四星级维保单位1家、三星级维保单位14家、二星级维保单位13家，无星级或者达不到评级标准的37家。

（关紫平）

·无线电管理 2021年，全市监测无线电频率65995小时，频段占用度监测14752小时，完成2020年边海二期项目建设(新浦二类固定监测站和车载二类移动监测站)。开展1.4吉赫、1.8吉赫频段，150兆赫、400兆赫双频组网频段，水上专用频率，业余电台频率，公众移动通信频率等五项专项检查行动，识别、查处不明信号18个，排查干扰申诉12起，查处“黑广播”案件6起，对22家在用无线电台(站)开展“双随机”抽查，走访6家无线电发射设备销售企业。完成高考、中考、司法、注册会计师、硕士研究生招生、公务员招录等26场无线电考试保障任务。完成国网电力有限公司连云港供电分公司、连云港花果山机场建设投资有限公司等无线电台(站)执照核发，征收无线电频率占用费62.84万元。市工信局编制《连云港市1447－1467MHz频段宽带数字集群专网建设综合规划方案》，获省工信厅同意批复。在花果山机场投产校验飞行中，塔台主用频率受到严重干扰，市工信局组成技术小组，查找干扰源，及时消除干扰，保障投产校验飞行顺利完成。全年解决23起5G基站干扰案件。连云港海事局、市工信局、连云区政府联合开展海上无线电专项整治联合执法行动，保障海上无线电通信安全。在江苏省工信厅举办的2021年江苏省苏北片区无线电监测与行政执法演练竞赛中，连云港市参赛队获第一名。

（于 跃）

·网络安全 2021年，全市强化网络安全责任落实、监督检查、应急管理和宣传培训，提升网络安全综合治理水平。市委网信办印发《2021年连云港市网络安全工作要点》《连云港市政务信息化项目网络安全管理规定》，对县区和82家市直部门开展网络安全工作责任制落实情况督查检查，将其工作纳入市委督查检查工作计划，结果纳入年度目标责任制考核指标，并将责任制落实情况纳入审计范围。市委网信办、市政务办、市发改委等部门联合制定《市政务信息化项目建设管理办法》。开展全市互联网基础资产排查摸底，核实788家单位、1938个网站信息系统，7978个IP地址。开展“网安2021”专项行动，对771家单位3278个目标渗透测试，对188家单位438个网络漏洞通报整改。印发《连云港市庆祝中国共产党成立100周年网络安全保障工作方案》《关于开展网络安全核查工作的通知》，做好网络安全保障工作，对8家单位实地现场检查。开展政务App人脸识别身份认证安全风险排查，政务数据安全风险排查。全年举办网络安全主题宣传活动500余场，受益人数10万余人。公安网安部门破获“9＋2”网络案件174起、公诉272人，查处网络行政案件856起、获评精品案件22起。破获公安部督办“网络水军”专案3起，抓获犯罪嫌疑人65人。投资450万元，建成标准化网络侦控室，灌南、海州电子数据实验室通过省公安厅等级实验室现场评审，全市A类地区县分局全部建成三级电子实验室。

（李 伟 成标荣）

基层治理

·概况 2021年，连云港市加强基层社会治理工作。市委、市政府印发《加强新型农村社区治理与服务的实施意见》。全市村（社区）按照“一委三会”（党委领导、议事会协商、村居委会实施、监事会监督）地方标准，推选村（居）民议事会、村（居）务监督委员会成员、完善组织、健全机制。在全市打造200个示范点，将红旗村（社区）、新型农村社区作为打造重点。运用全市农村社区“一委三会”标准化工作成果，将所有新型农村社区作为首批“一委三会”标准化示范点重点创建单位。开展“微自治”公益服务项目活动，资助120个项目，开展服务384场，参加社会工作者和志愿者1095人，受益居(村)民9000余人。

·基层自治组织建设 2021年，全市完成1695个村(居)委会换届选举，实现换届选举全部成功、无群访、无舆情。开展专项督查，市民政部门督查指导37组(次)，并印发检查通报，对检查发现的问题及时督促整改。印发《关于做好全市村(居)委会换届选举后续工作的通知》，全市村(居)委会做好新老班子交接工作、建立选举工作档案、健全

10月25日，市委政法委、江苏海洋大学共建连云港市社会治理研究院揭牌

杨平 摄

各类村级组织、做好换届工作总结等系列工作。

·**城乡社区服务** 2021年,全市完成新建、改建社区综合服务设施民生实事项目27个,累计建设规模2.93万平方米,投入省级资金317万元、地方配套资金3909万元。采取"以奖代补"的方式,在主城区培育首批20个"全科社工"服务示范点,其中海州区12个、连云区3个、开发区3个、赣榆区2个。

·**社会组织培育** 2021年,市民政部门对3月后新设立登记的30家社会组织,从成立的必要性、发起人的代表性、会员的广泛性和运行的可行性等方面审核把关。对32家换届的社会组织逐个帮助修订好章程、规范换届流程、健全内部治理。到年底,全市注册登记各类社会组织5349家,其中社会团体2337家、社会服务机构2998家、基金会14家。市本级注册登记社会组织892家,其中社会团体493家、社会服务机构387家、基金会12家。市本级注册登记社会组织30家,其中社会团体9家、民办非企业单位19家、基金会2家。注销社会组织18家,更换登记证书243家,其中因变更更换登记证书76家。

·**社会组织行政执法工作** 2021年,连云港市开展非法社会组织打击行动,实行联合(部门)执法、分片联动执法,依法分别取缔和劝散5个非法社会组织。开展我为企业减负担行动,市民政、发改、市场监管部门联合开展行业协会商会涉企收费专项整治,规范行业协会商会收费管理,减轻企业负担360万元。开展僵尸社会组织专项整治行动,全市摸排僵尸社会组织2257家,完成注销91家,激活113家,撤销688家,警告3家,完成率达39.5%;拟撤销1067家,注销129家,激活166家。开展行业协会商会与行政机关脱钩回头看,完成421家行业协会、商会改革。开展社区社会组织培育专项行动,市委组织部等7部门联合印发《社区社会组织培育发展三年行动实施方案》,建立社区社会组织培育发展观察点18个,在社会组织中开展"守望相助"关爱行动。对544家社会组织年度检查结论予以公告,其中不合格和基本合格达166家,未参加年检293家。成立专门评估机构,组织专家对38家(23家为行业协会商会)申报等级评估并符合条件的社会组织,确定35家社会组织获得2A—4A等级。加大"双随机、一公开"抽查检查力度,市本级按不低于5%抽取55家社会组织,其中行业协会商会33家,通过抽查发现问题促进整改。(张　楠)

·**民主法治示范村建设** 2021年,全市开展省级民主法治示范村(社区)建设巩固提升年活动,对1至14批省级民主法治示范村(社区)进行巩固提升。完成845个省级民主法治示范村(社区)的复核工作,其中保留省级民主法治示范村(社区)732个,撤销省级民主法治示范村99个,注销省级民主法治示范社区14个。开展第十五批省级民主法治示范村推荐申报工作,创建51个省级民主法治示范村(社区)。到年底,全市有783个省级以上民主法治示范村(社区),占比46%。(姜茂龙)

社会信用体系建设

·**信用管理体系建设** 2021年,连云港市编制《"十四五"社会信用体系建设规划》,22个市级部门开展23个重点领域信用监管示范工程,全年对2.6万余名失信被执行人实施失信惩戒。优化系统网站功能,全年公共信用信息比2020年增长34%,"双公示"新增7.6倍,全市信用信息达5.1亿条。开通信用审查窗口8个,省内首家发布《公共信用信息查询指南》,信号用审查量首次突破7万份。创新信用+审管联动新模式,实现审批、监管、信用信息即时交互、闭环管理,被国务院办公厅电子政务办在全国范围内专题推介并获评江苏省信用创新项目奖。建成个人信用分系统,开发信易+消费、+旅游、+交通等激励场景,促进信用惠民,激发守信正能量。依托网络、电视媒体、报纸、微信公众号等多渠道宣传诚信建设成效,开展信用县、信用乡镇、信用企业等诚信评选活动,举办"奋进新时代 诚信创未来"2021诚信汇聚力量颁奖典礼,开展《诚信会客厅》电视台节目专访。加强信用教育培训,举办1期助理信用管理师培训班,在青干班培训、初任公务员培训中开设《政务诚信》《江苏省社会信用条例》培训课程,全年开展行业信用监管工作业务培训班7场次。

·**信用承诺机制** 2021年,市司法局、政务办、信用办联合印发《证明事项告知承诺制信用管理制度》,依托公共信用信息系统实现"承诺—入库—公示—监管"闭环管理,"信用连云港网"发布承诺28.5万份。医疗保障信用承诺书获评全国信用承诺书示范样本。

·**信用修复** 2021年,市信用办印发《关于组织2021年连云港市企业信用修复公益培训班的通知》,市信用办、生态环境局、住建局、城管局、市场监管局、税务局联合启动全市信用修复培训工作,强化信用服务机构骨干讲师培育,全年举办修复培训班22场次,受益企业1200余家。

·**信用惠企** 2021年,全市完善服务体系,激发信用惠企新活力。举办企业信用管理培训,累计培育贯标企业193家,创建市级示范13家、省级示范企业2家。举办"信用赋能中小微 金融主力促发展""信易贷"推介活动,全年江苏省综合金融服务平台连云港站注册企业5.8万家,撮合授信金额318.9亿元。(沈　阔)

责任编辑　徐　敏

区县

赣榆区

·概况　2021年，赣榆区总面积1516.88平方千米，辖15个镇，2个省级经济开发区，426个行政村、37个社区，常住人口100.41万人。实现地区生产总值707.5亿元，比2020年增长8.3%；实现一般公共预算收入34.81亿元，增长15.93%；进出口额20亿美元，增长64.9%；城镇居民人均可支配收入38828元，增长8.5%；农村居民人均可支配收入22490元，增长10.8%。完成社会消费品零售总额181.63亿元，增长9.8%。完成全社会固定资产投资总额301.85亿元，增长14.8%。存贷款余额679.08亿元、651.32亿元，分别增长12.4%、20.21%。

·农业　2021年，赣榆区实现农业总产值202.24亿元，粮食种植面积7.27万公顷，产量52.63万吨；水产养殖面积2.84公顷，产量43万吨。高效设施农业加快推进，新增高标准农田5333.33公顷。设施渔业集中区、紫菜产业园、渔港经济区加快建设，创建国家级海洋牧场示范区。创成美丽库区、幸福家园移民示范村3个，建设特色田园乡村9个。石梁河水库幸福河湖建设清水进城行动启动，打造乡村振兴示范样板。农村电子商务发展迅速，海头镇海前村电商产业园创建为全国农业农村信息化示范基地。

·工业　2021年，赣榆区实现工业投资210亿元，增长17.5%；工业应税销售收入821亿元，增长33.9%。石化、钢铁及装备制造、生物科技、新能源四大支柱产业实现应税销售收入525.6亿元，占比64.2%。镔鑫钢铁高速棒材、中慧装配式建筑等22个项目建成投产，金凌创联针状焦、前卫PVC软管等项目加快推进。丰海高新材料丙烷综合利用项目加快前期手续办理，华电LNG接收站项目上报国家发展改革委核准。新增规模以上工业企业41家，总数225家，实现规模以上工业产值678.57亿元，增长21.7%。新认定四星级上云企业2家、三星级上云企业8家、科技“小巨人”企业6家。

·服务业　2021年，赣榆区电子商务迅速发展，完成交易额150亿元，增长11.1%，快递上行量1.1亿件，抖音电商直播基地签约入驻，获评省电子商务示范基地，位列淘宝农产品电商销售第八位，“快递＋海鲜”“快递＋紫菜”项目被国家邮政局评为快递服务现代农业金牌项目，赣榆区成为全国海鲜直播网红集聚地。跨境电商蓬勃发展，举办中非跨境电商产业对接会。全域旅游深入推进，启动抗日山片区整体规划开发，抗日山、秦山岛景区入选AAAA级旅游景区创建名单。

·城乡建设　2021年，赣榆区义塘、徐福片区开发建设全面提速，教育、绿化、道路等配套设施加快推进，启动北部城市副中心核心区建设，海头镇、赣马镇与城区融合发展、西南

赣榆城区　　赣榆区政府办　供图

2021年赣榆区国民经济发展情况主要指标一览表

表55

项目	单位	2021年数量	比2020增长(%)	项目	单位	2021年数量	比2020增长(%)
人口	万人	100.41	−0.01	全社会固定资产投资总额	亿元	301.85	14.8
土地面积	平方千米	1516.88	0	外贸自营出口总额	万美元	62503	19.2
耕地面积	平方千米	554.09	−0.21	实际利用外资及港澳台资	万美元	11489	13.68
地区生产总值	亿元	707.50	8.3	社会消费品零售总额	亿元	181.63	9.8
第一产业增加值	亿元	108.03	2.2	财政总收入	亿元	120.08	46.76
第二产业增加值	亿元	308.63	6.7	一般预算收入	亿元	34.81	15.93
工业增加值	亿元	212.44	4.4	财政支出	亿元	138.20	6.35
第三产业增加值	亿元	290.84	12.7	一般预算支出	亿元	89.85	10.90
人均地区生产总值	元	70458	8.2	城镇居民人均可支配收入	元	38828	8.50
规模以上工业产值	亿元	678.57	21.7	农村居民人均可支配收入	元	22490	10.8
农业总产值	亿元	202.24	2.6	年末存款余额	亿元	679.08	12.4
粮食总产量	万吨	52.63	−0.02	年末贷款余额	亿元	651.32	20.21

部城镇组团发展推进。完成房屋征收改造项目8个,征收面积60万平方米,金海路全线贯通,打通文化东路、华中北路等断头路,开工建设402省道城市南环段,启动204国道城区段快速化改造工程前期工作。完善道路清扫保洁机制,机械清扫率95%。实行城乡垃圾一体化管理,城区生活垃圾日产日清,无害化处理率100%。开展市容环境综合整治,拆除违建367处、22.73万平方米。区域供水加速推进,莒城湖水厂获中国建设工程鲁班奖。实施228国道两侧生产用地清退工程,开展青口河沿线综合整治,新增街头游园10个、绿地面积1.2万平方米,形成城市公园绿地10分钟服务圈。加快建设白鹭公园,打造滨海最美白鹭栖息地。

·社会事业 2021年,赣榆区新建幼儿园5所,义塘路中小学、赣榆第二高中等8所学校加快建设,厉庄高级中学通过省四星级高中评估,高考本科上线数在全市实现“二十三连冠”,创成全国中小学劳动教育实验区。加快健康赣榆建设,启动区中医院迁建、区突发公共卫生事件应急医院建设,推进紧密型医共体建设,完善医保总额预付制度。精准开展就业服务,新增农村劳动力转移就业8321人、失业人员再就业5912人。加快全民医保步伐,居民医保财政补助标准提高至610元,城镇职工、城乡居民医保参保率98%,50.72万人激活医保电子凭证。

·青口镇 青口镇是赣榆区政治、经济、文化中心。2021年,镇域面积87.28平方千米,辖19个行政村、37个社区,户籍人口23.92万人。实现地区生产总值190.2亿元,一般公共预算收入5.84亿元,工业总产值40.15亿元,人均可支配收入39592元。投资1.2亿元的佐罗科技新材料年产8000万平方米高档胶贴项目、投资3.2亿元的前卫新材料年产3万吨PVC软管项目、投资1亿元的天眼视力6822角膜接触镜项目开工建设。完成投资近4000万元的四沟等村省级土地整治项目,新增耕地10公顷。投资3000万元新建政法信访服务中心。海洋开发区幼儿园、御海华城幼儿园分别获评省、市优质园。青口镇被市委、市政府评为抗击新冠肺炎疫情先进集体;镇退役军人服务站被评为市五星级和省级精品退役军人服务站。

·柘汪镇 柘汪镇位于赣榆区东北部,分别与山东日照、临沂两市接壤,是全国文明镇、全国重点镇、全国改革发展试点镇、省经济发达镇。江苏赣榆海洋经济开发区、柘汪临港产业区化工园区和赣榆港区坐落境内。2021年,柘汪镇面积76.24平方千米,海岸线长11.8千米,辖24个行政村,常住人口7.5万人。实现地区生产总值173.43亿元,一般公共预算收入6.29亿元、工业应税销售收入539亿元,跻身2021中国镇域高质量发展500强第92位。

·石桥镇 石桥镇位于苏鲁两省交界处的海州湾畔,是国家级生态镇、国家级卫生镇、省文明乡镇、省生态镇、省建筑之乡、连云港市新型小城镇、连云港新型工业发展先进镇、市农业经济十强镇。2021年,镇域面积78.08平方千米,辖23个行政村,耕地面积42.1平方千米,常住人口7.2万人,有146个基层党组织,2966名中共党员。实现地区生产总值29.08亿元,完成实现一般公共预算收入5732万元,农民人均可支配收入31673元。石桥镇构建以黄海粮油科技产业园为龙头,以镇工业集中区、九里海产品电商创业园为补充的

赣榆区石桥镇一家电商企业，主播通过快手直播带货销售休闲食品

司伟/视觉江苏网

“1＋2”产业体系，载体建设不断完善。新增签约项目6个，总投资9亿元，签订瑞茂通、新邦粮油饲料蛋白2个投资过10亿元项目投资框架协议。村级生活污水处理设备实现23个行政村全覆盖。

·海头镇 海头镇位于赣榆区东北部，拥有11.6千米海岸线，是全国重点镇、国家级生态镇、省生态文明建设示范镇、省农村电子商务示范镇、市工业经济十强镇街。2021年，镇域面积83.3平方千米，辖29个行政村，常住人口11.33万人。实现地区生产总值44.2亿元，一般公共预算收入10263万元，工业总产值71.61亿元，农业总产值23.36亿元，居民人均可支配收入40679元。有规模以上工业企业23家。海鲜电商跨越发展，拥有日活跃直播账号6000多个，年销售额约65亿元。投资1.8亿元的顺丰海鲜冷链物流处理中心、投资3亿元的峰叠实业生态电商中心、投资1.6亿元的隆安电商步行街建设按序时进度推进。镇村环境持续改善，投资2000万元的海中路龙王河大桥开工建设，村庄生活污水治理设施全覆盖，打造梁沙益海、海脐新型农村社区2个省级示范点。投资1.2亿元海头小学海口路校区投入使用、投资570万元建成龙河小学综合楼、投资1500万元新龙河卫生院完成一期装修。

·宋庄镇 宋庄镇位于赣榆区东南，被誉为“中国东方对虾之乡”。2021年，镇域面积50.4平方千米，其中耕地面积11.44平方千米。辖17个行政村、24个自然村，户籍人口2.99万人，中共党员1624人。实现地区生产总值82.35亿元，一般公共预算收入2.13亿元，居民人均可支配收入39806元，城乡居民基本养老保险参保率82.36%。依托双万亩高效养殖区，以“电商＋产业”为措施，扶持发展徐朱孟渔具加工、新康邑煎饼等特色产业，打造富民电商品牌。新建全国首家道德模范馆，宣传“全国道德模范”方敬、“江苏省时代楷模”刘永强、“江苏好人”张振琦等一批道德模范人物事迹。完善镇垃圾中转站设施，建设500吨分布式污水处理厂。

·墩尚镇 墩尚镇是国家级生态镇、国家级泥鳅出口示范基地、全市首家国家级卫生镇、省级健康镇。2021年，镇域面积128.54平方千米，辖29个行政村，户籍人口7.89万人，耕地面积54.56平方千米，淡水养殖4000公顷，滩涂湿地30平方千米。实现地区生产总值30.89亿元，一般公共预算收入4438万元，工业应税销售收入18.38亿元。有规模以上工业企业20家，高新技术企业15家。建设集安置、休闲、商贸为一体的市级示范性新型农村社区项目——沭洲尚善居，建设艾城花园、蓝岸小区等8个小区民居工程。连续4年获赣榆区目标考核乡镇组一等奖第一名。

·金山镇 金山镇是徐福故里，地

11月6日，由赣榆区政府和菲律宾驻沪总领事馆共同主办的2021中国连云港（赣榆）中菲跨境电商产业对接会在上海举办

赣榆区政府办　供图

处苏鲁交界。2021年，镇域面积66.9平方千米，耕地面积34.52平方千米，辖21个行政村，户籍人口5.02万人。实现地区生产总值26亿元，一般公共预算收入7834万元，完成产业有效投入10.87亿元，工业应税销售收入10.72亿元，实现工业入库税收3792万元。新签约过亿元项目6个。凯威果酒带动山楂种植面积新增66.67公顷，金海线建成通车，村庄生活污水处理设施新建5个、改造提升5个。徐福村农民住房条件改善项目建成通过验收，办理低保643人，完成居民新农保参保1.14万人，发放低保金及医疗救助资金384.78万元。

5月28日，2021"苏韵乡情"乡村休闲旅游农业(连云港)专场推介活动在赣榆区厉庄镇谢湖村举办　　赣榆区政府办　供图

·赣马镇　赣马镇位于赣榆区中部。2021年，镇域面积85.6平方千米，耕地面积47.8平方千米，辖36个行政村，67个自然村，174个村民小组，户籍人口8.6万人。实现地区生产总值22.21亿元，一般公共预算收入7089万元，全部投资13.39亿元，其中工业投资5.36亿元；外贸进出口额917万美元。规划建设占地60公顷的工业集中区，围绕包装制品和服装纺织两大主导产业，引进项目12个，择来胜、儒曼等4家企业开工建设。新建中、小学教学楼3座，龙官线、黑坡路等镇村道路建成通车，辖区内主要河流水质均达到三类标准。

·沙河镇　沙河镇位于赣榆区西南部，西汉时定名，被著名社会活动家费孝通称为"苏北最大集镇"。2021年，镇域面积132.52平方千米，辖52个行政村，户籍人口12.5万人。实现地区生产总值12.45亿元，一般公共预算收入4870万元；工业应税销售收入11.32亿元，比2020年增长32.2%；工业增值税2488.3万元，增长30.8%；规模以上工业产值7.4亿元，增长3.5%。新签约过亿元项目4个，新开工项目4个，投产项目3个，承担市重点项目库入库项目3个。推进233国道整治，设立17家重型卡车服务中心，引导全镇2260多辆重卡、97家重卡服务网点入驻。推进全域水系连通工程，清淤543万立方米，新增氧化塘89万立方米，新建一体化污水处理设施24个。完成石梁河水库东入口旅游开发项目详规等规划设计，启动孟曹埠村86户、3.02万平方米房屋征迁工作，规划建设"海陵湖·幸福里"新型社区。镇文化站获评全国服务农民、服务基层文化建设先进集体。

·塔山镇　塔山镇位于赣榆区中西部。2021年，镇域面积105.36平方千米，辖30个行政村，户籍人口6.4万人。实现地区生产总值15.33亿元，一般公共预算收入4037万元，实现工业总产值6.26亿元，农业生产总值4.67亿元，人均可支配收入2.36万元。实施道伊尔新材料等工业项目8个，新招引产业关联类项目8个，投产项目4个，纳入市级重大项目4个，新培育规模以上工业企业2家。引进沃勤农业项目，完成46.67公顷有机蔬菜种植、26.67公顷温室大棚主体建设。福满园新型社区项目通过省级验收，完成宋家岭村整村搬迁，改善农户410户。新建一体化污水处理设施9个，完成塔青渠整治、兴庄河水污染治理、畜禽养殖污染治理。拆除大小徐山违建68处，建设蓄水池3个，修建环山公路5千米，新安装路灯870盏。

·厉庄镇　厉庄镇是赣榆区西北丘陵山区中心镇。2021年，镇域面积62.03平方千米，耕地面积38.16平方千米，户籍人口3.59万人，辖16个行政村。实现地区生产总值7.89亿元，一般公共预算收入2054万元，工业总产值3.96亿元，农业总产值4.9亿元，居民人均可支配收入2.45万元。新增重点工业项目14个，其中投资过亿元项目3个。以苏北农房改善为契机，翔凤岭村南片区51户、新坝村坝西片区127户入镇居住。举办首届"德善厉庄，梦想启航"颁奖典礼、第十三届赣榆大樱桃蓝莓文化节。实施党建引领富民兴村项目，新建大樱桃组培中心，整合土地23.33公顷，实施温室大樱桃示范园项目，带动6个村发展集体经济项目。

·城头镇　城头镇位于赣榆中部地区。2021年，镇域面积117.5平方千米，辖43个行政村，户籍人口9.3万人。实现地区生产总值15.95亿元，一般公共预算收入3743万元，工业总产值7.19亿元，农业总产值5.97亿元，外贸进出口额3417万美

猕猴桃丰收　　　赣榆区政府办　供图

元，居民人均可支配收入2.63万元。恒安再生资源产业园投产。打造稻虾综合种养产业，新增兴河基地，稻虾产业规模突破1万亩，举办中国农民丰收节暨首届稻虾美食文化节。建设赣榆人民支前纪念馆、董力生故居、万人大支前广场、红色讲习所，6月30日开馆。全面改善住房条件，润城华庭安置小区交房入住。城头镇获评全省脱贫攻坚先进集体，创成国家级卫生镇。

·班庄镇　班庄镇地处赣榆区西部，位于两省（苏、鲁）三县（区）（赣榆、东海、临沭）交汇处。2021年，镇域面积175.4平方千米，耕地面积124.57平方千米，辖44个行政村，户籍人口10.18万人。实现地区生产总值21.96亿元，一般公共预算收入4133万元，工业总产值7.41亿元，农业总产值7.2亿元，粮食总产量4.39万吨，人均可支配收入23856元。实现固定资产投资超8亿元，工业有效投入1.3亿元，新增1家规模以上工业企业——江苏溪畔新型建材有限公司。新开工项目11个。取缔散乱污企业40余家，投资218万元建设镇区污水管网10千米，完成朱孟、欢墩埠、朱范等32个自然村生活污水收集处理工程，实现塔山自来水全覆盖。完成农村改厕2.62万座，卫生户厕率98.3%。

·黑林镇　黑林镇地处赣榆区西北部，是国家卫生镇、江苏省最美百果园、"蓝莓小镇"。2021年，镇域面积82.62平方千米，辖21个行政村，户籍人口4.59万人。实现地区生产总值7.93亿元，规模以上工业固定资产投资5.35亿元，规模以上工业主营业务收入3.51亿元。入选中央组织部、财政部"推动红色村组织振兴建设红色美丽村庄"试点村。投入3000余万元，推进大树村建设，打造"一居一区一中心"，即以刘少奇旧居提升为基、红色文化体验区为主、沃田蓝莓绿色发展中心为辅的红色主题特色区域，推进市级党性教育基地建设。开通黑林红色文旅采摘一日游路线。

·城西镇　城西镇位于赣榆城区西郊。2021年，镇域面积49.17平方千米，辖21个行政村、42个自然村。实现地区生产总值10.53亿元，一般公共预算收入2766万元，工业总产值1.43亿元，农业总产值4.68亿元，居民人均可支配收入2.76万元。完善园区内路道、绿化、污水处理等基础设施，推进园区西侧和北侧道路外延工程建设。实施400公顷高标准农田建设项目，新建泵站4座、渠道4.5千米、生产桥6座、水泥路7千米。完成高庄村国土整理项目建设，新增耕地8公顷。引导村集体开展整村、整组土地流转333.33公顷，全镇村级集体收入年增收150万余元。投资150万元实施移民后扶项目，新建烘干厂房400平方米，新修水泥路7000平方米。

（秦德超）

海州区

·概况　海州区是连云港市的政治、经济和文化中心。2021年，区域面积700.71平方千米，户籍人口81.90万人，下辖1个国家级高新区、4个镇、15个街道、1个省级开发区和2个国有农场，共有95个村、131个社区。实现地区生产总值727.83亿元，比2020年增加74.69亿元，增长11.44%。居民人均可支配收入41295元，增长8.6%。居民人均消费支出28113元，增长18%。

·农业　2021年，海州区新增高标准农田2266.67公顷，土地流转率92.4%，粮食总产实现"十七连增"。培育农业新型经营主体52家，与省、市农科院共建都市蔬果研究院、都市农业产业研究院，建成运营番茄庄园。开发"海州采摘"App，带动休闲采摘、乡村旅游发展。建成运营社区配送服务中心100家，开启农超对接新模式，被省邮政局推广。

·工业　2021年，海州区实现工业增加值109.98亿元，新增规模以上工业企业16家，培育国家高新技术企业144家、专精特新"小巨人"企业44家、星级上云企业62家，总量均居全市第一。医药健康、智能装备、新材料、新一代信息技术四大主导产业产值占比75%以上，战略性新兴产业占比60%。9家市级强优企业工业应税销售收入增长15%。"三重一优"项目支撑有力，69个市重点项目投资完成率位居全市前列，联宇医疗器械二期等27个亿元项目竣工投产。联东U谷建成19栋标准厂房。

2021年海州区国民经济发展情况主要指标一览表

表56

项目	单位	2021年数量	比2020增长(%)	项目	单位	2021年数量	比2020增长(%)
人口	万人	81.9	0.95	粮食总产量	万吨	31.72	4.8
土地面积	平方千米	700.71	0	全社会固定资产投资总额	亿元	313.14	6.8
耕地面积	平方千米	302.14	−1.31	外贸自营出口总额	万美元	118682	30.2
地区生产总值	亿元	727.83	11.44	实际利用外资及港澳台资	万美元	12001	229.88
第一产业增加值	亿元	22.9	3.4	社会消费品零售总额	亿元	440.88	8.67
第二产业增加值	亿元	158.86	3.8	实现一般公共预算收入	亿元	56.99	12.55
工业增加值	亿元	109.98	7.3	一般公共预算支出	亿元	50.39	8
第三产业增加值	亿元	546.07	9.9	城镇居民人均可支配收入	元	44047	8.2
人均地区生产总值	元	78850.5	4	农村居民人均可支配收入	元	22927	10.8
规模以上工业产值	亿元	419.88	6.1	年末存款余额	亿元	2188.3	11.56
农业总产值	亿元	41.09	3.7	年末贷款余额	亿元	1616.9	23

·服务业 2021年，海州区假日消费恢复性增长，旅游总收入137.6亿元，比2020年增长91.45%。民主路、盐河巷再现人潮涌动的景象，复古游船、光影秀和沉浸式演出刷爆市民朋友圈。陇海步行街获评全国夜间经济示范街，老新浦风情街区创成首批省级夜间文旅消费集聚区。新兴业态培育壮大，公铁联运分拨基地加快建设，跨境电商孵化基地挂牌运营。电商交易额、快递业务量增幅占全市比重均为40%。“518全球购”海州馆上线企业数量全市第一。欧美斯入选省级数字商务企业。促进消费和推动高品位步行街建设2项工作获得省政府督查激励表彰。

·城乡建设 2021年，海州区建成河滨路等4条城市道路，完成征收面积107万平方米，改造老旧小区60个。德邦兴华地块完成土壤修复，磨盘山二期文物勘探加快扫尾，花果山大道两侧6个地块出清挂牌。完成50.7千米雨污分流管网建设。新建垃圾中转站2座、三类以上公厕54座、城市驿站9座，创建38个垃圾分类达标小区，垃圾分类“物业自营”模式和装潢垃圾全链条监管处置体系获评省创新项目。新改建10个口袋公园、10条道路绿化、30处花园街巷，建成区绿化覆盖率41%。月牙岛、刘志洲山完成生态修复，昔日粉煤堆、废弃宕口蝶变休闲健身公园。新浦磷矿完成全国首例磷矿采空区地灾治理。完成文庙戟门、谢家洋房、侯府大院、板浦秋园等节点修缮。启用朐山书院，打造国学教育、艺术采风新地标。全线打造玉带河生态廊道，开放运营时畔书房，建成滑翔伞基地。农村生态河道、自然村生活污水处理设施覆盖率均为60%。农村人居环境整治三年行动获全省农村人居环境整治提升工作评估第一等次。农房改善三年任务收官，江浦二期、沙杭二期、东辛村新型农村社区获评省级示范项目。打造62个美丽宜居乡村。省级现代农业产业示范园、新坝万亩现代农业产业园、板浦高效渔业创业园入选全国农村创业园区(基地)目录，数量全市最多。

·社会事业 2021年，海州区人大票决十大重点民生工程和30件民

海州城区 葛瑞松 摄

4月17日，海州区浦南镇江浦村西红柿种植基地，种植户在采收西红柿　耿玉和/视觉江苏网

生实事，均按序时进度完成或推进。新增城镇就业1.72万人，新兴职业培训开发与实施工作得到中央和省肯定推广，打造“海创·四季”等创业服务品牌，支持成功自主创业1671人。建成投用路南、浦西、新东等11家社区级示范型居家养老服务中心，为特困人员购买上门照料服务，实现80岁以上老人购买服务全覆盖。建成连云港实验学校昌意路校区等4所学校，省市优质园比例达95%。弹性离校、双减等政策有效落地。南城、新东社区卫生服务中心建成投用，创成全市唯一省级妇幼健康示范门诊。基层医疗机构全部加入市级医联体。新建20家社区图书馆，进一步完善城市“10分钟体育健身圈”，建成14处沿河沿路体育设施。建立网格化服务管理“1+23+X”架构，实体化运行区镇两级社会治理现代化指挥中心，科学设置网格工作站，补齐配强专兼职网格员队伍。

·浦南镇　浦南镇位于海州区西郊，有省级现代农业园区、月牙岛旅游度假区，主要特产西红柿、富硒米等。2021年，镇域面积108.5平方千米，辖18个村、1个社区，户籍人口6.57万人。实现地区生产总值13.66亿元，一般公共预算收入5518万元，规模以上固定资产投资23亿元，规模以上工业投资11亿元，比2020年增长8%。完成工业技改投资8亿元，增长9%。居民人均可支配收入33785元，增长10%。浦南镇获评连云港市网红镇第一名，江浦创成市级乡村旅游重点村，汪新盐店创成连云港市特色田园乡村。

·新坝镇　新坝镇位于古城海州南端，主要特产西瓜、新坝大白菜等。2021年，辖区总面积69平方千米，辖16个行政村、126个自然村，户籍人口3.12万人。实现地区生产总值9.15亿元，一般公共预算财政收入1100万元，完成社会固定资产投资7.31亿元，限额以上社会消费品零售额7663万元，居民人均可支配收入24460元。新坝镇被省委、省政府授予“全省脱贫攻坚暨对口帮扶支援合作先进集体”称号。万亩现代农业产业园获评市级产业融合发展示范区，入选全国农村创业园区(基地)目录。

·锦屏镇　锦屏镇地处锦屏山南麓，境内有AAAA级景区桃花涧、素有“东方天书”之称的将军崖岩画。2021年，辖区面积52.14平方千米，辖9个村、3个社区，户籍人口2.83万人。实现地区生产总值10.23亿元，一般公共预算收入2091万元，规模以上工业固定资产投资7.8亿元，社会消费品零售总额12777万元，居民人均可支配收入22347元。围绕锦屏磷矿工业遗址、滑翔伞基地、刘志洲山体育公园，打造特色旅游。投资约260万元，完成青年河等约15千米河道清淤整治，建成省级生态河道5条。

·板浦镇　板浦镇历史悠久，是国家级重点镇、江苏省百家名镇。主要特产板浦凉粉、板浦香肠、插酥小脆饼、板浦豆丹、汪恕有滴醋等。2021年，镇域面积80.64平方千米，辖16个村、5个社区，户籍人口6.45万人。实现地区生产总值11.38亿元，一般公共预算收入4253万元，规模以上工业总产值1.51亿元，农业总产值6.65亿元。完成东辛新型农村社区328套住宅建设，配套1600平方米的党群服务中心交付使用，通过省级示范项目考核验收。推进“镜花缘”小镇建设，秋园项目开发全面启动，红色主题教育基地、苏光烈士纪念广场、记忆之路全新建成，承办全区“七一”集中宣誓等党性教育活动20余场。名列抖音全市“人气古镇”排行榜第三名。

·新浦街道　2021年，新浦街道镇域面积13.37平方千米，辖16个社区，户籍人口5.18万人，中共党员2388人。实现地区生产总值68亿元，一般公共预算收入1.46亿元，固定资产投资22.6亿元，实际利用外资及港澳台资979.57万美元，产业投资4亿元。获评江苏省第七次全国人口普查国家级先进集体、市食品安全网格化管理先进街道等。

·浦西街道　浦西街道办事处位于海州中心城区北部。2021年，镇域面积11.4平方千米，下辖12个社区，户籍人口3.52万人。实现地区生产总值20.09亿元，一般公共预算收入1.23亿元，固定资产投资15.29亿元，社会消费品销售额比2020年增长25.9%。新增市场主体企业310家、个体工商户639户，新增纳税50万元以上企业3家，新增限额以上服务业企业1家、贸易业企业3家，新增科技型中小企业3家。河社区获评省级“扫黄打非”基层示范点，后河社区、蔷薇社区获评省级文明社区。

·**路南街道** 路南街道位于海州区现代服务业功能区中心区域。2021年，镇域面积2.01平方千米，辖9个社区，常住人口5.18万人。有企业、个体工商户1.1万余家，有苏宁广场、利群时代、丰联广场等6家大型商场，索菲特、世纪缘等15家限额以上餐饮企业以及盐河巷美食街区各具特色。楼宇经济成型，是金融机构集聚之地。实现地区生产总值71.21亿元，一般公共预算收入1.01亿元，完成货物和服务贸易总额2.79亿美元，比2020年增长61.8%；规模以上固定资产投资完成6.07亿元。社会消费品零售总额175亿元，增长18.26%。新增限额以上贸易企业10家。培育本土跨境电商企业3家，“9710”平台出口交易额16.6万美元。打造税收过千万楼宇3座，分别是苏宁二号楼、建院观筑大厦和兆隆大厦。

·**新南街道** 新南街道位于连云港市主城区南部。2021年，镇域面积7.49平方千米，辖13个社区，户籍人口6.17万人。实现地区生产总值40.84亿元，一般公共预算收入1.6亿元，完成固定资产投资7.75亿元，外贸进出口额823.3万元，比2020年增长22.2%，落地投资项目19个，其中过亿元项目3个。全区域5G智慧街道、退役军人“1+13”服务站、新南玉带中心公园竣工投入使用，在13个社区中实施“支部+红色物业”“支部+红色责任田”项目。获评全市生态环境综合治理先进单位。

·**新东街道** 新东街道位于海州区东南部。2021年，镇域面积15平方千米，辖13个社区，户籍人口11.36万人。实现地区生产总值188.7亿元，一般公共预算收入4.13亿元，规模以上工业总产值2.1亿元，规模以上固定资产投资18.8亿元，限额以上社会消费品零售额增长18.3%。获评市禁毒宣传先进单位、市科普示范社区，街道司法所获评全国模范司法所。

·**新海街道** 新海街道位于海州区中部。2021年，镇域面积5.5平方千米，辖10个社区，户籍人口3.91万人。实现地区生产总值21.71亿元，一般公共预算收入1.52亿元，固定资产投资13.6亿元，产业投资2.2亿元，外贸进出口额134.9万美元，比2020年增长33%。研发疫情防控重点人员管理系统，在全区推广使用。在指挥中心平台新增高空瞭望监控、重点区域视频监控、社区应急广播等设施，实现“一屏观全域、一网管全局”。

·**宁海街道** 宁海街道位于市区南入口。2021年，镇域面积43平方千米，辖9个村、1个社区，户籍人口2.68万人。实现地区生产总值9.24亿元，一般公共预算收入496万元，规模以上工业总产值17.82亿元，农业总产值2.52亿元，固定资产投资额3.4亿元。获评全市信访工作示范乡镇(街道)、“人民满意窗口”建设质量提升工程先进单位。街道为民服务中心获评市“全科窗口”建设指导单位。

·**朐阳街道** 朐阳街道生态环境优美，锦屏山、孔望山等6处山体、13个水库塘坝和西盐河、玉带河等水体环绕，主要特产有朐阳门过寒菜、网疃葡萄等。2021年，镇域面积17.9平方千米，辖4个行政村、5个社区，户籍人口4.77万人。实现地区生产总值12.8亿元，一般公共预算收入1.15亿元，规模以上固定资产投资20.82亿元，其中规模以上工业投资2.32亿元；限额以上批零住餐贸易额2.78亿元，增长37.63%；货物和服务贸易总额152.9万美元，增长239.02%；限额以上新增企业数425家，有效发明专利8个。

·**洪门街道** 洪门街道地处市区西大门，主要特产有古安梨、蔷薇河鲜藕、古蕈秀珍菇。2021年，镇域面积8.85平方千米，辖3个社区，户籍人口1.21万人。实现地区生产总值9.53亿元，一般公共预算收入2605万元，规模以上工业总产值9.39亿元，农业总产值1616万元，粮食总

海州工业园内，一家机械制造公司生产一批半挂车车桥产品

耿玉和/视觉江苏网

刘志洲山体育公园啤酒音乐节　　刘聪　摄

产量415吨。高质量完成老旧小区改造，助力海州区创建国家卫生城市。

·海州街道　2021年，海州街道镇域面积1.3平方千米，辖5个社区，户籍人口1.82万人。境内有双龙井游园、钟鼓楼、朐阳门、城隍庙等历史文化遗迹。实现地区生产总值2.9亿元，一般公共预算收入979.61万元，固定资产投资2亿元。建成中大街文化创意街区，修复谢家洋房、文庙戟门等文物，建成古城文化艺术中心。打造“东海民众教育馆旧址”红色教育基地，建设海州古城红色驿站，形成建党百年·精品红旅路线。创办“云上古城”小程序，展示海州古城党建元素、历史传承、文化风貌、特色旅游。打造小仓巷、参府巷等花园式街巷，实施南园新村等老旧小区焕颜工程。

·幸福路街道　2021年，幸福路街道镇域面积2.8平方千米，辖5个社区，户籍人口1.47万人，实现地区生产总值31.53亿元，一般公共预算收入4219.32万元，完成固定资产投资6亿元，工业投资及工业技改投资1.01亿元，产业投资1.5亿元。深化“幸福来敲门”基层治理项目，制定“微幸福工程”项目清单，经验做法获全市推广。

·花果山街道　花果山街道位于花果山脚下，境内有国家AAAAA级风景名胜区——花果山景区。2021年，镇域面积40平方千米，辖8个村、6个社区，户籍人口3.93万人。耕地面积155.47公顷，山场林地面积800公顷，茶田233.33公顷。实现地区生产总值20.75亿元，一般公共预算收入7.23亿元。完成固定资产投资31.08亿元，新招引过亿元项目3个，注册企业62家，新增城镇就业800多人，城市登记失业率控制在3%以内。

·南城街道　2021年，南城街道镇域面积10.2平方千米，辖5个社区，户籍人口1.58万人。实现地区生产总值3.77亿元，一般公共预算收入3869万元，规模以上固定资产投资3.19亿元，产业投资2亿元，新增市场主体220家。凤凰河疏浚项目总投资7900万元，开挖拓浚凤凰河约2300米，新建3座过路涵洞。

·郁洲街道　2021年，郁洲街道镇域面积7.8平方千米，辖7个社区，户籍人口4.18万人。境内驻有市委、市政府等50余家市级机关部门，江苏海洋大学本部、新海高中、苍梧小学东校区、新世界文化城、市图书馆、纪念馆、美术馆等文教单位，万达广场、红星美凯龙等商贸设施。实现地区生产总值6.77亿元，一般公共预算收入3.26亿元，固定资产投资19.01亿元、产业投资5.9亿元、实际利用外资及港澳台资8万美元。新增壹品国际、凤凰国际大厦2幢税收过千万楼宇，培育为区楼宇经济示范点项目。市苍梧物业服务股份有限公司在“新三板”上市，江苏璟卓建筑科技有限公司在“新四板”挂牌，企业融资指标走在18个镇街前列。

·云台街道　云台街道办事处地处连云港市花果山南麓，境内有国家AAAA级渔湾旅游景区、东磊游览区、后关樱桃谷游览区。2021年，镇域面积58.66平方千米，其中耕地面积19.66平方千米，山林面积18.13平方千米；辖9个村、1个社区，户籍人口3.11万人。实现地区生产总值4.53亿元，地方实现一般公共预算收入2700万元，城乡居民人均可支配收入3.15万元。

（于　龙）

连云区

·概况　连云区是连云港市东部海滨城区，山海风光秀美，是江苏省唯一具有海滨风光的城区，国家全域旅游示范区创建单位，拥有连岛度假区、海上云台山2个国家AAAA级景区和省级连云港海滨旅游度假区，有全省最大的海岛连岛和“鸟岛”前三岛。海洋资源丰富，拥有118千米的海岸线、16个岛礁、1600平方千米海域、5.3万公顷近海可养殖水域等丰富独特的海洋资源。海陆交通便捷，辖区内的连云港港是国家主枢纽港。汇集陇海铁路、沈海高速、长深高速、连霍高速等运输网络，形成海陆立体交通网络。2021年，土地面积605.7平方千米，其中直接管辖面积242.98平方千米。境内有连云港经济技术开发区、国家东中西合作示范区、江苏自贸区连云港片区等功能板块。户籍人口16.14万人，其中直接管辖户

2021 年连云区国民经济发展情况主要指标一览表

表 57

项目	单位	2021 年数量	比 2020 增长(%)	项目	单位	2021 年数量	比 2020 增长(%)
人口	万人	16.14	0.6	人均地区生产总值	元	158172	15.8
土地面积	平方千米	814.83	—	规模以上工业产值	亿元	419.11	35.2
耕地面积	平方千米	4.88	—	农业总产值	亿元	13.78	−3.9
地区生产总值	亿元	255.29	10.2	粮食总产量	万吨	0.15	−14.1
第一产业增加值	亿元	7.39	0.3	全社会固定资产投资总额	亿元	142.19	−10.9
第二产业增加值	亿元	121.38	11.3	社会消费品零售总额	亿元	80.51	8.1
工业增加值	亿元	110.22	15.9	城镇居民人均可支配收入	元	49004	8.4
第三产业增加值	亿元	126.52	10.0	农村居民人均可支配收入	元	23935	10.6

籍人口 13.38 万人。有 12 个街道，1 个乡，1 个农场，1 个盐场，93 个村(社区)，实际管理 8 个街道、1 个乡、1 个省级经济开发区，1 个省级旅游度假区，45 个村(社区)。实现地区生产总值 255.29 亿元，比 2020 年增长 10.2%，实现一般公共预算收入 21 亿元，固定资产投资 142.19 亿元，实际利用外资及港澳台资 7619 万美元；城镇居民人均可支配收入 4.9 万元，位于全市前列。

·农业 2021 年，连云区实现农业总产值 13.78 亿元，有省级龙头企业 2 家、市级龙头企业 12 家，年内新增 3 家；区级龙头企业 23 家。农业龙头企业实现销售收入 5.02 亿元。21 个涉农行政村(社区)集体经济总收入全部超过 1500 万元。高公岛街道黄窝村被农业部评定为全国特色产业亿元村，高公岛街道农产品加工集中区被评为市级农产品加工集中区。乡村旅游、民宿经济、紫菜产业、农业产业化等乡村产业逐步壮大，农民人均可支配收入 23935 元，比 2020 年增长 10.6%。建成区级好人公园、街道好人广场、村好人榜三级公民道德展示体系，创成省级文明村 5 个、市级文明村 6 个，全国文明村 2 个。省级以上民主法治示范村居创建率 67%。宿城街道东崖屋村被评为第二批全国乡村治理示范村、乡村振兴样板村。

·工业 2021 年，连云区实现规模以上工业产值 419.11 亿元，增长 35.2%；工业应税销售收入 523.2 亿元，比 2020 年增长 48%；工业增值税完成 9.12 亿元，增长 211.2%；新增规模以上工业企业 6 家。主导产业做大做强，华乐集团完成工业应税销售收入 157.3 亿元、税收 1.4 亿元，分别增长 22.5%、70.4%。丰益产业园完成工业应税销售收入 68.7 亿元、税收 2.3 亿元，分别增长 45.8%、43.8%。三吉利化工完成工业应税销售收入 11.3 亿元、税收 1.5 亿元，分别增长 36.5%、19.6%。氯碱离子膜烧碱二期、华乐热酸线等 7 个过亿元工业项目竣工。

·服务业 2021 年，连云区有规模以上服务业企业 106 家，实现服务业增加值 126.52 亿元，比 2020 年增长 10%，占地区生产总值的 49.6%，服务业税收入库 11.57 亿元，占全区税收的 32.5%。规模以上服务业企业占全区所有规模以上企业总数的三分之一，涵盖服务业七大门类。企业数排名前三的行业依次是交通运输、仓储和邮政业、租赁和商务服务业，其中交通运输、仓储和邮政业企业 86 家，占比 81.1%。私营企业 61 家，占比 57.4%。

·城乡建设 2021 年，连云区维修路面 2500 平方米，修复雨水篦 300 个、污水井 100 个。修剪绿篱 320 万平方米、草坪 70 万平方米，中耕除草 320 万平方米、防寒树木 1.6

连云区海滨大道 张言华 摄

万余株。投资1375.8万元完成经六路、经七路、经八路、经十一路、经十三路、云中路、滨河支线7条农村公路提升建设。45个老旧小区完善提升项目全部改造完成，实施绿化提升、居民活动室、养老中心等一系列宜居提升改造工程，涉及改造总建筑面积143.2万平方米，受益家庭1.5万户，投入改造资金1.6亿元，投资完成率123.08%。连云区获批省美丽宜居城市建设试点项目5个。

·社会事业 2021年，连云区城镇新增就业6630人，城镇失业人员再就业2198人，城乡就业困难人员再就业1300人，新增高技能人才115人，城乡劳动者就业培训743人，职业技能鉴定取证415人。支持成功自主创业775人，扶持农村劳动力自主创业158人，创业带动就业3110人。打造黄窝村海洋养殖1家省级创业孵化基地、连云区好苏嫂1家市级创业孵化基地，培育"杖握光明——助残盲人出行辅具设计"1个省级大学生优秀创业项目，"正一家辣味海鲜""云创空间"2个市级优秀创业项目。为21名创业者落实一次性创业补贴10.5万余元，争取各类奖补资金150余万元。为高层次人才申报高端人才贡献奖、高层次人才生活补贴、人才购房券、山海英才计划、市企业新引进人才综合补贴等各类奖补800余万元。实施50件民生实事，民生支出占一般公共预算支出比重75%以上。精准帮扶退捕渔民、高校毕业生等重点群体就业，组织职业技能培训1352人次。建立完善社会救助和保障标准自然增长机制，城乡居保基础养老金增长20%，发放各类救助资金1000余万元。

·海州湾街道 海州湾街道东、北两面临靠连云港港，是连云港市建设现代化国际海港中心城市的核心区。2021年，土地面积58.88平方千米，辖6个社区、1个行政村，户籍人口2.32万人。实现地区生产总值22亿元，比2020年增长11%；一般公共预算收入1459万元；完成固定资产投资20.1亿元，增长18%，新增企业实现税收712.7万元。新增规模以上企业入库15家，新增纳税50万元以上企业4家。签约总部经济平台1个——优亿产业园开发连云港有限公司，新增区域性股权交易中心挂牌企业1家——连云港宁远国际物流有限公司，招引企业303家。

·墟沟街道 墟沟街道是连云港东部城区的核心商贸区。2011年，街道面积11.74平方千米，辖滨8个社区和墟沟经济发展总公司、院前企业集团2个集体所有制公司，户籍人口4.95万人。实现地区生产总值35.55亿元，比2020年增长16.1%；实现一般公共预算收入1.35亿元，增长15.47%；完成固定资产投资25.06亿元，社会消费品零售总额15.15亿元；新增市场主体800余家，新招引注册江苏自贸区连云港片区连云区块市场主体232家，累计实现税收850万元。

·连云街道 连云街道是陇海铁路东端起点，土地面积19.14平方千米，辖胜利、临海、云台、荷花、庙岭、桃林、陶庵、砚航8个社区，户籍人口1.7万人。实现地区生产总值10.35亿元，比2020年增长10.2%；一般公共预算收入5372万元，增长11.6%。完成固定资产投资3.65亿元，新登记法人企业数435家，新注册企业实现税收278万元，纳税50万元以上企业23家，新招引过亿元项目7个，新增规模以上企业2家，入库科技型中小企业5家。获评省级夜间文化和旅游消费集聚区，吸引游客40.8万人次，实现综合旅游收入1120余万元。

·连岛街道 连岛街道位于江苏省第一大海岛——连岛，海岸线长17.66千米，由6.7千米的全国最长拦海大堤与陆地相连，是夏季避暑纳凉、踏浪休闲娱乐、享受海鲜美味的旅游胜地。2021年，街道土地面积8.1平方千米，下辖3个行政村、1个社区，户籍人口4609人。实现地区生产总值9.68亿元，一般公共预算收入1065万元，其中新注册企业实现税收310万元。完成固定资产投资8.5亿元，新招引过亿元产业项目1个，新增规模以上企业2家，新注册江苏自贸区连云港片区连云区块市场主体200家、外贸企业2家。连岛旅游度假区通过国家AAAAA景区资源评审，全年接待游客113.79万人次。

连岛街道西连岛村礁石湾民宿 李馗 摄

·云山街道　云山街道地处北云台山南麓，东西长11千米，呈条带状分布。2021年，土地面积16.47平方千米，山林面积771.99公顷，主产樱桃、杏子、板栗、茶叶、柿子等。辖5个行政村(社区)，常住人口4万余人。实现地区生产总值17亿元，比2020年增长8%；一般公共预算收入1.5亿元，增长10%，其中税收收入增长10%。完成固定资产投资25亿元，新增应税销售收入过亿元企业1家，新注册企业实现税收1300万元，纳税50万元以上企业70家，新增规模以上企业7个。招引过亿元产业项目4个，招引科技类企业2家，新增外资企业2家，实际利用外资及港澳台资270万美元。新注册江苏自贸区连云港片区连云区块市场主体830家，新增区域性股权交易中心挂牌企业1家。

·宿城街道　宿城街道位于连云港市连云区东南部，有海上云台山、船山、枫树湾、保驾山四大景区。2021年，街道土地面积21.39平方千米，辖5个行政村、1个社区，户籍人口4465人。党工委下设党支部9个，中共党员334名。盛产茶叶、板栗、白果，其中茶叶种植规模200公顷，产量4万千克，年产值1300万元。实现地区生产总值6.42亿元，比2020年增长10.3%；实现一般公共财政预算收入3117万元，增长46.2%；新增注册企业实现税收1263万元，增长89.4%；完成规模以上固定资产投资11.56亿元，增长16.4%；实际利用外资及港澳台资351.2万美元，新登记法人企业876家，新注册江苏自贸区连云港片区连云区块市场主体127家，新招引规模以上企业4家，新招引过亿元产业项目4个，竣工投产工业项目3个，新增高新技术企业1家，纳税50万元企业6家。东崖屋村获评全国乡村治理示范村镇，留云岭村获评中国美丽休闲乡村，大竹园村获评省级特色田园乡村。

·高公岛街道　高公岛街道地处连云区最东端，三面环海，一面依山。2021年，街道土地面积8.07平方千米，其中山林面积占80%，海岸线长10千米。岛的东南侧有海拔60.4米、面积0.18平方千米的羊山岛。下辖3个村(社区)，户籍人口2728人。实现地区生产总值7.05亿元，比2020年增长13%，规模以上工业产值1070万元，完成全社会规模以上固定资产投资6.2亿元。实现一般公共预算收入2388.1万元，增长14.48%。税收收入518万元，新入库规模以上企业2家，新增科技型中小企业6家，净增有效发明专利1件。新招引过亿元产业项目4个，新竣工工业项目12个，新招引进出口外贸企业2家。新招引企业733家，新注册江苏自贸区连云港片区连云区块市场主体100家。

·板桥街道　板桥街道拥有12.5千米海岸线，道路纵横贯通、连接内外，具备建设现代化物流集散中心的基础和优势。2021年，街道土地面积78.7平方千米，户籍人口6320人。实现地区生产总值6.62亿元，比2020年增长8.9%；实现一般公共预算收入1435万元，增长7.6%。新注册企业实现税收397万元，增长251.3%，新增纳税50万元以上企业数11家。实际利用外资及港澳台资873万美元，增长近40倍。新增市场主体801个，其中江苏自贸区连云港片区注册企业163家。推动科技型企业集聚，新招引科技类企业和项目各1个，培育科技型中小企业6家。新增规模以上企业3家。新招引过亿元项目2个，分别是总投资1.1亿元的通祥建材制砖项目、总投资1亿元的储能电站项目。

·徐圩街道　2021年，徐圩街道总面积247.6平方千米，辖徐圩港区、临港产业区、徐圩盐场和2个行政村、2个社区，常住人口3193人。海岸线长28千米，拥有滩涂1300公顷，耕地533公顷。实现地区生产总值5.42亿元，农业总产值1.13亿元，工业总产值2.33亿元，粮食总产量3610吨，城乡居民人均可支配收入38231元。街道党工委下设5个党支部，中共党员251人。获评全市违法建设治理优胜街道、全市信访工作示范乡镇、全市文化广电和旅游先进集体。

·中云街道　中云街道历史文化底蕴深厚，拥有藤花落古城遗址国家级文保单位1处，田横岗传说、根雕、辣黄酒、刻瓷4个市级“非物质文化遗产”代表性项目，市、区级文保单位16处。2021年，总面积80平方千米，耕地面积7.9平方千米。辖8个行政村、8个社区，户籍人口33452人。实现地区生产总值39.2亿元，一般公共预算收入1.46亿元，工业总产值19.71亿元，农业总产值4872万元，粮食总产量3524吨。

·朝阳街道　朝阳街道位于花果山北麓，享有“黄桃之乡”“建筑之乡”美名。2021年，总面积31.66平方千米，耕地面积6.2平方千米，辖7个行政村、3个社区，户籍人口1.95万人。实现地区生产总值22.49亿元，一般公共预算收入1.28亿元，规模以上工业产值7.6亿元，居民人均可支配收入4.31万元。获评省放心消费创建示范区域、省生态文明建设示范镇、省冬训工作示范乡镇等。

·猴嘴街道　猴嘴街道位于“现代化新港城几何中心”核心区。2021年，总面积111.4平方千米(含青口盐场)，下辖7个社区、1个行政村，户籍人口2.04万人。实现一般公共预算收入5553万元，工业总产值9.9亿元，规模以上固定资产投资3.89亿元。

·前三岛乡　前三岛包括平岛、达山岛、车牛山岛等12处岛礁、岛屿，面积0.32平方千米，海岸线长6.8千米，辖海域3000平方千米。2021年，辖平岛村、达山岛村和车牛山岛村，达山岛为乡政府所在地。聚力

东海电商物流产业园　　王健　摄

全省唯一的海珍品养殖基地，盘活车牛山岛周边266.67公顷开放式养殖海域，举办前三岛海钓精英赛。建立江苏连云港（北京·合睿）离岸双创中心，引进江苏海洋大学海上综合试验平台建设项目，促进海岛产学研游融合发展。（吕俊燕）

东海县

·概况　东海县位于连云港市西部，是“世界水晶之都”。2021年，县域总面积2036.68平方千米，辖17个乡镇、2个街道、2个国营场、1个省级开发区、1个省级高新区、1个省级旅游度假区，总人口124.3万人。耕地面积1223.68平方千米，是国家和省重要的粮油、林果、蔬菜、肉类生产基地。拥有水晶、西双湖、温泉、亚洲第一科钻超深井、花卉、少儿版画6张特色城市名片。2021年，实现地区生产总值632.85亿元，比2020年增长9.1%；实现一般公共预算收入30.01亿元，完成规模以上固定资产投资319亿元，城乡居民人均可支配收入39504元、22269元，分别增长8.8%和11.3%。入选中国工业百强县、中国创新百强县、全国绿色发展百强县、全国投资潜力百强县，入围全国文明城市提名城市，获评省级全域旅游示范区。直播电商居全国第七、全省第一，全国率先实现快递进村全覆盖。高标准农田及高效节水灌溉建设、脱贫致富奔小康工作获省政府办公厅落实有关重大政策措施真抓实干成效明显地方督查激励。

·农业　2021年，东海县粮食总产量116.88万吨，实现粮食生产“十八连丰”，获评全省生猪生产十强县。实现农业总产值167.24亿元。国家数字乡村试点建设通过省级验收，获批全国农业社会化服务创新试点县。遏制耕地“非农化”、防止“非粮化”，犁耕深翻土地1.11万公顷，规模化流转农田3333.33公顷。青湖闸重建等7项水利工程完工，改善耕地质量1.7万公顷。农业产业化进程不断加快，中化农业入驻东海，农发集团挂牌成立，省级农业龙头企业销售收入增长11%，绿色优质农产品比重提升至75%，“石梁河大鱼”入选省地标美食记忆名录，现代农业产业园获评全国农村创业园区。

·工业　2021年，东海县实现工业增加值211.71亿元，工业应税销售收入增长24.8%。硅产业重抓产业链升级和企业转型，实现规模以上产值增长43%，晶海洋应税销售全县首家突破50亿元，弘扬石英获批国家级专精特新“小巨人”企业。实施强优企业高质量发展三年行动计划，发放工业发展专项资金2674万元，太平洋、得乐康、亚连玻璃等骨干企业持续扩能，新增规模以上工业企业45家，数量居全市第一。完成有效工业投入110亿元，博韬新材料、圣天覆铜板等一批过10亿元项目开工建设，鑫正光电、莱卡尔海洋食品等82个工业项目建成投产。落实减税降费等纾困惠企政策，减免税费2.1亿元，提供应急转贷资金2.3亿元。

·服务业　2021年，东海县社会消费品零售总额268.39亿元。举办江苏乡土人才技艺技能大赛水晶雕刻项目竞赛，《水晶制品电子商务服务规范》被评定为省地方标准，水晶产业年交易额突破300亿元。电商网络零售额增长23%，快递发件量增长58%。全域旅游活力彰显，东海县入选首批长三角高铁旅游小城，开通“福如东海之旅”旅游路线，开展全国“百城百台”主流媒体进东海、温泉文化旅游推介等系列活动。

·城乡建设　2021年，东海县高铁新城综合客运枢纽投入使用，连徐高铁开通运营。滨河新区打造“一河环城、一带串珠”生态景观，水晶小镇入选省放心消费创建示范街区。中华家苑、和平家苑安置小区建成交付，打造省级宜居示范居住区2个，完成老旧小区改造80个、惠及居民3880户。建成6个新型农村社区，创成省级特色田园乡村3个，新增美丽宜居村庄232个。完成310国道大中修、464省道南延工程，新改建农路167千米、农桥5座，交通脱贫攻坚工作获全国表彰。236省道苏鲁省界收费站获省政府批复。实施石梁河水库幸福河湖建设清水进城行动，国省考断面水质优三比例93.7%，$PM_{2.5}$年均浓度首次下降至40微克/$米^3$以下，全国率先建立“四级田长+立体监督”耕地保护机制，土壤污染综合防治先行区建设通过省级验收。

·社会事业　2021年，东海新增城镇就业1.3万人，转移农村劳动力

2021年东海县国民经济发展情况主要指标一览表

表58

项目	单位	2021年数量	比2020增长(%)	项目	单位	2021年数量	比2020增长(%)
人口	万人	124.30	—0.2	全社会固定资产投资总额	亿元	318.93	5.5
土地面积	平方千米	2036.68	0	外贸自营出口总额	万美元	62522	33.1
耕地面积	平方千米	1223.68	—0.2	实际利用外资及港澳台资	万美元	12004	20.0
地区生产总值	亿元	632.85	9.1	社会消费品零售总额	亿元	268.39	10.1
第一产业增加值	亿元	92.19	3.9	财政总收入	亿元	64.62	44.4
第二产业增加值	亿元	263.30	11.5	公共财政预算收入	亿元	30.01	21.6
工业增加值	亿元	211.71	14.6	财政支出	亿元	114.70	7.7
第三产业增加值	亿元	277.36	8.6	一般预算支出	亿元	84.28	8.0
人均地区生产总值	元	60534	8.9	城镇居民人均可支配收入	元	39504	8.8
规模以上工业产值	亿元	332.64	36.7	农村居民人均可支配收入	元	22269	11.3
农业总产值	亿元	167.24	6.5	年末存款余额	亿元	594.74	10.4
粮食总产量	万吨	116.88	0.1	年末贷款余额	亿元	573.04	20.3

9000人，扶持自主创业3300人。民生保障网络筑牢，发放低保资金7049万元、残疾人两项补贴3512万元、困境儿童生活保障金225万元，城乡居民基础养老金提升至每人每月183元。新建居家养老服务站30家，妇女儿童活动中心开工建设。乡镇退役军人服务站星级达标实现全覆盖。城东水厂完成深度处理改造，城北水厂入选全国农村供水规范化水厂。改扩建校舍6.4万平方米，县幼滨河分园、富国路小学、曲阳小学建成投用，实验小学、第二中学、安峰高级中学等学校完成扩建，和堂小学、富国路中学、新高级中学全面开工，获评省级幼小衔接实验区。医共体建设推进，县医院挂牌南医大康达学院附属医院，启动三级乙等综合医院创建，打造省级农村区域性医疗卫生中心2个、省级社区医院3个。开展新时代文明实践志愿服务活动，打造文明社区21个、文明村庄292个。完成120中心改造、城南医院标准洗消站建设，建成生物安全核酸检测实验室5个，疾控中心核酸检测能力全省县级第一。

·牛山街道 牛山街道是东海县政治、经济、交通中心。2021年，街道土地面积93.06平方千米，耕地面积30.44平方千米，辖17个行政村、22个社区，户籍人口20.99万人。实现地区生产总值74.69亿元，一般公共预算收入2.04亿元，居民人均可支配收入3.21万元，工业应税销售收入14.7亿元。打造美丽宜居乡村9个、市特色田园乡村1个。获评省社会治安综合治理先进集体、省生态文明建设示范乡镇、中国农业普查先进单位、市平安示范乡镇(街道)、市十强乡镇(街道)。

·石榴街道 2021年，石榴街道土地面积79.94平方千米，耕地面积47.83平方千米，辖17个行政村，户籍人口6.8万人。实现地区生产总值30.49亿元，一般公共预算收入8863.67万元，居民人均可支配收入

西双湖湿地 邵光明 摄

东海水晶博物馆参加省大运河文博会　　吴尉　摄

2.59万元，外贸进出口额超2000万美元。获评全市信访工作示范镇街，在市涉农街道乡村振兴实绩考核中综合排名第一等次。

·白塔埠镇　白塔埠镇建镇450余年，连徐高铁横贯东西。2021年，土地面积103.28平方千米，耕地面积63.92平方千米，辖16个行政村，户籍人口6.09万人。实现地区生产总值23.94亿元，一般公共预算收入5033.24万元，居民人均可支配收入2.63万元，工业应税销售收入14亿元。完成733.33公顷高标准农田建设，获"江苏味稻小镇"称号。

·黄川镇　黄川镇被誉为"中国草莓第一镇"，黄川草莓是国家地理标志保护产品。2021年，土地面积94.39平方千米，耕地面积60.38平方千米，辖22个行政村，户籍人口6.33万人。实现地区生产总值25.84亿元，一般公共预算收入2614.36万元，居民人均可支配收入2.76万元，工业应税销售收入2.7亿元。

·石梁河镇　石梁河镇地处江苏省最大的人工水库——石梁河水库南岸。2021年，土地面积101.94平方千米，耕地面积42.74平方千米，下辖24个行政村，户籍人口6.51万人。有全省最大的葡萄种植基地、苏北知名的晚秋黄梨种植基地和淡水网箱养殖基地。实现地区生产总值21.20亿元，一般公共预算收入4160.42万元，农民人均可支配收入2.18万元，工业应税销售收入5.32亿元。获评省级地标美食原产地，依托万亩葡萄基地创成市级现代农业园区，获评市级文明乡镇、脱贫致富奔小康工程先进乡镇，"石梁河大鱼"入选省地标美食记忆名录。

·青湖镇　青湖镇位于东海县北部、新老310国道和245省道交汇处。2021年，土地面积94.06平方千米，耕地面积61.23平方千米，户籍人口6.05万人。实现地区生产总值24.38亿元，一般公共预算收入5697.69万元，居民人均可支配收入2.52万元，工业应税销售收入11.4亿元。获评"2019—2021年度江苏省文明乡镇"称号。

·温泉镇　温泉镇是中国温泉之乡、全国温泉开发利用示范区、中国特色旅游小镇。2021年，土地面积102.69平方千米，耕地面积63平方千米，辖18个行政村，户籍人口5.46万人。实现地区生产总值18.66亿元，一般公共预算收入2311.6万元，居民人均可支配收入2.32万元。

·双店镇　2021年，双店镇是中国鲜切花第一镇、江苏省电商鲜花小镇。土地面积117.1平方千米，耕地面积74.46平方千米，辖15个行政村，户籍人口5.32万人。实现地区生产总值16.48亿元，一般公共预算收入2327.44万元，农民人均可支配收入2.61万元。

·桃林镇　桃林镇位于连云港市最西部、苏鲁两省三县交界处。2021年，土地面积170.88平方千米，耕地面积102.87平方千米，辖21个行政村，户籍人口7.64万人。实现地区生产总值32.44亿元，一般公共预算收入1.12亿元，农民人均可支配收入2.67万元。获评省级文明乡镇、健康镇，北芹村续评全国文明村，彭才村获评"国家森林乡村"。

·洪庄镇　洪庄镇内有陈西村西汉古墓、十里村阻击战遗址等历史遗迹，优质果品桃、葡萄等水果远近闻名。2021年，土地面积67.13平方千米，耕地面积43.46平方千米，辖13个行政村，户籍人口3.68万人。实现地区生产总值12.52亿元，一般公共预算收入3018.39万元，农民人均可支配收入2.1万元，工业应税销售收入3.75亿元，打造薛团高效农业产业园。薛团村获评国家级乡村治理示范村和省级特色田园乡村。

·安峰镇　安峰镇地处连、宿、徐三市交界，境内有江苏省第二大人工水库——安峰山水库，亚洲科探第一井。2021年，土地面积134.05平方千米，耕地面积78.98平方千米，辖26个行政村，户籍人口7.3万人。实现地区生产总值27.9亿元，一般公共预算收入6713.65万元，农民人均可支配收入2.51万元，工业应税销售收入5.03亿元，培育高效设施农业面积220公顷，及时雨电商中心农产品年销售额超8000万元。

·房山镇 房山镇是水晶之乡、意杨之乡，存放在中国地质博物馆4.35吨的“水晶大王”即发掘于该镇。2021年，土地面积149.83平方千米，耕地面积95.8平方千米，辖25个行政村，户籍人口7.82万人。实现地区生产总值35.43亿元，一般公共预算收入1.48亿元，居民人均可支配收入2.77万元，工业应税销售收入28.34亿元，工业增值税2.9亿元。

·平明镇 2021年，土地面积157.87平方千米，耕地面积111.47平方千米，辖24个行政村，户籍人口7.25万人。有以江苏太平洋石英股份有限公司为龙头的硅产业、以江苏得乐康生物科技有限公司为代表的农副产品深加工产业2个产业集群。实现地区生产总值28.78亿元，实现一般公共预算收入7682.64万元，居民人均可支配收入2.59万元。

·驼峰乡 驼峰乡境内长寿老人众多，是远近闻名的福寿之乡。2021年，土地面积104.62平方千米，耕地面积66.53平方千米，下辖22个行政村，户籍人口6.37万人。实现地区生产总值24.03亿元，一般公共预算收入5259.18万元，居民人均可支配收入2.69万元，工业应税销售收入、增值税分别增长17.4%、4.7%，新增高效农业100.67公顷，机插秧面积846.67公顷。

·李埝乡 李埝乡东靠羽山，西依马陵山，有2600公顷生态林场，长歌《房四姐》是省级非遗保护项目。2021年，土地面积72.13平方千米，耕地面积44.88平方千米，辖11个行政村，户籍人口3.95万人。实现地区生产总值13.89亿元，一般公共预算收入1929.9万元，农民人均可支配收入1.86万元，工业应税销售收入7.34亿元。

·山左口乡 2021年，土地面积88.89平方千米，耕地面积54.79平方千米，辖15个行政村，户籍人口4.59万人。境内有大贤庄遗址，主要特产蛇纹石、西红柿。实现地区生产总值12.94亿元，一般公共预算收入2840.29万元，农民人均可支配收入1.89万元。

·石湖乡 2021年，土地面积78.29平方千米，耕地面积47.47平方千米，辖11个行政村，户籍人口3.45万人。以硅材料生产为主导，服装、机械制造、新型建材、环保设备等多元化发展。实现地区生产总值13.54亿元，一般公共预算收入3221.76万元，农民人均可支配收入2.39万元。“渔鼓”获批连云港市非物质文化遗产。

·曲阳乡 曲阳乡境内有国家重点文物保护单位——曲阳古城，探明水晶、石英、金红石等地下矿藏22种，形成硅、新型建材、水晶加工、渔业、果蔬、菌菇等特色产业。2021年，土地面积74.95平方千米，耕地面积44.23平方千米。辖12个行政村，户籍人口3.88万人。实现地区生产总值15.04亿元，一般公共预算收入3768.63万元，农民人均可支配收入2.2万元，工业应税销售收入8.67亿元，高效农业面积2000公顷，水晶产业从业人员1.3万人，电商产业交易额超过10亿元。

·张湾乡 2021年，土地面积91.28平方千米，耕地面积62.95平方千米，辖12个行政村，户籍人口3.37万人。实现地区生产总值15.15亿元，一般公共预算收入2583.35万元，居民人均可支配收入2.49万元，工业应税销售收入5.4亿元，新增无人机植保作业面积2500公顷、机插秧面积800公顷。

·东海种畜场 2021年，国营江苏省东海种畜场土地面积6.73平方千米，耕地面积4.04平方千米，辖1个行政村，户籍人口2948人。打造金红石、梅花鹿和“亚洲第一井”3张名片，实现地区生产总值4.58亿元，农民人均可支配收入2.28万元。

·李埝林场 李埝林场植物资源有黑松、侧柏、刺槐、麻栎、落羽杉、乌桕等70余种，野生动物资源有七彩山鸡、斑鸠、野兔等20余种。2021年，土地面积30平方千米，其中生态公益林2600公顷，辖4个分场、1个行政村，总人口2200人。实现地区生产总值1.38亿元，企业所得税700万元，工业增值税500万元，限额以上住宿餐饮业营业额3000万元。（张竞舟）

曲阳乡陆湖村平菇大棚　　张珍　摄

灌云县

·概况 灌云县素有“东瀛胜境，少昊古国”之称，特产有花果山风鹅、紫苏、蓝莓、食用菌、豆丹、芦蒿等，是“中国名厨之乡”“中国豆丹美食之乡”。2021年，土地面积1528.54平方千米，人口101.96万人，辖12个镇、1个街道，302个村、27个社区、2个省市属农盐场。实现地区生产总值424.02亿元，比2020年增长10.3%；实现一般公共预算收入25.33亿元，增长12%；全社会固定资产投资242.38亿元，增长10.3%；城乡居民可支配收入分别为33098元、19977元，分别增长8.9%、11.2%。花果山机场建成通航，连盐、连淮扬镇铁路开通运营，204国道灌云段建成通车，形成“五通汇流”的现代综合交通运输体系。

·农业 2021年，灌云县实现农业总产值155.89亿元，粮食种植面积12.12万公顷，粮食总产量87.88万吨，实现粮食种植面积、总产量双提升。生猪饲养85.12万头，比2020年增长10.91%，大中型规模养殖比重87.5%。新增土地流转5013.33公顷，主要农作物耕种收综合机械化水平96%。新增高标准农田7333.33公顷，新建万亩以上部级稻茬小麦绿色高质高效示范区12个，省级水稻高质高效创建示范区8个。银丰食用菌获批农业农村部农业国际贸易高质量发展基地，晋升为国家级农业龙头企业。

·工业 2021年，灌云县完成规模以上工业总产值130.2亿元，比2020年增长43%；工业增加值111.77亿元，增长18%；工业应税销售收入162.5亿元，增长29.5%。新增规模以上工业企业22家，应税销售收入超亿元企业34家。完成工业投资142.7亿元、工业技改投资31.4亿元；全年工业用电量6.6亿千瓦时，增长22.7%。新开工过亿元工业项目38个，新竣工过5000万元工业项目90个，其中过亿元项目42个。经济开发区高端精密装备制造产业园获批省特色创新示范产业园区。通过科技型中小企业评价161家，入选2021年度全国科技创新百强县市。

·服务业 2021年，灌云县服务业增加值189.42亿元，比2020年增长9.5%。电子商务交易额192亿元，增长32.75%；网络零售额35亿元，增长32.86%，科奇电商直播产业园开园。实现快递业务单量4689万单，增长40.1%，创成省级农村物流示范县。获批中国最具特色红色研学旅行目的地，潮河湾景区创成国家AAAA级旅游景区，潮河村获批省级乡村旅游重点村，开山岛景区进入国家AAAA级旅游景区创建名录。全县存款余额389.12亿元，较年初增加23.95亿元，增长6.56%；贷款余额394.49亿元，较年初增加56.55亿元，增长16.73%。在全市首家设立“富民兴村贷”，助推富民兴村项目81个，286个村集体经营性收入超过30万元。

·城乡建设 2021年，灌云县完成棚户区改造601套，旧城改造3.7万平方米，提标改造老旧小区6个，改造人和苑、美都新城、东方雅苑、溢彩馨都东区等人行道2.8万平方米，新增绿地面积40万平方米。中大街、民安路、丽江路等道路黑色化提升改造竣工通车，伊山路、伊尹路、西环北路、人民路南段等雨污分流改造完成，东城区强排站建成投入使用。新建5G基站300个，新施划停车位756个，打造垃圾分类特色小区18个，有机废弃物处理中心投入使用，国家卫生县城长效管理

2021年灌云县国民经济发展情况主要指标一览表

表59

项目	单位	2021年数量	比2020年增减(%)	项目	单位	2021年数量	比2020年增减(%)
人口	万人	101.96	−0.7	全社会固定资产投资总额	亿元	242.38	10.3
土地面积	平方千米	1528.54	0	外贸自营出口总额	万美元	24707	30
耕地面积	平方千米	916	0	实际利用外资及港澳台资	万美元	12027	147.57
地区生产总值	亿元	424.02	10.3	社会消费品零售总额	亿元	81.14	6.8
第一产业增加值	亿元	82.1	4.5	财政总收入	亿元	81.25	−6.5
第二产业增加值	亿元	152.5	14.7	公共财政预算收入	亿元	25.33	12
工业增加值	亿元	111.77	18.0	财政支出	亿元	81.25	−6.5
第三产业增加值	亿元	189.42	9.5	一般预算支出	亿元	71.7	2.8
人均地区生产总值	元	58700	11.3	城镇居民人均可支配收入	元	33098	8.9
规模以上工业产值	亿元	130.2	43.0	农村居民人均可支配收入	元	19977	11.2
农业总产值	亿元	155.89	4.6	年末存款余额	亿元	389.12	6.6
粮食总产量	万吨	87.88	0.01	年末贷款余额	亿元	394.49	16.7

综合评分三县第一。创成市级特色田园乡村11个，建设农村人居环境全面提升示范村60个。伊山镇、侍庄街道、南岗镇3个市级乡村振兴产业园启动建设，圩丰镇荣获全省乡村振兴先进集体，侍庄侍圩村、龙苴石门村以及杨集潮河村、小乔圩村获评市级乡村振兴样板村。新增成片造林面积680公顷，四旁植树140万株，打造绿美村庄20个。小伊镇全域土地综合整治项目获自然资源部批准试点。完成农村生态河道建设76条，国家级县域节水型社会达标建设通过省级验收。全省首个县级能源大数据（碳监测）中心启用，200兆瓦海通富渔光一体化项目并网发电。花果山机场正式通航。长深高速花果山机场互通、204国道机场连接线、穆南线、穆新线等道路建成通车。海河联运物流园保税库一期竣工投用，海河联运年吞吐量1600万吨，集装箱运量1.8万个标准箱，创历史新高。

10月16日，中国（灌云）首届高端纺织产业英才会举行　夏正柱　摄

·社会事业　2021年，灌云县实施“社保同舟·保障共享”扩面专项行动计划，基本医疗保险实现参保全覆盖，城乡居民养老保险参保率99%。落实就业创业扶持政策，新增城镇就业1.37万人，农村劳动力转移就业7200人，城镇登记失业率1.76%。落实残疾人“两项补贴”政策，为1.61万名残疾人发放残疾人两项补贴3982.09万元。发放临时救助金378.9万元，救助困难群众4257人次。获评全省残疾人工作先进县，政府购买社会救助服务实践及权责划分救助模式获评全省社会救助领域创新实践优秀案例。新建义务教育学校6所，云湖实验小学实现秋季招生，创成省级优质幼儿园2所，县妇幼保健院新建项目主体完工，疫情防控核酸检测基地、救护车集中洗消中心建成使用，创成省级健康促进县，市卫生应急示范乡镇实现全覆盖。县新消防指挥中心、临港产业区特勤消防站完成入驻投勤。开展“全县集中治理重复信访、化解信访积案”专项工作，获得全省信访绩效考核第一名。

·伊山镇　伊山镇位于大伊山脚下。2021年，土地面积82.33平方千米，耕地面积40.02平方千米，辖21个行政村、13个社区，户籍人口15.36万人，实现地区生产总值83.76亿元，一般公共预算收入2.47亿元，固定资产投资15.7亿元，工业固定资产投资7.2亿元，工业应税销售收入14.6亿元，外贸进出口额2508万美元。城乡居民人均可支配收入分别为37211元、22113元。新签约过5000万元以上项目11个，其中过亿元项目6个。新开工过5000万元项目6个，其中过亿元工业项目2个。2193.33公顷绿色优质农产品生产基地通过省、市检查验收。新增家庭农场8个，其中省级示范家庭农场3家。新增合作社9个，其中省级示范社1家。连续3年入选“中国淘宝镇”，8个村获评“中国淘宝村”。伊甸园景区集生态观光、乡村休闲、文化体验、度假养生为一体，获评省级放心消费创建示范单位、市级“农旅融合”五星级单位，全年接待

灌云县城　　张正中　摄

游客 34.5 万人次，实现综合收入857.72 万元。

·杨集镇 杨集镇位于灌云县中东部，镇内汇聚沿海高速等多条水路交通干线，拥有国家AAAA级景区潮河湾景区。主要特产豆丹、卤水豆腐、猪蹄、双程酱油、大米等。2021 年，土地面积 152.03 平方千米，耕地面积 95.29 平方千米，辖 39 个行政村、1 个社区，户籍人口 11.93 万人，获评省健康镇、省基层党员冬训示范乡镇、省文明乡镇、市实施乡村振兴战略先进单位、市食品安全示范乡镇等。实现地区生产总值 42.71 亿元，一般公共预算收入 6803 万元，规模以上工业总产值 7.49 亿元，全社会固定资产投资 10.39 亿元，工业固定资产投资 6.17 亿元，工业应税销售收入 8.99 亿元，限额以上销售额 1.56 亿元，外贸进出口额 1243 万美元。新签约过 5000 万元项目 9 个，其中过亿元项目 4 个。新培育三图红薯、通榆蚕桑等 4 个“一村一品”，形成双湾葡萄、长流线椒、学田黄桃、连成台蒜等 10 多个特色产业村，兴联村获评省绿色农产品基地，潮河村、利华村获评省级绿美乡村。

·侍庄街道 侍庄街道是县政府驻地所在地和新城建设核心区。2021 年，土地面积 66.44 平方千米，耕地面积 33.71 平方千米，户籍人口 5.76 万人，辖 16 个行政村、2 个社区。实现地区生产总值 62.55 亿元，一般公共预算收入 3.95 亿元，规模以上固定资产投资 47 亿元，其中规模以上工业固定资产投资 24.8 亿元；工业应税销售收入 50.83 亿元，外贸进出口额 1.37 亿美元。新签约 10 亿元和 5000 万元项目各 1 个。新开工 5000 万元以上项目 4 个，其中过亿元项目 3 个。推广“村集体领办土地流转项目”模式，16 个村集体经营性收入超过 30 万元。完成成片造林 75.47 公顷，新建完善农田林网 75.47 公顷，四旁植树 16 万株。侍圩村获评全国民主法治示范村、江苏省文明村，瓦房村、吴王村获评省级绿美村庄。特色美食购物街和水街商业综合体等项目投入运营，形成“标准化、便利化、品牌化、特色化”的社区服务新业态，打造街道区域内 15 分钟便民商圈。

东王集镇主题服饰产业园 历进生 摄

侍庄街道瓦房村新型农村社区 刘小川 摄

·东王集镇 2021 年，土地面积 91.92 平方千米，耕地面积 48.67 平方千米，户籍人口 6.9 万人，辖 21 个行政村、1 个社区。实现地区生产总值 22.93 亿元，一般公共预算收入 1.58 亿元，规模以上工业产值 2.48 亿元，固定资产投资 21.73 亿元，工业固定资产投资 5.82 亿元，工业应税销售收入 2.67 亿元，限额以上销售额 2.95 亿元，外贸进出口额 1243 万美元，实际利用外资及港澳台资 899 万美元。新签约项目 14 个，新开工过亿元项目 7 个，其中过 10 亿元项目 3 个。以“公司＋农户＋合作社＋电商”模式，发展黄杨绣球花、元邦大樱桃、大南无花果、兴春产业富民基地大棚西瓜和盐河火龙果、五彩米等多种特色农业种植项目，村集体经营性收入实现“30 万＋”全覆盖。新建沂河路、潮河路、潮河中路等 5 条道路，完成雨污水工程及绿化工程。建成农村生活污水处理设施 11 座，铺设污水管网约 3.8 万米。

· **小伊镇** 小伊镇是花果山机场所在地，“水、陆、空、铁”汇集，交通十分便捷。2021年，土地面积84.6平方千米，辖19个行政村，户籍人口6.3万人，居民人均可支配收入26795元。实现地区生产总值18.03亿元，一般公共预算收入3841万元，完成全社会固定资产投资20.47亿元，工业应税销售收入2.24亿元。镇工业集中区新建成标准厂房1.2万平方米，新入驻项目3个，新开工5000万元以上工业项目5个。推广“一藕三虾”技术，全镇藕虾共作面积2400公顷，获批市级现代农业示范园区。完成善后河沿线河堤马道绿化40公顷，通榆河新增绿化10公顷。17个村庄生活污水治理项目、13个一体化污水处理设施全部落地。空港片区产业园的标龙蓝色慧谷、盖氏物流、A型保税物流、九成高标物流仓储等重大产业项目按序时进度推进。获评第四批江苏省生态文明建设示范乡镇。

· **龙苴镇** 2021年，土地面积128平方千米，耕地面积91.6平方千米，辖28个行政村、1个社区，户籍人口8.66万人。实现地区生产总值20.46亿元，一般公共预算收入3330万元，规模以上工业产值1.4亿元，固定资产投资6.07亿元，工业固定资产投资4.28亿元，限额以上销售额2.56亿元。新签约5000万元以上项目4个，新开工5000万元以上项目4个，新增高效农业面积186.67公顷。在石门投资近1800万元建成乡村振兴示范区项目，镇产权交易中心完成农村产权交易额5380万元。新建完成一体化污水处理设施5座，总投资1200余万元的农村生活污水治理项目完成，总投资1190万元的污水处理厂提标改造及管网完善工程实现调试运行。获评江苏省民主法治示范村、市级食品安全先进单位，石门村创建成市级廉政文化建设示范点。

· **南岗镇** 2021年，土地面积140.5平方千米，耕地面积98平方千米，辖33个行政村，户籍人口10.71万人。实现地区生产总值28.94亿元，一般公共预算收入5511万元，规模以上工业总产值3.33亿元，全社会固定资产投资8亿元，其中工业固定资产投资4.7亿元，工业应税销售收入7.09亿元，限额以上销售额5.28亿元。新签约过5000万元项目9个，其中过亿元项目5个。新开工过5000万项目3个，其中过亿元项目1个。市县重点项目银丰食用菌工厂化恒温养菌及深加工项目完成厂房建设。发展以优质米、稻、麦、甘薯种植为主的特色优势产业，新增红薯种植面积100公顷，连新云岭公司粉丝产品加工生产线投入运营，粉丝产品年产量500吨以上。全镇流转土地500公顷，实施29个村集体发展项目，28个村集体经营性收入突破30万元。新铺道路16千米，新建农桥3座，许相村、深沟村等6个村农村生活污水治理工程建设完成。

· **四队镇** 2021年，土地面积88.62平方千米，耕地面积66.88平方千米，辖26个行政村、2个社区，户籍人口6.82万人。实现地区生产总值21.09亿元，一般公共预算收入7384万元，工业总产值3.35亿元，全社会固定资产投资11.91亿元，工业固定资产投资10.45亿元，工业应税销售收入6.52亿元，限额以上销售额1.03亿元。新签约过5000万元以上新项目8个，其中亿元项目6个。采取“支部＋合作社＋农户”“支部＋电商＋农户”发展模式，阿福葡萄园等重点农业项目建成投产，其中阿福葡萄园完成二期5万平方米苗木栽植。恒温冷链保鲜库项目厂房主体工程完成建设，13.33公顷水蛭养殖基地建成投产。疏浚河塘10千米，绿化栽植树木6300余棵，翻新墙体3万平方米，改造提升5个美丽乡村示范点。

· **同兴镇** 2021年，土地面积126.3平方千米，其中耕地面积60.67平方千米，辖28个行政村、2个社区，户籍人口7.69万人，居民人均可支配收入2.4万元。实现地区生产总值24.76亿元，一般公共预算收入3108万元，规模以上工业总产值2.43亿元，全社会固定资产投资8.16亿元。新签约项目17个，其中投资过亿元项目4个，新开工5000万元以上项目8个。新增高效农业面积1000公顷，完成成片造林面积213.33公顷，新建农田林网400公顷，完成山体绿化67.67公顷。粮食总产量8.7万吨。伊芦山风景区接待游客23.79万人次，收入178.75万元，举办第三届梅花节、首届汉服文化节，获评全国休闲农业与乡村旅游五星级精品企业、江苏省放心消费创建先进单位。

灌云豆丹文化产业园　　谢凯　摄

·图河镇 2021年，土地面积108.21平方千米，耕地面积55.36平方千米，辖19个行政村，户籍人口6.17万人。实现地区生产总值17.95亿元，规模以上工业总产值4.07亿元，一般公共预算收入3343万元，全社会固定资产投资10.84亿元，其中工业固定资产投资8.21亿元，外贸进出口额302万美元。新签约投资5000万元以上工业项目5个，新开工建设项目3个。新增高效设施农业面积166.67公顷，完成1.33公顷商品化集中育秧点5个。培育市级家庭农场1家，市级示范性合作社1家。组织家乡农产品云兴酿造产品网上销售，完成农村网络营销额2000万元。总建筑面积4.34万平方米的图和人家新型农村社区项目主体工程完工，综合服务中心、道路、绿化等各项配套设施同步推进。获评国家级卫生乡镇、省级卫生乡镇、省和谐社区建设示范乡镇、省科普示范乡镇、省农机安全示范乡镇。

·圩丰镇 2021年，土地面积76平方千米，耕地面积50.67平方千米，辖18个行政村、1个社区，户籍人口4.65万人。实现地区生产总值17.61亿元，一般公共预算收入3837万元，全社会规模以上固定资产投资8.04亿元。总投资8亿元的海通富渔光一体化项目并网发电，总投资4.9亿元的蒙能50兆瓦风电场项目完成9台风机安装，其中首批安装的3台风机并网发电。围绕省级绿色优质水稻基地、市级现代农业产业示范园核心区域，以村集体经营项目为主要载体，推广高产优质稻米南粳5718品种666.67公顷，推广应运苇丰香、龙王荡等优质稻米公共品牌2个。7个村的集体经营性收入达到100万元，村级集体经营性纯收入全部超过30万元。获评全省乡村振兴先进集体、全市生态环境综合治理(河长制工作)先进单位。

·下车镇 2021年，土地面积120.44平方千米，耕地面积85.17平方千米，辖32个行政村，户籍人口9.11万人。实现地区生产总值27.22亿元，一般公共预算收入6163万元，规模以上工业总产值2.57亿元，规模以上固定资产投资9.07亿元，其中规模以上工业固定资产投资5.31亿元，工业应税销售收入4.45亿元。新签约过5000万工业项目6个，其中过亿元工业项目4个。以设施栽培、花卉苗木、循环农业、特色养殖为重点，新增高标准农田666.67公顷，新上农产品深加工项目1个，培育新型农业经营主体18个。创建省级绿色农产品基地3200公顷，新申报“两品一标”农产品3个，农村产权交易额突破2826万元。32个村集体经营性收入1598.3万元，其中超100万元4个，超50万元10个。完成成片绿化造林66.67公顷，完善农田林网400公顷，培育柴市、费庄等绿美村庄3个。北部片区“五纵七横”道路框架体系全面推进，完成隆兴路1.4千米、隆盛大道1.3千米、乾锦路1.06千米等建设，隆振路、机场路有序推进。

·燕尾港镇 燕尾港镇位于黄海之滨，境内有开山岛，特产毛虾、鲈鱼、梭子蟹、海蜇、贝类等。2021年，土地面积23.53平方千米，辖4个社区、1个行政村，户籍人口8738人。实现地区生产总值17.66亿元，一般公共预算收入4.12亿元，全社会固定资产投资36.58亿元，其中工业固定资产投资30.4亿元，工业企业应税销售收入50.07亿元，实际利用外资及港澳台资2712万美元，外贸进出口额3180万美元，居民人均可支配收入20121元。新签约过亿元项目19个，总投资224.5亿元，其中过10亿项目3个、过100亿元项目1个。燕尾作业区新开通至韩国、朝鲜等国外贸航线，内河集装箱新开通灌河至盐城内支线、南通沿海支线，海河联运吞吐量突破1600万吨。开山渔场黄鱼、鲈鱼、虾皮、海蜇、贝类等年捕捞量1.6万吨左右。燕尾港渔港经济区6家水产加工企业直接带动就业超过500人，相关产业联动效益约4.83亿元。创建成省级健康乡镇，获评全市“工业经济十强镇街”。（黄 洁）

灌南县

·概况 2021年，灌南县面积1028.41平方千米，辖11个镇，238个行政村(社区)，3个工业园区，2个农业园区，户籍人口81.06万人。境内灌河临港产业区、灌南经济开发区两大工业板块发展势头迅猛，初步形成精细化工、钢铁冶金、机械电子、酿酒食品、板材家居、新型建材、工厂化食用菌等主导产业，成为县域经济的强劲支撑。实现地区生产总值452.57亿元，比2020年增长8.4%；实现一般公共预算收入27.19亿元，增长13.7%；工业增加值157.89亿元，增长9.1%；城镇居民人均可支配收入35216.7元，增长8.7%；农村居民人均可支配收入19131.4元，增长11.3%。灌南县入选全国文明城市提名城市、获评全国脱贫攻坚先进集体。

·农业 2021年，灌南县实现农业总产值117.13亿元，粮食总产量64.27万吨，新增土地流转面积4666.67公顷，粮食绿色高质高效示范片建设跻身全省第一方阵，田楼镇获评江苏“味稻小镇”。食用菌产值65亿元，列入首批江苏省绿色蔬菜产业特色县，农业园区获评全省农产品加工集中区示范典型。生猪存栏55万头、出栏69.5万头，获评省生猪生产十强县，牧原养殖二场入选全国畜禽养殖标准化示范场。丽泽杏鲍菇等23个项目竣工达产，温氏白羽鸡全产业链项目部分投产。

·工业 2021年，灌南县实现规模以上工业产值386.17亿元，工业应税销售收入497.5亿元，分别比2020年增长35%、51%。完成工业投资110亿元、工业技改投资46亿元，分别增长56.5%、162.6%，增幅

2021 年灌南县国民经济发展情况主要指标一览表

表 60

项目	单位	2021 年数量	比 2020 年增长(%)	项目	单位	2021 年数量	比 2020 年增长(%)
人口	万人	81.06	-0.54	全社会固定资产投资总额	亿元	162.35	24.0
土地面积	平方千米	1028.41	—	外贸自营出口总额	万美元	18404	34.1
耕地面积	平方千米	588.12	—	实际利用外资及港澳台资	万美元	12192	40.7
地区生产总值	亿元	452.57	8.4	社会消费品零售总额	亿元	99.0	9.0
第一产业增加值	亿元	70.09	3.7	财政总收入	亿元	74.77	23.7
第二产业增加值	亿元	210.82	9.4	公共财政预算收入	亿元	27.19	13.1
工业增加值	亿元	157.89	9.1	财政支出	亿元	107.71	4.5
第三产业增加值	亿元	171.66	9.3	一般预算支出	亿元	60.87	0.1
人均地区生产总值	元	73986	8.6	城镇居民人均可支配收入	元	35216.7	8.7
规模以上工业产值	亿元	386.17	30.7	农村居民人均可支配收入	元	19131.4	11.3
农业总产值	亿元	117.13	3.9	年末存款余额	亿元	314.74	14.8
粮食总产量	万吨	64.27	0.01	年末贷款余额	亿元	374.81	25.1

居全市县域第一。新增应税销售收入超亿元企业 12 家，规模以上工业企业 33 家，股权交易中心挂牌企业 16 家，龙泰威食品等 3 家企业获评市“专精特新”科技“小巨人”企业。钢铁产业实现应税销售收入 308 亿元，兴鑫钢铁应税销售收入首次突破百亿大关，亚新钢铁获评中国钢铁企业竞争力特强 A 级。汤沟两相和酒业销售增长 29.6%。润普食品等 15 家培强培优龙头企业实现主营业务收入 345.6 亿元、增长 47.4%。华尔等 6 家化工企业安全复产。

·服务业 2021 年，灌南县服务业销售额增长 35.5%，社会消费品零售总额增长 10%。房地产市场健康发展，商品房销售面积比 2020 年增长 13.3%。金融中心全面建成，电商物流产业园加快建设，颐高互联网科创园建成运营，网络零售额、快递外发包裹数量分别增长 33%、54.6%。完成文旅产业投资 8.5 亿元，双鱼岛—盐河商旅文化带开工建设，汤沟酒生态文化酿造基地创成国家 AAA 级旅游景区，“红色上马台”成为全市红色文化新阵地，山地自行车省级联赛举办地。

四通八达的灌南县高速路网　　灌南县政府办　供图

·城乡建设 2021 年，灌南县系统推进城乡一体化污水治理 PPP 等 112 个功能配套项目建设，年度总投资 93.9 亿元。县体育馆建成投入使用，五龙口片区建设拉开框架。新建口袋公园 20 个，新增城市绿地 44 万平方米。235 省道南延段、337 省道灌南段交工验收，长深高速扩建工程灌南段开工。围绕全国文明城市创建深化城市治理，网格化推动 24 个片区实现综合环境大提升。清理腾退公共空间 5.8 万平方米，新增公共停车位 1800 个。整治完成市民广场周边等易淹易涝片区。新安镇建成“微社区”49 个。新安镇、堆沟港镇、新集镇、田楼镇入选全国千强镇，孟兴庄镇等 3 个镇创成国家卫生镇。新建村庄生活污水处理设施 90 个，改造农村供水管网 700 千米，提升农村公路 60 千米，建设农村生态河道 277 千米。新安镇刘园等 5 个新型农村社区建成交付，农房改善三年行动收官。

·社会事业 2021 年，灌南县苏州路幼儿园建成投用，惠泽高级中学、扬州路小学主体竣工，改扩建校舍 1.4 万平方米。“名校名校长名师”工程成效明显，田家炳中学等 8 所学校实现资源整合，高考本科上线率提升3.6%。入选国家级妇幼保健机构机制创新试点县，县第一人民医院建成全市首家县区互联网医院，传染病医院扩建工程主体完工，公共卫生监测中心加快建设，92.7%的基层医疗机构达省定建设标准，新增省农村区域性医疗中心2个、省甲级卫生室4个，三口镇创成省级健康镇。社会保障提标扩面，特困群体参保率100%，城乡居民基础养老金提升14.4%。全省率先成立医保帮办中心，医保"掌上办"实现重点业务全覆盖，"新医保·心服务"惠及全国老乡。落实各类社会救助资金1.2亿元，新增15家居家养老服务中心，完成500户困难家庭适老化改造，打造"梦想小屋"110个。

·新安镇 新安镇是灌云县政治、经济、文化中心。土地面积143.27平方千米，其中城区面积16平方千米，辖29个行政村、4个社区，户籍人口18万人。实现地区生产总值145.75亿元，一般公共预算收入2.48亿元，有9家规模以上工业企业。打造稻渔综合种养、葡萄、淮山药、食用菌四大特色农业产业，形成东部食用菌菇、设施蔬菜，南部花卉苗木、经济林果，西部鱼蟹水产养殖，北部优质稻米的高效农业发展新格局。33个村(社)集体收入超过30万元。投资2.2亿元的武障河闸扩建项目和投资1.47亿元的刘园新型农村社区建设项目基本完成建设。

·堆沟港镇 堆沟港镇是堆沟港、陈家港、燕尾港三港的中心区。境内有连云港化工产业园区和灌河半岛临港产业区。2021年，土地面积140.82平方千米，辖27个村、4个社区，户籍人口9.1万人。实现地区生产总值32.96亿元，一般公共预算收入2237万元。南部依托化工产业园、金属加工园、船舶工业园和码头物流园四大支柱产业做好产业链招商，工业经济快速发展。北部无公害稻米、浅水藕、葡萄等特色农业板块初具规模，现代农业稳步发展。中部堆沟新城招引各类服务型企业，为临港产业园区及化工园区产业工人及其家属提供餐饮、住宿、娱乐、办公等配套服务，构筑新型农村商贸服务体系。

·田楼镇 田楼镇与盐城市响水县一桥相连，拥有26千米灌河深水岸线。2021年，土地面积111.44平方千米，耕地面积69.19平方千米。辖25个村，1个社区，户籍人口8.4万人。实现地区生产总值26.31亿元，一般公共预算收入5463万元。新招引庚德电子、增拓复合材料等工业项目8个，新增规模以上工业企业2家。完成工业投资6.15亿元，工业应税销售收入14.05亿元，高技术产业投资1.78亿元。新建污水管网6.6千米。规模种植葡萄等经济作物233.33公顷，种植优质稻米3600公顷，田楼大米在江苏第七届百姓评米会获第一名。11个村2133.33公顷省级绿色优质农产品(水稻)基地通过省级专家组验收，获评江苏"味稻小镇"。生猪保供以牧原牧业为龙头，年出栏10万头以上。温氏白羽鸡养殖场四场、五场建成。获评市食品安全网格化示范乡镇、市线上交易先进乡镇，市宣传思想工作先进集体、市五四红旗团委。

·三口镇 三口镇素有"食用菌之乡""淮山药之乡"等美誉。2021年，土地面积87.02平方千米，辖18个行政村、3个社区，户籍人口6.38万人。实现地区生产总值23.58亿元，一般公共预算收入6574万元，固定资产投资8.3亿元，工业投资6亿元，实际利用外资及港澳台资250万美元。镇工业园获评市级创业示范基地，无逸化成(韩国)、江苏安燃、太诺电气、博之鑫电子等15家企业入驻。扩大优质食味水稻种植比例，获"江苏好大米"金奖。润民水果种植专业合作社获评国家级示范合作社，建设333.33公顷全市智慧农业试点。获评国家级卫生乡镇、省级绿色优质农产品基地、全市扫黑除恶先进集体、全市民政工作先进集体、网格化社会治理先进单位。

·百禄镇 百禄镇位于连云港、盐城、淮安三市交界处。2021年，土地面积105.16平方千米，辖24个行政村，户籍人口6.52万人。实现地区总值25.34亿元，规模以上工业产值13.2亿元，工业应税销售收入29亿元，工业税收总额1.31亿元，纳入市级以上重点项目5个，新增竣工投产工业项目9个，完成工业投资9.8亿元，纳税50万元以上企业34家，在培高新技术企业3家，科技型中小企业16家，镇工业园区标准厂房30幢、11万平方米，入驻企业32家，其中返乡创业企业16家。连续6年获得县综合考核一等奖，获评省对口帮扶支援合作先进集体，市工业经济十强镇街。

·新集镇 2021年，土地面积127.38平方千米，辖26个行政村(社区)，户籍人口7.55万人。实现地区生产总值25.44亿元，一般公共预算收入4158万元。镇工业集中区被认定为市级创业示范基地，实现鑫美达、梦之香、华业五金等8家企业入驻，总投资2.7亿元。土地规模流转率80%，农村产权交易连续9次获评省级"月度之星"。新培育省级示范家庭农场1家、市级5家、县级29家，建成水稻高产创建千亩示范方2个，核心区面积500公顷，打造徐老庄大米、孙湾西瓜、周庄葡萄等品牌，徐老庄、周庄、新集社区3个新型农村社区交付，新集街改造项目完工，周庄村获评省级文明村，提档升级农村道路10.5千米。

·李集镇 李集镇是灌南西大门，连镇铁路、宁连高速、233国道纵贯南北，235省道、肖八路、李大线横贯东西，盐河、南六塘河、北六塘河穿境而过，交通优势明显，水域条件优越。土地面积88.19平方千米，耕地面积42.09平方千米，辖19个行政村、2个社区，户籍人口7.39万人。实现地区生产总值21.51亿元，一般公共预算收入1.08亿元。粮食总产量4.87万吨，苗木种植规模3800余公顷，夏黑葡萄、“万圩粉丝”等优质无公害农产品畅销省内外。新招引总投资2.5亿元的冠之盛实业、总投资1.2亿元的安固科技和总投资3000万元的伊麦纺织等9个项目，新民村特色采摘园、六塘智慧农业产业园、六塘建筑产业园、李集镇便民服务中心、李集社区标准化厂房等重大项目有序推进。新建同兴村健康主题公园，铺设李集社区长668米的道路、新修建下水道740米，完成21个窨井盖装配、修缮80盏路灯及附属设施，成功创建国家级卫生乡镇。

在灌南县现代农业园区一家食用菌企业生产车间内，工人采收杏鲍菇 耿玉和/视觉江苏网

·孟兴庄镇 2021年，土地面积78.09平方千米，耕地面积43.27平方千米，辖20个行政村，户籍人口6.28万人。实现地区生产总值21.81亿元，一般公共预算收入2793万元。以镇工业集中区为载体，明确LVL高端板材家居、纺织新材料等主导产业招引定位，一期工程基本建成。入驻项目12个，其中江苏顺丽成建筑新材料、江苏梦庆木业、江苏艺美新材料等9个项目投产。实施“富民兴村”项目，流转200公顷土地，20个村实施“三年增收计划”，通过厂房租金、产业经营、集体土地收益等多种方式，村集体收入全部达到30万元。

·汤沟镇 汤沟镇位于连云港、宿迁、淮安三市结合处，是全国最大的手工古法酿酒基地，有两相和酒业、海洲湾酒业等中小酒企47家。2021年，土地面积32.6平方千米，耕地面积17.29平方千米，辖8个行政村，户籍人口2.98万人。实现地区生产总值15.52亿元，一般公共预算收入4032万元。厂镇融合发展战略初步实施，服务酒厂扩大产能，拟定中小酒企产业园建设方案。完成总投资1575万元的600公顷高标准农田项目及总投资2200万元的柴塘、柴沂灌区节水改造项目。新增扶贫项目5个，总投资570万元，新建3000平方米扶贫厂房。

·张店镇 张店镇是红色革命老区，水网密布，宁连高速、连镇高铁纵贯南北。2021年，土地面积59.18平方千米，辖12个行政村、1个社区，户籍人口4.2万人。实现地区生产总值15.23亿元，一般公共预算收入1704万元。引进项目4个，其中过亿元项目2个，总投资5.6亿元，年产8.6万吨的润普食品添加剂二期项目建成投产，总投资1.2亿元的连云港万泰装饰新材料二期项目建成投产，年纳税200万元以上。规划建成张家店新型社区，建设农房154套。依托新时代文明实践所新建400平方米为民便民服务中心，推进危房改造、土地复垦、农业农开项目开发、污水处理设施等重点项目快速完成，获评全省基层党员冬训工作示范乡镇。

·北陈集镇 2021年，土地面积55.26平方千米，耕地面积34.43平方千米，辖14个行政村、1个社区，户籍人口4.3万人。实现地区生产总值15.49亿元，一般公共预算收入1204万元。工业集中区建设提档升级，建设标准化厂房20栋、4万平方米，签约入驻企业11家、总投资超8亿元，9家企业投产达效，五金制品全链条大产业特征日益凸显。尹荡新型社区一期42套交付使用，二期15套完工。高标准建成小镇书屋，藏书1.2万册。获评省级生态文明建设示范乡镇、市级违法建设治理优胜乡镇、市级就业孵化基地等。（张 宇）

责任编辑 王佳生

人物

新任市领导

马士光 男，汉族，1969年9月出生，江苏邳州人，大学学历，法律硕士学位，1999年11月入党，1994年8月参加工作。1990年9月至1994年8月在淮海工学院语言文学系汉语言文学专业学习并毕业。1994年8月至1998年7月任徐州市中级人民法院刑庭、民庭书记员、办公室秘书(其间:1998年6月省高等教育自学考试法律专业本科毕业)。1998年7月至2002年3月任徐州市委办公室综合三处科员，2002年3—8月任徐州市委办公室综合三处副主任科员(其间:1999年9月至在2002年6月苏州大学法学院法律专业在职学习，获法律硕士学位)。2002年8月至2005年9月任徐州市纪委党风廉政建设室主任，2005年9月至2006年2月任省纪委第六纪检监察室干部，2006年2月至2008年1月任省纪委第六纪检监察室副处级纪检监察员，2008年1月至2013年5月任省纪委监察综合室副主任(正处级)，2013年5月至2015年6月任省纪委信访室主任(副厅级)。2015年6月至2016年11月任中共泰州市委常委、市纪委书记，2016年11—12月任省纪委常委，中共泰州市委常委、市纪委书记，2016年12月至2018年1月任省纪委常委，中共苏州市委常委、市纪委书记，2018年1—5月任省纪委常委，中共苏州市委常委、市纪委书记、市监委主任，2018年5—6月任省纪委副书记、省监委副主任。2018年6月至2021年7月任省纪委副书记、省监委副主任兼省委巡视工作办公室主任，2021年7—8月任省纪委常委、省委巡视工作办公室主任。2021年8月任中共连云港市委副书记，市政府副市长、代理市长、党组书记。

林小异 男，汉族，1979年5月出生，江苏江阴人，研究生学历，历史学硕士学位，1998年7月入党，2001年9月参加工作。1997年9月至2001年9月在北京大学历史学系中国史专业学习并毕业。2001年9月至2002年9月任西藏自治区山南地区师范学校教师(支教)。2002年9月至2005年7月在北京大学历史学系中国古代史专业研究生学习并毕业。2005年7月至2006年8月任无锡市惠山区区长助理(挂职)，2006年8月至2008年11月任无锡市惠山区团委书记，2008年11月至2010年8月任无锡市惠山区委办公室副主任(正科级)(其间:2008年4月至2009年12月挂职任无锡市人事局局长助理)，2010年8—10月任无锡市人力资源和社会保障局副局长、党委委员，2010年10—12月任无锡市对口支援新疆克州阿合奇县前方工作组副组长，无锡市人力资源和社会保障局副局长、党委委员，2010年12月至2013年12月任无锡市对口支援新疆克州阿合奇县前方工作组副组长、阿合奇县委常委、副县长，无锡市人力资源和社会保障局副局长、党委委员(2013年8月明确正处级)，2013年12月至2014年3月任无锡市对口支援新疆克州阿合奇县前方工作组组长、阿合奇县委常委、副县长，无锡市人力资源和社会保障局副局长、党委委员(正处级)，2014年3月至2017年2月任无锡市对口支援新疆克州阿合奇县前方工作组组长、阿合奇县委副书记，无锡市人力资源和社会保障局副局长、党委委员(正处级)，2017年2月至2018年3月任无锡市人力资源和社会保障局副局长、党委委员(正处级)。2018年3月至2019年5月任团省委副书记、党组成员，2019年5月至2020年8月任团省委副书记(其间:2020年4月至2020年8月挂职任宿迁市副市长)，2020年8月至2021年7月任宿迁市副市长。2021年7—8月任中共连云港市委常委、市纪委书记，2021年8月任中共连云港市委常委、市纪委书记、市监委副主任、代理主任。

赵云燕 女，汉族，1975年3月出生，江苏泰兴人，大学学历，工学学位，2004年4月入党，1997年8月参加工作。1993年9月至1997年8月在华南理工大学化学工程系化学工程专业学习并毕业。1997年8月至2001年6月任泰州市化学医药建材工业局(市经委化学医药建材工业科)办事员、科员,2001年6月至2003年5月任泰州药品监管局市场监督处科员,2003年5月至2006年4月任泰州药品(食品药品)监管局办公室副主任(其间:2002年9月至2004年6月在南京中医药大学药学院中药学专业研究生课程进修班学习),2006年4月至2008年3月任泰州食品药品监管局药品安全监管处副处长,2008年3月至2009年2月任泰州食品药品监管局药品安全监管处处长。2009年2月至2011年5月任泰州医药园区管委会副主任、党工委委员。2011年5月至2012年8月任中共泰州市海陵区委常委、宣传部部长,2012年8月至2014年3月任泰州市食品药品监管局局长、党组副书记,2014年3月至2017年2月任泰州市食品药品监管局局长、党组书记。2017年2月至2018年2月任泰州市委宣传部副部长、市文明办主任。2018年2—11月任泰州学院副院长、党委委员,2018年11月至2021年9月任泰州学院副院长、党委常委。2021年9月任中共连云港市委常委、宣传部部长。

商振江 男,汉族,1975年9月出生,江苏盱眙人,省委党校研究生学历,1995年6月入党,1993年9月参加工作。1989年9月至1993年9月在常州轻工业学校文秘档案专业中专学习并毕业。1993年9月至1998年12月任盱眙县马庄乡文书、党委秘书(其间:1995年9月至1998年7月在省委党校党政管理专业专科函授学习并毕业),1998年12月至1999年5月任盱眙县招商引资办公室秘书,1999年5月至2000年2月任盱眙县马庄乡组织委员,2000年2月至2001年5月任盱眙县观音寺乡组织委员(其间:1998年9月至2000年3月在中央党校政法专业本科函授学习并毕业),2001年5—12月任盱眙县观音寺镇组织委员,2001年12月至2002年10月任盱眙县观音寺镇党委副书记、组织委员,2002年10月至2003年9月任盱眙县团委书记。2003年9月至2007年11月任连云港团市委副书记、党组成员(其间:2006年10月至2007年11月挂职连云区副区长),2007年11月至2009年1月任海州区副区长(其间:2005年9月至2008年7月在江苏省委党校研究生区域经济学专业学习并毕业)。2009年1月至2012年1月任中共东海县委常委、县纪委书记。2012年1—2月任中共赣榆县委常委,2012年2月至2013年8月任中共赣榆县委常委、副县长(常务)。2013年8月至2015年12月任连云港经济技术开发区管委会常务副主任、党工委副书记。2015年12月至2016年1月任中共灌南县委副书记、县政府党组书记,2016年1月至2018年7月任中共灌南县委副书记,县政府县长、党组书记,2018年7—8月任市商务局党委书记,2018年8月至2019年1月任市商务局局长、党委书记,2019年1月至2021年9月任市商务局局长、党委书记,市口岸办公室主任。2021年9—10月任中共连云港市委常委、连云港经济技术开发区党工委书记、中国(江苏)自由贸易试验区连云港片区管委会主任,市商务局局长。2021年10月任中共连云港市委常委,连云港经济技术开发区党工委书记,中国(江苏)自由贸易试验区连云港片区管委会主任。 (市委组织部)

新当选院士

肖 伟 男,1959年10月出生,制药工程学专家,研究员级高级工程师,博士生导师,江苏康缘药业股份有限公司董事长、研究院院长,中药制药过程新技术国家重点实验室主任、中成药智能制造技术国家地方联合工程研究中心主任。他长期致力于中药新药创制、生产过程质控、智能制造领域研究,承担重大新药创制等项目13个,作为第一发明人获发明专利213件,其中国际专利31件;作为第一完成人获国家技术发明二等奖1个、国家科技进步二等奖1个、省部级科技进步一等奖5个。主持制订《中国药典》标准9个。先后获何梁何利科学与技术创新奖、光华工程科技奖、全国创新争先奖。2021年,当选中国工程院医药卫生学部院士。 (程继云)

全国五一劳动奖章获得者

马善民 男,1976年6月出生。中共党员,本科学历。中国邮政集团有限公司江苏省连云港市分公司锦屏支局支局长兼投递员。他坚守在基层一线艰苦工作岗位25年,累计走过10多万千米乡村邮路,骑坏6辆自行车,3辆摩托车,准确投递邮件报刊260余万件,投递准确率100%。在乡村邮路上传递富民政策、民生信息,助力脱贫致富、乡村振兴,热忱帮助群众1万余人次,开展助学扶贫1200余人次。深入推进邮政惠农项目,以“邮政+农民合作社+渠道”模式,将农产品引入邮政销售渠道,累计帮助农户销售农产品近80万元。2020年被评为全国邮政行业劳动模范,2021年获全国五一劳动奖章。

王强周 男,1972年3月出生,中共党员,高中学历。江苏东浦管桩有限公司、机修车间班长。作为机修班长,他每天巡查各种机器,一旦出现故障,总是第一时间赶到现场抢修,有时干到半夜。他善于革新,为公司解决6个生产难题,获得18项国家专利,参与2项省市重大科技成果转化项目。先后被评为“港城工匠”、“十大最美职工”、全国建材行业技术革新能手、江苏省文明职工,获得江苏省五一劳动奖章。2021年获全国五一劳动奖章。

(市总工会)

江苏省劳动模范

徐启良 男,1989年3月出生,中共党员,大学专科学历,晶海洋半导体材料(东海)有限公司生产部副经理。他带领车间员工改变作业模式,将单台设备产量提高30%。2019年与技术部门共同实施细线化推进工作,金刚线直径由55微米降低至47微米。2021年被评为江苏省劳动模范。

惠康生 男,1966年3月出生,大学专科学历,连云港市天意消防器材有限公司车间主任。他参与设计研发实用新型专利9项、发明专利3项。2021年被评为江苏省劳动模范。

段少魏 男,1986年7月出生,中共党员,大学本科学历,江苏新海石化有限公司副总工程师,中级工程师。主导柴油回炼提升管多产汽油方案,带领研发"海湃动力汽油",有效降低汽车尾气的PM值、氮氧化合物、非甲烷总烃等污染物的排放,获得首批江苏省"江苏精品"认证。获得1项国家发明专利,5项国家实用新型专利。2021年被评为江苏省劳动模范。

程　遥 男,1980年7月出生,大学本科学历,江苏德发房车科技有限公司自行式房车车间主任。他善于协调管理,极大降低单位的维修费用和购置成本,较好调动员工积极性,提高工作效率。2021年被评为江苏省劳动模范。

黄以波 男,1981年10月出生,中共党员,大学本科学历,江苏虹港石化有限公司PTA二部项目负责人,助理工程师。他参加徐圩新区石化产业基地虹港石化一期装置原始建设,虹港石化一期装置一次性投料开车成功。作为生产技术负责人,配合石化产业基地虹港石化二期项目整体设计、施工建设和设备调试,项目顺利投产。2021年被评为江苏省劳动模范。

徐兴江 男,1968年5月出生,大学本科学历,中国电信股份有限公司连云港分公司机务员,高级工程师。他开发空调停电后自启电路板、机房环境温度新风自适应节能技术、智能新风焓差环保节能空调系统、智能新风焓差与换热器变风量节能空调系统等。拥有3项发明专利,5项新型实用专利,获得省科学技术进步奖三等奖。2013年获得江苏省五一劳动奖章,2021年被评为江苏省劳动模范。

李连海 男,1978年4月出生,中共党员,大学本科学历,江苏核电有限公司运行三处处长,高级工程师。他率领的核电运行团队先后被评为省、中核集团安全先进班组,获全国电力职工(第十届)技术成果一等奖。2020年,在田湾核电站5、6号机组建设中,带领运行人员攻坚克难,提前114天投入商业运行,创造从装料到商业运行的世界同类机组最佳纪录。2021年被评为江苏省劳动模范。

陈兴华 男,1987年7月出生,中共党员,大学本科学历,中国邮政集团有限公司连云港市分公司金融业务管理员,中级工程师。他开发自动联网核查工具,将客户身份信息联网核查全流程由4分钟缩短至30秒。开发宣传品成本风险控制系统解决手工登记的复杂问题。2021年被评为江苏省劳动模范。

何锡忠 男,1969年12月出生,中共党员,大学本科学历,连云港海通汽车服务有限公司汽车修理事业部班长,高级技师。他针对各种车型,从作业工艺流程、喷涂漆料配方、产品技术参数进行系统归纳和整理,形成一套系统和完整的汽车烤漆技术体系。2018年获全国五一劳动奖章,2021年被评为江苏省劳动模范。

袁宏伟 男,1973年8月出生,中共党员,大学专科学历,连云港港口集团东方港务分公司墟沟西作业区技术设备室经理兼党支部副书记,中级工程师。他注重创新,实现码头各类工属具创新、多功能化机械改造、电气标准化研究等多方面的跨界融合,每年完成现场生产工艺革新和技术改造15项次以上,累计创新项目100余个。9项创新成果获国家实用新型专利。2021年被评为江苏省劳动模范。

徐丽丹 女,1990年5月出生,大学本科学历,中国银行股份有限公司连云港分行灌云支行综合客服经理。她业务素质过硬,获省行技能大赛个人点钞第一名、省行技能运动会点钞项目第一名、省金融机构现金服务知识与技能竞赛决赛个人点钞识假第一名。2019年获江苏省五一劳动奖章,2021年被评为江苏省劳动模范。

胡　军 男,1970年12月出生,中共党员,大学专科学历,连云港市工投集团杜钟新奥神氨纶有限公司生产二部助理。他带领班组成员改进工艺流程,利用废液为原料进行纺丝,每吨价值超万元。2021年被评为江苏省劳动模范。

陈秋飞 男,1983年9月出生,九三学社会员,硕士研究生,中复神鹰碳纤维股份有限公司副总经理,正高级工程师。他攻克干喷湿纺高性能碳纤维关键技术,开发T700、T800、T1000、M30、M35、M40J级高性能碳纤维,实现规模化生产。获各类奖励30余项,其中省部级以上奖励5项,获专利授权专利14件。2017年国家科技进步一等奖,2021年被评为江苏省劳动模范。

徐传伟 男,1968年4月出生,中共党员,高中学历,连云港碱业有限公司石灰车间工段长。他在纯碱行业创造石耗、焦耗连续多年保持全国同行第一名的纪录。负责的优化攻关项目焦耗指标连续多年控制在83千克/吨碱,比目标值降低4千克/吨碱,成为纯碱行业的标杆。2021年被评为江苏省劳动模范。

吕爱锋 男,1976年9月出生,中共党员,博士研究生,江苏豪森药业集团有限公司总裁、研究院院长,研究员级高级工程师。他带领科研团队自主创新,累计研发上市中枢神经系统、抗肿瘤、糖尿病等各类新药近50个,其中1类新药4个,4个注射剂、1个口服制剂获美国食品和药物管理局批准。获国家授权发明专利200余件,在欧、美、日等国家或地区获100余件授权,1件产品专利获中国专利金奖,1件产品专利获中国专利银奖,6件产品专利获中国专利优秀奖。2021年被评为江苏省劳动模范。

程真何 男，1966年10月出生，中共党员，硕士研究生，国网江苏省电力有限公司连云港供电分公司总经理、党委副书记，研究员级高级工程师。对接徐圩石化产业基地等重点发展板块，降低客户用电成本7.34亿元。提出“基于多元协同的绿色能源高质效的城市能源互联网”概念，促成市政府与江苏省电力公司签订战略合作协议；建成开山岛、前三岛等“风光储一体化”供电系统。2021年被评为江苏省劳动模范。

尚 涛 男，1972年3月出生，中共党员，大学本科学历，江苏省新海粮食储备直属库有限公司董事长。他带领企业获得江苏粮油仓储十强企业、江苏省“粮安之星”等称号。抢抓储粮安全，优化购销服务，2020年公司完成粮食经营量近9万吨，超额完成利润指标。2021年被评为江苏省劳动模范。

管学刚 男，1977年10月出生，农工党党员，大学本科学历，连云港光明眼科医院院长，副主任医师。他设计和开展相关眼科医疗新技术10余项，完成眼科手术3万余例。最早在市内开展同轴微切口超声乳化白内障手术，首个在江苏省开展飞秒激光治疗白内障。定向为贫困残疾群体开展“慈善一日捐”“眼健康公益大讲堂”等活动，捐助医疗物资1700万余元。2020年获江苏省五一劳动奖章，2021年被评为江苏省劳动模范。

曹家凯 男，1973年12月出生，大学本科学历，江苏联瑞新材料股份有限公司副总经理，助理工程师。他长期从事电子级二氧化硅粉体材料应用研究，先后主持或参与工信部电子信息产业基金、省科技成果转化等20余个科研项目的研究工作，参与3项国家标准制定，获中国建材联合会科技进步一等奖1个，市科技进步一等奖1个、二等奖2个。获授权发明专利7件。2021年被评为江苏省劳动模范。

王恒启 男，1975年7月出生，中共党员，大学本科学历，江苏三吉利化工股份有限公司副总经理、生产技术部部长，高级工程师。他参与制定国家标准2项，获得连云港市科技进步奖三等奖1个，获得发明和实用新型国家专利授权9件，参与国家“863计划”1项。所在部门获省“工人先锋号”称号。2021年被评为江苏省劳动模范。

尹洪刚 男，汉族，1976年11月出生，中共党员，硕士研究生，江苏康缘药业股份有限公司财务总监，高级会计师。他完善预算管理体系，规范财务内控流程。严格做好资金成本控制，成功申请10亿元超短融额度。2020年抗击新冠肺炎疫情期间，第一时间协调资金，确保捐助武汉抗疫防疫协定方物资采购资金及时到位。2021年被评为江苏省劳动模范。

卞联合 男，1969年8月出生，中共党员，大学本科学历，连云港东方农村商业银行股份有限公司海州区支行党支部书记、支行长。他走遍辖区48个自然村及居委会近2.2万户家庭、4000多户个体工商户，发放涉农贷款近10亿元，帮助3000余农户脱贫致富。2020年抗击新冠肺炎疫情期间，在12小时内为首批重点医疗应急物资保障企业连云港杜钟新奥神氨纶有限公司完成授信审批，48小时内实现2900万元贷款发放，《新华日报》等多家媒体宣传报道。2021年被评为江苏省劳动模范。

郝大宝 男，1986年12月出生，中共党员，大学本科学历，东海县双店镇三铺村党总支书记。三铺村是“十三五”时期省定的经济薄弱村，2017年郝大宝到任后，带领村民发展大棚鲜切花种植，开发“花直达”云店智慧网络销售平台，创新推出“支部＋合作社＋农户”的发展模式，兴建起3190平方米的电商物流中心、农产品展示中心、育苗中心、网红带货中心，使三铺村成为远近闻名的“鲜花村”“富裕村”。郝大宝获全国脱贫攻坚奖奋进奖，被评为“中国好人”、江苏省抗击新冠肺炎疫情先进个人、江苏省劳动模范、江苏省优秀党务工作者等。2021年被评为江苏省劳动模范。

陈广兵 男，汉族，1975年2月出生，中共党员，大学专科学历，灌云县同兴镇膘头村村民委员会主任。他自筹资金和争取奖补资金帮农户修建水泥路4千米，争取上级奖补资金修建水泥渠6千米，电灌站3座；带动农户成立合作社2个，家庭农场6个，形成稻虾、藕虾、鱼虾混养的新模式，带动低收入户130多人就业。村里形成以产、供、销、深加工为模式的产业带动致富。2021年被评为江苏省劳动模范。

徐 瑶 女，1992年11月出生，中共党员，大学本科学历，连云港市曙光蔬菜种植专业合作社理事长。她大学毕业后返乡创业，成立连云港曙光蔬菜种植专业合作社，带动周边150余名村民家门口就业，人均年收入3.2万元。以扶贫车间为依托，辐射带动130多名群众创收500多万元。2021年被评为江苏省劳动模范。

袁立雨 男，汉族，1967年10月出生，中共党员，大学专科学历，连云港三新供电服务有限公司灌云分公司南岗供电所运维采集工。2015年起，他带领党员服务队成员定期对开山岛微电网进行检查和维护，为岛上建设微电网和海水淡化系统。带领服务队关心帮助听障老人的生活，坚持为留守老人、伤残者等特殊人群开展上门服务。先后被评为省电力公司、国家电网公司优秀共产党员，获得省五一劳动奖章。2021年被评为江苏省劳动模范。

王其芳 男，汉族，1982年6月出生，中共党员，中专学历，连云港富安紫菜机械有限公司机工班班长。他钻研紫菜机械生产技术，参与省第四批省级科技创新与成果转化项目、省科技计划项目、省专利实施计划项目等省级财政资金项的产品试制、国家发展改革委中央投资工业中小企业技术改造专项项目等。2018年获江苏省五一劳动奖章，2021年被评为江苏省劳动模范。

杜树忠 男，1987年2月出生，大学专科学历，江苏金茂源生物化工有限责任公司有机化工车间副主任。他先后参加醋酸乙酯装置建设工作、年产20万吨醋酸乙酯扩建工作、4万吨乙醛建设工作。2021年被评为江苏省劳动模范。

刘满仓 男，汉族，1963年11月出生，高中学历，东海县青湖镇卫宇家庭种植农场经营者。2016年，他成立东海县青湖镇卫宇家庭种植农场，年产值400余万元。带动周边家庭农场发展，促进周边15家家庭农场成立。2021年被评为江苏省劳动模范。

周朝亮 男，1968年1月出生，中共党员，初中学历，连云港市朝亮蛋鸡养殖专业合作社社长。他艰苦创业20余年，合作社实现规模化、科学化养殖管理，带动100多户、400多名群众脱贫致富。2021年被评为江苏省劳动模范。

宋成伍 男，汉族，1967年11月出生，中共党员，高中学历，灌南县新安镇硕项湖虾蟹养殖专业合作社社长。他采取规模化、标准化、生态化的“鱼、虾、蟹”混养模式，将养殖技术无偿教给村民，带动村民共同发家致富。2021年被评为江苏省劳动模范。

毛桂军 男，1972年11月出生，高中学历，灌南县太新獭兔养殖场负责人。他建起规模化养殖场，1万个笼位，存栏2万余只，生产肉兔主要供给浙江、上海、苏州、南京等科研单位及医科学院、生物制药等部门用于实验、教学和制药等。2021年被评为江苏省劳动模范。

（市总工会）

江苏省先进工作者

李　艳 女，1971年3月出生，中共党员，大学本科学历，东海县教育局教育工委委员，中学高级教师。她于2010年起负责全县幼教工作，创建省优质园40所。2013年担任县实验小学校长，实现优质教育资源共享、社会满意度高。探索教育改革，获批省首批前瞻性项目“自助式学习”课改实验、省课程基地项目。2021年被评为江苏省先进工作者。

王　斌 男，1979年12月出生，中共党员，大学本科学历，灌云县政府扶贫工作办公室扶贫开发科负责人。他制定《灌云县脱贫致富奔小康工程建档立卡工作手册》《灌云县扶贫对象动态调整和建档立卡信息采集工作手册》，提出“三帮三补一保”政策，系统解决支出型贫困问题。提出扶贫项目资金“六制工作法”，“十三五”期间灌云县扶贫项目涉及资金6.77亿元，无一例违规。曾获评全国脱贫攻坚先进个人，2021年被评为江苏省先进工作者。

吴宏波 男，汉族，1971年5月出生，中共党员，大学本科学历，灌南县行政审批局局长。他推进依法行政，对涉及全县经济发展的重大决策、重大事项决策和前期调研论证提供法律意见。推进行政复议案件审理机制改革，2020年办结行政复议31件，办理各级人民法院受理涉及县政府的行政诉讼案件12件。2021年被评为江苏省先进工作者。

李运昌 男，汉族，1971年1月出生，中共党员，大学本科学历，赣榆区水利局局长、党委书记，中级工程师。他带领赣榆区水利局连续5年获得市水利目标考核第一名，获评2020年全省抗旱抗台抗洪工作先进集体，在全市率先成功创建国家级县域节水型社会建设达标县。2021年被评为江苏省先进工作者。

刘虎平 女，1974年8月出生，中共党员，大学本科学历，连云区教育局区教师发展中心副主任，正高级教师。她先后任2所省实小校长及区教师发展中心负责人，在文化凝练、质量提升、队伍建设等方面开辟特色路径，“港文化”“人文科技”“小交警”等品牌迈入省级行列，2所学校多次获省市创新创优奖，获评省教育工作先进集体、省内涵项目优秀学校。2021年被评为江苏省先进工作者。

李小楼 男，1987年7月出生，中共党员，大学本科学历，连云港经济技术开发区城管综合监察大队副队长。他带领队员严格执法，维护城市的整洁、文明。先后获市政府嘉奖、市“十大最美城市建设者”提名。2021年被评为江苏省先进工作者。

杨永建 男，1975年7月出生，中共党员，研究生学历，连云港市交通运输局办公室主任。他多年如一日做好办公室工作，年均编发600多篇信息，在省市主管部门考核名列前茅。打造连云港“12328”交通服务热线为全国交通运输行业文明示范窗口。2021年被评为江苏省先进工作者。

李广文 男，蒙古族，1971年8月出生，中共党员，大学本科学历，连云港市公安局法制支队支队长。他创新领导干部带头办案机制、开展行政复议诉讼案件“双零”活动、推动直属分局和执法办案管理中心实体化运行，建立健全建档定责、评估定级、应对定策、倒查追责和诉前评估、诉中沟通、诉后剖析等多项工作机制，实现行政复议决定连续两年零更改。2021年被评为江苏省先进工作者。

王丽爱 女，1969年10月出生，无党派，大学本科学历，连云港高级中学教学部主任，正高级教师。她制定“共同体生命课堂”教学模式校本方案、学习共同体考核办法，创建网上学习共同体考核平台，助力学校获得市基础教育教学改革与特色项目特等奖、市高中教学质量提升特等奖。2021年被评为江苏省先进工作者。

陈晓兵 男，1981年2月出生，中共党员，硕士研究生，连云港市第一人民医院急诊党支部书记，副主任医师。他从事急危重症救治10余年，刚从国外学习研修回来又远赴新疆，承担新疆霍尔果斯医院的急诊重任，多次参与急危重症抢救。2020年在抗击新冠肺炎疫情期间，他坚守隔离病房31天，救治确诊及危重病例，被评为全国抗击新冠肺炎先进个人。2021年被评为江苏省先进工作者。

李太升 男，1974年10月出生，中共党员，大学本科学历，连云港市殡仪馆馆长，中级社工师。他从事殡仪工作26年，任劳任怨。2020年在抗击新冠肺炎疫情期间，取消告别、守灵等人员聚集服务并限制来馆人员和车辆数量，实行三道关卡严格把控，确保全体职工零感染、治丧群众零感染。2021年被评为江苏省先进工作者。

刘文静 女，1978年10月出生，中共党员，硕士研究生，国家税务总局连云港市税务局机关党委专职副书记，中国注册税务师。她开展“标准+示范”党组织规范化建设和“党建优品荟”成果展示，在全系统启动“一党委一品牌、一支部一特色”创建活动。推出“支部5A工作法”“小网格大作用”“融合式党建新机制”等特色项目，创新做法引来省内外100余家单位学习。2021年被评为江苏省先进工作者。

王学庆 男，汉族，1968年12月出生，中共党员，研究生学历，中共连云港市委市级机关工委组织处处长。他组织开展“为改革开放讴歌，为党旗党徽添彩”“永远跟党走”微党课比赛等活动，开展“争作三个表率、争创模范机关”行动，开展争创“高质发展决战决胜”先锋突击队党建品牌创建活动。全国首创举办新任党务干部入职宣誓仪式，建设机关智慧党建展馆。2021年被评为江苏省先进工作者。

杨 涌 男，1972年3月出生，中共党员，大学本科学历，连云港市财政局政府采购管理处处长。2018年，他主动请缨到赣榆区赣马镇大毛庄村任驻村第一书记。开编织袋厂、稻虾混养、推广种蘑菇，使原本省定的贫困村、经济薄弱村、上访村转变成省级创业型村、经济建设和社会发展优秀村、文化示范村。2021年被评为江苏省先进工作者。

王 飞 男，1986年5月出生，中共党员，研究生学历，中共连云港市委宣传部道德建设指导处处长。他创设“好人工程”“学雷锋七个一”等品牌，牵头承办“中国好人榜”发布等重要活动12场，“中国好人”“江苏好人”上榜数持续位居全省前列。2020年创建全国文明城市期间，他被查出患有恶性肿瘤，坚持把任务完成后进行手术，出院后立即投入到工作中。2021年被评为江苏省先进工作者。

王仕花 女，汉族，1961年11月出生，中共党员，高中学历，灌云县开山岛民兵哨所名誉所长。1988年起，她陪着丈夫王继才坚守开山岛，每天升旗、巡岛、观天象、护航标、写日志，从未中断。2018年，王继才在执勤时突发疾病不幸去世后，王仕花申请接替王继才继续守岛，被任命为开山岛哨所名誉所长。2020年获江苏省五一劳动奖章，2021年被评为江苏省先进工作者。

（市总工会）

入选“中国好人榜”的连云港人

一、助人为乐好人

薛 峰 男，1999年1月出生，每年坚持参加2次无偿献血。2017年成为中华骨髓库志愿者。2019年9月与一位血液病人初次配型相合，为了达到捐献要求，辞去工作努力健身，11月体检合格。2020年1月7日捐献造血干细胞，成功挽救武汉一位患者的生命。

樊 振 男，1972年出生，中共党员、农工党党员，东海县委党史工作办公室科员、东海樊氏图书馆馆长。自筹300多万元，将传承百年的自家书屋办成藏书10万余册的公共图书馆，被命名为“江苏抗战地标”“农工党中央党史教育基地”等。免费向社会开放，服务群众30多万人次，获连云港市公共文化服务品牌一等奖。首倡并引领推动的耕读传家农民阅读志愿服务项目被评为全国最佳志愿服务项目。

二、见义勇为好人

孙嘉宁 女，1998年出生，连云港市第二人民医院实习医生、南京医科大学康达学院学生。2020年7月31日，在徐州火车站第四候车室，一名女性旅客突然倒地。正在检票的孙嘉宁闻讯赶来救治，在车站工作人员的配合下，孙嘉宁使用AED（自动体外除颤仪）为病人做体外除颤，旅客逐渐恢复呼吸心跳。

张秀芳 女，1971年出生，灌南县李集镇和兴村村民。2021年9月20日上午10点左右，张秀芳在杭州市上城区岳王路段进行停车收费管理工作时，偶遇一名孕妇突然分娩。从事过护理工作的张秀芳立即上前，在街上搭建“临时产房”，成功帮助该孕妇产下一名男婴。

三、诚实守信好人

刘华成 男，1977年出生，东海县吕祥壁烈士陵园管理员。1967年，刘华成的父亲二等甲级伤残退伍军人刘步云回乡，主动找到民政部门为吕祥壁烈士守墓，守护34年后，病倒在岗位上。自小在烈士陵园长大的刘华成信守父亲生前所做的承诺，继续守护烈士陵园。

四、敬业奉献好人

孙乐颜 男，1990年4月出生，东海县公安局石榴派出所副所长兼埝河中心警务室社区民警。每天对辖区商店、企业、公共娱乐服务场所等重点场所分布进行详细摸排，提高现场抓获率。2020年8月28日，在执行抓捕任务中，他奋勇飞扑拦截骑乘电瓶车逃离现场的犯罪嫌疑人，倒地翻滚两圈，致全身多处挫伤仍不放弃，最终将嫌疑人制服。

罗 俊 女，1972年出生，国网连云港供电公司电力调度控制中心地区监控班班长。27年间累计安全无差错操作仪表10万余次。潜心技术创新，30余项成果获得省级以上表彰，发明的“基于智能调度系统的变电站监控信息自动验收操作法”被评为2019年度江苏省职工“十大先进操作法”。

李 伟 男，1988年2月出生，连云港市公安局海州分局太平边防派出所半滩村民警。2018年10月，他从部队转业成为社区民警，仅用半年时间走访完866户居民和300多家企业。走访中发现村里有位60多岁的重度瘫痪老人生活自理困难，经常到老人家中走访探望。立

"个人三等功"一次，获嘉奖 3 次。

彭阿瑞 男，1995 年出生，赣榆区城头镇彭瓦沟村人。2020 年 7 月，江西鄱阳湖汛情形势严峻，彭阿瑞所在部队接到支援救灾任务，原本准备休假回老家陪伴待产妻子的他主动请战，加入抗洪一线队伍。驾驶冲锋舟深入灾区 30 多次，和队友营救 180 余人。7 月 15 日，他在抗洪一线隔着手机屏抚摸新生儿子的视频感动众多网友。

王 华 男，1973 年出生，连云港市眼科医院院长。多次放弃高薪聘请，承担医院近一半以上的手术任务，累计为 5000 多名贫困眼疾患者免费手术。

宋大兵 男，1969 年出生，连云港经济技术开发区朝阳市政工程有限公司职员。2008 年起坚守垃圾清运岗位一线，累计收集清运垃圾 200 万桶、总量超过 6 万吨。（王 清）

入选"江苏好人榜"的连云港人

阎振省 男，1953 年出生，东海县桃林阎振省诊所医师。2002 年转业后，回桃林镇开办私人诊所，24 小时为群众义诊，仅收药品费。诊治各类病患者 40 万余人次，巡诊 4000 多批次，减免医药费用 50 多万元。

陈丽明 男，1969 年出生，灌南宾馆餐饮部保管员。1998 年起累计无偿献血 123 次、3.49 万毫升。其中捐献全血 25 次 8100 毫升，捐献成分血血小板 97 次 134 个治疗量。加入中华骨髓库江苏分库，成为一名造血干细胞志愿者。4 次获得国家无偿献血奉献奖金奖。

李玉兰 女，1947 年出生，东海县安峰镇郄庄小学退休教师。2009 年起自备打扫工具，义务维护小区环境，协助社区做好疫情防控、政策宣讲、安全隐患排查等工作。

李 燕 女，1970 年出生，连云港市客隆超市有限公司经理。自主创业成功后，帮助 300 余名下岗女职工实现再就业。先后向汶川地震灾区、玉树地震灾区、湖北慈善总会等地捐款捐物 30 多万元。2020 年抗击新冠肺炎疫情期间，为驰援武汉的 14 名赣榆县医护人员家庭免费配送"暖心菜"440 余次。

姚焕强 男，1982 年出生，赣榆城西中心小学教师。6 月 12 日，姚焕强在经过徐山西桥头时发现路上有个皮包，打开后发现有 2 万余元现金和身份证、银行卡等重要证件。他按照身份证上的信息多方查找到失主，悉数归还。

于 洋 男，1963 年出生，灌南县堆沟港镇八队村村民；朱国平，男，1967 年出生，灌南县堆沟港镇董沟村村民；朱国才，男，1970 年出生，灌南县堆沟港镇董沟村村民。9 月 3 日清早，于洋在赶海时，海水突然涨潮，2 名不会游泳的妇女被困暗沟无法上岸。于洋跳入海中奋力往返、争分夺秒救人。路过的朱国平、朱国才兄弟俩见状也立即跳海展开施救，将被困妇女全部救上岸。

张秀芳 事迹参见"中国好人榜"。

蒋月琴 女，1977 年出生，连云港市交通控股集团权属港嘉节能科技有限公司副经理。坚持无偿献血 20 多年，累计献全血 7000 多毫升、血小板 2400 毫升，4 次获得全国无偿献血奉献奖。2011 年，发动身边亲友向贫困山区家庭寄送棉衣，累计捐赠 4000 余件。

王 勇 男，1978 年出生，连云港顺丰速运灌云分公司快递员。9 月 11 日下午，王勇在伊山南路一家服装店收到一个退货件，回到网点验视时发现里面有 4 万元现金，在寄件人电话为空号的情况下，沿着大街小巷寻找，直到晚上 7 时许终于找到失主，悉数归还。

颜井武 男，1933 年出生，云台山景区南云台林场退休职工。参加过抗美援朝，1992 年退休后坚持每天跋涉近万米山路义务守护山林。

万延永 男，1966 年出生，赣榆区妇幼保健院儿科副主任医师。原为乡村"赤脚医生"，先后参加全市儿科进修班、南京医科大自学考试、扬州大学医学院函授，逐渐成长为区里有名的儿科专家。他身患小儿麻痹症，每天平均坐诊 10 多个小时，尽可能地为病人节省医药费用。

吴海霞 女，1977 年出生，连云区墟沟社区卫生服务中心主任。采取一系列改革措施，修订绩效考核和薪酬分配方案，细化家庭医生绩效分配，社区卫生服务中心业务量增长 8 倍，被评为全国优质服务示范社区卫生服务中心。

李 伟 事迹参见"中国好人榜"。

王 华 事迹参见"中国好人榜"。

陈洪兵 男，1969 年出生，连云区中云街道东巷村党总支书记、村委会主任。带领村民开展水产养殖项目，通过招商引资、引进电商等方式，发展淡水生态养殖、现代中药之旅等特色产业，实现富民强村。

宋大兵 事迹参见"中国好人榜"。

杨红萍 女，1975 年出生，赣榆区人民检察院第四检察部主任。总结出"金手指帮教模式"，从心理健康、思想悔过、遵纪守法、自我维权和回报社会等五方面帮教涉案未成年人。牵头实施"帮百童工程"，帮助 28 名困境儿童获得司法救助金，开展个人或团体心理辅导 120 余人次。

谢大春 男，1962 年出生，江苏鑫亿鼎石英科技股份有限公司、东海县谢大春新材料科技有限公司技术总监。研发成果获国家专利授权 36 件，5 件技术填补国内行业空白。承担公司各类机电设备的义务维修保养工作，为公司节约资金近千万元。曾获全国五一劳动奖章。

于素梅 女，1966 年出生，连云港鹰游纺机集团碳纤维装备研究所所长。参与完成多条碳纤维成套装备的设计开发，形成具有自主知识产权的核心技术。2020 年新冠肺炎疫情期间，两周时间完成 4 条全自动平面口罩机的全线研发工作并迅速投入生产。先后被评为全国劳动模范、获全国五一劳动奖章。

王冬霞 女，1967 年出生，灌南县新集镇梨园村村民。丈夫常年外出打工,王冬霞每天为因病卧床不起的公婆喂饭、擦身、换尿不湿,公婆去世后,又将叔公接到家中照顾。

江玉芹 女,1976年出生,连云区墟沟街道西园社区居民。2004年,江玉芹丈夫意外受伤高位截瘫,江玉芹扛起家庭重担,每天悉心照顾丈夫、抚育年幼儿子。

刘秀梅 女,1954年出生,灌南县汤沟镇支沟村村民。2004年,刘秀梅的儿媳因车祸成为植物人,刘秀梅17年如一日精心照料,儿媳慢慢恢复进食、说话甚至简单的行动。

封昌林 女,1964年出生,灌南县汤沟镇连五村村民。2010年,封昌林的儿媳妇患上严重类风湿瘫痪在床,儿子在外打工,她每天悉心照顾儿媳妇,再照顾病重的老伴儿和年幼的孙女。

常　皓 男,1989年出生,连云港经济技术开发区新海连发展集团有限公司职员。自小时起照顾盲人邻居20余年。

曹元守 男,1955年出生;王亚珍,女,1959年出生,东海县驼峰乡董马村村民。曹元守叔叔因病去世,曹元守夫妇悉心照顾婶子32年。

(王　清)

第八届全国道德模范提名奖获得者

马善民 男,1976年6月出生,中共党员,连云港市邮政分公司锦屏支局支局长兼投递员。2021年获全国道德模范提名奖,事迹见全国五一劳动奖章获得者。 (王　清)

江苏省道德模范及提名奖获得者

张立祥 男,汉族,1967年12月出生,中共党员,连云区前三岛乡党委副书记,高公岛街道黄窝村党支部书记、村委会主任。第十三届全国人大代表,江苏省第十三次党代会代表。2000年,张立祥任黄窝村党支部书记,带领群众大力发展紫菜养殖加工产业,把昔日贫困村打造成为“全国紫菜第一村”,村民人均年纯收入从3000元增长到4万元,村集体年收入增长到945万元。带领全村干群全力投入基础设施整治、民生工程实施、村庄环境美化、生态旅游开发、乡风文明提升等各项事业建设,将黄窝村建成“全国美丽乡村示范村”“全国文明村”。2021年被评为第八届江苏省道德模范。

张丰林 男,汉族,1956年6月出生,连云港市赣榆区厉庄镇岭南村村民。张丰林17岁时因意外失去左臂,凭着顽强毅力,用“独臂”学会洗衣、做饭、耕作,勇挑家庭重担,一个人耕种1.3公顷土地。他孝老爱亲,精心照顾年老多病的母亲、瘫痪在床的残疾弟弟、肢体残疾的妻子。2021年被评为第八届江苏省道德模范。

印学金 男,汉族,1948年10月出生,东海县洪庄镇退休教师。2014年,退休后的印学金自掏腰包数万元购置桌椅黑板、课本杂志、文具教具等,利用自家房屋创办免费“留守儿童之家”阅读班,7年来义务辅导近500名留守儿童读书学习。2021年获第八届江苏省道德模范提名奖。

侍东亮 男,汉族,1982年12月出生,中共党员,灌云县公安局伊山派出所交警中队辅警。2013年4月起,任灌云实验小学护学岗执勤。在不足50米长的岗位上,年均“奔跑式”护学1500多千米,被群众亲切称为“奔跑哥”。中央电视台新闻频道栏目专题报道《我的护学爸爸——侍东亮》。2021年获第八届江苏省道德模范提名奖。(王　清)

江苏最美人物

郝大宝 男,1986年12月出生,中共党员,东海县双店镇三铺村党总支书记、村委会主任。事迹参见“江苏省劳动模范”。2021年1月,省委宣传部授予郝大宝江苏省“最美基层干部”称号。

于素梅 女,1966年6月出生,中共党员,连云港鹰游纺机集团碳纤维装备研究所所长,研究员级高级工程师。事迹见全国五一劳动奖章获得者。2021年3月,省委宣传部、省妇联授予于素梅江苏“最美巾帼人物”称号。

张立祥 男,1967年12月出生,中共党员,连云港市连云区前三岛乡党委副书记,高公岛街道黄窝村党支部书记、村委会主任。事迹见江苏省道德模范。2021年7月,被省委宣传部授予江苏“最美基层共产党员”称号,被省委退役军人事务工作领导小组授予“江苏最美退役军人”称号。

徐　海 男,1975年7月出生,中共党员,连云港市城建控股集团星辰照明有限公司安装养护二所副所长。1998年,徐海从部队转业到城市路灯维护第一线,为了摸索故障发生规律,他分析市6万多盏路灯、3000多千米线路近万个故障,“白加黑”“5+2”24小时随时待命。作为市级劳模工作室带头人,多名徒弟获市五一劳动奖章,被评为五一创新能手等。他先后获评省五一劳动奖章、省优秀共产党员、全国住房和城乡建设系统劳模、全国模范退役军人、“中国好人”等。带头所建工程2次获得全国市政工程“金杯奖”,7次获评省优示范工程。2021年8月,省委宣传部授予徐海江苏“最美退役军人”称号。

(市委宣传部)

责任编辑　郭　云

附　录

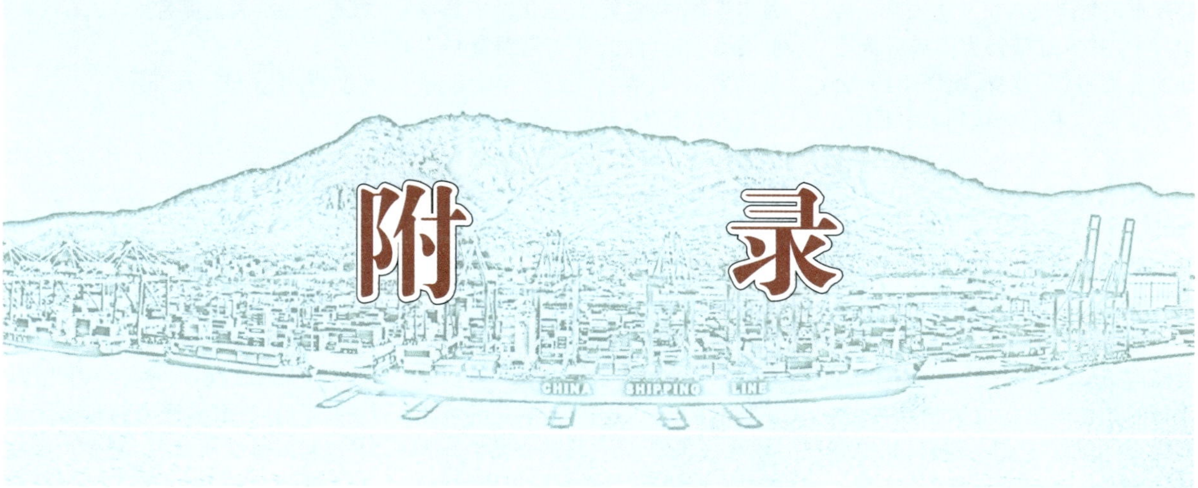

重要文献

在中国共产党连云港市第十三次代表大会上的报告(摘要)

(2021 年 9 月 27 日)

市委书记　方　伟

过去五年工作回顾

市第十二次党代会以来，市委坚持以习近平新时代中国特色社会主义思想为指导，增强“四个意识”、坚定“四个自信”、做到“两个维护”，坚决贯彻党中央和省委各项决策部署，胸怀“两个大局”，心系“国之大者”，团结带领全市人民，牢固树立“后发先至”目标追求，认真落实新发展理念，积极应对复杂多变的宏观环境，有力防控新冠肺炎疫情，扎实推进经济社会高质量发展，高水平全面建成小康社会，各项工作迈上新台阶。

(一) 坚持创新发展，推进产业强市，综合实力明显增强。突出创新驱动，深化“工业立市、产业强市、以港兴市”，全力抓项目、增投入，累计完成产业投资 4300 亿元，地区生产总值超过 3200 亿元、人均水平突破 1 万美元。重大产业布局拓展完善，炼化一体化等龙头项目形成支撑，石化产业基地初具规模，千亿产业、千亿园区和百亿企业、百亿特色产业焕发集群效应，工业经济面貌深刻改变。创新型城市建设扎实推进，高新技术产业产值占比超 40%，科技进步贡献率达 57%，荣获国家科技进步一等奖，大科学装置填补国内空白。医药创新厚积薄发，“中华药港”凸显创新力、竞争力、影响力。新经济、新业态、新模式蓬勃兴起，跨境电商特色彰显，直播带货快速发展，为经济增长注入新的活力动能。

(二) 坚持协调发展，注重协同并进，整体效能更加优化。统筹协调迈出新步伐，主动融入全国全省区域协同发展大局，开启“高铁时代”，新建花果山机场，枢纽地位巩固提升。深化港产城协同发展，推进港产联动、港城互动、产城融合。三次产业协调并进，农业生产能力提高，生态高效外向等特色优势扩大，物流、旅游、金融等服务业长足进步，房地产市场健康发展。做强中心城区，做优新城建设，完善城镇体系，城市功能品质进一步提升，创成国家卫生城市、全国文明城市。乡村振兴深入推进，提前一年完成脱贫任务，农村人居环境和农民住房条件明显改善，“三农”工作坚实有力。供给侧结构性改革取得实效，“放管服”改革动真碰硬、成效彰显，社会信用体系健全完善，重点领域和关键环节改革持续突破。精神文明建设成果丰硕，涌现出“人民楷模”王继才等重大典型，“一群好人、满城春风”成为亮丽名片。

(三) 坚持绿色发展，加快转型升级，生态环境持续向好。深入贯彻习近平生态文明思想，坚定不移走“生态优先、绿色发展”道路。创新市县长直抓环保等工作机制，率先开展战略环评和“三线一单”试点。坚决打好污染防治攻坚战，入海河流全部消除劣Ⅴ类，国省考断面水质全部达标，空气质量创最优水平，土壤质量保持稳定。高度自觉做好环保督察整改，化工园区转型提升，发展方式深刻转变。系统推进山体修复、湿地保护等工程，大规模实施国土绿化，创成全国绿化模范城。倡导绿色生活，增加生态产品供给，美丽港城铺展新的画卷。

（四）坚持开放发展，服务“一带一路”，支点城市加快构建。落实“一带一路”合作倡议，践行习近平总书记“打造标杆示范”重要指示，中哈、中俄合作项目得到总书记见证，国际班列运量和效益保持较高水平，中哈物流合作基地、上合组织国际物流园快速成长。东西双向、海陆统筹，全力服务新亚欧大陆桥经济走廊，与日韩、港台、东南亚交流更加紧密，与中亚国家合作深入拓展。高水平构建开放平台，自贸试验片区、跨境电商综试区、综保区、农业对外开放合作试验区建设取得重要进展。港口吞吐能力提升，“一体两翼”结构优化，“东方大港”迈向贸易物流更高能级。“三外”加快发展，累计利用外资近40亿美元，举办连博会、国际医药技术大会、上合组织国际圆桌会议、连云港论坛、农洽会等活动，经贸合作、文化交流取得新成效。

（五）坚持共享发展，构建幸福港城，民生福祉不断提升。以人民为中心，大力发展民生社会事业，就业更加充分，城乡居民收入较快增长，各类社会保障扩面提质。坚持教育优先，提高教师待遇，狠抓教学质量，增加优质供给，教育惠民迈出坚实步伐。突出口岸等重点，严把“外防输入”关口，做好新冠肺炎疫情防控。健全完善疾控体系，大力发展公共卫生，着力提升医疗服务，健康连云港建设得到加强。文化事业基础夯实，文化产业快速发展，社会文化更加繁荣。全面加强社会建设，构建平安连云港，安全生产形势稳定，扫黑除恶专项斗争持续深入，政法队伍教育整顿成效明显，信访矛盾化解走在全省前列，社会大局保持和谐稳定。

在推进发展的过程中，我们始终坚持党对一切工作的领导，全面加强党的建设。深入学习贯彻习近平新时代中国特色社会主义思想，精心组织开展党内集中教育，隆重庆祝建党100周年。加强领导班子和干部队伍建设，党政机构改革、县乡党委和村社“两委”换届圆满完成。着力抓基层、打基础，党组织战斗堡垒作用、党员先锋模范作用充分发挥。扎实做好宣传思想文化工作，牢牢把握意识形态工作主动权。稳步推进纪检监察体制改革，不断强化监督执纪问责，全市政治生态持续向好。坚持党总揽全局、协调各方，人大、政协重要作用充分发挥，爱国统一战线发展壮大，民族、宗教、对台、侨务、外事和老龄事务、关心下一代等工作取得新成绩，工青妇等人民团体的桥梁纽带作用持续增强，党管武装得到加强。

奋力加快新时代的后发先至

当前，连云港“后发先至”来到了新起点，我们必须紧跟与时俱进的理论创新、不断变化的形势任务，更加全面、深入地理解新时代的“后发先至”，找准新方位，把握新内涵，践行新理念，开辟新境界，担当新使命。

——新时代确立了“后发先至”新的历史方位，要更加自觉地以新思想为引领，不负这个伟大时代，面向第二个百年奋斗目标，紧扣时代特点、直面时代课题，顺应社会主要矛盾变化，让“后发先至”更好地体现时代性、把握规律性、富于创造性。

——新发展阶段丰富了“后发先至”新的奋斗内涵，要对照中国特色社会主义的坐标系、世界现代化建设的参照系，全面衔接、有机融合现代化建设，以现代化的更高追求引领“后发先至”，以“后发先至”的强大动能助推现代化，在现代化进程中展现“后发先至”风采。

——新发展理念赋予了“后发先至”新的理论指导，要深刻认识党关于发展的政治立场、价值导向、发展模式、发展道路等重要政治阐述，完整准确全面贯彻新发展理念，切实将其作为“指挥棒”“红绿灯”，让“后发先至”的行动和成效，成为落实新发展理念的典型示范。

——新发展格局拓展了“后发先至”新的作为境界，要依托“一带一路”支点城市战略地位，连接南北，沟通东西，努力打造国内大循环重要节点和国内国际“双循环”战略链接，完善循环链条、夯实循环基础、畅通循环通道，在构建新发展格局中展现港城担当。

——新发展要求提出了“后发先至”新的使命任务，“争当表率、争做示范、走在前列”和建设“强富美高”新江苏的使命任务，与“后发先至”的要求，既一脉相承、高度契合、内在统一，又抬高了标杆、细化了任务、加大了鞭策，要切实融会贯通、系统构建、一体实施。

我们追求的“先至”，是高质量发展之“至”、高层次开放之“至”、高颜值家园之“至”、高效能治理之“至”、高品质生活之“至”。

——今后5年，进一步完善战略构建、巩固比较优势、加速蓄力提升，现代化建设系统布局、全面展开，各项事业加快跨越，日益展现新姿态、新亮点、新突破。

——到2035年，与全省同步基本实现社会主义现代化，共同富裕迈出坚实步伐，主要发展指标超过全省平均水平，综合实力跻身沿海城市中上游。

——到本世纪中叶，拥有高度的物质、政治、精神、社会、生态文明，在“一带一路”崛起中国气派的支点城市，人民自豪、世人向往，社会主义现代化新港城阔步走向世界。

今后一个时期工作的指导思想是：高举习近平新时代中国特色社会主义思想伟大旗帜，深入贯彻党的十九大和十九届二中、三中、四中、五中全会精神，认真落实习近平总书记对江苏工作重要讲话指示精神，按照中央、省委决策部署，肩负“争当表率、争做示范、走在前列”光荣使命，统筹推进“五位一体”总体布局，协调推进“四个全面”战略布局，奋斗新时代，奋进新征程，加快“后发先至”，全面开创新局，建设人民期待的现代化新港城。

围绕以上要求，进一步聚力突出战略引领，聚焦增强战略支撑：

——重大产业引领支撑。产业是综合实力“压舱石”，“后发先至”首先要产业强大。要加快建设世界级石化产业基地、“中华药港”等“三新一高”产业集群，崛起沿海产业新高地，形成具有鲜明连云港特色的产业体系，在全球产业链、价值链和国家产业分工、江苏制造强省大局中，担当关键角色，发挥独特作用，占据重要地位。

——双向开放引领支撑。沟通东西、海陆转换，是连云港一大优势。要抓住“一带一路”机遇，放眼全局视野，强化以港兴市，突出“国际知名枢纽港”内核，积极构建“东方大港”，服务新亚欧大陆桥经济走廊，以“一带一路”强支点，写就“后发先至”的开放篇章。

——创新驱动引领支撑。实现“后发先至”，创新是鲜明标识，更是强大动力。要坚持高峰带高原、制造生创造、企业重研发、平台聚人才，进一步厚植创新精神、优化创新生态、提高创新浓度，构建具有国际竞争力的产业创新中心、工程技术研发中心，激荡出创新型城市的澎湃动力。

——绿色安全引领支撑。绿水青山就是金山银山，安全稳定就是底线红线，绿色与安全都是“后发先至”的应有之义。要坚定践行“两山”理论，走“生态优先、绿色发展”道路，提升本质安全水平，高质量推动生态经济、文化旅游、公园城市等具体实践，让“百里蓝湾、美丽港城”成为美丽江苏、美丽中国的生动样板。

——民生幸福引领支撑。人民对美好生活的向往，就是我们的奋斗目标。发展为人民，民生促发展，要更加突出以人民为中心，通过高质量高水平办好民生社会事业，优环境、降成本、暖民心、聚人气，打造幸福港城响亮品牌。

未来5年，我们要准确把握新时代“后发先至”的深刻内涵、战略步骤、指导思想和引领支撑，开拓进取、真抓实干，努力推动全市高质量发展水平和主要发展指标增速，走在全省和首批沿海开放城市前列，力争累计产业投资和期末地区生产总值均超6000亿元，“经济强、百姓富、环境美、社会文明程度高”实现新的更大提升。

推动经济社会全面迈向现代化

站在新的起点展望未来，全市上下要锁定目标、细化举措，创新办法、务实作为，扎实做好各项工作，推动经济社会发展加快向现代化迈进。

*（一）突出特色优势，强化创新驱动，加快产业体系的现代化跨越。*聚焦实体经济，扩大有效投入，延伸产业链条，加速崛起特色鲜明、竞争力强的产业高地。

全力构建石化产业基地。加速推进石化龙头项目，整合、提升、带动南北两翼板块，打造世界级石化产业集群。高水平建设石化产业研究院，加强关键共性技术、重大工程装备攻关，实现重要基础原料、关键产业环节的自主可控，助力我国石化产业赶超世界先进水平。以更大力度推进安全绿色循环发展，形成经验、掌握标准、引领行业。“十四五”末，实现应税销售收入3200亿元，基本建成我国最大的原料多元化烯烃产业基地、最具影响力的聚酯原料生产基地、全国领先的高端新材料生产基地和国际最具竞争力的电子化学品生产基地。

加快崛起“中华药港”。聚力壮大生物药、化学药、现代中药、原料药四大核心产业，培育产业梯队，打造更富影响的领军企业和制造集群。积极发展医疗器械、辅料包材、制药装备、医药服务等板块，形成多门类、全链条的产业高地，5年后，全市医药产业年产值突破1800亿元。高水平建设花果山医学科学中心，汇聚创新资源，丰富产业生态，提供新药研发到上市的专业化、全过程、立体型服务，打造具有国际竞争力的现代医药创新中心。

大力发展新兴产业。加快高效低碳燃气轮机技术攻关和成果转化，巩固大型风电产业优势，稳步发展核电及其装备制造，拓展光伏、锂电、氢能源等产业版图，努力建设国内领先的新能源基地。大力推动高性能纤维产业发展，加快硅产业向高端跃升，积极发展集成电路材料产业，奉献更多港城制造的“大国重器”和“超级材料”。

改造提升传统产业。坚持特色化、品牌化、高端化，加强研发攻关、科技赋能，突破智能装备、核心部件，引领工程机械、纺织机械等板块做大做强。促进冶金行业提档升级，加快向精品钢、特种钢转型，提高精深加工水平。壮大粮油、食品、酿酒等产业规模，加强市场开拓，打造一流品牌，增强综合竞争力。积极引导企业加强技改，推进“两化融合”，提升智能制造水平。

持续做强现代服务业。建设临空物流园、高铁物流网，集聚海运快件、航空快运、冷链物流等业态，构建现代商贸物流中心。大力发展电子商务，积极培育跨境电商，加快提升专业电商，更好发展农村电商，持续壮大互联网经济。加强金融资源汇聚，全面对接多层次资本市场，培育发展新型金融主体和业态，在服务实体经济中优化金融生态、维护金融稳定、壮大金融产业。

*（二）突出东西双向，强化支点构建，加快开放发展的现代化跨越。*牢记总书记“打造标杆示范”的重要指示，扩大高水平、全方位开放，在服务“一带一路”合作倡议、构建新发展格局中，打造坚强支点和战略链接。

构建“一带一路”东方大港。加强港口建设，狠抓干线培育，提高运营效能，促进专业化、智能化、集约化、绿色化发展。畅通集疏运体系，做强“海河江、铁公水”多式联运品牌，提高运输和通关便利化、一体化水平，完善大枢纽、大通道、大物流格局。“十四五”末，实现年吞吐量3.5亿吨、集装箱运量千万标箱，加快迈向亚欧重要国际交通枢纽和长三角港口群北翼强港。

展现标杆示范新的高度。打造一流国际班列，巩固中亚主通道地位，扩大欧洲覆盖范围。积极开发海陆中转班列，做强汽车出口、国际邮件等特色，“十四五”末，国际班列规模突破2000列。中哈物流合作基地、霍尔果斯无水港提高运营水平，上合组织国际物流园加快上量提效，探索建设数字丝路、物联丝路，畅通便捷高效的新亚欧陆海联运通道，打造“一带一路”国际合作的标杆示范。

迈向枢纽经济更高能级。进一步完善提升高铁网络，建设高铁站北广场片区，打造高铁枢纽城市。扩容提升国际空港，不断加密航班航线，大力发展航空货运。新改扩建高速公路，完善干线路网，优化过境交通。畅通高等级内河航道，开辟内河入海物流新通道。发展专业口岸，建设铁路集装箱中心站、大宗商品现货交易中心，加快集聚运营中心、结算中心，积极培育港航服务、贸易会展等产业，充分汇聚物流、人流、资金流、信息流，壮大财富效应凸显的枢纽经济。

强化开放平台引领作用。发挥国家级经开区、高新区、东中西区域合作示范区重要作用，深化产业发展、机制创新、科技研发、人才引进等探索，支撑高水平开放、高质量发展。发挥自贸试验片区策源地作用，加快制度创新，加强联动创新，全力走在开放发展最前沿。构建沿海经济带与陆桥经济走廊的有机联结，探索建设“一带一路”综合改革开放试验区。放大连博会、国际医药技术大会、上合组织国际圆桌会议、连云港论坛的影响力，取得更多国际交流合作成果。

*（三）突出经略海洋，强化向海发展，加快海洋强市的现代化跨越。*战略东进、拥抱大海，高水平构建国家海洋经济发展示范区，勇当江苏沿海发展排头兵。

优化海滨城市功能布局。统筹涉海基础设施、海洋产业、海洋科技、海洋生态建设，构建起独具特色的临港产业集聚带、滨海风貌城镇带、美丽生态风光带。东部城区立足开放门户、城市客厅定位，重点建设现代港航中心、国际商务中心，高水平打造连云新城“新外滩”、连岛“滨海明珠”、开发区城市几何中心，大力发展公共服务，迅速提升城区人气，成为汇聚山海精华、展现支点高度的标志性窗口。海州区围绕政务、科教、文化、商业、交通五个中心，推动城市再造、品质升级，保护历史文脉，科学推进高新区南拓区、云台山南片区发展，打造辐射力强、宜居宜业的活力主城。赣榆区加速崛起北翼产业港、江苏“北大门”，铺就发展“神路”，建设现代湾区，在更高层面上跨越进取，建成苏北第一区。

彰显现代港城海洋风貌。高水平修编城市规划，突出海洋特色、强化海洋元素、泼洒海洋色彩，彰显海滨城市的气韵灵动，舒展开放港城的大气恢弘。匠心雕琢一批地标景观、城市小品，充盈凭海临风的海洋气息。精心装扮沿海城镇、特色渔村和重要景观节点，建成“面朝大海、春暖花开”的最美海岸。传承“石头墙、红瓦房，老码头、古街巷”等人文印记，形成港城特色的美学风格，营造精致现代的生活空间。推动城市组团快速连接，优化路网结构和交通组织，畅通“微循环”，解决停车难等问题。建设智慧城市，加强精细管理，保障高效运转。

奋进海洋经济蔚蓝航程。优化提升海洋传统产业，建设国家级海洋牧场示范区，大力发展深蓝渔业，拓展海洋食品、保健品精深加工。发挥中船716研究所、江苏海洋大学作用，创建省海洋技术创新中心，培育壮大海洋新兴产业，鼓励发展海工装备制造、海洋生物医药、海洋新材料、海水综合利用、海洋可再生能源等产业，激发强劲的“蓝色增量”。大力发展山海旅游，建好西游仙山、瀛洲胜境，深度开发海岛、邮轮、渔业等休闲度假旅游产品，让海内外游客纷至沓来、留“连”忘返。

*（四）突出乡村振兴，强化“三农”工作，加快县域经济的现代化跨越。*县域经济是我市发展的短板和弱势，各县区要直面差距、奋力赶超、加快崛起。

确立高远追求。全面增强主动性和紧迫感，自我加压、比学赶超、竞相发展，力争“十四五”时期，高质量发展普遍进位，一半以上县区稳定跻身全国百强，东海成为东陇海产业带上的发展标杆，灌云、灌南综合实力超过苏北平均水平。加强市县统筹，完善促进县域发展的制度机制，确保支持引导到位、压力传导到位、科学考核到位、责任落实到位，全面展现县域发展新气象。

完善城镇体系。加快推动县城建设中等城市，做优功能品质，吸纳优质要素，促进人口集中、产业集聚。引导重点中心镇成长为现代新型小城市，加强基础配套，做强公共服务，创造精巧精美的人居环境，成为县域工业化、城镇化的重要节点。推动乡镇紧凑集约发展，形成较高水平的城镇生活，让群众在家门口就能享受现代化。

夯实产业基础。坚持工业立县，以园区为载体，发展主导产业，壮大规模企业，延长产业链条。培育市场主体，激发经济活力，打造更多“隐形冠军”“单打冠军”。坚持特色发展，宜工则工、宜农则农、宜商则商、宜游则游，因地制宜、因势利导，做大做强工业集中区和产业集聚区，提升镇村经济实力。巩固农业基础地位，实施科技兴农，建设省级农高区，发挥龙头企业引领作用，发展农业新型经营主体，推进农业产业化、规模化、品牌化，促进农村一二三产业融合发展。

推进乡村振兴。巩固拓展脱贫攻坚成果，建设社会主义现代化新农村。积极打造新型农村社区，推动村庄集中布局、土地连片开发。保护传统村落，建设特色田园，留住乡情、记住乡愁。加强党建引领、乡贤感召、家风熏陶、规范约束，推动乡村自治、法治、德治有机融合、相得益彰。围绕有文化、有见识，懂技术、善经营，加快培育现代化新农民。大力推动移风易俗，让文明乡风、良好家风、淳朴民风蔚然成风。

（五）突出低碳循环，强化绿色发展，加快生态文明的现代化跨越。深入践行习近平生态文明思想，统筹生产、生态、生活，推动经济社会发展的绿色转型。

积极推进“碳达峰、碳中和”。以战略环评引导发展，深化“三线一单”治理创新，让“生态立市”成为鲜明导向和主动选择。科学落实能耗总量、强度“双控”，协同推进减排降碳、节能增效。加强约束性指标市级统筹，大幅增加生态碳汇，为先进产业提供空间。实施清洁能源替代工程，提升能源资源综合利用水平，推动企业开展节能、近零排放改造，建设低碳循环园区。推进碳排放权、排污权交易，积极促进低碳、零碳、负碳技术攻关和应用，走出绿色发展新路。

持续加大生态环保力度。强化大气污染点源、交通源、城市面源综合治理，实施重点行业超低排放改造，加强区域联防联控，实现空气优良率更大突破。深化水资源、水生态、水环境“三水共治”，协同推进城镇生活、农业面源、工业污染防治，确保水质全面达标。有力防治土壤污染，科学修复污染地块，稳步改善土壤环境质量。积极推进垃圾分类，努力建设“无废城市”。

全面构建新时代公园城市。发挥“山海相拥、港城相融”禀赋特色，遵循“带状城市、组团发展”空间特点，革新理念，精心营造，建设公园里的城市。依托山海河湖等生态资源，构建系统完善的城市绿脉。保护开发海域、岛屿、岸线、湿地，展现“百里蓝湾”的壮美景象。做优环云台山、环锦屏山景观体系，铺展“半城青山、山城相映”的美好画卷。积极推进国土绿化，创建国家森林城市。增加城区功能性绿地，做美水岸水景，建设口袋公园、街心游园，让市民转角见绿、出门入园。

（六）突出以人为本，强化共建共享，加快民生事业的现代化跨越。坚持发展为民、发展惠民、发展成果由人民共享，不断增强人民群众的获得感幸福感安全感。

扎实促进共同富裕。强化就业优先政策，加强职业技能培训，促进就业更加充分更高质量。营造良好环境和浓厚氛围，更好推动“大众创业、万众创新”。拓展居民增收渠道，显著壮大中等收入群体。完善社会保障体系，增强兜底保障能力，提升社会保障水平。注重发挥商业保险补充作用。做好社会救助、慈善公益等工作，更好保障困难弱势群体。促进房地产市场平稳健康发展，优化各类保障性住房供给，更好实现住有所居。

用心办好人民满意的教育。坚持立德树人，深入推动学前教育公益普惠发展、义务教育优质均衡发展，大力增加优质普通高中学位，让“学有优教”更加可及。严格落实“双减”政策，提升校内教学质量。推动高等教育、职业教育深度对接城市产业体系，建设特色鲜明的高水平海洋大学、医科大学，支持师专升本，提升职业院校办学水平。积极推动继续教育、社会教育、特殊教育创新发展，构建全民终身学习体系。突出“四有”好老师标准，加强师德师风建设，以大德塑造大师、成就大家。坚持各级党政领导联系“人民教育家”等名师、名家，为港城孩子培养和留住更多的好校长、好老师。

深入建设健康连云港。着眼常态化疫情防控，建设更加完备的疾病预防控制和公共卫生服务体系。提升公立医院发展水平，积极发展中医药事业，不断改善农村和基层医疗服务。更加重视居民健康管理，发展大健康产业。引导广大医务工作者坚守“医者仁心”，做好“白衣天使”。倡导健康生活方式，加快完善体育公园、健康步道、运动场馆等设施，推动群众体育蓬勃发展。更好关照心理健康，培育心态阳光、积极向上的现代市民。

努力促进人口可持续发展。根据人口规模结构变化，优化城乡公共服务布局。注重做好“一老一小”工作。积极构建多层次养老体系，大力发展普惠型养老服务，鼓励发展医养融合、社区养老、居家养老、互助养老等模式，推动公共设施、居民小区适老化改造。坚持生育、养育、教育一体考虑、综合配套，落实好全面三孩政策，构建较为完备的婴幼儿照护托育体系。更好促进未成年人健康成长。关心残疾人事业发展，建设无碍环境、有爱城市。

（七）突出以文化人，强化凝神聚气，加快文化建设的现代化跨越。加强精神文明建设，满足人民文化需求，增强人民精神力量，着力建设文化强市。

坚定正确方向。坚持马克思主义的指导地位，以习近平新时代中国特色社会主义思想教育人民，深入开展“四史”宣传教育，凝聚同心共筑中国梦的强大共识。全面践行社会主义核心价值观，在全体市民中形成适应新时代的思想观念、精神面貌、文明风尚和行为规范。持续巩固红色文化主流地位，高扬抗日山、雷锋车、开山岛等精神旗帜，赓续代代传承的红色基因。

提升文化实力。大力弘扬西游文化，让“踏平坎坷成大道、斗罢艰险又出发”的奋斗精神，感召鼓舞大众，激扬当代回响。实施文化影响力提升工程，实现本土优秀文化的有形表达、广泛传播，促进媒体融合发展，打造“文化地标”。加强文化企业、文艺人才、文创园区、文化市场的培育建设，创造精品力作，绽放精彩纷呈，增强山海气派、开放包容的文化软实力。

培育城市文明。健全文明城市建设常态长效机制，推动各县创建全国文明城市。实施新时代公民道德建设工程、市民文明素养提升行动，营造文明进步的时代风尚。完善公共文化服务供给，更好满足群众日益增长的文化需求。强化重大典型宣传，建好新时代文明实践中心和县级融媒体中心，浓厚崇德向善、见贤思齐的社会氛围，让美德润泽心灵、照亮港城。

（八）突出深化改革，强化基层基础，加快治理体系和治理能力的现代化跨越。坚持系统观念、底线思维，创新治理模式，建设富有活力的现代社会。

全面深化改革。发挥改革的重大牵引作用，为现代化建设开路清障、赋能增效。持续推进供给侧结构性改革，协同推进需求侧改革。加强在土地、劳动力、资本、技术、数据等方向的探索试点，有力推进要素市场化配置改革。加快推动科技体制改革，强化“政产学研用”协同创新。统筹推进国有企业、事业单位等重点领域改革，积极推进民生领域各项改革。注重提高改革的系统性、整体性、协同性，增强改革实效，推动高质量发展。

优化营商环境。着力构建“亲”“清”政商关系，各级干部主动为企考虑、勇于为企担当，有求必应、无事不扰，包办“墙外事”、帮办“墙内事”。系统高效推动“放管服”，全面推行“一网通、代办制、集中批、联合审、区域评”，探索包容审慎的执法监管，强化企业全生命周期、全链条服务，推动惠企政策免申即享、精准直达，倾力打造“创业贴心港、企业连心城”。加强诚信建设，规范社会秩序，营造诚实守信的良好环境。

提升治理效能。一体建设法治城市、法治政府、法治社会，提高地方立法水平，建强政法队伍，坚持司法为民，维护公平正义，形成良法善治。加强基层民主建设，提升群众自我组织、自我服务、自我发展能力。积极推进市域社会治理现代化试点，完善“大数据＋网格化＋铁脚板”治理模式，构建多元共建共治格局。建设智慧网格，拓展网格功能，精准开展实时管理、溯源管理、预测管理。切实加强对村社工作人员、志愿者等关心关爱，构筑基层治理的铜墙铁壁。

防范化解风险。统筹发展与安全，全面提升安全发展水平。坚持“可知可控、精准防控”，严守口岸门户，扎实做好常态化疫情防控，筑牢“外防输入、内防反弹”屏障。严密防范重大自然灾害，完善监测预报、应急救援、物资储备、社会动员体系。围绕城市生活大系统，保障公共安全，打造韧性城市。加强重点债务排查，防范化解金融风险。持续开展安全生产治理，有力提升本质安全水平，坚决防范遏制重特大事故发生。大力建设平安连云港，有力维护群众安全感。扎实做好信访矛盾排查化解，保持社会大局和谐稳定。

深入推进新时代党的建设新的伟大工程

（一）坚定不移加强政治建设。始终高举伟大旗帜。学深悟透习近平新时代中国特色社会主义思想，入脑入心，把握规律，融会贯通，更富创造性地开展工作。坚决做到“两个维护”。不断提高政治判断力、政治领悟力、政治执行力，更加坚决地拥戴核心、维护核心、紧跟核心，确保政令畅通、执行到位。抓牢抓好思想建设。强化正向引导，营造积极氛围。严格落实意识形态工作责任制，坚持原则、敢于斗争，管好各类阵地，凝聚起众志成城、团结奋进的强大正能量。

（二）坚定不移推进固本强基。构建坚强组织体系。实施“固本强基”工程，优化组织设置，创新活动方式，加强新兴业态和互联网党建，持续扩大“两个覆盖”，做到上下贯通、执行有力。锻造硬核党员队伍。实施学历、能力“双提升”行动，培强基层党组织带头人。提高发展党员质量，强化党员教育管理，优化党员队伍结构。发挥有力引领作用。深入开展“两在两同”建新功行动，实施“党建引领”计划，引导广大党员奋战一线、勇挑重担，在各行业、各领域高扬党的先锋旗帜。

（三）坚定不移锤炼干部队伍。选准用好干部。坚持好干部标准，重品德、重才干、重担当、重实绩、重公认，树立扛得起、兜得住、能放心的鲜明导向，大力选拔可堪大用、能担重任的栋梁之才。练就过硬本领。用好“山海守望·初心之旅”品牌，强化教育培训、加强党性修养、增强实践锻炼，经风雨、见世面、壮筋骨，提高党员干部的战略眼光和能力水平。激发人才活力。更加重视人才工作，聚焦产业链，建强人才链。制定落实优厚政策，招引“高精尖缺”，壮大技工队伍，培育乡土人才。落实“三项机制”，放大激励效应，为干部和人才积极作为撑腰鼓劲、担当负责。

（四）坚定不移狠抓作风建设。大力弘扬担当负责之风。全市各级党员干部特别是领导干部要强化责任之心，永葆奋斗之志，把事业扛在肩上，把工作抓在手上，立志潜心建大功，讲好“孙悟空的故事”，走好新时代的“取经路”。大力弘扬真抓实干之风。各级党员干部要抬高标杆、自加压力，把身心交给事业，把成长交给组织，全力以赴抓执行，雷厉风行抓落实，精益求精抓到位。大力弘扬攻坚克难之风。坚持问题导向，直面风险挑战，以较真碰硬、久久为功的坚定勇毅，走出“后发先至”的光明大道。

（五）坚定不移正风肃纪反腐。持续巩固“严”的氛围。强化政治监督，严肃政治纪律，严守政治规矩，坚决查处空泛表态、敷衍应付、运动造势等问题，向不作为、乱作为“亮剑”，切实保障重大决策部署贯彻执行。持续加大“惩”的力度。坚持无禁区、全覆盖、零容忍，坚持重遏制、强高压、长震慑，坚持行贿受贿一起查，紧盯重点领域和关键环节，惩治职务违法犯罪行为，严肃查处群众身边腐败问题和不正之风。精准运用“四种形态”，实现政治效果、纪法效果、社会效果有机统一。持续完善“治”的布局。抓深抓实纪检监察体制改革。深化标本兼治，一体推进不敢腐、不能腐、不想腐。狠抓中央八项规定精神落实，坚决整治形式主义、官僚主义，持续为基层减负。充分发挥巡察利剑作用，精准发现、揭露、整改问题。健全完善监督体系，深化“四项监督”，促进各类监督贯通融合，确保权力在正确轨道上运行。 （市委办）

政府工作报告（摘要）

（2022年2月24日）

代市长 马士光

一、过去五年和2021年工作回顾

（一）经济实力大幅跃升。坚持以新发展理念引领高质量发展，全力以赴抓项目、扩投入、稳增长，累计完成产业投资5100亿元，为推进“后发先至”提供有力支撑。经济发展稳中向好，地区生产总值由2536亿元跃升至3728亿元，人均从5.6万元提高到8.1万元；一般公共预算收入完成274.8亿元；社会消费品零售总额实现1203亿元；工业应税销售收入突破4000亿元，实现翻番；年销售过百亿元企业达到10家，苏北第一；连续6年获省长质量奖，位居全省前列。工业经济强劲增长，盛虹炼化一体化项目顺利建成，卫星化学、中化国际部分项目投产达效，世界一流石化产业基地强势崛起；生物医药产业入围国家先进制造业集群，“中华药港”正在成为中国医药行业新地标；高性能纤维及复合材料、硅材料、化工新材料等产业规模持续扩大，国内领先的新材料产业基地初具雏形；江苏核电5、6号机组并网发电，7、8号机组开工建设，新能源发电量占全省近半。现代服务业蓬勃发展，电商产业异军突起，快递业务量从7500万件激增至4亿件，网络零售额年均增长30%以上；跨境电商零售进口试点和综试区建设全面提速，国际互联网数据专用通道投入使用；全域旅游、文旅融合取得积极进展，创成国家文化和旅游消费试点城市，海上云台山成为国家森林康养基地，连岛景区达到AAAAA标准，花果山旅游资源加速整合。农业现代化迈上新台阶，粮食生产连年丰收，“连天下”品牌影响力持续扩大，农产品出口保持全省前列。

（二）开放创新深入推进。加快“一带一路”强支点建设，着力打造改革开放新高地，对外合作和竞争新优势进一步增强。“标杆示范”项目建设成效显著，30万吨级航道连云港区段建成投用、徐圩港区段快速推进，货物吞吐量完成2.77亿吨，集装箱运量超500万标箱，跻身“十四五”首批港口型国家物流枢纽；中哈物流基地承载辐射能力不断增强，上合物流园专用铁路开通运营，累计开行国际班列3144列、总量位居全省第一。开放载体建设力度加大，自贸试验区获批建设，承接省级赋权192项，探索形成创新经验105项，自贸试验区联动创新区加快建设，综保区外贸进出口额年均增长60%以上，集聚优质要素的开放门户地位更加凸显。对外合作持续深化，港口区域合作向纵深迈进，新亚欧陆海联运通道不断拓展，上合组织圆桌会议、连云港论坛以及丝路物博会、农洽会等国际影响力进一步扩大。外资外贸稳中提质，累计实际利用外资38.3亿美元，外贸进出口总额达145亿美元、实现翻番。重点领域改革扎实推进，“放管服”改革不断深化，政务环境持续改善，商事制度改革、公立医院改革、农村电商发展等经验获国务院激励，农业农村、国资国企改革有序开展。创新驱动发展战略深入实施，高新技术企业总数实现翻番，荣获国家科技进步一等奖1项、二等奖9项；高效低碳燃气轮机实现动态调试；医药创新力稳居全国前列，累计获批上市一类新药16个，占全国七分之一，位居地级市首位；全市人才资源总量达84.9万人；康缘药业肖伟同志当选中国工程院院士。

（三）城乡建设稳步提升。统筹推进区域协调发展，城乡融合迈出新步伐。首创首成全国文明城市，国家卫生城市复审省内唯一进入全国前十，成功入选中国十大心仪之城、最美旅行地。现代综合交通运输体系加速构建，花果山机场建成通航，综合客运枢纽投入使用，连淮扬镇等4条高铁开通运营，204等国省干道建成通车，城市动车连接东西城区，疏港、盐河等航道通江达海，连云港从偏居一隅的交通末梢，一跃成为贯通沿海、联通陇海的重要枢纽。公园城市加快建设，新改建园博园、刘志洲山体育公园等一批公园、游园，高标准建成自行车道130多公里，新建沿河、沿路体育设施170多处，市民休闲健身需求得到更好满足；连云新城“新外滩”、西连岛综合开发、蓝色海湾等项目加快推进，秦山岛整治修复全面完成。城市功能更加完善，新建城市道路520公里，打通一批“断头路”，城市内外衔接更加顺畅；建成地下综合管廊15.3公里，新建污水管网852公里，城区黑臭水体基本消除，实现垃圾分类设施、餐厨废弃物收运处理体系全覆盖，生活垃圾全量焚烧；改造老旧小区320个、棚户区9.2万套；整治低洼易涝片区30个，完成海绵城市试点项目35个；累计建成8个大型城市综合体，陇海步行街创成全国夜间经济示范街。乡村建设行动扎实推进，改善农房4.97万户，改造危房9848户，农民居住条件明显提升；行政村双车道四级公路全部通达，生活污水处理设施覆盖率达90%，城乡供水实现一体化；创建全国美丽宜居乡村3个、旅游重点村2个，省特色田园乡村25个。

（四）生态环境明显改善。深入践行习近平生态文明思想，积极落实“双碳”目标，有序开展“双控”工作，经济社会发展与生态文明建设相辅相成、相得益彰。污染防治攻坚战强势推进，中央生态环境保护督察和“回头看”反馈问题全部整改销号，长江经济带相关生态环境问题得到有效解决；积极推进生态环境与健康管理试点工作，在全国率先完成战略环评和“三线一单”试点；以极大战略定力推进化工园区转型升级，依法关闭退出低端落后化工企业264家；酸洗石英砂、废旧机动车拆解、河湖“两违”整治成效显著；198个行政村推行“生态＋扶贫”秸秆综合利用模式；$PM_{2.5}$浓度大幅下降至32微克/米^3，空气优良率大幅提升至83.8%，空气质量在苏鲁豫皖交界地区率先达到国家二级标准；“河长＋流域长”制全国推广，地表水质量稳步提升，45个国省考断面优Ⅲ类比例达86.7%、劣Ⅴ类断面全面消除；“湾长制”工作扎实推进，近岸海域水质持续改善。生态修复治理水平明显提升，完成废弃矿山生态修复20处、湿地修复2.48万亩；林木覆盖率、绿化覆盖率分别达27.4%、42.5%，创成全国绿化模范城市。

（五）社会治理全面加强。强力推进城市治理体系和治理能力现代化建设，扎实开展市域社会治理现代化试点，“一委三会”社区治理模式标准化实施。积极应对新冠肺炎疫情，坚决守住江苏“北大门”，筑牢海上“防火墙”，最大限度保护人民群众生命安全和身体健康，灌云县防控办被评为全国抗疫先进集体。以过硬举措推进安全生产“一年小灶”“三年大灶”专项整治行动，事故起数、死亡人数分别下降73%、80%，“三类船舶”专项整治取得阶段性成果。风险防范化解成效显著，不良贷款大幅“双降”，非法集资得到有效控制，金融生态环境明显改善；东海县防范化解债务风险获国务院表彰，政府隐性债务全省率先清零。抗灾救灾能力明显提升，成功抵御沂沭流域60年来最大洪水和利奇马等强台风。食品药品安全形势稳中向好，在全省率先实现食品安全示范县区全覆盖。社会稳定防线持续筑牢，扫黑除恶专项斗争常态化推进，治安防控水平不断提升；全国首创行政调解协议司法确认制度，信访矛盾化解工作走在全省前列。全国双拥模范城实现“八连冠”。王继才、方敬分别荣获“人民楷模”“全国道德模范”称号，“一群好人、满城春风”成为闪亮的城市名片。

（六）民生福祉持续增进。牢固树立以人民为中心的发展思想，着力保障和改善民生，民生支出占比达到80.3%。就业和社会保障有力有效，推出“暖企22条”“助企25条”等系列措施，累计减免税费396亿元；城镇新增就业32.5万人，转移农村劳动力14.1万人；“全民参保”计划稳步推进，城乡低保标准全市统一；基本医疗保险和生育保险实现市级统筹，多层次医疗保障体系基本成型。教育现代化苏北领先，教育投入持续加大，优质教育资源覆盖面不断扩大，新改扩建中小学校、幼儿园197所；新招聘教师7000余名，教师待遇显著提升；“双减”和规范民办义务教育发展工作有序推进；淮海工学院创成江苏海洋大学。健康城市建设成为全国样板，市第一人民医院、妇幼保健院、康复医院等新院区投入使用，市疾控中心启动异地新建，“一老一小”服务保障得到加强。文化事业繁荣发展，影剧院、图书馆、城市书房、体育场馆成为市民文化休闲新宠，江苏女子民乐团成为“一带一路”文化交流的靓丽名片，国家非遗保护名录项目增至6个；荣获残奥会金牌17枚，占全省81%。脱贫攻坚提前一年全面完成，34.35万农村建档立卡低收入人口实现脱贫，2个重点帮扶县、200个经济薄弱村全部“摘帽”，脱贫致富奔小康与乡村振兴实现有机衔接，灌南县脱贫攻坚工作获国家表彰。人文纪念园基本建成，公益性殡葬设施实现乡镇全覆盖，散葬乱埋治理成效显著。

五年来，老龄、妇女儿童、青少年、残疾人、工会、红十字、慈善、志愿服务、关心下一代等事业取得新进展，新闻出版、广播电视、外事、对台事务、港澳、侨务、气象、地方志等工作获得新成效，国防动员、基层武装、人民防空等工作得到新加强。

在推动经济社会发展的同时，我们持之以恒加强政府自身建设。扎实推进“两学一做”学习教育常态化制度化，巩固深化“不忘初心、牢记使命”主题教育成果，深入开展党史学习教育，隆重庆祝党的百年华诞，大力提振干部队伍锐意进取、干事创业的“精气神”，服务型政府建设进一步加强。始终坚持依法行政，自觉接受市人大及其常委会的法律监督、工作监督和市政协的民主监督，坚持重大事项向市人大常委会报告、向市政协通报，注重发挥各民主党派、工商联、无党派人士和人民团体的参政议政作用。提请市人大及其常委会审议地方性法规12部，组织实施市人大议案3件，办理市人大代表建议1061件、政协提案1769件，办结率和满意率均达100%。统筹督查增效和基层减负，政府行政效能进一步提升。认真落实中央八项规定及其实施细则精神，严格执行省委、市委作风建设规定，党风廉政建设和反腐败工作取得新成绩，风清气正的氛围更加浓厚。

刚刚过去的2021年，是连云港开新局夺首胜之年。这一年，完成工业投资1398亿元，省重大项目投资额、投资完成率居全省前列，工业应税销售收入、外贸进出口增速全省第一，产业强市战略深入实施，加快构筑起沿海经济发展新高地。重大基础设施建设取得新突破，“一体两翼"组合大港加速成型，连徐高铁畅通陇海大动脉，花果山机场架起"一带一路"空中桥梁，现代综合交通运输体系日益完善，初步构建起亚欧重要国际交通新枢纽。建设枢纽港、打造强支点，积极融入长三角、服务中西部、联通五大洲，牵手上海港、兰州陆港、海参崴港等，新增集装箱航线、陆海联运通道、中欧班列线路 16 条，港口吞吐量、集装箱运量再创新高，对外开放合作持续深化，充分彰显出服务"双循环"新发展格局的新担当。坚持错位竞争、融合发展，持续推进文旅消费集聚区建设，多点打造沉浸式夜游体验，民主路、连云老街成为承载城市记忆的网红打卡地，盐河巷、二道街成为烟火气十足的消费强磁场，历史文化体验与休闲旅游生活更好融合，有效开辟出常态化疫情防控下扩内需促复苏的新路径。坚持高标定位、系统治理，大力实施石梁河水库幸福河湖建设和清水进城行动，碧水畅流、生态修复等工程扎实推进，多年无序采砂和非法养殖成为历史，生产生活生态实现互促共赢，成功确立起幸福河湖助力乡村振兴的新标杆。坚持生态优先、绿色发展，$PM_{2.5}$浓度、空气优良率达到有监测数据以来最优水平，"港城蓝"频频刷爆朋友圈，"生态绿"持续扮靓城市颜值，蓝天碧水净土融入港城人民生活日常，逐步呈现出人与自然和谐共生的新图景。

在充分肯定成绩的同时，我们也清醒地看到，我市经济社会发展中依然存在不少困难和问题。经济发展不够充分，产业链条不够完善；资源环境约束趋紧，绿色低碳转型任务艰巨；海滨城市特色不够鲜明，城市功能品质尚有较大提升空间；县域经济较为薄弱，乡村振兴仍需付出更大努力；教育、医疗、养老等领域还有不少短板，高品质公共服务产品供给不足；政府职能转变还不够到位，服务效能有待提高，营商环境需要持续优化；少数干部缺乏担当精神，不想为、不敢为、不能为问题一定程度存在。对于这些问题，必须采取更加有力措施，切实加以解决。

二、今后五年奋斗目标和重点任务

今后五年，是连云港加快实现新时代"后发先至"的关键五年，政府工作的指导思想是：以习近平新时代中国特色社会主义思想为指导，深入贯彻党的十九大和十九届历次全会精神，扛起"争当表率、争做示范、走在前列"光荣使命，全面落实习近平总书记对连云港"后发先至"和"打造标杆示范"的重要指示精神，认真落实党中央国务院、省委省政府决策部署，紧紧围绕市第十三次党代会确定的目标任务，弘扬伟大建党精神，坚持稳中求进工作总基调，牢牢把握新发展阶段，完整、准确、全面贯彻新发展理念，服务构建新发展格局，统筹发展和安全，全面落实新一轮江苏沿海地区发展规划，深入实施"工业立市、产业强市、以港兴市"核心战略，加快建设人民期待的现代化新港城，奋力谱写"强富美高"新江苏现代化建设连云港篇章。

今后五年经济社会发展的主要目标是：地区生产总值和累计产业投资均超 6000 亿元，工业应税销售收入、外贸进出口总额实现翻番，实际利用外资及港澳台资 50 亿美元，全社会研发投入占比达 2.5%，常住人口城镇化率达到 70%，综合实力、竞争力和人民生活水平跃上新的大台阶。

——全面建设发展质量更高的实力连云港。坚持重大产业引领支撑，深入实施创新驱动发展战略，数字经济与先进制造业、现代服务业加快融合，现代农业更加优质高效，构筑以临港大工业和战略性新兴产业为主导、一二三产业融合发展的现代产业体系，全力打造世界一流的石化产业基地、具有全球竞争力的"中华药港"和国内领先的"中华材料港"，加速崛起特色鲜明、竞争力强的沿海产业重要增长极。县域经济发展质量和效益全面提升，形成竞相发展的良好局面。

——全面建设开放层次更高的活力连云港。全方位深化改革，高水平扩大开放，构建形成陆海内外联动、东西双向互济的开放格局。"千万标箱、东方大港"建设跃上新台阶，"标杆示范"项目打造达到新高度，高铁枢纽和国际空港能级得到新提升，自贸试验区创新策源地作用充分彰显，国家东中西区域合作示范区服务功能不断完善，新亚欧陆海联运通道更加畅通，港口吞吐量完成 4 亿吨，集装箱运量突破 1100 万标箱。重点领域和关键环节改革取得新成效，营商环境建设达到国内一流水平。

——全面建设家园颜值更高的美丽连云港。以碳达峰碳中和为引领，依托山水林田湖草相互交融的自然生态基底和海上有岛、城中见山、山海相拥、城海相融的资源禀赋，高质量推进产业生态化、生活低碳化、能源绿色化，结合城市更新行动建设韧性城市，持续优化城乡人居环境，打造让生活更美好的公园城市和田园乡村，让"百里蓝湾、美丽港城"成为美丽江苏、美丽中国的生动样板。

——全面建设治理效能更高的平安连云港。统筹发展和安全，把安全贯穿发展各领域和全过程，全面推进社会治理体系和治理能力现代化建设，政府治理、社会调节、居民自治良性互动，基层治理水平显著提高，防范化解重大风险机制日益健全，社会信用体系持续完善，疫情防控网扎得更紧更牢，本质安全水平实现跃升，社会大局保持和谐稳定。

——全面建设生活品质更高的幸福连云港。坚持发展为民、发展惠民、发展成果由人民共享，巩固拓展脱贫致富奔小康成果，接续推进乡村全面振兴，实现就业更加充分更高质量，公共服务体系更加优质均衡，高质量教育体系更加完善，健康连云港建设更加深入，多层次社会保障体系更加健全，市民精神文化生活更加丰富，人民生活品质显著提升，让港城发展更有温度、群众幸福更有质感，让共同富裕在现代化建设中更加充分显现。

三、2022年主要任务

2022年经济社会发展的主要预期目标是：地区生产总值增长6.5%，产业投资完成1360亿元，一般公共预算收入增长5.5%，实际利用外资8.5亿美元，外贸进出口总额突破150亿美元，社会消费品零售总额增长6%，居民人均可支配收入与经济增长基本同步，居民消费价格涨幅3%左右，生态环境质量持续好转，碳达峰碳中和完成省定任务。

（一）聚焦实体经济，持续增强产业核心竞争力。围绕产业链部署创新链，围绕创新链布局产业链，积极扩大有效投入，做大做强主导产业。

着力打造优势产业链。从供需两端发力，重点培育10条优势产业链和26家产业链龙头企业，新增百亿元企业1家，净增规上工业企业200家以上，工业应税销售收入突破5000亿元。加快石化产业基地建设，盛虹炼化一体化、卫星化学烯烃综合利用、中化瑞恒碳三产业链等项目全面建成投产，产值突破1000亿元。统筹拓展区联动发展，启动炼化二期前期工作，推进盛虹新材料产业园、卫星化学新材料等项目，进一步延伸石化产业链。设立市新材料产业投资基金，实施中复神鹰碳纤维、联瑞新材料等新建项目。推进碱业公司搬迁项目建设。加快崛起“中华药港”，核心区全面建成，高端化学制剂产业园项目入驻率超40%，高质量建设花果山医学科学中心，提升省药监局审评核查分中心、省食药检院检验室服务功能。加快江苏核电7、8号机组和抽水蓄能电站等项目建设，打造国际知名的新能源产业基地。做大做强工程机械、纺织机械等板块，壮大粮油、食品、酿造等产业规模。推动开发园区创新提升、争先进位，有效落实产业链招商、精准招商、驻点招商，推动资源向招商引资和服务企业一线集中。

加快推进科技创新。围绕建设国家创新型城市，深化产学研合作，推进产业技术攻关和科技成果转化应用。净增高新技术企业40家以上，培育行业单项冠军、专精特新企业30家以上，新建企业研发机构30个、博士后科研机构3个，高新技术产业产值增长11.5%。实施“揭榜挂帅”项目20项。国家知识产权保护中心获批建设。推进与中国船舶集团、复旦大学等科研院校合作，建设省海洋资源开发技术创新中心，引建重大产业创新平台10个以上。高水平建设花果山农业科学研究中心。实施人才新政2.0版，更好发挥人才的支撑引领作用。

优化升级现代服务业。专业化发展生产性服务业，推进生活性服务业补短板、上水平。建设空港物流园、高铁电商物流园，推进“一带一路”供应链基地、大宗商品集散中心等项目。新增上市企业2家、场外市场挂牌企业40家，扩大融资租赁、担保等金融服务业规模。积极适应疫情防控催生的消费业态变化，鼓励绿色消费，丰富数字消费。深入推进跨境电商综试区建设，大力支持海外仓发展。创建全国快递示范城市。壮大县区特色电商产业园，举办518网络购物节，培育发展电商直播、网红经济等新业态新模式，网络零售额突破900亿元。持续打造中心商圈，着力提升特色街区，大力支持“老字号”创新发展，积极拓展夜间消费，加快推动传统商贸、连锁商超、零售网点数字化转型。推进文旅高水平融合，启动跨海索道、大圣湖穿云小镇建设，建成连岛AAAAA级景区，创建国家全域旅游示范区。

加速发展数字经济。把数字经济作为推动高质量发展的新动能、新引擎，聚力聚焦数字基础设施建设、数字产业壮大、产业数字化转型，培育发展新优势。5G网络实现重点行政村全覆盖，国际互联网数据专用通道运营见效，工业互联网标识解析二级节点业务全市推广，“5G+工业互联网”融合应用取得新成效。加快发展电子信息制造业、软件和信息技术服务业，推进“一带一路”大数据产业园建设，建成移动、电信大数据中心。加快制造业智能化改造和数字化转型，实施规上工业企业“智改数转”项目120个。推动中小企业“上云用数赋智”，省级示范智能车间、智能工厂、工业互联网标杆工厂达30个，新增星级上云企业35个。

大力发展海洋经济。坚持陆海统筹，优化提升海洋传统产业，积极发展海洋新兴产业，高水平打造国家海洋经济发展示范区。推进海洋牧场高质量发展，加快智慧渔场建设，规范近海养殖，发展深远海养殖，积极扶持远洋渔业。加快青口、连岛等渔港经济区发展。培育海产品加工产业集群，做大做响海洋食品品牌。建设省海洋食品质量监督检验中心。发展海工装备、海洋生物医药、海上风电、海洋电子信息、海水综合利用等产业。深度开发海洋海岛资源，打造国际邮轮母港。

（二）聚焦改革开放，全力建设“一带一路”强支点。坚持改革开放“双轮驱动”，以更深层次改革激发活力，以更高水平开放抢占先机，服务构建新发展格局。

高标准打造自贸试验区。全面实施自贸试验区改革2.0版。围绕市场需求，推出多式联运“一单制”等30项创新举措。推动联动创新区与自贸试验区深度融合，加快油气全产业链开放。促进综保区高质量发展，大力培育铜精矿混配、船舶保税维修等业态。深化新亚欧陆海联运通道自贸试验区联盟合作。推动贸易投资自由化便利化，新增市场主体3000家。

高水平构建综合交通枢纽。开工建设40万吨矿石码头、智能化集装箱码头一期工程和第二座30万吨级原油码头，建成徐圩港区30万吨级航道和赣榆港区10万吨级散货泊位，完成港口吞吐量3亿吨、集装箱运量550万标箱。做强多式联运品牌，力争国际班列开行700列。推进连宿航道建设，海河联运量突破1800万吨。提升中哈基地发展水平，升级哈萨克斯坦东门无水港，推动上合物流园加快发展。推进连淮高速改扩建、连宿高速新建项目。围绕4E标准，启动花果山机场二期工程。加快赣榆港区、徐圩新区、市开发区等专用铁路线建设。推动海陆空港联动，扩大口岸对外开放，更大力度完善现代综合交通运输体系。

高质量推动区域协作。深化国家东中西区域合作示范区建设，提升新亚欧陆海联运通道能级，举办中欧班列合作论坛。强化与陇海线陆港战略合作，共建共用码头仓储物流设施、中欧班列海港集结中心，鼓励中西部企业建设进出口产品生产基地和分拨转运中心。深化与上海港等合作，共同开拓国际市场，持续做强出海通道。主动融入长三角一体化，全面参与长江经济带发展，高起点开展南北挂钩合作。办好丝路物博会等国际性论坛展会，拓展“一带一路”经贸交流合作新空间。

高要求落实重点改革任务。深化供给侧结构性改革，打通生产、分配、流通、消费各环节。加快税收征管体制改革，常态化实施财政资金直达机制。全面完成国企改革三年行动任务。加大农村承包地、集体产权、宅基地等改革力度，加快农民合作社质量提升整县推进。深化医保支付方式、药品耗材集中招采等改革，推进紧密型医联体、医共体建设。有序推动综合行政执法体制、事业单位改革。

（三）聚焦企业关切，加快构建市场化法治化国际化一流营商环境。全面开展“优化营商环境攻坚年”行动，努力营造综合最优的政策环境、公平有序的市场环境、高效便利的政务环境、公正透明的法治环境、亲商富商的人文环境。

更大力度激发市场活力。全面实施市场准入负面清单制度，清理规范清单之外违规设立的行政许可。切实维护公平竞争的市场秩序，加快破除行业隐性壁垒，强化知识产权保护。加快推进商事登记改革，实现企业开办全免费，实行企业简易注销和歇业制度。提高监管执法规范性和透明度，推进“双随机、一公开”“互联网＋监管”，减少人为干预，使监管既“无事不扰”又“无处不在”。

更大力度优化政务服务。围绕企业需求，系统推进落实优化营商环境政策100条。深化“一件事一次办”集成改革。加快“一网四级”服务体系建设，拓展“我的连云港”App功能。外贸企业出口退税实现“全程网办”。推广电子证照、电子签章在政务服务中的应用，实现企业高频事项全覆盖。深化“单一窗口”建设，提升整体通关效率。实施工程建设项目“拿地即开工”审批模式。

更大力度厚植亲商文化。构建亲清政商关系，畅通政企沟通渠道，常态化举办亲商重企恳谈会，健全领导包挂、结对服务和企业问题交办等政企沟通机制，帮办“墙内事”、包办“墙外事”。落实减税降费政策，发挥财政杠杆和政策性融资担保作用，强化对中小微企业、个体工商户等支持力度。完善12345“一企来”企业服务热线，实行线上受理、现场办公。开展企业家政务服务满意度评价，测评结果与考核挂钩。健全鼓励激励和容错纠错机制，为担当者担当、对负责者负责。对破坏营商环境行为“零容忍”。

（四）聚焦美丽宜居，精心打造海滨特色公园城市。加强规划引领，提升建管品质，推进有机更新，着力塑造蓝绿相间的海滨城镇特色风貌。

全力打造海滨魅力之城。建立“多规合一”的规划体系，优化国土空间总体布局。围绕打造“百里蓝湾”，科学设计塑造海岸线景观，精心做好海滨大道等绿化美化，加快建设一批滨海风貌项目。东部城区立足开放门户、城市客厅定位，重点建设现代港航中心、国际商务中心，高水平打造连云新城“新外滩”、连岛“滨海明珠”、开发区城市几何中心，大力发展公共服务，迅速提升城区人气，成为汇聚山海精华、展现支点高度的标志性窗口。海州区推动城市再造、品质升级，保护历史文脉，科学推进高新区南拓区、云台山南片区发展，打造辐射力强、宜居宜业的活力主城。赣榆区提升城市内在品质，做足海的文章，保护性开发岸线，构建海城相拥、岛城相望的城市格局。

全力打造宜居品质之城。建成园博园等大中型公园5个，举办第十二届省园艺博览会。新增口袋公园59个，留白增绿254公顷，建成区绿地率达到38.7%，让市民转角见绿、出门入园。实施城市水系连通工程，推动玉带河、东盐河等滨水空间塑造，做美水岸水景。全面推行林长制，加快建设铁路沿线、海岛、河道等绿化工程，积极创建省级生态园林城市，创成国家森林城市。实施花果山大道、港城大道、徐新路等快速化改造，加快推进机场大道建设，实现城市组团快速联通。倡导文明绿色出行，新辟优化公交线路10条，重点整治医院、商圈、学校等周边地区交通堵点。大力度打造韧性城市。推进振华路等5处铁路地涵引道工程建设，完成解放东路立交等3个低洼易涝片区整治，通过省级海绵城市试点验收。着力打造城市“一刻钟”便民生活圈，鼓励多元主体参与街区更新和商圈升级，推进综合型邻里中心建设，建成社区配送中心85个。加快茅口水厂三期工程建设。完成500千伏徐圩变电站扩建等工程。新增管道天然气用户2.5万户。实施高铁站北广场、中山路南片区提升工程，改造老旧小区127个，推进既有住宅加装电梯。坚持“房住不炒”定位，促进房地产业良性循环和健康发展。

全力打造智慧精致之城。优化升级城市大脑，推进数据资源共用共享，提高城市治理和应急处置能力。构建智慧城市运行管理平台，建设数字化城管监督指挥中心、网格化社会治理大数据中心，拓展应急、交通、医疗、教育、旅游等领域智慧化应用。完善智慧停车管理系统,新增智能停车泊位3000个。实施市政设施“多杆合一”“多箱合一”。提升城市精细化管理水平,持续巩固创文创卫成果,推进城市主出入口、交通干道和薄弱区域市容市貌环境整治,开展道路深度保洁,依法处置违法建设80万平方米。全面落实生活垃圾分类管理条例,建成省级达标小区106个。规范设置道路井盖、导向标识、栏杆围挡。大力整治违规户外广告设施,从严治理违规养犬、噪声扰民等问题,扎实开展烟花爆竹禁放工作。

(五)聚焦乡村振兴,奋力推进农业农村现代化。坚持农业农村优先发展,抓重点、补短板、强基础,确保农业稳产增产、农民稳步增收、农村稳定安宁。

加快壮大县域经济。坚持把县域经济发展作为实现“后发先至”的关键变量,重抓产业培育、园区建设、项目支撑,产业投资、地区生产总值增速高于全市平均水平,昂首崛起县域发展新高地。东海县围绕东陇海产业带标杆示范目标,重点打造新材料、循环经济、矿业、现代农业等主导产业。灌云县咬定跨入苏北第一方阵目标,大力发展化工新材料、高端纺织、临空经济等特色产业。灌南县聚焦争当现代化新港城建设排头兵定位,提档升级化工医药、酿酒食品、机械电子、板材家具等支柱产业。赣榆区瞄准江苏北大门、苏北第一区定位,全力发展高端石化、装备制造、新能源、海洋产业等优势产业。海州区锚定打造一流的现代化主城区方向,巩固发展医药健康、智能装备、商贸流通、科创文化等现代产业。连云区突出建设现代化国际海滨城区方向,有效培育新材料、新能源、深蓝渔业、港航服务业等新兴产业。

优化提升现代农业。切实扛起粮食安全政治责任,扎实推进涉粮问题专项巡视反馈意见整改落实。大力实施种业振兴行动,强化现代农业科技和装备支撑,新建高标准农田42.8万亩,优质食味稻米种植面积占比超50%。推动生猪稳产扩能,抓好蔬菜生产,确保“菜篮子”有效供给。推进农村三产融合发展,培育国家级特色产业集群1个,新增省级农业龙头企业5家,举办石梁河起鱼节、龙舟赛。大力发展乡村振兴基金和政策性涉农保险,加快农业信贷担保体系建设。推进国家农产品质量安全市创建。加快省农高区建设。持续放大农业对外开放合作试验区、农洽会带动效应,农产品出口保持全省前列。

全面推进乡村建设。提升新型城镇化建设质量,加快发展重点中心镇和特色小城镇。实施新一轮农村人居环境整治,推进厕所革命、垃圾清运、污水处理和农业面源污染治理。抓好“四好农村路”建设,完善农村供水、供电、燃气、信息、冷链物流等基础设施,改善农房5900户,建设新型农村社区23个,新增省特色田园乡村6个。依法依规管好农村土地,推进农村承包土地经营权抵押融资。深入实施富民强村帮促行动,提升农民培训质量,加强产业和就业帮扶,确保不发生规模性返贫。

(六)聚焦生态文明,着力促进人与自然和谐共生。以创建国家生态文明示范市为目标,深入打好污染防治攻坚战,加快推动减污降碳协同增效,让青山常在、绿水长流、空气常新。

加快推动绿色低碳发展。把碳达峰碳中和纳入经济社会发展整体布局,编制碳达峰实施方案,加快推进能耗“双控”向碳排放总量和强度“双控”转变。大力推行绿色制造,积极构建绿色低碳产业体系。着力发展循环经济,建设清洁能源供热项目,推进清洁生产和能源资源节约集约利用。依法依规淘汰落后产能、化解过剩产能,坚决遏制“两高”项目盲目发展。深化“三线一单”治理创新。积极倡导简约适度、绿色低碳的生活方式和办公理念,增强全民环保意识、生态意识,让绿色成为港城最鲜明底色。

深入打好蓝天碧水净土保卫战。强化大气污染点源、交通源、城市面源综合管控,推动化工钢铁煤电等重点行业深度治理,开展挥发性有机物源头管控,推进散煤治理,实现不达标化工企业应退尽退,$PM_{2.5}$浓度、空气优良率持续改善。推动幸福河湖建设,实施烧香河等水环境综合治理,建成石梁河水库清水进城工程。加快城市建成区雨污分流改造,新改建污水管网50公里。完成大浦三期、墟沟污水处理厂扩建工程,日增污水处理能力9万吨。45个国省考断面水质稳步提升。加快“无废城市”建设,实施危险废物全生命周期监管,医疗废物全部安全无害化处置。积极做好污染地块修复工作。

全面加强生态保护修复。认真落实环保督察整改要求,全面排查整治突出生态环境问题。推进化工集中区规范化管理和升级工作。强化生态红线区域和自然保护地监管,严厉打击偷排直排等环境违法行为。加大领导干部自然资源资产审计力度,提升环境治理水平。推进废弃矿山、采石宕口生态修复。新增成片造林4000亩,完成湿地修复1500亩。加强海州湾国家海洋公园、临洪河口省级湿地公园、白鹭公园滨海湿地保护,全景展现“生态绿+海洋蓝”壮美画卷。

(七)聚焦安全稳定,全面提升社会治理现代化水平。进一步树牢底线思维、强化红线意识,持续加强社会治理创新,不断筑牢保障高质量发展防线,努力打造“最安全城市”。

精准抓好疫情防控。以建设常态化疫情防控样板城市为目标,坚持“外防输入、内防反弹”,做到全链条精准防控“动态清零”。始终保持联防联控机制高效运转,强化重点场所、重点环节、重点人群管控,加强口岸入境人员、进口冷链食品和货物的全流程闭环管理,织密扎牢疫情防控网。健全公共卫生应急体系,加快推进市疾控中心异地新建、市传染病医院改扩建,常态化组织开展演练测试,提升应急处置能力。稳步提高疫苗全程接种率,构筑全人群免疫屏障。

持续狠抓风险防范。以创建省级安全发展示范城市为统领，严格落实安全生产责任制，高标准推进安全生产专项整治三年行动，巩固提升危化品、城镇燃气、海洋渔业等重点行业领域整治成果，坚决遏制重特大事故发生。完善应急指挥信息系统，加强应急救援力量建设，提高防灾减灾抗灾救灾能力。加快化解地方隐性债务，严格控制政府融资平台经营性债务，确保不发生系统性区域性金融风险。聚焦房地产金融、大型企业生产经营、非法集资等领域，加强隐患排查，及时化解风险。切实抓好食品全链条全过程监管，确保广大人民群众“舌尖上的安全”。完善社会治安防控体系，常态化开展扫黑除恶专项斗争，严打严治涉网、跨境等各类犯罪，保持社会大局安全稳定。

全面加强社会治理。强力推进网格化治理“3365”创新工程，建立健全“四项机制”，夯实基层社会治理根基。深化“一委三会”标准化建设，新改建社区综合服务中心20个。鼓励社会组织、人道救助、志愿服务发展，支持有意愿有能力的企业和社会群体积极参与公益慈善事业，充分发挥第三次分配在促进共同富裕中的积极作用。扎实开展信访突出问题攻坚化解，切实维护社会和谐稳定。做好民族宗教工作，提高宗教事务治理法治化水平。强化退役军人服务保障，持续深化双拥共建，全面提高国防动员和后备力量建设质量效益。

（八）聚焦民生福祉，不断创造人民高品质生活。统筹推进经济发展和民生保障，尽力而为、量力而行，用心用情解决好群众“急难愁盼”问题，兜住兜牢民生底线。

提升就业创业服务水平。突出高校毕业生、退役军人、农民工等重点群体，支持多渠道灵活就业，新增城镇就业5.5万人。深入开展全民创业计划，支持自主创业1万人，带动就业4万人，建成省级以上创业创新示范基地4家。开展大规模多层次职业技能培训，实施补贴性培训2.5万人次。健全工资支付保障机制，整治重点领域欠薪问题。

完善社会保障体系。实施“全民参保”计划，新增社会保险参保5万人。全面发行第三代社保卡，持续推进“一卡通”。落实养老金待遇调整机制，开展“同舟计划”，持续扩大公积金制度覆盖范围。实施低收入人口分类救助，稳步提高低保标准。市救助站建成投用。增加保障性住房供给，解决1200户家庭安居问题。建立健全关爱服务体系，推动新生育政策落地见效，搬迁市儿童福利院，建设儿童友好型城市。

构建高质量教育体系。积极发展托育服务，推动学前教育公益普惠发展，推进义务教育优质均衡发展，新改扩建中小学、幼儿园38所。加强师资队伍建设，新招聘中小学教师1500名以上。深化新时代教育评价改革，深入推进“双减”工作，促进中小学生全面发展健康成长。鼓励高中阶段学校优质、多样化发展。增强职业教育适应性，深化产教融合、校企合作。办好特殊教育、继续教育，规范发展民办教育。支持江苏海洋大学特色发展，推动师专创建本科院校，提升康达学院办学水平。

推进健康连云港建设。市东方医院创成三甲医院，县域医院加快提档升级，建成医疗资源共享中心15个。新增基层专家工作室20个、省级临床重点专科4个，新建健康细胞100个。促进中医药传承创新发展。加大全科医生培养力度。打造高水平全民健康信息平台。深入开展爱国卫生运动，引导市民文明健康生活。推动老龄事业和“银发产业”协同发展，建立基本养老服务清单制度，完成2000户困难老年人家庭适老化改造。发展社区养老、托幼、用餐等多样化服务。申办第二十一届省运会，市全民健身活动中心投入使用。

增强城市文化软实力。培育和践行社会主义核心价值观，提升文明城市创建质效。创建国家历史文化名城和山海文化生态保护区，推进藤花落考古遗址公园规划建设，加快海州古城、南城凤凰古镇节点修复。深度挖掘西游、镜花缘等文化内涵，传承创新五大宫调、淮海戏等非遗资源，让历史文化名城底蕴更深、成色更足。推进市科技馆综合利用，建设新型公共文化空间10个，倡导全民阅读，提高市民科学文化素养。推进城乡公共文化服务体系一体建设，创新实施文化惠民工程。持续拓展国际友城交往，不断扩大城市影响力。

四、加强政府自身建设

实现新时代的“后发先至”，建设人民期待的现代化新港城，必须加强政府自身建设。我们将进一步解放思想、更新观念、提升能力，敢于担当、敢于负责、敢于超越，全面开创政府工作崭新局面。

旗帜鲜明讲政治。永葆对党绝对忠诚的政治品格，始终胸怀“两个大局”、牢记“国之大者”，严守政治纪律和政治规矩，坚持用习近平新时代中国特色社会主义思想武装头脑、指导实践、推动工作，切实增强“四个意识”、坚定“四个自信”、做到“两个维护”，坚决捍卫“两个确立”，不断提高政治判断力、政治领悟力、政治执行力，发扬斗争精神，增强斗争本领，确保党中央国务院、省委省政府和市委各项决策部署落地生根、开花结果。

依法行政重规范。深入学习贯彻习近平法治思想，自觉运用法治思维、法治理念、法治方式推动工作，把严格依法履职、依法行政贯穿于政府工作的各个环节，自觉接受人大的法律监督和工作监督、政协的民主监督，主动接受司法监督、舆论监督，强化审计监督、统计监督、财会监督，让权力在阳光下运行。推进石化产业基地、河长制等领域立法制规，深化政务公开，建设诚信政府，高质量推进“八五”普法，努力营造办事依法、遇事找法、解决问题用法、化解矛盾靠法的法治环境。

锲而不舍抓落实。政府所有工作都要着眼于实、立足于干，让抓落实成为政府工作的鲜明特质和靓丽底色。以“一张蓝图绘到底”的定力韧劲、“功成不必在我”的境界追求、“功成必定有我”的担当胸怀，闻令而动、马上就办，提升效能、以快制胜，抓铁有痕、善作善成。健全“报大事、查要事、议难事”制度，突出重点、狠抓关键，确保事情有人抓、工作有人管。进一步开拓创新、攻坚克难，准确识变、科学应变、主动求变，确保干在实处、走在前列。着力构建务实、高效、管用的机制，努力做到科学决策、精准考核、激励担当，确保决策落得下、落得实、落得好。

严守纪律作表率。严格执行中央八项规定及其实施细则精神和省委、市委作风建设各项规定，严厉整治形式主义、官僚主义，进一步精简文件会议、规范督查考核、减轻基层负担，坚持过紧日子，严控“三公”经费和一般性支出，加强办公用房和公车管理。扎实推进政府系统党风廉政建设和反腐败工作，勇于自我革命、守好权力“边界”，纠正不正之风、严查腐败问题，守住底线、不越红线、不碰高压线，持续巩固风清气正的良好生态。 （市政府办）

文件目录

2021年中共连云港市委重要文件目录一览表

表61

文号	标题
连发〔2021〕1号	中共连云港市委连云港市人民政府关于全面推进乡村振兴加快农业农村现代化的实施意见
连发〔2021〕2号	中共连云港市委落实《中共江苏省委关于深入学习贯彻习近平总书记视察江苏重要讲话指示精神的决定》的意见
连发〔2021〕5号	中共连云港市委连云港市人民政府关于印发《连云港市青年发展规划(2021—2025年)》的通知
连发〔2021〕6号	中共连云港市委连云港市人民政府印发《关于建立更加有效的区域协调发展新机制的实施方案》的通知
连发〔2021〕12号	中共连云港市委连云港市人民政府关于印发《连云港市优化营商环境政策100条(2021版)》的通知
连发〔2021〕13号	中共连云港市委连云港市人民政府关于印发《连云港市质量督察工作办法(试行)》的通知
连发〔2021〕14号	中共连云港市委关于印发《法治连云港建设实施规划(2021—2025年)》的通知
连发〔2021〕15号	中共连云港市委关于印发《连云港市法治社会建设实施方案(2021—2025年)》的通知
连发〔2021〕16号	中共连云港市委连云港市人民政府关于完善重大疫情防控体制机制健全公共卫生应急管理体系的实施意见
连发〔2021〕18号	中共连云港市委连云港市人民政府印发《关于高质量推进“千万标箱、东方大港”建设发展实施方案》的通知
连发〔2021〕19号	中共连云港市委印发《关于在全市党员干部中深入开展“两在两同”建新功行动的实施意见》的通知
连发〔2021〕21号	中共连云港市委连云港市人民政府印发《关于支持重点产业加快发展若干政策意见》的通知
连委办发〔2021〕12号	市委办公室市政府办公室关于印发《连云港市生态环境保护责任清单》的通知
连委办发〔2021〕19号	市委办公室市政府办公室印发《关于加快推进数字乡村建设的实施意见》的通知
连委办发〔2021〕36号	市委办公室市政府办公室印发《关于开展富民强村帮促行动接续推进乡村全面振兴的实施意见》的通知
连委办发〔2021〕44号	市委办公室市政府办公室关于印发《连云港市重点企业高质发展三年行动计划(2021—2023)》的通知

续表 61

文号	标题
连委办发〔2021〕65 号	市委办公室市政府办公室印发《连云港市关于全面推行林长制的实施意见》的通知
连委办发〔2021〕68 号	市委办公室市政府办公室印发《关于加强新型农村社区治理与服务的实施意见》的通知
连委办发〔2021〕69 号	市委办公室市政府办公室关于印发《连云港市石梁河水库幸福河湖建设清水进城行动方案》的通知
连委办发〔2021〕72 号	市委办公室市政府办公室印发关于推动社会主义法治文化建设高质量发展实施方案的通知
连委办发〔2021〕73 号	市委办公室市政府办公室印发关于进一步减轻义务教育阶段学生作业负担和校外培训负担不断提升育人水平实施方案的通知

（市委办）

2021 年连云港市政府重要文件目录一览表

表 62

文号	标题
连政规发〔2021〕3 号	市政府关于印发连云港市石梁河水库管理办法的通知
连政规发〔2021〕4 号	市政府关于印发连云港市历史文化名城保护办法的通知
连政规发〔2021〕9 号	市政府关于印发连云港市优化营商环境办法的通知
连政发〔2021〕12 号	市政府关于印发中国(连云港)电子商务综合试验区实施方案的通知
连政发〔2021〕17 号	市政府关于印发连云港市国民经济和社会发展第十四个五年规划和二〇三五年远景目标纲要的通知
连政发〔2021〕24 号	市政府关于印发连云港市市区声环境质量功能区划分规定(2021 年修订版)的通知
连政发〔2021〕25 号	市政府关于加快推进高新技术产业开发区高质量发展的实施意见
连政发〔2021〕40 号	市政府关于推进气象事业高质量发展的实施意见
连政发〔2021〕62 号	市政府关于加快产业强链推动工业经济高质量发展的实施意见
连政发〔2021〕64 号	市政府印发关于深化创新型城市建设若干政策的通知
连政发〔2021〕65 号	市政府关于推进高新技术企业高质量发展若干政策(修订稿)的通知
连政发〔2021〕79 号	市政府印发关于促进知识产权高质量发展若干政策措施的通知
连政办发〔2021〕16 号	市政府办公室关于深化商事制度改革进一步为企业松绑减负激发企业活力的通知
连政办发〔2021〕18 号	市政府办公室关于印发连云港市重大产业创新平台建设实施方案的通知
连政办发〔2021〕20 号	市政府办公室关于推进连云港市跨境电子商务高质量发展的实施意见
连政办发〔2021〕21 号	市政府办公室关于印发连云港市城市紧密医联体建设试点实施方案(2021—2023)的通知
连政办发〔2021〕22 号	市政府办公室关于印发连云港市城镇老旧小区改造三年全覆盖行动计划(2021—2023 年)的通知
连政办发〔2021〕24 号	市政府办公室关于印发连云港市高血压综合防控惠民工程实施方案的通知
连政办发〔2021〕25 号	市政府办公室关于印发连云港市社会保障卡“一卡通”工程实施方案的通知
连政办发〔2021〕31 号	市政府办公室关于促进畜牧业高质量发展的实施意见

（市政府办）

文件选编

中共连云港市委 连云港市人民政府印发《关于建立更加有效的区域协调发展新机制的实施方案》的通知(摘要)

连发〔2021〕6号

实施区域协调发展战略是新时代国家重大战略，是贯彻新发展理念、构建新发展格局、建设现代化经济体系的重要组成部分。为全面贯彻落实中共中央、国务院《关于建立更加有效的区域协调发展新机制的意见》(中发〔2018〕43号)和省委、省政府《关于建立更加有效的区域协调发展新机制的实施意见》(苏发〔2020〕7号)精神，促进区域协调发展向更高水平和更高质量迈进，结合我市实际，现制定如下实施方案。

一、总体要求

(一)指导思想。以习近平新时代中国特色社会主义思想为指导，全面贯彻中共十九大和十九届二中、三中、四中、五中全会精神，认真落实习近平总书记“江苏要做好区域互补、跨江融合、南北联动大文章”重要指示，紧紧围绕统筹推进“五位一体”总体布局和协调推进“四个全面”战略布局，立足三个重大国家战略在我市融合发展的区位优势，立足新发展阶段、贯彻新发展理念、构建新发展格局，完善区域政策和空间布局，深化改革开放，促进各类资源要素合理流动和高效集聚，加快形成统筹有力、竞争有序、绿色协调的多层次区域协调发展新机制，全面提升区域治理体系和治理能力现代化水平。

(二)总体目标。到2022年，建立与全市经济社会高质量发展相适应的更加有效的区域协调发展新机制，在融入国家重大区域战略、推进全市域协同发展、深化区域合作、基本公共服务均等化机制等方面取得突破，区域协调发展新机制在有效遏制区域分化、推动区域一体化发展中发挥显著作用。到2035年，建立与基本实现现代化相适应的区域协调发展新机制，在显著缩小区域发展差距、实现基本公共服务均等化等方面取得显著成效，为建设现代化经济体系和满足人民日益增长的美好生活需要提供重要支撑。到本世纪中叶，区域协调发展新机制在完善区域治理体系、提升区域治理能力、实现人民共同富裕等方面更加有效。

二、落实区域战略统筹机制

(三)高质量推进“一带一路”强支点建设。加强与“一带一路”沿线国家和地区贸易合作，建设“一带一路”国家商贸物流展示及大宗商品进口交易平台。发挥新亚欧大陆桥经济走廊重要节点城市优势，放大国家东中西区域合作示范区的东西双向开放功能，建成服务中西部地区对外开放的重要门户、东中西产业合作示范基地，形成模式多元、区域更广、质量更优的全面开放新格局。加快“两基地”提档升级，提升中哈物流基地、“霍尔果斯—东门”经济特区无水港运营水平，提高中亚班列通过能力；加快推进上合物流园基础设施建设，落实上合组织国际圆桌会议成果，推动物流产业加快向园区集聚，提升上合组织出海基地功能。稳步推进中欧班列发展，打造全国知名的中欧班列品牌。优化提升内陆无水港布局，有序推进阿拉木图、阿克套等沿线物流合作，串联起沿线重要节点城市。建立健全“一带一路”强支点建设推进会商机制。

(四)积极融入长三角一体化发展。深入贯彻习近平总书记关于推动长三角一体化发展重要指示批示精神，全面落实国家《长江三角洲区域一体化发展规划纲要》和《〈长江三角洲区域一体化发展规划纲要〉江苏实施方案》明确的“连云港任务”。与长三角城市建立重大事项、重大项目共商共建机制，加强政府间合作交流。立足石化产业基地、沿海大型钢铁基地等功能定位，衔接落实长三角中心城市的产业升级转移，重点协同推进临港化工、精品钢、新能源和港航物流等产业发展，打造长三角北翼“飞地经济区”。贯彻落实《长三角科技创新共同体建设发展规划》，主动对接上海、南京等科技创新中心及长三角中心区双创基地，承接一批科技成果转化项目，建设长三角地区科技成果转化基地。强化区域优势产业创新协作，在生物医药、新材料等重点领域，支持以企业为主体建立一批长三角产学研协同创新中心。畅通与长三角城市互联互通，加快高铁、机场、公路、港口和航道建设，构建综合交通运输体系。推动教育、医疗、文化、体育等优质资源共建共享，促进均衡发展，增强与长三角城市民生领域合作。加强生态环境保护，夯实绿色发展生态本底，共建绿色美丽长三角。

（五）加快建设淮河生态经济带重要出海基地。全面落实淮河生态经济带发展规划和江苏省实施方案，打造淮河生态经济带重要出海基地和淮海经济区最直接、最便捷出海口。积极推进连云港港30万吨级航道二期工程、赣榆港区15万吨级航道工程、徐圩港区30万吨级航道延伸段工程及配套设施建设，建成徐圩港区东、西防波堤工程。建设徐圩港区30万吨级原油码头、赣榆港区LNG接收站，推进盛虹炼化一体化、中化国际等重大产业项目配套码头工程建设，推进徐圩口岸扩大开放。落实连云港港靠泊40万吨船舶规划布局，加快推进连云港区旗台作业区矿石码头靠泊40万吨船舶改扩建工程。加强与上海港合作，加快建设长三角北翼集装箱集散中心。

（六）推动陆海统筹高质量发展。深入实施沿海开发战略，坚持陆海统筹，优化发展布局，建立健全科学有效的推进机制。研究制定我市"十四五"沿海发展规划和海洋经济发展规划，推进国家海洋经济发展示范区建设，全力打造东部沿海绿色产业集聚带、滨海特色城镇带和美丽生态风光带。加快构建现代海洋产业体系，大力发展海上风电、海洋生物医药等海洋新兴产业，积极培育海洋航运、旅游康养等高附加值海洋服务业，巩固提升海洋传统产业，不断提升江苏海洋大学等科研机构对海洋经济的支撑度。建成灌河西段航道整治工程，打通连申线（连云港至上海）内河水运通道，实现港口向南与长江的连通，推动江海联运。加快推进徐宿连航道规划建设，打通连云港至宿迁、徐州等地区的内河水运通道，实现港口向西与京杭运河的连通，促进海河联运。编制实施海岸带保护利用综合规划，严格围填海管控，加强海域海岸带生态保护和修复。

三、健全市场一体化发展机制

（七）促进城乡要素自由流动。进一步放开落户政策，全面放开放宽农业转移人口落户条件，支持农业转移人口在就业地落户。深化农村承包地"三权分置"改革，巩固农村土地承包经营权确权登记颁证成果，探索确权成果在推进土地流转、抵押融资、承包地有偿退出等方面应用。深入实施全民参保计划，持续推进进城务工人员平等参加城镇职工养老、医疗、失业、工伤、生育保险并享受相应待遇，不断加大扩面征缴力度。激励引导人才向乡村流动，制定财政、金融、社会保障等政策，加大对返乡入乡创业人员支持力度，吸引人才返乡入乡创业。

（八）推动区域市场一体化建设。深化"最多跑一次"和"放管服"改革，实施全国统一的市场准入负面清单制度，消除歧视性、隐蔽性的区域市场准入限制。全面落实公平竞争审查制度，清理废除妨碍统一市场和公平竞争的政策，全力打造市场化、法治化、国际化的营商环境。持续优化商事制度改革，推行"证照分离""多证合一"改革。完善市场信用体系共建机制和市场监管执法联动机制。积极融入长三角一体化市场，合力打造长三角技术转移转化、信用服务、食品安全等合作平台。

（九）拓展建设开放平台。坚持以制度创新为核心，加快推进中国（江苏）自由贸易试验区连云港片区建设，支持连云港综合保税区（徐圩片区）积极融入自贸区发展。复制推广连云港自贸片区创新成果和成功经验，推动各地各部门与自贸片区联动创新。加大连云港汽车整车进口口岸、铁路集装箱中心站等功能性平台创建力度，提前布局关联产业。积极申报二手车出口试点城市。参与"一带一路"沿线国家境外经贸和产能合作区建设，支持与已签署"丝路电商"合作机制的国家（地区）开展对接、合作。加快连云港农业对外开放合作试验区建设，打造"一带一路"沿线国家（地区）一流的海产品综合性交易市场和国际远洋渔业交易中心。放大连博会、农洽会等交流合作活动的带动效应和溢出效应。

四、深化区域合作机制

（十）推进区域互联互通。推进连云港至上海铁路通道客货分离研究，适时规划建设客运专线，开展连云港至临沂城际铁路规划建设。实施长深高速连云港至淮安段扩建工程，加快推进连云港至宿迁高速公路前期工作。建设连云港至淮安、连云港至宿迁一级公路。加快建成花果山机场一期工程并实现一类口岸开放，同时研究推进按1000万人次/年吞吐量扩大规模，在"十四五"期间启动建设二期工程，将花果山机场打造成为东西双向开放、连接辐射南北的区域性国际航空港。

（十一）强化区域互动交流。加强毗邻地区市际合作，完善跨区域协商机制，推进公共服务共建共享，强化社会治安协同管理，加强重大污染、安全事故等联合管控与应急处置。推动南北共建园区高质量发展，充分利用省南北挂钩帮扶政策，争创省南北共建园区高质量发展创新试点园区和特色园区。加强南北产业链双向联动与融合，因地制宜发展壮大产业规模，推进产业质态优化和集聚集约发展。深入开展对口支援，严格对口支援计划执行和评估优化，完善资金项目管理办法、综合考核评价体系和监督机制，推动新疆霍尔果斯、都拉塔口岸地区经济社会持续健康发展。创新开展对口合作，加强与辽宁省营口市在港口物流和农业产业化等领域交流合作，探索跨区域要素共享、产业互动、协同发展的新路径。

（十二）实施区域利益补偿机制。认真落实生态受益地区与生态保护地区、流域下游与上游横向生态补偿机制，并通过资金补偿、对口协作、产业转移、人才培训等方式建立补偿联系。充分发挥粮食产区优势，完善与市内外粮食销区互惠、共享、稳定的合作机制，促进区域内粮食生产、加工、物流、消费等关键环节协同发展。加快优质商品粮生产基地、粮食仓储物流基地和粮食加工园区建设,不断提高粮食综合生产能力。

五、完善基本公共服务均等化机制

(十三)提升基本公共服务保障能力。推进财政事权和支出责任划分改革,建立权责清晰、财力协调、标准合理、保障有力的基本公共服务制度体系和保障机制。基本公共服务投入向乡村区域、薄弱环节、重点人群倾斜,逐步缩小县域间基本公共服务差距。加大区域公共卫生服务体系建设投入,完善突发公共卫生事件信息共享工作机制,加强城乡急性传染病、重大疾病、免疫规划等联防联控。

(十四)提高基本公共服务统筹层次。落实企业职工基本养老保险省级统筹制度。深化工伤保险制度建设,推动预防、补偿、康复"三位一体"工伤保险制度建设,落实工伤保险省级统筹。完善统一的城乡居民大病保险和医疗救助制度。稳步提高基本医保统筹层次,增强医保基金互助共济能力。

(十五)推动城乡间区域间基本公共服务衔接。完善养老保险关系跨地区转移、跨制度衔接政策,促进养老保险关系顺畅转接。坚持就业优先,建立统一开放的人力资源市场体系,促进人力资源自由流动。加快对接统一的社会保险公共服务平台,推动跨地区、跨部门、跨层级社会保险公共服务事项的统一经办、业务协同和数据共享,推进基于电子健康档案的信息平台跨区域联通,提高跨市异地就医住院费用直接结算效率。推进义务教育学校标准化建设,在实现义务教育基本均衡的基础上推进优质均衡。

六、建立健全区域协调运行机制

(十六)规范区域规划编制管理。加强与发展规划、专项规划、空间规划的有机衔接,规范区域规划编制程序,强化重大问题研究论证,提高指导性、针对性和操作性。健全区域规划实施机制,建立完善前期评估、中期评估与后期评估相衔接、定量评估与定性评估相配套、政府自评与第三方评估相结合的规划评估体系,完善动态调整和修订机制。

(十七)实行差别化的区域政策。从区域发展实际出发,发挥比较优势,提高财政、产业、土地、环保、人才等政策的精准性和有效性。对生态功能重要、生态环境敏感脆弱区域,加快推进低端产能清理和重点问题整改,严禁不符合主体功能定位的各类开发活动。认真落实化工产业安全环保整治提升方案,推动本质安全水平根本提升。建立国土空间规划体系,健全用途管制制度,制定区域差别化空间政策,保障跨区域重大基础设施和民生工程用地需求。

(十八)健全区域政策联动机制。加强区域政策与财政、金融、投资、价格等政策的协调配合,优化政策工具组合,推动宏观调控政策精准落地。加大对跨区域交通、水利、生态环境保护、民生等重大工程项目的支持力度。强化地方金融监管合作和风险联防联控,打好防范化解重大风险攻坚战。完善财政转移支付制度,增强区域协调发展经费保障能力。根据人均财力水平、标准财政收支缺口、上缴财力占自有财力比重等因素,健全完善市对下均衡性转移支付制度。

七、保障措施

(十九)加强组织领导。坚持和加强党对区域协调发展工作的领导,充分发挥市、县区两级区域性协调机制作用,强化地方主体责任,广泛动员全社会力量,共同推动建立更加有效的区域协调发展新机制,为实施区域协调发展提供有力保障。

(二十)明确责任担当。市各有关部门要充分发挥职能作用,严格按照责任分工,研究具体措施,落实相关政策。各县区党委、政府要切实提高政治站位,完善相关配套政策,及时研究解决区域发展重大问题,确保区域协调发展新机制顺畅运行。

(二十一)强化协调指导。围绕缩小区域发展差距、推进区域一体化发展等重点领域,科学客观评价区域发展的协调性,为区域政策制定和调整提供参考。市发改委要会同市有关部门加强对区域协调发展新机制实施情况跟踪分析和协调指导,加强区域发展监测评估,研究新情况、总结新经验、解决新问题,重大问题要及时报告市委、市政府。

中共连云港市委 连云港市人民政府
关于印发《连云港市优化营商环境政策 100 条(2021 版)》的通知(摘要)

连发〔2021〕12 号

为深入贯彻中共十九大和十九届二中、三中、四中、五中全会精神,全面落实《优化营商环境条例》《江苏省优化营商环境条例》,对标国际国内先进地区,创新体制机制,倡导先行先试,持续深化一流营商环境建设，倾力打造“连心城、贴心港”营商环境品牌，实现“营商环境大提升”，不断激发市场主体活力和社会创造力，增强城市吸引力和竞争力，奋力开创“高质发展、后发先至”新境界，现就优化全市营商环境制定如下政策：

一、持续优化便捷高效的政务服务

1. 深化简政放权。聚焦市场准入和投资建设审批全链条，依法精准有序放权。做好国家、省取消和下放事项的落实和衔接，持续向自贸试验区连云港片区精准赋权。清理没有法律、法规、规章依据的政务服务事项办理条件和环节，持续推动“减事项、减环节、减材料、减时间、减费用、减跑动”。清理规范行政备案、目录管理、登记注册、年检年报、指定认定等行政管理措施，整治变相审批。

2. 推进政务服务标准化、规范化、便利化。全面梳理政务服务网服务事项，确保与政务服务事项库保持同源、服务一致。全面梳理确定市、县(区)两级“即办件”“不见面审批”标准化事项清单，进一步提升即办件率、不见面办理率。

3. 深化“一件事一次办”。从企业和群众“办成一件事”角度出发，打造个人生命树和企业全生命周期服务，将更多相关联的审批服务事项纳入“一件事”链条，重点推进开餐馆、开旅馆、初次就业、退休、不动产登记等一批省定高频便民涉企一件事改革，实现“一件事一次办”。

4. 深化“三集中四到位”。按照应进必进原则，推动政务服务事项进驻综合性政务服务中心，设置“一件事”综合服务窗口，充分授权窗口工作人员，实现“一窗进出”“一窗通办”。对政务服务分中心实行一体化管理，分中心在综合性政务服务中心设置窗口。

5. 提高线下办事便利度。推进综合类自助终端进楼宇、社区、村居和银行网点，打造“家门口”办事厅。建设“一网通办”政务服务地图，直观展现窗口地理位置、受理事项、服务时间、咨询电话、办事须知、预约排队等，提供导航服务，方便企业群众查询信息、就近办理。完善大厅便民服务设施，增加导航引导功能，便利老年人、残障人士等群体办事。

6. 完善市县乡村四级政务服务体系。加强基层为民(便民)服务中心建设，强化“一站式”服务功能，加强全科政务服务建设。将政务服务“一张网”覆盖到市县乡村四级政务服务体系，实现“就近办”。推行首问负责、一次告知、一窗受理、并联办理、限时办结等制度。

7. 完善一体化政务服务平台。按照“一部门一系统”“一市一系统”要求，推动市、县(区)自建系统整合，加强部门办件、证照等数据归集、共享调用，实现一体化政务服务平台总集成。优化网上办理页面设计，提升政务服务应用易用性、友好性、智能化水平。

8. 推广电子证照、电子印章应用。按照国家标准将存量证照、新增证照电子化，纳入全市电子证照库统一制作、汇聚和发放。深化电子证照、电子印章、电子签名、电子档案和“苏服码”在政务服务审批、行政执法、社会化服务等方面应用，减少纸质材料递交。

9. 提升“一网通办”服务。按照国家和省部署，加快推进工业产品生产许可证等74项高频政务服务事项“省内通办”“跨省通办”，持续推进长三角“一网通办”，无差别受理、同标准办理。

10. 全面推行证明事项告知承诺制。在全市各级行政机关、法律法规授权组织办理行政许可、行政确认、行政给付等依申请的行政事项，需要当事人提供证明材料时，依法全面推行证明事项告知承诺制。制定并公布实行告知承诺制的证明事项清单，明确事项范围、适用对象、工作流程和监管措施等，推动形成标准公开、规则公平、预期明确、各负其责、信用监管的治理新模式，进一步减轻企业和群众负担。

二、持续提升企业全生命周期服务

11. 全面优化企业开办服务。升级改造企业开办“一网通办”平台，实现企业设立电子化登记、申请公章刻制、银行开户预约、发票申领、社保登记、住房公积金缴存登记等一体化集成服务，实现开办企业全流程“一件事、一个环节”办结，全面实现开办企业1日办结，市级压缩到0.5天。采取政府购买服务和商业银行减免等方式，为新开办企业免费刻制印章、免费发放税务UKEY、免除银行账户开户费用，降低企业开办成本。

12. 放宽市场主体登记条件。探索实施住所承诺制和名称登记告知承诺制。推进“一照多址”改革，探索住所与经营场所分离登记。推进“一业一证”改革，将一个行业多个许可证加载到一张载明相关行政许可信息的行业综合执业证，实现准入后“一证准营”。探索经营范围全类登记制，按照“法无禁止即可为”的原则，除法律、法规、国务院决定、市场准入负面清单等规定需要办理许可经营以及禁止经营的项目外，申请人取得营业执照后即可经营。

13. 深化“证照分离”改革。推进“照后减证”和简化审批，实现“证照分离”改革全覆盖，取消审批、改为备案或实行告知承诺的事项力争达到150项，探索行业许可证告知承诺制。

14. 全面推广商事登记确认制改革。登记机关对商事主体登记申请人提交的登记材料实行形式审查，实现住所登记智能化核验，审查通过后即时予以登记确认，核发营业执照，自贸试验区通过确认制方式登记企业数量占比超过50%。

15. 探索企业注销“一件事”改革。完善市场主体退出机制，依托江苏省“全链通”企业综合服务平台，优化企业注销一体化办理流程，方便市场主体办理营业执照、税务、社会保险、海关等各类注销业务。推进各部门数据共享和业务协同，实现企业注销申请跨部门预检、清税证明等实时传送。

16. 提升企业注销便利度。对

领取营业执照后未开业、未发生债权债务，也未办理过涉税事宜的企业，实行简易注销。法院裁定强制清算终结或裁定宣告破产的企业办理简易注销登记并免予公告。在依法保障当事人合法权利的前提下，探索开展长期吊销未注销企业强制注销。对于适用简易程序注销的企业，即到即办；对于适用一般程序注销的企业，将承诺办结时间压缩至3个工作日之内(按照规定办理时限中止的情形除外)。

17. 开辟重大项目审批“绿色通道”。完善重大项目“容缺预审”制度。对关键重大项目实行“定制化”审批。推出全流程审批服务套餐，针对审批过程中所有涉及到企业和政府的事项，充分减层级、减环节、减时限，提供个性化全流程审批服务。建立项目服务专员机制，为重大项目建设方提供“店小二”式服务。

18. 精简工程建设项目审批事项。深化工程建设项目审批制度改革，进一步优化审批流程，增加审批事项豁免清单，压缩审批事项数量，精简审批环节和条件。清理技术审查和中介服务事项，无法律法规依据的一律取消。

19. 压减工程建设项目审批时限。政府投资房屋建筑、线性工程等项目从申报立项到竣工验收备案，总用时压缩至50个工作日内，一般社会投资项目从取得用地到竣工验收备案，总用时压缩至48个工作日内，带方案出让用地的社会投资项目及小型社会投资项目总用时控制在30个工作日内。

20. 推广“拿地即开工”。推进工业项目带方案出让拿地即开工常态化。利用土地划拨或者出让完成前的准备时间，通过项目前期策划生成和业务协同，同步落实项目开工前所需建设条件和管控要求，实现签订土地出让合同后，市场主体可在1个工作日内获得建设用地规划许可证、建设工程规划许可证、建筑工程施工许可证，一次性缴清土地出让金和相关税费的可同步申办获得不动产权证。

21. 推进工程建设项目全流程在线审批。除需要现场踏勘、听证论证的事项外，工程建设项目审批涉及的行政审批、备案、评估、中介服务、市政公用服务等事项全部线上办理。持续推进网上中介超市建设，强化中介机构监管。

22. 推行工程建设项目分级分类管理。根据具体情况和实际需要，细化项目分类，对工业、仓储、居住、商业、市政、教育、医疗、城镇老旧小区改造、城市更新等工程建设项目，根据项目类型、投资类别、规模大小、复杂程度、区域位置等情况，分级分类制定“主题式”“情景式”审批流程，实行精细化、差别化管理。结合工程建设项目审批制度改革，进一步优化乡村建设项目审批流程。

23. 推行“清单制＋告知承诺制”审批改革。对一般社会投资的工业类项目推行告知承诺制审批。对于实行告知承诺制审批的事项，制定并公布具体要求，申请人按照要求作出书面承诺，审批部门直接作出审批决定。在确保安全前提下，对社会投资的小型低风险新建、改扩建项目，由政府部门发布统一的企业开工条件，企业取得用地、满足开工条件后作出相关承诺，政府部门直接发放相关证书，项目即可开工。对于规划建设条件明确、建筑结构相对简单或采用标准化方案设计的建设工程，探索将建设工程规划许可证和施工许可证合并办理。

24. 强化工程建设项目审批部门业务协同。完善工程建设项目并联审批平台，健全工程建设项目联审机制，以“多规合一”为基础，深化规划用地“多审合一”“多证合一”，审查验收“多测合一”“多验合一”，相关成果在线共享应用。推行工程建设项目从勘察、设计、施工到竣工验收全过程数字化图纸闭环管理，各部门在线使用“一套图纸”，并按照电子档案要求实时归集、动态维护、安全管理。

25. 深化施工图设计文件审查改革。探索推进施工图“自审承诺制”，建设、勘察、设计单位共同签署自审承诺书，替代施工图审查合格证书。制定发布免于施工图审查项目类型清单。

26. 深化落实区域评估制度。进一步明确开展区域评估的事项清单和技术标准。在各类开发园区和其他有条件的区域，政府(管委会)付费统一组织土地勘测、矿产压覆、地质灾害、水土保持、文物保护、洪水影响、地震安全、气候可行性及环境评价等区域评估，及时公开评估结果。市场主体在已完成区域评估的区域建设项目，可以免于、直接引用或简化相关事项评估。探索将区域评估嵌入工程建设项目审批管理系统。

27. 推进市政公用业务报装一窗办结。在政务服务中心设立市政公用业务报装综合受理窗口。综合窗口统一收件、统一出件、资料共享、并联审批、限时办结，实现用户一次申请，同步办理获得用水、用电、用气、排水、热力、广播电视、通信等服务。规范市政公用行业管理，公开服务标准和服务费用，加强服务质量监督和用时管理。

28. 优化市政公用服务报装接入流程。将市政公用服务报装提前到工程建设许可阶段办理。市政公用服务单位通过工程建设项目审批管理系统实时获取项目市政公用服务接入需求、设计方案、图档等相关信息，实现与主体工程同步设计、同步建设、竣工验收后直接接入。

29. 推进用水用气报装便利化。优化用水、用气报装外线施工办理程序，并联审批接入外线建设工程规划许可、绿化许可、占掘路许可等环节，推行告知承诺制。进一步压缩用水用气报装办理和行政审批时限，无外线工程的，用水用气办理报装时间均不超过3个工作日；有外线工程且需办理行政审批的，均不超过30个工作日，其中外线审批办理时间不超过5个工作日。推进供水、燃气接入服务标准化，提供办理进展可查询服务，做到接入标准、服务标准公开透明。

30. 精简办电手续。全面提升获得电力服务水平。供电企业线下线上办电窗口全面入驻市、县（区）政务大厅和政务平台，资料共享调用，实现居民“刷脸办电”、企业“一证办电”。简化办电手续，高、低压用户用电报装环节分别压减至3个、2个以内。制定出台配套电力工程“一公里内免审批”实施细则，落实授权备案管理。

31. 压减办电时间。低压非居民、高压单电源、高压双电源用户办电各环节合计办理时间分别压减至5个、15个、30个工作日以内，其中行政审批压减至5个工作日以内。低压小微企业用户从申请到接电的全过程时间压减10个工作日以内。

32. 降低办电成本。报装容量160千瓦及以下的低压小微企业用户实现电力接入“零投资”。各县区、功能板块提前完善项目用电所需线路通道、电缆管沟廊道等市政配套基础设施建设方案，落实工程建设资金，降低用户电力接入基础设施建设成本。针对转供电环节违规加价和截留降低电价政策红利等问题，开展专项整治，引导规范转供电主体价格行为。

33. 提高供电可靠性。加强薄弱地区配电网规划建设。加深化配电网自动化应用，实现低压故障快速定位和处理。严格管控计划停电，避免重复和频繁停电，缩小停电范围、缩短停电时间、减少停电次数。全面推广“不停电”作业，在确保安全的前提下，实现10千伏及以下不停电作业全覆盖，用户电力接入外线工程全部实现不停电作业。城市中心区、市区、城镇、农村地区用户年均停电时间分别压减至1.5、4、8、12小时以内。

34. 打造“开门接电”服务。在徐圩新区拓展“区块化＋能效”整体答复建设模式。推进电网规划与城市规划深度融合，打造国土空间规划与区域电网规划“一张图”。由园区提供基础通道（管沟、管廊、管孔等），供电企业负责电气设备接入，打造省级园区“开门接电”服务。

35. 推广不动产登记“无纸化”。拓展“互联网＋不动产登记”，建设“线上苏小登”品牌，利用政务网上服务平台、移动端推行全时服务。强化信息共享，减少纸质资料提交。推广不动产电子证照在办理户籍、子女入学、工商注册、抵押贷款、核税缴税等方面的应用，切实做到便民利企。

36. 加快“不动产登记＋金融”一体化系统建设。将存量房抵押业务授权给金融机构，探索全程不见面工作流程，不动产登记中心通过审核电子材料进行受理、登簿、发证。完善贷款办理存量房转移登记资金监管，探索由银行等金融机构做好资金监管工作。

37. 优化房屋交易与登记工作一体化流程。信息应享尽享、实时更新、实时共享，持续推进“多测合一”改革做法，实现不动产登记线上线下“一证通办”模式，让群众只带一张身份证即可办理不动产登记相关业务。

38. 优化不动产交易登记税收一体化平台。全市范围实现线上线下常态化“一次收费、后台分账”。在线下一窗受理窗口设置一窗缴费服务，买卖双方可在一窗受理窗口缴纳所有费用，由后台进行分账。

39. 巩固“交房即发证”“交地即发证”改革成果。提升不动产登记服务效能，新建社会投资简易低风险项目的不动产首次登记压缩至1个工作日内办结。

40. 拓展“非接触式”办税缴费，优化电子税务局功能，推广应用江苏税务App，持续推进线下服务向线上转移，强化办税服务厅体验区建设，引导纳税人网上办、掌上办，年内实现企业、个人办税缴费“全程网上办”“最多跑一次”。深化“最多跑一次”清单应用，围绕纳税人高频业务需求，提高全省通办覆盖率和便捷度。推进长三角地区线下“收受分离、跨区办理”，便利跨省迁移等业务办理。

41. 打造就近便利办税圈。全面拓展与政务服务（便民服务）中心、邮政的协作，科学布局社会化服务网点，为纳税人提供就近便利的税费服务，打造“主城区3公里、郊区乡镇5公里”办税圈。完善海州区、徐圩新区等区域办税服务功能。

42. 简并办税资料和流程。纳税和增值税留抵退税等办理时间，压缩至省内先进水平。出口退（免）税全程无纸化办理，一类出口企业办结时间不超过1.5个工作日，二类、三类企业不超过5个工作日，推行无纸化单证备案。

43. 简并纳税申报次数。积极向上争取在自贸试验区率先试点房产税、土地使用税简并按年申报，探索推进财产行为税与企业所得税综合申报。

44. 优化提升整体通关效率。切实压缩申报准备、查验、缴税、放行等通关全流程各环节作业时间，整体通关时间保持全省前列。大力推进提前申报、“两步申报”“两段准入”矿产品“先放后验”等便利措施。推行灵活查验，对于有特殊运输要求的进出口货物，按照企业申请，经审批后采取预约区外查验的模式，赴企业、仓库等实施查验作业，减少货物搬倒和企业查验等待时间。推进口岸快速提离，推广试点进口“船边直提”、出口“运抵直装”模式。

45. 拓展国际贸易“单一窗口”功能。推动“单一窗口”功能由口岸通关执法向口岸物流、贸易服务等全链条拓展，逐步将服务贸易出口退（免）税申报纳入“单一窗口”管理，实现港口、船代、理货等收费标准线上公开、在线查询，实现查验通知信息与港口信息双向交互。

46. 降低进出口环节合规成本。全面实施口岸收费公示并实行动态管理，实现“清单外无收费”。积极落实国家调降、简并部分港口收费的政策。全面开展涉进出口企业收费自查自纠和减税降费政策落实情况专项排查整治。落实连云港集装箱公路收费优惠政策，清理淮安至连云港疏港航道上船闸过多、开放不便、收费较多等问题。

三、持续打造公平竞争的市场环境

47. 严格落实市场准入负面清单制度。全面推进国家《市场准入负面清单》落地实施，对清单以外的领域、行业、业务，各类市场主体皆可依法平等进入，严禁制定发布市场准入性质的负面清单，确保“非禁即入”普遍落实。严格执行《鼓励外商投资产业目录》《外商投资准入特别管理措施（负面清单）》，落实外商投资准入前国民待遇加负面清单管理制度，负面清单之外领域按照“内外资一致”原则管理。贯彻《外商投资法》及其实施条例，进一步优化和完善外商投资促进、投资管理和投资保护机制，开展自贸试验区改革创新经验复制推广工作。

48. 加强公平竞争审查。完善工作机制，对涉及市场主体经济活动的规章、规范性文件和其他政策措施，建立规范流程，提高审查质量，推行引入第三方开展评估审查，持续清理和废除妨碍统一市场和公平竞争的政策文件。强化社会监督，完善面向各类市场主体的有违公平竞争问题的投诉举报和处理回应机制并及时向社会公布处理情况。

49. 营造更富活力科技创新创业生态。精准有效落实科技惠企扶持政策，做到应享尽享、应免尽免。创新科技金融服务新模式，设立市科创投资基金，综合运用“苏科贷”等科技金融产品，着力解决科技型企业金融供给不足问题。推行科技企业积分制，拓展创新积分应用场景，引导各类创新要素向科技企业集聚。优化科研项目管理，探索建立“揭榜挂帅”制度。加快重大创新平台载体建设，依托重点园区、重点企业、重点项目，建设一批高起点、高水平产业创新载体和平台。

50. 加强知识产权创造。实施知识产权增量提质行动，促进有效发明专利数量持续增加，推进高价值专利培育。深化商标品牌战略，推行一企一标，提升商标拥有率，2021 年每万企有效注册商标企业数达到 990 家；引导企业贯彻国家标准构建知识产权管理体系，2021 年高新技术企业知识产权贯标备案率达 90%以上。

51. 拓展知识产权运用。鼓励企业实施专利许可转让，引导银行推出适用于中小企业的知识产权融资产品，促进银企深度对接，扩大知识产权质押融资覆盖面。

52. 扩大知识产权公共服务网络覆盖面。各县区建立公共服务机构和平台。引导知识产权服务机构开展中小微企业知识产权托管服务。

53. 深化公共资源“不见面交易”。推动行业部门交易职能整合，推进管办分离、“一市一平台”。按行业重构与完善公共服务、项目交易和分级监管“三合一”综合平台。推进各类公共资源交易全流程电子化，加快建设文件无纸化、标书在线传、开标不见面、系统辅助评、结果快递送、过程全留痕的公共资源“不见面交易”体系，扩大“不见面”交易覆盖面，提升“不见面”开标率。

54. 降低公共资源交易成本。规范建立政府采购资金预付制度，加快政府采购资金支付进度。加大中小企业扶持力度，制定面向中小企业采购的量化指标，落实到具体项目中。严格执行取消政府采购保证金政策。规范投标保证金收退管理，推行保证金集中收退。全面推广电子保函应用，进一步减少企业资金占用，降低企业负担。

55. 完善公共资源交易监管机制。建立监管权力和责任清单，厘清监管边界，完善信用监管、智慧监管、跨部门协同监管。建立拖欠账款行为约束惩戒机制，通过预算管理、绩效考核、审计监督等，防止和纠正拖欠市场主体账款问题。

56. 开展公共资源交易领域专项治理。清理政府采购和招标投标过程中的限制或排斥不同所有制企业、不同地区市场主体的歧视性制度规则，以及引发市场壁垒的资质、业绩要求以及投标保证金缴退等不合理限制和壁垒。严肃查处排斥和限制潜在投标人的行为，严肃查处为招投标主体指定或变相指定中介服务机构、强制市场主体加入或者退出行业协会商会等社会组织的行为。

57. 完善公共资源交易质疑投诉机制。依法依规、按时处理公共资源交易各方主体的质疑和投诉，及时告知质疑答复内容，公示投诉处理结果，建立完备的质疑、投诉处理台账及档案。

58. 创新土地要素保障。充分保障招商引资项目、市级以上重大产业项目、战略性新兴产业项目以及含“绿”量、含“金”量、含“新”量高项目的用地指标，加快土地报批征收工作。在符合规划、不改变用途的前提下，鼓励工业企业利用存量土地新建工业厂房或增加原厂房层数、利用地下空间增加地下建筑面积，新增建筑面积不再增收土地价款。

59. 创新人才引进培育政策。以产才融合为中心，打造人才政策体系 2.0 版。制定“惠才强企”政策，聚焦产业引进高端人才，开展青年人才“聚连行动”。“花果山英才计划”突出对创业人才和全职人才支持，设立柔性引才及海外人才专项。针对中小企业人才需求建立多层次实用人才培育计划。

60. 提高人才服务保障力度。建成市级高层次人才一站式服务中心。完善“花果山英才卡”服务体系，围绕创新创业、子女教育、健康医疗、品质生活等方面，集成提供特色精准服务。加快推进县区人才公寓建设，完善“购租补”并举的人才安居保障体系。

61. 简化外国人工作许可办理程序。放宽自贸试验区“高精尖缺”外籍人才引进条件。外国人才及团队成员在创业期内可通过园区、孵化器、众创空间等创业载体申办工作许可，为外国人才创新创业提供稳定的工作预期。

62. 优化企业用工服务。破除影响就业特别是新就业形态的各种不合理限制，加快调整相关准入标准、职业资格、社会保障、人事管理等政策。完善企业用工指导服务，推进集体协商集体合同制度扩面提质。

63. 探索“共享用工”新模式。指导企业规范开展用工余缺调剂，为有共享用工需求的企业搭建对接平台，按需组织专场对接，帮助企业精准、高效匹配人力资源。建立用人单位招聘岗位、技能人才、企业需求、个人求职信息指标体系，为企业精准推送服务信息。

64. 推进企业技能人才自主评价。支持企业依据国家职业技能标准自主开展技能人才评定，对没有国家职业技能标准的可自主开发评价规范。对获得企业颁发的职业技能证书并符合相关条件的，加快落实好职业培训、职业技能鉴定补贴等方面政策。

65. 完善综合金融服务平台功能。推进各类融资政策对接、“不见面”审批等线上便捷信贷服务，指导民营和中小微企业接入综合金融服务平台，线上发布融资需求，督促金融机构加强融资对接，扩大平台发放普惠型贷款规模。健全完善政策性融资风险分担机制，推动设立市级小微企业信用保证基金。

66. 推广“信易贷”。梳理金融机构信用信息应用需求，统一“信易贷”信息规范标准和数据格式，鼓励金融机构创新“信易贷”产品，对信用良好的中小微企业创新续贷方式，推广信易贴、信易保等金融产品，降低企业贷款周转成本。

67. 降低企业融资成本。严禁金融机构以贷款承诺费、资金管理费等名义向小微企业收取各类违规费用，严格限制向小微企业收取财务顾问费、咨询费等费用，不断降低融资成本。推动金融机构落实小微企业贷款阶段性延期还本付息政策。

68. 创新数据要素保障。加快5G网络建设，推进城市基础设施智能化，打造智慧港口，营建智慧园区，推进“港产城”深度融合。加快推进电商、物流、交通、金融等行业数字化、网络化、智能化发展，实现数据资源集聚共享和流通交易。建立数据资产目录，明确各类数据的开放属性，加快研究建立数据开放应用机制，鼓励社会深度挖掘和增值利用，引导多元化数据融合创新，营造良好数据开放创新生态。

四、持续构建公开透明的监管体系

69. 加强审管衔接。进一步深化县（区）相对集中行政许可权改革，明晰审批部门、监管部门职责边界，建立审批信息、监管信息“双推送”“双回路”机制，搭建审管互动平台，实现审管联动，形成管理闭环，确保审批监管有效衔接。

70. 创新包容审慎监管。按照鼓励创新的原则，探索创新监管标准和模式，对新技术、新产业、新业态、新模式等实行包容审慎监管。着力推行柔性监管、智慧监管。研究制定针对在线新经济以及新产业、新业态的包容审慎监管制度，探索“包容期”“沙盒监管”“触发式监管”等监管创新。建立市场监督管理“尽职照单免责、失职照单问责”机制。评估已出台的新业态准入和监管政策，坚决清理各类不合理管理措施。

71. 全面落实“双随机、一公开”监管。除直接涉及公共安全和人民群众生命健康等特殊行业、重点领域外，原则上所有的行政检查都通过“双随机抽查”的方式进行，形成常态化管理机制，实现市场监管领域“双随机、一公开”监管全覆盖。大力推进部门联合“双随机、一公开”监管，推动“进一次门、查多项事”。推动“双随机、一公开”监管与企业信用分级分类管理等有效结合，减少对守法诚信企业的检查次数。

72. 持续推进“互联网＋监管”。完善“互联网＋监管”系统，推进监管事项清单规范化，规范监管行为，实现信息可追溯，减少人为干预，使监管既“无事不扰”又“无处不在”。建设危险化学品、非煤矿山等重点行业安全生产监测预警平台，打通与相关部门和网格化社会治理中心的信息通道，实时监测企业重点风险点的温度、压力、液位和有毒可燃等传感数据，及时发现研判异常经营行为，精准检查、及时处置。突出“互联网＋监管”平台的枢纽地位，加强重点监管领域数据汇集，增强风险预测预警能力，提升监管智能化水平。

73. 深化信用信息互通共享。推进公共信用信息系统与政务服务、“互联网＋监管”平台对接，推广政务服务信用承诺，规范开展信用分级分类监管，对失信主体依法依规开展失信惩戒，在行政审批、企业办事等方面对守信主体提供更便利的服务。

74. 规范失信行为联合惩戒。实行联合惩戒措施清单管理，清理没有法律法规规章依据的惩戒措施。组织编制信用惩戒豁免行为清单，建立轻微偶发失信行为豁免惩戒制度，鼓励企业履责纠错。将严重失信主体名单嵌入式共享至部门业务系统，实现严重失信主体名单自动比对、自动提示，实施惩戒。健全信用修复机制，明确各领域失信信息修复的条件、标准、程序等，引导各类市场主体主动履责补过。

75. 加强政务诚信建设。在政府采购、政府和社会资本合作、招标投标、政府债务、招商引资、统计、街道和乡镇等七大政务诚信建设领域，全面推进信用监管，强化政府履约践诺责任。全面开展涉政府机构失信案件清零行动，开展拖欠民营企业、中小企业账款以及拖欠农民工工资等重点领域失信问题专项治理。

五、持续强化公正有力的法治保障

76. 夯实营商环境法制支撑。认真贯彻国家和江苏省《优化营商环境条例》，制定出台《连云港市优化营商环境条例实施办法》，使优化营商环境相关政策进一步系统化、规范化，增强稳定性和可预期性，从法制层面为优化营商环境提供更加有力的保障和支撑。开展不符合《优化营商环境条例》政策文件清理工作，对不符合《优化营商环境条例》要求的，按程序修改或者废止。

77. 实施“有温度的执法”。优化和完善全市统一的涉企轻微违法行为不予行政处罚和一般违法行为从轻减轻行政处罚事项清单，细化行政处罚裁量权，符合条件的依法可免予行政处罚或者从轻、减轻行政处罚。市级行政执法主管部门做好“清单”执行的指导监督工作。组织开展行政执法公示制度、执法全过程记录制度、重大执法决定法制审核制度落实情况抽查，规范执法行为。

78. 实施最严格的知识产权司法保护。依法严厉打击假冒注册商标、假冒专利、侵犯商业秘密等知识产权犯罪。依法审理各类知识产权及不正当竞争纠纷案件，依法制裁市场混淆、虚假宣传、商业诋毁和侵犯商业秘密等各种不正当竞争行为，适用惩罚性赔偿制度，在赔偿数额之外支持对当事人主张的合理开支进行单独计算，提高违法成本。对于生产商、制造商等侵权源头领域的侵权行为，具有重复侵权、恶意侵权以及其他严重侵权情节的，依法加大侵权赔偿力度。

79. 健全知识产权纠纷诉调对接机制。实现知识产权纠纷诉前、诉中调解全覆盖。推进知识产权纠纷人民调解、仲裁调解、行业调解、维权援助服务等机构建设和纠纷调解工作，加大专利、商标行政处罚案件查处力度，推动专利侵权纠纷行政裁决工作开展。

80. 严厉打击破坏营商环境犯罪行为和惩治侵犯产权行为。坚持对破坏营商环境犯罪“零容忍”，依法严厉打击强揽工程、强买强卖、暴力讨债、串通招投标、破坏生产经营等影响企业发展和项目建设的犯罪行为。坚持惩罚犯罪与追赃挽损并重，打击针对企业家和严重危害民营企业发展的违法犯罪行为，依法追缴民营企业被侵占、被挪用的财物。

81. 平等保护中小投资者合法权益。推行证券纠纷代表人诉讼制度，实现上市公司小股东维权的集约化。妥善审理股东知情权、公司决议、损害公司利益责任纠纷等公司纠纷案件，保障有限公司中小股东合法权益。审慎认定公司解散，稳定市场主体的保有量。

82. 依法平等保护各种所有制经济产权和合法权益。准确界定产权关系，合理划定责任财产范围。严格区分经济纠纷与经济犯罪，依法慎用刑事强制措施。严禁超标的查封、乱查封，建立健全查封财产融资偿债和自行处置机制，尽最大可能保持企业财产运营价值。加强对数字货币、网络虚拟财产、数据等新型权益的保护。

83. 提高民商事案件审理效率。全面开通买卖合同、金融借款合同和委托合同等民商事案件网上立案，在线提交立案材料，生成诉讼费用缴纳通知书，实现网上交费。完善送达制度，在法律和上级法院规定范围内，扩大运用电子送达文书范围。压缩民商事案件审理周期，完善“分调裁审”机制，推进随机自动分案、繁简分流，实现“简案快审、繁案精审”。深度运用信息化手段提升审判执行效率，压缩执行合同时间。常态化通报民商事案件收案、结案、存案数量。持续推行互联网庭审直播、裁判文书上网，深化审判流程信息公开。

84. 提升执行合同质效。最大限度尊重当事人关于合同履行期限、违约责任等内容的约定，依法审慎判断、严格审查合同纠纷中的解除条件。依法保障守约方的合同权益，依法支持实际损失和可得利益损失，谨慎调整违约金标准。

85. 完善财产保全工作机制。充分利用执行查控系统实行网上保全，提升商事纠纷案件财产保全工作效率，保护市场主体合法权益。贯彻善意文明理念，依法审慎采取财产保全措施，避免恶意保全、超标保全，将财产保全对企业生产经营的影响降到最低。

86. 推进破产案件依法高效审理。积极妥善审理各类破产案件，健全完善企业退出机制。规范破产申请受理审查，清除破产申请审查中的不当限制。与执行部门对接完善“执转破”案件立案机制，做到“应移尽移、应收尽收”。压缩破产案件审理期限，提高结案率。加快清理2年以上及超长期未结案件。积极推进破产审判专业化建设。完善府院联动机制，推动实现个案协调向制度化对接转变，有序推进破产涉不动产事项等相关协调联动子机制建设。

87. 实现纠纷多渠道、“一站式”解决。持续深化大调解格局建设，完善多元纠纷化解机制，积极推动中小企业商事纠纷非诉讼解决。深化非诉讼服务中心建设，积极推动各类调解组织及仲裁、行政复议等其他非诉争议解决机构规模化入驻。建设完善法院在线矛盾纠纷多元化解平台，将诉前调解、人民调解、律师调解、速裁调解、司法确认全流程“一个平台处理”。深化诉调对接，提升调解服务便利性，提高案件调解启动率、成功率。在诉讼服务中心设立志愿者组织岗位，发挥公共法律服务作用。开展涉企民商事纠纷和劳动争议等矛盾调处、法治宣传教育、法律法规政策咨询等工作，推动市场主体和投资者知调解、用调解。

88. 提升公共法律服务水平。优化升级全市统一的公共法律服务平台，完善律师、公证、法治宣传、法律援助、司法鉴定、仲裁等各项法律服务功能。推行“法律管家”“法企同行”活动，加大律师为企业服务力度，定期为企业提供法律风险评估、法律咨询等服务。为小微企业开展无偿法治体检，实现小微企业常态化法律服务全覆盖。

89. 加快推进高频公证服务事项“一网通办”。实现申请受理、身份认证、材料提交和缴费等各环节全程网上办。稳步推进涉外法律服务工作，为市场主体“走出去”提供便捷、安全的法律服务保障。

六、持续营造亲商安商的社会环境

90. 建立健全常态化政企沟通机制。建立市领导挂钩联系强优企业、企业难题会办制度，与企业家保持实时互动，深入了解企业需求，及时解决企业困难，推动企业和城市一同高质量发展。开展市党政领导亲商服务活动，定期走访民营企业、行业协会商会，完善政府与企业家之间的常态化沟通渠道，切实为企业排忧解难。加大政务公开力度，规范政务信息管理，推进政策文件精准解读，办好政府开放日活动。

91. 加强企业家荣誉激励。强化对民营企业的宣传报道，提升企业家精神传播力、引导力、影响力。符合条件的人员优先推荐申报各级劳动模范、先进工作者等褒奖项目，每年表彰一批功勋企业家、优秀企业家。完善民营企业服务长效机制。

92. 健全企业家参与涉企政策制定机制。制定与市场主体密切相关的规章、规范性文件，充分听取有关市场主体、行业协会商会的意见。

93. 打造"连企通"企业服务平台。统一汇聚全市各类惠企政策，集中受理政策兑现申报事项，实现一次申报、全程网办、快速兑现。建立惠企政策事项库，在政策发布后的15个工作日内形成可办的政务服务事项，在"连企通"平台展示、办理，解决企业"政策不知晓、找不到、不会用"的问题。推行线上线下结合的企业服务模式，为重点企业配备相对固定的服务专员，深入企业将惠企政策宣传到位、解读到位、指导到位。

94. 推进政策兑现"一窗通办"。依托"连企通"平台，在各级政务服务中心设置政策服务窗口，实现惠企政策兑现"一窗受理"。进一步完善财政资金直达机制，优化直达资金监控，确保资金落实到位、规范使用。

95. 推进惠企政策"免申即享"。通过"连企通"企业服务平台共享政府部门信息、智能匹配市场主体信息，实现符合政策条件的企业免予申报、直接享受政策。

96. 加强涉企收费清单管理。清理行政事业性收费、政府定价的经营服务性收费以及政府基金项目，出台年度分类收费清单，并向社会公示。凡未列入收费清单或未经批准的收费项目，政府部门、事业单位及相关委托机构一律不得擅自立项、向企业收费。

97. 开展涉企收费专项治理。坚决避免减税降费红利被截留。对行业协会商会乱收费自查、退还违法违规所得等情况进行检查，确保整改到位。严禁行政审批事项取消后承担各类技术审查、评估、鉴证、咨询等业务的中介机构和行政机关下属单位违法违规收费。中介服务机构由企业自主选择，不得利用优势地位强制服务、强制收费，或只收费不服务、少服务多收费。

98. 完善12345"一企来"企业服务热线。加快整合归并非紧急类政务服务热线，做好政务服务"一号答"工作，规范"12345"政务服务热线省、市工单的接收、交办、督办、回访流程，实现全过程闭环。规范化实施政务服务"好差评"制度。围绕企业所关心的证照办理、税收服务、优惠政策等内容，提供24小时咨询、投诉服务。建立企业服务专项知识库、"政策专员"专家服务库、企业诉求信息库、专业性话务团队，全面打造扁平化工作机制，为企业提供更加高效、便捷的"一键直达"服务快速通道。

99. 畅通营商环境问题反映"绿色通道"。依托"12345"政务服务热线，建立营商环境投诉举报专线，健全营商环境工单受办理联动机制、在线解答、"接诉即办"机制和疑难工单会审处置机制，提高诉求办理的解决率。强化企业诉求解决，实行首问负责、协同处置、快速反馈，跟踪督办重点问题，杜绝部门间推诿扯皮、问题久拖不决。及时跟踪和定期分析营商环境方面的投诉问题解决情况，为优化提升营商环境提供问题线索和决策参考。及时化解涉企信访矛盾。

100. 建立营商环境特邀监督员制度。从"两代表一委员"、民营企业和行业协会商会选聘一批营商环境监督专员，进行全方位常态化社会监督，不定期反馈一线存在的各类营商环境问题，提出处理建议。及时回复、限时办结监督专员反馈意见建议。

市政府关于印发连云港市历史文化名城保护办法的通知（摘要）

连政规发〔2021〕4号

连云港市历史文化名城保护办法

第一章　总则

第一条　为了加强历史文化名城的保护与管理，传承城市历史文脉，弘扬优秀传统文化，促进经济和社会文化协调发展，根据《中华人民共和国文物保护法》《历史文化名城名镇名村保护条例》《江苏省历史文化名城名镇保护条例》等法律、法规规定，结合本市实际，制定本办法。

第二条　本市行政区域内历史文化名城保护相关活动适用本办法。

历史文化名城保护对象包括城

址遗存、历史文化街区、历史地段、历史文化名镇、历史文化名村、传统村落、历史建筑以及革命史迹、传统风貌建筑、历史环境要素、地下文物埋藏区历史地名等。

在历史文化名城保护范围内涉及文物保护单位、不可移动文物、古树名木、非物质文化遗产等，法律、法规、规章已经有规定的，适用其规定。

第三条 历史文化名城保护应当遵循政府主导、统筹规划、属地保护、科学管理、合理利用的原则，正确处理保护与利用、继承与发展的关系，维护历史文化遗产的真实性和完整性，保持、延续历史文化名城的传统格局和风貌。

第四条 市、县(区)人民政府领导和协调本行政区域内历史文化名城保护工作，完善保护机制，安排保护资金，将历史文化名城保护工作纳入本地国民经济和社会发展规划。

乡镇人民政府、街道办事处应当实施好本辖区历史文化名城保护工作，加强保护巡查、服务管理，引导公众参与历史文化名城保护工作。

第五条 市住房和城乡建设部门负责指导历史文化名城保护的申报、保护规划的审查报批和监督实施工作。

市自然资源和规划部门负责历史文化名城的规划管理工作。

市文化广电和旅游部门负责历史文化名城保护范围内的文物保护和管理工作。

市发展改革、财政、农业农村、城市管理、生态环境、公安、交通运输、教育、民政、应急管理等部门和消防救援机构，应当按照各自职责做好历史文化名城的保护工作。

第六条 市人民政府组建市历史文化名城保护工作专家组。专家组由规划、文物、文化、生态环境、建筑、园林、旅游、历史、民俗和法律等方面的专家组成，提供历史文化名城保护管理过程中重大事项的评审咨询服务。

第七条 历史文化名城保护资金应当列入市、县级财政预算，实行专款专用。

第八条 任何单位和个人有权对保护规划、有关政策的制定和实施提出建议，对破坏历史文化名城的行为进行监督和检举。

鼓励单位和个人采用投资、捐赠、设立基金、提供技术服务、志愿服务等方式参与保护利用。对在保护历史文化名城工作中做出突出贡献的单位和个人，市、县(区)人民政府或者有关主管部门按照国家有关规定予以表彰和奖励。

第二章 保护规划

第九条 历史文化名城保护规划是国土空间规划的专项规划。编制国土空间规划时应当同步编制专门的历史文化名城、名镇保护规划；已有国土空间规划的，应当单独编制历史文化名城保护规划。

第十条 编制历史文化名城保护规划，应当符合以下要求：

(一)注重保护和延续城市传统建筑风貌、城市格局和空间环境，保护城市的文物古迹、工业遗产、历史街区、历史建筑等历史文化资源，保护和传承非物质文化遗产；

(二)根据历史文化遗存的性质、形态、分布和空间环境等特点，确定保护的原则和重点；

(三)注重与国民经济和社会发展规划、国土空间总体规划相衔接，制定规划措施；

(四)符合国家和省关于历史文化名城保护的规定。

第十一条 历史街区保护规划应当包括下列内容：

(一)该地区的历史文化风貌特色及其保护准则；

(二)该地区的核心保护范围和建设控制范围；

(三)该地区土地使用性质的规划控制和调整，以及建筑空间环境和景观的保护要求；

(四)该地区与历史文化风貌不协调建筑的整改要求；

(五)规划管理的其他要求和措施。

第十二条 历史文化名城获批后，由市住房和城乡建设部门会同有关部门承担历史文化名城保护规划编制具体工作，并依法报批和公布。

历史文化街区、历史文化名镇、历史文化名村批准公布后，其所在地的县(区)人民政府组织编制历史文化街区、历史文化名镇、历史文化名村保护规划，依法报批和公布。

历史文化名城、历史文化街区、历史地段、历史文化名镇、历史文化名村保护规划应当自批准公布之日起1年内编制完成。

第十三条 保护规划报送审批前，编制机关应当依法将保护规划草案予以公示，充分征求公众意见，组织专家咨询论证。征求公众意见的时间不得少于30日。保护规划应当自批准之日起30日内通过公共媒体向社会公布。

第十四条 县(区)人民政府，负责历史文化名城保护的相关职能部门应当依据保护规划的要求，组织建设和完善有关道路、供水、排水、供电、环卫、消防等基础设施。

第十五条 历史文化名城保护规划经依法批准公布后，任何单位和个人不得擅自调整。

根据经济社会发展和保护的需要，确需改变原规划确定的原则、整体风貌以及重点保护区的保护范围和保护内容的，组织编制机关应当广泛征求社会公众意见，组织历史文化名城保护专家论证，提出论证报告，并依法履行审批程序。

第三章 保护范围

第十六条 市、县(区)人民政府建立历史文化名城保护名录制度。保护名录载明保护对象的名称、区位、形成时间和历史价值、文化价值、艺术价值、科学价值等内容，并向社会公布。

第十七条 保护规划应当征求有关部门和公众意见，必要时，可以举行听证。

对历史文化名镇、名村、历史文

化街区、历史地段应当划定核心保护范围。

第十八条　保护历史文化街区连线、成片的整体格局，加强对保护对象周边传统风貌、空间环境的建筑高度、建筑形态、景观视廊、生态景观及其他要素综合管理。

（一）民主路历史文化街区。遵循“修旧如旧、保持原貌、以存其真”的原则，在建筑风格上保留“洋为中用、古为今用”的中西合璧的民国建筑风格，对目前已经形成的文创休闲、展示博览、古玩、茗茶、老字号店铺、非遗博物馆等业态加以维护。

（二）连云老街历史文化街区。遵循独具的古朴守拙、以石筑城原则，在建筑上保持“石屋、石墙、石街、石路”的连云港市石文化建筑风貌，对以传统商业和人文建筑为主体、中西合璧的民国风格建筑点缀其间的时代特征加以保护。

（三）南城东大街历史文化街区。遵循“碎石砌墙、青瓦屋面”原则，保持明清时代“前店后坊接后花园”的传统住宅模式，对“龙骨型”青石板路和鳞次栉比、首尾相连的石砌街区建筑风格加以保护。

第十九条　建成三十年以上，未被确定为文物保护单位或者未被登记为不可移动文物，符合以下条件之一的建（构）筑物，市、县（区）人民政府可以确定公布为历史建筑：

（一）与重要历史事件、历史名人相关联；

（二）在城市发展与建设史上具有代表性；

（三）在某一行业发展史上具有代表性；

（四）具有纪念、教育等历史文化意义；

（五）反映一定时期的建筑设计风格，具有典型性；

（六）建筑样式与细部等具有一定的艺术特色和价值；

（七）在城市或者乡村一定地域内具有标志性或者象征性，具有群体心理认同感；

（八）建筑材料、结构、施工技术反映当时的建筑工程技术和科技水平。

第四章　保护措施

第二十条　历史文化名城保护对象所在地的各级人民政府和有关部门，应当按照保护规划和统一管理要求，组织实施保护工作。

第二十一条　在核心保护区范围内，违法建（构）筑物及其他设施应当依法予以拆除，不符合保护规划要求的建（构）筑物及其他设施，应当逐步改造。

第二十二条　在保护范围内进行建设活动，应当符合保护规划的要求，禁止下列行为：

（一）损坏、擅自拆除具有保护价值的建（构）筑物；

（二）破坏自然环境、传统风貌、建筑格局、街巷格局、园林绿地、古树名木、空间尺度；

（三）超出建筑高度、体量等控制指标，或者不符合建筑风格、外观形象和色彩等要求；

（四）建设生产、储存爆炸性、易燃性、放射性、毒害性、腐蚀性物品的工厂、仓库等；

（五）在历史建筑上乱搭乱建和刻画、涂污；

（六）其他违反法律法规规章和保护规划的行为。

第二十三条　列入保护名录的保护对象，应当设置保护标志。任何单位和个人不得擅自设置、移动、遮挡、涂改或者损毁标志、标识。

已经消失的具有历史文化价值的历史街区、重要水系、古建筑、古遗址、革命遗迹、古树名木等，可以在原址或者附近设置展示记载有关历史信息的标识。

保护标志与标识的设置应当依照有关规定统一规范，并与传统风貌相协调。

第二十四条　市住房和城乡建设部门会同文化广电和旅游部门、自然资源和规划部门等部门，定期收集和更新保护名录中保护对象的历史文化信息、修缮信息，对列入保护名录的保护对象建立档案和互联网信息管理系统，相关单位和个人应当予以配合。

包括下列内容：

（一）普查获取的资料；

（二）有关保护对象的文化艺术价值、历史价值、科学价值的资料；

（三）使用现状和权属变化情况；

（四）设计、测绘信息资料；

（五）修缮、迁移、拆除过程中形成的文字、图纸、图片和影像等；

（六）其他需要保存的资料。

第二十五条　历史文化名城保护实行保护责任人制度：

（一）历史文化街区所在地的县（区）人民政府是历史文化街区保护责任人，街道办事处为直接保护责任人；

（二）历史文化名镇、名村和传统村落的保护责任人为所在地的乡、镇人民政府或者街道办事处；

（三）历史建筑的保护责任人：属国有的，代管人或者使用权人为保护责任人；非国有的，所有权人为保护责任人；所有权人下落不明、无法与所有权人取得联系或者房屋权属不清晰的，代管人为保护责任人；所有权人下落不明、无法与所有权人取得联系或者房屋权属不清晰，并且没有代管人的，房屋使用权人为保护责任人；所有权人、代管人、使用权人均不明确的，由所在地县（区）人民政府确定保护责任人。

第二十六条　历史建筑的保护责任人应当依法合理使用历史建筑，按照保护规划的要求和维护修缮标准，负责历史建筑的日常保养、安全防范和修缮工作。

第二十七条　历史建筑的修缮包括对历史建筑的整体环境、建筑整体及其组成部分的建筑、结构、设备及专项进行的维护、维修、翻修、复原等设计及施工。

历史建筑的所有权人、使用权人确不具备维护、修缮、抢救能力的，市、县（区）人民政府根据具体情况，予以一定比例的资助，或者采取依法置换历史建筑产权等方式予以保护利用。

第五章　利用传承

第二十八条　加强历史文化遗产保护传承，在妥善实施保护的前提下，鼓励和支持对历史文化街区、名镇、名村、历史建筑和传统村落等保护对象进行合理利用，向社会开放。

第二十九条　历史文化街区的保护利用，应当注重整体风貌保护，规范利用底线和边界，合理控制商业开发规模，优先用于完善地区公共服务设施、补齐地区配套短板，或者用于传统文化传承展示、体验等。

第三十条　县（区）人民政府，市文化广电和旅游、市住房和城乡建设等部门应当组织开展历史文化研究、名家讲座、市民公开课、出版书籍、媒体宣传、展览等，普及历史文化名城保护知识。

第三十一条　教育部门通过开展公益讲座、学生社会实践等活动，加强历史文化名城保护的知识普及和教育。

第三十二条　鼓励高等院校、博物馆、个人等整理、研究和利用历史文化资源，挖掘地缘文化特质，打造区域品牌，开发具有地方特色的文化艺术衍生品等产品。

第三十三条　单位、个人在历史文化街区、历史文化名镇、历史文化名村、传统村落、历史地段和历史建筑保护范围内，在符合结构、消防等专业管理和保护规划要求的前提下，可以采取下列方式利用历史文化名城有关资源：

（一）设立博物馆、陈列馆、纪念馆、民俗馆；

（二）开展地方传统文化研究、民间艺术表演活动；

（三）制作、展示、经营传统手工业；

（四）设置非物质文化遗产大师工作室、传习所等；

（五）开办文化客栈、民俗饭店；

（六）建立中小学生教育体验基地；

（七）为旅游服务的非机动车运输；

（八）其他不影响保护的利用方式。

第六章　监督管理

第三十四条　市、县（区）人民政府文化广电和旅游、住房和城乡建设、自然资源和规划等部门应当开展历史建筑、传统风貌建筑、不可移动文物等城市历史文化资源普查工作。

第三十五条　历史文化名城保护实行专业管理和综合管理相结合的原则。鼓励社区基层自治组织通过制定乡规民约，开展日常巡查等方式协助政府做好历史文化名城保护工作，逐步建立社会成员和社区共同参与的保护体系。

第三十六条　历史文化街区内沿街广告、店招应与历史文化风貌相协调，并依法办理相关手续。

第三十七条　历史文化名城保护范围内安装空调外机、太阳能热水器、遮光棚等外挂设备设施的，应当遵守历史文化街区、名镇、名村保护规定，不得破坏传统风貌。

第七章　法律责任

第三十八条　违反本办法规定的，由有权部门按照《中华人民共和国文物保护法》《历史文化名城名镇名村保护条例》《江苏省历史文化名城名镇保护条例》等法律、法规、规章的规定依法处理。

第三十九条　有关部门及其工作人员，违反本办法规定，滥用职权、玩忽职守、徇私舞弊的，由有权机关予以处理。

第八章　附则

第四十条　本办法自 2021 年 6 月 1 日起实施。

（市委办　市政府办）

新制定及施行条例

连云港市农贸市场管理条例

（2021 年 4 月 22 日连云港市第十四届人民代表大会常务委员会第三十四次会议通过，2021 年 5 月 27 日江苏省第十三届人民代表大会常务委员会第二十三次会议批准，2021 年 9 月 1 日起施行）

第一章　总则

第一条　为了规范农贸市场管理，维护农贸市场经营秩序，促进农贸市场健康发展，根据有关法律、法规，结合本市实际，制定本条例。

第二条　本市行政区域内市和县的中心城区农贸市场的规划、建设、经营和管理活动，适用本条例。

第三条　本条例所称农贸市场，是指有固定场所和相应设施，主要用于食用农产品现货交易的场所。

本条例所称农贸市场开办者，是指依法为场内经营者提供场地、设施和服务，从事农贸市场经营、管理活动的法人和非法人组织。

本条例所称场内经营者，是指依法在农贸市场内从事经营活动的自然人、法人和非法人组织。

第四条　市、县（区）人民政府

负责组织领导本辖区内农贸市场的规划、建设和监督管理工作，建立农贸市场管理协调机制，统筹协调解决农贸市场建设、管理中的重大问题。

开发园区、云台山风景名胜区等管理机构应当按照市人民政府赋予的相关职责，做好农贸市场监督管理相关工作。

乡镇人民政府、街道办事处负责督促本辖区内农贸市场开办者落实经营、管理责任。

第五条　市、县（区）人民政府市场监督管理部门是农贸市场管理协调机制的牵头单位，负责农贸市场经营主体的登记注册，受理投诉和举报，对农贸市场农产品食品质量安全、计量器具、计量行为、商品和服务价格以及经营秩序进行监督管理。

商务部门负责制定农贸市场专项规划、建设和验收规范，指导农贸市场建设和升级改造工作。

卫生健康部门负责监督、指导农贸市场的病媒生物预防控制以及爱国卫生运动工作。

城市管理部门负责农贸市场市容环境卫生监督管理工作。

农业农村部门负责农贸市场动物防疫条件的监督检查工作，对农贸市场销售的农产品质量安全进行监督管理。

自然资源和规划、住房和城乡建设、应急管理、生态环境、公安机关等有关部门，按照各自职责做好农贸市场的监督管理工作。

第六条　市、县（区）人民政府应当将农贸市场建设管理工作纳入年度目标考核，制定优惠政策促进农贸市场健康发展。

第七条　鼓励农贸市场开办者、场内经营者依法利用大数据、物联网、云计算、人工智能等现代信息技术，实现交易溯源、计量监管、价格监测等智慧经营和管理。具体扶持措施由市、县（区）人民政府制定。

第二章　规划建设

第八条　市、县（区）人民政府商务部门应当会同自然资源和规划、市场监督管理、住房和城乡建设、卫生健康、生态环境、应急管理等有关部门，根据统一规划、合理布局、方便群众、利于交易的原则，结合居住人口、服务半径、消费需求、疫情防控等因素编制农贸市场专项规划，报本级人民政府批准后实施。农贸市场专项规划应当纳入国土空间规划和控制性详细规划。

市、县（区）人民政府开展新城区建设和旧城区改造，应当按照农贸市场专项规划提供用地保障。

第九条　农贸市场专项规划确定的农贸市场用地不得擅自调整。

确需调整的，市、县（区）人民政府商务部门应当会同自然资源和规划、市场监督管理等部门，对调整的必要性、可行性组织研究，并通过举行听证会、论证会或者其他方式，听取利害关系人的意见，按照原批准程序调整规划后，报本级人民政府批准。

第十条　市人民政府商务部门应当会同市场监督管理、住房和城乡建设、城市管理等部门，根据国家和省有关规定制定农贸市场建设和验收规范，报市人民政府批准后实施，并向社会公布。

第十一条　新建、改建、扩建农贸市场，应当符合农贸市场专项规划、建设和验收规范。

已建成的农贸市场不符合农贸市场建设和验收规范的，应当按照建设和验收规范进行升级改造。

第十二条　在土地出让招标、拍卖、挂牌文件中，应当载明农贸市场的土地使用权、房屋所有权不得擅自分割转让，并将其作为土地出让条件在合同中予以明确。

擅自将农贸市场土地使用权、房屋所有权分割转让或者改变用途的，自然资源和规划等相关部门不得办理权属登记。

第十三条　农贸市场改建、扩建时，确需为场内经营者设置临时农贸市场的，由县（区）农贸市场管理协调机制确定。

第三章　经营管理

第十四条　开办农贸市场，应当具备下列条件：

（一）有符合农贸市场专项规划、建设和验收规范的场地、设施。

（二）有相应的服务管理机构和专职的服务管理人员。

（三）法律、法规规定的其他条件。

第十五条　农贸市场开办者应当依法办理市场主体登记，取得营业执照后方可进行农贸市场摊位、商铺的招商招租等经营活动。

第十六条　农贸市场开办者应当与场内经营者订立合同，就经营内容、食品安全、场内秩序、环境卫生、收费标准、文明规范服务等经营管理事项作出约定，明确双方的权利义务。

第十七条　农贸市场开办者应当划出适当的经营区域，用于本地农民临时销售自产食用农产品。

农民在自产农产品销售区销售自产食用农产品，可以不与农贸市场开办者订立合同，但应当向开办者登记姓名、联系方式、经营的农产品种类等信息，并服从农贸市场开办者管理。

第十八条　农贸市场开办者应当履行下列责任：

（一）查验场内经营者的营业执照、许可证件等资料，对入场销售自产食用农产品的农民进行登记管理。建立场内经营者档案，记载场内经营者的基本情况、营业执照、许可证件等信息，并留存相关信息期限不少于六个月。

（二）在市场出入口或者场内明显位置设置公示栏，公示市场管理人员以及管理制度、租赁方式和标准、收费标准、举报方式、纠纷处理等其他有关经营管理事项。

（三）建立健全并落实食品安全管理制度，配备专（兼）职食品安全管理人员、专业技术人员。

（四）按照标准配置消防设施、消防器材和消防安全标志，并保持完好有效。配备消防安全管理人员,组织实施消防安全管理工作。制定应急预案,定期进行消防检查、消防培训、消防演练。

(五)定期检查农贸市场建筑物、构筑物和特种设备的使用状况,及时发现、排除安全隐患。

(六)落实市容环卫责任区制度,根据经营面积配备足量的专业保洁人员。设置符合标准的垃圾分类收集容器,督促场内经营者分类投放垃圾,分类处理。

(七)建立健全病媒生物预防控制制度,设置病媒生物预防控制设施,落实专人负责病媒生物预防控制工作。

(八)按照农贸市场建设标准和划行归市的要求,设置生熟干湿分开的经营区域、摊位和商铺,分区销售。

(九)在农贸市场内明显位置设置公平秤等计量器具。

(十)不得擅自改变规划停车场地用途,引导车辆规范有序停放。

(十一)法律、法规规定的其他责任。

第十九条 农贸市场所在地发生传染病疫情的,农贸市场开办者应当按照传染病防治的有关要求及时采取限制人员流动、关闭市场、封存被污染的食用农产品以及相关设施等措施,配合卫生健康等部门做好密切接触者追踪和流行病学调查等工作。

第二十条 农贸市场开办者不得擅自歇业或者终止经营。确需歇业或者终止经营的,应当提前三个月书面告知场内经营者和所在地商务、市场监督管理部门。

政府提供场所的农贸市场终止经营的,由政府另行确定新的农贸市场经营管理者。

第二十一条 场内经营者从事经营活动,不得有下列行为:

(一)经营、使用、储存易燃易爆物品。

(二)销售不符合质量安全标准的食用农产品。

(三)拒绝向消费者提供购货凭证或者服务单据。

(四)使用与经营事项不相适应或者未经检定合格的计量器具。

(五)掺杂使假、以次充好、短斤少两、囤积居奇、垄断或者操纵价格、欺行霸市。

(六)破坏场内卫生环境。

(七)拒绝在指定的地点或者区域从事经营活动。

(八)拒绝使用现金交易。

(九)法律、法规规定的其他禁止行为。

第二十二条 县(区)人民政府应当根据本地情况,决定在特定农贸市场禁止家畜家禽活体交易。

第二十三条 农贸市场开办者、场内经营者可以依法成立或者自主加入农贸市场行业组织,加强行业自律,促进行业规范有序发展。

第二十四条 消费者以及其他人员应当遵守农贸市场管理规定,服从农贸市场管理人员管理。

第二十五条 农贸市场开办者、场内经营者有权拒绝摊派和违法收费。

第四章 法律责任

第二十六条 对违反本条例规定的行为,法律、法规另有处罚规定的,从其规定。

第二十七条 违反本条例第十八条第九项规定,农贸市场开办者未在农贸市场明显位置设置公平秤等计量器具的,由市场监督管理部门责令限期改正;逾期不改正的,处一百元以上一千元以下罚款。

第二十八条 违反本条例第二十一条第七项规定,场内经营者拒绝在指定的地点或者区域从事经营活动的,由市场监督管理部门责令限期改正;逾期不改正的,处一百元以上五百元以下罚款。

第二十九条 负有农贸市场监督管理职责的行政管理部门及其工作人员不履行农贸市场监督管理职责或者有滥用职权、玩忽职守、徇私舞弊行为的,对直接负责的主管人员和其他直接责任人员依法给予处分;构成犯罪的,依法追究刑事责任。

第五章 附则

第三十条 本市行政区域内中心城区以外区域的农贸市场规划、建设、经营和管理活动,参照本条例执行。

第三十一条 本条例自2021年9月1日起施行。

连云港市生活垃圾分类管理条例

(2021年8月31日连云港市第十四届人民代表大会常务委员会第三十八次会议通过,2021年9月29日江苏省第十三届人民代表大会常务委员会第二十五次会议批准)

第一章 总则

第一条 为了加强本市生活垃圾分类管理,改善人居环境,推进生态文明建设,保障经济社会可持续发展,根据《中华人民共和国固体废物污染环境防治法》《中华人民共和国循环经济促进法》《江苏省城市市容和环境卫生管理条例》等法律、法规,结合本市实际,制定本条例。

第二条 本市行政区域内生活垃圾的源头减量,分类投放、收集、运输、处理,以及相关监督管理活动,适用本条例。

本条例所称生活垃圾,是指日常生活中或者为日常生活提供服务的活动中产生的固体废物,以及法律、行政法规规定视为生活垃圾的固体废物。

第三条 生活垃圾分类管理工作,遵循政府推动、全民参与、城乡统筹、因地制宜、简便易行的原则,通过实行分类投放、收集、运输和处理,逐步提高生活垃圾减量化、资源化、无害化水平。

第四条　本市生活垃圾分为以下四类：

（一）可回收物，是指适宜回收和可循环再利用的废弃物，包括废纸，废塑料，废金属，废玻璃，废旧纺织物，废弃电器电子产品，废纸塑铝复合包装等；

（二）有害垃圾，是指生活垃圾中的有毒有害物质，包括废电池，废荧光灯管，废温度计，废血压计，废药品及其包装物，废油漆、溶剂及其包装物，废杀虫剂、消毒剂及其包装物，废胶片及废相纸等；

（三）厨余垃圾，是指易腐烂的、含有机质的生活垃圾，包括家庭厨余垃圾、餐厨垃圾和其他厨余垃圾等；

（四）其他垃圾，是指除可回收物、有害垃圾、厨余垃圾之外的其他生活废弃物。

市人民政府应当研究制定生活垃圾分类指导目录和指南，明确和细化生活垃圾的具体分类，向全社会公布，指导居民正确分类投放生活垃圾。

市人民政府可以根据经济社会发展水平、生活垃圾特性和处理利用需要，对生活垃圾分类指导目录和指南进行调整。

第五条　市、县（区）人民政府应当将生活垃圾分类管理工作纳入国民经济和社会发展规划，建立生活垃圾分类管理协调机制和综合考核制度，保障资金投入，统筹推进生活垃圾分类管理各项政策和措施的落实。

乡镇人民政府、街道办事处负责本区域内生活垃圾分类管理的日常工作。

居（村）民委员会协助做好生活垃圾分类管理的宣传、培训、指导工作，配合乡镇人民政府、街道办事处组织、动员、督促辖区内单位和个人开展生活垃圾源头减量和分类投放工作。

开发园区、风景名胜区管委会在各自职责范围内做好生活垃圾分类管理工作。

第六条　环境卫生主管部门是生活垃圾分类管理工作的主管部门，负责生活垃圾分类管理工作的综合协调、统筹规划、指导督促和监督检查，对生活垃圾分类投放、收集、运输、处理实施监督管理。

生态环境主管部门负责生活垃圾转运和集中处理设施建设项目环境影响评价文件审批，指导和监督生活垃圾处理单位的环境污染防治工作，对生活垃圾中分拣出的危险废物存放和处理进行监督管理。

住房和城乡建设主管部门负责政府投资生活垃圾转运和集中处理设施建设项目的集中建设工作，督促物业服务企业开展生活垃圾分类管理工作，配合环境卫生主管部门指导住宅、办公楼、商业区、农（集）贸市场、农副产品批发等场所的生活垃圾分类设施建设。

农业农村主管部门负责推行净菜和洁净农副产品进城，有效减少厨余垃圾产生量，协助相关部门做好农村居住区的生活垃圾分类管理工作。

商务主管部门负责指导生活垃圾中可回收物的回收管理工作，配合相关部门推进净菜上市和非地产洁净农副产品进城，指导大型商场、超市的生活垃圾分类管理工作。

公安机关负责生活垃圾运输车辆的行驶路线、时间和道路交通管理等工作。

自然资源和规划主管部门负责生活垃圾分类处理设施项目建设用地手续办理工作。

发展和改革、工业和信息化、财政、民政、科技、教育、卫生健康、文化广电和旅游、交通运输、市场监督管理、应急管理、邮政管理等相关主管部门按照各自职责，做好生活垃圾分类管理工作。

第七条　市、县（区）人民政府应当利用图书馆、公园、广场等公共教育活动场所，建设生活垃圾科普教育培训基地和生活垃圾分类宣教体验中心，配置模拟垃圾分类投放教学设施，培养公民生活垃圾分类投放意识和投放习惯。

第八条　单位、家庭和个人应当树立环境保护意识，遵守生活垃圾分类管理规定，履行生活垃圾源头减量和分类投放义务，承担生活垃圾产生者责任。

国家机关、社会团体、企业事业单位和其他组织应当加强生活垃圾源头减量、分类投放、资源化利用、无害化处理等生活垃圾管理知识的宣传教育。

学校、幼儿园等应当将生活垃圾分类知识纳入教育内容，组织开展生活垃圾源头减量和分类教育实践活动，培养学生分类投放生活垃圾的良好习惯。

新闻媒体应当开展生活垃圾源头减量和分类知识的公益宣传和舆论引导，营造全社会共同参与生活垃圾源头减量和分类投放的氛围。

鼓励志愿服务组织和志愿者开展生活垃圾源头减量和分类投放的宣传、示范等活动。

第九条　对在生活垃圾分类管理工作中做出突出贡献的单位和个人，按照国家和省有关规定，由市、县（区）人民政府给予表彰奖励。

第十条　鼓励开展生活垃圾源头减量、分类管理的科技创新，支持垃圾分类先进设备、工艺的研究应用，实现生活垃圾分类管理智能化、专业化。

市、县（区）人民政府应当制定优惠政策，鼓励社会资本进入生活垃圾清扫、收集、运输、处理等领域。

第二章　规划建设

第十一条　市、县环境卫生主管部门应当会同发展和改革、自然资源和规划、住房和城乡建设等主管部门，根据经济社会发展和环境卫生保护的需要，编制环境卫生专项规划，并依法征求公众意见，报同级人民政府批准后实施。环境卫生专项规划应当与其他固体废物利用与处理规划相衔接。

环境卫生专项规划确定的生活垃圾分类设施用地及建设规模应当纳入控制性详细规划。

市、县（区）人民政府应当根据环境卫生专项规划，制定本地区生活垃圾分类设施的年度建设工作计划并组织实施。

第十二条 市环境卫生主管部门应当会同市自然资源和规划、发展和改革、住房和城乡建设、市场监督管理等主管部门，组织编制建设工程配套生活垃圾分类设施建设标准。

自然资源和规划主管部门应当将建设工程配套生活垃圾分类设施建设标准的有关内容，纳入建设项目公共服务设施配套建设指标。

第十三条 新建、改建、扩建建设项目，应当按照相关规划和建设标准配套建设生活垃圾分类设施，建设工程设计方案应当包括生活垃圾分类设施的用地平面图，并标明用地面积、位置和功能。

配套的生活垃圾分类设施应当与建设项目主体工程同步设计、同步建设、同步交付使用。

城市住宅区、农村居住区未按照标准和规范建设生活垃圾分类收集设施的，应当逐步完成补建；已有的生活垃圾分类收集设施不符合标准和规范的，应当逐步予以改造。城市住宅区、农村居住区生活垃圾分类收集设施的补建和改造工作由所在地县（区）人民政府组织实施。

第十四条 新建住宅建设项目，开发建设单位应当在销售场所公示配套生活垃圾分类设施的位置、功能等内容。

第十五条 任何单位和个人不得擅自损毁、占用、迁移、拆除、封闭生活垃圾收集、储存、转运设施或者改变其用途。因建设需要必须拆除的，建设单位应当在办理建设用地规划许可前提出迁建方案，报环境卫生主管部门批准。

第三章 分类投放

第十六条 市、县（区）人民政府应当按照产生者付费原则，建立生活垃圾处理收费制度。

市、县（区）人民政府制定生活垃圾处理收费标准，应当根据本地实际，结合生活垃圾分类情况，体现分类计价、计量收费等差别化管理，并依法征求公众意见。生活垃圾处理收费标准应当向社会公布。

生活垃圾处理费应当专项用于生活垃圾的收集、运输和处理等，不得挪作他用。

第十七条 本市实行生活垃圾分类投放管理责任人（以下称管理责任人）制度。管理责任人按照下列规定确定：

（一）国家机关、企业事业单位和其他组织的内部管理区域，本单位为管理责任人；

（二）委托物业服务企业管理的住宅小区、办公楼等集中生活、办公区域，物业服务企业为管理责任人；

（三）公共娱乐、餐饮服务、宾馆、酒店、商场、农贸市场等经营场所，经营管理者为管理责任人；

（四）建设工程的施工现场，施工单位为管理责任人；建设工程竣工后未交付使用的，建设单位为管理责任人；

（五）道路、广场、公园、公共绿地、旅游景区、机场、火车站、汽车客运站、港口码头、公交场站等公共场所和设施，主管单位或者经营管理单位为管理责任人；

（六）农村居住区，村民委员会为管理责任人；

（七）举办展览展销、大型群众性活动的场地，活动承办组织者或者场地经营单位为管理责任人；

（八）其他区域或者场所，所有权人或者管理人为管理责任人。

未实行物业管理或者不能确定管理责任人的，由所在地乡镇人民政府、街道办事处确定管理责任人。

第十八条 管理责任人应当履行下列义务：

（一）建立责任区生活垃圾分类投放日常管理制度，并公告不同类别生活垃圾的投放时间、地点、方式等；

（二）规范设置分类投放点，配置分类收集容器，并保障生活垃圾分类设施的正常使用，及时维护、更换；

（三）指导、监督责任区生活垃圾分类投放，按照规定将收集容器分类归集到垃圾房或者收集容器归集点；

（四）不得将已分类的生活垃圾混合归集；

（五）及时制止将已分类的生活垃圾混合的行为；

（六）将已分类的生活垃圾移交给有相应条件的单位收集、运输；

（七）对生活垃圾分类设施及时进行卫生清洁和消毒，防止污染环境；

（八）开展生活垃圾分类知识宣传，张贴宣传生活垃圾分类标准、指南、方法的图文资料等；

（九）法律、法规规定的其他义务。

管理责任人按照规定履行职责的，有关单位和个人应当予以配合。

管理责任人可以通过奖励、积分等方式，促进单位和个人开展生活垃圾源头减量和分类投放。

第十九条 城市住宅区、农村居住区逐步施行生活垃圾定时定点集中投放制度。

管理责任人可以采取设立固定桶站和封闭式分类房、流动收运车收运等方式，组织单位和个人定时定点集中投放生活垃圾。

第二十条 任何单位和个人都应当按照规定的时间、地点和方式分类投放生活垃圾。

厨余垃圾应当在产生场所沥出水分，再投放至厨余垃圾收集容器内，不得混入大骨头、塑料等不易于腐烂的物品。

第二十一条 任何单位和个人不得随意倾倒、抛撒、堆放或者焚烧生活垃圾。

装修垃圾应当在管理责任人指定的收集储存场所临时堆放，不得投入生活垃圾分类设施。

工业固体废物、危险废物应当按照相关法律、法规处置，不得投入生活垃圾分类设施。

动物尸骸应当按照有关动物防疫法律、法规处置，不得投入生活垃圾分类设施。

第二十二条 体积大、整体性强或者需要拆分后处理的废旧家具、电器等大件垃圾，单位和个人应当投放至管理责任人指定的收集暂存场所，或者预约收运服务企业上门回收。

居住小区内的垃圾收集站点不具备大件垃圾、装修垃圾、绿化作业垃圾等暂存条件的，乡镇人民政府、街道办事处应当组织管理责任人确定暂存场所。

大件垃圾、装修垃圾就地拆解、分拣的，应当符合环境保护相关规定。

第二十三条　管理责任人应当会同生活垃圾收集、运输单位，根据有关规定，制定应对突发公共卫生事件的生活垃圾分类投放、收集、运输应急方案。

第二十四条　管理责任人可以设立生活垃圾分类宣传员、指导员、督导员，宣传生活垃圾分类知识，指导开展生活垃圾分类投放。

县(区)人民政府、乡镇人民政府、街道办事处可以通过奖励、补贴等方式，支持物业服务企业履行住宅区生活垃圾分类管理责任。

环境卫生主管部门应当加强对生活垃圾分类宣传员、指导员、督导员的培训，提高生活垃圾分类宣传员、指导员、督导员的业务能力。

第四章　分类收集、运输、处理

第二十五条　生活垃圾应当分类收集、运输、处理，禁止将已分类的生活垃圾混合收集、运输、处理。

对可回收物和有害垃圾应当定期定点或者预约收集、运输；对厨余垃圾和其他垃圾应当每天定时收集、运输。

从生活垃圾中分类并集中收集的有害垃圾，属于危险废物的，应当按照危险废物管理。

第二十六条　从事生活垃圾经营性收集、运输和处理的单位，应当符合国家规定的经营条件，并与环境卫生主管部门签订经营协议。

第二十七条　生活垃圾收集容器集置场所、接驳转运场所位于城市道路两侧的，公安机关应当根据收集、运输的需要，划定禁止其他车辆停放的区域；位于居住区内的，管理责任人应当采取措施，协助保障收集、运输车辆作业道路通畅。

第二十八条　生活垃圾收集、运输单位应当执行相关技术规范和操作规程，并遵守下列规定：

(一)根据生活垃圾的种类、数量、作业时间等要求，配备相应的运输车辆、安全设备和作业人员；

(二)作业车辆应当标示明显的分类收集、运输标识标志，并保持功能完好、外观整洁；

(三)为运输车辆安装定位和监控系统，并与生活垃圾分类管理信息平台联网；

(四)使用密闭的收集容器、运输工具收集、运输，不得在作业过程中对生活垃圾进行敞开式压缩、分拣、转运；

(五)不得将已分类的生活垃圾混合收集、混合运输；

(六)运输过程中不得渗漏污水；

(七)按照规定的时间、频次、路线和要求分类收集、运输生活垃圾，避免或者减少噪声扰民和交通拥堵；

(八)建立管理台账，记录生活垃圾来源、种类、数量、去向、分类质量等信息；

(九)法律、法规的其他规定。

第二十九条　生活垃圾处理单位应当按照技术标准、行业规范和操作规程进行垃圾处理，并遵守下列规定：

(一)按照规定配置生活垃圾处理设施设备以及管理、操作人员；

(二)按照技术标准分类处理生活垃圾，不得将已分类的生活垃圾混合处理；

(三)配备环境污染防治设施并保持其正常运行，防止对周边环境造成污染；

(四)按照国家有关规定安装使用监测设备，实时监测污染物排放情况，将污染排放数据实时公开，并与所在地生态环境主管部门的监控设备联网；

(五)建立环境信息公开制度，定期向社会公开年度环境报告书、生活垃圾分类处理设施主要污染物排放数据、环境检测等信息；

(六)建立管理台账，定期向环境卫生主管部门如实报送接收、处理生活垃圾的来源、数量、类别等信息；

(七)法律、法规的其他规定。

第三十条　生活垃圾分类收集、运输、处理单位发现接收的生活垃圾不符合分类标准的，可以要求管理责任人或者收集、运输单位重新分类，未进行重新分类的，可以拒绝接收，并报告县(区)环境卫生主管部门处理。

第三十一条　本市实行生活垃圾跨地区处理生态环境补偿制度。将生活垃圾转运到其他县、区集中处理的，应当向接收县、区支付生态环境补偿费。生态环境补偿费应当用于生活垃圾集中处理设施建设、生态环境保护和管理服务等事项。

鼓励生活垃圾分类收集、运输、处理单位投保环境污染责任保险。

第五章　源头减量

第三十二条　市、县(区)人民政府应当建立生活垃圾源头减量工作机制，制定生活垃圾焚烧、填埋处置总量控制计划，落实生活垃圾源头减量和资源化利用措施。

第三十三条　国家机关、事业单位、国有企业和群团组织应当发挥生活垃圾源头减量示范作用，优先采购可循环利用和资源化利用的办公用品，实行绿色办公，减少使用一次性办公用品。

第三十四条　鼓励单位和个人使用可循环利用物品，减少使用或者不使用一次性消费用品。鼓励通过线上、线下交易等方式，促进闲置物品再利用。

第三十五条　市人民政府应当制定低价值可回收物回收扶持政策，促进低价值可回收物的回收利用。

第三十六条　商品生产者和销售者应当遵守限制商品过度包装的标准和规定，避免过度包装，减少一次性包装材料的使用。

电子商务、货运、快递、外卖等行业应当提供多种规格的包装箱(袋),优先使用电子运单和可循环使用、易回收利用的环保包装、环保胶带。

鼓励和引导电子商务、货运、快递、外卖等行业建立逆向物流协同回收利用体系,促进包装物回收和循环利用。

第三十七条　餐饮服务提供者应当在餐饮服务场所设置节俭消费标识,提示消费者合理消费,适量点餐。禁止免费向消费者提供一次性餐具。鼓励在餐饮配送服务中采用可以清洗消毒、重复使用的餐具,并提供回收服务。

举办大型群众性活动且集中供餐的,鼓励使用可循环餐具。

第三十八条　实行净菜、洁净农副产品进入市场销售制度。蔬菜、农副产品的经营者应当在蔬菜、农副产品出售前,去除枯叶、杂物。

公共绿地、公益林地土壤改良应当优先使用厨余垃圾资源化利用产品。

第六章　监督管理

第三十九条　市、县(区)环境卫生主管部门可以从社区工作者、网格管理员和志愿者中选聘社会监督员,参与生活垃圾分类投放、收集、运输、处理全过程管理的监督工作。

单位和个人应当对社会监督员的监督工作予以配合。社会监督员不得泄露在监督工作中获悉的商业秘密或者专有技术信息。

社会监督员发现生活垃圾分类工作存在问题向市、县(区)有关主管部门反映的,有关主管部门应当及时处理,并反馈处理情况。

第四十条　市住房和城乡建设主管部门应当将生活垃圾分类要求纳入物业服务合同示范文本,并将物业服务企业违反生活垃圾分类管理规定受到行政处罚的有关信息纳入物业服务企业信用信息档案,并归集到本市公共信用信息平台。

第四十一条　有关部门、行业协会在开展文明单位、文明街道、文明社区、文明家庭等评选活动时,应当将生活垃圾分类实施情况纳入评选标准。

第四十二条　任何单位和个人有权对违反生活垃圾分类管理规定的行为予以劝阻和举报。

市、县(区)有关主管部门应当向社会公布举报电话,并提供网络举报途径。有关主管部门接到举报后应当及时处理,并将处理结果向举报人反馈。

第七章　法律责任

第四十三条　对违反本条例规定的行为,法律、法规已有处罚规定的,从其规定。

第四十四条　管理责任人违反本条例第十八条第二项规定,未规范设置分类投放点,配置分类收集容器的,由环境卫生主管部门责令改正;拒不改正的,处以一千元以上一万元以下罚款。

管理责任人违反本条例第十八条第四项规定,将已分类的生活垃圾混合归集的,由环境卫生主管部门责令改正;拒不改正的,处以一千元以上一万元以下罚款。

管理责任人违反本条例第十八条第六项规定,将已分类的生活垃圾移交给无相应条件的单位收集、运输的,由环境卫生主管部门责令改正;拒不改正的,处以二千元以上二万元以下罚款。

第四十五条　个人违反本条例第二十条第一款规定,未按照规定的时间、地点和方式分类投放生活垃圾的,由环境卫生主管部门责令改正;情节严重的,处以五十元以上五百元以下罚款。

依据前款规定应当受到罚款处罚的个人,经教育、劝诫后自觉履行法定义务,并自愿参加生活垃圾分类社区服务活动的,可以不予处罚。

单位违反本条例第二十条第一款规定,未按照规定的时间、地点和方式分类投放生活垃圾的,由环境卫生主管部门责令改正;情节严重的,处以五万元以上五十万元以下罚款。

第四十六条　生活垃圾收集、运输单位违反本条例第二十八条第二项规定,作业车辆未标示明显的分类收集、运输标识标志,或者未保持功能完好、外观整洁的,由环境卫生主管部门处以五千元以上三万元以下罚款。

生活垃圾收集、运输单位违反本条例第二十八条第五项规定,将已分类投放的生活垃圾混合收集、混合运输的,由环境卫生主管部门处以五千元以上五万元以下罚款。

生活垃圾收集、运输单位违反本条例第二十八条第六项规定,在运输过程中渗漏污水的,由环境卫生主管部门处以五千元以上五万元以下罚款。

生活垃圾收集、运输单位违反本条例第二十八条第八项规定,未建立管理台账,或者未记录生活垃圾来源、种类、数量、去向、分类质量等信息的,由环境卫生主管部门责令改正;拒不改正的,处以五千元以上三万元以下罚款。

第四十七条　生活垃圾处理单位违反本条例第二十九条第四项规定,未按照国家有关规定安装使用监测设备、实时监测污染物的排放情况并公开污染排放数据的,由生态环境主管部门责令改正,处以十万元以上一百万元以下的罚款,没收违法所得;情节严重的,报经有批准权的人民政府批准,可以责令停业或者关闭。

生活垃圾处理单位违反本条例第二十九条第六项规定,未建立管理台账,或者未定期向环境卫生主管部门如实报送接收、处理生活垃圾的来源、数量、类别等信息的,由环境卫生主管部门责令改正;拒不改正的,处以一万元以上三万元以下罚款。

第四十八条　负有生活垃圾分类管理职责的行政管理部门及其工作人员,不履行监督管理职责或者有滥用职权、玩忽职守、徇私舞弊行为的,对直接负责的主管人员和其他直接责任人员依法给予处分；构成犯罪的，依法追究刑事责任。

第八章　附则

第四十九条　本条例所称生活垃圾分类设施是指满足垃圾分类的生活垃圾投放、收集、转运、处理设施，包括分类垃圾桶、生活垃圾收集站点、收集亭、垃圾房、场地等设施。

餐饮经营者和机关、部队、学校、企业事业等单位集体食堂在食品加工、饮食服务、单位供餐等活动中产生的食物残渣、食品加工废料及废弃食用油脂等餐厨垃圾的管理，依照有关法律、法规和规章执行。

第五十条　本条例自2022年4月1日起施行。

连云港市石刻保护条例

（2021年10月26日连云港市第十四届人民代表大会常务委员会第四十次会议通过，2021年12月2日江苏省第十三届人民代表大会常务委员会第二十七次会议批准）

第一条　为了加强石刻的保护管理，促进石刻合理利用，传承优秀历史文化，根据《中华人民共和国文物保护法》《中华人民共和国文物保护法实施条例》《江苏省文物保护条例》等法律、法规，结合本市实际，制定本条例。

第二条　本市行政区域内石刻的保护、管理、利用和研究，适用本条例。法律、法规对石刻保护另有规定的，从其规定。

第三条　本条例所称石刻，是指本市行政区域内具有历史、艺术、科学价值的岩画、摩崖造像、摩崖题刻、碑刻、石雕等文物。具体包括：

（一）将军崖岩画、孔望山摩崖造像、郁林观石刻群、东连岛东海琅琊郡界域刻石等全国重点文物保护单位；

（二）花果山前顶石刻群、白虎山摩崖题刻等省级文物保护单位；

（三）悟道庵石刻群等市、县级文物保护单位；

（四）其他由县（区）文物行政主管部门登记公布的未核定为文物保护单位的石刻。

市文物行政主管部门应当制定石刻保护名录，及时向社会公布。

第四条　石刻保护工作坚持保护为主、抢救第一、统筹规划、突出重点的原则，确保石刻完整和安全。

第五条　市、县（区）人民政府负责本行政区域内的石刻保护工作，明确保护管理机构，建立保护协调机制，将石刻保护纳入国民经济和社会发展规划、历史文化名城保护规划以及风景名胜区总体规划，所需保护经费列入本级财政预算，随着财政收入的增长而增加，并专款专用。

开发园区、风景名胜区等管理机构按照有关规定履行石刻保护相关职责。

乡镇人民政府、街道办事处应当配合做好辖区内石刻的保护工作。

第六条　市、县（区）文物行政主管部门对本行政区域内的石刻保护工作实施监督管理，制定实施石刻事业发展规划和年度计划，具体负责本行政区域内石刻的安全保护、病害巡查、修缮保养、陈列展示、科学研究、价值传播等日常工作。

自然资源和规划主管部门在编制市、县（区）国土空间规划时应当将石刻保护工作纳入其中；在对石刻所在山体开展地质灾害整治等工程建设时，应当事先征求文物行政主管部门意见，协商制定石刻保护方案。

住房和城乡建设主管部门负责对核定公布为文物保护单位的石刻的保护范围和建设控制地带内建设工程的监督管理。

民族宗教事务主管部门负责宗教团体和宗教活动场所内石刻的使用管理和安全保护工作。

公安机关、财政、水利、农业农村、教育、民政、市场监督管理、生态环境、应急管理、气象等相关主管部门按照各自职责，做好石刻保护工作。

第七条　石刻所在地的景区景点、公园、宗教活动场所等的经营管理者，应当建立石刻安全责任制度，确定石刻安全管理责任人，完善安全防护设施，落实各项石刻安全措施。

其他依法占有、管理、使用石刻的公民、法人或者其他组织，依法承担石刻的修缮保养和安全管理义务。

第八条　市、县（区）人民政府应当加强石刻传统工艺、技艺的保护、传承和发展，加快石刻保护管理紧缺人才以及领军人才的培养和引进，制定优惠政策鼓励优秀专业人才从事石刻保护工作。

对石刻保护事业中作出突出贡献的单位和个人，依照国家和省有关规定给予表彰和奖励。

第九条　公共图书馆、博物馆、文化馆，应当充分利用馆藏资源，宣传、普及石刻文化，履行社会教育职能。

鼓励学校结合自身教学计划，组织学生就石刻保护相关知识开展学习实践活动。市、县（区）文物行政主管部门、石刻所在地的企业事业单位、景区景点和公园、宗教活动场所等的经营管理者应当对学校组织的学习实践活动提供支持和帮助。

第十条　鼓励公民、法人或者其他组织通过捐赠、资助、认养、志愿服务、举办公益性宣传教育活动等方式参与石刻保护。

市、县（区）人民政府应当建立健全石刻保护志愿者制度，培训指导志愿者参与石刻保护工作，发挥石刻保护志愿者在石刻安全巡查、保护、宣传、讲解等活动中的作用。

任何单位和个人都有依法保护石刻的义务，并有权对破坏、损害石刻的行为进行劝阻和举报。

第十一条　核定公布为文物保护单位的石刻应当依法划定保护范围和建设控制地带。

核定公布为文物保护单位的石刻应当设置保护标志，公示石刻名称、保护范围、禁止事项、法律责任等内容，保护标志的设置不得破坏石刻及其周边历史环境风貌等。任何单位和个人都不得擅自移动、拆除、损毁石刻保护标志。

保护标志的设置应当科学合理，石刻较多且分布零散的全国重点文物保护单位和省级文物保护单位应当在石刻本体八米范围内设置保护标志，提示单位和个人不得随意触碰、刻划、损坏石刻。

第十二条　市、县（区）文物行政主管部门应当提升石刻保护的科技水平，推动石刻数字化平台建设，采集、整理、保存石刻数字信息，建设网上石刻博物馆等数字化展示平台，建立石刻数据信息库，并纳入同级历史文化遗产资源数据平台。

第十三条　县（区）文物行政主管部门应当建立石刻保护监测和风险评估制度，配备专业人员和设备设施，对影响石刻保护的各种因素进行日常监测，建立监测日志。加强对温湿度、温差、酸雨、风化、水蚀、裂隙等石刻病害的监测和风险评估，及时组织实施保养维护和修复修缮工程。

第十四条　列入全国重点文物保护单位和省级文物保护单位的石刻应当重点保护，市、县（区）文物行政主管部门应当按照公布的保护规划严格落实保护措施。

第十五条　市、县（区）文物行政主管部门应当在将军崖岩画、孔望山摩崖造像建设隔离护栏、安防系统等物防、技防设施，加强保护并定期维护。

将军崖岩画、孔望山摩崖造像所在景区经营管理者应当落实石刻安全责任制度，定期整治石刻周边环境，控制参观人流，禁止游客携带易燃易爆物品接近石刻，避免因景区开放对石刻造成人为破坏。

第十六条　市、县（区）文物行政主管部门应当完善东连岛东海琅琊郡界域刻石的物防设施，减少因海水、海潮侵蚀造成的石刻开裂、脱落、风化、渗水等损害，采用三维扫描和建模方式，观测和定期比对东连岛东海琅琊郡界域刻石保存状况。

第十七条　花果山风景名胜区经营管理者应当加强对花果山前顶石刻群的保护管理，禁止游客随意触碰石刻。在开发建设过程中，按照石刻保护规划要求，合理适度利用石刻。

第十八条　在核定公布为文物保护单位的石刻的建设控制地带内进行工程建设，不得危及石刻安全，不得破坏石刻的历史风貌。建筑物、构筑物的选址、布局、规模、高度、体量、造型、色调等应当与石刻的历史风貌以及周边环境相协调。

第十九条　禁止对石刻实施下列损坏行为：

（一）刻划、攀爬、打砸石刻；

（二）在石刻上新刻造像、符号、文字；

（三）复制、拓印石刻造成石刻损坏；

（四）其他损坏石刻的行为。

第二十条　在核定公布为文物保护单位的石刻的保护范围内禁止下列行为：

（一）损毁、移动、破坏视频监控、管线等石刻保护设备、设施；

（二）燃放烟花爆竹、焚烧香烛纸钱；

（三）从事烧烤、野炊、露营等活动；

（四）乱拉、乱搭电线电缆；

（五）其他危害石刻安全或者环境的行为。

第二十一条　市、县（区）人民政府应当加强石刻文化价值挖掘，依托石刻资源，开发、经营石刻文化创意产品，促进石刻文化与旅游产业融合发展。

在核定公布为文物保护单位的石刻的保护范围外、建设控制地带内，可以开展不对石刻历史风貌造成破坏的参观旅游和工程建设，促进石刻的合理利用。

鼓励文化旅游企业、景区打造具有石刻历史文化特色的旅游项目，参与石刻数字化展示平台开发建设，发展沉浸式体验、虚拟展厅、高清直播等新型石刻文化旅游服务。

第二十二条　违反本条例第十一条规定，擅自移动、拆除、损毁石刻保护标志的，由公安机关责令改正，给予警告，可以并处二百元以下罚款。

第二十三条　违反本条例第二十条规定，在核定公布为文物保护单位的石刻保护范围内的下列行为，按照下列规定予以处罚：

（一）损毁、移动、破坏视频监控、管线等石刻保护设备、设施的，由文物行政主管部门给予警告，可以并处一千元以下罚款；

（二）燃放烟花爆竹、焚烧香烛纸钱的，由文物行政主管部门给予警告，可以并处二百元以下罚款；

（三）从事烧烤、野炊、露营等活动，乱拉、乱搭电线电缆的，由文物行政主管部门给予警告，可以并处二百元以上一千元以下罚款。

第二十四条　违反本条例规定，造成石刻损毁、灭失的，依法承担民事责任；构成违反治安管理行为的，由公安机关依法给予治安管理处罚；构成犯罪的，依法追究刑事责任。

第二十五条　本条例自2022年3月1日起施行。

（年　编）

书目题录

2021年连云港市部分作者出版著作一览表

表63

作者	书名	出版社
王恒云	《云海流韵》	江苏人民出版社
王恒云	《吃在板浦——记忆板浦美食的那些事》	朝华出版社
卜　伟	《二营巷》	中国文史出版社
庞　涛	《幸福的意外》	江苏凤凰文艺出版社
商思争	《会计的本质与职能研究——基于信息处理和通信系统》	经济科学出版社
王　阳	《欧洲图书馆数字服务研究——从开放获取到开放科学》	吉林大学出版社
袁贵礼	《新时代青年工作的价值导向与实践路径研究》	南京出版社
张冰冰	《数字艺术照明设计》	吉林大学出版社
周文岭	《中国EFL学习者隐喻产出能力及其发展障碍研究》	大连理工大学出版社
孙秀珍等	《电工综合技能实训与考级(高级)》	北京理工大学出版社
嵇寒冰　宋廷军　韩静等	《滋润心灵的课堂》	吉林文史出版社
濮海慧 薛辉等	《英语测试要点及过关训练》	中国矿业大学出版社
徐海丽　陈冬云　陈跃香等	《“三教改革”视域下职业院校智慧课堂的诊断与构建》	汕头大学出版社
顿　楠　朱玉华　易向贤等	《汽车市场营销与实务》	江苏凤凰教育出版社
钱爱成等	《体育与健康》	江苏凤凰教育出版社
白桂彩等	《机电设备管理与维护技术》	北京理工大学出版社
杨清德　徐海涛等	《低压电工技能鉴定考试权威指南》	中国水利水电出版社
胡玉涛	《药事管理》(教学资源库微知库电子教材)	中国医药科技出版社

（年　编）

2021年中央、省主要媒体及境外媒体报道连云港题录选编一览表

表64

媒体名称	报道题目	刊播日期
《人民日报》	连云港至乌鲁木齐高速铁路全线贯通	2月9日
《人民日报》	高效低碳燃气轮机试验装置点火	3月29日
《人民日报》	供应链基地建成投运 助力“一带一路”建设	4月27日
《人民日报》	电影《守岛人》6月18日全国公映	6月18日
《人民日报》	王继才、王仕花夫妇:守岛卫国,无怨无悔(奋斗百年路 启航新征程·数风流人物)	6月22日
《人民日报》	“韩国—中国—波兰”国际班列首次整列发出 前7月,连云港开行中欧班列350列	8月26日
《人民日报》	江苏灌云县开山岛民兵哨所原所长王继才——一生守护一座岛(奋斗百年路 启航新征程·“人民楷模”国家荣誉称号获得者)	10月8日
《人民日报》	花果山机场正式通航	12月3日
《人民日报(海外版)》	徐连高铁开通运营	2月9日

续表 64

媒体名称	报道题目	刊播日期
《人民日报(海外版)》	“丝路电商”:中外好物“飞”到家	4月16日
《人民日报(海外版)》	新亚欧陆海联运通道自贸试验区联盟成立	10月19日
《人民日报》客户端	连云港两医药上市公司位列市值500强 创新研发成企业驱动力	1月14日
《人民日报》客户端	多项指标世界一流！连云港石化产业基地环保指标体系通过评审	1月22日
《人民日报》客户端	江苏自贸区首单进口粮食“水转水”业务在连云港开展	2月1日
《人民日报》客户端	连云港发布工业互联网创新发展三年行动计划	2月2日
《人民日报》客户端	连云港推动绿色产业高质发展 2022年建设绿色工厂10家	2月22日
《人民日报》客户端	高新技术企业总数突破400家 连云港交出创新成绩单	3月4日
《人民日报》客户端	连云港市委“一号文件”以促进农民增收致富为中心任务 农民收入增幅要快于城镇居民	3月25日
《人民日报》客户端	用活“红色宝藏” 连云港打造党史学习教育经典路线	4月12日
《人民日报》客户端	国内首艘纯电动拖轮在连云港顺利上水	4月15日
《人民日报》客户端	连云港获“中国紫菜之都”称号 为全国最大的紫菜产地	5月2日
《人民日报》客户端	昔日脏乱差如今新地标 连云港石梁河水库焕然新生	5月2日
《人民日报》客户端	再发“英雄帖！” 连云港携“惠才强企”八条精准聚才	5月15日
《人民日报》客户端	连云港电商发展大会暨518网络购物节开幕 发放100万元网络消费券	5月19日
《人民日报》客户端	国内首套乙烯综合利用项目在连云港建成投产	5月22日
《人民日报》客户端	连云港发布生物多样性调查成果 共有3673种生物物种	5月23日
《人民日报》客户端	加强合作促进进出口便利化,2021上合组织国际圆桌会议在连云港举办	6月19日
《人民日报》客户端	上海合作组织秘书长成为“连云港市荣誉市民”	6月21日
《人民日报》客户端	连云港入选全国暑期十大避暑城市	7月20日
《人民日报》客户端	连云港市上半年GDP总量增速全省第一	7月20日
《人民日报》客户端	连云港首创！“车船直取”模式向全国口岸推广	7月23日
《人民日报》客户端	连云港企业研发国内首台智能化流体装卸臂	7月28日
《人民日报》客户端	连云港重点打造国际物流合作基地	8月12日
《人民日报》客户端	连云港:用红色精神打造”一带一路“的标杆和示范	8月17日
《人民日报》客户端	自贸2周年！自贸试验区连云港片区的“港口样板”来了！	8月29日
《人民日报》客户端	连云港发布8大政策聚焦产业发展,涉及创新型城市和产业链发展等	9月6日
《人民日报》客户端	东京残奥会刮起“连云港旋风”,港城选手获17金6银2铜	9月8日
《人民日报》客户端	连云港企业主导建设首个万吨碳纤维基地在青海投产	9月10日
《人民日报》客户端	连云港位列江苏“四纵四横”公路运输通道枢纽	9月22日
《人民日报》客户端	第五届中国(连云港)国际医药技术大会举行,签约16个生命健康类产业项目	10月27日
《人民日报》客户端	展出5000多种农产品,江苏农业国际合作洽谈会连云港举行	11月1日
《人民日报》客户端	镇江连云港工业园区正式获批,江苏省第五家省级创新试点园区	11月10日
《人民日报》客户端	连云港首开至俄罗斯中欧班列	11月24日
《人民日报》客户端	连云港中欧班列开行总量全省第一	11月29日
《人民日报》客户端	连云港东海县位列“中国工业百强县”第56位	12月20日

续表 64

媒体名称	报道题目	刊播日期
《人民日报》客户端	自贸试验区连云港片区形成制度创新成果 105 项,14 项具有全国首创性	12 月 24 日
央视《新闻联播》	习近平同俄罗斯总统共同见证中俄核能合作项目开工仪式	5 月 19 日
央视《新闻联播》	第七届中国(连云港)丝绸之路国际物流博览会开幕	10 月 19 日
央视《新闻联播》	连云港港口开通至俄罗斯远东地区集装箱航线	11 月 5 日
中央电视台	渔网“接上”互联网 打卡连云港小渔村	1 月 7 日
中央电视台	中国美好生活大调查 “中国美好生活城市”重磅揭晓	4 月 24 日
新华社	连云港启动西游文化嘉年华暨中国旅游日主题活动	5 月 18 日
新华社	连云港自贸片区两周年:探索“三类创新”互融互促	9 月 20 日
新华丝路	10 余种语言、883 家全球媒体聚焦连云港西游文化	6 月 2 日
新华丝路	江苏连云港:建设体育强市 加快打造体育名城	9 月 8 日
新华社客户端	江苏连云港:首套岸电储能一体化系统建成投运	4 月 14 日
新华社客户端	获得“双丰收”! 连云港三大生态修复项目获省表彰	8 月 20 日
新华社客户端	连云港加快打造国内领先的新材料产业基地	9 月 6 日
新华社客户端	2021 数字经济城市发展百强榜发布 连云港位列全国第 65 位	9 月 8 日
人民网	连云港开发区营商环境位列全国第 29 位	1 月 26 日
人民网	连云港徐圩新区首度跻身中国化工园区 30 强	6 月 4 日
《人民日报》海外网	江苏连云港邮政快递业务首次跻身全国 50 强	7 月 15 日
新华网	连云港美丽宜居城市试点建设初见成效	1 月 15 日
新华网	连云港在上海举办中国连云港(上海)经贸合作恳谈会	4 月 28 日
新华网	中俄最大核能合作项目在连开工 建成后田湾核电站将成全球装机容量最大的核电基地	5 月 24 日
《新华日报》	连云港:建“一带一路”强支点,写新时代“西游记”	1 月 8 日
《新华日报》	连云港:加速打造“双循环”重要节点	1 月 19 日
《新华日报》	连云港:迎来高铁时代实现后发先至	1 月 20 日
《新华日报》	连云港徐圩新区年度产业投资逾 460 亿元	2 月 5 日
《新华日报》	连云港徐圩新区打造化工园区生态环境示范标杆	2 月 9 日
《新华日报》	“中华药港”千亿级优势产业集群成为发展新支点	4 月 22 日
《新华日报》	连云港高质量打造“最美海岸线”	5 月 6 日
《新华日报》	连云港自贸片区入选长三角自贸试验区十大制度创新案例	5 月 11 日
《新华日报》	第五届中国(连云港)国际医药技术大会开幕	10 月 23 日
《新华日报》	连云港与“一带一路”沿线国家首次实现金融融通	11 月 4 日
《新华日报》	努力建设人民期待的现代化新港城 连云港践行嘱托开启后发先至新航程	11 月 22 日
《香港商报》	连云港赴沪引资 697 亿	4 月 30 日
《香港商报》	第二届连云港电商发展大会引全球目光	5 月 19 日
香港卫视	连云港:“海铁联运” 创新打造“一带一路”强支点	5 月 24 日
美联社 The Associated Press (AP)	Xinhua Silk Road: 7th China (Lianyungang) Silk Road International Logistics Expo kicks off on Mon-in China's Lianyungang	10 月 20 日
AFP BB News 法新社日文版	Xinhua Silk Road:第 7 回中国(連雲港)シルクロード国際物流博覧会が18 日、中国の連雲港で開幕	10 月 21 日

(市委宣传部)

统计资料

2021年江苏省辖市主要经济指标统计表

表65

指　标	2021年增长(%)	增长位次	指　标	2021年	增长(%)	增长位次
规模以上工业增加值增速			社会消费品零售总额(亿元)			
全省	12.8		全省	42702.65	15.1	
南京市	10.0	13	南京市	7899.41	9.7	10
无锡市	12.9	10	无锡市	3306.09	10.4	9
徐州市	13.0	8	徐州市	4038.02	22.9	1
常州市	13.6	4	常州市	2911.36	20.2	3
苏州市	12.8	11	苏州市	9031.32	17.3	6
南通市	13.4	5	南通市	3935.48	16.8	7
连云港市	13.4	5	连云港市	1203.31	9.0	12
淮安市	14.6	3	淮安市	1828.25	9.1	11
盐城市	11.9	12	盐城市	2684.34	21.1	2
扬州市	13.0	8	扬州市	1480.92	7.4	13
镇江市	15.1	2	镇江市	1346.83	17.9	5
泰州市	13.4	5	泰州市	1576.94	18.3	4
宿迁市	16.7	1	宿迁市	1460.36	16.1	8
固定资产投资增速			一般公共预算收入(亿元)			
全省	5.8		全省	10015.16	10.6	
南京市	6.2	7	南京市	1729.52	5.6	11
无锡市	4.5	10	无锡市	1200.50	11.6	6
徐州市	8.1	5	徐州市	537.31	11.5	8
常州市	4.1	11	常州市	688.11	11.6	6
苏州市	8.3	3	苏州市	2510.00	9.0	10
南通市	5.0	9	南通市	710.18	11.1	9
连云港市	8.4	2	连云港市	274.81	12.1	4
淮安市	5.2	8	淮安市	297.02	12.4	3
盐城市	3.7	12	盐城市	451.01	12.7	2
扬州市	1.2	13	扬州市	344.07	2.0	13
镇江市	8.7	1	镇江市	327.59	5.1	12
泰州市	8.3	3	泰州市	420.29	12.0	5
宿迁市	6.5	6	宿迁市	267.82	21.1	1

续表 65

指　标	2021 年	增长(%)	增长位次	指　标	2021 年	增长(%)	增长位次
进出口总额(亿元)				建筑业总产值(亿元)			
全省	52130.59	17.1		全省	38244.5	8.5	
南京市	6366.83	19.2	8	南京市	4918.0	8.5	6
无锡市	6829.37	12.4	13	无锡市	1213.1	9.2	1
徐州市	1254.23	18.3	9	徐州市	1698.0	8.9	3
常州市	3017.84	24.9	6	常州市	2193.3	8.5	6
苏州市	25332.00	13.5	11	苏州市	3119.6	8.8	4
南通市	3405.80	29.7	4	南通市	10568.7	8.5	6
连云港市	936.72	45.0	1	连云港市	596.7	9.0	2
淮安市	386.78	12.7	12	淮安市	1578.3	8.3	9
盐城市	1124.97	36.4	2	盐城市	2059.0	8.1	10
扬州市	969.10	25.3	5	扬州市	4881.3	8.1	10
镇江市	834.36	15.4	10	镇江市	645.6	8.0	12
泰州市	1222.81	20.5	7	泰州市	4005.4	8.8	4
宿迁市	449.78	35.2	3	宿迁市	767.5	7.5	13
出口(亿元)				各项存款余额(本外币)(亿元)			
全省	32532.33	18.6		全省	196016.31	10.1	
南京市	3989.89	17.4	11	南京市	44708.68	11.6	3
无锡市	4221.75	19.1	9	无锡市	21345.48	10.0	7
徐州市	1050.29	21.5	8	徐州市	9969.16	8.4	9
常州市	2196.38	22.3	7	常州市	13929.62	11.0	4
苏州市	14875.76	15.0	13	苏州市	41637.29	10.5	5
南通市	2263.39	26.3	5	南通市	16374.94	5.4	13
连云港市	388.97	48.1	1	连云港市	4786.94	12.4	2
淮安市	281.31	18.4	10	淮安市	5404.92	10.4	6
盐城市	701.17	26.5	4	盐城市	9137.99	8.4	9
扬州市	712.22	22.8	6	扬州市	8299.73	7.9	11
镇江市	596.10	16.4	12	镇江市	6801.48	6.5	12
泰州市	863.14	29.8	3	泰州市	8730.36	8.8	8
宿迁市	391.97	35.3	2	宿迁市	4889.71	26.1	1

续表 65

指 标	2021 年	增长(%)	增长位次	指 标	2021 年	增长(%)	增长位次
居民人均可支配收入(元)				农村常住居民人均可支配收入(元)			
全省	47498	9.5		全省	26791	10.7	
南京市	66140	9.1	9	南京市	32701	10.4	10
无锡市	63014	9.4	7	无锡市	39623	10.8	7
徐州市	34217	9.8	5	徐州市	23694	11.6	1
常州市	56897	9.2	8	常州市	35822	10.7	8
苏州市	68191	9.0	12	苏州市	41487	10.4	9
南通市	46882	10.0	3	南通市	29134	11.4	2
连云港市	32295	9.5	6	连云港市	21373	11.1	4
淮安市	34731	9.8	4	淮安市	21884	10.9	5
盐城市	36764	9.1	10	盐城市	26049	10.0	13
扬州市	42287	8.9	13	扬州市	27354	10.2	12
镇江市	50360	9.1	11	镇江市	31354	10.4	11
泰州市	43777	10.3	1	泰州市	27401	11.3	3
宿迁市	29122	10.2	2	宿迁市	21577	10.8	6
城镇常住居民人均可支配收入(元)				居民消费价格指数(上年=100)			
全省	57743	8.7		全省	101.6		
南京市	73593	8.9	5	南京市	101.5		7
无锡市	70483	8.9	6	无锡市	101.7		11
徐州市	40842	8.8	7	徐州市	101.1		1
常州市	65822	8.7	8	常州市	101.5		7
苏州市	76888	8.3	12	苏州市	102.1		13
南通市	57289	9.2	3	南通市	101.8		12
连云港市	39862	8.5	9	连云港市	101.3		4
淮安市	43954	9.0	4	淮安市	101.2		2
盐城市	43787	8.4	11	盐城市	101.6		10
扬州市	50947	7.9	13	扬州市	101.5		7
镇江市	59204	8.5	10	镇江市	101.2		2
泰州市	53818	9.6	1	泰州市	101.3		4
宿迁市	35056	9.5	2	宿迁市	101.3		4

2021年淮海经济区主要发展指标统计表

表66

地区	地区生产总值		规模以上工业增加值	固定资产投资	社会消费品零售总额	
	亿元	增长(%)	增长(%)	增长(%)	亿元	增长(%)
连云港市	3727.92	8.8	13.4	8.4	1203.31	9.0
徐州市	8117.44	8.7	13.0	8.1	4038.02	22.9
淮安市	4550.13	10.0	14.6	5.2	1828.25	9.1
盐城市	6617.39	7.7	11.9	3.7	2684.34	21.1
宿迁市	3719.01	9.1	16.7	6.5	1460.36	16.1
菏泽市	3976.67	8.8	14.2	15.8	1916.39	17.0
聊城市	2642.52	8.4	11.7	12.9	917.55	14.5
枣庄市	1951.57	8.3	10.8	6.5	1041.70	16.0
济宁市	5069.96	8.5	13.1	12.4	2459.59	15.6
泰安市	2996.70	6.1	8.3	−29.4	1161.80	13.6
日照市	2211.96	6.8	0.2	3.0	654.89	12.0
临沂市	5465.50	8.7	13.1	11.4	2931.10	15.9
德州市	3488.72	8.3	12.6	−19.6	1279.56	14.8
亳州市	1972.68	8.6	7.5	1.0	1190.07	20.0
淮南市	1457.10	5.7	3.1	12.6	866.23	11.9
蚌埠市	1988.97	−2.1	−25.1	−20.4	1287.50	7.1
淮北市	1223.00	3.4	−4.4	9.7	521.30	13.1
阜阳市	3071.53	9.0	8.1	13.6	2229.60	21.4
宿州市	2167.67	8.5	9.5	15.8	1239.54	14.5
滁州市	3362.10	9.9	10.7	16.4	1495.52	26.5
六安市	1923.50	11.0	15.5	19.7	1155.67	23.6
开封市	2557.03	7.2	8.7	13.1	1112.52	11.4
周口市	3496.23	6.3	7.8	6.3	1804.75	9.3
商丘市	3083.32	4.0	3.7	8.3	1489.50	5.6
信阳市	3064.96	6.5	9.1	11.6	1252.85	8.0

续表 66

指标名称	一般公共预算收入		进出口总额		出口总额	
	亿元	增长(%)	亿元	增长(%)	亿元	增长(%)
连云港市	274.81	12.1	936.72	45.0	388.97	48.1
徐州市	537.31	11.5	1254.23	18.3	1050.29	21.5
淮安市	297.02	12.4	386.78	12.7	281.31	18.4
盐城市	451.01	12.7	1124.97	36.4	701.17	26.5
宿迁市	267.82	21.1	449.78	35.2	391.97	35.3
菏泽市	283.89	19.3	568.20	30.1	282.30	31.8
聊城市	230.32	14.0	530.37	29.4	366.40	61.1
枣庄市	158.91	12.9	315.06	20.0	292.01	16.9
济宁市	440.52	7.0	678.73	24.6	485.46	25.8
泰安市	230.50	0.6	291.12	37.2	193.19	32.4
日照市	187.49	6.3	1165.70	11.0	403.00	17.4
临沂市	409.50	17.0	1766.80	51.4	1584.80	59.8
德州市	234.10	12.3	513.60	30.8	333.60	35.0
亳州市	140.30	11.0	6.50	−38.8	4.82	−47.5
淮南市	109.61	5.4	10.09	32.4	9.41	31.5
蚌埠市	167.30	5.6	27.20	44.5	13.10	48.0
淮北市	88.80	10.8	115.70	65.8	104.50	69.9
阜阳市	189.60	−4.8	21.40	28.4	17.20	26.6
宿州市	147.87	11.0	16.67	24.2	15.18	18.7
滁州市	250.86	11.0	60.20	55.7	49.80	70.5
六安市	147.50	11.0	15.22	46.0	13.92	47.3
开封市	179.27	14.1	93.30	39.7	80.30	47.0
周口市	158.24	8.6	102.30	−4.3	87.30	−0.3
商丘市	190.13	8.6	54.30	27.5	41.80	27.9
信阳市	135.39	13.3	63.10	9.7	34.40	−1.1

续表 66

指标名称	金融机构人民币存款余额		金融机构人民币贷款余额		全体居民人均可支配收入	
	亿元	增长(%)	亿元	增长(%)	元	增长(%)
连云港市	4732.60	12.4	5140.66	21.9	32295	9.5
徐州市	9914.81	8.5	8128.51	16.9	34217	9.8
淮安市	5372.85	10.7	5517.41	19.1	34731	9.8
盐城市	9092.42	8.6	8038.58	15.7	36764	9.1
宿迁市	4395.01	21.0	4445.13	17.8	29122	10.2
菏泽市	5597.26	11.7	3424.47	14.4	23854	9.7
聊城市	4868.90	12.2	3091.05	7.8	24512	9.0
枣庄市	2590.78	7.5	2011.18	16.2	29772	8.7
济宁市	7176.70	10.1	5595.32	17.0	31845	8.8
泰安市	4903.30	7.5	3578.30	14.1	33505	8.3
日照市	3284.64	5.7	3348.65	13.2	31059	8.2
临沂市	8918.80	9.5	8156.40	16.6	31528	9.1
德州市	4747.64	11.2	2900.49	14.5	25826	9.3
亳州市	2847.54	13.8	2742.92	15.2	24481	9.9
淮南市	2610.73	10.5	1923.19	12.2	31632	9.9
蚌埠市	2680.70	9.0	2578.70	9.8	—	—
淮北市	1794.90	7.3	1419.60	11.0	30738	9.3
阜阳市	4935.20	7.0	4201.10	12.2	24443	9.9
宿州市	2931.34	7.8	2636.29	13.1	24290	9.9
滁州市	3569.90	14.1	3416.40	13.2	—	—
六安市	3440.80	8.0	2970.00	14.1	—	—
开封市	2626.77	6.5	2170.21	11.7	24573	8.5
周口市	4368.51	13.0	2008.36	14.5	20773	8.5
商丘市	4009.56	10.2	2433.92	7.1	22699	7.5
信阳市	4362.44	11.8	2227.04	8.4	23948	9.5

续表 66

指标名称	城镇居民人均可支配收入		农村居民人均可支配收入		城市居民消费价格指数
	元	增长(%)	元	增长(%)	增长(%)
连云港市	39862	8.5	21373	11.1	101.3
徐州市	40842	8.8	23694	11.6	101.1
淮安市	43954	9.0	21884	10.9	101.2
盐城市	43787	8.4	26049	10.0	101.6
宿迁市	35056	9.5	21577	10.8	101.3
菏泽市	31872	8.5	16872	11.7	100.7
聊城市	32262	7.4	17512	11.4	100.9
枣庄市	37843	7.8	19553	10.5	101.1
济宁市	41256	7.5	20747	11.2	100.7
泰安市	41741	7.3	21769	10.6	100.9
日照市	39380	7.2	20154	10.3	100.8
临沂市	42606	8.0	17783	11.7	101.1
德州市	31927	7.9	19020	11.9	101.5
亳州市	37319	9.3	16769	9.7	100.5
淮南市	41375	9.8	16706	8.4	100.8
蚌埠市	42656	9.1	19538	8.5	101.1
淮北市	39688	9.0	16504	8.5	100.6
阜阳市	37379	8.2	15874	11.4	100.7
宿州市	37278	8.5	15913	10.8	100.9
滁州市	39025	8.3	17400	10.6	101.0
六安市	36793	9.4	16003	10.8	100.4
开封市	34195	7.3	16769	9.1	101.0
周口市	30826	6.8	14141	9.2	101.3
商丘市	34758	5.8	14789	8.7	100.7
信阳市	33480	8.2	16595	10.5	100.5

注：安徽省各市进出口、出口总额为美元口径。

（市统计局）

责任编辑 贾栋钰

索　引

主题索引

本索引采用主题分析法编制，按标引词第一字汉语拼音字母顺序排列，同音字按声调排列，音调相同按下一字的音序排列。标引词后的数字表示内容所在页码，字母 a、b、c 分别表示左、中、右栏。本索引编有二级索引，放在主款目下行缩一字排列。

D

E

F

G

H

J

K

L

Q

R

S

T

W

X

Y

Z

图索引

图索引，以图照题名或部分题名为标目，出处页码以图照所在的页码和栏目表示，左、右栏分别以小写 a、b 表示。索引以标目字的汉语拼音音序排列。

M

N

P

Q

R

S

T

W

X

Y

Z

表格索引

表格索引以表格题名为标目，出处以表格所在的页码标示；索引按照表格在全书中的先后顺序排列。